**JOSÉ Mª CAÑIZARES MÁRQUEZ
CARMEN CARBONERO CELIS**

ENCICLOPEDIA PARA PADRES SOBRE ACTIVIDAD FÍSICA, SALUD Y EDUCACIÓN EN LOS NIÑ@S

COLECCIÓN: MANUALES PARA PADRES SOBRE ACTIVIDAD FÍSICA, SALUD Y EDUCACIÓN EN LOS NIÑ@S

COLECCIÓN MANUALES PARA PADRES SOBRE ACTIVIDAD FÍSICA, SALUD, Y EDUCACIÓN EN LOS NIÑ@S

ENCICLOPEDIA PARA PADRES DE ACTIVIDAD FÍSICA, SALUD Y EDUCACIÓN EN LOS NIÑOS

José Mª Cañizares Márquez

- Catedrático de Educación Física
- Tutor del Módulo del Practicum del Master de Secundaria
- Especialista en preparación de opositores
- Autor de numerosas obras sobre Educación y Preparación Física

Carmen Carbonero Celis

- D. E. A. en Instituciones Educativas
- Licenciada en Pedagogía
- Maestra de Primaria y Secundaria en centros de Educación Compensatoria
- Didacta del Módulo de Pedagogía General en el CAP
- Profesora de Pedagogía Terapéutica en Centro Educación Primaria
- Autora de varias obras sobre Educación Primaria y Secundaria

Título: ENCICLOPEDIA PARA PADRES DE ACTIVIDAD FÍSICA, SALUD Y EDUCACIÓN EN LOS NIÑ@S

Autores: José Mª Cañizares Márquez y Carmen Carbonero Celis
Editorial: WANCEULEN EDITORIAL

Sello Editorial: WM EDICIONES

Dirección Web: www.wanceuleneditorial.com, www.wanceulen.com,

Email: info@wanceuleneditorial.com

I.S.B.N. (PAPEL): 978-84-9993-555-3

I.S.B.N. (EBOOK): 978-84-9993-579-3

©Copyright: WANCEULEN S.L.

Primera Edición: Año 2017

Impreso en España

WANCEULEN S.L. C/ Cristo del Desamparo y Abandono, 56   41006 SEVILLA

Reservados todos los derechos. Queda prohibido reproducir, almacenar en sistemas de recuperación de la información y transmitir parte alguna de esta publicación, cualquiera que sea el medio empleado (electrónico, mecánico, fotocopia, impresión, grabación, etc), sin el permiso de los titulares de los derechos de propiedad intelectual. Cualquier forma de reproducción, distribución, comunicación pública o transformación de esta obra solo puede ser realizada con la autorización de sus titulares, salvo excepción prevista por la ley. Diríjase a CEDRO (Centro Español de Derechos Reprográficos, www.cedro.org) si necesita fotocopiar o escanear algún fragmento de esta obra.

ÍNDICE

Prólogo 7

Tema 1. Concepto de Educación Física: evolución y desarrollo de las distintas concepciones.. 9

Tema 2. La Educación Física en el Sistema Educativo: objetivos y contenidos. Evolución y desarrollo de las funciones atribuidas al movimiento como elemento formativo 33

Tema 3. Anatomía y fisiología humana implicadas en la actividad física. Patologías relacionadas con el aparato motor. Evaluación y tratamiento en el proceso educativo 56

Tema 4. El crecimiento y el desarrollo neuromotor, óseo y muscular. Factores endógenos y exógenos que repercuten en el desarrollo y crecimiento. Patologías relacionadas con el crecimiento y la evolución de la capacidad del movimiento. Evaluación y tratamiento en el proceso educativo 75

Tema 5. La salud y la calidad de vida. Hábitos y estilos de vida saludable en relación con la actividad física. El cuidado del cuerpo. Autonomía y autoestima............................. 95

Tema 6. Capacidades físicas básicas, su evolución y factores que influyen en su desarrollo... 120

Tema 7. Coordinación y equilibrio. Concepto y actividades para su desarrollo 140

Tema 8. El aprendizaje motor. Principales modelos explicativos del aprendizaje motor. El proceso de enseñanza y de aprendizaje motor. Mecanismos y factores que intervienen 158

Tema 9. Habilidades, destrezas y tareas motrices. Concepto, análisis y clasificación. Actividades para su desarrollo 179

Tema 10. Evolución de las capacidades motrices en relación con el desarrollo evolutivo general. Educación sensomotriz y psicomotriz en las primeras etapas de la infancia 199

Tema 11. El esquema corporal, el proceso de lateralización. Desarrollo de las capacidades perceptivo-motrices 219

Tema 12. La expresión corporal en el desarrollo del área de Educación Física. Manifestaciones expresivas asociadas al movimiento corporal. Intervención educativa 240

Tema 13. El juego como actividad de enseñanza y de aprendizaje en el área de Educación Física. Adaptaciones metodológicas basadas en las características de los juegos, en el área de Educación Física... 265

Tema 14. Los deportes. Concepto y clasificaciones. El deporte como actividad educativa. Deportes individuales y colectivos presentes en la escuela: aspectos técnicos y tácticos elementales; su didáctica 284

Tema 15. La Educación Física y el deporte como elemento sociocultural. Juegos y deportes populares, autóctonos y tradicionales. Las actividades físicas organizadas en el medio natural.. 307

Tema 16. Principios de sistemática del ejercicio y elementos estructurales del movimiento. Sistemas de desarrollo de la actividad física (analíticos, naturales, rítmicos...).................. 328

Tema 17. Desarrollo de las capacidades físicas básicas en la edad escolar. Factores entrenables y no entrenables. La adaptación al esfuerzo físico en los niños y en las niñas 347

Tema 18. El desarrollo de las habilidades. Principios fundamentales del entrenamiento. Adecuación del entrenamiento en la actividad física en los ciclos de Educación Primaria 365

Tema 19. Recursos y materiales didácticos específicos del área de Educación Física: clasificación y características que han de tener en función de la actividad física para las que se han de utilizar. Utilización de los recursos de la Comunidad 383

Tema 20. Organización de grupos y tareas. La planificación de actividades de enseñanza y aprendizaje en el área de Educación Física: modelos de sesión 405

Tema 21. Alumnos con necesidades educativas especiales. Características generales de los tipos y grados de minusvalías: motoras, psíquicas, sensoriales, en relación con la actividad física 424

Tema 22. El desarrollo motor y perceptivo del niño discapacitado. La integración escolar como respuesta educativa. Implicaciones en el área de Educación Física 443

Tema 23. Métodos de enseñanza en Educación Física. Adecuación a los principios metodológicos de la Educación Primaria 464

Tema 24. La evaluación de la Educación Física en la Educación Primaria. Evaluación del proceso de aprendizaje y del proceso de enseñanza: mecanismos e instrumentos. Función de los criterios de evaluación de etapa 489

Tema 25. La coeducación e igualdad de los sexos en el contexto escolar y en la actividad de Educación Física. Estereotipos y actitudes sexistas en la Educación Física. Intervención educativa 515

PRÓLOGO

Es por ello que este libro se ofrece como referente válido por su gran capacidad de síntesis, por presentar unos contenidos actualizados y novedosos, sin relegar los pilares clásicos de cada tema, en una permanente apuesta por dosificar, rentabilizar y conectar uno con otro cada epígrafe, en un encomiable buen hacer didáctico.

Los autores reúnen un amplio bagaje conceptual y práctico ya que han trabajado en todas las etapas del sistema y han transitado por toda la oferta educativa (Primaria, Especial, Compensatoria, Secundaria, Bachillerato, Formación de Técnicos Deportivos, C. A. P.), aportando sus conocimientos e investigaciones tanto en la Educación Física como en la Psicopedagogía y Didáctica. También poseen una dilatada experiencia en la preparación de oposiciones.

En cuanto a investigación educativa tienen publicados numerosos libros, videos, así como ponencias y comunicaciones en Jornadas y Congresos.

Recibid mi felicitación.

J. Ignacio Manzano Moreno

- Licenciado en Educación Física
- Ex Presidente del C. O. L. E. F. de Andalucía
- Miembro del Consejo Andaluz del Deporte
- Profesor del CEU-S. Pablo. Universidad de Sevilla
- Asesor de Educación Física del CEP de Sevilla

TEMA 1

CONCEPTO DE EDUCACIÓN FÍSICA: EVOLUCIÓN Y DESARROLLO DE LAS DISTINTAS CONCEPCIONES.

ÍNDICE

INTRODUCCIÓN

1. CONCEPTO DE EDUCACIÓN FÍSICA.

    1.1. Inicio de la Educación Física.

2. EVOLUCIÓN Y DESARROLLO DE LAS DISTINTAS CONCEPCIONES.

    2.1. Conceptos en la Prehistoria y primeras culturas.

    2.2. Conceptos en el Mundo Clásico.

    2.3. Conceptos en la Edad Media.

    2.4. Conceptos en el Renacimiento.

    2.5. Conceptos en el siglo XVIII.

    2.6. Conceptos en el siglo XIX.

    2.7. Conceptos en el siglo XX. Corrientes actuales.

        2.7.1. Primer tercio del siglo XX.

        2.7.2. Segundo tercio del siglo XX.

        2.7.3. Conceptos surgidos a finales del siglo XX y principios del XXI. Últimas tendencias.

    2.8. Aplicación de los distintos conceptos al currículum actual.

CONCLUSIONES

BIBLIOGRAFÍA

WEBGRAFÍA

INTRODUCCIÓN.

El concepto de Educación Física está influido por el enfoque de la persona que tenga interés en el mismo. Por ejemplo, docencia, medicina, psicología, aprendizaje y entrenamiento deportivo, defensa y seguridad, recreación, etc.

Así pues, es un término **polisémico** que no tiene unidad conceptual, por lo que admite varias interpretaciones, como después veremos, (González, 1993). Esto no significa que la Educación Física no esté identificada, sino que está relacionada con muchas otras finalidades que desde diversos lugares se le señalan como tal.

Por otro lado, el concepto ha evolucionado muchísimo a lo largo de la historia, tal y como veremos en este Tema. "*La Educación Física tiene una historia propia y bases teóricas específicas que permiten su conocimiento, desarrollo e inclusión en el campo científico*", (Zagalaz, Cachón y Lara, 2014).

Desde la preocupación por el desarrollo de habilidades para la supervivencia, para adaptarse al entorno natural o para luchar contra otros pueblos, el concepto de educación física tendió primero hacia los ideales clásicos helenos, que reaparecieron en el Renacimiento tras el oscurantismo de la Edad Media, para después pasar por periodos de estudio en las Escuelas y Movimientos, que desembocaron en su internacionalización. Posteriormente ha evolucionado hacia la necesidad de desarrollar la habilidad motriz y condición física-salud para educar desde la base y también para combatir el sedentarismo y dar contenido saludable al tiempo libre, sin olvidar el perfeccionamiento constante de los movimientos relacionados con el mundo laboral (bomberos, seguridad, ballet, deportista profesional, etc.), de forma que exista una mayor productividad.

Hoy parece evidente que la Educación Física no debe, ni puede, considerarse fuera de sus contextos sociales, políticos e históricos. Es un proyecto de formación de personas influido por los tiempos y las propias personas, que encierra determinadas visiones del ser humano, su cuerpo y su proceso de formación (Fernández-Balboa y Sicilia, 2005).

Navarro (2007) indica que La Educación Física española es un ejemplo de cómo un campo de conocimiento se ha desarrollado y va adquiriendo mayor autonomía y producción, según los procesos de avance científico y de crítica a los postulados establecidos.

La **concepción** que recogía la legislación anterior indicaba que la Educación Física "tiene en el cuerpo y en la motricidad humana los elementos esenciales de su acción educativa se orienta, al desarrollo de las capacidades vinculadas a la actividad motriz y a la adquisición de elementos de cultura corporal que contribuyan al desarrollo personal y a una mejor calidad de vida".

Por otro lado, estamos ya inmersos en un mundo donde el continuo contacto con la Tecnologías de la Información y Comunicación se ha convertido en una constante cada vez más importante, lo que atañe a nuevos horizontes en las nuevas concepciones de la Educación Física.

1. CONCEPTO DE EDUCACIÓN FÍSICA.

Concepto es la idea que concibe o forma el entendimiento, el pensamiento expresado con palabras.

Son innumerables los trabajos antiguos y modernos que, desde diferentes perspectivas, han tenido como finalidad definir la educación física. Este es el origen del carácter polisémico del término, es decir, una idea poco definida y que admite numerosas interpretaciones y contenidos según el lugar, contexto y uso que le demos (Muros, 2006).

La falta de unificación de criterios en la terminología supone un serio obstáculo para las y los profesionales de nuestro ámbito. En este sentido, Oña (2005), señala numerosos términos como "actividad física", "educación motriz", "educación físico-deportiva", "cultura física", "fisiografía" e incluso "ciencias del deporte" que se utilizan, en muchas ocasiones indistintamente, cuando en algunos casos no tienen nada que ver.

Sin embargo, Lagardera y Lavega (2003), afirman que el término Educación Física se ha consolidado internacionalmente.

La denominación de nuestra área está compuesta de un doble término: **Educación** y **Física**. El vocablo **educación** etimológicamente procede del verbo latino *"educare"* (nutrir, criar, alimentar). Para otros, del verbo *"educere"* (sacar, hacer salir, extraer, conducir). El primer caso indica un proceso de intervención externa, de transmisión de conocimiento y actitudes. En el segundo, se entiende la educación como el proceso de desarrollo o crecimiento de las posibilidades naturales del educando, de aquello que de modo latente existe en el individuo (Fernández García -coord.- 2002). Así se mantiene hoy día debido a que el proceso educativo está compuesto por dos movimientos:

- **De fuera hacia dentro**, de protección, alimentación, de enseñanza. La persona adulta transmite los conocimientos a los niños, a los que no han alcanzado la madurez.

- **De dentro hacia fuera**, de promoción, exclaustración, desarrollo de las capacidades que lleva dentro de sí cada persona.

La palabra **física** viene del griego *"physis"* (naturaleza). Lo físico es lo que pertenece al mundo natural y al cuerpo. La educación es física en la medida que la naturaleza física o corporal de la persona le permite entrar en relación con el mundo, actuando e interaccionando con él, y de esta manera poder "educarse" y "ser educado" (Fernández García -coord.-2002).

No obstante, Oña (2005), indica que el término educación física se sigue manteniendo en el ámbito educativo, pero a esta denominación genérica o a otras, le debemos poner antes la palabra "ciencias" con objeto de significar la orientación científica del ámbito de estudio.

En las últimas décadas estas son algunas de las definiciones más significativas:

- Cagigal (1975), "*es el proceso o sistema de ayudar al individuo en el correcto desarrollo de sus posibilidades personales y de relación social, con especial atención a sus capacidades físicas de movimiento y expresión. Para identificar a la educación física hay que partir de las dos grandes realidades antropológicas: cuerpo y movimiento*".

- Vicente (1988), "*la ciencia que estudia aquellos fenómenos que, siendo identificables por sus variables educativas, pertenecen al ámbito de la actividad motriz*".

- Garrote (1993), "*ciencia, modo o sistema de educar a través del movimiento*".

- Blázquez (2001), en resumen, dice que es "*una práctica escolar, que se enseña de forma obligada y cuya función es la educación del individuo a través de las conductas motrices, mediante el aprendizaje de unos contenidos para lograr unos objetivos oficiales utilizando una didáctica específica y para contribuir al éxito del alumno en su formación integral*".

- Parlebas (2003), "*la Educación Física es la ciencia de la conducta motriz, es decir, la organización del comportamiento motor*".

- Contreras, (2004), especifica que *"la Educación Física es educar a través de la motricidad. El movimiento no hay que entenderlo como movilización mecánica de segmentos corporales, si no como la expresión de percepciones y sentimientos, de tal manera que el movimiento consciente y voluntario es un aspecto significativo de la conducta humana".*

1.1. INICIO DE LA EDUCACIÓN FÍSICA.

Uno de los problemas tradicionales a la hora de sentar las bases teóricas y conceptuales viene determinado por el establecimiento del punto de **arranque** de la Educación Física como elemento o medio de educación. Existen muchos, pero exponemos los más significativos (Villada y Vizuete, 2002):

CLÁSICOS	EVOLUCIONISTAS	ORTOPEDAS	NATURALISTAS

- Los tratadistas **clásicos** de la Educación Física sitúan, de acuerdo con la metodología histórica tradicional, el origen de la Educación Física en el mundo **greco-romano**, para, en una visión pretendidamente histórica, llegar al momento actual como consecuencia del devenir y de la evolución de las actividades humanas.
- Para otros, en una visión mucho más cercana a las teorías **evolucionistas**, la Educación Física está íntimamente ligada al desarrollo de los seres humanos desde la **aparición** de éstos sobre la tierra; así, las capacidades físicas de actuación sobre el medio y los objetos que definen las etapas de la humanidad estarían marcando logros y avances en la educación del cuerpo en una progresión que nos llevaría, sin solución de continuidad, desde la *pebble culture* y el *homo habilis* a los atletas olímpicos de nuestros días.
- Otros autores, sitúan el nacimiento de la Educación Física en las técnicas de **enderezamiento** y en las pedagogías de las **posturas** iniciadas en los siglos XVII y XVIII. Chinchilla y Zagalaz (2002), se lo adjudican a Locke en 1693 o a Basedow en 1762, aunque reconocen que *"la existencia de una sistematización y la utilización de una metodología no ocurre hasta el siglo XIX"*.
- Una cuarta vía establece en **Rousseau** el nacimiento de la Educación Física; para él está **integrada** en la Educación General, prepara y completa la formación intelectual y es indispensable en la educación moral, facilitando el retorno a la **naturaleza**.

2. EVOLUCIÓN Y DESARROLLO DE LAS DISTINTAS CONCEPCIONES.

Para la elaboración de la totalidad de este punto seguimos, fundamentalmente, a Langlade (1986), Vicente (1988), González (1993), Zagalaz (2001), Chinchilla y Zagalaz (2002), Romero Cerezo y Cepero (2002), Camacho (2003), Paredes (2003), Monroy y Sáez (2008), Cañizares y Carbonero (2008), Torrebadella (2013) y Zagalaz, Cachón y Lara (2014).

De forma muy resumida veremos la **transformación** que ha tenido el concepto de educación física a lo largo de la Historia, aunque algunos de ellos sigan vigentes. Para ello acudimos a la **evolución** marcada por **Langlade**, que divide a la historia de la Educación Física en dos grandes eras: la gimnástica **antigua** y la era gimnástica **moderna** (Zagalaz, Cachón y Lara, 2014).

a) Antigua, desde 400 (a. C.) hasta siglo XVIII. Se subdivide en tres periodos: helenismo, humanismo y filantropismo, Tiene una concepción globalizadora ligada a la música, poesía y danza.
b) Moderna, se inicia en S. XVIII y dura hasta finales del S. XX. Tiene una concepción diferencial porque discrimina entre las distintas formas de movimiento, sus objetivos y

características. Tienen lugar las grandes escuelas y movimientos, apoyados por la tecnología.

Si seguimos a Zagalaz, Cachón y Lara (2014), se inicia a finales del S. XX la "**era gimnástica de integración**", donde se rompen los límites contextuales y conceptuales de la educación física y se produce una proyección internacional que busca la salud y calidad de vida, así como la mejora de los aspectos educativos, sociales y culturales. Incide también en la formación del profesorado y la práctica físico-deportiva a todos los niveles.

Vamos a estudiar, **especificándolo** aún más con una serie de **sub periodos**, estas tres eras:

2.1. CONCEPTOS EN LA PREHISTORIA Y PRIMERAS CULTURAS.

- PREHISTORIA
    - Gracias a una óptima condición física se lograba la supervivencia individual y del grupo.
    - Habilidad en el dominio corporal y en la destreza manipuladora de armas y herramientas, la eficiencia física: caza, construcción, etc.
    - Tenían al ejercicio -mezcla de magia y religión- como útil para luchar contra las fuerzas misteriosas.

- CHINA
    - Confucio escribe el "cong fu" o ciencia de la vida donde tiene importancia la medicina y los ejercicios físicos.
    - Recursos mágicos.
    - Ejercicios musculares y masajes terapéuticos.

- JAPÓN
    - Pueblo insular. Deportes acuáticos y natación.
    - Gimnasia médica. Importancia del masaje dado por ciegos.
    - Ejercicios de agilidad con pica de bambú.
    - El jiu – jitsu, triunfo de la agilidad sobre la fuerza.
    - Evitar la fatiga y los nervios.

- INDIA
    - Actividades de lucha tipo militar con y sin armas.
    - Actividades de danza con motivos religiosos, agresivos, defensivos y pantomímicos.

- EGIPTO
    - Concepto de la belleza en las formas humanas por primera vez.
    - Ejercicios de carreras, saltos y lanzamientos de jabalina.
    - Juegos de tipo popular con aros y cuerdas.

- LOS PERSAS
    - Había educadores para el cuidado de los niños.
    - Los niños recibían cultura física. Ejercicios duros y a la intemperie.

- o El deporte favorito era el polo, considerado como símbolo de habilidad y cortesía.

- **FILISTEOS**
  - o Tenían una gran destreza en el manejo de las armas, sobre todo el arco.

- **FENICIOS**
  - o Concepto náutico. Muy diestros en el manejo de embarcaciones.

- **CRETENSES**
  - o Escuela gimnástica de gran perfección, de procedencia india, basada en el juego excitante con el toro, incluyendo los saltos por encima de los animales.
  - o Destacan los Juegos Cretenses, sobre todo las actividades relacionadas con luchas.

- **MESOAMÉRICA**
  - o Actividad física realizada por jóvenes bajo un concepto físico-militar.
  - o Juegos con motivos religiosos y de ocio. Destaca el primer "deporte" con pelota: "*ullamaliztli*", el más difundido de la cultura Azteca, formando parte de su currículo educativo.

2.2. CONCEPTOS EN EL MUNDO CLÁSICO.

- **GRECIA ARCAICA**
  - o Concepto del Areté, que es el fin de la educación. Síntesis de valor físico y militar es una de sus acepciones.

- **ESPARTA**
  - o Sociedad orientada hacia la guerra.
  - o Fortalecer a los ciudadanos para guerrear.
  - o Prácticas sangrientas y duras.
  - o Se puede considerar el comienzo de la gimnasia militar

- **ATENAS**
  - o Se inicia un nuevo culto al cuerpo. Ejercicios para alcanzar la armonía.
  - o Concepto del perfeccionamiento corporal como fin.
  - o Tres maestros: el gramático, el citarista y el gimnasta.
  - o **Sócrates**: Lleva su labor intelectual en la Academia.
  - o **Platón**: La educación física adquiere dos conceptos distintos: preparación para la **defensa** de la ciudad y como formación del **espíritu**.
  - o **Aristóteles**: Gimnasia al lado de la medicina. Busca la salud e higiene.
    - Afirma que la gimnasia era parte de la educación.
    - Ejercicios según la edad y otras diferencias individuales.
  - o **Galeno**: Continúa la concepción naturalista y médica de Aristóteles.
  - o **Hipócrates**: Asocia también actividad física y salud. El objeto de la gimnástica es la "euexia" o buen estado corporal.

- El hecho físico como elemento educativo, como reto lúdico y competitivo.
- Importancia de las **olimpiadas**. Concepto olímpico y sus valores.
- La gimnasia educativa decae lentamente y perdura la médica y la deportiva que traspasa al mundo romano como espectáculo y no como actividad educativa.

- ROMA
    - Tiene valores propios, pero también otros de gran influencia helena.
    - Finalidad práctica. La integridad de la educación no era esencial.
    - Preocupación del cuerpo en los patricios.
    - Proliferó el concepto de la gimnasia atlética y profesional para entrenar a los gladiadores.
    - El estadio griego es sustituido por el anfiteatro.
    - Concepto de deporte espectáculo.
    - Juegos de pelota, carreras con cuadrigas, luchas, etc.
    - Conseguir buenos soldados

2.3. CONCEPTOS EN LA EDAD MEDIA.

- El concepto educativo y espectáculo desaparece. Domina un espíritu que considera marginal a la actividad física.
- Reclusión interior. Ascéticos. Se venera lo interior y se mancilla lo físico.
- La formación del caballero. Sólo los caballeros se forman físicamente.
- Prácticas en justas, torneos, danzas y cacerías, pero como actividad de ocio, no educativa y normalmente destinado a la nobleza.
- La persona culta tiene una educación intelectualista.
- Miembros activos de las órdenes militares necesitan condición física para la "guerra santa".

2.4. CONCEPTOS EN EL RENACIMIENTO.

- En general, se produce una vuelta al mundo clásico. Concepto educativo y humanista, que considera íntegramente al individuo.
- El concepto humanista admite que el cuerpo tiene un papel expreso para el alma, por ello agregan el juego y el ejercicio a la educación.
- **P. P. Vergerio**.
    - Escribe "De ingenius motribus", considerado como la primera exposición clara del nuevo enfoque humanístico de la educación.
    - Primera escuela pública con la inclusión de los ejercicios gimnásticos con otras materias.
- **V. Da Feltre**.
    - Concepto educativo. La gimnasia en la educación.
    - Funda en Mantua la "Casa giocosa"
    - Es, para algunos, el fundador de la Educación Física.

- **H. Mercurialis**.
  - Recupera la gimnasia médica y natural. Enlaza el concepto griego y moderno.

- **J. Comenio**.
  - Pedagogo que inscribe obligatoriamente los ejercicios corporales en el programa y horario escolar, con los tres "8": ocho horas de trabajo, ocho horas de reposo y ocho horas de ejercicio corporal higiénico.

- **L. Vives**.
  - Representante del humanismo en España.
  - Defiende la introducción de la educación física en los programas educativos.
  - Destaca valor del ejercicio y del juego compartido con los demás.

- **J. Locke**.
  - Filósofo y pedagogo, que aboga por una educación para formar al "gentleman".
  - Al lado de la formación intelectual estará la educación física.
  - Los juegos serán fundamentales en los niños.

Así finaliza la "**era gimnástica antigua**", en la que la actividad física formó parte de la historia de la humanidad actuando como elemento socializador y agente educativo (Zagalaz, Cachón y Lara, 2014).

2.5. CONCEPTOS EN EL SIGLO XVIII (ILUSTRACIÓN).

- **J. J. Rousseau** (1712-1778)
  - "Padre" de la educación física moderna. Introduce el naturalismo.
  - Obra importante: "El Emilio".
  - Educación física dirigida hacia la totalidad del individuo.
  - El movimiento engendra conocimiento. Primer pedagogo que hace intervenir el cuerpo en la mejora de la inteligencia. Importancia de la educación de los sentidos.

- **J. B. Bassedow** (1723-1790)
  - Pedagogo alemán. Funda el Instituto Filantrópico de Dessau (1774).
  - Aplica las ideas de Rousseau. Propone que los ejercicios físicos constituyan una parte esencial del plan educativo.
  - Como humanista, tiene su idea de educación integral del ser humano sobre los pilares de la autonomía moral, intelectual y física.
  - Su método didáctico establece la progresión en la enseñanza, yendo de ejercicios más simples a complejos y de ejercicios parciales a totales.

- **J. Guts Muths** (1759-1839)
  - Funda la gimnasia alemana. "Padre" de la Gimnasia Pedagógica Moderna. Influencia en la "Gimnasia Educativa" española de mediados del S. XX.
  - Regreso a la naturaleza con ejercicios elementales para recrear a sus alumnos.

- Clasificación de los ejercicios. Concepto pedagógico.

- **Nachtegall** (1774-1844)
    - Danés. Inserta la Educación Física en la Escuela Primaria. Concepto pedagógico.

- **J. H. Pestalozzi** (1746-1827)
    - Pedagogo suizo.
    - Crea la escuela popular en la que el ejercicio físico es imprescindible para el niño.
    - Coincide con Rousseau en la mayoría de los planteamientos educativos.
    - Crea la Educación Integral.
    - Gran influencia en toda Europa donde se fundan los Institutos Pestalozzianos.

- **G. Jovellanos** (1744-1810)
    - Realiza un plan de educación pública que se significó por la inclusión del ejercicio corporal.

Ofrecemos a las personas que nos leen y que desean un resumen "tipo flash", una tabla con las diversas conceptualizaciones vistas anteriormente, a la que añadimos detalles muy específicos de la época Moderna, y que nos dan servicio también para el Tema 16. En función de nuestras necesidades, podemos aumentar (difícilmente disminuir) sus contenidos.

ÉPOCA	CONCEPTO ED. FÍSICA
Prehistoria	La lucha por la vida. Ejercicios para actividades de supervivencia (caza, recolección, traslado, etc.)
Antigüedad, Lejano y Extremo Oriente	Ejercicios con fines religiosos, terapéutico, guerrero
Grecia, Atenas, Esparta	Ciudadano integral. Deporte (JJ. OO.) Educativo. Guerrero
Roma	Conquista (guerrero). Circo, profesionalismo
Edad Media (Feudalismo)	Ejercicios realizados por caballeros para la preparación de torneos. Lucha por ideales: las Cruzadas.
Renacimiento	Vuelta al mundo clásico. Concepto educativo y humanista, que considera íntegramente al individuo. Se añade el juego a la educación. Comenio, Merculiaris, Vives…
Siglo XVIII	Conceptos pedagógico, natural y humanista. Rousseau, Muths, Nachtegall, etc.

2.6. CONCEPTOS EN EL SIGLO XIX.

Destacamos a los siguientes autores:

- **F. Amorós** (1770-1848)
    - Militar español exiliado a Francia.
    - Discípulo de Pestalozzi, Guts Muths y con influencias de Jahn.
    - Creador de la Educación Física en Francia.
    - Trata de introducir la Educación Física en la escuela.
    - Define la Educación Física como la ciencia razonada del movimiento.
    - Trabajo mediante la imagen visual de los movimientos.
    - Se acompaña con cantos y el uso aparatos.

- **P. Ling** (1776-1839)
    - Creador de la gimnasia sueca.
    - Concepto analítico y estático, además de correctivo, anatómico y biológico. Aburrida para los niños.
    - Divide la gimnasia en pedagógica, militar, médica-ortopédica y estética.

- **F. L. Jahn** (1778-1852)
    - Continuador de la gimnasia de G. Muths.
    - Las circunstancias políticas marcaron su tipo de gimnasia. Patriotismo alemán.
    - Funda el "Turnen", que gira en torno a la gimnasia con aparatos.
    - Gimnasia político-militar-nacionalista, con exaltación de la raza, y de preparación de hombres fuertes y moral alta.

- **T. Arnold** (1795-1842)
    - Concepto deportivo, introduce el deporte en la Educación.
    - Hace del deporte un estilo de vida.
    - Reglamenta los juegos conocidos y practicados.

- **A. Spiess** (1810 – 1858)
    - Este pedagogo fue el que realmente incorporó la gimnasia a las instituciones educativas de Alemania. Comenzó su carrera como maestro en la escuela de Pestalozzi.
    - Implantó un programa donde los estudiantes participaban durante dos horas seguidas, tres veces a la semana. Además, confeccionó un programa especial para niñas y realizó modificaciones y adaptaciones para los más jóvenes.
    - El programa de Educación Física debe poseer el mismo nivel de importancia que otras disciplinas académicas.
    - Se debe prever un programa de Educación Física bajo techo (interiores) paralelo a otro programa que se lleve a cabo al aire libre (exteriores), en ambos casos progresando en intensidad.

- **G. Demeny** (1850-1917)
    - Introduce la gimnasia funcional. Fundamenta científicamente la gimnasia.
    - El equilibrio de las funciones del cuerpo es la perfección humana.

- **Las Escuelas** (1800-1900)

El siglo XIX es denominado en Europa como "**periodo de las escuelas**", cada una con sus rasgos y tendencias propias. Destacamos cuatro en el Viejo Continente, más la Americana del Nuevo:

ESCUELA	AUTOR	CONCEPTO
Sueca	P. Ling	Analítico/Médico
Alemana	Muths y Jahn	Pedagógico/Nacionalista
Francesa	Amorós	Militar/Acrobático
Inglesa	Arnold	Deportivo
Americana	Karl Follen, Karl Beck y Binet	Deportivo. Investigador

Las Escuelas tienen como característica general una conceptualización diferenciada frente a la globalizadora de la Era Gimnástica Antigua. Reconocen el Deporte, Juego, Danza, Expresión, etc.

Escuela sueca. Su precursor fue Pier Henrrik Ling. Sus primeras lecciones se basan en las ideas de Guts Muths. Por medio de ejercicios variados en las posiciones de pie, sentado o tendido, por el empleo de cuerdas, barras para la suspensión, escalas de ondulación, se prepara a la juventud y se entrenan para evitar la fatiga. Por medio de ejercicios de saltos, volteretas y movimientos de agilidad, se educa para obrar con precisión en un momento dado.

Fue su hijo Hjalmar Ling, padre de la gimnasia escolar, quien sistematizó, ordenó y completó la obra de su padre. Creó las famosas **tablas** gimnásticas y desarrolló el esquema de la gimnasia, y con éste la interpretación nórdica del principio de la totalidad.

Escuela alemana. La gimnasia pedagógica de Guts Muths tuvo su continuación en A. Spiess, padre de la gimnasia escolar alemana. Plantea su práctica de acuerdo a los principios anatómicos y fisiológicos. En contra aparece la concepción nacionalista de Jahn. Con Jahn nace el Turnen, nombre que suprime el Gymnastik de G. Muths y que dura hasta 1939. El Turnen utiliza ejercicios con aparatos, cuerdas, escalas, trapecios, etc.

Escuela francesa. Las ideas de G. Muths sobre gimnasia fueron cogidas por Amorós, que en 1851 lo pone como asignatura, con un carácter militar acrobático. Su gimnasia conoció en esa época éxito, aunque por su carácter militar y sus exigencias acrobáticas y de riesgo tuvieron detractores. Por ello surge un movimiento en contra, por considerarla no adecuada para los escolares. Sus autores proceden de la corriente científica como Tissié, Lagrange y Demeny, entre otros.

Escuela inglesa. Satisface sus necesidades sobre la base de los juegos, las actividades atléticas y los deportes. Busca la ocupación del ocio por el deporte en chicos ingleses burgueses y aristocráticos, internos en colegios. Su figura más importante es Thomas Arnold. Éste institucionaliza el deporte y le da un carácter serio. El deporte se extiende desde Inglaterra a todo el mundo, sobre todo a U.S.A. gracias a lo emigrantes.

Fuera de Europa debemos subrayar la Escuela Americana.

Escuela Americana. Para Zagalaz (2001), "*la Educación Física en U.S.A. empezó a conocerse en Boston, hacia 1820, con la llegada de los inmigrantes suecos y alemanes. Su obligatoriedad en la escuela empieza en 1864 en algunos estados. La relación mantenida con Gran Bretaña hace que el impulso deportivo originario de las islas llegara con fuerza. Las Universidades juegan un papel fundamental en el desarrollo deportivo*". Descubren y desarrollan grandes deportes, como Baloncesto y Voleibol. También investigan, ya en el siglo

XX, el aprendizaje motor y la importancia del "skill" o habilidad. Inventan y ponen de moda el aeróbic y sus variantes, juegos de playa, máquinas de musculación, etc. (Paredes, 2003).

Independientemente de lo anterior, debemos también reseñar el llamado "**Movimiento Higienista**" (finales del siglo XIX y principios del XX). Debido a la insalubridad de las grandes ciudades que está desencadenando la revolución industrial, surge una preocupación social por la higiene ambiental, que llega hasta la escuela, donde se empiezan a dar los primeros criterios de higiene en los edificios escolares (Delgado, Tercedor y Tercedor, 2008).

2.7. CONCEPTOS EN EL SIGLO XX.

2.7.1. PRIMER TERCIO DEL SIGLO XX.

El primer tercio del pasado siglo es conocido como el "**Periodo de los Movimientos**" (1900-1930) y de hecho es **producto** de renovaciones de las Escuelas o Tendencias antes citadas. Los Movimientos aglutinan a **varios Estados** que, inspirados en los orígenes de cada escuela, desarrollan, perfeccionan y organizan diversas corrientes que aún en la actualidad tienen su importancia.

MOVIMIENTO	CONCEPTO	AUTORES
Norte (Escandinavia)	Rítmico. Acrobático. Balanceos.	N. Bukh; E. Björksten
Centro (Alemania)	Rítmico. Natural.	I. Duncan; J. Dalcroze
Oeste (Francia)	Natural. Científico.	G. Hèbert;
Deportivo (Inglaterra y Francia)	Deportivo. Reinstauración JJ.OO. (1896)	P. Coubertin

- **M. de Centro**

    Representa las nuevas ideas y corrientes gimnásticas de Alemania, Suiza y Austria. Comprende al Movimiento Rítmico de Dalcroze; Gimnasia Expresiva de Rudolf Bode y otros y a la Gimnasia Natural Austriaca de Gaulhofer y Streicher.

- **M. del Norte**

    Formado por la escuela sueca o nórdica. De su evolución surgen tres tendencias:
    - Técnico-Pedagógica, con una concepción educativa. Destacan Elli Björkstén, en la gimnasia femenina; Niels Bukn en la gimnasia básica; M. Carlquist en juegos y destrezas.
    - Ecléctica, con J. G. Thulin, creador del "cuento lección" o "cuento motor".
    - Científica, destacando J. Lindhard con una concepción fisiológica del ejercicio.

- **M. del Oeste**

    Se genera en Francia como corriente crítica a los métodos de Amorós, sobre todo por el suizo afrancesado Clias. Sobresalen dos tendencias, aunque unidas por el Eclecticismo de Demeny:
    - Científica, con autores tales como Marey, Lagrange y Tissié, especialistas en ciencias médicas.
    - Técnico-Pedagógica, representada por G. Hèbert. Crea el Método Natural basándose en las actividades primitivas de las personas en contacto con la naturaleza. También incluye a la línea psicomotricista.

- **M. Deportivo**

    Evolución de los juegos deportivos ingleses. Influye la reinstauración de los Juegos Olímpicos por Pierre de Coubertin en 1896 y el descubrimiento y popularización de nuevos deportes, sobre todo en U.S.A.

2.7.2. SEGUNDO TERCIO DEL SIGLO XX.

A partir de 1939 y, sobre todo, tras la 2ª Guerra Mundial, se produce la **internacionalización** progresiva, fruto de la mejora de las **comunicaciones**, de las influencias recíprocas y de la universalización de los conceptos. Por otro lado hay que considerar el avance de la investigación científica en general.

a) El **Movimiento de Centro** expande la Gimnasia Natural Escolar, que en España se conoce a través de los cursos de Gerard Schmitd; la rítmica y la artística.

b) Del **Movimiento del Norte** surge la gimnasia educativa, muy aplicada en España desde los años 50 a los 70. También los sistemas para la mejora de la condición física.

c) El **Movimiento del Oeste** propaga la **psicomotricidad**, que estudia la relación entre la actividad psíquica y la función motriz (Mendiara y Gil, 2003). Entre las tendencias psicomotricistas, destacamos a Jean le Boulch, médico y profesor de Educación Física, quien lleva la educación psicomotriz hacia una nueva corriente, el Método Psicocinético (Rigal, 2006).

d) El **Movimiento Deportivo** inglés prosigue su desarrollo, sobre todo con la extensión, politización y promoción de los Juegos Olímpicos y otros similares (Mediterráneo, Panamericanos, Comonwell, etc.), además de los campeonatos internacionales. Influye la creación de nuevas federaciones y la comercialización.

e) **Las Escuelas Gimnásticas situadas al Este de Europa**. Tras la 2ª Guerra Mundial, en países como China, Alemania del Este y la antigua URSS, el deporte va a ser el vehículo para el adoctrinamiento político, nacionalizándolo, planificando métodos, a veces inmorales, y haciendo un gran esfuerzo por dotar de medios necesarios al sistema para poder desarrollarlo. En este sentido la Educación Física se convierte en una herramienta fundamental para la práctica deportiva y la selección de talentos que representarán a la nación en las competiciones deportivas.

Si nos centramos en **España**, desde los años 50 debemos señalar la importancia que se le daba al **deporte**, por lo que la asignatura se llegó a llamar "Educación Física y Deportes". También se acuñó el término "Gimnasia Educativa", por influencias de la gimnasia sueca, que consistía en la realización racional de ejercicios analíticos para mejorar fuerza y flexibilidad. Tenía un carácter "pre-militar", sobre todo por la metodología directiva que se usaba. Ya, a partir del "Mayo francés" (1968), se introducen nuevos conceptos, como la expresión corporal, el juego dramático, etc. (Vázquez, 1989).

2.7.3. CONCEPTOS SURGIDOS A FINALES DEL SIGLO XX Y PRINCIPIOS DEL XXI. ÚLTIMAS TENDENCIAS.

Vázquez (1989), tras realizar un análisis histórico de la Educación Física hasta nuestros días, concluye que coexisten tres corrientes:

a) La educación físico-deportiva o *"cuerpo acrobático"*.

b) La educación psicomotriz o *"cuerpo pensante"*.

c) La expresión corporal o *"cuerpo comunicación"*.

Sáenz-López (2002), citando a Garrote (1993), indica que las principales tendencias de los últimos años del siglo XX y principios del siglo XXI, son:

a) Corriente Deportiva, sobre todo desde Barcelona'92 y en auge continuo por las numerosas competiciones internacionales que se dan en nuestra comunidad.

b) Corriente Psicomotriz, que hizo su aparición en nuestro país en la década de los setenta del pasado siglo (Mendiara y Gil, 2003).

c) Corriente Expresiva, muy numerosa y variada. De gran importancia tras los DD.CC.

d) Corriente Educación Física de Base. Procede de la Psicocinética de Le Boulch, si bien la introduce en España e Hispanoamérica el doctor Legido. Ha sido estudiada, además, por la Universidad de Lovaina.

e) Corriente Investigadora, que se centra en el estudio del aprendizaje motor, por ejemplo Cratty y en el de la metodología, como Mosston.

f) Corriente **Sociomotriz** y "Praxiología Motriz" (Parlebas, 2001). Ésta es la ciencia de la acción motriz, analiza juegos y deportes y su lógica interna, sus estructuras, etc. A este investigador, el concepto psicomotriz de Le Boulch le parece insuficiente, ya que alude a aspectos individuales del movimiento, a una motricidad aislada cuyo punto de referencia es el colectivo. La motricidad individual se ve afectada continuamente por la de los compañeros y adversarios del juego, por lo que es una "motricidad de relación" o "Sociomotricidad", típica de los juegos y deportes colectivos (Parlebas, 2003).

Romero Cerezo y Cepero (2002), indican seis concepciones actuales:

a) C. Psicomotriz.

b) C. Educación Física de Base.

c) C. de Juego y Deporte.

d) C. de Salud y Condición Física.

e) C de Actividad Física en el Medio Natural.

f) C. Expresivo y Comunicativo.

Navarro (2007), indica que la Educación Física ha experimentado en las últimas décadas del siglo XX cambios muy importantes que enmarcan a dos periodos:

a) <u>Desde mediados de la década de los 80 a 1992</u>. Incluye la Reforma, LOGSE (1990), currículos del MEC y de las C.C. A.A. La idea de la Educación Física es integradora de enfoques y contenidos, más por una integración ávida de nuevos planteamientos que por coherencias internas de los mismos. La llamada "educación física-rendimiento", va dejando paso a la "educación física-salud". No olvidemos que hasta la publicación de la LOGSE (1990) y la legislación nacional y autonómica que la desarrolló, el **currículo** de Educación Física era **inexistente**.

b) <u>Desde 1992 a final de siglo</u>. Caracterizado por la llegada de la perspectiva crítica a la Educación Física escolar, la maduración del currículo, el enfoque de la salud, y del desarrollo más completo de propuestas didácticas (de la metodología y la evaluación, especialmente), sin olvidar el asentamiento del modelo cognitivista y estructuralista del aprendizaje deportivo, y el impulso del campo científico de la Educación Física.

En los últimos años del siglo XX surgen numerosos y nuevos conceptos, quizás motivados por la **popularización** de la actividad física en nuestro país. Por ejemplo, la política de construcción de instalaciones deportivas emprendidas por las administraciones públicas, que incluyen en muchos casos piscina climatizada. También debemos señalar que el Área de Educación Física es impartida por docentes especialistas, la creación en numerosos centros de talleres deportivos (actividades extraescolares), la difusión del binomio conceptual "actividad física-salud", el diseño de nuevos materiales **alternativos** que facilitan la práctica desde las primeras edades, campañas publicitarias destinadas al "consumo deportivo", como las carreras populares, marchas en bicicletas (que incluyen en muchas ciudades la construcción de "carriles-bici" y un servicio de alquiler de las mismas a bajo costo), la profusión y especialización de establecimientos comerciales con artículos deportivos, la oferta de gimnasios públicos y privados que incorporan cada temporada nuevos programas para atraer a más usuarios, aunque no nos podemos olvidar de la preocupación de gran parte de la población por hacer una actividad física beneficiosa para su organismo, apoyada en grandes campañas publicitarias donde incluimos Internet y canales de televisión específicos de la actividad física y el deporte.

Podemos afirmar que finaliza así la "**era gimnástica moderna**" (Zagalaz, Cachón y Lara, 2014). Los valores más demandados por la sociedad fueron los educativos, de ahí la creación de las escuelas gimnásticas para desarrollarlos y las leyes de educación para recogerlos. Para estos autores, estamos ya en la "**era gimnástica de integración**". Surge por los **cambios** producidos en los últimos años en las sociedades occidentales y algunas orientales debido al desarrollo económico y a la tecnologías de la información y comunicación. Estos procesos permiten asociaciones sobre planteamientos sociales, educativos y culturales: noción del cuerpo; lucha contra el sedentarismo; consecución de salud y calidad de vida a través del ejercicio físico; ocio activo... Por todo ello, en esta era se **integran** en la sociedad de la información y comunicación: valores **sociales** como ocio, salud; valores **culturales** potenciando las redes sociales y el multiculturalismo; valores **educativos** como autoestima, cooperación, tolerancia o respeto.

Cañizares y Carbonero (2006), señalan, entre otros, a los siguientes **conceptos** aparecidos en los tres **últimos decenios** del siglo XX y que siguen vigentes y desarrollándose en pleno siglo XXI.

- Concepto **Alternativo**. Se inicia en España en 1988 a través del profesor del I.N.E.F. de Madrid, Manuel Hernández. "*Surge con la idea de introducir nuevas formas que haga posible una evolución más racional del juego y el deporte, así como una adaptación a los intereses de la sociedad actual*" (Hernández, 1994). Busca **nuevos recursos materiales**, móviles preferentemente, basados en materiales plásticos. Sus características de novedad, adaptación, seguridad, motivación, creatividad y precio hacen que en poco tiempo sean muy populares. Actualmente son de gran ayuda para el trabajo de las habilidades perceptivo-motrices y básicas, sobre todo. Ejemplos son los discos voladores, palas, pelotas gigantes, paracaídas, pompones, diábolos, etc.

- Concepto **Multideportivo**. Si bien tiene su inicio hacia finales de los años 70 del pasado siglo, entendemos que sigue vigente en la actualidad. Surge en un intento de **sistematizar y darle contenido a la asignatura de educación física** que se impartía en Bachillerato, en un momento que **no había aún un currículo oficial**. Augusto Pila, principalmente estructura "su método" al que se le unen posteriormente alumnos suyos como Cantó. La enseñanza multideportiva se realiza en tres categorías de deportes: individuales, de adversario y colectivos.

- Concepto **Recreativo/Educación para el Ocio Activo y Saludable**. También conocido como "**Movimiento social hacia la salud**" (Delgado; Delgado y Tercedor, 2008), a partir de los años 80 y que, entendemos, dura hasta la actualidad. Surge un tanto en contraposición al Movimiento Fitness y como consecuencia de las pautas del currículo LOGSE. Hay una preocupación hacia la actividad física saludable, no competitiva; hacia la alimentación sana; las actividades deportivas en el tiempo extraescolar, etc. Se busca que el alumnado domine una serie de juegos para hacer en su tiempo de ocio y vacacional y, por tanto, crear **hábitos** y estilos saludables. Un ejemplo de ellos son los juegos populares-tradicionales y los juegos con materiales "alternativos". Está muy presente en la **escuela actual** a través de los objetivos de Etapa, Área, bloques de contenido, etc. En esta misma línea, podemos encuadrar los programas de ayuntamientos y otros organismos en la organización de eventos regulares (talleres de gimnasia, de juegos populares, "Thai Chi", planes para un "envejecimiento activo y saludable", etc., así como manifestaciones multitudinarias como los "paseos, carreras y rutas populares en bicicletas", fiestas deportivas, etc. (Navarro, 2007). A diario podemos comprobar también cómo cientos de personas realizan estas mismas actividades saludables de forma individual o en pequeños grupos. En Andalucía, a partir de 2008 va tomando cada vez más importancia los paseos en bicicleta aprovechando la construcción masiva en pueblos y ciudades de **carriles-bici**. Éstos son aprovechados también por patinadores. Muchas de estas nuevas vías se acompañan con instalaciones complementarias tales como los "**circuitos biosaludables**", es decir, máquinas de acondicionamiento, como la de los gimnasios, accesibles a mayores para que éstos puedan movilizar sus articulaciones.

En ello, entendemos, tiene mucha importancia las recomendaciones médicas que llegan continuamente a nuestros mayores (Calderón, 2012) y Fernández del Olmo (2012).

En este sentido, podemos destacar una actividad física que cada vez tiene más adeptos entre nuestro alumnado como es el "**Parkour**" o "el arte del desplazamiento". La entendemos como una filosofía que consiste en desplazarse de un punto a otro lo más eficiente y operativamente posible, usando fundamentalmente las posibilidades y habilidades del cuerpo humano para superar los obstáculos que se presentan en el recorrido, tales como vallas, muros, barandas, paredes, etc., en ambientes urbanos y árboles, rocas, ríos, etc. en ambientes rurales.

También, el **R.D. 126/2014** hace referencia a este término: El abanico de actividades de la propuesta curricular debe reflejar las manifestaciones culturales de la sociedad en la que vivimos, que se manifiesta tanto en nuevas formas de ocio como el turismo activo y las actividades de *fitness* o *wellness*, como en los juegos y deportes, o en las manifestaciones artísticas.

En cualquier caso, no debemos olvidar lo expresado por la LOMCE/2013, en su disposición adicional cuarta sobre "*promoción de la actividad física y dieta equilibrada*". "Las administraciones educativas adoptarán medidas para que la **actividad física y la dieta equilibrada** formen parte del comportamiento infantil y juvenil. A estos efectos, dichas Administraciones promoverán la **práctica diaria de deporte y ejercicio físico** por parte de los alumnos y alumnas **durante la jornada escolar**, en los términos y condiciones que, siguiendo las recomendaciones de los organismos competentes, garanticen un desarrollo adecuado para favorecer una vida activa, saludable y autónoma. El diseño, coordinación y supervisión de las medidas que a estos efectos se adopten en el centro educativo, serán asumidos por el **profesorado con cualificación** o especialización adecuada en estos ámbitos.

- Concepto **Physical Fitness**. Traducido como condición y aptitud física. Es un movimiento que pretende el desarrollo exclusivo de la condición física. Pero no sólo implica a la actividad física, sino a la salud, alimentación, mente, estilo, etc., consiguiendo una actitud más positiva hacia la vida diaria. Se realiza a nivel de gimnasios y en muchas ocasiones va parejo al aeróbic. No obstante, se le reconoce un concepto de **salud y bienestar**. En este mismo sentido surge en 2014 el baile-fitness "**Sh'Bam**". Una modalidad en grupo que se sale de las típicas rutinas y que combina movimientos sencillos de hasta doce estilos diferentes. El "**crossfit**" se populariza en 2015, proviene de USA y es un tipo de entrenamiento funcional de alta intensidad con ejercicios muy variados y diseñados a partir de las acciones de la vida diaria. El popular y tradicional **yoga** y, en los últimos años el **Pilates** podemos clasificarlo en este apartado. El "bootybarre" se aprovecha de ambos. Hacia 2016 se inicia el concepto de "entrenamiento en suspensión" o **TRX**. El concepto de "**coaching**" o **entrenador personal** está avanzando de manera muy significativa en los gimnasios.

- **Aeróbic**. Movimiento deportivo popularizado por el Dr. Kenneth Cooper en 1968 con ejercicios de baja o moderada intensidad para el desarrollo del sistema cardio-vascular. Posteriormente lo relanzó Jane Fonda, entre otras. Existen muchas variantes y tiene hoy día una estructura con una **comercialización** extraordinaria, por ejemplo, step, latin aeróbic (Fernández García, 2011). En los últimos años, el aeróbic se acompaña del agua, por ejemplo el aquaerobic, step-acuatic, o el programa Zumba, que fusiona ritmos latinos (salsa, bachata, merengue, reggeaton o samba) con ejercicios de tonificación para producir una coreografía sencilla. Otros ejemplos de variantes en aeróbic, son: spinning, body sculpt, box aeróbic, fat burn, tae bo, body jam, blended aeróbic y un largo etcétera en continua evolución.

- **Bailes de Salón**. Han reaparecido los bailes de salón y ocupan un puesto destacado en el currículo del tercer ciclo de Primaria. Mejoran la habilidad corporal (ritmo, coordinación) y la socio-afectividad. Por ejemplo, salsa, merengue, mambo, etc. En los últimos años cabe destacar la **Capoeira**, que es un arte marcial-danza brasileño, aunque con raíces africanas, y que empezó a ser practicada por los esclavos. Desarrolla las capacidades coordinativas y las físicas de flexibilidad, fuerza y resistencia, entro otros aspectos. No podemos olvidar los bailes tradicionales de Andalucía: sevillanas, etc. (Otero, 2012).

- Concepto **Actividades en la Naturaleza**. Las condiciones naturales y variopintas de nuestro entorno hacen que la oferta escolar, a través de empresas de servicios, vaya en aumento. Ejemplo de ello es el senderismo, náutica, escalada, hípica, bicicleta de montaña, vela, esquí, etc. También influye un tipo de turismo que busca la actividad física y deportiva, a veces de riesgo, en el medio natural (Quintana y García 2005).

- Concepto **Deporte Especial**. Nos referimos a las numerosas especialidades deportivas que se van incorporando para que sean realizadas por chicas y chicos con discapacidad. Empieza su importancia a raíz de los JJ. OO. de Barcelona-92 y cada vez tiene más medios, practicantes y apoyos institucionales.

- Concepto **Turismo**-Deporte. En los últimos años aparece el binomio vacación-deporte con la construcción de instalaciones deportivas en playas y espacios rurales. No olvidemos que la Comunidad Europea no concede la bandera azul de calidad a las playas que no tienen instalaciones deportivas en su entorno inmediato También, las instalaciones hoteleras tipo "SPA" podemos incluirlas aquí. En localidades donde existen buenas redes de "carriles-bici", surgen empresas de servicios de alquileres de bicicletas para que los turistas, además de hacer actividad física, puedan acercarse sin dificultad a las zonas monumentales y paisajísticas del entorno.

- Concepto **Investigador**. Tras publicación del D.C.A. (1992), Viciana (2000), destaca el concepto de investigación-innovación a través de un estudio sobre estas líneas que sigue el profesorado andaluz: innovación en la concepción del currículo, en los temas transversales, en la concepción de la Educación Física, en los estilos de enseñanza, en los recursos, en la investigación de la cultura lúdica popular de Andalucía, en las TIC , en los cuadernos de clase o patio, etc.
La O. de 15 de mayo de 2006 establece las bases para impulsar la investigación educativa en los centros docentes públicos de la Comunidad Autónoma de Andalucía dependientes de la Consejería de Educación. Su temática es muy variada, como la investigación desde la perspectiva de género; la puesta en práctica de las tecnologías de la información y la comunicación o la **investigación en metodologías docentes.**
En 2007 el gobierno andaluz aprueba la creación del Registro Andaluz de Grupos de Investigación Educativa, al que se acogen colectivos que investigan numerosos ámbitos. Citamos la Resolución de 10/04/2007, de la D. G. de Innovación Educativa y Formación del Profesorado, por la que se aprueban Proyectos de Investigación Educativa y se conceden subvenciones, B. O. J. A. nº 87 de 04/05/2007.
Numerosos programas que se siguen en nuestras escuelas acuden a la investigación docente. Por ejemplo los relacionados con la integración, innovación educativa y desarrollo curricular, etc. Muchas de estas experiencias se conocen a través de sus publicaciones en las revistas electrónicas.

- Concepto **Ludificación o Gamificación**. En los últimos años, con la incorporación de contenidos teóricos a nuestra área, estamos viendo cómo surge un concepto plenamente identificado con el juego. Se trata de la "ludificación" -a veces traducido como "**gamificación, o juguetización"**- y que es el uso de técnicas, elementos y dinámicas propias de los juegos y el ocio en actividades no recreativas con el fin de potenciar la motivación, así como de reforzar la conducta para solucionar un problema u obtener un objetivo. Pretende introducir estructuras provenientes de los juegos para convertir una actividad a priori aburrida en otra que motive al alumno/a a participar en ella. Si bien introducir valores lúdicos a estas actividades no es una idea nueva, se trata de un concepto que se ha visto magnificado en los últimos años como consecuencia del auge del entorno digital (uso de las TAC), de los videojuegos y de estudios aplicados a estos, como la ludología (Cortizo et all., 2011).

- Concepto "**Coaching Educativo**". Es una técnica de preparación normalmente personal, individual. Tras iniciarse este concepto en el ámbito educativo, desde el prisma educativo consiste en un "acompañamiento supletorio a los escolares por parte de un profesional entrenador, cuyo objetivo es mejorar el rendimiento escolar, la educación emocional y los hábitos de salud, completando el trabajo de los demás docentes y de los padres con técnicas pioneras de coaching y programación neurolingüística (PNL). Se fundamenta en que todos tenemos un amplio potencial interior por desarrollar y necesitamos a alguien al lado que nos ayude a conseguirlo" (Zagalaz, Cachón y Lara, 2014).

- **Las TIC (TAC) en Educación Física**. En los últimos años, la llamada "sociedad de la información" ha venido a cambiar algunos conceptos educativos (Cebrián -coord.-, 2009). Esto se notó con la creación de los "Centros TIC" (Tecnología de Información y Comunicación) (Sancho, 2006). Todo ello ha hecho que la comunicación entre el alumnado, entre éste y sus maestros, y entre éstos y la administración, sea muy dinámica (Blázquez y otros, 2010). A partir de la LOMCE/2013, se empiezan a denominar también TAC (Tecnologías del Aprendizaje y del Conocimiento).
Prueba de ello es la creación, en el curso 2006-07, de nuevas herramientas para el sistema educativo andaluz por parte de la C. E. J. A. Se trata de la plataforma educativa "Helvia", el sitio Web "Averroes", creado en 1998, y la "Base Andaluza de Recursos Digitales" (BARTIC). Hay otras iniciativas como la Base Andaluza de Recursos de Innovación Educativa (BARIE), el programa "PASEN" para la comunicación con las familias, **tutorías electrónicas** y la realización de trámites administrativos. Algunos ejemplos de herramientas son los "Plan Lesson", "La caza del Tesoro", "Webquest", "Hot Potatoes", "JCLIC", los Blogs, etc. And@red es un servicio de redes entre los centros educativos acercando las TIC a la comunidad escolar. "EDUSPORT", en cambio, es una plataforma del M. E. C. D. que pone a disposición del profesorado numerosos recursos, incluidos los prácticos en formato video digital. Propone el desarrollo pedagógico para el área de educación física de los contenidos básicos para la educación.
Educanix es una plataforma que pone a disposición del profesorado de primaria numerosas herramientas que son de gran utilidad. **Moodle** y **Tiching** son dos **plataformas virtuales de formación online** gratuitas para mandar trabajos a los alumnos y evaluarlos.
Las "**wikis**" son una de las múltiples posibilidades que nos ofrece Internet. Resultan muy operativas a la hora de hacer trabajos en grupo, recopilación de datos, compartir resultados de una investigación, etc. También tenemos cada vez más experiencias en el sentido de usarlas conjuntamente con las familias para su atención personalizada.
La "**pizarra interactiva**", también conocida como "Pizarra Digital Interactiva" o **PDI**, consiste en conectar un ordenador a un video-proyector, que envía la imagen o texto generada por aquél a una superficie lisa, rígida, blanca y sensible al tacto o no, desde la que se puede controlar el P.C., hacer anotaciones manuscritas sobre la

imagen proyectada, guardarla, imprimirla, exportarla, enviarla por correo electrónico, etc. en diversos formatos. La PDI controla el ordenador mediante su propia superficie con el dedo, bolígrafo u otro dispositivo, lo mismo que se hace con el ratón. Esto es lo que nos proporciona la **interactividad** con la imagen y lo que la diferencia de una pizarra digital "normal" -ordenador más proyector- (Cabero y Román -coords., 2008).

iDoceo es un cuaderno tradicional de notas para iPad y tablets. Podemos insertar y editar cualquier información referente a clases, materias y alumnos, visualizándolo por periodos escolares (trimestres, cuatrimestres, semestres...). Y todo ello sin tener que estar conectado a Internet.

Otras **plataformas** educativas muy actuales, son: Brainly; Docsity; Educanetwork; Edmodo; Eduredes; Eduskopia; Misdeberes.es; Otra Educación; RedAlumnos; The Capsuled; etc.

La Orden de 10 de agosto de 2007, por la que se desarrolla el currículo correspondiente a la Educación Primaria en Andalucía, enfatiza que *"las tecnologías de la información y de la comunicación formarán parte del uso habitual como instrumento facilitador para el desarrollo del currículo"*. La implantación de las TIC hace obligado una renovación didáctica del profesorado (Imbernón, 2007).

Ya en el **siglo XXI**, se publica la Ley Orgánica 10/2002, de 23 de diciembre, de Calidad de la Educación. (L. O. C. E.), B. O. E. nº 307, de 24/12/2002. Tuvo una presencia poco significativa, sobre todo por motivos políticos. Cuatro años más tarde se publica la Ley Orgánica 2/2006, de 3 de mayo, de Educación (L. O. E.), B. O. E. nº 106, de 04/05/2006. Se desarrolla a través del R.D. 1513/2006, que establece las enseñanzas mínimas en Educación Primaria. Quizás una de las mayores novedades radica en la importancia del área de Educación Física a la consecución de las **Competencias Clave** al final de la Etapa Obligatoria (Pérez Gómez, 2007).

La Ley 17/2007, de Educación en Andalucía (L.E.A.), regula las materias no básicas que la L. O. E. permite a las comunidades autónomas. Se centra en:

- Aumentar el éxito escolar del alumnado.
- Avanzar en la adquisición de saberes para el siglo XXI.
- Fortalecer la posición del profesorado, potenciando su formación y las buenas prácticas docentes.
- Mejorar el funcionamiento de los centros educativos otorgándoles más autonomía.
- Apostar decididamente por un modelo actualizado y dinámico de evaluación.

La LOMCE/2013 **modifica** determinados aspectos de la LOE/2006 y se desarrolla por el R. D. 126/2014. A pesar de ser **recurrido** por varias comunidades autónomas, el T. Constitucional lo **desestimó**.

Podemos también destacar los **avances metodológicos**, pasando de una enseñanza tradicional, estática y transmisora a otra basada en la búsqueda, interaccionando con el medio, de agrupamientos flexibles y en el aprendizaje cooperativo. Hemos avanzado en la concepción del currículo, pasando de uno inamovible a otro que permite la diversificación curricular (O. de Diversidad del 25/07/08), la educación compensatoria -con las Aulas de Transición Lingüística y Social (ALISO) y las Aulas Temporales de Adaptación Lingüística (ATAL)- y la integración en el aula ordinaria al alumnado con discapacidad. Igualmente, el uso de nuevos **recursos**, desde los llamados "alternativos", a los de tipo multimedia e Internet que se irán desarrollando conforme avance el siglo XXI.

No debemos olvidar que la práctica del deporte puede constituir una herramienta de socialización muy potente para niños y niñas en situación de **exclusión social**, siempre que se tengan en consideración los ámbitos emocionales, madurativos y sociales de la persona que lo practica, y la formación, sensibilidad y objetivos pedagógicos de quien lo usa para educar (Gómez Lecumberri y otros, 2009).

Se publica el D. 230/2007, de 31 de julio, por el que se establece la ordenación y las enseñanzas correspondientes a la Educación primaria en Andalucía (B.O.J.A. nº 156, de 08/08/2007). Éste se remite a la posterior Orden de 10/08/2007, que desarrolla el currículo correspondiente a la Educación Primaria en Andalucía. También, entre otra normativa, se publican el Decreto 328/2010, de 13 de julio, por el que se aprueba el Reglamento Orgánico de los colegios de educación primaria. BOJA nº 139, de 16/07/2010 y la Orden de 20 de agosto de 2010, por la que se regula su organización funcionamiento, así como el horario de los centros, del alumnado y del profesorado. BOJA nº 169, de 30/08/2010.

En este mismo sentido, la LOMCE/2013 indica que "*el Ministerio de Educación y las consejería con competencia podrán determinar la carga horaria de las asignaturas.*" También determina a la Educación Física como "**asignatura específica**" en la Etapa Primaria.

En éste hay un detalle que no nos debe pasar desapercibido: "*las programaciones didácticas de todas las áreas incluirán actividades en las que el alumnado deberá leer, escribir y expresarse de forma oral*". Para ello podemos auxiliarnos de libros y cuadernos de las editoriales, aunque cada vez más usamos herramientas multimedia, como las Webquest, las "wikis" o los Blogs ya que estamos en plena expansión de las TIC (Expósito, 2010).

2.8. APLICACIÓN DE LOS DISTINTOS CONCEPTOS AL CURRÍCULUM ACTUAL.

Tras haber estudiado las concepciones aparecidas a lo largo de la Historia, vemos cómo muchos de esos conceptos están conectados con el currículum actual:

- **Concepto Natural**. A través de las habilidades y destrezas básicas, así como los juegos realizados en el medio natural y las actividades concretas que realizamos en el mismo: marcha, orientación, esquí, etc.
- **Concepto Analítico**. El ejercicio analítico se usa en ocasiones contadas, como es el caso de la relajación con el método de Jacobson "tensión-relajación segmentaria" o en el aprendizaje de los nombres y posibilidades de movimiento de los segmentos corporales. También, en actividades adaptadas en alumnos con algún tipo de discapacidad.
- **Concepto Deportivo**. En la iniciación deportiva, sobre todo a partir de 3º ciclo, por regla general. El juego deportivo bien canalizado, es una importante fuente educativa de salud, de valores, etc.
- **Concepto Rítmico**. En actividades relacionadas con la percepción temporal, ritmo, coreografía, etc. También las prácticas de "aeróbic" y los llamados "bailes de salón", podemos encuadrarlas aquí.
- **Concepto Psicomotor**. Las percepciones corporales, temporales y espaciales son la base de toda la carrera motriz del alumnado de Primaria, de ahí su importancia desde 1º curso. Son imprescindibles por su conexión con los aprendizajes básicos escolares: lectura, escritura, etc.
- **Concepto Condición Física**. Tiene su importancia desde el punto de vista que perseguimos durante la Etapa un desarrollo armónico global, pero como factor de ejecución de la habilidad motriz. Está íntimamente unido a su aspecto saludable y no deportivo o de rendimiento.
- **Concepto Alternativo**. Tiene mucha importancia por dos de sus grandes aspectos, como juego para el tiempo de ocio y que éste sea saludable, y como recurso material mediador en el aprendizaje de la motricidad.
- **Concepto Recreativo**. Partimos de la base que debemos enseñar a nuestro alumnado juegos motivadores, como los populares o deportivos, para que lo realicen en su tiempo de ocio y que éste sea saludable. Además, debemos proporcionarles en el 2º y 3º tiempo pedagógicos espacios y materiales para que puedan tener una recreación, además de saludable, facilitadora de la comunicación con los demás.

- **Concepto Salud**. Muy unido a otros anteriores. Ahora debemos matizar el aspecto de las precauciones al realizar los juegos, como la equipación o el calzado adecuado, calentamiento, estiramientos, protecciones contra el sol o el frío, la rehidratación y la dieta acorde con sus organismo y actividad realizada.

CONCLUSIONES

A lo largo del tema hemos visto la evolución de los conceptos de Educación Física y cómo éste se ha ido concretando en las últimas décadas del siglo pasado. Algunos de ellos, por ejemplo el concepto de salud, sigue estando vigente. También hay que destacar la importancia de los DD.CC. para nuestra área porque, entre otras cosas, han supuesto un ordenamiento de la materia y han reconocido la importancia que tiene en la educación integral del alumnado. Por otro lado, la sociedad exige una adecuada educación física porque admite los múltiples valores que tiene.

BIBLIOGRAFÍA

- ANDALUCIA EDUCATIVA (2004). Nº 44, agosto 2004, *Convocatoria de ayudas al profesorado para la realización de proyectos de innovación educativa*. Contraportada. C.E.C.J.A. Sevilla.
- BLÁZQUEZ, D.; CAPLLONCH, M.; GONZÁLEZ, C.; LLEIXÁ, T.; (2010). *Didáctica de la Educación Física. Formación del profesorado*. Graó. Barcelona.
- BLÁZQUEZ, D. (2001). *La Educación Física*. INDE. Barcelona.
- CABERO, J. y ROMÁN, P. -coords.- (2008). *E-actividades*. MAD. Sevilla.
- CAGIGAL, J. Mª. (1975). *El deporte en la sociedad actual*. Magisterio Español. Madrid.
- CALDERÓN, F. J. (2012). *Fisiología humana. Aplicación a la actividad física*. Panamericana. Madrid.
- CAÑIZARES, J. Mª y CARBONERO, C. (2006). *Temario de oposiciones de Educación Física para Primaria*. Wanceulen. Sevilla.
- CEBRIÁN, M. -coord.- (2009). *El impacto de las T.I.C. en los centros educativos*. Síntesis. Madrid.
- CONTRERAS, O. (2004). *Didáctica de la Educación Física*. INDE. Barcelona.
- CORTIZO, J. C. et al. (2011). *Gamificación y Docencia: Lo que la Universidad tiene que aprender de los Videojuegos*. Actas de las VIII Jornadas Internacionales de Innovación Universitaria. Universidad Europea de Madrid.
- CHINCHILLA, J. L. y ZAGALAZ, M. L. (2002). *Didáctica de la Educación Física*. CCS. Madrid.
- DELGADO, M.; DELGADO, P. y TERCEDOR, P. (2008). *Calidad de vida y desarrollo del conocimiento personal a través de la expresión y comunicación corporal*. En CUÉLLAR, M. J. y FRANCOS, M. C. *Expresión y comunicación corporal*. Wanceulen. Sevilla.
- EXPÓSITO, J. (2010). *Educación Física en Primaria. La programación en la L. O. E.* Wanceulen. Sevilla.
- FERNÁNDEZ-BALBOA, J. M. y SICILIA, A. -coords.- (2005). *La otra cada de la enseñanza. La Educación Física desde una perspectiva crítica*. INDE. Barcelona.
- FERNÁNDEZ DEL OLMO, M. A. (2012). *Neurofisiología aplicada a la actividad física*. Síntesis. Madrid.
- FERNÁNDEZ GARCÍA, E. -coord.- CECCHINI, J. A. y ZAGALAZ, Mª L. (2002). *Didáctica de la educación física en la educación primaria*. Síntesis. Madrid.

- FERNÁNDEZ GARCÍA, C. (2011). *Actividades rítmicas dirigidas en Educación Física. Aeróbic, Aeróbic Latino y Cardiobox*. Wanceulen. Sevilla.
- FLECHA, J. R. y otros (2003). *Comunidades de aprendizaje: transformar la organización escolar al servicio de la comunidad*. En: Organización y gestión educativa: Revista del Fórum Europeo de Administradores de la Educación, Vol. 11, Nº 5/2003, págs. 4-8. Madrid.
- GÓMEZ LECUMBERRI, C. y otros. (2009). *Deporte e integración social: guía de intervención educativa a través del deporte*. INDE. Barcelona.
- GARROTE, N. (1993). *Educación Física y su contexto*. En MARTÍNEZ, V. -coord.-. *La Educación Física Primaria. Reforma, 6 a 12 años. Vol. I*. Paidotribo. Barcelona.
- GONZÁLEZ, M. (1993). *La Educación Física: Fundamentación Teórica y Pedagógica*. En VV. AA. *Fundamentos de Educación Física para Enseñanza Primaria (vol. I)*. INDE. Barcelona.
- HERNÁNDEZ, M. (1994). *Colección Juegos y Deportes Alternativos*. Autoedición. Madrid.
- HERNÁNDEZ FERNÁNDEZ, A. (2008). *Psicomotricidad: Fundamentación teórica y orientaciones prácticas*. Universidad de Cantabria. Santander.
- IMBERNÓN, F. (2007). *La formación permanente del profesorado*. Graó. Barcelona.
- JUNTA DE ANDALUCÍA (2007). *Ley 17/2007, de 10 de diciembre, de Educación de Andalucía (L. E. A.)*. B. O. J. A. nº 252, de 26/12/07.
- JUNTA DE ANDALUCÍA (2002). *Decreto 137/2002, de 30/04/02. "Plan de Apoyo a las Familias Andaluzas"*. B.O.J.A. nº 52 de 04/05/2002.
- JUNTA DE ANDALUCÍA (2006). *Orden de 15 de mayo de 2006, por la que se establecen las bases para impulsar la investigación educativa en los centros docentes públicos de la Comunidad Autónoma de Andalucía dependientes de la Consejería de Educación*.
- JUNTA DE ANDALUCÍA (2006). *Orden de 1 de septiembre de 2006, por la que se modifica la de 27 de mayo de 2005, por la que se regula la organización y el funcionamiento de las medidas contempladas en el plan de apoyo a las familias andaluzas relativas a la ampliación del horario de los Centros docentes públicos y al desarrollo de los servicios de aula matinal, comedor y actividades extraescolares*. B.O.J.A. nº 185, de 22/09/2006.
- JUNTA DE ANDALUCÍA (2007). *Resolución de 10/04/2007, de la D. G. de Innovación Educativa y Formación del Profesorado, por la que se aprueban Proyectos de Investigación Educativa y se conceden subvenciones*. B. O. J. A. nº 87 de 04/05/2007.
- JUNTA DE ANDALUCÍA (2010). *Decreto 328/2010, de 13 de julio, por el que se aprueba el Reglamento Orgánico de las escuelas infantiles de segundo grado, de los colegios de educación primaria, de los colegios de educación infantil y primaria, y de los centros públicos específicos de educación especial*. BOJA nº 139, de 16/07/2010.
- JUNTA DE ANDALUCÍA (2010). *Orden de 20 de agosto de 2010, por la que se regula la organización y el funcionamiento de las escuelas infantiles de segundo ciclo, de los colegios de educación primaria, de los colegios de educación infantil y primaria, y de los centros públicos específicos de educación especial, así como el horario de los centros, del alumnado y del profesorado*. BOJA nº 169, de 30/08/2010.
- JUNTA DE ANDALUCÍA (2015). *Orden de 17 de marzo de 2015, por la que se desarrolla el currículo correspondiente a la educación Primaria en Andalucía*. BOJA nº 60 de 27/03/2015.

- JUNTA DE ANDALUCÍA (2015). *Decreto 97/2015, de 3 de marzo, por el que se establece la ordenación y el currículo de la educación Primaria en la comunidad Autónoma de Andalucía.* BOJA nº 50 de 13/013/2015.

- LAGARDERA, F. y LAVEGA, P. (2003). *Introducción a la Praxiología Motriz.* Paidotribo. Barcelona.

- LANGLADE, A. y LANGLADE, N. (1986). *Teoría general de la gimnasia.* Stadium. Buenos Aires.

- M.E.C. (2013). *Ley Orgánica 8/2013, de 9 de diciembre, para la mejora de la calidad educativa.* BOE Nº 295, de 10/12/2013.

- M.E.C. (2014). *R. D. 126/2014, de 28 de febrero, por el que se establece el currículo básico de la Educación Primaria.* B.O.E. nº 52, de 01/03/2014.

- M.E.C. (2006). Ley Orgánica 2/2006, de 3 de mayo, de Educación (L. O. E.). B. O. E. nº 106, de 04/05/2006, modificada en algunos artículos por la LOMCE/2013.

- M.E.C. (2015). *ECD/65/2015, O. de 21 de enero, por la que se describen las relaciones entre las competencias, los contenidos y los criterios de evaluación de la educación primaria, la educación secundaria obligatoria y el bachillerato.* B.O.E. nº 25, de 29/01/2015.

- MENDIARA, J. y GIL, P. (2003). *Psicomotricidad. Evolución, corrientes y tendencias actuales.* Wanceulen. Sevilla.

- MONROY, A. J. y SÁEZ, G. (2008). *Historia del Deporte. De la Prehistoria al Renacimiento.* Wanceulen. Sevilla.

- MUROS, B. (2006). *La puesta en práctica de la Pedagogía Crítica: estrategias metodológicas críticas.* Monografías. Revista Tándem, nº 20, pp. 33-43. Graó. Barcelona.

- NAVARRO, V. (2007). *Tendencias actuales de la Educación Física en España. Razones para un cambio.* (1ª y 2ª parte). Revista electrónica INDEREF. Editorial INDE. Barcelona. http://www.inderef.com

- OÑA, A. (2005). *Actividad física y desarrollo: ejercicio físico desde el nacimiento.* Wanceulen. Sevilla.

- OTERO, J. (2012). *Tratado de bailes de sociedad. Regionales españoles. especialmente andaluces: con su historia y modo.* Tecnographic S. L. Sevilla.

- PARLEBAS, P. (2003). *Elementos de sociología del deporte.* I. A. D. Málaga.

- PARLEBAS, P. (2001). *Juegos, deportes y sociedades: léxico de praxiología motriz.* Paidotribo. Barcelona.

- PAREDES, J. (2003). *Teoría del Deporte.* Wanceulen. Sevilla.

- PÉREZ GÓMEZ, A. (2007). *La naturaleza de las competencias básicas y sus implicaciones pedagógicas.* Cuadernos de Educación de Cantabria. Consejería de Educación del Gobierno de Cantabria. Santander.

- QUINTANA, M. y GARCÍA, P. (2005). *Introducción a las Actividades en la Naturaleza.* Wanceulen. Sevilla.

- ROMERO CEREZO, C y CEPERO, M. (2002). *Bases teóricas para la formación del maestro especialista en educación física.* Grupo Editorial Universitario. Granada.

- SANCHO, J. Mª (2006). *Tecnologías para transformar la educación.* Akal. Madrid.

- SÁENZ-LÓPEZ P. (2002). *La Educación Física y su Didáctica.* Wanceulen. Sevilla.

- TORREBADELLA, X. (2013). *Gimnástica y educación física en la sociedad española de la primera mitad de siglo XIX*. U. de Lleida.

- VALLS, R. (2005). *Comunidades de Aprendizaje: una experiencia educativa de éxito*. En Revista Andalucía Educativa, nº 52, págs. 33-36. C.E.J.A. Sevilla.

- VÁZQUEZ, B. (1989). *La Educación Física en la Educación Básica*. Gymnos. Madrid.

- VICENTE, M. (1988). *Teoría pedagógica de la Actividad Física. Bases epistemológicas*. Gymnos. Madrid.

- VICIANA J. (2000). *Principales tendencias innovadoras en la Educación Física actual. El avance del conocimiento curricular en Educación Física*. Revista Digital. Año 5, N° 19. Buenos Aires.

- VILLADA, P. y VIZUETE, M. (2002). *Los Fundamentos teóricos-didácticos de la Educación Física*. Secretaría General Técnica del M. E. C. D. Madrid.

- VV. AA. (1993). *Fundamentos de Educación Física para Enseñanza Primaria*. INDE. Barcelona.

- ZAGALAZ, M. L. (2001). *Corrientes y tendencias de la Educación Física*. INDE. Barcelona.

- ZAGALAZ, Mª L.; CACHÓN, J.; LARA, A. (2014). *Fundamentos de la programación de Educación Física en Primaria*. Síntesis. Madrid.

WEBGRAFÍA (Consulta en septiembre de 2016).

http://www.pedagogica.edu.co/storage/lud/articulos/lud02_14arti.pdf
http://www.cnice.mecd.es/enlaces/educfisica.htm
http://www.cnice.mecd.es/recursos/primaria/educfisica/index.html
http://www.agrega2.es
www.juntadeandalucia.es/educacion/descargasrecursos/curriculo-primaria/index.html

TEMA 2

LA EDUCACIÓN FÍSICA EN EL SISTEMA EDUCATIVO: OBJETIVOS Y CONTENIDOS. EVOLUCIÓN Y DESARROLLO DE LAS FUNCIONES ATRIBUIDAS AL MOVIMIENTO COMO ELEMENTO FORMATIVO.

ÍNDICE

INTRODUCCIÓN

1. LA EDUCACIÓN FÍSICA EN EL SISTEMA EDUCATIVO.

2. OBJETIVOS Y CONTENIDOS DEL ÁREA DE EDUCACIÓN FÍSICA.

    2.1. Objetivos.

        2.1.1. Contribución de los objetivos del Área de Educación Física a los de la Etapa Primaria.
        2.1.2. Contribución del área de educación física al desarrollo de las competencias clave.

    2.2. Contenidos.

        2.2.1. Secuenciación de contenidos.

3. EVOLUCIÓN Y DESARROLLO DE LAS FUNCIONES ATRIBUIDAS AL MOVIMIENTO COMO ELEMENTO FORMATIVO.

CONCLUSIONES

BIBLIOGRAFÍA

WEBGRAFÍA

INTRODUCCIÓN.

El título de este Tema se contesta, prácticamente, con el desarrollo y aplicación del R. D. 126/2014 y de los decretos y órdenes de las distintas CC. AA. En nuestro caso, nos centramos en el de Andalucía, D. 97/2015, de 13 de marzo, por el que se establece la ordenación y currículo de las enseñanzas correspondientes a la Educación Primaria de Andalucía, B.O.J.A. nº 50 de 13/03/2015. También en la Orden de 17 de marzo de 2015, por la que se desarrolla el currículo correspondiente a la Educación Primaria en Andalucía, B.O.J.A. nº 60, de 27/03/2015. Asimismo, debemos señalar a la O. ECD/65/2015, de 21 de enero, que describe las relaciones entre competencias, contenidos y criterios de evaluación en Primaria, BOE nº 25 de 29/01/2015.

"La finalidad de la Educación Primaria es facilitar a los alumnos y alumnas los aprendizajes de la expresión y comprensión oral, la lectura, la escritura, el cálculo, la adquisición de nociones básicas de la cultura, y el hábito de convivencia así como los de estudio y trabajo, el sentido artístico, la creatividad y la afectividad, con el fin de garantizar una formación integral que contribuya al pleno desarrollo de la personalidad de los alumnos y alumnas y de prepararlos para cursar con aprovechamiento la Educación Secundaria Obligatoria" LOMCE/2013.

Históricamente numerosos autores han profundizado sobre los objetivos y contenidos de la Educación Física, desde Luis Vives en el siglo XVI a Augusto Pila en el siglo XX, pasando por Amorós, Jovellanos, Pastor, Becerra, Trapiella, Cagigal...

En las últimas décadas del siglo XX hay que destacar la Ley General de Educación (1970), que expresa el carácter obligatorio de la Educación Física en todos los niveles educativos, la Ley de Cultura Física y el Deporte (1980), que ratifica a la anterior y la L.O.G.S.E. (1990), que intenta adecuar la educación de los escolares a la sociedad de finales del siglo XX. En abril de 2006 se aprueba la L.O.E. y en Andalucía se publica la Ley 17/2007, de 10 de diciembre, de Educación (L. E. A.), B. O. J. A. nº 252, de 26/12/2007.

Ya la L.O.G.S.E. dio a la educación física un tratamiento curricular equiparable a la de cualquier otra área y la L. O. E. lo ratificó. Antes, por desgracia, era calificada como "maría" (Blázquez, 2001). Esto es un hecho innegable, además de que desarrolló un marco psicopedagógico más acorde con lo que debe ser el proceso de enseñanza y aprendizaje, así como las funciones que se les asignan a los protagonistas de dicho proceso (Hernández y Velázquez 2004).

En todo caso, el currículo que la Administración educativa presenta supone una relación de **intenciones** para que el alumnado las consiga, como consecuencia de la intervención educativa (Zagalaz, Cachón y Lara, 2014).

Independientemente de todo lo anterior, en Primaria debemos tener en cuenta qué es lo que nuestro alumnado ha hecho en la etapa anterior y lo que harán en Secundaria.

Históricamente al movimiento se le han dado múltiples **funciones**, que siguen de actualidad, y que los docentes no debemos desaprovechar.

1. LA EDUCACIÓN FÍSICA EN EL SISTEMA EDUCATIVO.

Definimos a Educación Física siguiendo a Contreras, (2004), *"Es educar a través de la motricidad. El movimiento no hay que entenderlo como movilización mecánica de segmentos corporales, si no como la expresión de percepciones y sentimientos, de tal manera que el movimiento consciente y voluntario es un aspecto significativo de la conducta humana".*

El Sistema Educativo viene definido en la propia LOMCE/2013, en su art. 2 bis:

1. *"A efectos de esta Ley Orgánica, se entiende por Sistema Educativo Español el conjunto de Administraciones educativas, profesionales de la educación y otros agentes, públicos y privados, que desarrollan funciones de regulación, de financiación o de prestación de servicios para el ejercicio del derecho a la educación en España, y los titulares de este derecho, así como el conjunto de relaciones, estructuras, medidas y acciones que se implementan para prestarlo".*

2. *"Las Administraciones educativas son los órganos de la Administración General del Estado y de las Administraciones de las Comunidades Autónomas competentes en materia educativa."*

Siguiendo a la LOMCE/2013, Educación Física es un "**área del bloque de asignaturas específicas**" durante los seis cursos de la etapa. Hay también un bloque de asignaturas **troncales** y otro de asignaturas **específicas**. En el mismo sentido se expresa la O. de 17/03/2015, sobre el desarrollo del currículo en Andalucía.

El R. D. 126/2014, indica que "los elementos curriculares de la programación de la Educación Física pueden estructurarse en torno a cinco situaciones motrices diferentes":

a) Acciones motrices individuales en entornos estables. Por ejemplo, actividades relacionadas con el esquema corporal, atletismo, natación, etc.

b) Acciones motrices en situaciones de oposición. Por ejemplo, actividades de uno contra uno, como tenis de mesa.

c) Acciones motrices en situaciones de cooperación, con o sin oposición. Por ejemplo, iniciación a deportes de equipo, como fútbol-7.

d) Acciones motrices en situaciones de adaptación al entorno físico. Por ejemplo, marcha en naturaleza, esquí, etc.

e) Acciones motrices en situaciones de índole artística o de expresión. Por ejemplo, las actividades de expresión corporal, las danzas, juego dramático, etc.

La propuesta curricular de la Educación Física debe permitir organizar y secuenciar los aprendizajes que tiene que desarrollar el alumnado de Educación Física a lo largo de su paso por el sistema educativo, teniendo en cuenta su momento madurativo del alumnado, la lógica interna de las diversas situaciones motrices, y que hay elementos que afectan de manera transversal a todos los bloques como son las capacidades físicas y las coordinativas, los valores sociales e individuales y la educación para la salud.

Para analizar la **evolución histórica** de la Educación Física en España, seguimos la línea expuesta por Piernavieja (1963) hasta los años sesenta del pasado y siglo, y por Zagalaz (2001), Chinchilla y Zagalaz (2002), Fernández Truán (2005), Paredes (2003), Torrebadella (2013), Zagalaz, Cachón y Lara (2014) y González y Lleixá -coords.- (2015), para periodos posteriores.

Modificando y actualizando a Fernández Truán (2005), dividimos la **evolución** de la Educación Física en el Sistema Educativo en tres grandes periodos, cada uno con una serie de etapas, como podemos observar en esta tabla:

PERIODO	ETAPAS SEGÚN AÑOS	SIGLOS
1	ANTECEDENTES LEJANOS DE LA ED. FÍSICA ESCOLAR	S. XVI - XIX
2	ANTECEDENTES PRÓXIMOS DE LA ED. FÍSICA ESCOLAR 1º Parte: 3 etapas: 1806 a 1961 2ª Parte: 2 etapas: 1961 a 1990	S. XIX – XX
3	ACTUALIDAD. 1ª Politización de la enseñanza. 1990 a 2013 2ª Politización de la enseñanza. 2013 a 2016...	S. XX - XXI

1º Periodo. Antecedentes lejanos. Siglos XVI a XIX.

Hasta el siglo XVIII la educación en general en toda Europa era exclusiva de la clase elitista y no existía un modelo curricular. Hasta entonces podemos **destacar** a:

Siglo XVI

- Luis Vives (1492-1540).- Ensalza al ejercicio físico con finalidad educativa y no militar.
- Cristóbal Méndez (1500-1553 aprox.)- Estudia el ejercicio físico y el juego, sobre todo el de pelota, como elemento decisivo para la salud del practicante.

Siglos XVI a XVIII

- Juan de Mariana (1535-1624).- Jesuita. Indica que la educación debe ir dirigida a mejorar la fuerza del cuerpo y del alma.

A partir de 1759 el Estado asume las competencias educativas como servicio al ciudadano, frente a la autoridad que hasta entonces tenía la iglesia. Pablo de Olavide (1725-1803), ministro de Carlos III, es decisivo. Ya a finales del siglo hay muchos sectores que defienden la incorporación de la educación física al sistema educativo. Destacamos a:

- Melchor de Jovellanos (1744-1810).- Autor especializado en la educación del cuerpo, ensalza a los juegos populares y preconiza un trabajo "natural" basado en careras, saltos, lanzamientos, etc.

Los niveles sociales más elitistas, comienzan a asumir la práctica de actividades físicas como símbolo de distinción, apropiándose de su control organizativo para reglamentarlas y regularlas según sus ideales basados en ideologías altruistas como el "fair-play", caballeresco, o el "amateurismo"; todo lo cual situaba a las clases populares fuera de la órbita del interés y la motivación hacia la práctica de las actividades físico-deportivas.

A finales del siglo XVIII aparecen corrientes de opinión que consideran a la educación como un **derecho** indiscutible de todos los ciudadanos y a través de ellas descubrirán el valor educativo, formativo y social de la práctica de actividades físicas como excelente medio para el logro de disciplina, control, hábitos de esfuerzo, superación, juego limpio, respeto por el perdedor, etc. Esto favorece que desde muchos ámbitos se defendiese su **incorporación** a los ámbitos educativos, con un sentido de utilidad higienista y médico, que mejorase las condiciones de vida de todos los ciudadanos.

Este periodo se caracterizará en nuestro país, por los constantes intentos legislativos de los sucesivos gobiernos, para intentar incorporar y normalizar la práctica obligatoria de la "Gimnástica" en los planes educativos y que está muy influida por las Gimnasia Sueca y Alemana.

2º Periodo. Antecedentes próximos. Siglos XIX y XX.

Piernavieja (1963), establece **dos** grandes segmentos. El **primero** (1806-1961), que lo titula como "**antecedentes próximos de la educación física escolar**", tiene tres etapas. El **segundo** comienza con la publicación de la Ley Elola (1961). Otros autores completan este segundo compuesto por dos etapas y añaden un tercer segmento (1961-1990).

1º Parte:

1ª Etapa: desde 1806 a 1879. Se inaugura Instituto Pestalozziano, dirigido por Amorós. A partir de aquí aparecen los gimnasios donde se hacen, sobre todo, acrobacias. Esto dio lugar a que en 1861 se publicase una Real Orden incorporando la gimnasia en los colegios de Segunda Enseñanza, así como la creación de los espacios adecuados, aunque en realidad no se construyeron gimnasios escolares. En este periodo destacan estos autores:

- Francisco Amorós (1767-1848).- Funda el Real Instituto Militar Pestalozziano de Madrid. Este centro es de los primeros dedicados a la preparación de alumnos con especialización en la Gimnástica. Es de gran contenido militar y, al huir a Francia, incorpora allí sus enseñanzas.
- Francisco de Aguilera (1817-1867).- Su trabajo, influido por Amorós, se centra en que la Gimnástica tuviese peso en la enseñanza y sociedad de su tiempo.
- Nicomedes Pastor Díaz (1811-1863).- Por primera vez incluye la Gimnástica como disciplina escolar, aunque más tarde el ministro de Instrucción Pública, Juan Bravo Murillo, la anula.
- Eduardo Chao (1821-1887).- Elabora el "Plan de Segunda Enseñanza". Aquí se establecen las cátedras de "Gimnástica Higiénica" para impartir clase en los Institutos.
- Manuel Becerra y Bermúdez (1823-1896).- Promueve la Educación Física con tintes de "gimnasia militar", a nivel político, en el Congreso. Se sirve de las comparaciones con otros países europeos más desarrollados.

A partir de la fundación de la Institución Libre de Enseñanza (I.L.E.) en 1876, surgen en nuestro país sectores sociales que desean **modificar** la consideración existente sobre la práctica de la Gimnástica, y que adoptan la Educación Física como una de sus prioridades educativas para favorecer la salud de las clases populares.

2ª Etapa: desde 1879 hasta la Guerra Civil. En 1879, la Proposición de Ley del 10 de Julio, declara obligatoria la Gimnasia Higiénica en los Institutos de Segunda Enseñanza y en las Escuelas Normales de Maestros. Se crean la E. Central de Gimnástica (1887) y la E. Central de Gimnasia del Ejército (1919). Ya en 1933 la Escuela de Educación Física de la U. de Madrid (hoy U. Complutense).

Durante el siglo XIX cabe destacar también que, salvo excepciones, la gimnasia va dirigida al varón, al contrario que en otros países europeos. No obstante, en los primeros JJ.OO. de Atenas-1896, también todas las pruebas eran masculinas debido a que el barón Pierre de Coubertin no creía en el binomio mujer-deporte. Después cedió a que participase en pruebas muy concretas. Destacamos a:

- Álvaro de Figueroa y Torres, Conde de Romanones (1863-1950). Establece el R.D. de 1901 donde figura la Gimnasia como una asignatura más, obligatoria, en los seis años de Bachillerato. La imparten los profesores de Gimnasia. Esta realidad llega hasta la Guerra Civil.

3ª Etapa: desde la Guerra Civil a la Ley Elola (1961). En 1938, dentro de la zona franquista, se promulga la ley que introduce a la gimnástica como asignatura obligatoria en Bachillerato. Finalizada la guerra, la enseñanza de la gimnástica es asumida por el Frente de Juventudes. La Ley Elola Olaso (1961), inicia el 2º Periodo.

2º Parte:

1ª Etapa: desde Ley Elola (1961) hasta la Constitución (1978). La Ley 77/61 (Ley Elola) sobre Educación Física, de 23/12/1961, crea los INEFs, (1ª Promoción, 1967-1971) aunque dependiente de la D.N.D. Se inicia el camino de la normalización, que culmina con la LOGSE. En los sesenta comienza la expansión económica que consolida las estructuras de **clubes deportivos** como unidad asociativa. Sigue sin existir currículum oficial, por lo que en centros masculinos se enseña deporte y se practica la "gimnasia militar-analítica" y en los femeninos la "rítmica y juegos populares". Pero la Ley Elola recoge que la Educación Física es una materia fundamental y obligatoria en la enseñanza. Con la Ley General de Educación (1970), que indica la **obligatoriedad** de la Educación Física en todos los niveles educativos, se inicia el proceso de cambio definitivo de la "Gimnasia" hacia la "Educación Física".

2ª Etapa: desde la Constitución (1978) hasta la LOGSE (1990). Este periodo se identifica por la aprobación de la Constitución (1978) y los ayuntamientos democráticos. Supone un profundo cambio político que también afecta al ámbito educativo. La Educación Físico-deportiva pasa a ser un derecho de todos los españoles y una preocupación constante en todos los programas de actividades ciudadanas. Aparecen campañas publicitarias de "Deporte para Todos"; "Andar y Trotar", "Haga usted Deporte", etc. Los ayuntamientos inician las Escuelas Deportivas Municipales, las de Actividades Físicas para Adultos y Tercera Edad, etc., que amplían la oferta de actividades extraescolares como complemento a las enseñanzas lectivas.

Poco a poco va desterrándose la idea de la "gimnasia sueca" y sus "tablas" y empiezan a entrar nuevas corrientes, como la Psicomotricidad/Psicocinética, la Educación Física de Base, la Gimnasia Natural Austríaca, la Corriente Expresiva, la Condición Física con el "Concepto Rendimiento", el "Método Pila Teleña" con su Concepto Multideportivo y, al final del período, los "Juegos Alternativos", entre otros. **Destacamos** a:

- **Ley General de Educación** (1970). Respalda el carácter obligatorio de la asignatura en todos los niveles de la enseñanza (Ley Villar Palasí).

- **Ley de Cultura Física y el Deporte** (1980). Refrenda la obligatoriedad anterior, actualiza y normaliza su estatus. Deja muy claro que su ordenación corresponde al Ministerio de Educación.

- La Ley Orgánica 8/1985, de 3 de julio, reguladora del derecho a la educación (**L.O.D.E.**), desarrolla la Constitución de 1978 y reconoce el derecho a la educación de todos los españoles, sin exclusión.

- En **Europa**, las investigaciones sobre la motricidad tuvieron gran importancia durante el siglo XX. El detonante fueron, entre otras, las teorías de Wallon y Piaget. A partir de aquí surgieron numerosos estudios e investigaciones. Ajuriaguerra y Le Boulch son dos de los múltiples ejemplos.

- En 1980 se promulga la Ley General de Cultura Física y del Deporte, que reconoce el nivel universitario de los estudios de la E. Física. Todos los cambios se concretan en la **L.O.D.E.**/1985 y la **L.O.G.S.E.**/1990, donde el área de E. Física se reconoce y consolida como materia común en todas las etapas, siendo parte fundamental de la educación integral. El concepto anterior de **educación física/rendimiento** deja paso al de **educación física/salud**.

3º Periodo. Actualidad. Politización de la enseñanza (1990-2016...)

1ª Politización de la enseñanza (1990-2013).

- El **siglo XX** termina con la publicación de la LOGSE/1990 y los diferentes documentos legislativos que la desarrollan. El Decreto 105/1992 y la Orden 05/11/1992, son lo dos grandes referentes legislativos de la Etapa Primaria en Andalucía, para desarrollar la LOGSE/1990.

- El **siglo XXI** se inicia con la Ley Orgánica 10/2002, de 23 de diciembre, de Calidad de la Educación (**L.O.C.E./2002**), B. O. E. nº 307, de 24/12/2002, promovida por el gobierno del P. Popular. Tuvo una presencia poco significativa, fundamentalmente por motivos políticos. La sustituye cuatro años después la **L.O.E./2006**, propiciada por el gobierno socialista.

- La Ley Orgánica 2/2006, de 3 de mayo, de Educación (**L.O.E.**) es publicada en el B.O.E. nº 106, de 04/05/2006, tras muchas vicisitudes. Se publica el R.D. 1513/2006, de 7 de diciembre, que la desarrolla, por el que se establecen las Enseñanzas Mínimas de la Educación Primaria, B.O.E. nº 293, de 8/12/2006. En Andalucía se publica el Decreto 230/2007, de 31 de julio, por el que se establece la ordenación y las enseñanzas correspondientes a la Educación Primaria en Andalucía, B.O.J.A. nº 156, de 08/08/2007 y la Orden de 10 de agosto de 2007, por la que se desarrolla el currículo correspondiente a la Educación Primaria en Andalucía, BOJA nº 171, de 30/08/2007. **Destacamos** algunos detalles:

    - La L.O.E./2006 incluye a las **Competencias Básicas** (CC. BB., hoy "*competencias clave*") como **nuevos componentes del currículum**, por cuanto debe permitir caracterizar de manera precisa los contenidos básicos que debe alcanzar todo el alumnado al final de la Educación Básica (Contreras, 2010).
    - La contribución del Área de Educación Física al logro de las Competencias.
    - La importancia que la sociedad actual da al cuerpo.
    - El área de Educación Física tiene la responsabilidad de formar al alumnado para que tenga un ocio responsable y constructivo y para mejorar su calidad de vida.
    - Los ejes básicos de la acción educativa son el cuerpo y el movimiento.
    - El valor que tiene el juego a la hora de relacionarse con los demás en un marco de participación e integración.
    - Conocimiento corporal vivenciado, así como sus posibilidades lúdicas, expresivas y de comunicación.
    - Ligazón entre el desarrollo motor, cognitivo, afectivo y social.
    - La educación corporal incluye a lo perceptivo-motor, expresión, comunicación, afectividad y a los aspectos cognitivos.
    - Progresión en la construcción de la habilidad motriz desde las perceptivas a las específicas o deportivas, pasando por las básicas.
    - Atención a la diversidad.
    - Metodología lúdica, individualizada, activa y cooperativa, atendiendo a la evolución e intereses del alumnado.
    - Conseguir hábitos saludables duraderos sobre alimentación, conservación del medio ambiente, relación de trabajo/descanso, higiene corporal, etc.

- Evitar la discriminación y la formación de estereotipos sexistas.
- El juego y el deporte como formas más habituales de entender la Educación Física, de ahí que debamos aprovecharlo. Precisamente, la O. de 06/04/2006 de la C. E. J. A. regula la organización y funcionamiento de los centros docentes públicos autorizados para participar en el programa "**El deporte en la escuela**". Por su parte, la o. 03/08/2010, regula los servicios complementarios de la enseñanza de aula matinal, comedor escolar y actividades extraescolares en los centros docentes públicos, así como la ampliación de horario. BOJA núm. 158 de 12/08/2010.

- Debemos nombrar la **Ley 17/2007**, de 10 de diciembre, de Educación de Andalucía (**L.E.A.**), B.O.J.A. nº 252, de 26/12/07, que regula las materias no básicas de la L.O.E. y que son competencias de la Comunidad. De su lectura se desprenden detalles tales como mejorar la calidad del sistema educativo, dotarlo de los medios necesarios para alcanzar los objetivos educativos que se ha trazado la Unión Europea y el Programa Nacional de Reformas de España. Pretende ser un impulso para la modernización de la Educación que ya está en marcha, como el Plurilingüismo, la incorporación de las TIC y la expansión del Plan de Apertura de los Centros. Por otro lado, también hay que destacar la autonomía pedagógica y organizativa de los centros.

- También es preciso señalar el Decreto 328/2010, de 13 de julio, por el que se aprueba el ROF, BOJA nº 139, y la Orden de 20 de agosto de 2010, por la que se regula la organización, funcionamiento y horarios de los centros, BOJA nº 169, de 30/08/2010.

- La enseñanza apoyada en medios **multimedia** está presente en nuestras escuelas desde los primeros años del siglo XXI. Podemos considerarlo como un aprendizaje emergente que se desarrolla y multiplica cada curso. Algunos ejemplos son las plataformas educativas, las e-learning, las WebQuest, los Blogs, las "wikis", etc.

- Vizuete (2002) señala, como prospectiva sobre el futuro de la Educación Física en la Unión Europea, la necesidad de otorgar un mayor peso en los currícula hacia contenidos relacionados con la salud y la calidad de vida, orientado desde una formación de valores.

2ª Politización de la enseñanza (2013-2016...)

Es opinión generalizada que la enseñanza, en todos sus niveles, está muy **politizada**. Cada autonomía tiene competencias para adaptar el currículo general, en un porcentaje variable a las características de la misma, pero en muchas ocasiones ésta se hace casi total.

Cada partido político tiene su "propia ley" y, en este sentido, tras la victoria en las urnas del P. Popular en 2011, surge una nueva ley, la LOMCE/2013 o "Ley Wert".

- Como **respuesta política** al anterior gobierno y a su ley educativa (LOE/2006), se publica la Ley Orgánica 8/2013 de 9 de diciembre, para la Mejora de la Calidad Educativa (L.O.M.C.E.), conocida también como "ley Wert" (BOE nº 295, de 10/12/2013). En realidad, y siguiendo a su "*artículo único*" (pág. 97866), se trata de una **modificación** de una serie de artículos de la LOE/2006). Provoca numerosas protestas, huelgas, manifestaciones, etc. Fue **recurrida**, entre otros por el gobierno de Andalucía, al Tribunal Constitucional aunque con **resultado negativo**. Se desarrolla por el R. D. 126/2014, de 28 de febrero, por el que se establece el currículo básico de Educación Primaria.

La polémica que causa esta ley en la sociedad se ve acusada por mor de la crisis económica. Muchos planes y programas educativos que impulsó la L.O.E./2006 se vieron recortados y suspendidos. En realidad se trata de una modificación de determinados artículos de la LOE/2006 y producto de ello se publica la "**LOE refundida**" o "**texto consolidado**", a fecha de 29/07/2015 (última actualización).

En cualquier caso, no debemos olvidar una **innovación y reconocimiento** a lo que representa nuestra área, por lo expresado por la LOMCE/2013, en su disposición adicional cuarta sobre "***promoción de la actividad física y dieta equilibrada***". "*Las administraciones educativas adoptarán medidas para que la **actividad física y la dieta equilibrada** formen parte del comportamiento infantil y juvenil. A estos efectos, dichas Administraciones promoverán la **práctica diaria de deporte y ejercicio físico** por parte de los alumnos y alumnas durante la jornada escolar, en los términos y condiciones que, siguiendo las recomendaciones de los organismos competentes, garanticen un desarrollo adecuado para favorecer una vida activa, saludable y autónoma. El diseño, coordinación y supervisión de las medidas que a estos efectos se adopten en el centro educativo, serán asumidos por el **profesorado con cualificación** o especialización adecuada en estos ámbitos*".

2. OBJETIVOS Y CONTENIDOS DEL ÁREA DE EDUCACIÓN FÍSICA.

Si aplicamos al área lo que el R. D. 126/2014 indica de forma general, el **currículo** de Educación Física está compuesto por el conjunto de competencias clave, **objetivos, contenidos**, métodos pedagógicos, los estándares y resultados de aprendizajes evaluables y criterios de evaluación del grado de adquisición de las competencias y del logro de los objetivos del área. Este mismo R. D. define el currículo como "*la regulación de los elementos que determinan los procesos de enseñanza y aprendizaje para cada una de las enseñanzas y etapas educativas*".

2.1. OBJETIVOS.

Los objetivos son las **intenciones** que sustentan el diseño y la realización de las actividades necesarias para la consecución de las grandes finalidades educativas, nos guían los procesos de enseñanza-aprendizaje, y nos ayudan en la organización educativa. También podemos entenderlos como los **cambios** esperados en el comportamiento del alumnado como consecuencia de la actividad docente y son la guía del proceso de enseñanza-aprendizaje. El R.D. 126/2014, los define como "*referentes relativos a los logros que el alumno debe alcanzar al finalizar el proceso educativo, como resultado de las experiencias de enseñanza-aprendizaje intencionalmente planificadas a tal fin*". En suma, un objetivo describe la **conducta que esperamos obtener** de un alumno al término de un periodo de enseñanza: etapa, ciclo, curso, unidad o sesión. Están muy vinculados a las competencias, criterios de evaluación y resultados de aprendizaje (Zagalaz, Cachón y Lara, 2014).

El alumnado debe conseguirlos a lo largo de la Etapa y son específicos del área, siendo responsables los maestros y maestras especialistas que la impartan (Viciana, 2002). Los objetivos que indica para el área/asignatura de Educación Física, la O. 17/03/2015, por la que se desarrolla el currículo correspondiente a la Educación Primaria en Andalucía, BOJA nº 60, de 27/03/2015, son:

O.EF.1. Conocer su propio cuerpo y sus posibilidades motrices con el espacio y el tiempo, ampliando este conocimiento al cuerpo de los demás.

O.EF.2. Reconocer y utilizar sus capacidades físicas, habilidades motrices y conocimiento de la estructura y funcionamiento del cuerpo para el desarrollo motor mediante la adaptación del movimiento a nuevas situaciones de la vida cotidiana.

O.EF.3. Utilizar la imaginación, creatividad y la expresividad corporal a través del movimiento para comunicar emociones, sensaciones, ideas y estados de ánimo, así como comprender mensajes expresados de este modo.

O.EF.4. Adquirir hábitos de ejercicio físico orientados a una correcta ejecución motriz, a la salud y al bienestar personal, del mismo modo, apreciar y reconocer los efectos del ejercicio físico, la alimentación, el esfuerzo y hábitos posturales para adoptar actitud crítica ante prácticas perjudiciales para la salud.

O.EF.5 Desarrollar actitudes y hábitos de tipo cooperativo y social basados en el juego limpio, la solidaridad, la tolerancia, el respeto y la aceptación de las normas de convivencia ofreciendo el diálogo en la resolución de problemas y evitando discriminaciones de género, culturales y sociales.

O.EF.6. Conocer y valorar la diversidad de actividades físicas, lúdicas, deportivas y artísticas como propuesta al tiempo de ocio y forma de mejorar las relaciones sociales y la capacidad física y además teniendo en cuenta el cuidado del entorno natural donde se desarrollen dichas actividades.

O.EF.7. Utilizar las TIC, como recurso de apoyo al área, para acceder, indagar y compartir información relativa a la actividad física y el deporte.

Entendemos que toda persona opositora en esta especialidad debe saber y dominar los objetivos de área, porque en realidad es lo que el conjunto de su alumnado debe conseguir al final de la etapa. No obstante, los autores tenemos experiencia en el sentido que algunos de nuestros preparados prefieren, a la hora de memorizarlos, partir de un recordatorio "flash" o palabras clave similares al que ahora exponemos, y que le recuerden el enunciado de los mismos, de ahí que lo incluyamos para ayudar al estudio.

Nº	OBJETIVO
O.EF.1	Conocimiento corporal, espacial y temporal en sí mismo y los demás.
O.EF.2	Usar capacidades físicas y habilidades motrices para adaptar el movimiento a cada situación.
O.EF.3	Usar expresión corporal en la comunicación.
O.EF.4	Actividad física para el bienestar, higiene, alimentación, hábitos posturales y saludables.
O.EF.5	Participar en actividades físicas cooperando y respetando a los demás, uso del juego limpio y evitar cualquier discriminación.
O.EF.6	Diversidad de actividades para el tiempo de ocio, las relaciones y cuidado del entorno.
O.EF.7	Uso de las TIC para conocer la actividad física y deporte.

Independientemente de ello, el D. 97/2015, de 3 de marzo, BOJA nº 50, de 13/03/2015, por el que se establece la ordenación y el currículo de la educación Primaria en la comunidad Autónoma de Andalucía, nos indica sobre la etapa Primaria:

Art. 4. Objetivos:

La Educación Primaria contribuirá a desarrollar en el alumnado las capacidades, los hábitos, las actitudes y los valores que le permitan alcanzar, además de los objetivos enumerados en el artículo 17 de la Ley Orgánica 2/2006, de 3 de mayo, los siguientes:

a) Desarrollar la confianza de las personas en sí mismas, el sentido crítico, la iniciativa personal, el espíritu emprendedor y la capacidad para aprender, planificar, evaluar riesgos, tomar decisiones y asumir responsabilidades.
b) Participar de forma solidaria, activa y responsable, en el desarrollo y mejora de su entorno social y natural.
c) Desarrollar actitudes críticas y hábitos relacionados con la salud y el consumo responsable.
d) Conocer y valorar el patrimonio natural y cultural y contribuir activamente a su conservación y mejora, entender la diversidad lingüística y cultural como un valor de los

pueblos y de las personas y desarrollar una actitud de interés y respeto hacia la misma.
e) Conocer y apreciar las peculiaridades de la modalidad lingüística andaluza en todas sus variedades.
f) Conocer y respetar la realidad cultural de Andalucía, partiendo del conocimiento y de la comprensión de la misma como comunidad de encuentro de culturas.

Art. 5, punto 5, *sobre determinación y principios para la determinación del currículo en Andalucía:*

La Educación Primaria contribuirá a desarrollar en el alumnado las capacidades que le permita alcanzar, además de los objetivos enumerados en el artículo 17 de la ley Orgánica 2/2006, de 3 de mayo, los siguientes:

a) La prevención y resolución pacífica de conflictos, así como los valores que preparan al alumnado para asumir una vida responsable en una sociedad libre y democrática.
b) La adquisición de hábitos de vida saludable que favorezcan un adecuado bienestar físico, mental y social.
c) La utilización responsable del tiempo libre y del ocio, así como el respeto al medio ambiente.
d) La igualdad efectiva entre mujeres hombres, la prevención de la violencia de género y la no discriminación por cualquier condición personal o social.
e) El espíritu emprendedor a partir del desarrollo de la creatividad, la autonomía, la iniciativa, el trabajo en equipo, la autoconfianza y el sentido crítico.
f) La utilización adecuada de las herramientas tecnológicas de la sociedad del conocimiento.

Estos son los llamados "**objetivos de Andalucía**", que deben **citar** quienes opositen en esta Comunidad. A cada uno podemos contribuir desde nuestra área. Por ejemplo, a través del juego, de las actividades en el medio natural, de la expresión corporal y del juego popular, tradicional y autóctono.

2.1.1. CONTRIBUCIÓN DE LOS OBJETIVOS DEL ÁREA DE EDUCACIÓN FÍSICA A LOS DE LA ETAPA PRIMARIA.-

Todas las áreas tienen que contribuir para conseguir al final de la Etapa Primaria el nivel adecuado de las CC. Clave y los objetivos mínimos propuestos por la Consejería (Expósito, 2010). En este y otros temas comentamos la importancia e influencia del Área de Educación Física en puntos tan transcendentales como son los aprendizajes **básicos** escolares, las **relaciones** socio-afectivas, los **hábitos** saludables, etc. (Rodríguez García, 2006).

De los catorce Objetivos de Etapa, ponemos algunos ejemplos donde se aprecia claramente esta contribución (R. D. 126/2014):

- Objetivo de etapa "**k**": *"Valorar la higiene y la salud, aceptar el propio cuerpo y el de los otros, respetar las diferencias y utilizar la educación física y el deporte como medios para favorecer el desarrollo personal y social".*
    - Está relacionado con el "**4**": **"***Adquirir hábitos de ejercicio físico orientados a una correcta ejecución motriz, a la salud y al bienestar personal..."*

- Objetivo de etapa "**c**": *"Adquirir habilidades para la prevención y para la resolución pacífica de conflictos, que les permitan desenvolverse con autonomía en el ámbito familiar y doméstico, así como en los grupos sociales con los que se relacionan".*
    - Está conectado con el "**5**": *"Desarrollar actitudes y hábitos de tipo cooperativo y social basados en el juego limpio, la solidaridad, la tolerancia..."*

- Objetivo de etapa "**j**": *"Utilizar diferentes representaciones y expresiones artísticas e iniciarse en la construcción de propuestas visuales".*

    o Está relacionado con el "**3**": *"Utilizar la imaginación, creatividad y la expresividad corporal a través del movimiento para comunicar emociones…"*

Además, podemos citar al "**h**", sobre el conocimiento del entorno natural, social y cultural; el "**m**", sobre el desarrollo de las capacidades afectivas y las relaciones con los demás.

2.1.2. CONTRIBUCIÓN DEL ÁREA DE EDUCACIÓN FÍSICA AL DESARROLLO DE LAS COMPETENCIAS CLAVE.

La O. de 04/11/2015, sobre Evaluación, establece que *"las competencias clave deben estar estrechamente **vinculadas** a los objetivos para que la consecución de los mismos lleve implícito el **desarrollo competencial del alumnado**. Esto conlleva importantes cambios en la concepción del proceso de enseñanza-aprendizaje, en la organización y en la cultura escolar y, a la vez, propicia la colaboración entre el profesorado y la puesta en marcha de metodologías innovadoras. Así mismo, establece que la valoración del nivel competencial adquirido por el alumnado debe estar integrada con la evaluación de los contenidos de las distintas áreas".*

El **enfoque** basado en las "competencias" es de reciente adopción en el currículum escolar y se corresponde con un planteamiento más amplio promovido desde los organismos educativos internacionales con el nombre de "**competencias clave**" (Pérez Gómez, 2007). La mirada competencial constituye una perspectiva vinculada al constructivismo, a las alternativas globalizadoras y a las técnicas para aprender a aprender (Sánchez Garrido y Córdoba, 2010). Desde este planteamiento, la educación debe contribuir a reforzar la competitividad y el dinamismo, así como la cohesión social (Blázquez, 2009). La competencia «supone una combinación de habilidades prácticas, conocimientos, motivación, valores éticos, actitudes, emociones, y otros componentes sociales y de comportamiento que se movilizan conjuntamente para lograr una acción eficaz». Se contemplan, pues, como conocimiento en la práctica, es decir, un conocimiento adquirido a través de la participación activa en prácticas sociales y, como tales, se pueden desarrollar tanto en el contexto educativo formal, a través del currículo, como en los contextos educativos no formales e informales (O. ECD/65/2015).

La legislación de referencia, como la LOMCE/2013, indica que las competencias *"son capacidades para aplicar los contenidos con el fin de lograr la realización de actividades y la resolución de problemas"*. Precisamente, el R.D. 126/2014 se *"basa en la potenciación del aprendizaje por competencias, integradas en los elementos curriculares para propiciar una renovación en la práctica docente y en el proceso de enseñanza y aprendizaje"*. *"La competencia supone una combinación de habilidades prácticas, conocimientos, motivación, valores éticos, actitudes, emociones y otros componentes sociales y de comportamiento que se movilizan conjuntamente para lograr una acción eficaz"*.

*"El **trabajo por competencias** se basa en el diseño de tareas motivadoras para el alumnado que partan de situaciones-problema reales y se adapten a los diferentes ritmos y estilos de aprendizaje de cada alumno y alumna, favorezcan la capacidad de aprender por sí mismos y promuevan el trabajo en equipo, haciendo uso de métodos, recursos y materiales didácticos diversos"* (O. 17/03/2015).

Este mismo R. D. 126/2014, indica que *"las competencias clave son aquellas que todas las personas precisan para su realización y desarrollo personal, así como para la ciudadanía activa, la inclusión social y el empleo».* Se identifican **siete competencias clave** esenciales para el bienestar de las sociedades europeas, el crecimiento económico y la innovación, y se describen los conocimientos, las capacidades y las actitudes esenciales *vinculadas a cada una de ellas". "El aprendizaje basado en competencias se caracteriza por su transversalidad, su dinamismo y su carácter integral".*

En otras palabras, los **aprendizajes imprescindibles** que debe tener el alumnado al final de Secundaria (Contreras y Cuevas, 2011), o como la O. ECD/65/2015 indica: *"las competencias clave son aquellas que todas las personas precisan para su realización y desarrollo personal, así como para la ciudadanía activa, la inclusión social y el empleo"*. En cambio, Zabala Y Arnau (2007) consideran competencia *"cualquier acción eficiente a la hora de resolver problemas en situaciones y contextos determinados"*.

Así pues, los objetivos, y también el resto de los componentes curriculares, están muy relacionados con las CC. Clave, de ahí la inclusión de este apartado del Tema.

RELACIÓN ENTRE LAS COMPETENCIAS Y EL ÁREA DE ED. FÍSICA. CONCEPTOS "CLAVE"
1.º Comunicación lingüística.
Importancia para el conocimiento del lenguaje específico de los términos físicos y deportivos. Posibilidad de infinidad de intercambios comunicativos.
2.º Competencia matemática y competencias básicas en ciencia y tecnología
Mejora de esta competencia por la práctica de los contenidos propios del área. Por ejemplo: dominio del espacio y nociones de orden, líneas, formas volumétricas, figuras, conteo, cantidades, cálculos porcentuales y operaciones matemáticas de distancias, datos estadísticos, etc. Adaptación del propio cuerpo al medio. Conocimiento de la naturaleza y su interacción.
3.º Competencia digital.
Habilidades necesarias para buscar, seleccionar, tratar y transformar la información en Internet y otros medios multimedia, de una forma objetiva y productiva, para que dominen el conocimiento de forma autónoma, funcional y segura. Crear conocimiento en diferentes lenguajes, realizar proyectos, solucionar problemas y tomar decisiones en entornos digitales, producir conocimiento y publicarlo a través de uso de herramientas de edición digital, usar las TIC como instrumento creativo y de innovación, Trabajar con eficacia con contenidos digitales en contextos virtuales de enseñanza – aprendizaje, etc.
4.º Aprender a aprender.
Habilidades para iniciarse en el aprendizaje y ser capaz de continuar aprendiendo de manera cada vez más eficaz y autónoma habilidades más complejas. Adquirir conciencia de las propias capacidades (físicas, intelectuales, emocionales), del proceso y las estrategias necesarias para desarrollarlas, así como de lo que se puede hacer por uno mismo y de lo que se puede hacer con ayuda de otras personas o recursos. Conocer sus potencialidades y carencias, sacando provecho de las primeras y teniendo motivación y voluntad para superar las segundas desde una expectativa de éxito, aumentando progresivamente la seguridad para afrontar nuevos retos de aprendizaje. Por ejemplo, en aprender juegos, deportes, estrategias para la mejora de la condición física-salud, etc. genera autoconfianza.
5.º Competencias sociales y cívicas.
Relacionarse con los demás a través del juego en grupo, por lo que trabajamos las percepciones corporales, espaciales y temporales, además de valores como respeto, interrelación, cooperación y solidaridad. En suma, las habilidades sociales y el respeto a las reglas y a los demás. Cumplir las normas de los juego supone la aceptación de códigos de conducta para la convivencia, acudiendo al diálogo cuando ocurra algún conflicto. La actividad física como medio de prácticas para un estilo de vida saludable. Crítica a los malos hábitos de sedentarismo, alcohol, tabaco, etc.
6.º Sentido de iniciativa y espíritu emprendedor.
Auto superación y actitud positiva en la organización actividades. Toma de decisiones de forma autónoma.
7.º Conciencia y expresiones culturales.
Posibilidades y recursos corporales: expresión corporal, danza, deportes, juegos populares, tradicionales y otros. Valoración de la diversidad cultural. El fenómeno deportivo como espectáculo: reflexión y análisis crítico a la violencia que en él se produce.

Para una adquisición eficaz de las competencias y su integración efectiva en el currículo, deberán diseñarse actividades de aprendizaje integradas que permitan al alumnado avanzar hacia los resultados de aprendizaje de más de una competencia al mismo tiempo.

Se potenciará el desarrollo de las competencias Comunicación lingüística, Competencia matemática y competencias en ciencia y tecnología" (R.D. 126/2014).

Las competencias deben estar **integradas** en las áreas o materias y explicitarse y **desarrollarse** suficientemente los resultados de aprendizaje que el alumnado debe conseguir (O. ECD/65/2015).

2.2. CONTENIDOS.

Se refiere a los objetos de enseñanza-aprendizaje que la sociedad considera útiles y necesarios para promover el desarrollo personal y social del individuo. En realidad, son informaciones que permitirán, una vez comprendidas, dominadas y practicadas, alcanzar los objetivos propuestos.

La **LOMCE/2013** los define como *"conjunto de conocimientos, habilidades, destrezas y actitudes que contribuyen al logro de los objetivos y la adquisición de competencias. Se ordenan en asignaturas..."*

Podemos resumir que "es la **materia** que debemos enseñar" o los "medios para hacer realidad a los objetivos". En cualquier caso, los contenidos dejan de tener **fin en sí mismos** y se convierten en los medios para conseguir los objetivos propuestos.

Su referente es **qué enseñar**, la **materia**, temas o nociones, en orden ascendente y progresivo (Gil, 2007). El docente presenta agrupados los que considera más apropiados para desarrollar las capacidades indicadas en los objetivos. Tras la publicación de la LOE/2006, pasaron a ser el **tercer elemento curricular**, tras las CC. Clave y los objetivos.

Viciana (2002), los define como *"un subconjunto de la realidad cultural total, seleccionados por las áreas curriculares y sus docentes para contribuir al desarrollo y consecución de los objetivos de etapa y área, a través de conceptos, procedimientos y actitudes desarrolladas en el medio escolar".*

La legislación actual nos dice que su **tratamiento** es **globalizado**.

Con la presentación de los contenidos en agrupaciones, se pretende hacer una descripción de los aspectos relevantes que se tratarán en esta etapa (Fernández García -coord.-, 2002).

La O. 17/03/2015, por la que se desarrolla el currículo correspondiente a la Educación Primaria en Andalucía, BOJA nº 60, de 27/03/2015, indica que para **alcanzar las competencias** en el área de Educación física, los contenidos se **organizan** en torno a **cuatro bloques**:

- **Bloque 1**, *"El cuerpo y sus habilidades perceptivo motrices"*: desarrolla los contenidos básicos de la etapa que servirán para posteriores aprendizajes más complejos, donde seguir desarrollando una amplia competencia motriz. Se trabajará la autoestima y el autoconocimiento de forma constructiva y con miras a un desarrollo integral del alumnado.

- **Bloque 2**, *"La Educación física como favorecedora de salud"*: está centrado en la consolidación de hábitos de vida saludable, de protocolos de seguridad antes, durante y después de la actividad física y en la reflexión cada vez más autónoma frente a hábitos perjudiciales. Este bloque tendrá un claro componente transversal.

- **Bloque 3**, "*La Expresión corporal: expresión y creación artística*": se refiere al uso del movimiento para comunicarse y expresarse, con creatividad e imaginación.

- **Bloque 4**, "*El juego y el deporte escolar*": desarrolla contenidos sobre la realización de diferentes tipos de juegos y deportes entendidos como manifestaciones culturales y sociales de la motricidad humana. El juego, además de ser un recurso recurrente dentro del área, tiene una dimensión cultural y antropológica.

Cada uno de los tres ciclos tiene 105 horas totales, que en la práctica se traducen en dos sesiones de cuarenta y cinco minutos cada una a la semana, en cada uno de los seis cursos. En otros centros se programa una hora/semana en el 1º curso del ciclo y dos horas/semana en 2º curso del ciclo.

En cualquier caso, todas las **programaciones** de todas las áreas incluirán actividades en las que el alumnado deberá **leer**, **escribir** y **expresarse** de forma oral (D. 328/2010).

En la siguiente tabla vemos un resumen "flash" relacionando cada bloque con los contenidos más concretos a tratar, por si la persona lectora desea estudiarlo mejor así.

BLOQUE	RESUMEN DE CONTENIDOS
1, El cuerpo y sus habilidades perceptivo motrices.	Sensomotricidad. Esquema corporal. Lateralidad. Relajación. Respiración. Postura. Equilibrio. Percepción de espacio y tiempo. Habilidades y destrezas básicas. Problemas motores. Condición física como factor de ejecución de la habilidad motriz.
2. La Educación física como favorecedora de la salud.	Higiene. Alimentación. Normas y seguridad en uso de los recursos. Prevención lesiones. Postura. Calentamiento. Relajación
3. La expresión corporal: expresión y creación artística.	Expresión corporal. Ritmo. Juego corporal. Baile.
4. El juego y el deporte escolar	Juego en general: simple, popular, etc. Iniciación deportiva: estrategias, normas, esfuerzos, etc.

Independientemente de ello, el D. 97/2015, de 3 de marzo, BOJA nº 50, de 13/03/2015, por el que se establece la ordenación y el currículo de la Educación Primaria en la comunidad Autónoma de Andalucía, nos indica en su art. 5, punto 6:

El currículo incluirá **contenidos propios de Andalucía**, relacionados con:

a) El conocimiento y el respeto a los valores recogidos en el Estatuto de Autonomía para Andalucía.

b) El medio natural, la historia, la cultura y otros hechos diferenciadores de nuestra Comunidad para que sean conocidos, valorados y respetados como patrimonio propio, en el marco de la cultura española y universal.

2.2.1. SECUENCIACIÓN DE CONTENIDOS.

"*La secuenciación es el ordenamiento de los contenidos de menor a mayor dificultad, así como la prioridad en el tratamiento de unos con respecto a otros para facilitar su captación o dominio al alumnado*" (Gil, 2007).

La lógica interna del Área va a determinar el orden de trabajo de los contenidos:

- De movimientos con menos elementos coordinativos a otros más complejos.
- Priorizar las habilidades básicas antes que las genéricas y específicas.
- Pasar del juego simple a otros de índole deportiva.
- Priorizar las habilidades perceptivas más básicas antes que otras más compuestas.

Zagalaz, Cachón y Lara (2014), añaden:

- Respetar el momento evolutivo y de desarrollo físico propio de cada uno de los cursos
- Adecuar los contenidos a las experiencias previas del alumnado
- Mantener las secuencias de aprendizaje específicas de los contenidos incluidos en cada uno de los bloques del área

La O. 17/03/2015, por la que se desarrolla el currículo correspondiente a la Educación Primaria en Andalucía, BOJA nº 60, de 27/03/2015, expone para cada bloque y ciclo un ejemplo de secuenciación de contenidos.

En cualquier caso, debemos secuenciarlos siguiendo estas pautas:

- De los más generales a los más específicos.
- De los más concretos a los más abstractos.
- De los más simples a los más complejos.

3. EVOLUCIÓN Y DESARROLLO DE LAS FUNCIONES ATRIBUIDAS AL MOVIMIENTO COMO ELEMENTO FORMATIVO.

Las **funciones del movimiento**, es decir, ¿para qué nos sirve el movimiento?, son variables y dependen de las **intenciones** educativas que cada educador considere más interesante en cada **momento**.

Movimiento significa **cambio**, **variación** y **desplazamiento** del todo corporal o de sus partes. La energía para realizarlo proviene de la **fuerza muscular** que se produce en la **contracción**.

La **evolución** de las funciones a lo largo de la Historia podemos **resumirla** en los siguientes parámetros (Zagalaz, 2001), Blázquez (2001) y (Paredes, 2003):

- **Edad Antigua.-**
    - CIVILIZACIONES PRIMITIVAS.
        - F. bio-existencial desde el origen humano para cubrir los requisitos más primarios de subsistencia. Correr, nadar, trepar, lanzar y uso de armas rudimentarias para caza y pesca.
        - F. espiritual y mística, magia para invocar espíritus para la caza
        - F. relacional, a través de danza vincularse con los demás
    - CIVILIZACIÓN CHINA.
        - F. bélica, como preparación militar
        - F. terapéutica para curación de enfermedades y malformaciones
        - F. educativa, destinada a la nobleza. Se sistematiza. Tiene objetivos.

- F. lúdica como forma de ocupar el tiempo libre: juegos, ritmo, danza.
    - CIVILIZACIÓN EGIPCIA.
        - F. religiosa como expresión de su espiritualidad
        - F. bélica
        - F. recreativa y lúdica, con juegos muy diversos: pelota, esgrima, etc.
    - CIVILIZACIÓN MESOPOTÁMICA.
        - F. agonística con juegos competitivos
        - F. bélica
    - CIVILIZACIONES PRE-COLOMBINAS.
        - F. recreativa
        - F. agonística, con juegos de pelota
    - GRECIA.
        - F. higiénica, terapéutica para prevenir y curar enfermedades y lesiones
        - F. axiológica, para la búsqueda de una moral orientada a la fuerza y belleza corporal
        - F. estética, para lograr la belleza corporal
        - F. agonística y competitiva. Juegos olímpicos.
        - F. lúdica
    - ROMA.
        - F. recreativa, el circo y sus espectáculos
        - F. bélica, preparación para las conquistas

- **Edad Media.-**
    - F. bélica, sobre todo con vistas a la participación en las cruzadas. Armas
    - F. recreativa, juegos populares y torneos. Juegos de pelota.

- **Renacimiento.-**
    - F. lúdica. Juegos diversos
    - F. educativa. Juegos de carreras, natación…
    - F. higiénica, como fomento de la salud

- **Siglo XVIII.- Ilustración.**
    - F. pedagógica, el ejercicio físico es un medio educativo. Educación integral

- **Siglo XIX.- Era Gimnástica Moderna. Período de las Escuelas.**
    - Nacen los importantes métodos que conocemos como "Escuelas", iniciadores de la E. Física actual y de donde España toma sus referencias de base.
    - F. bélica en Francia y Alemania
    - F. biológica y de la postura en Suecia
    - F. pedagógica en Francia e Inglaterra

- o   F. agonística en Inglaterra
- **Siglo XX.-**
    - o   Surgen los "Movimientos Gimnásticos", como evolución de las Escuelas
    - o   F. expresiva y estética, a través del Movimiento del Centro y Oeste
    - o   F. pedagógica con el Movimiento del Norte y Oeste
    - o   F. orgánica con el Movimiento del Norte y Oeste
    - o   F. agonística y competitiva con el Movimiento del Oeste y Olímpico
    - o   F. moral, sobre todo a través del Movimiento Olímpico

Ofrecemos a las personas que nos leen y que desean un **resumen** "tipo flash", una tabla con las diversas funciones vistas anteriormente y que nos dan servicio también otros temas, como el 1 y 16. En función de nuestras necesidades, podemos aumentar (difícilmente disminuir) sus contenidos.

ÉPOCA	FUNCIÓN DEL MOVIMIENTO
Prehistoria	La lucha por la vida, espiritual, danza
Antigüedad, Lejano y Extremo Oriente	Religioso, terapéutico, guerrero, recreativo
Grecia, Atenas, Esparta	Ciudadano integral. Deporte (JJ. OO.) Educativo. Guerrero
Roma	Conquista (guerrero). Circo, profesionalismo
Edad Media (Feudalismo)	Caballeros. Lucha por ideales
Renacimiento: Humanismo, Filantropismo, Enciclopedismo	Ideales clásicos, vida natural. Ejercicio físico como agente Educativo
Moderno y Contemporáneo	La persona como unidad psicobiológica. Educación física realidad educacional. Salud y tiempo libre. Profesiones.

En la actualidad, las funciones más significativas vienen recogidas por Delgado y Tercedor (2002), Martin (2009) y Zagalaz, Cachón y Lara (2014):

- **F. de Conocimiento**: la trabajamos en el bloque de contenidos de "El cuerpo y sus habilidades perceptivo motrices".
    - o   La persona se conoce a sí misma y al medio a través del movimiento
    - o   No desaprovechar la fuente de conocimiento que produce el movimiento
    - o   Esquema Corporal, lateralidad, relajación, etc.

- **F. de Organización de las Percepciones**: la trabajamos en el bloque de contenidos de "El cuerpo y sus habilidades perceptivo motrices".
    - o   Exploración y experimentación de las capacidades perceptivo motrices.
    - o   Descubrimiento de la percepción del espacio y del tiempo: percepción inmediata y representación mental.

- **F. Anatómico-Funcional**: la trabajamos en el bloque de contenidos de "Educación física como favorecedora de la Salud"
    - o   Mejora de la capacidad física y la eficiencia motriz.
    - o   En Primaria se plantea la mejora de la condición física como factor de ejecución de las habilidades motrices, pero siempre de modo saludable.

- **F. Higiénica**: la trabajamos en el bloque de contenidos de "Educación física como favorecedora de la Salud".
    - o   Mejora y conservación de la salud y prevención de enfermedades.
    - o   La actividad física como elemento imprescindible para tener una buena salud y

mantener una calidad de vida aceptable.
- o Fomentar hábitos higiénicos, también con atención al contexto familiar.

- **F. Estética-Comunicativa**: la trabajamos en el bloque de contenidos de "Expresión y creación artística motriz". También a través de todos los demás bloques con el juego motor grupal, que es donde existe comunicación.
    - o Búsqueda de la belleza corporal a través del movimiento.
    - o Armonía y estética en la propia ejecución motriz.
    - o La importancia que hoy día tiene en la estética de las personas las modas y los anuncios publicitarios, sobre todo en televisión.
    - o A través de la actividad física en general y del juego en particular, niñas y niños tienen un instrumento ideal para comunicarse con los demás.

- **F. de Relación**: la trabajamos en todos los bloques
    - o Se refiere a la posibilidad que tiene la persona de conectar con los demás a través del juego y otras actividades físicas.
    - o A través de las actividades físicas se ponen en marcha mecanismos de cooperación y oposición así como una dinámica de relaciones planteadas dentro del dominio de la ubicación espacial y temporal.
    - o El creciente fenómeno de la **inmigración** está configurando los nuevos escenarios sociales, culturales y también educativos. En estos momentos la educación en España está abordando uno de los retos más importantes de su historia: la inclusión de un alumnado cuya **diversidad cultural**, a todos los niveles (social, cultural, lingüístico y religioso), no era antes conocida (Leiva, 2012).

- **F. Agonista**: la trabajamos en el bloque de contenidos de "Juegos y deporte escolar".
    - o Competir y superar dificultades a través del movimiento corporal.
    - o Conocerse mejor poniéndose a prueba, bien contra otros bien contra sí mismo.
    - o Es uno de los fundamentos del juego y del deporte.
    - o No debemos dejar que el espíritu de triunfo perjudique las prácticas de nuestros escolares, en muchas ocasiones influenciados por el contexto familiar y la televisión, viéndose perjudicada una actividad que de por sí es noble y educativa.

- **F. Hedonista**: la trabajamos a través de todos bloques de contenidos.
    - o La actividad física, sobre todo la lúdica, como medio de disfrute y placer.
    - o El juego y el deporte por el simple hecho de gozar con su propia realización.
    - o Hacer actividad física en libertad, elegida por uno mismo.

- **F. de Compensación**: la trabajamos a través de todos bloques de contenidos
    - o Como elemento de resarcimiento ante las limitaciones del medio y el sedentarismo de la sociedad actual.
    - o A través del movimiento se perciben nuevos espacios, conexiones, vivencias etc.
    - o Importante en las personas con necesidades educativas especiales, que pueden encontrar en el movimiento una ayuda inestimable a sus dificultades.

- o Se pueden corregir determinadas deficiencias a través de la práctica de la actividad física de forma intencionada.

- **F. Catártica**: la trabajamos a través de todos bloques de contenidos
  - o A través del ejercicio físico se liberan tensiones. Restablecimiento del equilibrio personal.
  - o La salud considerada como forma de integración armónica de los distintos rasgos de la personalidad.

En la siguiente tabla vemos un resumen tipo "flash" con palabras clave, que puede ser una buena solución a la hora de recordarlas.

FUNCIÓN	PALABRA-CLAVE
Conocimiento	Conocimiento esquema corporal y al medio
Organización de las percepciones	Percepción espacio/tiempo
Anatómico-funcional	Mejora aspectos óseo-muscular y orgánico
Higiénica	Salud e higiene
Estética-comunicativa	Belleza y comunicación con los demás
Relación	Contactos con los demás
Agonista	Superarse a sí mismo
Hedonista	Placer por el movimiento
Compensación	Respuesta ante la vida sedentaria
Catártica	Liberación de tensiones

Podemos agrupar estas funciones hacia tres **orientaciones**:

- **Función físico-motriz**.- La Educación Física como desarrollo de las capacidades orgánico-biológicas-funcionales. El cuerpo como "instrumento".

- **Función psicomotriz**.- La Educación Física como medio de desarrollo de las capacidades intelectuales: lógicas, cognitivas, memorísticas, etc.

- **Función sociomotriz**.- La Educación Física como realidad social (deporte, juegos colectivos, etc.) y como medio de desarrollo de las capacidades sociales (comunicativas, expresivas...)

CONCLUSIONES

En este Tema hemos visto cómo, tras un breve resumen histórico, está ubicada la Educación Física en el actual Sistema Educativo. Para ello hemos desglosado los objetivos del Área que hacen su aportación para conseguir los de Etapa, las competencias clave, los bloques de contenido y cómo el Área contribuye a su logro.

También hemos tratado las funciones del movimiento viendo su evolución histórica y centrándonos en las que hoy día se le reconocen.

BIBLIOGRAFÍA

- BLÁZQUEZ, D. (2001). *La Educación Física*. INDE. Barcelona.
- BLÁZQUEZ, D. y SEBASTIANI, E. (2009). *Enseñar por competencias en Educación Física*. INDE. Barcelona.
- BLÁZQUEZ, D. (2013). *Diez competencias docentes para ser mejor profesor de Educación Física*. INDE. Barcelona.
- BOLÍVAR, A. (1992). *Los contenidos actitudinales en el currículo de la Reforma*. Escuela Española. Madrid.
- CAÑIZARES, J. Mª y CARBONERO, C. (2009a). *Currículum de Educación Física en Primaria. Aclaraciones terminológicas*. Wanceulen. Sevilla.
- CAÑIZARES, J. Mª y CARBONERO, C. (2009b). *Currículum de Educación Física en Primaria para Andalucía. Aclaraciones terminológicas*. Wanceulen. Sevilla.
- CHINCHILLA, J. L. y ZAGALAZ, M. L. (2002). *Didáctica de la Educación Física*. CCS. Madrid.
- CONTRERAS, O. (2004). *Didáctica de la Educación Física*. INDE. Barcelona.
- CONTRERAS, O. y CUEVAS, R. (2011). *Las Competencias Básicas desde la Educación Física*. INDE. Barcelona.
- CONTRERAS, R. O. (2010). *Las competencias del profesor de Educación Física*. INDE. Barcelona.
- CUÉLLAR, Mª J. y FRANCOS, Mª C. (2008). *Expresión y comunicación corporal*. Wanceulen. Sevilla.
- DELGADO, M. y TERCEDOR, P. (2002). *Estrategias de intervención en educación para la salud desde la Educación Física*. INDE. Barcelona.
- EXPÓSITO, J. (2010). *Educación Física en Primaria. La programación en la L. O. E.* Wanceulen. Sevilla.
- FERNÁNDEZ NARES, S. (1993). *La Educación Física en el Sistema Educativo español: currículum y formación del profesorado*. U. de Granada. Consejo General de C.O.P.L.E.F. de España. Granada.
- FERNÁNDEZ GARCÍA, E. -coord.-. (2002). *Didáctica de la Educación Física en la Etapa Primaria*. Síntesis. Madrid.
- FERNÁNDEZ TRUÁN, J.C. (2005). *Memoria Histórica de la Gimnástica a la Educación Física. La Educación Física en el Proceso Educativo*. Apuntes del curso. Infornet. Sevilla.
- GIL, P. (2003). *La programación de la Enseñanza en Educación Física*. En SÁNCHEZ, F. y FERNÁNDEZ, E. -coords.-. *Didáctica de la Educación Física*. Prentice Hall. Madrid.
- GIL, P. (2007). *Metodología didáctica de las actividades físicas, y recreativas*. Wanceulen. Sevilla.
- GONZÁLEZ, C. y LLEIXÁ, T. (2015). *Educación Física: complementos de formación disciplinar*. Graó. Barcelona.
- HERNÁNDEZ, J. L. y VELÁZQUEZ, R. (2004). *La evaluación en Educación Física*. Graó. Barcelona.
- HERNÁNDEZ VÁZQUEZ, J. L. (1996). *La construcción histórica y social de la Educación Física*. R. E. E. F. C. O. P. L. E. F. Madrid.
- JUNTA DE ANDALUCÍA (2010). *Orden de 03 agosto de 2010, por la que se regulan los servicios complementarios de la enseñanza de aula matinal, comedor escolar y actividades extraescolares en los centros docentes públicos, así como la ampliación de horario*. BOJA núm. 158 de 12/08/2010.
- JUNTA DE ANDALUCÍA (2010). *Decreto 328/2010, de 13 de julio, por el que se aprueba el Reglamento Orgánico de las escuelas infantiles de segundo grado, de los colegios de educación primaria, de los colegios de educación infantil y primaria, y de los centros públicos específicos de educación especial*. BOJA nº 139, de 16/07/2010.
- JUNTA DE ANDALUCÍA (2015). *Orden de 04 de noviembre de 2015, por la que se establece la ordenación de la evaluación del proceso de aprendizaje del alumnado de educación primaria en la Comunidad Autónoma de Andalucía*. B.O.J.A. nº 230, de 26/11/2015.

- JUNTA DE ANDALUCÍA (2010). *Orden de 20 de agosto de 2010, por la que se regula la organización y el funcionamiento de las escuelas infantiles de segundo ciclo, de los colegios de educación primaria, de los colegios de educación infantil y primaria, y de los centros públicos específicos de educación especial, así como el horario de los centros, del alumnado y del profesorado.* BOJA nº 169, de 30/08/2010.
- JUNTA DE ANDALUCÍA (2007). *Ley 17/2007, de 10 de diciembre, de Educación de Andalucía (L. E. A.).* B. O. J. A. nº 252, de 26/12/2007.
- JUNTA DE ANDALUCÍA (2006). *Orden de 06/04/2006 de la Consejería de Educación por la que se regula la organización y el funcionamiento de los centros docentes públicos autorizados para participar en el programa "El deporte en la escuela".*
- JUNTA DE ANDALUCÍA (2007). *Ley 17/2007, de 10 de diciembre, de Educación de Andalucía (L. E. A.).* B. O. J. A. nº 252, de 26/12/07.
- JUNTA DE ANDALUCÍA (2015). *Orden de 17 de marzo de 2015, por la que se desarrolla el currículo correspondiente a la educación Primaria en Andalucía.* BOJA nº 60 de 27/03/2015.
- JUNTA DE ANDALUCÍA (2015). *Decreto 97/2015, de 3 de marzo, por el que se establece la ordenación y el currículo de la educación Primaria en la comunidad Autónoma de Andalucía.* BOJA nº 50 de 13/03/2015.
- JUNTA DE ANDALUCÍA (2010). *Decreto 328/2010, de 13 de julio, por el que se aprueba el Reglamento Orgánico de las escuelas infantiles de segundo grado, de los colegios de educación primaria, de los colegios de educación infantil y primaria, y de los centros públicos específicos de educación especial.* BOJA nº 139, de 16/07/2010.
- LEIVA, J. J. (2012). *Educación Intercultural y convivencia en la escuela inclusiva.* Ediciones Aljibe. Málaga.
- LLEDÓ, A. I. (2007). *Competencias Básicas y Currículo.* Revista "Andalucía Educativa", nº 60. Consejería de Educación y Ciencia.
- MARTÍN, F. J. (2009). *Competencias básicas y funciones de la Educación Física.* Revista Digital "Innovación y Experiencias Educativas. Granada.
- M.E.C. (2013). *Ley Orgánica 8/2013, de 9 de diciembre, para la mejora de la calidad educativa.* BOE Nº 295, de 10/12/2013.
- M.E.C. (2014). *R. D. 126/2014, de 28 de febrero, por el que se establece el currículo básico de la Educación Primaria.* B.O.E. nº 52, de 01/03/2014.
- M. E. C. (2006). *Ley Orgánica 2/2006, de 3 de mayo, de Educación (L. O. E.).* B. O. E. nº 106, de 04/05/2006, **modificada** en algunos artículos por la LOMCE/2013.
- M.E.C. (2015). *Orden ECD/65/2015, de 21 de enero, por la que se describen las relaciones entre las competencias, los contenidos y los criterios de evaluación de la educación primaria, la educación secundaria obligatoria y el bachillerato.* B.O.E. nº 25, de 29/01/2015.
- PAREDES, J. (2003). *Teoría del Deporte.* Wanceulen. Sevilla.
- PÉREZ GÓMEZ, A. (2007). *La naturaleza de las competencias básicas y sus implicaciones pedagógicas.* Cuadernos de Educación de Cantabria. Consejería de Educación del Gobierno de Cantabria. Santander.
- RODRÍGUEZ GARCÍA, P. L. (2006). *Educación Física y Salud en Primaria.* INDE. Barcelona.
- ROMERO CEREZO, C y CEPERO, M. (2002). *Bases teóricas para la formación del maestro especialista en educación física.* Grupo Editorial Universitario. Granada.
- SÁENZ-LÓPEZ, P. (2002). *La Educación Física y su Didáctica.* Wanceulen. Sevilla.
- SÁNCHEZ GARRIDO, D. y CÓRDOBA, E. (2010). *Manual docente para la autoformación en competencias básicas.* C.E.J.A. Málaga.
- SARRAMONA, J. (2004). *Las competencias básicas en la Educación Obligatoria.* CEAC. Barcelona.
- TORREBADELLA, X. (2013). *Gimnástica y educación física en la sociedad española de la primera mitad de siglo XIX.* U. de Lleida.
- VELÁZQUEZ, A. y MARTÍNEZ, A. (2005). *Desarrollo de las habilidades a través de materiales alternativos.* Wanceulen. Sevilla.
- VICIANA, J. (2002). *Planificar en Educación Física.* INDE. Barcelona.

- VIZUETE, M. (2002). *Euroeducación física: encuentro de culturas.* En Díaz, A. Rodríguez, P. y Moreno, J. Actas del III Congreso Internacional de Educación Física e Interculturalidad (CD. Rom). Consejería Educación y Cultura. Cartagena.
- ZABALA, A, y ARNAU, L. (2007). *11 ideas clave. Cómo aprender y enseñar competencias.* Graó. Barcelona.
- ZAGALAZ, M. L. (2001). *Bases teóricas de la Educación Física y el Deporte.* U. de Jaén. Jaén.
- ZAGALAZ, Mª L.; CACHÓN, J.; LARA, A. (2014). *Fundamentos de la programación de Educación Física en Primaria.* Síntesis. Madrid.

WEBGRAFÍA (Consulta en septiembre de 2016).

http://www.tafadycursos.com/load/metodologia_didactica/educacion/funciones_educacion_fisica/201-1-0-1018
http://www.agrega2.es
http://recursos.cnice.mec.es/edfisica/
http://www.ite.educacion.es/es/recursos
http://www.educarm.es/admin/recursosEducativos#nogo
www.juntadeandalucia.es/educacion/descargasrecursos/curriculo-primaria/index.html
http://www.gobiernodecanarias.org/educacion/webdgoie/
http://www.educarex.es/web/guest/apoyo-a-la-docencia
http://www.catedu.es/webcatedu/index.php/recursosdidacticos
http://www.adideandalucia.es

TEMA 3

ANATOMÍA Y FISIOLOGÍA HUMANAS IMPLICADAS EN LA ACTIVIDAD FÍSICA. PATOLOGÍAS RELACIONADAS CON EL APARATO MOTOR. EVALUACIÓN Y TRATAMIENTO EN EL PROCESO EDUCATIVO.

ÍNDICE

INTRODUCCIÓN

1. ANATOMÍA HUMANA IMPLICADA EN LA ACTIVIDAD FISICA.

    1.1. Sistema Osteoarticular.

    1.2. Sistema Muscular.

        1.2.1. Estructura del músculo esquelético.

        1.2.2. Localización grandes grupos musculares.

    1.3. Aparato Respiratorio.

    1.4. Sistema Cardiovascular.

    1.5. Sistema Nervioso.

2. FISIOLOGÍA HUMANA IMPLICADA A LA ACTIVIDAD FÍSICA.

    2.1. Metabolismo muscular. Fuentes energéticas para la actividad física.

    2.2. La contracción muscular.

        2.2.1. Tipos de trabajo muscular.

        2.2.2. Funciones de los músculos.

    2.3. La respiración.

    2.4. El corazón. Recorrido sanguíneo y ritmo cardiaco.

    2.5. Efectos que produce la actividad física en la anatomía y fisiología humanas.

3. PATOLOGÍAS RELACIONADAS CON EL APARATO MOTOR. EVALUACIÓN Y TRATAMIENTO EN EL PROCESO EDUCATIVO.

    3.1. Relación del currículo con la anatomo-fisiología y la actividad física saludable.
    3.2. Tipos de patologías.
    3.3. Patologías relacionadas con la postura corporal.
    3.4. Lesiones más habituales referidas con el aparato motor.

CONCLUSIONES

BIBLIOGRAFÍA

WEBGRAFÍA

INTRODUCCIÓN.

El **conocimiento** anatómico y fisiológico humano es imprescindible para el docente especialista en Educación Física habida cuenta que el alumnado debe saber cómo es su propio cuerpo, los beneficios **saludables** de la actividad física bien hecha, etc.

No olvidemos que el Área de Educación Física tiene en el cuerpo y el movimiento los ejes básicos de su acción educativa.

"La adquisición de hábitos de vida saludable que favorezcan un adecuado bienestar físico, mental y social", así como *"la utilización responsable del tiempo libre y del ocio, así como el respeto al medio ambiente"*, son capacidades prioritarias a conseguir durante la etapa (D. 97/2015).

A lo largo del Tema veremos en su primera parte la anatomía, es decir, la estructura física del organismo y su intervención en la actividad física escolar. En la segunda parte trataremos la fisiología, o lo que es lo mismo, de qué forma actúan los distintos aparatos y sistemas orgánicos.

Ya en la tercera estudiaremos las enfermedades que afectan al aparato motor y cómo las podemos valorar y atender durante nuestra acción educativa. También cómo debemos actuar en caso de observar alguna de ellas.

1. ANATOMÍA HUMANA IMPLICADA EN LA ACTIVIDAD FISICA.

Para la elaboración de la totalidad de este punto seguimos, fundamentalmente, a Bravo (1998), Ruiz (2000), Comes -coord.- (2000), Navas -coord.- (2001), Barbany, (2002), González Badillo y Gorostiaga (2002), Guillén y Linares -coords.- (2002), Lloret (2003), Gómez Mora (2003), Torres (2005), Meri (2005), Guillén -coord- (2005), Rigal (2006), Piñeiro (2006a), Piñeiro (2006b), Piñeiro (2007), Ayuso (2008), Lara (2008), González Iturri y otros (2009) y Calderón (2012).

Anatomía es la ciencia que estudia la constitución, forma o morfología del cuerpo humano. El aparato locomotor es un conjunto de órganos y estructuras destinados, sobre todo, a realizar los movimientos y a mantener la postura en los seres vivos.

1.1. SISTEMA OSTEOARTICULAR.

Al nacer, nuestro esqueleto es cartilaginoso, aunque el desarrollo hace que se vaya sustituyendo por tejido óseo.

El esqueleto está compuesto por un conjunto de **huesos** unidos entre sí a través de las **articulaciones**, que son los componentes pasivos del aparato locomotor. Los huesos son las palancas del mismo y también asumen la función de contener y proteger los órganos más delicados (S.N.C., corazón y pulmones) y de producir glóbulos rojos en la médula ósea, dan estructura al cuerpo, y almacenan minerales (Ca, P, Na, Mg.). Por todo ello es necesario que tengan rigidez y ésta le viene dada por su composición química, a base de materia inorgánica y proteica.

En cuanto a su **proporción** hay tres grandes grupos de huesos:

- **Largos**, como fémur, tibia y radio.
- **Cortos**, por ejemplo vértebras y tarso.
- **Planos**, como pelvis y cráneo.

Los principales huesos, divididos por **zonas anatómicas**, los resumimos así:

- **Cráneo**: frontal, occipital, parietal, entre otros.
- **Cara**: mandíbula, vómer, maxilar superior e inferior, entre otros.
- **Columna**: vértebras cervicales, dorsales, lumbares, sacras y coccígeas.
- **Cintura escapular**: clavícula, escápula y esternón.
- **Extremidad superior**: húmero, radio, cubito, huesos del carpo, metacarpianos y falanges.
- **Cintura pelviana**: sacro, ilíaco, entre otros.
- **Extremidad inferior**: fémur, tibia, peroné, huesos del tarso, metatarsianos y falanges.

Las **articulaciones** o coyunturas son las superficies de contacto entre dos o más huesos, junto a otros elementos (ligamentos, y cartílagos, entre otros) que protegen, refuerzan e irrigan, con el líquido sinovial, esta unión.

Se clasifican por el **grado de movilidad** que poseen:

- **Diartrosis**. Son las que tienen más movilidad: rodilla, codo, etc.
- **Anfiartrosis**. Son semi móviles, por ejemplo las vértebras.
- **Sinartrosis**. Carecen de movilidad, como las del cráneo.

Poseen tres grandes **funciones:**

- **Estática**. Soportan el peso corporal y permiten al esqueleto ser un conjunto elástico.
- **Dinámica**. Permiten el movimiento de los huesos entre sí.
- **Crecimiento**. Las del cráneo (suturas), permiten el crecimiento del hueso y desaparecen cuando éste termina.

1.2. SISTEMA MUSCULAR.

Compuesto principalmente de fibras contráctiles cilíndricas. Los músculos esqueléticos son la parte **activa** del movimiento y tienen la propiedad de **contraerse** como respuesta a la **estimulación** nerviosa (Gutiérrez, 2015). Además poseen otras funciones como la de sostén de los elementos anatómicos, mantenimiento de la postura, la respiración, movilización del flujo sanguíneo, etc. Viene a constituir el 45 % del peso corporal del adulto. Comprende a más de 600 unidades, siendo 75 pares los que intervienen en la postura y movimiento corporal.

El músculo esquelético humano no es un tejido uniforme, sino que está compuesto por distintos conjuntos de fibras que pueden ser investigadas por sus diferencias histoquímicas, bioquímicas, morfológicas y fisiológicas (Cuadrado, Pablos y Manso, 2006). Nos centramos en los **dos tipos clasificatorios** más conocidos.

1.- Según las **características** de su tejido, destacamos a:
   a) Músculos de **fibra lisa**. Tienen una función automática e involuntaria y se encuentran en el estómago, vísceras, etc. Son de contracción lenta y no pertenecen al sistema locomotor.

b) Músculos de **fibra estriada**. Se llaman así porque, observados al microscopio, se observan sus estrías. Son de contracción rápida y para su movimiento dependen de la voluntad del individuo, excepto el cardiaco. Señalamos a:

- b.1) Músculo **cardiaco**. De contracción involuntaria, pero depende del sistema nervioso y de la psiquis.

- b.2) Músculo **esquelético**. Se llaman así por estar conectados directamente al esqueleto. Están inervados por los nervios espinales y se hallan bajo regulación voluntaria. Sus funciones son el movimiento corporal y el mantenimiento de la postura.

2.- Por su **coloración**, se clasifican en tres grupos:

a) Fibra ST (Tipo I o fibras **rojas**). De contracción lenta y muy resistentes.

b) Fibras FT (Tipo II o fibras **blancas**). Contracción rápida y explosiva.

c) Fibras mixtas o tipo **intermedio**. Combinación de las dos anteriores.

Lo habitual es que cada músculo tenga todos los tipos de fibra, aunque en proporciones distintas según el individuo, grupo muscular o sección del mismo (Cuadrado, Pablos y García, 2006).

1.2.1. ESTRUCTURA DEL MÚSCULO ESQUELÉTICO.

El músculo tiene como unidad anatómica a la célula o fibra muscular. Está integrado por tres componentes:

MUSCULAR	CONJUNTIVO	OTROS ELEMENTOS
Fibra estriada.	Cumple funciones mecánicas (propiedad elástica), de recubrimiento y protección.	Vasos sanguíneos, conductos linfáticos y nervios.

En cuanto a su **forma**, presenta el **vientre** (zona central) y los **tendones**, que son las formaciones terminales y se insertan en las zonas óseas extremas para su fijación al hueso.

En cuanto a su **estructura**, matizamos de forma resumida que cada músculo es una organización compleja formada por un número elevado de fibras musculares, que a su vez está compuesta por una cantidad variable de **miofibrillas**, o elementos contráctiles de las células musculares, y, por tanto, de menor tamaño y grosor. Las miofibrillas son cilíndricas y alargadas, con estrías, y resultan de la repetición de un número indeterminado de **sarcómeros**, cada uno de éstos delimitados entre dos líneas Z. El sarcómero es la unidad básica de la contracción muscular, la cual se produce gracias al **deslizamiento** de los filamentos proteicos de **actina** y **miosina**. Cada fibra se encuentra rodeada por una membrana de tejido conjuntivo llamada **endomisio**. A su vez, cada grupo de fibras, que se encuentra rodeado por una misma membrana exterior o **perimisio**, constituyen los fascículos musculares. Todos los músculos están formados por diferentes fascículos que se encuentran dentro de una capa externa de tejido conectivo llamada **epimisio**. Todo ello se concentra y prolonga con el **tendón** que une el músculo al hueso (Balius y Pedret, 2013).

1.2.2. LOCALIZACIÓN GRANDES GRUPOS MUSCULARES.

Al igual que hicimos con los huesos, nombramos a los grandes grupos musculares:

CLASIFICACIÓN	LOCALIZACIÓN	MÚSCULOS
M. de la cabeza	Cara anterior	Frontal, nasales, maseteros...
M. del cuello		Esternocleidomastoideo, escalenos
M. del tronco	Cara anterior	Pectorales, serratos, intercostales, oblicuos, recto mayor
	Cara posterior	Trapecios, dorsal ancho
M. de la cavidad torácica		Diafragma
M. extremidad superior	Hombro	Deltoides y redondos
	Brazo	Bíceps, braquial y tríceps
	Antebrazo	Pronadores, supinadores, palmares, flexores y extensores de los dedos
	Mano	Músculos cortos
M. extremidad inferior	Región pélvica	Glúteos, psoas ilíaco
	Muslo	Sartorio, abductores, aductores, cuádriceps, bíceps
	Pierna	Tibial, flexor y extensor de los dedos, gemelos y soleo
	Pie	Músculos cortos

1.3. APARATO RESPIRATORIO.

Tiene la misión de mantener una corriente de aire en los pulmones, en los que la sangre recibe oxígeno y elimina CO_2 mediante los movimientos de inspiración y espiración, circulación sanguínea e intercambio gaseoso.

La parte conductora del aparato respiratorio comienza por la nariz, sigue por la cavidad nasal (circunstancialmente también por la boca), faringe, laringe, tráquea y bronquios, terminando en los pulmones a través de los alvéolos.

Cada alvéolo tiene una finísima pared, rodeada por una tupida red de capilares sanguíneos, por los que circulan los hematíes que serán los "transportistas del oxígeno".

1.4. SISTEMA CARDIOVASCULAR.

Compuesto por el corazón y los vasos sanguíneos (venas, arterias y capilares). Es el encargado de suministrar un adecuado riego a todo el organismo. Se adapta constantemente a todos los esfuerzos y diferentes demandas sanguíneas del cuerpo.

- **Corazón**

    Estructuralmente es un músculo hueco con cuatro cavidades: dos superiores o aurículas y dos inferiores o ventrículos. Cada aurícula comunica con su respectivo ventrículo -de forma vertical- a través de una válvula que permite el paso de la sangre hacia abajo, pero no al contrario. Existen dos circulaciones distintas. La **mayor** y la

menor. Está constituido por tres capas: **endocardio** o membrana interna que está en contacto con la sangre, **miocardio** o pared muscular intermedia y **pericardio**, que es la membrana fibrosa que rodea externamente al corazón.

- **Arterias**

    Son conductos elásticos por los que circula sangre ya oxigenada, excepto la arteria pulmonar. Se ramifican hasta diminutos capilares que llegan a las células de todo el cuerpo para su alimentación.

- **Venas**

    Son también conductos iguales a los anteriores, pero la sangre que transportan es de retorno o no oxigenada. La excepción es la vena pulmonar, que sí lleva sangre oxigenada.

    Por todo ello, los conductos que salen del corazón son arterias y los que entran son venas.

    Sangre

    La **sangre** es un **tejido líquido** circulante. En una persona normal, sana, el 45% del volumen de su sangre son células, glóbulos rojos (la mayoría), glóbulos blancos y plaquetas. Un fluido claro y amarillento, llamado plasma y que en su mayor parte es agua, constituye el resto de la sangre.

1.5. SISTEMA NERVIOSO.

Es el conjunto de tejidos y órganos formados por las **neuronas** y sus prolongaciones, y por la **neuroglía** o complejo de células gliales. "Neuro" significa nervio y "glía", pegamento. Tienen funciones de sostén y nutrición y reparan (no regeneran) las lesiones del S. Nervioso. Éste, globalmente, tiene la misión, entre otras, de recibir información y estímulos, canalizarlos, buscar respuestas y dar las órdenes de actuación. Es el que **regula** todo lo que hace el cuerpo. La unidad funcional del tejido nervioso es la célula, llamada **neurona**, que consta de:

- **Cuerpo** celular, que es donde se procesa la información.
- **Axón**, que es por donde la neurona manda la información. Está rodeado de una vaina de **mielina**.
- **Dendritas**, las encargadas de recibir la información.

La sinapsis, que es la relación funcional de contacto entre las terminaciones de las células nerviosas, es fundamental a la hora de transmitir la información.

En cuanto a su clasificación, distinguimos:

- Clasificación **anatómica**:
    - S. N. Central, que está constituido por el encéfalo (cerebro, cerebelo y bulbo) y médula espinal.
    - S. N. Periférico, formado por los nervios o vías sensoriales y motrices.

- Clasificación **funcional**:
    - S. N. Sensitivo, que actúa a nivel de oído, vista, tacto, gusto y olfato.
    - S. N. Vegetativo o Autónomo, que regula las funciones vitales tales como el pulso, temperatura corporal, respiración, etc.

2. FISIOLOGÍA HUMANA IMPLICADA EN LA ACTIVIDAD FÍSICA.

Para la elaboración de la totalidad de este punto seguimos, fundamentalmente, a García Manso (1996), Bravo (1998), Ruiz (2000), Comes -coord.- (2000), Naranjo y Centeno (2000), Gal y otros (2001), Barbany, (2002), Guillén y Linares -coords.- (2002), Lloret (2003), Gómez Mora (2003), Torres (2005), Bernal -coord.- (2005a), Meri (2005), Guillén -coord- (2005), Gil (2006), Rigal (2006), Piñeiro (2006a), Piñeiro (2006b), Piñeiro (2007), (Maynar y Maynar, 2008), Rosillo (2010) Fernández del Olmo (2012), Calderón (2012), Córdova (2013) y Gutiérrez (2015).

Fisiología es la ciencia que estudia el funcionamiento del cuerpo humano. Se centra, pues, en los procesos, actividades y fenómenos de las células y tejidos de los organismos vivos, explicando los factores físicos y químicos que causan las funciones vitales.

Nuestro organismo está formado por un conjunto de palancas óseas capaces de moverse gracias a la acción de unos **motores** que se denominan **músculos**. El ordenador que guía los actos que propone nuestra voluntad es el **cerebro**, que ha sido programado por nuestra experiencia vivencial y la herencia genética de nuestros padres. La **energía** la obtenemos partiendo de lo que comemos y respiramos.

2.1. METABOLISMO MUSCULAR. FUENTES ENERGÉTICAS PARA LA ACTIVIDAD FÍSICA.

La energía necesaria para que el músculo se contraiga es suministrada al organismo por los alimentos que ingerimos, los cuales, una vez que han sufrido un proceso de transformación, se convierten en **A.T.P.**, que es el único producto capaz de provocar la contracción muscular. La célula muscular tiene la capacidad de obtener la energía por varios mecanismos que resumimos:

VÍA	SISTEMA	SUSTRATO	DURACIÓN-ESFUERZO
Anaeróbica alactácida	Fosfágenos	ATP-PC	Unos segundos (100 m. lisos) pero a máxima intensidad
Anaeróbica lactácida	Glucólisis anaeróbica	Glucosa	Hasta 1' (200 a 800 m. lisos) a máxima intensidad
Aeróbica	Oxidativo	Glucosa ácidos grasos	Más de 2' a ritmo medio (larga distancia)

2.2. LA CONTRACCIÓN MUSCULAR.

Para contraerse, los músculos necesitan que les llegue el impulso nervioso a la **placa motriz**, procedente del S.N.C., así como alimento y oxígeno suficiente. Cuando llega el impulso se libera una sustancia que se llama **acetilcolina**, provocando una despolarización iónica y dando lugar a la contracción de la fibra muscular.

El acortamiento de la fibra viene provocado por la actividad de unas sustancias (proteínas) musculares, denominadas **actina** y **miosina**, al recibir el impulso nervioso y utilizar la energía que da la ruptura de la molécula de ATP en ADP más P.

2.2.1. TIPOS DE TRABAJO MUSCULAR.

Distinguimos a los siguientes **tipos** de contracciones (Segovia y otros, 2009):

SEGÚN LA LONGITUD DEL MÚSCULO	Isométricas (sin modificación)	Anisométricas o Isotónicas (existe modificación)
SEGÚN LA TENSIÓN QUE SE GENERA DURANTE LA CONTRACCIÓN	Isodinámicas (tensión constante)	Alodinámicas (tensión variable)
SEGÚN LA VELOCIDAD DEL MOVIMIENTO EN LA CONTRACCIÓN	Isocinéticas (velocidad constante)	Heterocinéticas (velocidad variable)
SEGÚN LA DIRECCIÓN DEL MOVIMIENTO	Concéntricas (acortamiento muscular)	Excéntricas (alargamiento muscular)

También podemos **clasificar** las contracciones en función de dos parámetros (Segovia y otros, 2009):

SEGÚN EL MOVIMIENTO QUE SE PRODUCE	SEGÚN EL ORIGEN DE LA ORDEN
• Isométrica • Isotónica (Concéntrica y Excéntrica) • Pliométrica • Auxotónica • Isocinética	• Voluntaria (consciente) • Involuntaria (reflejo)

La forma en que el músculo genera **tensión** puede ser, como la contracción, muy variada. Cuadrado, Pablos y García (2006), resaltan dos grandes grupos: **Tónica** (mantenida) y **Fásica** (breve). A partir de aquí surgen numerosas variantes que se corresponden con los tipos de fuerza que se realice: explosivo-tónica, fásica-tónica, explosivo-balística, veloz-cíclica, etc.

2.2.2. FUNCIONES DE LOS MÚSCULOS.

Los músculos se agrupan con distintas funciones:

AGONISTA	SINERGISTA	ANTAGONISTA	FIJADOR
Es el músculo que ejecuta el movimiento. Es el que se contrae y se denomina también motor principal.	Es el músculo ayudante o el que complementa la acción del agonista.	Es el que efectúa el movimiento contrario al agonista. Si el agonista se contrae, el antagonista se distiende.	Es el que interviene anulando algunos segmentos. Así en el balanceo de las extremidades inferiores, el cuádriceps actúa al nivel de la articulación de la rodilla como músculo fijador

2.3. LA RESPIRACION.

La respiración es un proceso que regula el oxígeno y el dióxido de carbono en sangre, en relación con el trabajo del organismo. Para conseguir este objetivo se asocian dos sistemas: respiratorio, realizando el intercambio gaseoso y el circulatorio como transportador de los gases (Guerrero, 2005).

El oxígeno que tomamos por boca o nariz pasa por una serie de conductos hasta llegar a los pulmones, donde ocupa el lugar que deja el CO_2 residual en la sangre. Estos "camiones" del O_2 son "**glóbulos rojos**" que lo transportan a todas las células del organismo por la "autopista" de las arterias y las vías secundarias capilares.

Cuando el oxígeno se ha quemado en la célula, el glóbulo rojo coge los productos residuales (CO_2) y los lleva a los pulmones donde los cambia por O_2 y se repite el proceso. El CO_2 es expulsado por la boca o nariz siguiendo la misma vía que el O_2, pero a la inversa.

No todo lo que comemos y respiramos es transformado en energía: los productos restantes van a parar al exterior por las **vías excretoras**.

2.4. EL CORAZÓN: RECORRIDO SANGUÍNEO Y RITMO CARDIACO.

El corazón es una **bomba** que tiene la función de dar la presión al sistema de tuberías (arterias y venas), que llevan el oxígeno, agua, hormonas, proteínas, vitaminas, elementos energéticos, defensas, etc., a las diversas partes del cuerpo que lo necesita. El miocardio se contrae y produce dos mecanismos contráctiles: **sístole** y **diástole**.

La sangre **circula** a través de todo el cuerpo por el interior de unos vasos denominados **venas** y **arterias**, e irá suministrando el O_2 a los músculos y cogiendo el CO_2 resultado del ciclo aeróbico. La sangre venosa vuelve al corazón y es bombeada de nuevo hacia los pulmones para dejar el CO_2 y reencontrar el O_2.

El **volumen** del corazón humano es variable. El niño tiene el corazón más pequeño que el adulto, mientras que el individuo entrenado lo tiene más grande que el sedentario.

La incidencia del esfuerzo sobre el volumen del corazón no es la misma, depende del ritmo cardiaco. Los esfuerzos anaeróbicos (más de 160 p/m.) amplían el **grosor** de la parte izquierda del corazón, los aeróbicos (entre 120 y 150 p/m.) aumentan el **volumen** de la cavidad.

2.5. EFECTOS QUE PRODUCE LA ACTIVIDAD FÍSICA EN LA ANATOMÍA Y FISIOLOGÍA HUMANAS.

La actividad física crea unos efectos a varios niveles. Vemos los de tipo anatómico y fisiológico, pero también son importantes para nosotros los de tipo **psíquico** y **social**.

Siguiendo a Delgado y Tercedor (2002), Martín y Ortega (2002), Gómez Mora, (2003), Sánchez Bañuelos y García -coords.- (2003), Garrote y Legido (2005), Piñeiro (2006a), Piñeiro (2006b), así como a Rodríguez (2006), Contreras y García (2011) y Calderón (2012), destacamos:

- **Efectos sobre el sistema cardiovascular**

    o Mejora la circulación coronaria, evitando la concentración de grasa en sus paredes.

    o Mayor volumen cardiaco y menor frecuencia en reposo.

    o Menor incremento de la frecuencia mediante el ejercicio moderado.

    o Retorno más rápido de la frecuencia y de la presión sanguínea a la normalidad.

    o Mayor utilización del oxígeno de la sangre y tensión arterial más baja.

Efectos sobre el sistema respiratorio

- Los músculos respiratorios aumentan su eficiencia y mejora la difusión de los gases.
- Incremento del volumen minuto respiratorio máximo.
- Descenso en la frecuencia y aumento en la profundidad respiratoria.

- **Efectos sobre el sistema nervioso**

  - Aumento de la capacidad reguladora del sistema vegetativo y la situación de equilibrio del sistema vegetativo se desplaza hacia el tono parasimpático (vagotonía del entrenado).
  - Economía en los procesos metabólicos.
  - Mejora la rapidez de la conducción de estímulos a través de las fibras motrices.
  - Se perfeccionan los mecanismos de producción de impulsos y la coordinación de movimientos.

- **Efectos sobre el aparato locomotor**

  - Modificaciones en las estructuras de los huesos e hipertrofia de las masas musculares.
  - El aumento del número de capilares y del tamaño de la fibra, va acompañado de un progreso importante de fuerza.

- **Efectos sobre la sangre**

  - Se crea un sistema estabilizador evitando la excesiva concentración de ácidos.

3. PATOLOGÍAS RELACIONADAS CON EL APARATO MOTOR. EVALUACIÓN Y TRATAMIENTO EN EL PROCESO EDUCATIVO.

3.1. RELACIÓN DEL CURRÍCULO CON LA ANATOMO-FISIOLOGÍA Y LA ACTIVIDAD FÍSICA SALUDABLE.

Establecemos la relación a través de los siguientes puntos:

a) **Aspectos generales**.

Alrededor del concepto sobre salud nace la educación para la salud, entendida como un proceso de información y responsabilidad del individuo, con el fin de adquirir hábitos, actitudes y conocimientos básicos para la defensa y la promoción de la salud **individual** y **colectiva** (Rodríguez García, 2006). Por lo tanto esta idea no es nueva, educación física-salud mantienen una relación histórica y ésta se acentúa significativamente a **partir del currículo LOGSE** -y se refrenda en el de la L. O. E. y L. E. A y LOMCE (ésta incide en el binomio actividad física diaria y pautas de alimentación saludable), no sólo por la alusión que hace a las CC. Clave, objetivos y contenidos del Área de Educación Física, sino por los de la propia Etapa, otras áreas y Temas Transversales (Garoz y Maldonado, 2004).

Es sabido que la educación para la salud es una tarea multidisciplinar, pero también debe involucrarse la propia familia a través de las A. M. P. A. (Rodríguez García, 2006). "*La educación para la salud es uno de los caminos más adecuados si se pretende instaurar en los niños de infantil, primaria y secundaria unos hábitos y un estilo de vida saludable*" M.E.C. y M. S. (2009).

En Andalucía, la O. 17/03/2015, indica en su Introducción que *"Proporcionar un estilo de vida saludable es un elemento esencial del área de Educación física. Es cierto que son muchos los beneficios que genera la sociedad del conocimiento, pero también ha sido pródiga en costumbres poco saludables desde la infancia, donde el sedentarismo y la obesidad pueden llegar a convertirse en problemas graves para la salud. Desde esta perspectiva, la Educación física ha de tratar de mantener el equilibrio entre actividad y reposo haciendo que la máxima "mens sana in corpore sano" siga teniendo validez. Por ello, la Educación física se debe centrar en plantear propuestas para el desarrollo de planos competenciales relacionados con la salud, y que tendrían como finalidad tanto la adquisición de hábitos saludables en virtud a una práctica regular de actividades físicas como una actitud crítica ante aquellas prácticas sociales ya asentadas o emergentes que resulten perjudiciales. Se trata de que cada alumna o alumno adquieran hábitos saludables que posibiliten sentirse satisfechos con su propia identidad corporal, la cual será vehículo de expresión y comunicación consigo mismo y con los demás"*.

En cualquier caso, no debemos olvidar lo expresado por la LOMCE/2013, en su disposición adicional cuarta sobre **"promoción de la actividad física y dieta equilibrada"**. "Las administraciones educativas adoptarán medidas para que la actividad física y la dieta equilibrada formen parte del comportamiento infantil y juvenil. A estos efectos, dichas Administraciones promoverán la **práctica diaria de deporte y ejercicio físico** por parte de los alumnos y alumnas durante la jornada escolar, en los términos y condiciones que, siguiendo las recomendaciones de los organismos competentes, garanticen un desarrollo adecuado para favorecer una **vida activa, saludable y autónoma**. El diseño, coordinación y supervisión de las medidas que a estos efectos se adopten en el centro educativo, serán asumidos por el **profesorado con cualificación** o especialización adecuada en estos ámbitos".

b) **CC. Clave**
Competencias sociales y cívica, por cuanto la Educación física ayuda a entender, desarrollar y poner en práctica la relevancia del ejercicio físico y el deporte como medios esenciales para fomentar un estilo de vida saludable que favorezca al propio alumno, su familia o su entorno social próximo. Se hace necesario desde el área el trabajo en hábitos contrarios al sedentarismo, consumo de alcohol y tabaco, etc. La competencia social se relaciona con el bienestar personal y colectivo. Exige entender el modo en que las personas pueden procurarse un estado de salud física y mental óptimo, tanto para ellas mismas como para sus familias y para su entorno social próximo, y saber cómo un estilo de vida saludable puede contribuir a ello.
El área también contribuye en cierta medida a la adquisición de la **competencia en comunicación lingüística**, ofreciendo gran variedad de intercambios comunicativos, del uso de las normas que los rigen y del vocabulario específico que el área aporta. **Competencia digital**, ya que los medios informáticos y audiovisuales ofrecen recursos cada vez más actuales para analizar y presentar infinidad de datos que pueden ser extraídos de las actividades físicas, deportivas, competiciones, etc. El uso de herramientas digitales que permitan la grabación y edición de eventos (fotografías, vídeos, etc.) suponen recursos para el estudio de distintas acciones llevadas a cabo.

c) **Objetivos de etapa**.
Por su parte, el la O. 17/03/2015, indica en el **objetivo de Etapa "k"**, *"valorar la higiene y la salud, aceptar el propio cuerpo y el de los otros, respetar las diferencias y utilizar la educación física y el deporte como medios para favorecer el desarrollo personal y social"*.

d) **Objetivos de área**.
El **objetivo nº 3 y 4 son los más concretos** en pronunciarse sobre la salud:

O.EF.3. Utilizar la imaginación, creatividad y la expresividad corporal a través del movimiento para comunicar emociones, sensaciones, ideas y estados de ánimo, así como comprender mensajes expresados de este modo.

O.EF.4. Adquirir hábitos de ejercicio físico orientados a una correcta ejecución motriz, a la salud y al bienestar personal, del mismo modo, apreciar y reconocer los efectos del ejercicio físico, la alimentación, el esfuerzo y hábitos posturales para adoptar actitud crítica ante prácticas perjudiciales para la salud.

e) Contenidos.

El **Bloque de contenidos nº 2**, "*La Educación física como favorecedora de la salud*", que está constituido por aquellos conocimientos necesarios para que la actividad física resulte saludable, contenidos para la adquisición de hábitos de actividad física a lo largo de la vida, como fuente de bienestar.

f) Criterios de evaluación.

En el R.D. 126/2014 también encontramos referencias a la salud en los criterios de evaluación, por ejemplo: "*5. Reconocer los efectos del ejercicio físico, la higiene, la alimentación y los hábitos posturales sobre la salud y el bienestar, manifestando una actitud responsable hacia uno mismo*".

g) Estándares de aprendizaje.

En el R.D. 126/2014 aparecen estos estándares relacionados con la salud:

5.1. Tiene interés por mejorar las capacidades físicas.
5.2. Relaciona los principales hábitos de alimentación con la actividad física (horarios de comidas, calidad/cantidad de los alimentos ingeridos, etc.).
5.3. Identifica los efectos beneficiosos del ejercicio físico para la salud.
5.4. Describe los efectos negativos del sedentarismo, de una dieta desequilibrada y del consumo de alcohol, tabaco y otras sustancias.
5.5. Realiza los calentamientos valorando su función preventiva.

El D. 328/2010, de 13 de julio, por el que se aprueba el Reglamento Orgánico de los colegios de educación infantil y primaria, BOJA nº 139, de 16/07/2010, indica en su artículo 29 "*la prevención de riesgos y la promoción de la seguridad y la salud como bien social y cultural*".

Bernal -coord.- (2005), indica una serie de pautas a tener en cuenta el docente:

- Prever los riesgos durante las actividades propuestas.
- Conocer el estado inicial de cada escolar.
- Adecuarse a las peculiaridades de los mismos y no llegar a situaciones extremas.
- Revisar los recursos espaciales y materiales antes de su uso.
- Enseñarles a manipular los materiales.
- En cualquier sesión práctica no olvidar sus tres apartados y la relación entre el tiempo de trabajo y el de pausa.

Por otro lado, la utilización de TIC abre un abanico de posibilidades muy ricas, ofreciendo una motivación extra al alumnado (Archanco y García, 2006).

3.2. TIPOS DE PATOLOGÍAS.

Para la elaboración de la totalidad de este punto seguimos, fundamentalmente a Ávila (1990), Magraner (1993), V.V.A.A. (1997), (Cantó y Jiménez, 1997), Navas -coord.-, (2001), Rodríguez y Gusi -coords.- (2002), Delgado y Tercedor (2002), Benavente, Pascual y Rodríguez (2002), Pérez, Gimeno y Ortega (2002), Chaqués (2004), Rodríguez (2004),

González y González (2004), Hernández y Velázquez (2004), Bernal -coord.- (2005b), Rodríguez García (2006), Gil (2006), De la Cruz (2006), Sainz y otros (2006), Miralles y Miralles (2006), Guten (2007), Arufe y otros (2009), Pastrana -coord.- (2009), Guillén y otros (2009), Rosillo (2010), Paredes et al. (2012) y Balius y Pedret (2013).

"**Patología**" es la parte de la medicina que estudia las enfermedades. Si hablamos de patología del aparato motor debemos incluir las **lesiones** ya que estas afecciones producen dolor, aunque no se traten de enfermedades específicas, tal como denota el término "patología". Por su parte, "enfermedad" es toda alteración más o menos importante de la salud.

El organismo de niñas y niños entre los seis y once años tiene unas **peculiaridades** que le hacen más sensible a ciertas patologías que el de la persona adulta. Por ejemplo, menos masa muscular, mayor flexibilidad, aparición del cartílago de crecimiento, estrés, inestabilidad emocional...

Podemos **dividir** en **dos grupos** estas patologías:

P. que surgen por brotes, con **poca afectación** en la capacidad de movimiento y **tiempo limitado**.	Alteraciones en el crecimiento: osteocondrosis y osteocondritis (Tema 4).
	Modificaciones en la estática y alineaciones en raquis, caderas, rodillas y pies: lordosis, varo, plano...
P. de **gran afectación** motriz, de carácter definitivo y/o que se **incrementan con el tiempo**.	Parálisis: monoplejía, etc.
	Enfermedades neuromusculares de etiología degenerativa: distrofia, etc. (Tema 4).

Las patologías referidas al aparato motor son muy numerosas, por lo que vamos a adecuar el volumen de información a las más corrientes expuestas de manera muy resumida, dadas las características del examen escrito. **Primero** veremos las **afecciones** referidas al raquis o columna y después nos detendremos brevemente en las caderas, rodillas y pies. **Posteriormente** nos referiremos a las **lesiones** más habituales del aparato motor.

Zagalaz, Cachón y Lara (2014), resumen en **cinco grupos** los **riesgos**: **físicos** (en muchos casos pueden revestir gravedad); **psicológicos** (por la presión de ganar); **motrices** (por la pobreza de movimiento que genera la falta de experiencia o especializarse en un solo deporte); **deportivo** (abandono por insatisfacción); **personales** (por exceso de tiempo dedicado al deporte que pueden llevar al fracaso escolar).

3.3. PATOLOGÍAS RELACIONADAS CON LA POSTURA CORPORAL.

a) **Columna vertebral**.

Casi la totalidad de las modificaciones posturales que tiene habitualmente el alumnado de Primaria es de etiología postural o "**actitud postural no estructurada** de la columna", es decir, que no afectan a la disposición de los elementos vertebrales y suelen corregirse fácilmente. Pero por otro está la **Escoliosis Asentada** o Verdadera. En el primer caso el tratamiento es eficaz casi en el 100% de los casos, pero en el segundo la solución es más difícil, si bien en las edades que contemplamos es menos frecuente encontrar una alteración grave, de tal forma que lo habitual es encontrarnos con problemas de desalineación y los defectos congénitos. Destacamos:

- **Híper Lordosis**: Es el aumento de la lordosis fisiológica. Puede ser congénita o constitucional, pero la más frecuente es la hiper lordosis de posición sin malformaciones y por incorrecto equilibrio de colocación en la pelvis (a menudo por una insuficiencia abdominal) y que se fija progresivamente.

- **Escoliosis**: Es toda desviación lateral del raquis, y que empieza a ser de cierta gravedad a partir de los 30º.

- **Hiper Cifosis**: La vulgarmente llamada cifosis es una exageración o inversión de una curvatura antero-posterior. Este término abarca frecuentemente la cifosis dorsal, compensada a menudo por una Hiper lordosis lumbar.

- **Sacralización de la 5ª Lumbar**. Consiste en la fusión de la quinta vértebra lumbar con el hueso sacro.

- **Espina bífida oculta**. Es una apertura en uno o más huesos de la columna vertebral que no causa daño alguno a la médula espinal.

Evaluación y tratamiento. Debemos proceder con cautela y que sea el médico quien dicte la actuación. En algunos casos quien la padece se ve obligado a llevar corsé y éste no se puede quitar. En otras ocasiones sucede al contrario, si bien limita mucho la motricidad. Eso sí, casi siempre lo más recomendado es potenciar la zona dorsal y abdominal en piscina.

b) **Cadera y pelvis**.

La cadera es la región que se encuentra a ambos lados de la pelvis. Destacamos a:

- **Epifisiolisis de la cabeza del fémur**. Desplazamiento de la cabeza del fémur debido a una fractura del cartílago de crecimiento. Es un problema frecuente durante la infancia y adolescencia.

- **Enfermedad de Legg-Calvé-Perthes**. Localizada en la cadera donde se produce una debilidad progresiva de la cabeza del fémur y que puede provocar una deformidad permanente de la misma.

La pelvis es la región anatómica limitada por los huesos que forman la cintura pélvica, compuesta por la unión de los dos coxales (ilion, isquion y pubis) y el hueso sacro. Distinguimos a:

- **Plano frontal**. Desniveles pélvicos, bien por causa de una escoliosis, bien por diferencia de longitudes de los miembros inferiores, entre otras causas. Suele corregirse con un alza.

- **Plano sagital**. Anteversiones y retroversiones, que influyen sobre las curvaturas sagitales de la columna.

Evaluación y tratamiento. Debemos proceder con cautela y restringir la actividad física que implique la movilización de la zona. En todo caso, algunos tipos de actividades relacionadas con lanzamientos, expresión, etc. puede hacerse, pero siempre bajo consejo médico.

c) **Rodillas**.

Algunos alumnos presentan, ya desde pequeños, una serie de desviaciones que es necesario observar porque a esas edades es más fácil corregir ortopédicamente hablando:

- Desviaciones **antero posteriores**:

  o **Genuvaro**. Reconocido por la posición de las rodillas en "( )". Tienen varios centímetros de separación entre las caras internas de las rodillas.
  o **Genuvalgo**. Las rodillas tienen forma de "X". Es más común en mujeres y en hombres

altos.

- Desviaciones **laterales:**

    o **Genu-recurvatum.** Reconocido por una hiperextensión de rodillas, debido a una laxitud articular.
    o **Genu-flexo.** La rodilla suele estar siempre con una leve flexión.

    Evaluación y tratamiento. Debemos detectar cualquiera de estas anomalías para informar a la familia y que ésta acuda con su hija o hijo al especialista. Es fácil comprobarlo poniendo al alumnado de pie con las rodillas juntas y observándolo. También durante la carrera podemos hacerlo. El informe del médico será determinante para nuestra actuación.

d) **Pie**.

Es una zona con una patología muy amplia. Las alteraciones más comunes, son:

- **Pie Plano**. Es un hundimiento de la bóveda plantar, de más o menos importancia. Es fácil apreciar observando la huella del pie descalzo, por ejemplo, al salir de la ducha. Existen diversas variantes: fisiológico, falso, raquítico, valgo, congénito, etc.

- **Pie Cavo**. Se reconoce por la remarcada bóveda plantar. Hay dos tipos más fundamentales: fisiológico y patológico, que además se sub-divide en unilateral, traumático y patológico.

- **Otros**. En la bibliografía especializada figuran muchos más tipos, incluso los mismos aparecen con apelativos distintos. Señalamos al pie talo (bóveda muy exagerada); pie varo (apoyo con la parte externa del talón) y pie zambo (apoyo con toda la parte externa del pie).

Evaluación y tratamiento. Si lo detectamos debemos avisar a la familia. En general, el tratamiento de estas patologías, es fisioterapéutico y ortopédico.

3.4. LESIONES MÁS HABITUALES REFERIDAS CON EL APARATO MOTOR.

Una **lesión** es un cambio anormal en la estructura de una parte del cuerpo, producida por un daño externo o interno al realizar actividad físico-deportiva. Las lesiones producen una **alteración** en la **función** de aparatos, órganos y sistemas, trastornando la salud. Resumimos en la siguiente tabla las más habituales a nivel muscular, óseo y articular:

MUSCULAR	HUESO	ARTICULACIÓN
- Contusión o golpe - Agujeta: dolor post esfuerzo - Calambre: contracción involuntaria por sobre esfuerzo - Contractura: exceso de trabajo que produce dolor y tensión - Tendinitis: inflamación del tendón - Rotura (vulgo "tirón"): falta de continuidad en el tejido	- Periostitis: inflamación periostio o capa externa hueso, normalmente de la tibia - Fractura: pérdida de continuidad del tejido óseo. Algunas variedades.	- Luxación: pérdida de contacto de las superficies articulares - Esguince: torsión del ligamento. Son más habituales en tobillos y rodillas - Artritis: degeneración articular

Evaluación y tratamiento. Si lo detectamos debemos avisar a la familia. En general, el tratamiento a medio y largo plazo de estas patologías, es fisioterapéutico y ortopédico. Nosotros, dentro de nuestras limitaciones haremos una actuación de urgencia en primeros auxilios. La regla nemotécnica de "**FCERA**" (**f**río local; **c**ompresión de la zona con vendaje; **e**levación del miembro lesionado para evitar la hinchazón o edema; **r**eposo; **a**tención médica), suele ser muy acertada en todos los casos.

Así pues, cualquier patología que se nos presente, por regla general, deberá ser evaluada por el médico, quien nos deberá dar unas pautas a seguir, **adaptando** las actividades que puedan ser contraproducentes. La operatividad de la familia es muy importante en estos casos.

CONCLUSIONES

En el tema hemos visto la importancia de la anatomía y fisiología en el desarrollo del alumnado. También hemos estudiado cómo la actividad física y deportiva, bien realizada, tiene unos efectos beneficiosos en el organismo infantil y juvenil. Por el contrario, esta actividad si se realiza en sitios o en condiciones inadecuadas, pone en riesgo la salud de los practicantes. De ahí surgen las lesiones musculares, tendinosas, articulares, etc.

El docente debe evaluar cada situación particular para adaptar el currículo según el caso. Aquí influye la colaboración de la familia y del médico especialista.

La Educación Física en las edades de escolarización debe tener una presencia importante en la jornada escolar si se quiere ayudar a paliar el sedentarismo, que es uno de los factores de riesgo identificados, que influye en algunas de las enfermedades más extendidas en la sociedad actual. Los niveles que la Educación Física plantea tienen que adecuarse al nivel de desarrollo de las alumnas y de los alumnos, teniendo siempre presente que la conducta motriz es el principal objeto de la asignatura y que en esa conducta motriz deben quedar aglutinados tanto las intenciones de quien las realiza como los procesos que se pone en juego para realizarla.

Por otro lado hay que resaltar el compromiso con el alumnado para crearles hábitos de salud a través de la alimentación, rehidratación, juego motor, etc.

BIBLIOGRAFÍA

- ARUFE, V.; MARTÍNEZ, Mª J..; GARCÍA SOIDÁN, J. L. (2009). *Entrenamiento en niños y jóvenes deportistas*. Wanceulen. Sevilla.
- AVILA, F. (1990). *Higiene y precauciones para la práctica del deporte en sujetos con alteraciones ortopédicas no invalidantes*. En RIVAS, J. -coord.-. *Educación para la salud en la práctica deportiva escolar*. Unisport. Málaga.
- AYUSO, J. L. (2008). *Anatomía funcional del aparato locomotor*. Wanceulen. Sevilla.
- BALIUS, R. y PEDRET, C. (2013). *Lesiones musculares en el deporte*. Panamericana. Madrid.
- BARBANY, J. R. (2002). *Fisiología del ejercicio físico y del entrenamiento*. Paidotribo. Barcelona.
- BENAVENTE, A. M.; PASCUAL, F. y RODRÍGUEZ, L. P. (2002). *Alteraciones y lesiones traumatológicas y ortopédicas deportivas del hombro y codo*. En RODRÍGUEZ, L. P. y GUSI, N. (Coords.). *Manual de prevención y rehabilitación de lesiones deportivas*. Síntesis. Madrid.
- BERNAL, J. A. -coord.- (2005a). *La nutrición en la educación física y el deporte*. Wanceulen. Sevilla.
- BERNAL, J. A. -coord.- (2005b). *Prevención de lesiones y primeros auxilios*. Wanceulen. Sevilla.
- BRAVO, J. (1998). *Fundamentos anatómico-fisiológicos del cuerpo humano aplicados a la Educación Física I y II*. Aljibe. Málaga.

- CALDERÓN, F. J. (2012). *Fisiología humana. Aplicación a la actividad física.* Panamericana. Madrid.
- CANTÓ, R. y JIMÉNEZ, J. (1997). *La columna vertebral en la edad escolar.* Gymnos. Madrid.
- CHAQUÉS, F. (2004). *Lesiones ligamentosas de tobillo en el niño.* En ROMERO, S. y PRADA, A. (coords.) *Lesiones deportivas en el niño y adolescente.* Wanceulen. Sevilla.
- COMES, M. (coord.) (2000). *El ser humano y el esfuerzo físico.* INDE. Barcelona.
- CONTRERAS, O. R. y GARCÍA, L. M. (2011). *Didáctica de la Educación Física. Enseñanza de los contenidos desde el constructivismo.* Síntesis. Madrid.
- CÓRDOVA, A. (2013). *Fisiología deportiva.* Síntesis. Madrid.
- CUADRADO, G.; PABLOS, C.; GARCÍA, J. (2006). *Aspectos metodológicos y fisiológicos del trabajo de hipertrofia muscular.* Wanceulen. Sevilla.
- DE LA CRUZ, B. (2006). *Lesiones por sobreuso en el niño deportista. Salud, deporte e infancia.* En Actas del IV Congreso "Deporte en edad escolar". P. M. D. Ayuntamiento de Dos Hermanas (Sevilla).
- DELGADO, M. y TERCEDOR, P. (2002). *Estrategias de intervención en educación para la salud desde la Educación Física.* INDE. Barcelona.
- FERNÁNDEZ DEL OLMO, M. A. (2012). *Neurofisiología aplicada a la actividad física.* Síntesis. Madrid.
- GAL, B. y Otros. (2001). *Bases de la Fisiología.* Tébar. Madrid.
- GARCÍA MANSO (1996). *Bases teóricas del entrenamiento deportivo. Principios y aplicaciones.* Gymnos. Madrid.
- GARROTE, N. y LEGIDO, J. C. (2005). *Actividad física-educación física-salud.* En GUILLÉN, M. (coord.) *"El ejercicio físico como alternativa terapéutica para la salud".* Wanceulen. Sevilla
- GIL MORALES, P. A. (2006). *Primeros Auxilios en Animación Deportiva.* Wanceulen. Sevilla.
- GÓMEZ MORA, J. (2003). *Fundamentos biológicos del ejercicio físico.* Wanceulen. Sevilla.
- GONZÁLEZ, P. y GONZÁLEZ, J. (2004). *Lesiones deportivas del miembro superior.* En ROMERO, S. y PRADA, A. (coords.) *Lesiones deportivas en el niño y adolescente.* Wanceulen. Sevilla.
- GONZÁLEZ BADILLO, J. J. y GOROSTIAGA, E. (2002). *Fundamentos del entrenamiento de la fuerza.* INDE. Barcelona.
- GÓNZALEZ ITURRI, J. J. y otros (2009). *Columna vertebral y ejercicio físico.* En GUILLÉN, M. y ARIZA. L. *Las Ciencias de la Actividad Física y el Deporte como fundamento para la práctica deportiva.* U. de Córdoba.
- GUERRERO, S. (2005). *La relajación y la respiración.* Wanceulen. Sevilla.
- GUILLÉN, M. y LINARES, D. (2002). *Bases biológicas y fisiológicas del movimiento humano.* Médica Panamericana. Madrid.
- GUILLÉN, M. y OTROS (2009). *Lesiones deportivas en la infancia y en la adolescencia.* En GUILLÉN, M. y ARIZA. L. *Las Ciencias de la Actividad Física y el Deporte como fundamento para la práctica deportiva.* U. de Córdoba.
- GUTEN, G. (2007). *Lesiones en deportes al aire libre: descripción, prevención y tratamiento.* Desnivel. Madrid.
- GUTIÉRREZ, M. (2015). *Fundamentos de biomecánica deportiva.* Síntesis. Madrid.
- HERNÁNDEZ, J. L. y VELÁZQUEZ, R. (2004). *La evaluación en Educación Física.* Graó. Barcelona.
- HERRADOR, J. A. (2015). *Riesgos laborales en Educación Física: prevención de accidentes y lesiones.* Formación Alcalá. Jaén.
- JUNTA DE ANDALUCÍA (2007). *Ley 17/2007, de 10 de diciembre, de Educación de Andalucía (L. E. A.).* B. O. J. A. nº 252, de 26/12/07.
- JUNTA DE ANDALUCÍA (2002). *Decreto 137/2002, de 30/04/02. "Plan de Apoyo a las Familias Andaluzas".* B.O.J.A. nº 52 de 04/05/2002.
- JUNTA DE ANDALUCÍA (2006). *Orden de 15 de mayo de 2006, por la que se establecen las bases para impulsar la investigación educativa en los centros docentes públicos de la Comunidad Autónoma de Andalucía dependientes de la Consejería de Educación.*

- JUNTA DE ANDALUCÍA (2006). *Orden de 1 de septiembre de 2006, por la que se modifica la de 27 de mayo de 2005, por la que se regula la organización y el funcionamiento de las medidas contempladas en el plan de apoyo a las familias andaluzas relativas a la ampliación del horario de los Centros docentes públicos y al desarrollo de los servicios de aula matinal, comedor y actividades extraescolares.* B.O.J.A. nº 185, de 22/09/2006.
- JUNTA DE ANDALUCÍA (2007). *Resolución de 10/04/2007, de la D. G. de Innovación Educativa y Formación del Profesorado, por la que se aprueban Proyectos de Investigación Educativa y se conceden subvenciones.* B. O. J. A. nº 87 de 04/05/2007.
- JUNTA DE ANDALUCÍA (2010). *Decreto 328/2010, de 13 de julio, por el que se aprueba el Reglamento Orgánico de las escuelas infantiles de segundo grado, de los colegios de educación primaria, de los colegios de educación infantil y primaria, y de los centros públicos específicos de educación especial.* BOJA nº 139, de 16/07/2010.
- JUNTA DE ANDALUCÍA (2010). *Orden de 20 de agosto de 2010, por la que se regula la organización y el funcionamiento de las escuelas infantiles de segundo ciclo, de los colegios de educación primaria, de los colegios de educación infantil y primaria, y de los centros públicos específicos de educación especial, así como el horario de los centros, del alumnado y del profesorado.* BOJA de 30/08/2010.
- JUNTA DE ANDALUCÍA (2015). *Orden de 17 de marzo de 2015, por la que se desarrolla el currículo correspondiente a la educación Primaria en Andalucía.* BOJA nº 60 de 27/03/2015.
- JUNTA DE ANDALUCÍA (2015). *Decreto 97/2015, de 3 de marzo, por el que se establece la ordenación y el currículo de la educación Primaria en la comunidad Autónoma de Andalucía.* BOJA nº 50 de 13/03/2015.
- LARA, M. J. (2008). *Biomecánica de la arquitectura muscular.* Wanceulen. Sevilla.
- LLORET, M. (2003). *Anatomía aplicada a la actividad física y deportiva.* Paidotribo. Barcelona.
- MAGRANER, X. (1993). *El niño, su cuerpo y la actividad física.* En VV. AA. *Fundamento de Educación Física para Enseñanza Primaria.* Volumen 1. INDE. Barcelona.
- MARTÍN, A. y ORTEGA, R. (2002). *Actividad física y salud.* En GUILLÉN, M. y LINARES, D. (coords.). *Bases biológicas y fisiológicas del movimiento humano.* Médica Panamericana. Madrid.
- MAYNAR, M. y MAYNAR, J. I. (2008). *Fisiología aplicada a los deportes.* Wanceulen. Sevilla.
- M.E.C. (2013). *Ley Orgánica 8/2013, de 9 de diciembre, para la mejora de la calidad educativa.* BOE Nº 295, de 10/12/2013.
- M.E.C. (2014). *R. D. 126/2014, de 28 de febrero, por el que se establece el currículo básico de la Educación Primaria.* B.O.E. nº 52, de 01/03/2014.
- M. E. C. (2006). Ley Orgánica 2/2006, de 3 de mayo, de Educación (L. O. E.). B. O. E. nº 106, de 04/05/2006, modificada en algunos artículos por la LOMCE/2013.
- ECD/65/2015, O. de 21 de enero, por la que se describen las relaciones entre las competencias, los contenidos y los criterios de evaluación de la educación primaria, la educación secundaria obligatoria y el bachillerato. B.O.E. nº 25, de 29/01/2015.
- MERI, A. (2005). *Fundamentos de fisiología de la actividad física y el deporte.* Médica Panamericana. Buenos Aires.
- NARANJO, J. y CENTENO, R. (2000). *Bases fisiológicas del entrenamiento deportivo.* Wanceulen. Sevilla.
- NAVAS, F. (Coord.). (2001). *Anatomía del movimiento y urgencias en el deporte.* Gymnos. Madrid.
- PAREDES, V. et al. (2012). *La readaptación físico-deportiva de lesiones.* Onporsport. Madrid.
- PASTRANA, R. -coord.- (2009). *Lesiones deportivas: mecanismo, clínica y rehabilitación.* Universidad de Málaga. Málaga.
- PÉREZ, J. A.; GIMENO, S. y ORTEGA, R. (2002). *Primeros auxilios y emergencias.* En GUILLÉN, M. y LINARES, D. (coords.). *Bases biológicas y fisiológicas del movimiento humano.* Médica Panamericana. Madrid.
- PIÑEIRO, R. (2006a). *La fuerza y el sistema muscular.* Wanceulen. Sevilla.

- PIÑEIRO, R. (2006b). *La resistencia y el sistema cardiorrespiratorio.* Wanceulen. Sevilla.
- PIÑEIRO, R. (2007). *La velocidad y el sistema nervioso.* Wanceulen. Sevilla.
- RIGAL, R. (2006). *Educación motriz y educación psicomotriz en Preescolar y Primaria.* INDE. Barcelona.
- RODRÍGUEZ, L. P. y GUSI, N. (2002). *Manual de prevención y rehabilitación de lesiones deportivas.* Síntesis. Madrid.
- RODRÍGUEZ, P. L. (2004). *La postura corporal: intervención en Educación Física escolar.* Universidad de Murcia. Murcia.
- RODRÍGUEZ GARCÍA, P. L. (2006). **Educación Física y Salud en Primaria. INDE. Barcelona.**
- ROSILLO, S. (2010). *Contraindicaciones. Plan educativo de adquisición de hábitos de vida saludable en la educación.* Procompal. Almería.
- RUIZ RODRÍGUEZ, L (2000). *Bases biológicas y fisiológicas del movimiento.* En ORTIZ, M. M. (coord.) *Comunicación y lenguaje corporal.* Proyecto Sur de Ediciones, S. L. Granada.
- SAINZ, P.; RODRÍGUEZ, P. SANTONJA, F. y ANDÚJAR, P. (2006). *La columna vertebral del escolar.* Wanceulen. Sevilla.
- SEGOVIA, J. C. (2009). *Pruebas de valoración de la contracción muscular.* En GUILLÉN, M. y ARIZA. L. *Las Ciencias de la Actividad Física y el Deporte como fundamento para la práctica deportiva.* U. de Córdoba.
- SÁNCHEZ BAÑUELOS, F. (2003). *El desarrollo de la competencia motriz en los estudiantes.* En SÁNCHEZ BAÑUELOS, F. y FERNÁNDEZ, E. -coords.-. *Didáctica de la Educación Física.* Prentice Hall. Madrid.
- TORRES, M. A. (2005). *Enciclopedia de la Educación Física y el Deporte.* Ediciones del Serbal. Barcelona.
- VV. AA. (1997). *Problemas de salud en la práctica física-deportiva. Actuaciones y Adaptaciones Curriculares.* Wanceulen. Sevilla.

WEBGRAFÍA (Consulta en septiembre de 2016).

http://didacticaefis.jimdo.com/anatom%C3%ADa-fisiolog%C3%ADa/
http://www.agrega2.es
http://recursos.cnice.mec.es/edfisica/
http://www.ite.educacion.es/es/recursos
www.juntadeandalucia.es/educacion/descargasrecursos/curriculo-primaria/index.html
http://www.guiaderecursos.com/webseducativas.php
http://www.adideandalucia.es

TEMA 4

EL CRECIMIENTO Y EL DESARROLLO NEUROMOTOR, ÓSEO Y MUSCULAR. FACTORES ENDÓGENOS Y EXÓGENOS QUE REPERCUTEN EN EL DESARROLLO Y CRECIMIENTO. PATOLOGÍAS RELACIONADAS CON EL CRECIMIENTO Y LA EVOLUCIÓN DE LA CAPACIDAD DEL MOVIMIENTO. EVALUACIÓN Y TRATAMIENTO EN EL PROCESO EDUCATIVO.

ÍNDICE

INTRODUCCIÓN

1. EL CRECIMIENTO Y EL DESARROLLO NEUROMOTOR, ÓSEO Y MUSCULAR.

　　1.1. El crecimiento. Periodos.

　　　　1.1.1. Edades del crecimiento.

　　　　1.1.2. Principios del crecimiento.

　　1.2. El desarrollo neural y motor.

　　1.3. El desarrollo óseo.

　　1.4. El desarrollo muscular.

2. FACTORES ENDÓGENOS Y EXÓGENOS QUE REPERCUTEN EN EL DESARROLLO Y CRECIMIENTO.

3. PATOLOGÍAS RELACIONADAS CON EL CRECIMIENTO Y LA EVOLUCIÓN DE LA CAPACIDAD DEL MOVIMIENTO.

　　3.1. Patologías relacionadas con el crecimiento.

　　3.2. Patologías relacionadas con el sistema óseo.

　　3.3. Patologías relacionadas con el sistema neuromotor.

4. EVALUACIÓN Y TRATAMIENTO EN EL PROCESO EDUCATIVO.

　　4.1. Relación del currículo con el crecimiento, desarrollo y hábitos saludables.
　　4.2. Ejemplos de pruebas de evaluación sobre patologías relacionadas con el aparato motor en el aula.
　　4.3. Aspectos preventivos sobre patologías relacionadas con el crecimiento en el marco de la educación física escolar.

CONCLUSIONES

BIBLIOGRAFIA

WEBGRAFÍA

INTRODUCCIÓN

La edad escolar comprende estadios de la vida del ser humano en los que los procesos de **crecimiento** y maduración se desarrollan rápida y significativamente -por lo que es uno de los fenómenos más descollantes-, influenciando de manera profunda la estructura y capacidades físicas del individuo para el futuro. No obstante, el proceso de crecimiento es similar para la mayoría de los sujetos y aunque puede ser modificado por enfermedades, cambios en la dieta o por la realización de ejercicio físico, el patrón básico sigue constante.

"*La adquisición de hábitos de vida saludable que favorezcan un adecuado bienestar físico, mental y social*", así como "*la utilización responsable del tiempo libre y del ocio, así como el respeto al medio ambiente*", son capacidades prioritarias a conseguir durante la etapa (D. 97/2015).

Es muy importante conocer, de un modo responsable, limitaciones y capacidades impuestas por los procesos de crecimiento y maduración y que vienen condicionadas por factores internos y externos al individuo y que implican al desarrollo y crecimiento.

El educador, sin necesidad de que llegue a ser un experto en crecimiento, debe conocer básicamente los procesos más importantes que tienen lugar durante las fases de crecimiento normal a lo largo del período de escolarización. Existen numerosos **agentes** que intervienen en el desarrollo y crecimiento, unos externos al individuo como los socioeconómicos y otros de tipo hereditarios como los endocrinos.

Por otro lado existen una serie de **patologías** más habituales durante las fases del crecimiento que afectan al acto motor, y que es preciso conocer para evaluar a su alumnado y hacer las adaptaciones oportunas.

Este tema se propone dar unas **nociones elementales** sobre estos aspectos con la intención de que puedan ser utilizadas positivamente por los educadores en la escuela.

1. EL CRECIMIENTO Y EL DESARROLLO NEUROMOTOR, ÓSEO Y MUSCULAR.

Crecimiento, desarrollo y maduración son términos que pueden ser utilizados para describir los **cambios** que se producen en el organismo desde la concepción hasta la adolescencia (López Chicharro y otros, 2002).

Antes de nada es necesario **definir** estos conceptos.

CRECIMIENTO	DESARROLLO	MADURACIÓN	P. CRÍTICOS
Es un aumento progresivo a nivel celular, en número (hiperplasia) o en tamaño (hipertrofia). Tiene relación directa con la edad (dos primeras décadas) y una lectura más cuantitativa, siendo fácil su medición (González y Riesco, 2005). Ruiz y Linares (1997), unen a los dos aspectos anteriores el de la mayor producción de "*matriz intercelular*" (acreción).	Indica la diferenciación o cambio progresivo de órganos y tejidos con adquisición y perfeccionamiento de sus funciones (Zarco, 1992). Cada órgano crece y se desarrolla a un ritmo específico, e interdependiente. Se alcanza el máximo grado de crecimiento y maduración. Está sometido a influencias ambientales y hereditarias.	Parámetro cualitativo y más difícil de medir. Psicológicamente significa la plenitud de las capacidades mentales (Zarco, 1992). Biológicamente indica la finalización del desarrollo orgánico general, es decir, los procesos de transformación hacia la forma adulta (López Chicharro y otros, 2002).	Son aquellos en los que el órgano es más propenso a los fenómenos de hipertrofia o hiperplasia celular.

El **desarrollo neuromotor** hace referencia a los **cambios** producidos por el desarrollo **corporal más el aprendizaje**. Analiza los procesos evolutivos del alumno desde el punto de vista del movimiento y la influencia que en éste tiene el sistema nervioso.

1. 1. EL CRECIMIENTO. PERIODOS.

El **proceso** de crecimiento en el ser humano implica básicamente la **transformación** de nutrientes en tejidos vivos, aunque con una ordenación temporal. Para ello debe haber un **predominio** de los procesos **anabólicos** sobre los **catabólicos**, es decir, en algún modo, la energía procedente de la nutrición debe de exceder a la consumida en el mantenimiento de la vida y en la actividad del sujeto (Ribas y colls., 1997).

El **ciclo vital** del humano se ha dividido tradicionalmente en **cuatro etapas**: infancia, adolescencia, adultez y senectud (Gallego, -coord.- 1998).

La mayoría de autores establecen una serie de estadios concretos con unas características muy marcadas. Los estudios al respecto son **numerosos**. Nos fijamos en:

1.- **Ribas** y colls. (1997). Distinguen dos etapas fundamentalmente: **prepuberal** y **puberal**.

    a) Crecimiento **Prepuberal**. Resumidamente, destacamos:

- **Infancia**. Hasta los 2 años
  - A partir 6 meses, los miembros inferiores crecen muy rápidos.
- **Niñez**: Desde 2 a 11-13 niñas y 12-14 niños:
  - A partir 2 años aumento gradual en altura y peso.
  - Niños crecen más en altura. Entre 6 y 10 años, ensanchan más tórax y brazos.
  - Niñas tienen edad esquelética más avanzada. Crecen más rápidamente de caderas.
  - Al final se da una relación constante entre altura y masa corporal magra que permite buen grado de coordinación.

    b) Crecimiento **Puberal**. Se significa en:

- 1ª fase puberal o **pubertad**, que es en la que se desarrollan los órganos sexuales.
- 2ª fase puberal o **adolescencia**. Es el final del proceso de crecimiento, que lleva a la madurez propia del estado adulto. Alrededor de la edad de desarrollo de los órganos sexuales, es cuando se suele producir un "estirón" o aceleración en el crecimiento y maduración del individuo. Suele suceder más temprano en la niñas (11-13 años) que en los niños (12-14 años), por tanto entre los 11-13 años cabe esperar que las niñas sean ligeramente más altas que los niños, aunque posteriormente esta diferencia en altura se anule e incluso se haga favorable a los jóvenes.

2.- **Ruiz y Linares**, en Conde y Viciana -coord.- (2001) y Guillén y Linares -coords.- (2002).

- Etapa **Prenatal** o Intrauterina. Desde la fecundación al nacimiento. Gran velocidad de crecimiento. Relación de dependencia con la madre.
- Etapa **Lactante**. Desde el nacimiento hasta los 2 años. Alto nivel de crecimiento, sobre todo a nivel del S. Nervioso.
- Etapa de la **Niñez**. Desde los 2 hasta los 10-11 años en niñas y 11-12 en niños. Estabilidad en el crecimiento.
- Etapa de la **Adolescencia**. Se prolonga hasta los 16 años. "Estirón puberal". O

último periodo de crecimiento acelerado.

- Etapa **Adulta**. Comienza cuando cesan los procesos de crecimiento. Hacia el final de la etapa en el individuo empieza la degeneración y pérdida de funcionalidad.

3.- **Oña** (2005). Establece nueve estadios:

1. Intrauterino. Desde fecundación al nacimiento.	2. Primera Infancia o Sensorio-Motor. Desde nacimiento a los 2 años.	3. Segunda Infancia o Preescolaridad. Entre 2 y 7 años.
4. Tercera Infancia o Escolaridad. Entre 7 y 11 años.	5. Pubertad. Entre 11 y 16 años.	6. Adolescencia. Entre 16 y 20 años.
7. Juventud entre 20 y 25 años.	8. Madurez.	9. Vejez.

4.- Si modificamos lo expresado por **Gutiérrez Delgado** (2004), podemos establecer la siguiente tabla-resumen:

PERIODOS DE CRECIMIENTO	EDAD	PARTICULARIDADES
PRENATAL		Fases: germinal; embrionaria; fetal.
LACTANTE	0-2	Crecimiento veloz y desarrollo orgánico.
INFANTIL	2-6	Crecimiento y desarrollo heterogéneo. Significativos cambios funcionales.
PREPUBERAL	6-12	Lentitud y equilibrio en el desarrollo. Eficacia en muchas de las funciones orgánicas. Desarrollo de los grandes grupos musculares. Las chicas empiezan antes.
PUBERAL-ADOLESCENCIA	12-18	Alternancia de periodos de crecimiento lento y rápido.

1.1.1. LAS EDADES DEL CRECIMIENTO.

La edad biológica y cronológica no siempre coincide, por lo que debemos buscar indicadores que nos digan en qué momento evolutivo se halla el individuo. Los cuatro más utilizados, según Díaz, (1993) y Conde y Viciana (2001), son:

EDAD DENTAL	EDAD SEXUAL	EDAD SOMÁTICA	EDAD ESQUELÉTICA
Nos basamos en la dentición del sujeto, la aparición-caída-aparición definitiva de las diferentes piezas dentales	Basándonos en la aparición de los caracteres sexuales secundarios, podemos determinar el momento evolutivo vivido por el sujeto	Se basa en la observación del proceso de adquisición de peso y talla	A través de la exploración radiológica de determinadas zonas corporales, y en relación la grado de osificación de los centros de crecimiento, se puede determinar con exactitud la edad biológica del individuo

1.1.2. PRINCIPIOS DEL CRECIMIENTO.

El desarrollo de los componentes orgánicos parece ajustarse a los principios de la **tele encefalización**, que vienen recogidos por Oña (2005), como *"tendencias del desarrollo"*, aunque tradicionalmente se conocen también como "leyes":

- **Ley Céfalo-caudal**. El desarrollo nervioso sigue la dirección cabeza-tronco-miembros superiores-miembros inferiores.

- **Ley Próximo-distal**. Referida al control de las extremidades. El dominio se inicia desde el **eje** corporal **central** a las partes más **lejanas**.

- **Ley de la Continuidad, Progresión y Amortiguamiento**. El desarrollo de los sistemas biológicos es **continuo y progresivo**, existiendo un amortiguamiento creciente a medida que nos acercamos a las fases terminales. Niñas y niños crecen más aprisa en la primera infancia que en la adolescencia.

- **Ley de la Secuencia**. Los estadios de desarrollo siguen unos a otros de forma más o menos uniforme y predecible en su secuencia. Por ejemplo, todos los niños pierden antes unos dientes y luego otros.

- **Ley de la Individualidad o Patrones Individuales de Crecimiento**. Cada persona tiene un ritmo personal.

- **Ley de la Alternancia**. Se relevan periodos de crecimiento en longitud con otros en anchura.

Otros autores, como González y Riesco (2005), citan al principio o ley de "**disociación**", es decir, que todas las partes del cuerpo no aumentan en conjunto ni en la misma proporción. También hay otros autores que se centran en esta temática, como Tanner (1966), Toni (1969), Ruiz Pérez (2001), etc.

1.2. EL DESARROLLO NEURAL Y MOTOR.

a) Neural.

El **sistema nervioso** es la organización biológica con responsabilidad más directa en el comportamiento humano. Se va a ir formando a lo largo del desarrollo, sobre todo en el periodo **intrauterino** y **sensorio-motor**, determinando en gran medida las funciones del individuo (Oña, 2005).

El sistema nervioso se desarrolla a partir del ectoblasto en el estadio gastrular del embrión, pasando por distintas fases. Durante el desarrollo embrionario los miles de millones de neuronas que componen el cerebro son formadas por el epitelio neuronal y se desplazan para ubicarse en los sitios definitivos y establecer conexiones con otras (Fox, 2003).

El humano posee alrededor de 100.000 millones de células nerviosas o **neuronas** que, al no dividirse como otras, se van perdiendo muchas diariamente, provocando la degeneración (Gómez Mora, 2003).

Experimenta un crecimiento rapidísimo que le lleva al 75% de su peso final a los 2 años de edad y, sin embargo, no concluye su evolución hasta entrados los 30 años.

El proceso de estructuración funcional de este sistema se ve favorecido por la **mielinización**, o formación de una capa de mielina en las redes nerviosas que hacen más eficaz la transmisión del impulso nervioso. Esta mielinización tiene un curso característico en diferentes zonas del sistema nervioso, comenzando en algunos casos en la vida fetal, y no concluyendo, en otros casos, hasta bien entrada la madurez. De todas formas, hacia los 10 años se han mielinizado la mayoría de las terminaciones nerviosas.

b) Motor.

Wickstrom (1990) define el desarrollo motor como "los cambios producidos en el tiempo en la conducta motriz del individuo, que reflejan la interacción entre el organismo y el medio".

Hormigo, Camargo y Orozco (2008), lo entienden como "la adquisición y evolución de las habilidades motrices. Cambios producidos con el tiempo en la condición motriz, que reflejan la interacción del organismo con el medio".

El desarrollo motor está siempre presente en el individuo **durante toda su vida**. Poco a poco va perfeccionando sus capacidades motrices, de condición física, etc. que se pueden observar en cualquier realización de los patrones fundamentales del movimiento.

Hay varios modelos explicativos del desarrollo motor. Ruíz Pérez (1994), analiza dos perspectivas: europea, con autores como Ajuriaguerra, Da Fonseca, Pikler, Le Boulch, etc. y la americana, con Craty y Gallahue como principales autores.

1.3. EL DESARROLLO ÓSEO.

El incremento en altura se debe principalmente al crecimiento del esqueleto (desarrollo óseo). Los huesos largos crecen a partir de las placas epifisiarias o de crecimiento, localizadas en sus extremos, entre la epífisis articular y la diáfisis central (**metáfisis**) (Guillén y otros, 2009).

El proceso de formación u "osificación" es muy dinámico. Consiste en una continua **formación y destrucción** de hueso. La formación se realiza a partir de los **osteoblastos** (células que forman los huesos), que quedan atrapados en el tejido óseo en formación u osteoide; cuando esto ocurre los osteoblastos comienzan a almacenar calcio y fósforo, pasando a llamarse **osteocitos**; esta situación se mantiene hasta que la zona de la placa de crecimiento donde estaba el osteocito queda totalmente calcificada. Esta formación u osteogénesis tiende a aumentar en aquellos puntos óseos sometidos a grandes cargas, y por el contrario, tiende a disminuir incluso a ser reabsorbido o destruido por los osteoblastos cuando disminuye la carga o estrés a que estaba sometido el hueso (López Chicharro, 2002).

El ejercicio físico, que supone un estrés para los huesos y estimula el crecimiento óseo, produce un incremento de la densidad y la amplitud de éstos. En general, se puede decir que la realización de ejercicio físico durante el crecimiento tiende a generar un esqueleto más **denso, fuerte** y mejor preparado para soportar cargas y tensiones (Ribas y col. 1997).

No obstante, el crecimiento lineal seguirá mientras los centros de osificación estén abiertos, lo que suele ocurrir hasta pasados 18 años e incluso los 22-23 años.

1.4. DESARROLLO MUSCULAR.

La ganancia de **peso** que ocurre durante el crecimiento se obtiene, sobre todo, a partir del incremento del tejido muscular. Éste crece de manera estable durante los primeros **siete años** de vida, si bien, antes de la pubertad, hay cierta **ralentización**. Pero durante la **pubertad** los músculos crecen rápidamente, especialmente en los jóvenes y siempre después del "estirón" en altura. Ya en el adulto, el 45 % de su peso se corresponde con la masa muscular (Gómez Mora, 2003).

En cualquier caso, el aumento en el tamaño de los músculos está directamente relacionado con la fuerza y ésta es un buen indicador del éxito en la competición. La acentuación del tamaño muscular durante la adolescencia depende del nivel de maduración de la estructura corporal, de la cantidad de la actividad física, etc. No obstante, las capacidades motrices de los músculos esqueléticos dependen también de la actividad neural, y, por tanto, del grado de maduración del sistema nervioso. Por otro lado, la disponibilidad de **hormonas** sexuales **masculinas** es imprescindible para que el ejercicio físico pueda inducir un crecimiento de la masa muscular; tratar de conseguir esto en un niño adolescente, en el que los niveles de hormonas son claramente insuficientes (diez veces inferior a un adulto) será inútil y peligroso.

2. FACTORES ENDÓGENOS Y EXÓGENOS QUE REPERCUTEN EN EL DESARROLLO Y CRECIMIENTO.

El desarrollo y el crecimiento están condicionados por una serie de elementos. Por factores **endógenos** entendemos a los agentes internos, hereditarios o intrínsecos del individuo. Los factores **exógenos** son los externos, el medio donde el individuo se desenvuelve (Zarco, 1992).

FACTORES CONDICIONANTES DEL DESARROLLO Y CRECIMIENTO	
a) Endógenos-Internos • Herencia • Sistema Endocrino/Hormonal • Sexo • Enfermedad • Edad	**b) Exógenos-Externos** • Prenatales: Dieta, control medicación, no tomar alcohol, tabaco ni otras drogas, control enfermedades y vacunas, riesgos por edad, compatibilidad en el RH y atención a la exposición a radiaciones. • Postnatales: Nutrición, control de enfermedades, aspectos sociales, actividad física, vida higiénica y ausencia de enfermedades psíquicas

Seguimos a Gutiérrez Sáinz (1992), Zarco (1992) y a Ruiz y Linares, en Conde y Viciana -coord.- (2001), Ruiz Pérez (2005) y Calderón (2012), entre otros autores:

a) **Factores endógenos**. En general se puede decir que las **condiciones genéticas** de un individuo son determinantes para la obtención de un desarrollo óptimo de sus capacidades físicas, pero además requieren entrenamiento sistematizado.

- **Herencia**. Aquí incluimos los aspectos genéticos. Cada persona tiene unos caracteres propios de su familia. Por ejemplo, la talla de los padres y la de los hijos en la edad adulta.

- **Sistema endocrino-hormonal**. El sistema endocrino está formado por una serie de glándulas que segregan unas sustancias (hormonas), que circulan por el torrente sanguíneo, y que tienen por misión regular las funciones de otros sistemas. La mayoría se autocontrolan **recíprocamente**. Su influencia es decisiva para el crecimiento y desarrollo. Por ejemplo, la hormona somatotropina o del crecimiento, la tiroxina, testosterona, insulina y adrenalina.

- **Sexo**. Hay diferencias entre uno y otro. Por ejemplo, en cuanto a la talla, cantidad de tejido muscular y adiposo, inicio de la pubertad, tamaño de las caderas, etc.

- **Enfermedades**. La enfermedad puede verse como factor externo o interno. Una enfermedad mayor retrasa el crecimiento, pero se recupera si no es muy larga y no ocurre en el primer año de vida. La reiteración de traumatismos y fracturas pueden causar retraso del crecimiento en el hueso afectado, así como deformaciones y asimetrías.

- **Edad.** La programación genética está determinada y se manifiesta en relación a la edad. El crecimiento se inicia de forma muy rápida en los primeros momentos de la vida, reduce su aceleración progresivamente y no se detiene hasta el final de la adolescencia. Al llegar la pubertad se experimenta un incremento que se conoce como "estirón puberal" y que tiene una duración de tres años. Sin embargo, hasta los 30 años se continúa creciendo, aunque no más de un 2% debido a los depósitos cálcicos en determinados huesos. A los 45 años se mantiene la estatura y, a partir de esa edad, se reduce la misma.

b) **Factores exógenos**. Los dividimos en dos grupos:

- **Agentes prenatales**. Inciden durante el embarazo. Se derivan del medio exterior, aunque otros son propios de la madre. Destacamos a:
    - Dieta equilibrada. Control del peso durante el embarazo.
    - Medicación controlada. Aportes vitamínicos y cualquier otro tratamiento debe estar controlado por el médico que lleve el proceso de embarazo.
    - Ingesta de alcohol y el consumo de tabaco y otras drogas. Deben estar ausente en la madre.
    - Enfermedades, Vacunas. Debe estar controlado por el médico.
    - Edad. Edades tardías de embarazo pueden suponer riesgo.
    - RH compatible. La incompatibilidad de RH entre madre y padre debe tener vigilancia por el especialista.
    - Exposición a radiaciones. Rehusar el uso de rayos X, aparatos electrónicos, etc. y de esta forma se evitan posibles malformaciones en el feto.

- **Agentes postnatales**. Intervienen a partir del nacimiento:
    - Nutrición equilibrada y enfermedades. Controlado por el pediatra.
    - Aspectos socioeconómicos. Influyen las comodidades, el ambiente, las instalaciones deportivas del barrio, etc. y los hábitos de salud e higiene.
    - Actividad física. Favorece el crecimiento, siempre y cuando esté sistematizada y controlada.
    - Factores psíquicos. Pueden intervenir negativamente en el crecimiento.

3. PATOLOGÍAS RELACIONADAS CON EL CRECIMIENTO Y LA EVOLUCIÓN DE LA CAPACIDAD DEL MOVIMIENTO.

Para la elaboración de este punto seguimos, fundamentalmente, a Ávila (1989), Magraner (1993), VV. AA. (1997), Navas -coord.-, (2001), Delgado y Tercedor (2002), Rodríguez y Guso (2002), Gómez Mora (2003), Galiano y Alonso (2004), González y González (2004) González Iturri (2004), Ruiz Pérez (2005), Bernal -coord.- (2005), Rodríguez García (2006), Gil (2006), Sainz y otros (2006), Miralles y Miralles (2006), Guillén y otros (2009), Rosillo (2010), Paredes et al. (2012), Balius y Pedret, (2013) y Gutiérrez (2015).

NOTA: Ahora concretamos la "*evaluación y tratamiento en el proceso educativo*" de cada patología. En el punto 4 lo presentamos de forma más genérica.

Si bien, por norma general, la actividad física es beneficiosa para el crecimiento, en una minoría de alumnado que tiene algún tipo de patología, sucede lo contrario y se imponen ciertas reservas. Ahora veremos **algunas** de las enfermedades que se van agravando con el proceso de crecimiento debido a que van evolucionando paralelamente al desarrollo. La variedad de estas patologías es muy numerosa, siendo difícil citarlas a todas.

Tienen diversa **etiología**, como la intrínseca (trastornos en la estática, como los de la columna o los pies); la extrínseca (actividad física improcedente, el uso de elementos perjudiciales, como calzado) y enfermedades (anorexia, etc.). En cualquier caso, pueden ser de **afectación** leve o grave y de corta o larga **duración**.

3.1. PATOLOGÍAS RELACIONADAS CON EL CRECIMIENTO.

De las **múltiples** enfermedades que inciden en el crecimiento, destacamos a:

- **Enanismo**. Trastorno del crecimiento caracterizado por alcanzar el individuo una talla por debajo de lo normal (127 cm.). Sus causas son hormonales, genéticas o por influencias ambientales (carencias alimenticias, infecciones específicas). Es, de hecho, inhabitual.

- **Gigantismo**. Crecimiento anormal y excesivo de una persona. Se relaciona con la enfermedad de la hipófisis. No confundir con el gigantismo no patológico, consistente en que un sujeto normal rebasa a los individuos de su raza, pero derivado de un gigantismo familiar. Tiene una incidencia escasa.

- **Cretinismo**. (Hipotiroidismo congénito). La falta de la hormona tiroxina provoca retraso mental y físico, escoliosis, taras en las extremidades, cabello raro y escaso, etc. Es escasa su incidencia.

- **Caquexia**. Implica una desnutrición extrema que suele ser consecuencia del proceso de ciertas enfermedades.

- **Obesidad**. Es un exceso de grasa corporal que, por lo general, se acompañada por un incremento del peso del cuerpo. Sus causas son múltiples, e incluyen factores de tipo genético, endocrino y metabólico, además del estilo de vida que se lleve (Martínez, 2006).

- **Anorexia**. Es un trastorno de la conducta alimentaria. Se caracteriza por una delgadez extrema que en ocasiones puntuales acarrea la muerte. Esta carencia del apetito tiene un componente psíquico muy significativo. La valoración que hacen de sí misma las personas afectadas está determinada por lo que opinan de su cuerpo (Zagalaz, Cachón y Lara (2014).

- **Bulimia**. Como la anterior, se trata de un desorden en la conducta alimenticia. Se come casi continuamente y de forma compulsiva. En muchas ocasiones el individuo vomita de forma voluntaria o bien toma diuréticos y laxantes.

Evaluación y tratamiento escolar. Las alteraciones anteriores son muy variadas. Ante todo debemos tener en cuenta las indicaciones del especialista que esté llevando al alumno o alumna. En virtud de ello estableceremos las correspondientes adaptaciones curriculares y su gradación, en caso necesario con la ayuda del E.O.E. asignado al centro.

En cualquier caso, debemos promover y formar para una actividad física regular enlazada a la adopción de buenos hábitos de alimentación y actividad física que incidan positivamente sobre la salud y calidad de vida, así como motivar la búsqueda de soluciones globalizadas encaminadas a corregir los problemas.

3.2. PATOLOGÍAS RELACIONADAS CON EL SISTEMA ÓSEO.

En este grupo incluimos seis apartados:

a) Enfermedades degenerativas	b) Patologías de los pies	c) Patologías de las rodillas
d) Patologías en el raquis	e) Patologías en la pelvis	f) Patologías en el tronco

a) ENFERMEDADES DEGENERATIVAS. Son alteraciones que surgen durante el proceso del crecimiento, afectan a la práctica del ejercicio físico y normalmente vienen detectadas por el pediatra, aunque en muchas ocasiones es el docente especialista quien da la voz de alarma.

Siguiendo especialmente a Magraner (1993), distinguimos las Osteocondrosis y las Osteocondritis.

- **Osteocondrosis**. Debido a una alteración vascular, se produce una degeneración o necrosis en la epífisis ósea y una fibrosis en la metáfisis. Las edades más críticas coinciden con los periodos de crecimiento: de 5 a 7 años y de 10 a 13 años. Dolor, hinchazón de la epífisis, poca movilidad, etc. son sus síntomas.
- **Osteocondritis**. Es una inflamación simultánea de un hueso y su cartílago. Existen muchas variantes. Por ejemplo, la Osteocondritis deformante de la cadera juvenil, también llamada "Enfermedad de Legg-Calvé-Perthes", la Osteocondritis del tubérculo proximal de la tibia, muy conocida como la "Enfermedad de Osgood-Schlatter" y la Osteocondritis de la epífisis vertebral o "Enfermedad de Schevermann", (Scheüermann para algunos autores).

Evaluación y tratamiento. Debemos proceder con cautela y restringir la actividad física que implique la movilización de la zona. En todo caso, algunos tipos de actividades relacionadas con lanzamientos, expresión, etc. puede hacerse, pero siempre bajo el consejo del médico. Realizar las adaptaciones individuales oportunas.

b) PATOLOGÍAS DE LOS PIES. Es una zona con una patología muy amplia. Las alteraciones más conocidas las podemos resumir en dos:

- **Pie Plano**. Es un hundimiento de la bóveda plantar, de más o menos importancia. Es fácil de apreciar observando la huella del pie descalzo al salir, por ejemplo, de la ducha. Existen diversas variantes: fisiológico, falso, raquítico, valgo, congénito, etc.
- **Pie Cavo**. Se reconoce por la remarcada bóveda plantar. Hay dos tipos más fundamentales: fisiológico y patológico, que además se sub-divide en unilateral, traumático y patológico.
- **Otros**. En la bibliografía especializada aparecen muchos más tipos. Señalamos al pie talo (bóveda muy exagerada); pie varo (apoya con la parte externa del talón) y pie zambo (apoya con toda la parte externa del pie).

Evaluación y tratamiento. Si lo detectamos debemos avisar a la familia. En general, el tratamiento de estas patologías, es fisioterapéutico y ortopédico.

c) PATOLOGÍAS DE LAS RODILLAS. Algunos alumnos presentan una serie de desviaciones que es necesario observar:

- Desviaciones **anteroposteriores**:
  - **Genuvaro**. Reconocido por la posición de las rodillas en "( )". Tienen varios centímetros de separación entre las caras internas de las rodillas.
  - **Genuvalgo**. Fácil de ver por las rodillas en forma de "X". Es más común en mujeres y en hombres altos.

- Desviaciones **laterales**:
  - **Genu-recurvatum**. Se significa por una hiperextensión de rodillas, debido a una laxitud articular.

- **Genu-flexo**. La rodilla suele estar siempre con una leve flexión.

Evaluación y tratamiento. Debemos detectar cualquiera de estas anomalías para informar a la familia y que ésta acuda con su hija o hijo al especialista. Es fácil comprobarlo poniendo al alumnado de pie con las rodillas juntas y observándolo. También durante la carrera podemos hacerlo. El informe del médico será determinante para nuestra actuación.

- **Síndrome de Osgood-Schlatter**. Es un trastorno doloroso de la rodilla que suele ocurrir en personas jóvenes y activas. Está relacionado con el crecimiento y se inflama la inserción del tendón rotuliano en la tuberosidad anterior de la tibia.

Evaluación y tratamiento. Se detecta porque quien la padece apenas puede saltar o subir unos peldaños de la escalera, sobre todo en su fase aguda. Es fundamental el descanso y, a veces, se hace tratamiento de fisioterapia.

d) PATOLOGÍAS EN EL RAQUIS. Las patologías estructurales de la columna vertebral se denominan dismorfias de raquis, y al contrario de los defectos posturales, no pueden ser corregidos por el esfuerzo voluntario del individuo.

Seguimos específicamente a Cantó y Jiménez, (1997).

- **Hiper Lordosis**. Es el aumento de la lordosis fisiológica. Puede ser congénita, pero la más frecuente es la hiper lordosis de posición sin malformaciones y por incorrecto equilibrio de posición en la pelvis y que se fija progresivamente.
- **Escoliosis**. Es toda desviación lateral del raquis, y que empieza a ser de cierta gravedad a partir de los $30°$.
- **Hiper Cifosis**. La vulgarmente llamada cifosis es una exageración o inversión de una curvatura antero-posterior. Este término abarca frecuentemente la cifosis dorsal, compensada a menudo por una hiper lordosis lumbar.

Evaluación y tratamiento. Debemos proceder con cautela y que sea el médico quien dicte la actuación. En algunos casos quien la padece se ve obligado a llevar corsé y éste no se puede quitar. En otras ocasiones sucede al contrario, si bien limita mucho la motricidad. Eso sí, casi siempre lo más recomendado es potenciar la zona dorsal y abdominal en agua.

e) PATOLOGÍA CADERA Y PELVIS. La cadera es la región que se encuentra a ambos lados de la pelvis. Destacamos a:

- **Epifisiolisis de la cabeza del fémur**. Desplazamiento de la cabeza del fémur debido a una fractura del cartílago de crecimiento. Es un problema bastante frecuente durante la infancia y adolescencia.
- **Enfermedad de Legg-Calvé-Perthes**. Localizada en la cadera donde se produce una debilidad progresiva de la cabeza del fémur y que puede provocar una deformidad permanente de la misma.

La pelvis es la región anatómica limitada por los huesos que forman la cintura pélvica, formada por la unión de los dos coxales (ilion, isquion y pubis) y el hueso sacro. Distinguimos:

- **Plano sagital**. Anteversiones y retroversiones, que influyen sobre las curvaturas sagitales de la columna.
- **Plano frontal**. Desniveles pélvicos, bien por causa de una escoliosis, bien por diferencia de longitudes de los miembros inferiores, entre otras causas. Suele corregirse con un alza.

Evaluación y tratamiento. Debemos proceder con cautela y restringir la actividad física que implique la movilización de la zona. En todo caso algunos tipos de actividades relacionadas con lanzamientos, expresión, etc. puede hacerse, pero siempre bajo el consejo del médico.

f) PATOLOGÍA EN EL TRONCO.

- **Tórax en quilla**. El esternón se encuentra sobresalido.

- **Tórax hendido**. El esternón está hundido.

Evaluación y tratamiento. Debemos proceder con cautela y que sea el médico quien dicte la actuación. Tendremos precaución con juegos que impliquen contacto, giro y salto.

3.3. PATOLOGÍAS RELACIONADAS CON EL SISTEMA NEUROMOTOR.

Las más usuales entre la población infantil son las miopatías y las parálisis.

a) MIOPATÍAS. Es una afección progresiva del sistema neuromuscular.

- **Miotonías**. Exceso de tono. El músculo no se relaja.

- **Distrofia muscular**. Progresiva atrofia de algunos paquetes musculares.

- **Hipotonías**. Es una disminución del tono muscular.

- **Poliomielitis**. Es una enfermedad infecciosa aguda causada por un poliovirus gastrointestinal, que puede atacar el sistema nervioso y destruir las células encargadas del control muscular. Como consecuencia, los músculos afectados dejan de cumplir su función y se puede llegar a una parálisis irreversible.

b) PARÁLISIS. Es la pérdida de movilidad voluntaria de una zona corporal a consecuencia de una lesión o enfermedad de las vías nerviosas motrices. Puede ser congénita o adquirida a través de enfermedad o traumatismo. Dependiendo de la **topografía** de la afectación, distinguimos:

- **Monoplejía**: sólo está afectada una extremidad.

- **Hemiplejía**: afectación de pierna y brazo del mismo lado.

- **Doble Hemiplejía**: afectación en ambos lados.

- **Paraplejía**: afectación de los dos miembros inferiores.

- **Diplejía**: mayor significancia en los miembros inferiores que en los superiores.

- **Tetraplejía**: afectación de los miembros superiores e inferiores por igual.

- **Triplejía**: afectación de tres miembros.

Evaluación y tratamiento. Debemos proceder con cautela y que sea el médico quien dicte la actuación específica. En todo caso, debemos facilitar que adquiera la mayor independencia motriz que sea posible adaptando todas las actividades a su estado específico, incluyendo el uso de aparatos de ayuda a la deambulación.

4. EVALUACIÓN Y TRATAMIENTO EN EL PROCESO EDUCATIVO.

Vemos qué nos indica el D.C., algunos ejemplos de pruebas fáciles para detectar problemas en nuestro alumnado y pautas metodológicas sobre la prevención.

4.1. RELACIÓN DEL CURRÍCULO CON EL CRECIMIENTO, DESARROLLO Y HÁBITOS SALUDABLES.

Establecemos la relación a través de los siguientes puntos:

a) Aspectos generales.

Alrededor del concepto sobre salud nace la educación para la salud, entendida como un proceso de información y responsabilidad del individuo, con el fin de adquirir hábitos, actitudes y conocimientos básicos para la defensa y la promoción de la salud **individual** y **colectiva** (Rodríguez García, 2006). Por lo tanto esta idea no es nueva, educación física-salud mantienen una relación histórica y ésta se acentúa significativamente a **partir del currículo LOGSE** -y se refrenda en el de la L. O. E. y L. E. A y LOMCE (ésta incide en el binomio actividad física diaria y pautas de alimentación saludable), no sólo por la alusión que hace a las CC. Clave, objetivos y contenidos del Área de Educación Física, sino por los de la propia Etapa, otras áreas y Temas Transversales (Garoz y Maldonado, 2004).

Es sabido que la educación para la salud es una tarea multidisciplinar, pero también debe involucrarse la propia familia a través de las A. M. P. A. (Rodríguez García, 2006). *"La educación para la salud es uno de los caminos más adecuados si se pretende instaurar en los niños de infantil, primaria y secundaria unos hábitos y un estilo de vida saludable"* M.E.C. y M. S. (2009).

En Andalucía, la O. 17/03/2015, indica en su Introducción que *"Proporcionar un estilo de vida saludable es un elemento esencial del área de Educación física. Es cierto que son muchos los beneficios que genera la sociedad del conocimiento, pero también ha sido pródiga en costumbres poco saludables desde la infancia, donde el sedentarismo y la obesidad pueden llegar a convertirse en problemas graves para la salud. Desde esta perspectiva, la Educación física ha de tratar de mantener el equilibrio entre actividad y reposo haciendo que la máxima "mens sana in corpore sano" siga teniendo validez. Por ello, la Educación física se debe centrar en plantear propuestas para el desarrollo de planos competenciales relacionados con la salud, y que tendrían como finalidad tanto la adquisición de hábitos saludables en virtud a una práctica regular de actividades físicas como una actitud crítica ante aquellas prácticas sociales ya asentadas o emergentes que resulten perjudiciales. Se trata de que cada alumna o alumno adquieran hábitos saludables que posibiliten sentirse satisfechos con su propia identidad corporal, la cual será vehículo de expresión y comunicación consigo mismo y con los demás"*.

En cualquier caso, no debemos olvidar lo expresado por la LOMCE/2013, en su disposición adicional cuarta sobre *"**promoción de la actividad física y dieta equilibrada**"*. "Las administraciones educativas adoptarán medidas para que la actividad física y la dieta equilibrada formen parte del comportamiento infantil y juvenil. A estos efectos, dichas Administraciones promoverán la **práctica diaria de deporte y ejercicio físico** por parte de los alumnos y alumnas durante la jornada escolar, en los términos y condiciones que, siguiendo las recomendaciones de los organismos competentes, garanticen un desarrollo adecuado para favorecer una **vida activa, saludable y autónoma**. El diseño, coordinación y supervisión de las medidas que a estos efectos se adopten en el centro educativo, serán asumidos por el **profesorado con cualificación** o especialización adecuada en estos ámbitos".

b) CC. Clave

Competencias sociales y cívica, por cuanto la Educación física ayuda a entender, desarrollar y poner en práctica la relevancia del ejercicio físico y el deporte como medios esenciales para fomentar un estilo de vida saludable que favorezca al propio alumno, su familia o su entorno social próximo. Se hace necesario desde el área el trabajo en hábitos contrarios al sedentarismo, consumo de alcohol y tabaco, etc. La competencia social se relaciona con el bienestar personal y colectivo. Exige entender el modo en que las personas pueden procurarse un estado de salud física y mental óptimo, tanto para ellas mismas como para sus familias y para su entorno social próximo, y saber cómo un estilo de vida saludable puede contribuir a ello.

El área también contribuye en cierta medida a la adquisición de la **competencia en comunicación lingüística**, ofreciendo gran variedad de intercambios comunicativos, del uso de las normas que los rigen y del vocabulario específico que el área aporta. **Competencia digital**, ya que los medios informáticos y audiovisuales ofrecen recursos cada vez más actuales para analizar y presentar infinidad de datos que pueden ser extraídos de las actividades físicas, deportivas, competiciones, etc. El uso de herramientas digitales que permitan la grabación y edición de eventos (fotografías, vídeos, etc.) suponen recursos para el estudio de distintas acciones llevadas a cabo.

c) Objetivos de etapa.

Por su parte, el la O. 17/03/2015, indica en el **objetivo de Etapa** "k", *"valorar la higiene y la salud, aceptar el propio cuerpo y el de los otros, respetar las diferencias y utilizar la educación física y el deporte como medios para favorecer el desarrollo personal y social"*.

d) Objetivos de área.

El **objetivo nº 3 y 4 son los más concretos** en pronunciarse sobre la salud:

O.EF.3. Utilizar la imaginación, creatividad y la expresividad corporal a través del movimiento para comunicar emociones, sensaciones, ideas y estados de ánimo, así como comprender mensajes expresados de este modo.

O.EF.4. Adquirir hábitos de ejercicio físico orientados a una correcta ejecución motriz, a la salud y al bienestar personal, del mismo modo, apreciar y reconocer los efectos del ejercicio físico, la alimentación, el esfuerzo y hábitos posturales para adoptar actitud crítica ante prácticas perjudiciales para la salud.

e) Contenidos.

El **Bloque de contenidos nº 2**, *"La Educación física como favorecedora de la salud"*, que está constituido por aquellos conocimientos necesarios para que la actividad física resulte saludable, contenidos para la adquisición de hábitos de actividad física a lo largo de la vida, como fuente de bienestar.

f) Criterios de evaluación.

En el R.D. 126/2014 también encontramos referencias a la salud en los criterios de evaluación, por ejemplo: *"5. Reconocer los efectos del ejercicio físico, la higiene, la alimentación y los hábitos posturales sobre la salud y el bienestar, manifestando una actitud responsable hacia uno mismo"*.

g) Estándares de aprendizaje.

En el R.D. 126/2014 aparecen estos estándares relacionados con la salud:

5.1. Tiene interés por mejorar las capacidades físicas.
5.2. Relaciona los principales hábitos de alimentación con la actividad física (horarios de comidas, calidad/cantidad de los alimentos ingeridos, etc.).
5.3. Identifica los efectos beneficiosos del ejercicio físico para la salud.
5.4. Describe los efectos negativos del sedentarismo, de una dieta desequilibrada y del consumo de alcohol, tabaco y otras sustancias.
5.5. Realiza los calentamientos valorando su función preventiva.

El D. 328/2010, de 13 de julio, por el que se aprueba el Reglamento Orgánico de los colegios de educación infantil y primaria, BOJA nº 139, de 16/07/2010, indica en su artículo 29 *"la prevención de riesgos y la promoción de la seguridad y la salud como bien social y cultural"*.

Bernal -coord.- (2005), indica una serie de pautas a tener en cuenta el docente:

- Prever los riesgos durante las actividades propuestas.
- Conocer el estado inicial de cada escolar.
- Adecuarse a las peculiaridades de los mismos y no llegar a situaciones extremas.
- Revisar los recursos espaciales y materiales antes de su uso.
- Enseñarles a manipular los materiales.
- En cualquier sesión práctica no olvidar sus tres apartados y la relación entre el tiempo de trabajo y el de pausa.

Por otro lado, la utilización de las TIC abre un abanico de posibilidades muy ricas, ofreciendo una motivación extra al alumnado (Archanco y García, 2006).

Aunque en todos los apartados del punto tercero hemos hecho una referencia muy concreta a la evaluación y tratamiento escolar, ahora lo vemos desde un punto de vista más genérico. En casi todos los centros hay algún alumno o alumna con algún tipo de problema relacionado con el crecimiento y el movimiento y que previamente ha localizado su **pediatra**.

Pero en algunas ocasiones esto no es así y, normalmente, maestras y maestros **detectamos** cualquier patología relacionada con el movimiento con la simple observación de los juegos realizados en clase. Por ejemplo, en la carrera podemos observar detalles de pies y rodillas; en la flexión profunda de tronco, en posición de pie, alguna alteración a nivel de raquis o cadera. Por otro lado, a la hora de tomar el pulso al grupo, si la frecuencia media del mismo es de 120 pulsaciones/minuto y un alumno está en 190, es preciso observarlo por si, se repite, es que nos manifiesta algún tipo de irregularidad. Estos son algunos de los múltiples ejemplos que podemos señalar.

En estos casos, nuestra actuación consistirá en avisar a la **familia** para que lo lleve al especialista médico y ponga el remedio necesario.

El médico puede emitirnos un **informe** sobre el tipo de actividad recomendable e incorporar a nuestro currículum los ejercicios individualizados de rehabilitación de determinados alumnos, debido a que tenemos la obligación de utilizar el principio de inclusión al que nos remite la LOE/2006, modificada por la LOMCE/2013. Nos indica la integración plena de los alumnos con discapacidades. Además debemos señalar a la O. de 25 de julio de 2008, por la que se regula la **atención a la diversidad** del alumnado que cursa la educación básica en los centros docentes públicos de Andalucía, B. O. J. A. nº 167, de 22/08/2008.

Así pues, pruebas eminentemente médicas para evaluar el crecimiento y desarrollo, como determinar la edad dental, esquelética, sexual, etc. son temas que no nos competen.

Ahora mencionamos unas simples pruebas a realizar en clase.

4.2. EJEMPLOS DE PRUEBAS DE EVALUACIÓN SOBRE PATOLOGÍAS RELACIONADAS CON EL APARATO MOTOR EN EL AULA.

La mayoría de nuestro alumnado no tiene ningún tipo de deficiencia, no obstante podemos realizar algunas pruebas específicas de valoración que nos determinen si algún individuo presenta cualquier tipo de lesión, aunque de manera somera, ya que el verdadero profesional es el médico especialista (Cantó y Jiménez, 1997).

a) Reconocimiento de la columna vertebral para la localización de **escoliosis**.

Podemos hacerlo de dos maneras. En la primera, el alumno se sienta en un taburete, preferentemente vestido con una camiseta ceñida. El docente se pone detrás y observa la espalda y línea de hombros. Quien no tenga ésta recta, es probable que tenga escoliosis o actitud escoliótica.

En la segunda, el individuo se coloca de pie, con las piernas ligeramente abiertas y las rodillas extendidas. Hará una flexión profunda de tronco, con los brazos colgando hacia abajo. El docente se situará enfrente y observará si la espalda presenta simetría. En el caso de advertir un lado más alto que el otro, es probable que tenga escoliosis o actitud escoliótica.

b) Reconocimiento de la columna vertebral para la localización de la **cifolordosis**.

El alumno debe ponerse de pie sobre la pared, con su espalda tocándola. El docente se colocará lateralmente y observará si son exageradas o no las flexiones de las vértebras cérvico-dorsales y/o extensión de las lumbares, es decir, si percibe una curvatura exagerada en C o en S del raquis en el plano lateral.

c) Reconocimiento **básico postural**.

Una postura deficiente es la que presenta la cabeza hacia delante, el tórax deprimido, el abdomen se encuentra en relajación completa y protuberante, las curvas raquídeas son exageradas y los hombros están sostenidos por detrás de la pelvis. Para ello debemos observar al sujeto de perfil.

d) Reconocimiento de **pie plano** o **cavo**.

El pie plano se puede apreciar porque la huella que deja en el suelo, por ejemplo al mojarse, es total. El cavo, al presentar un aumento anormal de la bóveda plantar, en la huella que deja no se aprecia ésta.

4.3. ASPECTOS PREVENTIVOS SOBRE PATOLOGÍAS RELACIONADAS CON EL CRECIMIENTO EN EL MARCO DE LA EDUCACIÓN FÍSICA ESCOLAR.

Actividades que han sido consideradas tradicionalmente como adecuadas, actualmente están desaconsejadas bajo una concepción de actividad física-salud. López Miñarro, (2000), nos pone como ejemplo el clásico ejercicio de abdominales, iniciados con la cadera en extensión, actuando el psoas ilíaco como músculo motor de una no deseable hiperextensión lumbar en los primeros grados de movimiento. Otros autores, como Herrador (2015), mencionan la reiteración de los multisaltos, los juegos con sobrecarga del compañero, ciertos estiramientos, etc. Este autor propone unas alternativas que es preciso que todo profesional conozca. Además, citamos a:

- **Las carteras unilaterales.** Ésta debe colocarse a nivel dorsal bajo para favorecer la hiperextensión dorsal. No deben usarla los escolióticos severos graves o portadores de corsés.
- **Actitud psico-fisiológica.** Es frecuente observar actitudes cifóticas en individuos deprimidos; además de una actitud postural inadecuada puede conllevar a una autoimagen negativa.
- **Defectos de visión y su incidencia en la postura.** Los defectos posturales pueden ser debidos a una visión inadecuada ya que continuamente deben buscar una postura compensatoria de la cabeza que modifique las distancias y/o ángulos de visión (Delgado y Tercedor, 2002).
- **Contraindicaciones al comenzar.** Gómez Mora (2003), indica una serie de síntomas a tener en cuenta durante los **primeros días** de clase con objeto de que, si los detectamos, avisemos a la familia para que lleve al niño a revisión médica. Por ejemplo, respiración entrecortada, sensación de vértigo o mareo, calambres musculares, dolor en el pecho, falta de aliento o debilidad en las piernas. En este sentido, Delgado y Tercedor (2002), establecen unas "**contraindicaciones absolutas**": insuficiencias renal, hepática, pulmonar o cardiaca; enfermedades infecciosas agudas; las metabólicas, etc. También nos hablan sobre la "**contraindicaciones relativas**": retraso en crecimiento y maduración, ausencia de órganos, disminuciones sensoriales significativas, alteraciones músculo esqueléticas, obesidad desmedida, asma, etc.

CONCLUSIONES

En este tema hemos atendido a cómo se va produciendo el desarrollo neuromotor, óseo y muscular y su importancia durante las edades propias de la Etapa Primaria. Todo esto ha sido estudiado por numerosos autores que destacan una serie de fases que debemos tener en cuenta a la hora de nuestra intervención didáctica. Una mala práctica física puede acarrear consecuencias negativas a nuestro alumnado. También hemos visto cómo influyen los factores internos y externos al individuo en su desarrollo y crecimiento. El docente especialista debe conocer en profundidad las distintas patologías que están relacionadas con el crecimiento y el movimiento para detectar cualquier alteración y poner el remedio oportuno. Columna vertebral, pies, rodillas, además del sistema cardiorrespiratorio, son puntos relativamente fáciles de observar y descubrir anomalías que, en las edades de Primaria, pueden tener mejor solución que posteriormente. La Educación Física en las edades de escolarización debe tener una presencia importante en la jornada escolar si se quiere ayudar a paliar el sedentarismo, que es uno de los factores de riesgo identificados, que influye en algunas de las enfermedades más extendidas en la sociedad actual. Los niveles que la Educación Física plantea tienen que adecuarse al nivel de desarrollo de las alumnas y de los alumnos, teniendo siempre presente que la conducta motriz es el principal objeto de la asignatura y que en esa conducta motriz deben quedar aglutinados tanto las intenciones de quien las realiza como los procesos que se pone en juego para realizarla. Por último destacar la importancia de la postura en el aula y la colaboración entre el docente-familia-médico en el tratamiento de cualquier anomalía o enfermedad.

BIBLIOGRAFÍA

- ÁVILA, F. (1989). *Higiene y precauciones para la práctica del deporte en sujetos con alteraciones ortopédicas no invalidantes.* En RIBAS, J. (coord.) *Educación para la salud en la práctica deportiva escolar.* Unisport. Málaga.
- BALIUS, R. y PEDRET, C. (2013). *Lesiones musculares en el deporte.* Panamericana. Madrid.
- BERNAL, J. A. -coord.- (2005). *Prevención de lesiones y primeros auxilios en la educación física y el deporte.* Wanceulen. Sevilla.

- CALDERÓN, F. J. (2012). *Fisiología humana. Aplicación a la actividad física.* Panamericana. Madrid.
- CANTÓ, R. y JIMÉNEZ, J. (1997). *La columna vertebral en la edad escolar.* Gymnos. Madrid.
- CONDE, J. L. y VICIANA, V. (2001). *Fundamentos para el desarrollo de la motricidad en edades tempranas.* Aljibe. Málaga.
- DELGADO, M. y TERCEDOR, P. (2002). *Estrategias de intervención en educación para la salud desde la Educación Física.* INDE. Barcelona.
- DÍAZ, J. (1993). *El desarrollo motor y su implicación didáctica.* En VV. AA. *Fundamentos de Educación Física para Enseñanza Primaria.* INDE. Barcelona.
- FOX, I. F. (2003). *Fisiología Humana.* Interamericana/McGraw Hill. Madrid
- GALIANO, D. y ALONSO, J. (2004). *Riesgos y epidemiología de las lesiones deportivas en el niño y adolescente.* En ROMERO, S. y PRADA, A. (coords.) *Lesiones deportivas en el niño y adolescente.* Wanceulen. Sevilla.
- GALLEGO, J. L. (Coor.) (1998). *Educación Infantil.* Aljibe. Málaga.
- GIL MORALES, P. A. (2006). *Primeros Auxilios en Animación Deportiva.* Wanceulen. Sevilla.
- GÓMEZ MORA, J. (2003). *Fundamentos biológicos del ejercicio físico.* Wanceulen. Sevilla.
- GONZÁLEZ, P. y GONZÁLEZ, J. (2004). *Apofisitis.* En ROMERO, S. y PRADA, A. (coords.) *Lesiones deportivas en el niño y adolescente.* Wanceulen. Sevilla.
- GÓNZÁLEZ ITURRI, J. J. (2004). *Deformidades raquídeas y deporte en el niño.* En ROMERO, S. y PRADA, A. (coords.) *Lesiones deportivas en el niño y adolescente.* Wanceulen. Sevilla.
- GONZÁLEZ, Mª T. y RIESCO, J. F. (2005). *Manual de Educación Física.* Globalia Anthema. Salamanca.
- GUILLÉN, M. y LINARES, D. (2002). *Bases biológicas y fisiológicas del movimiento humano.* Médica Panamericana. Madrid.
- GUILLÉN, M. y OTROS (2009). *Lesiones deportivas en la infancia y en la adolescencia.* En GUILLÉN, M. y ARIZA. L. *Las Ciencias de la Actividad Física y el Deporte como fundamento para la práctica deportiva.* U. de Córdoba.
- GUTIÉRREZ SÁINZ, A. (1992). Actividad física en el niño y adolescente. En GONZÁLEZ, J. *Fisiología de la actividad física y el deporte.* Mc Graw-Hill. Madrid.
- GUTIÉRREZ DÁVILA, M. (2015). *Fundamentos de biomecánica deportiva.* Síntesis. Madrid.
- GUTIÉRREZ DELGADO, M. (2004). *Aprendizaje y desarrollo motor.* Fundación San Pablo CEU. Sevilla.
- HERRADOR, J. A. (2015). *Riesgos laborales en Educación Física: prevención de accidentes y lesiones.* Formación Alcalá. Jaén.
- HORMIGA, C.M.; CAMARGO, D.M. y OROZCO, L.C. (2008). Reproducibilidad y validez convergente de la Escala Abreviada del Desarrollo y una traducción al español del instrumento Neurosensory Motor Development Assessment. Biomédica, 28:327-46.
- JUNTA DE ANDALUCÍA (2008). O. de 25 de julio de 2008, por la que se regula la atención a la diversidad del alumnado que cursa la educación básica en los centros docentes públicos de Andalucía, B. O. J. A. nº 167, de 22/08/2008.
- JUNTA DE ANDALUCÍA (2007). *Ley 17/2007, de 10 de diciembre, de Educación de Andalucía (L. E. A.).* B. O. J. A. nº 252, de 26/12/07.
- JUNTA DE ANDALUCÍA (2002). *Decreto 137/2002, de 30/04/02. "Plan de Apoyo a las Familias Andaluzas".* B.O.J.A. nº 52 de 04/05/2002.
- JUNTA DE ANDALUCÍA (2006). *Orden de 15 de mayo de 2006, por la que se establecen las bases para impulsar la investigación educativa en los centros docentes públicos de la Comunidad Autónoma de Andalucía dependientes de la Consejería de Educación.*
- JUNTA DE ANDALUCÍA (2006). *Orden de 1 de septiembre de 2006, por la que se modifica la de 27 de mayo de 2005, por la que se regula la organización y el funcionamiento de las medidas contempladas en el plan de apoyo a las familias andaluzas relativas a la ampliación del horario de los Centros docentes públicos y al desarrollo de los servicios de aula matinal, comedor y actividades extraescolares.* B.O.J.A. nº 185, de 22/09/2006.
- JUNTA DE ANDALUCÍA (2007). *Resolución de 10/04/2007, de la D. G. de Innovación*

Educativa y Formación del Profesorado, por la que se aprueban Proyectos de Investigación Educativa y se conceden subvenciones. B. O. J. A. nº 87 de 04/05/2007.
- JUNTA DE ANDALUCÍA (2010). *Decreto 328/2010, de 13 de julio, por el que se aprueba el Reglamento Orgánico de las escuelas infantiles de segundo grado, de los colegios de educación primaria, de los colegios de educación infantil y primaria, y de los centros públicos específicos de educación especial.* BOJA nº 139, de 16/07/2010.
- JUNTA DE ANDALUCÍA (2010). *Orden de 20 de agosto de 2010, por la que se regula la organización y el funcionamiento de las escuelas infantiles de segundo ciclo, de los colegios de educación primaria, de los colegios de educación infantil y primaria, y de los centros públicos específicos de educación especial, así como el horario de los centros, del alumnado y del profesorado.* BOJA nº 169, de 30/08/2010.
- JUNTA DE ANDALUCÍA (2015). *Orden de 17 de marzo de 2015, por la que se desarrolla el currículo correspondiente a la educación Primaria en Andalucía.* BOJA nº 60 de 27/03/2015.
- JUNTA DE ANDALUCÍA (2015). *Decreto 97/2015, de 3 de marzo, por el que se establece la ordenación y el currículo de la educación Primaria en la comunidad Autónoma de Andalucía.* BOJA nº 50 de 13/03/2015.
- JUNTA DE ANDALUCÍA (2002). *Decreto 147/2002, de 14 de mayo. Ordenación de la atención de alumnado con necesidades educativas especiales.* BOJA nº 58, de 18/05/02.
- LÓPEZ CHICHARRO, J. y otros. (2002). *El desarrollo y el rendimiento deportivo.* Gymnos. Madrid.
- LÓPEZ MIÑARRO. P. A. (2000). *Ejercicios desaconsejados en la actividad física. Detección y alternativas.* INDE. Barcelona.
- MAGRANER, X. (1993). *El niño, su cuerpo y la actividad física.* En VV. AA. *Fundamentos de Educación Física para Enseñanza Primaria.* INDE. Barcelona.
- MARTÍNEZ PIÉDROLA, E. (2006). *Hábitos saludables en la prevención de la obesidad infantil: "Dieta y Ejercicio".* En *Deportes para todos.* P. M. D. del Ayuntamiento de Dos Hermanas.
- M.E.C. (2013). *Ley Orgánica 8/2013, de 9 de diciembre, para la mejora de la calidad educativa.* BOE Nº 295, de 10/12/2013.
- M.E.C. (2014). *R. D. 126/2014, de 28 de febrero, por el que se establece el currículo básico de la Educación Primaria.* B.O.E. nº 52, de 01/03/2014.
- M. E. C. (2006). Ley Orgánica 2/2006, de 3 de mayo, de Educación (L. O. E.). B. O. E. nº 106, de 04/05/2006, modificada en algunos artículos por la LOMCE/2013.
- M. E. C. *ECD/65/2015, O. de 21 de enero, por la que se describen las relaciones entre las competencias, los contenidos y los criterios de evaluación de la educación primaria, la educación secundaria obligatoria y el bachillerato.* B.O.E. nº 25, de 29/01/2015.
- MIRALLES, R. y MIRALLES, I. (2006). *Biomecánica clínica de las patologías del aparato locomotor.* Masson. Barcelona.
- NARANJO, J y CENTENO, R. (2000). *Bases fisiológicas del entrenamiento deportivo.* Wanceulen. Sevilla.
- OÑA, A. (2005). *Actividad física y desarrollo: ejercicio físico desde el nacimiento.* Wanceulen. Sevilla.
- PAREDES, V. et al. (2012). *La readaptación físico-deportiva de lesiones.* Onporsport. Madrid.
- PASTRANA, R. -coord.- (2009). *Lesiones deportivas: mecanismo, clínica y rehabilitación.* Universidad de Málaga. Málaga.
- RIBAS, J. y cols. (1997). *I Jornadas sobre la práctica deportiva en la Infancia.* Centro de Estudios del Niño. Sevilla.
- RODRÍGUEZ, L. P. y GUSI, N. (2002). *Manual de prevención y rehabilitación de lesiones deportivas.* Síntesis. Madrid.
- RODRÍGUEZ GARCÍA, P. L. (2006). *Educación Física y Salud en Primaria.* INDE. Barcelona.
- ROSILLO, S. (2010). *Contraindicaciones. Plan educativo de adquisición de hábitos de vida saludable en la educación.* Procompal. Almería.

- RUIZ, L. y LINARES, D. (1997). *Algunas consideraciones sobre el desarrollo biológico del niño*. En CONDE, J. L. *Fundamentos para el desarrollo de la motricidad en edades tempranas*. Aljibe. Málaga.
- RUIZ PÉREZ, L. M. (1994). *Desarrollo motor y actividades físicas*. Gymnos. Madrid.
- RUIZ PÉREZ, L. M. (2005). *Moverse con dificultad en la escuela*. Wanceulen. Sevilla.
- SAINZ, P.; RODRÍGUEZ, P. SANTONJA, F. y ANDÚJAR, P. (2006). *La columna vertebral del escolar*. Wanceulen. Sevilla.
- VV. AA. (1997). *Problemas de salud en la práctica física-deportiva. Actuaciones y Adaptaciones Curriculares*. Wanceulen. Sevilla.
- ZAGALAZ, Mª L.; CACHÓN, J.; LARA, A. (2014). *Fundamentos de la programación de Educación Física en Primaria*. Síntesis. Madrid.
- ZARCO, J. A. (1992). *Desarrollo infantil y Educación Física*. Aljibe. Málaga.

WEBGRAFÍA (Consulta en septiembre de 2016).

http://www.saludalia.com/vivir-sano/prevencion-de-las-lesiones-en-el-deporte
http://www.agrega2.es
http://recursos.cnice.mec.es/edfisica/
http://www.ite.educacion.es/es/recursos
www.juntadeandalucia.es/educacion/descargasrecursos/curriculo-primaria/index.html
http://www.guiaderecursos.com/webseducativas.php
http://www.adideandalucia.es
http://www.infosalus.com/enfermedades/aparato-locomotor/

TEMA 5

LA SALUD Y LA CALIDAD DE VIDA. HÁBITOS Y ESTILOS DE VIDA SALUDABLES EN RELACIÓN CON LA ACTIVIDAD FÍSICA. EL CUIDADO DEL CUERPO. AUTONOMÍA Y AUTOESTIMA.

INDICE

INTRODUCCIÓN

1. LA SALUD Y LA CALIDAD DE VIDA.

2. HÁBITOS Y ESTILOS DE VIDA SALUDABLES EN RELACIÓN CON LA ACTIVIDAD FÍSICA.

    2.1. El estilo de vida saludable.

    2.2. Modelos de Educación Física Salud.

    2.3. La actividad física saludable y sus efectos psicofísicos.

    2.4. Relación del currículo de educación física con la creación de hábitos y estilos de vida saludables.

3. EL CUIDADO DEL CUERPO.

4. AUTONOMÍA Y AUTOESTIMA.

    4.1. Autonomía.

    4.2. Autoestima.

CONCLUSIONES

BIBLIOGRAFIA

WEBGRAFÍA

INTRODUCCIÓN.

Que la Educación Física es un medio indispensable para mejorar la salud e higiene corporal es un hecho evidente para todos los teóricos desde la Grecia Antigua hasta la actualidad, incluso algunos como Galeno, Aristóteles o Mercurial entienden que son sus únicos objetivos, por lo que la colocan junto a la Medicina (Fernández García -coord.-, 2002).

Salud y ejercicio físico constituyen un binomio indisociable que otorga una significación incuestionable a la labor educativa del especialista en Educación Física y justifica la presencia de esta materia dentro del currículum (Rodríguez García, 2006). La Educación Física en particular persigue, entre otros **objetivos**, mejorar los hábitos de higiene y salud de la población. Precisamente, Navarro (2007), destaca el enfoque de la salud como una de las características de las últimas tendencias en la Educación Física de finales de siglo XX e inicio del siglo XXI.

"La adquisición de hábitos de vida saludable que favorezcan un adecuado bienestar físico, mental y social", así como *"la utilización responsable del tiempo libre y del ocio, así como el respeto al medio ambiente"*, son capacidades prioritarias a conseguir durante la etapa (D. 97/2015).

La Constitución Española de 1978 recoge que es **obligación** de los poderes públicos fomentar la educación sanitaria, la educación física y el deporte, la utilización adecuada del ocio, la prevención, el tratamiento y la rehabilitación e integración de los discapacitados físicos, sensoriales y psíquicos, y, en suma, la **promoción** del bienestar y la calidad de vida de la población en general. La Ley 10/1990 de 15 de octubre, del Deporte, reconoce a la actividad físico-deportiva como *"elemento fundamental del sistema educativo y cuya práctica es importante en el mantenimiento de la salud del individuo"*. El R. D. 126/2014 recoge estos temas para **impartirlos** en la Educación Obligatoria y Post-Obligatoria.

La actividad física contribuye a mejorar la **salud** física y psíquica de quien la realiza porque favorece la función de los distintos sistemas corporales y reduce la probabilidad de enfermedades cardiovasculares y degenerativas. Ahora bien, mal dirigida supone un riesgo serio, como también lo es un inadecuado cuidado del cuerpo, la falta de higiene corporal o de los espacios utilizados, etc. De ahí que desde nuestro ámbito debamos incidir en la práctica de **hábitos** saludables y en el cuidado del cuerpo.

Conocimiento, control y coordinación corporal hacen al individuo más **autónomo** y aumenta su capacidad de **autoestima**.

1. LA SALUD Y LA CALIDAD DE VIDA.

"La salud es la situación de equilibrio físico y mental que permite el desarrollo de las capacidades de las personas en su ambiente natural y social, de forma que puedan trabajar productivamente y participar activamente en la vida social de la comunidad donde viven" (O. 10/08/2007 por la que se desarrolla el currículo correspondiente a la E. S. O. en Andalucía). Es decir, el estado en el que el ser orgánico ejerce habitualmente todas sus funciones de forma eficaz. Esto implica tanto el funcionamiento normal del organismo como la ausencia de cualquier enfermedad física o psicológica. La acepción clásica de salud se construye en contraposición al de enfermedad y hoy día es un concepto **dinámico** (Fernández García -coord.-, 2002).

Calidad de vida *"es el conjunto de condiciones materiales y espirituales que determinan el bienestar efectivo de las personas, sus posibilidades, sus perspectivas individuales y su lugar en la sociedad"* (Zagalaz, Cachón y Lara, 2014).

Sánchez Bañuelos (1996) aporta el concepto *"calidad de los años vividos"*, que se refiere a los años que una persona es autónoma, está libre de enfermedades crónicas y puede disfrutar de la vida.

La O.M.S. en su Congreso Constituyente de 1948, propuso la definición de salud como "*el estado de completo bienestar físico, mental y social y no solamente la ausencia de afecciones o enfermedades*" (Rosillo, 2010).

Más tarde, el mismo Organismo en su manifiesto "Salud para todos en el año 2000", dice que el objetivo prioritario para todos los países del mundo debe ser que *"tengan un nivel de salud suficiente para poder trabajar productivamente y participar de forma activa en la vida social"* (Zagalaz, Cachón y Lara, 2014). En 2004, indica que la actividad física es cualquier movimiento corporal producido por los músculos esqueléticos que exija gasto de energía y, aplicado con intensidad adecuada, mejora la salud del individuo. En cambio, la inactividad física es un gran factor de riesgo (Zagalaz, Cachón y Lara, 2014).

Por otro lado, Devís y Peiró (2001), destacan a *"las nuevas ideas sobre la salud dirigidas a la promoción de ambientes y estilos de vida activos"*.

La salud es un elemento fundamental para el pleno desarrollo de la persona y de la sociedad. Precisamente, uno de los medios con que cuenta el ser humano para incrementar su estado de salud es la actividad física sistemática (Fernández García -coord.-, 2002).

La sociedad demanda una educación física escolar que fomente la salud, que dote de los conocimientos y actitudes necesarios para una adecuada práctica de actividad física, y que consiga la incorporación de ésta a la vida cotidiana.

Garoz y Maldonado (2004), ven la salud como algo más que la ausencia de enfermedad, relacionándola con aspectos que suponen una mayor potenciación de las capacidades del individuo y una mejor calidad de vida: las capacidades cognitivas, las sensaciones de bienestar, la autoconfianza y autoestima.

Zagalaz, Cachón y Lara (2014), **engloban** en "salud" a la de tipo físico Funcionamiento orgánico), psíquico, mental o emocional (equilibrio psicológico de la persona) y a la salud social (relacionarse, compartir y cooperar con los demás).

La salud de la ciudadanía en **general** depende de varios parámetros. Habitualmente los relacionamos en factores medioambientales, factores biológicos, estilo de vida y sistema asistencial (Arufe y otros, 2008).

Las personas deben conocer desde la **infancia** todo lo referente a cuestiones higiénicas individuales, la fisiología de su propio cuerpo, la influencia de la actividad física y de una alimentación correcta (Navas, 2001).

El R. D. 126/2014 indica que "*la adopción de hábitos saludables es muy importante tener en cuenta que se estima que hasta un 80% de niños y niñas en edad escolar únicamente participan en actividades físicas en la escuela, tal y como recoge el **informe Eurydice**, de la Comisión Europea de 2013; por ello la Educación Física en las edades de escolarización debe tener una presencia importante en la jornada escolar si se quiere ayudar a paliar el sedentarismo, que es uno de los factores de riesgo identificados, que influye en algunas de las enfermedades más extendidas en la sociedad actual*".

2. HÁBITOS Y ESTILOS DE VIDA SALUDABLES EN RELACIÓN CON LA ACTIVIDAD FÍSICA.

Los **hábitos** son disposiciones que tenemos para actuar de un modo concreto bajo determinadas circunstancias; son patrones de conducta compuestos por las habilidades y conocimientos que tenemos, así como la actitud.

Estilo de vida saludable significa tener un conjunto de patrones de conducta relativamente estables que son beneficiosos para la salud, es decir, adoptar una serie de rutinas de comportamiento, entre ellas las relacionadas con la práctica metódica de la actividad física (Garoz y Maldonado, 2004).

Actividad física es cualquier movimiento o un conjunto de ellos, realizados con el cuerpo, producidos por el músculo esquelético y que lleva parejo un gasto energético (Delgado y Tercedor, 2002). La "inactividad", en cambio, se relaciona con problemas de salud: respiratorios, cardiacos, articulares, etc. (Zagalaz, Cachón y Lara, 2014).

El término **salud** ha ido evolucionando, como se desprende de su progresión conceptual en el seno de la O.M.S. (Márquez y Garatachea 2010).

Históricamente, nos podemos remontar las Primeras Civilizaciones, por ejemplo China, donde la actividad física tiene un carácter higiénico y curativo; Grecia generó el concepto "areté" que combina la fuerza física con el vigor y la salud corporal. En Roma, Galeno, recomienda la práctica de la actividad física como medio preventivo de la enfermedad. Durante el Renacimiento, Mercurialis, redescubre la antigua gimnástica con el sentido médico e higiénico que Galeno le dio siglos atrás.

Durante la Ilustración, Rousseau, en su libro "Emilio", presenta los ejercicios físicos como base para la educación integral y para la salud.

Por otro lado Escuelas, como la Sueca de P. Ling, se basa en la gimnasia correctiva e higiénica y los Movimientos, como el de Centro, tiene como objetivo prioritario "la salud del cuerpo y su desarrollo físico".

A partir de la década de los ochenta del pasado siglo surgió en nuestro país el movimiento "fitness", de procedencia anglosajona, con la actividad física para adultos y el auge en el cuidado del cuerpo. En los noventa aparecieron los movimientos educativos hacia la salud a través de los DD. CC., así como las políticas sociales y los planes de salud pública. Prueba de ello lo tenemos en el excesivo gasto sanitario, que llevó a la Administración a variar su discurso a favor de la promoción de la salud y del cuidado del cuerpo, legislando en contra de determinadas "drogas sociales" (Delgado y Tercedor, 2002).

El "**Movimiento social hacia la salud**" (Delgado, Delgado y Tercedor, 2008b), que surge a partir de los años 80 del siglo XX, dura hasta la actualidad. Nace un tanto en contraposición al Movimiento Fitness y como consecuencia de las pautas del currículo LOGSE. Hay una preocupación en grandes masas poblacionales hacia la actividad física saludable, no competitiva; hacia la alimentación sana; las actividades deportivas en el tiempo extraescolar, etc. Se busca que el alumnado domine una serie de juegos para hacer en su tiempo de ocio y vacacional y, por tanto, crear **hábitos** y estilos saludables. Está muy presente en la **escuela actual** a través de los elementos curriculares. En esta misma línea, podemos encuadrar los programas de ayuntamientos y otros organismos en la organización de eventos regulares (talleres de gimnasia, de juegos populares, "Thai Chi", planes para un "envejecimiento activo y saludable", etc., así como manifestaciones multitudinarias como los "paseos, carreras y rutas populares en bicicletas", fiestas deportivas, etc. (Navarro, 2007). A diario podemos comprobar también cómo cientos de personas realizan estas mismas actividades saludables de forma individual o en pequeños grupos. En Andalucía, a partir de 2008 van tomando cada vez más importancia los paseos en bicicleta aprovechando la construcción masiva en pueblos y ciudades de carriles-bici. Muchas de estas nuevas vías se acompañan con instalaciones complementarias en parques tales como los "**circuitos biosaludables**", es decir, máquinas de acondicionamiento, como la de los gimnasios, accesibles a mayores para que éstos puedan movilizar sus articulaciones.

El programa "**Por un millón de pasos**" es un proyecto de la C. de Salud dirigido a promover la actividad física y las relaciones asociativas entre las personas participantes mediante una tarea colaborativa ¿Sois capaces de dar, al menos, un millón de pasos en un mes, mediante la suma de los pasos de todas las personas participantes y medidos mediante podómetro o cualquier otro medio? Este es el reto que se lleva a cabo en más de 100 localidades andaluzas, con la participación de más de 800 asociaciones, colectivos y grupos escolares. Destaca por ser una actividad **cooperativa**, compartida y **no competitiva**. La meta de la actividad no está en quien da más pasos, sino lograr vencer un **reto** mediante el esfuerzo de todos los participantes, a los que integra y se adapta. Además, muy motivadora y fácilmente evaluable.

El ejercicio físico para la salud comienza a ser una entidad particular, paralela al deporte de rendimiento, sobre la que se desarrollan numerosos estudios científicos con el fin de dilucidar los efectos que genera en la salud y los mecanismos por los que actúa. En este contexto, el ejercicio físico pasa a ser una importante estrategia de salud, tanto personal como colectiva (Fernández García, 2011).

Los **hábitos** de seguridad y práctica en la actividad física, alimentación, higiene corporal y postural, relajación, respiración, creación de hábitos saludables… son temas de **actualidad** que se encuentran frecuentemente en la **opinión pública**. Es más, la práctica **indiscriminada** de actividad física (carreras, prácticas ciclistas, etc.) acarrean numerosos problemas en la salud personal (Sarasúa, 2010).

Hoy el modelo escolar apuesta por la educación física-salud y por la creación de hábitos saludables desde edades tempranas (López Miñarro, 2010). La llamada "Educación Física Rendimiento" dejó paso, al final de la década de los ochenta, a la "Educación Física Salud".

No olvidemos que uno de los problemas que nos encontramos es el **sedentarismo**, apoyado por el "boom" que supone la utilización de las TIC como contenido del tiempo libre del alumnado.

El estilo de vida sedentario es uno de los mayores factores de riesgo para la salud en las sociedades occidentales, ya que existe mucha relación entre aquél y ciertas enfermedades crónicas muy generalizadas hoy día: hipertensión, obesidad, trastornos cardiovasculares, colesterol elevado, etc. (Calderón, 2012).

La influencia **sociocultural** sobre los estilos de vida saludables es un debate actual. Garoz y Maldonado (2004), destacan el papel de la actividad lúdica como mecanismo de transmisión cultural, así como la influencia de los entornos inmediatos del alumnado: familia, normas sociales, ideologías de género, clima, tradiciones, etc.

No obstante, determinadas creencias pueden acarrear problemas de salud, porque tienen una acción directa o indirecta sobre el organismo, al que someten a situaciones de peligro. Por ejemplo, el consumo excesivo de proteínas, dietas milagrosas, etc. Muchos mensajes **publicitarios** favorecen este concepto (López Miñarro, 2002).

2.1. EL ESTILO DE VIDA SALUDABLE.

Estilo de vida saludable significa tener un conjunto de patrones de conducta relativamente estables que son beneficiosos para la salud, es decir, adoptar una serie de rutinas de comportamiento, entre ellas las relacionadas con la práctica metódica de la actividad física (Garoz y Maldonado, 2004).

Se trata de un tema complejo y multifactorial donde intervienen multitud de aspectos. Mendoza, Sagrera y Batista (1994), apuntan a las propias características **individuales**, a las del entorno **microsocial** (vivienda, familia, amigos, ambiente, etc.), a los factores **macrosociales** (sistema social, cultura, instituciones oficiales, medios de comunicación, etc.), y hasta al **medio** físico geográfico.

Delgado y Tercedor (2002), indican que los cambios sociales, políticos y económicos marcan las variaciones en el estilo de vida, sobre todo en los jóvenes, ya que su personalidad, valores y hábitos tienden a formarse durante su proceso de maduración y socialización.

2.2. MODELOS DE EDUCACIÓN FÍSICA SALUD.

La integración de la salud en la escuela comienza a finales del siglo XIX, con las orientaciones del llamado "movimiento higienista", generado al amparo de la industrialización y las aglomeraciones humanas en las grandes ciudades (Rodríguez García, 2006).

Un "**modelo**" es un punto de **referencia**, a veces teórico, para imitarlo. En nuestra sociedad existen varios **modelos** que relacionan la educación/actividad física con la salud (Delgado, Tercedor y Torre, 2008a). Devís y Peiró (2001) y Delgado y Tercedor (2002), entre otros, destacan tres grandes modelos que responden a otras formas distintas de entender el papel de la salud dentro de la educación física (Garrote y Legido, 2005):

- **M. Médico**.- Se basa en las Ciencias Biomédicas y entiende a la salud como ausencia de enfermedad, prevención y rehabilitación. Realización segura y correcta de ejercicios.

- **M. Socio-crítico**.- Establecido en la Pedagogía Social. La salud es una **construcción social** donde se realizan acciones para crear **ambientes** saludables. **Crítica** social e ideológica ante la falta de inversión en infraestructuras deportivas en las llamadas "barriadas obreras". Se apoya en una teoría crítica de la cultura física, del rol que juegan el propio cuerpo, el ejercicio, deporte, sexo, salud, estilo de vida, y su uso en el consumismo y en el individualismo, la autonomía, la independencia o la igualdad de oportunidades.

- **M. Psico-educativo**.- Asentado sobre las ciencias Psicológicas y Deportivas. La salud como responsabilidad individual y el cambio en el **estilo de vida** (Contreras y García, 2011). La escuela debe ser promotora de hábitos saludables (Timón y Hormigo, 2010). El Decreto 328/2010, por el que se aprueba el Reglamento Orgánico de los centros, contempla *"la prevención de riesgos y la promoción de la seguridad y la salud como parte del Plan de Centro, integrando estos aspectos en la organización y gestión del centro y como factor de calidad de la enseñanza"*.

- **M. de la perspectiva holística**.- Surge como integración de los anteriores. Del modelo médico, la seguridad y realización correcta de las actividades. Del psico educativo, decidir y planificar el estilo de vida activo y del socio crítico el tratamiento de la problemática sociocultural en el contexto de la actividad física y la salud.

Devís -coor.- (2000), identifica tres grandes **perspectivas** de relación entre la actividad física y la salud: rehabilitadora, preventiva y de bienestar.

Desde un punto de vista eminentemente educativo, la actividad físico-deportiva es positiva para la salud, pero no hay que olvidar que un **exceso** de la misma puede causar daño, hecho evidenciado, por ejemplo, en las lesiones agudas producidas por una **inadecuada práctica** física, o por el envejecimiento prematuro que se produce en el organismo de los deportistas de elite, dado el alto grado de exigencia al que someten su cuerpo. Por ello debe ser diferenciado el desarrollo de la condición física necesaria para el rendimiento respecto al necesario para la **salud** (De la Cruz, 1989a).

2.3. LA ACTIVIDAD FISICA SALUDABLE Y SUS EFECTOS PSICOFÍSICOS.

Las actividades físicas contribuyen decisivamente al desarrollo integral de niñas y niños. Son una de las claves de su desarrollo intelectual, afectivo-emocional y social. Asimismo, produce efectos positivos en los órganos y sistemas corporales, reduciendo los factores de riesgo para la salud (Fernández García, 2002).

Uno de los motivos por el que las personas desean realizar prácticas deportivas es porque entienden que éstas favorecen la salud (Gil, 2003).

Debemos tender hacia una actividad física moderada y recreativa, huyendo de modelos relacionados con el deporte-rendimiento (Devís, -coor.- 2000).

La educación física escolar y los programas de iniciación y perfeccionamiento deportivos son decisivos para la promoción de la actividad física en niños y adolescentes (Casimiro, 2002). Pero este dinamismo debe significar una experiencia satisfactoria para el alumnado, desarrollando actitudes positivas hacia la actividad y hacia la creación de hábitos más activos y saludables, fomentando la participación de todos, sin distinción, alejándose de la búsqueda de rendimiento, pero dotándolos de una base que le permitan una mayor autonomía en su práctica (Garoz y Maldonado, 2004).

Los juegos populares y tradicionales mejoran varios aspectos muy importantes en nuestra área, como son los perceptivos, coordinativos y la **condición física-salud**, además de los relacionados con los psico-sociológicos (Lavega y otros, 2010). En cualquier caso, no todos los juegos son recomendables debido a ciertos **riesgos** que debemos evitar (Herrador, 2015).

Para la elaboración de este punto nos basamos, fundamentalmente, en Naranjo y Centeno (2000), Barbany, (2002), Lloret (2003), Gómez Mora (2003), Torres (2005), Garrote y Legido (2005), Piñeiro (2006a), Piñeiro (2006b), Rodríguez García (2006), Pastor -coor.- (2007), Arufe y otros (2008), Márquez y Garatachea (2010), Contreras y García (2011), Rosillo (2010) , Fernández del Olmo (2012), Calderón (2012), López Chicharro y otros (2013) y Gutiérrez (2015).

- **Efectos psico-sociales**
    - Mejora la participación en actividades, comunicación con los demás, la integración en grupos sociales, etc. Actitud de responsabilidad, integración y cooperación con los demás (Gómez, Puig y Maza, 2009).
    - Responsabilidad ante obligaciones con el grupo. Nos enseña a asumir normas y responsabilidades.
    - Nos enseña a aceptar y superar las derrotas.
    - Efectos antidepresivos.
    - Estimula el afán de trabajo en equipo.
    - Estimula la participación e iniciativa personal.
    - Mejora el equilibrio psíquico y aumenta la capacidad de abstracción.
    - Favorece la autoestima. Mejora la imagen corporal.
    - Disminución de las tensiones personales y estrés. Canaliza la agresividad.
    - Previene el insomnio y regula el sueño.

- **Efectos sobre el sistema cardiovascular**

    - Mejora la circulación coronaria, evitando la concentración de grasa en sus paredes. Previene la obesidad y enfermedades coronarias.
    - Mayor volumen cardiaco y menor frecuencia en reposo.
    - Menor incremento de la frecuencia mediante el ejercicio moderado.
    - Retorno más rápido de la frecuencia y de la presión sanguínea a la normalidad.
    - Mayor utilización del oxígeno de la sangre y tensión arterial más baja.

- **Efectos sobre el sistema respiratorio**

    - Los músculos respiratorios son más eficaces y mejora la difusión de los gases.
    - Aumenta el volumen respiratorio máximo por minuto y la capacidad vital.
    - Descenso en la frecuencia y un aumento en la profundidad respiratoria.

- **Efectos sobre el sistema nervioso**

    - Aumento de la capacidad **reguladora** del sistema vegetativo (vagotonía del entrenado), con economía en los procesos metabólicos.
    - Mejora la rapidez en la conducción de estímulos a través de las fibras motrices.
    - Se perfeccionan los mecanismos de producción de impulsos y la coordinación de movimientos.

- **Efectos sobre el aparato locomotor**

    - Modificaciones en las estructuras de los huesos e hipertrofia de las masas musculares.
    - El aumento del número de capilares y del tamaño de la fibra, va acompañado de un progreso importante de fuerza.

- **Efectos sobre la sangre**

    - Se crea un sistema estabilizador evitando la excesiva concentración de ácidos.

En el lado opuesto debemos señalar determinados "**mitos**" y falsas creencias donde suelen caer nuestros escolares, por ejemplo, consumir azúcar antes de hacer actividad física, ponerse prendas plásticas para sudar y perder peso, no realizar calentamiento o relajación, etc.

2.4. RELACIÓN DEL CURRÍCULO DE EDUCACIÓN FÍSICA CON LA CREACIÓN DE HÁBITOS Y ESTILOS DE VIDA SALUDABLES.

Establecemos la relación a través de los siguientes puntos:

a) **Aspectos generales**.

Alrededor del concepto sobre salud nace la educación para la salud, entendida como un proceso de información y responsabilidad del individuo, con el fin de adquirir hábitos, actitudes y conocimientos básicos para la defensa y la promoción de la salud **individual** y **colectiva** (Rodríguez García, 2006). Por lo tanto esta idea no es nueva, educación física-salud mantienen una relación histórica y ésta se acentúa significativamente a partir del currículo LOGSE -y se refrenda en el de la L. O. E. y L. E. A y LOMCE, no sólo por la alusión que hace a las CC. CLAVE, objetivos y contenidos del Área de Educación Física, sino por los de la propia Etapa, otras áreas y Temas Transversales (Garoz y Maldonado, 2004).

Es sabido que la educación para la salud es una tarea multidisciplinar, pero también debe involucrarse la propia familia a través de las A. M. P. A. (Rodríguez García, 2006). *"La educación para la salud es uno de los caminos más adecuados si se pretende instaurar en los niños de infantil, primaria y secundaria unos hábitos y un estilo de vida saludable"* M.E.C. y M. S. (2009).

En Andalucía, la O. 17/03/2015, indica en su Introducción que *"Proporcionar un estilo de vida saludable es un elemento esencial del área de Educación física. Es cierto que son muchos los beneficios que genera la sociedad del conocimiento, pero también ha sido pródiga en costumbres poco saludables desde la infancia, donde el sedentarismo y la obesidad pueden llegar a convertirse en problemas graves para la salud. Desde esta perspectiva, la Educación física ha de tratar de mantener el equilibrio entre actividad y reposo haciendo que la máxima "mens sana in corpore sano" siga teniendo validez. Por ello, la Educación física se debe centrar en plantear propuestas para el desarrollo de planos competenciales relacionados con la salud, y que tendrían como finalidad tanto la adquisición de hábitos saludables en virtud a una práctica regular de actividades físicas como una actitud crítica ante aquellas prácticas sociales ya asentadas o emergentes que resulten perjudiciales. Se trata de que cada alumna o alumno adquieran hábitos saludables que posibiliten sentirse satisfechos con su propia identidad corporal, la cual será vehículo de expresión y comunicación consigo mismo y con los demás".*

En cualquier caso, no debemos olvidar lo expresado por la LOMCE/2013, en su disposición adicional cuarta sobre **"promoción de la actividad física y dieta equilibrada"**. "Las administraciones educativas adoptarán medidas para que la actividad física y la dieta equilibrada formen parte del comportamiento infantil y juvenil. A estos efectos, dichas Administraciones promoverán la **práctica diaria de deporte y ejercicio físico** por parte de los alumnos y alumnas durante la jornada escolar, en los términos y condiciones que, siguiendo las recomendaciones de los organismos competentes, garanticen un desarrollo adecuado para favorecer una **vida activa, saludable y autónoma**. El diseño, coordinación y supervisión de las medidas que a estos efectos se adopten en el centro educativo, serán asumidos por el **profesorado con cualificación** o especialización adecuada en estos ámbitos".

La propia Junta de Andalucía desarrolla regularmente programas dirigidos a la promoción de la salud en las escuelas. Por ejemplo "Aprende a Sonreír", "Aldea", "Mira", etc.

b) CC. Clave

Competencias sociales y cívica, por cuanto la Educación física ayuda a entender, desarrollar y poner en práctica la relevancia del ejercicio físico y el deporte como medios esenciales para fomentar un estilo de vida saludable que favorezca al propio alumno, su familia o su entorno social próximo. Se hace necesario desde el área el trabajo en hábitos contrarios al sedentarismo, consumo de alcohol y tabaco, etc. La competencia social se relaciona con el bienestar personal y colectivo. Exige entender el modo en que las personas pueden procurarse un estado de salud física y mental óptimo, tanto para ellas mismas como para sus familias y para su entorno social próximo, y saber cómo un estilo de vida saludable puede contribuir a ello.

El área también contribuye en cierta medida a la adquisición de la **competencia en comunicación lingüística**, ofreciendo gran variedad de intercambios comunicativos, del uso de las normas que los rigen y del vocabulario específico que el área aporta.

Competencia digital, ya que los medios informáticos y audiovisuales ofrecen recursos cada vez más actuales para analizar y presentar infinidad de datos que pueden ser extraídos de las actividades físicas, deportivas, competiciones, etc. El uso de herramientas digitales que permitan la grabación y edición de eventos (fotografías, vídeos, etc.) suponen recursos para el estudio de distintas acciones llevadas a cabo.

c) Objetivos de etapa.

Por su parte, el la O. 17/03/2015, indica en el **objetivo de Etapa "k"**, *"valorar la higiene y la salud, aceptar el propio cuerpo y el de los otros, respetar las diferencias y utilizar la educación física y el deporte como medios para favorecer el desarrollo personal y social"*.

d) Objetivos de área.

El **objetivo nº 3 y 4 son los más concretos** en pronunciarse sobre la salud:

O.EF.3. Utilizar la imaginación, creatividad y la expresividad corporal a través del movimiento para comunicar emociones, sensaciones, ideas y estados de ánimo, así como comprender mensajes expresados de este modo.

O.EF.4. Adquirir hábitos de ejercicio físico orientados a una correcta ejecución motriz, a la salud y al bienestar personal, del mismo modo, apreciar y reconocer los efectos del ejercicio físico, la alimentación, el esfuerzo y hábitos posturales para adoptar actitud crítica ante prácticas perjudiciales para la salud.

e) Contenidos.

El **Bloque de contenidos nº 2**, *"La Educación física como favorecedora de la salud"*, que está constituido por aquellos conocimientos necesarios para que la actividad física resulte saludable, contenidos para la adquisición de hábitos de actividad física a lo largo de la vida, como fuente de bienestar.

f) Criterios de evaluación.

En el R.D. 126/2014 también encontramos referencias a la salud en los criterios de evaluación, por ejemplo: *"5. Reconocer los efectos del ejercicio físico, la higiene, la alimentación y los hábitos posturales sobre la salud y el bienestar, manifestando una actitud responsable hacia uno mismo"*.

g) Estándares de aprendizaje.

En el R.D. 126/2014 aparecen estos estándares relacionados con la salud:

5.1. Tiene interés por mejorar las capacidades físicas.
5.2. Relaciona los principales hábitos de alimentación con la actividad física (horarios de comidas, calidad/cantidad de los alimentos ingeridos, etc.).
5.3. Identifica los efectos beneficiosos del ejercicio físico para la salud.
5.4. Describe los efectos negativos del sedentarismo, de una dieta desequilibrada y del consumo de alcohol, tabaco y otras sustancias.
5.5. Realiza los calentamientos valorando su función preventiva.

El D. 328/2010, de 13 de julio, por el que se aprueba el Reglamento Orgánico de los colegios de educación infantil y primaria, BOJA nº 139, de 16/07/2010, indica en su artículo 29 *"la prevención de riesgos y la promoción de la seguridad y la salud como bien social y cultural"*.

Bernal -coord.- (2005), indica una serie de pautas a tener en cuenta el docente:

- Prever los riesgos durante las actividades propuestas.
- Conocer el estado inicial de cada escolar.
- Adecuarse a las peculiaridades de los mismos y no llegar a situaciones extremas.
- Revisar los recursos espaciales y materiales antes de su uso.
- Enseñarles a manipular los materiales.
- En cualquier sesión práctica no olvidar sus tres apartados y la relación entre el tiempo de trabajo y el de pausa.

Por otro lado, la utilización de TIC abre un abanico de posibilidades muy ricas, ofreciendo una motivación extra al alumnado (Archanco y García, 2006).

3. EL CUIDADO DEL CUERPO.

Lo enfocamos a través de cinco apartados:

a) Higiene	b) Recursos personales	c) Nutrición
d) Desarrollo de actividades		e) Examen médico preventivo

a) **Higiene**. El **término** proviene de la palabra griega "*higieinós*", que significa sano. Va más allá de la limpieza y comprende una serie de aspectos tales como ejercicio físico, alimentación o sueño. La higiene personal y del entorno es básica para mejorar la salud. Es importante que niñas y niños aprendan a valorar el hecho de la higiene como medida para el logro de un mayor bienestar personal y con los demás. Por lo tanto, padres y educadores, tenemos un papel fundamental en la adquisición de estos hábitos. Desde nuestra área y materia su influencia es grande para conseguir las rutinas de higiene personal, aunque debe extenderse a las demás del currículo. Tiene por objeto proteger y fortalecer la salud, así como mejorar el crecimiento y desarrollo de niñas y niños (Archanco y García, 2006). Siguiendo a Navas y otros (2001), así como a Delgado y Tercedor (2002), destacamos:

- Higiene de la **piel**, con ducha diaria y lavado de cabeza, sobre todo después de hacer deporte. Insistir en un buen secado. La sudoración excesiva y el conjunto de las células descamadas pueden llegar a producir maceración de la piel.

- Higiene **buco-dental**. Crear hábitos de cepillado de dientes tras cada comida o, al menos, una vez al día. Es conveniente aprender el manejo del hilo dental para retirar la suciedad entre los dientes. Huir de productos con azúcares refinados. El D. 230/07, entre otros, establece que debemos contribuir al desarrollo de la Educación para la Salud. El Programa de Promoción de la Salud Bucodental en el Ámbito Escolar, "Aprende a sonreír", para niños y niñas de Infantil y Primaria andaluces, supone incorporar elementos dinamizadores en la vida del centro educativo y recursos humanos y materiales motivadores en el aula que favorezcan. Citar la puesta en marcha del Decreto 281/2001, que garantiza a todos los niños y niñas de Andalucía, entre los 6 y los 15 años, una asistencia dental cuyo carácter es fundamentalmente preventivo y educativo, contemplando una más específica cuando sea necesaria.

- Higiene de la **nariz**, habida cuenta que el aire necesario para la ventilación durante la actividad física debe tener un buen caudal, temperatura, humedad y limpieza.

- También debemos crear hábitos en la limpieza de **oídos**, sobre todo cuando hay exceso de cerumen. En caso de observar un tapón avisar a la familia.

- Higiene de las **manos** cuando sea necesario, sobre todo tras la clase y siempre antes de comer o manipular alimentos, como sucede en la mayoría de los recreos. No olvidemos que se contaminan fácilmente y es un vehículo perfecto para la transmisión de microorganismos. También es necesario llamar la atención en el corte de uñas, al menos una vez a la semana, por ser un lugar de riesgo elevado.

- El lavado de **pies** y su completo secado para evitar la existencia de hongos, es muy necesario, como así mismo el corte de las uñas, pero siempre usando chanclas en vestuarios.

- La higiene **íntima** por toda la zona anal, genital e inguinal es esencial debido a la gran sudoración existente. Ante la existencia de rojeces y picores, consultar al médico.

- Insistir en el cambio diario de ropa, sobre todo de la interior, calcetines y la indumentaria deportiva, pero siempre rechazar el intercambio de ropa, peine, toalla, etc.

- Podemos incluir en este apartado la llamada "higiene **postural**", sobre todo en los escolares que pasan muchas horas del día sentados en unos pupitres que en muchas ocasiones no son los más apropiados. Lo importante es mantener la alineación fisiológica del raquis. Se considera postura corporal al tono de mantenimiento de la postura que se superpone al tono muscular de base, gracias a la actividad refleja del organismo que permite su control. De ahí que contemplemos una "**postura ideal**, es decir, aquella que tiene la mínima tensión y rigidez, al mismo tiempo que la máxima eficacia (Pazos y Aragunde, 2000). En las sesiones de nuestra área cuidaremos de la correcta ejecución de las actividades (Rodríguez, Santonja y Delgado 1999).

b) **Recursos personales**. Nos referimos a la ropa y el calzado que individualmente aporta cada escolar a la clase (Gil, 2006).

- El **calzado** debe ser bajo para evitar esguinces de tobillo y el acortamiento del músculo tríceps sural. Aconsejaremos las zapatillas de caña baja ya que facilitan la movilidad del tobillo y con suela antideslizante. Los calcetines deben ser de algodón. Las zapatillas de deporte se deberían usar exclusivamente para realizar ejercicio físico, debiendo disponer de calzado de calle para el resto de clases escolares. Así se evitan enfriamientos, desestabilizaciones de los arcos plantares y se facilita la circulación periférica de retorno tras el ejercicio físico, así como colonizaciones por hongos. La zapatilla se expondrá al sol para su secado y en la ducha se utilizará una chancla para evitar contagios (De la Cruz 1989b). Debemos poner atención en las modas que puedan constituir un peligro, por ejemplo, llevar los cordones sueltos.

- La **ropa** que en general se precisa es una camiseta de manga corta y unas calzonas. Deben ser de algodón y tienen como misión mantener la temperatura corporal, evitando las pérdidas excesivas de calor cuando el clima es frío, además de servir de protección contra el viento y sol (Navas y otros, 2001). Las de poliéster y otras de fibras artificiales suelen dificultar la sudoración y pueden producir rozaduras e incluso alergias. En caso de sol puede ser preciso hasta llevar gorra y, si además hace calor, humedecerse la cabeza, cuello y muñecas. En caso de clima frío, usar chándal, guantes e, incluso, gorro. Si se realizan prácticas de fútbol, balonmano, etc. es necesario disponer de las prendas de protección adecuadas, como rodilleras, coderas, etc. (De la Cruz 1989b). Debemos evitar relojes, anillos, pulseras, piercing y sus variantes, así como las modas al uso que puedan suponer un riesgo, por ejemplo, pantalones con varias tallas más o zapatillas sin amarrar. Es conveniente aportar toalla individual para la ducha tras la sesión, así como una muda.

c) **Nutrición**. Es una necesidad orgánica y vital para cualquier persona, más aún si practica actividad física (Urdampilleta y Rodríguez, 2014). El binomio alimentación-deporte guarda una estrecha relación con el rendimiento deportivo, equilibrando el gasto con la ingesta, para disminuir la sensación de agotamiento, si bien en un ámbito eminentemente educativo no tiene demasiada importancia (García Soidán y Peraza, 2009).

Es el conjunto de procesos involuntarios por el cual nuestro organismo recibe, transforma y usa las sustancias químicas contenidas en los alimentos (Gómez Mora, 2003). Gracias a la nutrición disponemos de los siguientes procesos:

- La termorregulación y el mantenimiento del metabolismo basal
- Crecimiento y reparación de los tejidos
- Predominio anabólico sobre el catabólico, es decir, la energía procedente de la nutrición debe de exceder a la energía consumida en el mantenimiento de la vida y en la actividad del sujeto (Ribas y col., 1997)

- Hay seis **tipos de nutrientes**, cada uno con una finalidad específica (Guillén y otros, 2009):

Carbohidratos	Lípidos o grasas	Proteínas
Vitaminas	Minerales	Agua

También Bernal (2005) cita a Dosil (2003) que aporta otro tipo clasificatorio de nutrientes:

- Macronutrientes (hidratos, proteínas y grasas).
- Micronutrientes (vitaminas y minerales).

- La dieta debe estar compuesta por (Urdampilleta y Rodríguez, 2014):

55-60 % de Carbohidratos	20-25% de Grasas	12-15% de Proteínas

No podemos dejar de mencionar los beneficios de la "**dieta mediterránea**", basada en el consumo de pan y pasta como fuente de carbohidratos; aceite de oliva como proveedor de grasas; pescado, ave, huevos y lácteos como aportadores de proteínas y a la ingesta de frutas, hortalizas, legumbres, verduras y frutos secos que nos aportan fibras y antioxidantes (Márquez y Garatachea, 2010).

La mala nutrición siempre trae malas consecuencias, tanto por exceso, como por defecto o el habitual desequilibrio dietético. La obesidad es un problema de primer orden en los países industrializados (Ruiz Fernández, 2006). En la actualidad la obesidad infantil es considerada una epidemia mundial (países desarrollados) y la O. M. S. lo reconoció en 2002.

La Comunidad Europea lanzó en 2005 la Plataforma Europea para la acción sobre la dieta, la actividad física y la salud. En España, ese mismo año, el M. de Sanidad y Consumo hace pública la *"Estrategia Naos": Invertir la tendencia de la obesidad. Estrategia para la nutrición. Actividad física y prevención de la obesidad.* En este sentido, el M. de Salud recomienda en 2012 al M. de Educación que todos los escolares realicen a diario una hora de actividad física-deportiva dado el número alarmante de jóvenes con sobrepeso, que el propio ministerio cifra en un 45% de la población infantil. Un compromiso importante del sector empresarial es la puesta en marcha del Código de autorregulación de la publicidad de alimentos dirigida a menores, prevención de la obesidad y salud (Código PAOS). Ha sido suscrito por las 35 mayores empresas alimentarias españolas, que representan más del 75% de la inversión publicitaria en el sector.

En Andalucía, el problema de la obesidad se abordó con la formulación del Plan para la Promoción de la Actividad Física y Alimentación Equilibrada 2004-2008, que se ocupa de la obesidad, malos hábitos alimenticios, control del peso y actividad física (Ruiz Fernández, 2006). Citar la Orden de 18 de mayo de 2007, por la que se convoca el IV Certamen de Programas sobre promoción de la Actividad Física y la Alimentación Equilibrada, B. O. J. A. de 08/06/2007.

También debemos reseñar el Plan PERSEO, programa piloto escolar de referencia para la salud y el ejercicio contra la obesidad. Consiste en detectar casos de obesidad infantil, promover la adquisición de hábitos alimenticios y saludables, así como la actividad deportiva. La Comunidad Autónoma de Andalucía y otras más se han adherido a él.

En cuanto a las comidas que se ofrecen en los comedores escolares, la O. de 03/08/2010, por la que se regulan los servicios complementarios de la enseñanza de aula matinal, comedor escolar y actividades extraescolares en los centros docentes públicos, así como la ampliación de horario (BOJA núm. 158 de 12 de agosto), indica que deberá ser "sana y equilibrada".

En marzo de 2011 se aprueba la **Ley de Seguridad Alimentaria**. Uno de sus objetivos es prohibir en centros escolares alimentos y bebidas que favorezcan la obesidad infantil. Alude también a los menús escolares ya que los centros deberán informar a las familias sobre los nutrientes y calorías de los menús. Prohíbe en los centros cualquier tipo de publicidad de estos tipos de alimentos y bebidas.

Zagalaz, Cachón y Lara (2014), indican que la **actividad física** escolar moderada, junto a una buena alimentación, evitaría gran parte de los problemas de sobrepeso actuales, si bien también es necesario el **apoyo de las familias**.

Por último, aconsejar la reposición hídrica, sobre todo en ciertas zonas de Andalucía durante los dos últimos meses del curso (Gómez Mora, 2003).

d) **Desarrollo de actividades**. Antes que el grupo comience el trabajo práctico diario debemos tener en cuenta una serie de atenciones para evitar problemas que afecten a la **seguridad corporal** (Pino y Romo, 2009). Aquí incluimos la higiene de los espacios, el material deportivo específico, el horario, la metodología, las ayudas, el respeto a las diferencias individuales y cómo evitar los riesgos corporales (Devis y Peiró, 1992; Delgado y Tercedor, 2002; Delgado y cols. 2004), Zagalaz, Cachón y Lara (2014) y Herrador (2015).

1.- **Higiene y seguridad de los espacios**.

- Es elemental eliminar las irregularidades del suelo o de los objetos potencialmente dañinos (vidrios, piedras, charcos, zonas de barro, etc.), así como los herrajes o desperfectos de porterías, vallas, barandas, canastas, etc., que supongan un riesgo. Poner mucha atención a suelos resbaladizos y húmedos (Rivadeneyra, 2003).
- Las zonas de paso o carrera deben estar expeditas de objetos con los que se pudiera tropezar. Los vestuarios son para utilizarlos y debemos erradicar la costumbre de cambiarse de ropa en el aula, que conduce a no poder lavarse tras el ejercicio, ni

refrescarse o beber agua, así como a malos olores, falta de intimidad, etc.

- Muchos centros tienen la oportunidad de acudir más o menos regularmente a instalaciones municipales, etc. En 2009, algunas comunidades autónomas han puesto en marcha el proyecto "Estadios Saludables de España", financiado por la Comunidad Europea. En una primera fase, las acciones consisten en la celebración de jornadas, charlas informativas y talleres de trabajo sobre alimentación, práctica deportiva y uso de medios de locomoción, que tendrán como principales destinatarios a tanto a usuarios como al conjunto de ciudadanos (R. A. M. D., 2009).

- Por su parte, la C. E. J. A. tiene editado el "**Manual de seguridad en los centros educativos**" (Roldán, 2002). Indica una serie de pautas a seguir tendente a la protección en las instalaciones escolares. Por ejemplo, los anclajes de las porterías, la posible corrosión de los componentes metálicos, la comprobación del estado de las instalaciones a principios de curso, la homologación en todos los materiales por la normativa europea, la recogida de aguas en los pavimentos, etc.

- En cualquier caso, debemos cuidar la limpieza, ventilación, temperatura en invierno y verano, humedad, iluminación, y estado de los espacios a usar. Especial cuidado en los vestuarios, con pavimentos anti deslizantes, evitar corrientes de aire, etc.

2.- **Material deportivo específico.**

- Debe adecuarse a la edad y a la evolución psicobiológica. Por ejemplo, no usar balones de adulto para la práctica deportiva escolar -Voleibol, Baloncesto, etc.- Es mejor jugar, de forma controlada, a actividades que requieran movimientos de los escolares, que realizar actividad deportiva reglada con material inadecuado (Balius y Pedret, 2013).

- Los **protectores** son necesarios en numerosas prácticas deportivas: rodilleras, guantes, coderas, etc. También incluimos la gorra para evitar insolaciones en espacios abiertos (Gil, 2006).

- En toda instalación debe existir un **botiquín** accesible. Debe contener: agua oxigenada, algodón, bolsas para hielo, esparadrapo; gasas estériles; cloruro de etilo (frío sintético); yodo; surtido de tiritas, termómetro, vendas, glucosa, férulas, pinzas, tijeras, etc. (Gil, 2006).

- En cualquier caso, debemos controlar el estado de los recursos.

3.- **Horario de la actividad.**

- Aunque es difícil, con un poco de buena voluntad podemos organizarlo de tal forma que las sesiones prácticas no sean tras los recreos, a primera hora en invierno o a última en verano, aunque todo cambia si tenemos polideportivos cubiertos adecuados. Las clases deben estar distribuidas equitativamente entre los cinco días hábiles de la semana y prever unos minutos para la higiene personal y cambio de ropa.

4.- **Metodología en el trabajo.**

- Tener muy en cuenta los tiempos destinados a calentamiento y vuelta a la calma, así como las 2h.-2h.1/2 entre la última ingesta importante y la clase. Por otro lado, tras períodos de ayuno de más de 3 horas, es conveniente antes de realizar una clase de Educación Física, tomar algún alimento fácilmente digerible y rico en hidratos de carbono, como una pieza de fruta (manzana, naranja, etc.). Y tras la práctica, es beneficioso facilitarles agua a temperatura ambiente. Sería importante hacer debates y **trabajos reflexivos** mediante el cuaderno del alumno, para que tomen conciencia de lo necesario que resultan los **calentamientos** y las **relajaciones**.

- No olvidar la individualización de las intensidades, no forzar y que las actividades sean las adecuadas al nivel medio del grupo, así como tener previstas las adaptaciones para el alumnado con menos nivel o que tenga algún tipo de discapacidad.

    5.- Cómo evitar riesgos corporales en las clases.

- Es raro que una niña o un niño se lesione en una clase de Educación Física. Señalamos ahora las causas principales de lesiones (Gil, 2006):
    - Falta de conocimientos básicos del deporte practicado. Competiciones entre niños con desigualdad corporal.
    - No hacer calentamiento adecuado. No respetar las cargas apropiadas a la edad. No hacer al final unos minutos de estiramiento y relajación. No individualizar.
    - Audacia excesiva, exceso de confianza, imprudencia en la ejecución, no respetar al reglamento o competición entre alumnos muy desiguales.
    - Prácticas en ambientes excesivamente frío o caluroso, con terreno mojado, etc.
    - Falta de vigilancia del docente.
    - Entrenamiento precoz antes de estar completamente restablecido tras una enfermedad o lesión o no haber realizado anteriormente un control médico.
    - No mantener la distancia de seguridad en ejercicios masivos, sobre todo en los lanzamientos de balones medicinales y cubiertas de scooter.
    - Evitar ejercicios potencialmente negativos para la salud, como hiperflexión de rodillas, flexión total de cadera, cargas sobre la columna, etc.
    - Insistir en una correcta "**higiene y actitud postural**".

    Zagalaz, Cachón y Lara (2014), complementan lo anterior con:

    - Docente que se ausenta por cualquier motivo.
    - Lesiones en el "alumno-monitor" porque no tiene el nivel previsto.
    - Materiales que están en el patio y que provocan situaciones de riesgos: redes, ganchos, colchonetas en mal estado, etc.
    - Actividades inapropiadas en relación al espacio disponible: resbaladizo, con agujeros, etc.
    - Desconocer técnicas de primeros auxilios.

e) **El examen médico preventivo.** Afortunadamente todos los niños y niñas escolarizados disponen de un pediatra de cabecera que los conoce, siendo muy raro el caso de alguno al que se le descubre una enfermedad grave fuera del sistema sanitario habitual. Nos podemos encontrar con una serie de patologías permanentes o temporales. Ante ellas debemos adaptar el currículo (Gil, 2006).

4. AUTONOMÍA Y AUTOESTIMA.

Autonomía, autoestima, autoimagen, auto competencia y autoconfianza son conceptos que abundan en la Educación Motriz y que resultan muy interesantes por los beneficios que aportan (Ruiz Pérez -coord-, 2001).

Ciertamente hoy día son muchos los autores que señalan la existencia de una relación directa entre el desarrollo de las habilidades motrices y el aumento de la autoestima (Gil, 2003).

Ambos términos están íntimamente relacionados. "Autonomía" hay que entenderla en un contexto de **imagen corporal**, de forma externa, de ser capaz de hacer más cosas sin la ayuda de nadie. En cambio, "autoestima" tiene un significado de auto consideración y **auto**

aprecio. Es, en suma, una actitud hacia uno mismo, el fruto de una larga y permanente secuencia de acciones que nos van configurando en el transcurso de nuestra vida. Así, la visión que un individuo tiene de sí mismo viene dada en gran parte por la valoración que han hecho las personas más importantes de su vida (padres y educadores).

Por ello tenemos que enseñar a cada niña y niño desde la infancia a descubrir su interior, lo mejor de su personalidad. Cuanto más lo consideremos como ser importante y digno de atención, y se sienta amado y aceptado, mejor autoconcepto tendrá (Zagalaz, Cachón y Lara, 2014).

Otros autores consideran también el término **identidad como** el conjunto de rasgos propios de un individuo o de una colectividad que los caracterizan frente a los demás. Si este concepto lo aplicamos a la persona, llegamos a la definición de que **identidad personal** es la conciencia que una persona tiene de ser ella misma y distinta a las demás. Implica una conciencia de la permanencia del yo (Serra y Zacarés, 1997).

El R. D. 126/2014 nos indica la importancia de la Educación Física en el logro de la **competencia motriz** del alumnado y, por lo tanto, en su autonomía y autoestima personal.

Así, tenemos: *"La asignatura de Educación Física tiene como finalidad principal desarrollar en las personas su competencia motriz, entendida como la integración de los conocimientos, los procedimientos, las actitudes y los sentimientos vinculados a la conducta motora fundamentalmente. Para su consecución no es suficiente con la mera práctica, sino que es necesario el análisis crítico que afiance actitudes, valores referenciados al cuerpo, al movimiento y a la relación con el entorno. De este modo, el alumnado logrará controlar y dar sentido a las propias acciones motrices, comprender los aspectos perceptivos, emotivos y cognitivos relacionados con dichas acciones y gestionar los sentimientos vinculados a las mismas, además de integrar conocimientos y habilidades transversales, como el trabajo en equipo, el juego limpio y el respeto a las normas, entre otras.*

Asimismo, la Educación Física está vinculada a la adquisición de competencias relacionadas con la salud través de acciones que ayuden a la adquisición de hábitos responsables de actividad física regular, y de la adopción de actitudes críticas ante prácticas sociales no saludables.

La competencia motriz evoluciona a lo largo de la vida de las personas y desarrolla la inteligencia para saber qué hacer, cómo hacerlo, cuándo y con quién en función de los condicionantes del entorno. Entre los procesos implícitos en la conducta motriz hay que destacar el percibir, interpretar, analizar, decidir, ejecutar y evaluar los actos motores. Entre los conocimientos más destacables que se combinan con dichos procedimientos están, además de los correspondientes a las diferentes actividades físicas, los relacionados con la corporeidad, con el movimiento, con la salud, con los sistemas de mejora de las capacidades motrices y con los usos sociales de la actividad física, entre otros. Y entre las actitudes se encuentran las derivadas de la valoración y el sentimiento acerca de sus propias limitaciones y posibilidades, el disfrute de la práctica y la relación con los demás."

4.1. AUTONOMÍA.

Se refiere a las situaciones de dependencia o independencia del alumno/a respecto a varios ámbitos: motricidad, inteligencia, moral, etc.

El objetivo prioritario de la Educación Física se encamina al desarrollo integral del individuo, a partir del progreso de su capacidad motriz y al aumento de su competencia (tanto cualitativa como cuantitativa) y cultura motriz, para el logro de una determinada autonomía personal. Hay que tener en cuenta que en la escuela hay niños y niñas que no tienen adquiridas las habilidades y destrezas básicas propias de su edad-nivel y que inciden negativamente en el aprendizaje escolar:

- Autocuidado: vestirse y desvestirse, así como ponerse y quitarse los zapatos
- Autodirección: orientación en la ubicación de sus pertenencias, juguetes, autorregularse en el comportamiento, realización de tareas, etc.
- Autorrealización de aprendizajes escolares: lecto-escritura, cálculos, etc.
- Uso de utensilios habituales en alimentación e higiene
- Prevención de accidentes. Mantenimiento de la salud, evitar situaciones de riesgo
- Orientación para desplazarse a sitios próximos
- Interacciones sociales. Ocio adecuado.

En todo lo anterior tiene un importante papel la calidad de su conocimiento **corporal**, nivel de **habilidad** perceptivo-motriz, grado de desarrollo de las capacidades coordinativas, etc. que tiene cada niña o niño.

Tenemos numerosas formas de trabajar estos aspectos dentro de nuestra área. Por ejemplo:

- **Expresión Corporal**. Mejora la espontaneidad y creatividad, influyendo positivamente en la autonomía y confianza.
- Las actividades en el **Medio Natural** favorece el desarrollo de la **autonomía** personal.
- El **Juego** en general mejora todos los aspectos perceptivo-motrices.
- Desde un punto de vista **metodológico**, debemos usar estilos de enseñanza basados en la participación del alumno en el proceso (**estilos participativos**). Estos estilos favorecen la autonomía e iniciativa del alumnado.

4.2. AUTOESTIMA.

La autoestima la define Pastor (2007) diciendo que *"es la valoración que, de sí mismo, realiza el individuo como consecuencia de una actuación correcta, competente e inteligente"*.

La autoestima es la percepción valorativa habitual que tenemos de nosotros mismos, de nuestra manera de ser, de quienes somos, del conjunto de rasgos corporales, mentales y espirituales que configuran la propia personalidad. Es el factor más influyente en el **auto concepto**, que es esa imagen completa de lo que pensamos que somos, de lo que creemos que otros piensan de nosotros, de lo que nos gustaría ser, y de lo que pensamos que podemos conseguir (Muritu, Román y Gutiérrez, 1996). En la autoestima tiene un papel importante la acción del docente.

Zagalaz, Cachón y Lara (2014), resumen que autoconcepto es la idea que tenemos de nosotros mismos, a partir de la cual construimos la autoestima, que añade un componente afectivo a dichas creencias. Ambas permiten el bienestar y satisfacción personal.

El área se **orienta** a crear hábitos de práctica de la actividad física y deportiva saludable, regular y continuada a lo largo de la vida, así como a sentirse bien con el propio cuerpo y la alimentación sana, lo que constituye una valiosa ayuda en la mejora de la **autoestima** (R. D. 126/2014).

La persona se auto percibe en función de lo que ella cree de sí misma y también de las comparaciones que hace de sí mismo con respecto de las demás, así como lo que los otros le transmiten acerca de sí mismo (Alcántara, 1993).

La autoestima constituye un **núcleo** básico de la **personalidad**. Se aprende, fluctúa y la podemos mejorar. A partir de los 5-6 años es cuando empezamos a formarnos un concepto de cómo nos ven nuestros seres queridos y entorno, además de las experiencias que vamos adquiriendo.

El nivel de autoestima es el responsable de muchos éxitos y fracasos escolares. La génesis de la autoestima que cada individuo posee -positiva o negativa- tiene básicamente un origen social. Nosotros podemos influir desde nuestra posición, sobre todo desde el área de Educación Física.

Existen una serie de factores que influyen en la **evolución** de la autoestima:

- Desde pequeños se ven en los demás como en un espejo y acaban acomodándose a lo que otras personas esperan de él o ella.
- Las experiencias anteriores de éxito o fracaso que ha tenido el sujeto, muchas de ellas relacionadas con su capacidad motriz, con su nivel de habilidad. La confianza en sus posibilidades ante una determinada actividad depende no sólo de la situación real y objetiva, sino de cómo el sujeto ve dicha situación.
- La imagen corporal que un niño o niña tiene de sí puede condicionar su autoestima total. De ahí la importancia de los medios de comunicación en la creación de un modelo o canon estético y del que se benefician las casas comerciales a través de la publicidad. Por ejemplo, no tener determinados modelos, marcas... o cuerpo puede dar lugar, sobre todo al final de la Etapa a multitud de conflictos y complejos.

Una **elevada** autoestima potencia la capacidad de la persona para desarrollar sus habilidades y aumenta su nivel de seguridad. Además:
- Favorece el aprendizaje y fundamenta la responsabilidad
- Ayuda a superar las dificultades personales y tolerará las frustraciones
- Desarrolla la creatividad y capacidad para afrontar nuevos retos
- Estimula la autonomía personal y disfrute de sus logros
- Posibilita una relación social saludable y garantiza la proyección futura de la persona

Un **bajo nivel** de autoestima enfocará a la persona hacia la derrota y el fracaso:
- Infravalorará su inteligencia y pensará que los demás le minusvaloran
- Tendrá problemas motores y de expresión, así como actitudes defensivas
- Se dejará influir fácilmente por los demás y no tolerará la más mínima frustración

Su déficit provoca inseguridad y, para paliarlo, la motricidad lúdica tiene gran protagonismo ya que su práctica metódica afecta positivamente a la inteligencia y rendimiento escolar en general.

Por todo ello, la práctica de actividad física curricular y extracurricular no sólo constituye una medida higiénica favorecedora de salud física y mental, sino que va imprimiendo una huella a modo de la valoración de sí mismo, de la autoestima del cuerpo. Esto viene dado por las propias características de la actividad física-deportiva: el placer de la realización, el desarrollo de la capacidad de esfuerzo y de lucha contra sí mismo, la regulación del régimen de vida, sueño, y alimentación. Además proporciona sensaciones de bienestar y seguridad, la oportunidad de relacionarse con otros, relajarse de las tensiones e inquietudes diarias, incrementa la confianza en sí y en la propia autonomía-imagen corporal.

El **juego** psicomotor es un excelente medio que repercute en el "yo corporal", libera energía y fomenta la expresión. No olvidemos que la actividad física en general impulsa actitudes positivas, facilita los aprendizajes y devuelve la confianza. El individuo que realiza ejercicio metódico tiene una mentalidad y una actitud que le hace encarar positivamente las dificultades y otros aspectos cotidianos que influyen sobre su salud (dietéticos, higiénicos, etc.).

Es fácil observar cómo los practicantes de actividades físico-deportivas y recreativas de forma regular, reflejan el efecto favorable que ello tiene sobre su cuerpo exterior e interior tanto a corto como a largo plazo. Alumnos y alumnas con mayor competencia motriz muestran una disposición mayor para el aprendizaje y la acción que les permite progresar con más rapidez y en general se muestran más habilidosos y habilidosas para resolver problemas motores, espaciales, etc. Ello trae consigo un afianzamiento en su autonomía y autoestima. Una alumna o alumno con mayor seguridad en sí mismo, trae como consecuencia que tenga una respuesta más autónoma.

En **resumen**, el rol de la escuela y, en concreto, del Área de Educación Física, será trabajar la autoestima a través del conocimiento y aceptación del propio cuerpo y de sí mismo, de sus capacidades, posibilidades y limitaciones motrices. También promover el conocimiento y aceptación de las capacidades, posibilidades y limitaciones de los demás, es decir, el respeto a "las diferencias" como un valor que nos enriquece y nos humaniza.

CONCLUSIONES

El concepto de salud tradicional ha evolucionado en las últimas décadas hacia una dimensión mucho más amplia, donde algunos autores hablan de salud dinámica, siendo la aptitud física, bienestar y calidad de vida los que adquieren un papel protagonista. La práctica de la actividad física, la creación de hábitos, supone un objetivo primordial en la Educación Obligatoria y Post-Obligatoria. La salud tiene en Primaria un tratamiento desde varios niveles: objetivos de Etapa y Área, Elementos Transversales, otras áreas, evaluación, etc.

La Educación Física en las edades de escolarización debe tener una presencia importante en la jornada escolar si se quiere ayudar a paliar el sedentarismo, que es uno de los factores de riesgo identificados, que influye en algunas de las enfermedades más extendidas en la sociedad actual. Los niveles que la Educación Física plantea tienen que adecuarse al nivel de desarrollo de las alumnas y de los alumnos, teniendo siempre presente que la conducta motriz es el principal objeto de la asignatura y que en esa conducta motriz deben quedar aglutinados tanto las intenciones de quien las realiza como los procesos que se pone en juego para realizarla.

No podemos olvidar la higiene, la utilización de los espacios, uso de materiales y ropa y calzado correctos, etc. El alumno que posee un nivel motor adecuado suele tener una autonomía y autoestima superior.

BIBLIOGRAFÍA

- ALCÁNTARA, J. A. (1993). *Cómo educar la Autoestima*. CEAC. Barcelona.
- ARCHANCO, Mª T. y GARCÍA, C. (2006). *Necesidad de un control de salud inicial y periódico*. En "Actas del IV Congreso Nacional "Deporte en la Edad Escolar". P. M. D. Ayuntamiento de Dos Hermanas (Sevilla).
- ARUFE, V.; DOMÍNGUEZ, A.; GARCÍA SOIDÁN, J. L. y LERA, A. (2008). *Ejercicio físico, Salud y Calidad de Vida*. Wanceulen. Sevilla.
- BALIUS, R. y PEDRET, C. (2013). *Lesiones musculares en el deporte*. Panamericana. Madrid.

- BARBANY, J. R. (2002). *Fisiología del ejercicio físico y del entrenamiento.* Paidotribo. Barcelona.
- BERNAL, J. A. -coord.- (2005). *La nutrición en la educación física y el deporte.* Wanceulen. Sevilla.
- CALDERÓN, F. J. (2012). *Fisiología humana. Aplicación a la actividad física.* Panamericana. Madrid.
- CASIMIRO, A. J. (2002). *Hábitos deportivos y estilo de vida de los escolares almerienses.* Servicio de publicaciones Universidad de Almería.
- CONTRERAS, O. R. y GARCÍA, L. M. (2011). *Didáctica de la Educación Física. Enseñanza de los contenidos desde el constructivismo.* Síntesis. Madrid.
- DE LA CRUZ, J.C. (1989a). *Desarrollo anatomo-fisiológico-motor del niño y adolescente.* En Antón, J. L. (coord.) *Entrenamiento Deportivo en la edad escolar.* Unisport. Málaga.
- DE LA CRUZ, J.C. (1989b). *Higiene de la actividad física en edad escolar.* En Rivas, J. (coord.) *Educación para la salud en la práctica deportiva escolar.* Unisport. Málaga.
- DELGADO, M. y TERCEDOR, P. (2002). *Estrategias de intervención en educación para la salud desde la Educación Física.* INDE. Barcelona.
- DELGADO, M., GUTIÉRREZ, A. y CASTILLO, Mª J. (2004). *Entrenamiento físico-deportivo y alimentación.* (3ª edición). Paidotribo. Barcelona.
- DELGADO, M., TERCEDOR, P. y TORRE, E. (2008). *Métodos y técnicas para el conocimiento y mejora de la comunicatividad y expresividad personal y sus repercusiones en la calidad de vida.* En CUÉLLAR, Mª J. y FRANCOS, Mª C. *Expresión y comunicación oral.* Wanceulen. Sevilla.
- DELGADO, M.; DELGADO, P. y TERCEDOR, P. (2008b). *Calidad de vida y desarrollo del conocimiento personal a través de la expresión y comunicación corporal.* En CUÉLLAR, M. J. y FRANCOS, M. C. *Expresión y comunicación corporal.* Wanceulen. Sevilla.
- DEVÍS, J. (coord.) (2000). *Actividad física, deporte y salud.* INDE. Barcelona.
- DEVÍS, J. y PEIRÓ, C. (2001). *Fundamentos para la promoción de la actividad física relacionada con la salud.* En: DEVÍS, J. (coor.). *La Educación Física, el Deporte y la Salud en el siglo XXI.* Marfil. Alicante.
- FERNÁNDEZ DEL OLMO, M. A. (2012). *Neurofisiología aplicada a la actividad física.* Síntesis. Madrid.
- FERNÁNDEZ GARCÍA, E. (coord.) (2002). *Didáctica de la Educación Física en la Educación Primaria.* Síntesis. Madrid.
- FERNÁNDEZ GARCÍA, B. (2011). *Prescripción del ejercicio físico para la prevención y tratamiento de la enfermedad.* Wanceulen. Sevilla.
- FRAILE, A. (2000). *La Educación para la Salud. Tema Transversal en Educación Primaria. Actas del II Congreso Internacional de Educación Física.* U. G. T. Jerez de la Frontera.
- GALLARDO, P. y RODRÍGUEZ, A. (2007). *La actividad física como fuente de salud y calidad de vida.* Wanceulen. Sevilla.
- GARCÍA SODIÁN, J. L. y PERAZA, F. (2009). *Bases para una óptima nutrición en el joven deportista.* En ARUFE, V. y otros. *Entrenamiento en niños y jóvenes deportistas.* Wanceulen. Sevilla.

- GARCÍA SODIÁN, J. L. y SAA, M. (2009). *Los hábitos nutricionales y la actividad física para la salud, desde una perspectiva de la escuela y la sociedad.* En ARUFE, V. y otros. *La Educación Física en la sociedad actual.* Wanceulen. Sevilla.
- GAROZ, I. y MALDONADO, A. (2004). *Salud, estilos de vida, actividad física y evaluación.* En HERNÁNDEZ, J. L. Y VELÁZQUEZ, R. (coord.) *Evaluación de la enseñanza: análisis y propuestas.* Graó. Barcelona.
- GARROTE, N. y LEGIDO, J. C. (2005). *Actividad física-educación física-salud.* En GUILLÉN, M. (coord.) *El ejercicio físico como alternativa terapéutica para la salud.* Wanceulen. Sevilla
- GIL, P. (2003). *Animación y dinámica de grupos deportivos.* Wanceulen. Sevilla.
- GIL, P. (2003). *Desarrollo psicomotor en Educación Infantil.* Wanceulen. Sevilla.
- GIL, P. (2006). *Primeros Auxilios en Animación Deportiva.* Wanceulen. Sevilla.
- GÓMEZ MORA, J. (2003). *Fundamentos biológicos del ejercicio físico.* Wanceulen. Sevilla.
- GÓMEZ, C.; PUIG, N. y MAZA, G. (2009). *Deporte e integración social.* INDE. Barcelona.
- GUILLÉN, M. y otros (2009). *Nutrición deportiva para el alto rendimiento.* En GUILLÉN, M. y ARIZA. L. *Las Ciencias de la Actividad Física y el Deporte como fundamento para la práctica deportiva.* U. de Córdoba.
- GUTIÉRREZ, M. (2015). *Fundamentos de biomecánica deportiva.* Síntesis. Madrid.
- HERRADOR, J. A. (2015). *Riesgos laborales en Educación Física: prevención de accidentes y lesiones.* Formación Alcalá. Jaén.
- JUNTA DE ANDALUCÍA (2001). *Decreto 281/2001, de 26 de diciembre de 2001, por el que se regula la prestación asistencial dental a la población de 6 a 15 años de la Comunidad Autónoma de Andalucía.* B. O. J. A. nº 150, de 31/12/2001.
- JUNTA DE ANDALUCÍA (2010). *Orden de 03 agosto de 2010, por la que se regulan los servicios complementarios de la enseñanza de aula matinal, comedor escolar y actividades extraescolares en los centros docentes públicos, así como la ampliación de horario.* BOJA núm. 158 de 12/08/2010.
- JUNTA DE ANDALUCÍA (2008). *O. de 25 de julio de 2008, por la que se regula la atención a la diversidad del alumnado que cursa la educación básica en los centros docentes públicos de Andalucía,* B. O. J. A. nº 167, de 22/08/2008.
- JUNTA DE ANDALUCÍA (2007). *Ley 17/2007, de 10 de diciembre, de Educación de Andalucía (L. E. A.).* B. O. J. A. nº 252, de 26/12/07.
- JUNTA DE ANDALUCÍA (2002). *Decreto 137/2002, de 30/04/02. "Plan de Apoyo a las Familias Andaluzas".* B.O.J.A. nº 52 de 04/05/2002.
- JUNTA DE ANDALUCÍA (2006). *Orden de 15 de mayo de 2006, por la que se establecen las bases para impulsar la investigación educativa en los centros docentes públicos de la Comunidad Autónoma de Andalucía dependientes de la Consejería de Educación.*
- JUNTA DE ANDALUCÍA (2006). *Orden de 1 de septiembre de 2006, por la que se modifica la de 27 de mayo de 2005, por la que se regula la organización y el funcionamiento de las medidas contempladas en el plan de apoyo a las familias andaluzas relativas a la ampliación del horario de los Centros docentes públicos y al*

desarrollo de los servicios de aula matinal, comedor y actividades extraescolares. B.O.J.A. nº 185, de 22/09/2006.

- JUNTA DE ANDALUCÍA (2007). *Resolución de 10/04/2007, de la D. G. de Innovación Educativa y Formación del Profesorado, por la que se aprueban Proyectos de Investigación Educativa y se conceden subvenciones.* B. O. J. A. nº 87 de 04/05/2007.

- JUNTA DE ANDALUCÍA (2010). *Decreto 328/2010, de 13 de julio, por el que se aprueba el Reglamento Orgánico de las escuelas infantiles de segundo grado, de los colegios de educación primaria, de los colegios de educación infantil y primaria, y de los centros públicos específicos de educación especial.* BOJA nº 139, de 16/07/2010.

- JUNTA DE ANDALUCÍA (2010). *Orden de 20 de agosto de 2010, por la que se regula la organización y el funcionamiento de las escuelas infantiles de segundo ciclo, de los colegios de educación primaria, de los colegios de educación infantil y primaria, y de los centros públicos específicos de educación especial, así como el horario de los centros, del alumnado y del profesorado.* BOJA nº 169, de 30/08/2010.

- JUNTA DE ANDALUCÍA (2015). *Orden de 17 de marzo de 2015, por la que se desarrolla el currículo correspondiente a la educación Primaria en Andalucía.* BOJA nº 60 de 27/03/2015.

- JUNTA DE ANDALUCÍA (2015). *Decreto 97/2015, de 3 de marzo, por el que se establece la ordenación y el currículo de la educación Primaria en la comunidad Autónoma de Andalucía.* BOJA nº 50 de 13/03/2015.

- JUNTA DE ANDALUCÍA (2002). Decreto 147/2002, de 14 de mayo. Ordenación de la atención de alumnado con necesidades educativas especiales. BOJA nº 58, de 18/05/02.

- LAVEGA, P. y otros (2010). *Juegos tradicionales y salud social.* A. C. La Tanguilla. Aranda del Duero (Burgos).

- LEIVA, J. J. (2012). *Educación Intercultural y convivencia en la escuela inclusiva.* Ediciones Aljibe. Málaga.

- LÓPEZ CHICHARRO, J. y otros (2013). *Fisiología del Entrenamiento Aeróbico.* Panamericana. Madrid.

- LÓPEZ MIÑARRO, P. A. (2000). *Ejercicios desaconsejados en la actividad física.* INDE. Barcelona.

- LÓPEZ MIÑARRO, P. A. (2002). *Mitos y falsas creencias en la práctica deportiva.* INDE. Barcelona.

- LÓPEZ MIÑARRO, P. A. (2010). *Actividad física para la salud.* Diego Marín Librero-Editor S. L. Murcia.

- LLORET, M. (2003). *Anatomía aplicada a la actividad física y deportiva.* Paidotribo. Barcelona.

- MÁRQUEZ, S. y GARATACHEA, N. (2010). *Actividad Física y Salud.* Díaz de Santos. Madrid.

- MARTÍN, A. y ORTEGA, R. (2002). *Actividad física y salud.* En GUILLÉN, M. y LINARES, D. (coords.). *Bases biológicas y fisiológicas del movimiento humano.* Médica Panamericana. Madrid.

- M. E. C. (2006). Ley Orgánica 2/2006, de 3 de mayo, de Educación (L. O. E.). B. O. E. nº 106, de 04/05/2006, modificada en algunos artículos por la LOMCE/2013.

- M. E. C. *ECD/65/2015, O. de 21 de enero, por la que se describen las relaciones entre las competencias, los contenidos y los criterios de evaluación de la educación primaria, la educación secundaria obligatoria y el bachillerato.* B.O.E. nº 25, de 29/01/2015.

- M.E.C. (2013). *Ley Orgánica 8/2013, de 9 de diciembre, para la mejora de la calidad educativa.* BOE Nº 295, de 10/12/2013.

- M.E.C. (2014). *R. D. 126/2014, de 28 de febrero, por el que se establece el currículo básico de la Educación Primaria.* B.O.E. nº 52, de 01/03/2014.

- M.E.C. y M. de Sanidad. (2009). *Ganar en salud en la escuela. Guía para conseguirlo.* Madrid.

- MENDOZA, R., SAGRERA, M. R. y BATISTA, J. M. (1994). *Conductas de los escolares españoles relacionadas con la salud.* C. S. I. C. Madrid.

- MURITU, G.; ROMÁN, J. M.; y GUTIÉRREZ, M. (1996). *Educación familiar y socialización de los hijos.* Idea Books. Barcelona.

- NARANJO, J. y CENTENO, R. (2000). *Bases fisiológicas del entrenamiento deportivo.* Wanceulen. Sevilla.

- NAVAS, F. J. y otros. (2001). *Anatomía del movimiento y urgencias en el deporte.* Gymnos. Madrid.

- NAVARRO, V. (2007). *Tendencias actuales de la Educación Física en España. Razones para un cambio.* (1ª y 2ª parte). Revista electrónica INDEREF. Editorial INDE. Barcelona. http://www.inderef.com

- ORTEGA, R., SIERRA, A. y GARCÍA, J. L. (2002). *Nutrición en la actividad física.* En GUILLÉN, M. y LINARES, D. (coords.). *Bases biológicas y fisiológicas del movimiento humano.* Médica Panamericana. Madrid.

- ORTEGA, P. (2013). *Educación Física para la salud.* INDE. Barcelona.

- PACHECO, M. J. (2003). *Los contenidos referidos a la condición física y su orientación en la Educación Primaria.* En SÁNCHEZ BAÑUELOS, F. y FERNÁNDEZ GARCÍA, E. -coords.- *Didáctica de la Educación Física para Primaria.* Prentice Hall. Madrid.

- PASTOR, J. L. (coord.) (2007). *Salud, estado de bienestar y actividad física.* Wanceulen. Sevilla.

- PASTOR, J. L. (coord.) (2007). *Motricidad.* Wanceulen. Sevilla.

- PAZOS, J. M. y ARAGUNDE, J. L. (2000). *Educación postural.* INDE Barcelona.

- PINO, M. y ROMO, V. (2009). *Educación Física y salud en la escuela. Determinación de sus variables curriculares.* En ARUFE, V. y otros. *La Educación Física en la sociedad actual.* Wanceulen. Sevilla.

- PIÑEIRO, R. (2006a). *La fuerza y el sistema muscular.* Wanceulen. Sevilla.

- PIÑEIRO, R. (2006b). *La resistencia y el sistema cardiorrespiratorio.* Wanceulen. Sevilla.

- R. A. M. D. (2009). *Proyecto Estadios Saludables en España.* Revista Andaluza de Medicina del Deporte. Volumen 2, número 2. Junio de 2009. Sevilla.

- RIBAS, J. (coord.) (1990). *Educación para la Salud en la Práctica Deportiva Escolar.* Unisport. Málaga.

- RIVADENEYRA, M. L. (Coord.). (2003). *Desarrollo de la motricidad.* Wanceulen. Sevilla.

- RODRIGUEZ, P. L.; SANTONJA, F.; DELGADO, M. (1999). *La postura corporal. Intervención en Educación Física escolar.* En SÁENZ, P.; TIERRA, J. y DÍAZ, M. Actas del XVII Congreso Nacional de Educación Física. Volumen II. Universidad de Huelva.

- RODRÍGUEZ GARCÍA, P. L. (2006). *Educación Física y Salud en Primaria*. INDE. Barcelona.
- ROLDÁN, C. (2002) (Coord.). *Manual de seguridad en los centros educativos*. C. E. J. A. Sevilla.
- ROSILLO, S. (2010). *Contraindicaciones. Plan educativo de adquisición de hábitos de vida saludable en la educación*. Procompal. Almería.
- RUIZ FERNÁNDEZ, J. (2006). *Plan para la Promoción de la Actividad Física y la Alimentación Equilibrada 2004-2008*. Actas del IV Congreso Nacional Deporte en Edad Escolar. Ayuntamiento de Dos Hermanas.
- RUIZ PÉREZ, L. M. (coord.) (2001). *Desarrollo, comportamiento motor y deporte*. Síntesis. Madrid.
- SÁNCHEZ BAÑUELOS, F. (1996). *La actividad física orientada hacia la salud*. Biblioteca Nueva. Madrid.
- SÁNCHEZ BAÑUELOS, F. (2003). *El desarrollo de la competencia motriz en los estudiantes*. En SÁNCHEZ BAÑUELOS, F. y FERNÁNDEZ GARCÍA, E. -coords.-. *Didáctica de la Educación Física*. Prentice Hall. Madrid.
- SARASÚA, M. (2010). *Los hábitos saludables y su relación con el currículo de la educación secundaria obligatoria*. Wanceulen. Sevilla.
- SERRA, E. y ZACARÉS, J. (1997). *La madurez personal: perspectivas desde la psicología*. Ediciones Pirámide. Madrid.
- SIERRA, A. (2003). *Actividad Física y Salud en Primaria*. Wanceulen. Sevilla.
- TERCEDOR, P. (2001). *Actividad Física, Condición Física y Salud*. Wanceulen. Sevilla.
- TIMÓN, L. M. y HORMIGO, F. (2010). *La salud en la escuela*. Wanceulen. Sevilla.
- URDAMPILLETA, A. y RODRÍGUEZ, V. M. (2014). *Nutrición y dietética para la actividad física y el deporte*. Netbiblo. A Coruña.
- VV. AA. (1998). *Problemas de Salud en la práctica físico-deportiva*. Wanceulen. Sevilla.
- ZAGALAZ, Mª L.; CACHÓN, J.; LARA, A. (2014). *Fundamentos de la programación de Educación Física en Primaria*. Síntesis. Madrid.

WEBGRAFÍA (Consulta en septiembre de 2016).

http://www.estilosdevidasaludable.msssi.gob.es
http://www.agrega2.es
http://recursos.cnice.mec.es/edfisica/
http://www.ite.educacion.es/es/recursos
www.juntadeandalucia.es/educacion/descargasrecursos/curriculo-primaria/index.html
http://www.guiaderecursos.com/webseducativas.php
http://www.adideandalucia.es

TEMA 6

CAPACIDADES FÍSICAS BÁSICAS, SU EVOLUCIÓN Y FACTORES QUE INFLUYEN EN SU DESARROLLO.

ÍNDICE

INTRODUCCIÓN.

1. CAPACIDADES FISICAS BÁSICAS. CONCEPTO Y CLASIFICACIÓN.

    1.1. Condición física.

    1.2. Clasificación.

    1.3. Las capacidades físicas básicas en el Diseño Curricular.

2. LA RESISTENCIA. SU EVOLUCIÓN Y FACTORES QUE INFLUYEN EN SU DESARROLLO.

    2.1. Definición.

    2.2. Clasificación.

    2.3. Su evolución y factores que influyen en su desarrollo.

3. LA FUERZA. SU EVOLUCIÓN Y FACTORES QUE INFLUYEN EN SU DESARROLLO.

    3.1. Definición.

    3.2. Clasificación.

    3.3. Su evolución y factores que influyen en su desarrollo.

4. LA VELOCIDAD. SU EVOLUCIÓN Y FACTORES QUE INFLUYEN EN SU DESARROLLO.

    4.1. Definición.

    4.2. Clasificación.

    4.3. Su evolución y factores que influyen en su desarrollo.

5. FLEXIBILIDAD. SU EVOLUCIÓN Y FACTORES QUE INFLUYEN EN SU DESARROLLO.

    5.1. Definición.

    5.2. Clasificación.

    5.3. Su evolución y factores que influyen en su desarrollo.

CONCLUSIONES

BIBLIOGRAFÍA

WEBGRAFÍA

INTRODUCCIÓN

Abordamos este Tema a través del estudio de cada capacidad física básica: definición, clasificación, cómo es su evolución y los factores que inciden en su desarrollo.

Todas las acciones que se realizan en una actividad deportiva (conducciones, pases, saltos y carreras diversas, etc.) requieren un soporte físico considerable. Así, los esfuerzos cardiorrespiratorios, musculares, articulares, neuronales, etc. son decisivos para el rendimiento motor final. Por lo tanto, hay una **relación indirecta** entre la condición física y los objetivos, contenidos y criterios de evaluación, porque las capacidades físicas son unos factores imprescindibles para el movimiento y el juego motor.

No obstante, durante las edades propias de la Etapa Primaria no debemos incidir directamente en su desarrollo, en todo caso al final de la misma puede comenzarse un trabajo "puente" con vistas a la E.S.O., pero siempre bajo el prisma de la "**salud**", prevención de lesiones, valoración de la actividad física, etc. (R.D. 126/2014).

Hasta **Amorós** (1770-1848), el problema de las capacidades físicas sólo había sido tratado de forma sintética; él trató de dar enfoques y soluciones distintas a todos los problemas relacionados con la educación física, siendo concretamente uno de sus seguidores, **Bellin de Coteau**, quién ideó el nombre de las "*cualidades físicas*", distinguiendo la fuerza, la velocidad, la resistencia y la destreza (Álvarez, 1983).

Hasta tal punto las capacidades físicas han tomado importancia, que cada vez se trata más de clasificarlas y definirlas con el fin de adaptar al sujeto a una forma de entrenamiento más específica.

Las capacidades físicas evolucionan con la edad, comenzando su desarrollo más significativo con el inicio de la pubertad, sobre todo entre los 12 y 18 años (Morente, 2005).

1. CAPACIDADES FISICAS BÁSICAS. CONCEPTO Y CLASIFICACIÓN.

Utilizaremos el término "*capacidad*", aunque sabemos que existe un debate abierto sobre "*capacidad*" o "*cualidad*" (Reina y Martínez, 2003).

Las capacidades físicas son cualidades, factores, potencialidades o recursos orgánico-corporales que tiene el individuo. Tal es el caso de doblarse (flexibilidad), correr rápidamente (velocidad). etc. De igual forma podemos afirmar que son unas "predisposiciones innatas" en la persona, factibles de **mejora** en un organismo sano y que permiten todo tipo de movimientos. Se manifiestan en **todas** las habilidades motrices. Por ejemplo, el salto necesita potencia, la cuadrupedia precisa fuerza, etc. (Cañizares, 2004).

También son conocidas por **capacidades condicionales** o **fundamentales** porque condicionan el rendimiento físico del individuo y porque pueden ser desarrolladas mediante el acondicionamiento físico (Hernández y Velázquez, 2004).

1.1. CONDICIÓN FÍSICA.

La **condición física** es el estado de forma que posee cada persona (Torres, 2005). Hay que entenderla como un **sumatorio** de capacidades y constituye el soporte de todo entrenamiento deportivo, ya que no es posible imaginar el aprendizaje y utilización de las distintas técnicas, tácticas de competición, etc. sin el desarrollo de la condición física (Cirujano, 2010). Se sustenta en una base orgánica (aparato locomotor, circulatorio y respiratorio), una buena alimentación (energía) y van a ser susceptibles de mejora con la práctica del ejercicio físico (Peral, 2009).

Morente (2005), basándose en autores como Legido, entiende que la condición física incluye a la condición anatómica, fisiológica y motriz.

En general, la condición física va a venir determinada por el nivel de desarrollo de las diferentes capacidades físicas básicas (fuerza, resistencia, velocidad y flexibilidad) (González, Pablos y Navarro, 2014).

El concepto de **condición biológica** engloba al de física tradicional más la composición corporal, dada la importancia de la misma en nuestra sociedad, donde la **obesidad** es un problema de primer orden (Delgado, Tercedor y Torre, 2008).

En términos generales decimos que un deportista está en **buena** condición física cuando es capaz de rendir en condiciones normales y responder a los esfuerzos que le exige la actividad deportiva que realiza, por lo que sus capacidades físicas básicas y combinadas están en **pleno desarrollo** o han alcanzado su cumbre, así como la personalidad, que es otro factor que influye en el rendimiento. Ya hemos dicho que estos términos están **mediatizados** por unas condiciones **intrínsecas** tales como condición anatómica, sistemas nervioso, muscular, respiratorio, vascular, etc., pero también por unas condiciones **extrínsecas**: ambiente sociocultural, alimentación, etc.

No obstante, debemos **huir** de lo que conocemos por "**rendimiento deportivo**" y centrarnos en los aspectos educativos y saludables. Así pues, toda connotación a los sistemas de entrenamiento y su control, así como los modernos sistemas de gestión y software comercial para análisis del rendimiento: Focus, Quintic, Prozone, Dartdish, Crickstatm SiliconCoach, SportsCode, etc. **no** tiene ningún tipo de **aplicación** en el ámbito educativo (Pérez Turpin, 2012).

Por ello, la forma de incrementar la condición física en el alumnado de Primaria se basa en el **acondicionamiento físico básico** o mejora de las capacidades físicas básicas a través de la práctica de la Educación Física de Base y como **factor de ejecución de la habilidad motriz** (Avella, Maldonado y Ram, 2015). Como estamos en el ámbito educativo y recreativo, el componente **salud** es primordial, de ahí que hoy día se hablemos del término "*condición física-salud*". Al contrario, el **acondicionamiento físico específico** se corresponde con el rendimiento deportivo y la competición, identificándose con el término "*condición física-rendimiento*", del que debemos huir en nuestra etapa educativa (Delgado y Tercedor, 2002).

"*Acondicionamiento físico es el desarrollo intencionado de las capacidades físicas. El resultado obtenido será el grado de condición física*" (Generelo y Lapetra, 1993).

1.2. CLASIFICACIÓN.

Aunque a lo largo de los años cada autor tenía una opinión distinta a la de los demás, hoy día hay establecidos dos grandes grupos de capacidades: Físicas y Motrices (Perceptivo-Motrices para algunos) y un tercero que combina a las dos anteriores.

Las **capacidades físicas básicas** son aquellas que se caracterizan por ser más **independientes** unas de otras. Por ejemplo, podemos trabajar únicamente la fuerza o la resistencia. Las **motrices** son aquellas que necesitan un gran aporte del **S. Nervioso** y están **ligadas** unas con otras. Es muy difícil trabajar de forma autónoma coordinación sin equilibrio o viceversa. Las **combinadas** resultan de la **unión** de dos o más básicas más coordinación y equilibrio.

Cañizares (2004), sintetiza las clasificaciones en el siguiente mapa conceptual:

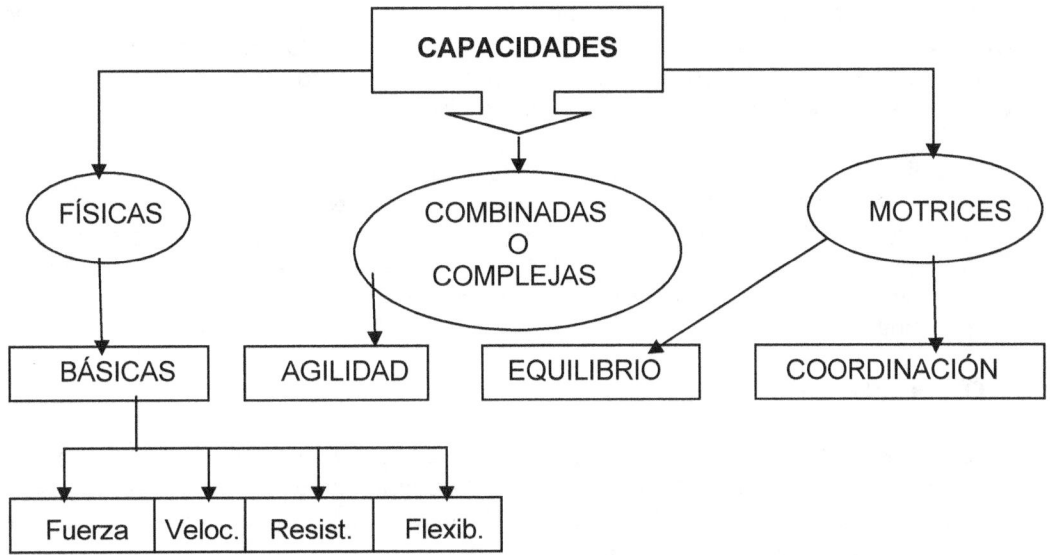

Cada una de ellas tiene, por regla general, numerosas **variantes**.

Bouchard (Canadá), citado por Álvarez (1983), especifica las capacidades orgánicas (resistencia orgánica o aeróbica -"endurance" en países francófonos-); musculares (fuerza, potencia, resistencia muscular o anaeróbica y flexibilidad) y perceptivo-cinéticas (velocidad, coordinación, habilidad y equilibrio).

También Grosser (1988), citado por Mora (1989), detalla que la condición física viene determinada por Fuerza, Rapidez, Resistencia y Movilidad. Igualmente Gundlack (1968), citado por Mora (1989), determina a las capacidades condicionantes y coordinativas, y así numerosos autores.

García Manso y cols. (1996), citados por León (2006), establecen dos grupos: capacidades condicionales y capacidades coordinativas.

1.3. LAS CAPACIDADES FÍSICAS BÁSICAS EN EL DISEÑO CURRICULAR.

Las capacidades físicas se diversifican con claridad en los currículos de la Educación Obligatoria. En Primaria se hace una presentación global de ellas dentro de un marco de práctica de las habilidades motrices. En edades posteriores, se limitan a objetivos muy influidos por el modelo condición física-salud, con esfuerzos moderados y evaluación criterial. La idea de la educación física-rendimiento dejó de existir oficialmente en la escuela (Navarro, 2007).

El **R. D. 126/2014** destaca para esta Etapa el binomio "condición física-salud creando hábitos saludables". Dentro de los elementos curriculares, apuntamos:

a) **CC. CLAVE**

Competencia sociales y cívicas. Las actividades dirigidas a la adquisición de las habilidades motrices requieren la capacidad de asumir las diferencias así como las posibilidades y las limitaciones propias y ajenas. El cumplimiento de las normas que rigen los juegos colabora con la aceptación de códigos de conducta para la convivencia. La Educación física ayuda a entender, desarrollar y poner en práctica la relevancia del ejercicio físico y el deporte como medios esenciales para fomentar un estilo de vida saludable que favorezca al propio alumno, su familia o su entorno social próximo. Se hace necesario desde el área el trabajo en hábitos contrarios al sedentarismo, consumo de alcohol y tabaco, etc. **Competencia digital** en la medida en que los medios informáticos y audiovisuales ofrecen recursos cada vez más actuales para analizar y presentar infinidad de datos que pueden ser extraídos de las actividades físicas, deportivas, competiciones, etc. El uso de herramientas digitales que permitan la grabación y edición de eventos (fotografías, vídeos, etc.) suponen recursos para el estudio de distintas acciones llevadas a cabo.

b) **Objetivos de Etapa**: El objetivo más relacionado es el "k": "*valorar la higiene y la salud, aceptar el propio cuerpo y el de los otros, respetar las diferencias y utilizar la educación física y el deporte como medios para favorecer el desarrollo personal y social*", habida cuenta la condición física está presente en las prácticas de juegos motores en mayor o menor medida. Por ejemplo, velocidad en los juegos de relevos.

La **O. del 17/03/2015**, indica:

c) **Objetivos de Área**: Objetivo 2: *Reconocer y utilizar sus capacidades físicas, habilidades motrices y conocimiento de la estructura y funcionamiento del cuerpo para el desarrollo motor, mediante la adaptación del movimiento a nuevas situaciones de la vida cotidiana.*
Objetivo 4: *Adquirir hábitos de ejercicio físico orientados a una correcta ejecución motriz, a la salud y al bienestar personal, del mismo modo, apreciar y reconocer los efectos del ejercicio físico, la alimentación, el esfuerzo y hábitos posturales para adoptar actitud crítica ante prácticas perjudiciales para la salud.*
Objetivo 6: *Conocer y valorar la diversidad de actividades físicas, lúdicas, deportivas y artísticas como propuesta al tiempo de ocio y forma de mejorar las relaciones sociales y la capacidad física, teniendo en cuenta el cuidado del entorno natural donde se desarrollen dichas actividades.*

d) **Bloques de contenidos**. En el **bloque** nº 2 "*La Educación física como favorecedora de la salud*", se especifican muchos aspectos relacionados con la condición física, como:

- Movilidad corporal orientada a la salud (1º C.)
- Mejora genérica de la condición física-salud (2º C.)
- Calentamiento y recuperación (3º C.)

El **R. D. 126/2014**, indica:

e) **Criterios de evaluación**. El nº 6 nos dice: 6. "*Mejorar el nivel de sus capacidades físicas, regulando y dosificando la intensidad y duración del esfuerzo, teniendo en cuenta sus posibilidades y su relación con la salud*".

f) **Estándares de aprendizaje**. Los correspondientes al 6º criterio, son:

6.1. Muestra una mejora global con respecto a su nivel de partida de las capacidades físicas orientadas a la salud.
6.2. Identifica su frecuencia cardiaca y respiratoria, en distintas intensidades de esfuerzo.
6.3. Adapta la intensidad de su esfuerzo al tiempo de duración de la actividad.
6.4. Identifica su nivel comparando los resultados obtenidos en pruebas de valoración de las capacidades físicas y coordinativas con los valores correspondientes a su edad.

2. LA RESISTENCIA. SU EVOLUCIÓN Y FACTORES QUE INFLUYEN EN SU DESARROLLO.

La resistencia es uno de los componentes básicos en el rendimiento deportivo y es usualmente tenida como la más importante para tener una buena condición fisiológica, debido a que nos permite realizar una carga intensa mucho tiempo, así como recuperarnos tras un esfuerzo (González, Pablos y Navarro, 2014).

Su manifestación más clásica se observa en las carreras de larga distancia, donde los corredores utilizan sus reservas energéticas (Legaz, 2012). En el ámbito escolar supone que los alumnos participen dinámicamente en sus juegos durante el segundo tiempo pedagógico.

2.1. DEFINICIÓN.

La colectividad de autores consideran la resistencia como "*la capacidad de realizar un esfuerzo de mayor o menor intensidad durante el máximo tiempo posible*" (Torres, 2005), aunque también puede definirse como "*la capacidad de oposición del individuo a la fatiga*" (Harre 1987, citado por Reina y Martínez, 2003). Piñeiro (2006b), en su estudio, establece la importancia del cansancio en la definición de resistencia: "*capacidad de resistir frente al cansancio*", diferenciando diversos tipos de éste: físico, mental, sensorial, motor y motivacional, así como sus causas y síntomas objetivos y subjetivos.

2.2. CLASIFICACIÓN.

Al repasar la bibliografía existente nos encontramos tantas clasificaciones como autores. A los conceptos tradicionales se le han ido añadiendo distintos tipos según se empleen para su clasificación unos códigos u otros. Los criterios más extendidos los resumimos en este cuadro:

CONCEPTOS CLASIFICATORIOS DE RESISTENCIA (Adaptado de Zintl, 1991, Los Santos, 2004, Piñeiro, 2006b y González y Navarro 2010)			
• **Participación muscular** - Según el volumen muscular que interviene: . R. Local . R. General - Según la forma de intervención de la musculatura esquelética: . R. Dinámica . R. Estática	• **Sistema energético** - R. Aeróbica . Glucídica . Lipídica - R. Anaeróbica . Láctica . Aláctica	• **Duración del esfuerzo** - R. Aeróbica: . Duración Corta . " Media . " Larga - R. Anaeróbica: . Duración Corta . " Media . " Larga	• **Relación con la actividad deportiva** - R. de Base - R. Específica

Nos centramos en los tipos de resistencia más **tradicionales**, en base a la **solicitud de Oxígeno**:

a) **Resistencia aeróbica**.- Es la capacidad de mantener un esfuerzo de **media** intensidad durante un tiempo prolongado (Anselmi, 2015). Se realiza en presencia de oxígeno, o lo que es lo mismo, el oxígeno que necesitan los músculos para su actividad proviene en su mayor parte del que tomamos a través de la respiración, sin necesidad de obtenerlo de las reservas de nuestro organismo, por lo tanto, **no** se produce deuda de oxígeno y se considera un esfuerzo en "equilibrio" entre el gasto y el aporte, con una duración ilimitada (Maynar y Maynar -coords.-, 2008).

La resistencia aeróbica la podemos subdividir en:
- **Capacidad aeróbica**: Aquí se ubican los esfuerzos en los que el metabolismo aeróbico es claramente predominante. Por ejemplo, la Carrera Continua (para algunos "extensivo

continuo").

- **Potencia aeróbica**: Serán los esfuerzos que se van aproximando a la igualdad entre los dos tipos de metabolismo (aeróbico y anaeróbico), considerándose el límite cuando en un ejercicio se produce un 50% de cada uno, por ejemplo una carrera de 1500 m. al máximo de las posibilidades personales (Generelo y Lapetra, 1993).

CUADRO: Características fundamentales de ambas resistencias.

	RESISTENCIA AERÓBICA	RESISTENCIA ANAERÓBICA
Frecuencia cardiaca (aprox.)	120-160 p. m.	+ 180 p. m.
Duración	Larga (+10 min.)	Corta (20 " - 2')
Intensidad	Media/Suave (<80%)	Alta
Aconsejable en Primaria	Sí	No

b) **Resistencia anaeróbica.-** Es la capacidad de mantener un esfuerzo de **alta** intensidad durante el mayor tiempo posible. Se realiza en ausencia de oxígeno, es decir, existe un predominio de los procesos anaeróbicos sobre los aeróbicos, al obtener una gran parte del oxígeno necesario para la actividad de las **reservas** del organismo. Por ello se produce una deuda de oxígeno que es proporcional al mayor o menor predominio de los procesos anaeróbicos. La podemos subdividir en (Maynar y Maynar -coords.-, 2008):

- **Capacidad anaeróbica**: Comprende los esfuerzos en los que la deuda de oxígeno aún no es excesiva, a pesar del predominio del metabolismo anaeróbico, por ejemplo una prueba de 800 m.

- **Potencia anaeróbica**: Engloba a los esfuerzos cuya deuda de oxígeno es muy manifiesta, por tanto habrá un gran predominio del metabolismo anaeróbico. El ejemplo más visible es una prueba de 400 m. (Generelo y Lapetra, 1993).

Estos dos tipos de resistencia se combinan durante los **juegos motores** de niñas y niños en los tres tiempos pedagógicos.

En cuanto a las **fuentes energéticas** solicitadas en el trabajo de la resistencia, el **ATP** es el único **producto** que permite la contracción muscular.

En el siguiente croquis, extraído de Comes (2000), Hernández y Velázquez (2004), Forteza y Ramírez (2005) y Piñeiro (2006b), entre otros, resumimos **cómo se produce** a través de los **tres sistemas** o vías más conocidos.

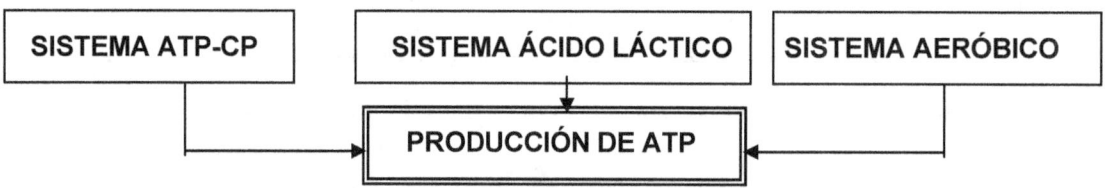

- **Sistema ATP-CP→** (Adenosín – trifosfato) y (fosfocreatina). Está almacenado en los músculos y es la primera vía utilizada en los esfuerzos violentos. Dura unos pocos segundos.

- **Sistema Ácido Láctico→** Asegura el suministro energético mediante las reservas de glucógeno del citoplasma de la célula muscular, con producción de ácido láctico. Utilizable muy pocos minutos.

- **Sistema Aeróbico→** Esta fuente se usa en esfuerzos largos y de baja intensidad. El suministro de oxígeno es suficiente para oxidar y resintetizar el ácido láctico en glucógeno, con la liberación de anhídrido carbónico, agua y energía.

2.3. SU EVOLUCIÓN Y FACTORES QUE INFLUYEN EN SU DESARROLLO.

Seguimos a Mora (1989), Batalla (1995), Sebastiani y González (2000), Reina y Martínez (2003), Los Santos (2004), Cañizares (2004), Forteza y Ramírez (2005), Morente (2005), Piñeiro (2006b), Hornillos y Lera (2006), León (2006), Gómez Mora (2008), Rosillo (2010), González y Navarro (2010), López Chicharro y otros (2013), González, Pablos y Navarro (2014) y Anselmi (2015).

Hasta los 12 años el tipo de resistencia que, sobre todo, debemos desarrollar es la **aeróbica**, y dentro de ella la **capacidad** aeróbica. Diversos autores, como Köler (1977), Berg (1980), etc. -citados por Hornillos y Lera (2006)- manifiestan que niñas y niños entre ocho y doce años tienen excelentes condiciones para realizar esfuerzos aeróbicos muy efectivos, con niveles de adaptación parecidos a los de las personas adultas, porque metabolizan los ácidos grasos con un tasa de oxidación de lípidos superior a las de los mayores. Convenimos utilizar juegos de carrera (de letras, populares, etc.); juegos relacionados con las habilidades motrices, etc.

Prácticamente la totalidad de los autores coinciden en que la resistencia **anaeróbica no** se debe trabajar en estas edades, esto no debemos entenderlo de forma categórica ya que en muchos momentos, niñas y niños, van a **entrar** en fases anaeróbicas, tanto durante sus juegos con los amigos, como en una clase de educación física, y esto no nos debe extrañar. Debemos tener en cuenta, que su respuesta cardiaca es **superior** a la de los adultos, y por tanto con un elevado número de pulsaciones pueden estar trabajando en aerobiosis. Simplemente en ejercicios de marcha pueden oscilar entre 120 y 130 pulsaciones, lo que para un adulto supondría casi un esfuerzo de capacidad aeróbica. Ante esta circunstancia, lo mejor es **no forzarlos**, dejarlos recuperar libremente y con naturalidad.

Por otro lado, debemos atender a la **globalidad** y no trabajar exclusivamente la resistencia aeróbica o "de base", entre otras cosas porque puede producir efectos negativos en los niveles de velocidad y potencia. Independientemente de ello y habida cuenta que nos referimos a chicas y chicos de Primaria, su desarrollo debe basarse en una metodología amena y motivadora, con juegos divertidos para que provoquen la atención selectiva hacia lo lúdico.

En cualquier caso, debemos tener en cuenta a unos "**indicadores subjetivos**" para controlar la resistencia y evitar sobre esfuerzos. Por ejemplo, centelleo de los ojos, ejecuciones incorrectas o descoordinadas de habilidades y destrezas, pérdida de la concentración y apatía ante estímulos externos -incluida mala percepción-, sudoración desmedida o fría con palidez en ciertos casos, sofocación, sensación de debilidad o decaimiento, aparición de manchas rojas en la piel etc.

En los últimos años se relaciona la frecuencia cardiaca con la **zona de actividad**. Ésta se refiere a los distintos ritmos o intensidades que podemos llevar a cabo cuando hacemos resistencia. Partimos de las cinco zonas de actividad definidas por Edwards (1996), por lo que es necesario conocer previamente los porcentajes de ritmo cardiaco personal, y que se calculan a partir de la frecuencia cardíaca máxima teórica aconsejable (220 – edad en hombres y 226 – edad en mujeres). Este autor formula estos cinco espacios de intensidades, desde el aeróbico más liviano hasta el anaeróbico más duro.

% Ritmo cardiaco	Zona de entrenamiento:
50-60%	Zona de actividad moderada. Para quienes se inician. Calentamiento.
60-70%	Zona de control de peso. La energía procede de la degradación de las grasas.
70-80%	Zona aeróbica. Mejora cardiorrespiratoria en general.
80-90%	Zona de umbral anaeróbico. Ritmo duro. Se metaboliza ácido láctico. No abusar.
90-100%	Zona de la línea roja. Peligro. Para muy entrenados.

En **Primaria** debemos mantenernos dentro de los **tres primeros**.

Resumimos la **evolución** de la Resistencia en la siguiente tabla (Torres, Párraga y López, 2001):

EVOLUCIÓN DE LA RESISTENCIA EN LAS EDADES DE EDUCACIÓN PRIMARIA	
1º Ciclo	Mejora la resistencia (ajuste motor) en los esfuerzos aeróbicos. No hay diferencia entre los sexos.
2º Ciclo	Al poseer mejor coordinación se hacen movimientos más eficaces y económicos y ello se refleja en esfuerzos de mayor duración.
3º Ciclo	Los test denotan mejor capacidad para resistir esfuerzos continuados. Hacia los 11 años (niñas) y 12 años (niños), se entra en fase de menor capacidad para resistir esfuerzos continuados por aparición de la pubertad.

Siguiendo a Cambeiro (1987) y Piñeiro (2006b), podemos resumir los **factores** que influyen en su desarrollo en:

- Número de mitocondrias de la fibra muscular. A más estructuras de combustible, más capacidad de soportar esfuerzos.

- Consumo de oxígeno que es capaz de tener el individuo. Es la mayor cantidad de O_2 que el organismo es capaz de utilizar en condiciones de actividad máxima.

- Cantidad de deuda de oxígeno que es capaz de soportar. A más capacidad de soportar el débito, mejor rendimiento.

- Tipo de fibra dominante, la roja es favorecedora de la resistencia.

- Cantidad de glucógeno en el músculo y de hemoglobina en sangre.

- Calidad y cantidad de los vasos sanguíneos en el músculo.

- Volumen cardíaco y capacidad pulmonar.

- Umbral anaeróbico. Es el momento en el que durante una actividad de intensidad creciente, el mecanismo anaeróbico de obtención de energía empieza a tener más importancia que el aeróbico.

- Capacidad para soportar y eliminar el lactato, que es un producto de desecho.

- Coordinación general. Es básica para no malgastar energía.

- Edad.

- Aspectos psicológicos, en gran parte influidos por los anteriores: ansiedad, miedo a la competición, autoconfianza, motivación

Estos factores están **relacionados** entre sí, por lo que no debemos verlos de forma aislada.

La Resistencia podemos valorarla en Primaria (preferentemente en 6º curso) con test de 600 metros, Mini Cooper, Course Navette o de Leger, etc.

3. LA FUERZA. SU EVOLUCIÓN Y FACTORES QUE INFLUYEN EN SU DESARROLLO.

La fuerza es la principal fuente de movimiento, es la base de todo dinamismo corporal (Anselmi, 2015). Dentro de las capacidades físicas básicas, constituye uno de los factores fundamentales para la obtención del resultado deportivo González y Navarro (2010). Las interpretaciones que se han hecho de la fuerza varían de unos autores a otros, dando diversos sentidos al mismo concepto (Piñeiro, 2006a).

3.1. DEFINICIÓN.

La fuerza puede ser definida desde diferentes ámbitos: mecánico, fisiológico y deportivo (León, 2006).

Morehouse-Miller (1986) la definen como "*La capacidad de ejercer tensión contra una resistencia*". Mosston (1978) entiende que es: "*La capacidad de vencer una resistencia exterior o de adaptarla por medio de un esfuerzo muscular*", ambos citados por Piñeiro (2006a). Normalmente estos son los dos autores más nombrados.

3.2. CLASIFICACIÓN.

La fuerza casi nunca se manifiesta en el humano de forma pura. Cualquier movimiento implica la participación de varias expresiones de fuerza (González Badillo y Gorostiaga, 2002).

Portolés (1995), basándose en Álvarez (1983), entre otros, establece **tres grupos** en función de la **masa** a mover y de la **velocidad** de ejecución de los movimientos, como vemos en estos cuadros.

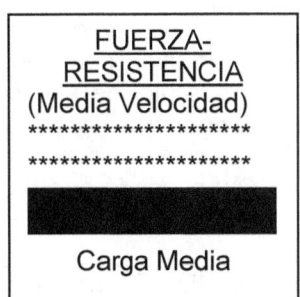

En este dibujo podemos observar que el **trazo oscuro** se corresponde con la carga o peso a vencer y las ******** con la velocidad de ejecución del movimiento a efectuar.

Existen muchas clasificaciones en función de otros factores. Una muy conocida es por el tipo de contracción muscular realizada, aunque destacando que hay dos más **primarias**: isotónica e isométrica y las demás son **combinaciones** de éstas (Segovia y otros, 2009):

1. CONTRACCIONES MÁS PRIMARIAS:

A) **Isotónica o Anisométrica**. Tipo de contracción en la que la fibra muscular, además de contraerse, modifica su longitud. La tensión no será máxima en todo su recorrido. Hay dos clases de contracción Isotónica:

- **Concéntrica**. Cuando durante la contracción la longitud del músculo disminuye.
- **Excéntrica**. Cuando durante la contracción la longitud del músculo aumenta.

Se corresponde con la **fuerza-resistencia** y con la **fuerza-rápida**.

B) **Isométrica**. Tiene lugar cuando el músculo ejerce la fuerza contra un peso u objeto inamovible. El músculo conserva la misma longitud. Se identifica con la **fuerza máxima**.

2. COMBINACIONES DE CONTRACCIONES:

A) **Auxotónica**. Resulta de la combinación de una contracción isotónica y otra isométrica. Se produce en algunos juegos populares, como el "soga-tira", "pulso" y "pulso gitano". También en ciertos deportes de lucha como Judo.

B) **Isocinética**. Es una contracción isotónica constante durante todo el recorrido articular. Por ejemplo, natación a braza, piragüismo y remo.
C) **Pliométrica**. Combina una contracción isotónica excéntrica, seguida de una concéntrica, con un mínimo intervalo de isometría entre ambas. Por ejemplo, a la hora de hacer un salto, antes de hacerlo hacemos una pequeña semi flexión de rodillas.

La forma en que el músculo genera **tensión** puede ser, como la contracción, muy variada. Cuadrado, Pablos y García (2006), resaltan dos grandes grupos: **Tónica** (mantenida) y **Fásica** (breve). A partir de aquí surgen numerosas variantes que se corresponden con los tipos de fuerza que se realice: explosivo-tónica, fásica-tónica, explosivo-balística, veloz-cíclica, etc.

3.3. SU EVOLUCION Y FACTORES QUE INFLUYEN EN SU DESARROLLO.

Extractado, entre otros, de Generelo (1993), Manno (1999), Sebastiani y González (2000), González Badillo y Gorostiaga (2002), Reina y Martínez (2003) Los Santos (2004), Cañizares (2004), Forteza y Ramírez (2005), Morante (2005), Piñeiro (2006a), Cuadrado, Pablos y García (2006), León (2006), Gómez Mora (2008), Rosillo (2010), González y Navarro (2010), Legaz (2012), (González, Pablos y Navarro, 2014) y Anselmi (2015).

Hasta los 10 años, la fuerza aparece por igual en chicas y chicos. Como la pubertad se inicia antes en ellas, hacia el final de la Etapa Primaria las niñas son más fuertes que los niños porque el músculo, de una forma natural, aumenta en grosor y longitud, con el consiguiente incremento ponderal. Poco a poco se va incrementando en periodos muy significativos.

Resumimos la **evolución** de la Fuerza en la siguiente tabla (Torres, Párraga y López, 2001):

EVOLUCIÓN DE LA FUERZA EN LAS EDADES DE EDUCACIÓN PRIMARIA	
1º Ciclo	Evolución natural por crecimiento y maduración. La base de su aplicación recae en el conocimiento del propio cuerpo.
2º Ciclo	La evolución viene determinada por el crecimiento y mejora de la coordinación.
3º Ciclo	Se incrementa la fuerza-velocidad por mejor coordinación y potencia de salto. Su aumento es constante a partir de los 11-12 años en chicas y en los chicos a partir de los 12-13 años. Sigue una evolución paralela al crecimiento corporal.

Podemos resumir los **factores que influyen en su desarrollo**, en:

- Sección transversal. A más diámetro, más fuerza.
- Longitud y grado de tensión previa del músculo. A más longitud, más fuerza. Además, la pre-tensión o semi-flexión ayuda a conseguir mejores valores.
- Tipo de fibra, la blanca es más potente que la roja.
- Edad y sexo.
- La eficacia mecánica. Relacionada con la cadena cinética y el grado de coordinación agonista/antagonista.
- Momento de inercia. Es mejor partir con un movimiento previo.
- Motivación.
- Factores hormonales relacionados con las hormonas testosterona, insulina y del crecimiento, entre otras.
- Temperatura del músculo. El calentamiento previo mejora la capacidad de contracción.

- Grado de cansancio y buena alimentación.

En cuanto a su **medición**, al final de la Etapa Primaria, podemos utilizar los test que están **estandarizados**, con objeto de controlarla:

- Tren superior: Lanzamiento del balón medicinal de 2 Kg. desde sentados o desde de pie.
- Tren inferior: Salto en profundidad, trisalto, pentasalto y detente.
- Tronco: Abdominales durante 20 ó 30 segundos con rodillas flexionadas y brazos cruzados al pecho.

4. VELOCIDAD. SU EVOLUCIÓN Y FACTORES QUE INFLUYEN EN SU DESARROLLO.

Es uno de los recursos físicos fundamentales para la práctica de cualquier deporte. Puede decirse que la velocidad es una capacidad innata en cuanto caracteres fisiológicos se refiere, pero mejorable en cuanto a la capacidad de coordinación, técnica y potencia (Anselmi, 2015). Claro está, que lo referido a lo heredado va a ser decisivo y casi definitivo para el futuro de esta capacidad en el sujeto (González, Pablos y Navarro, 2014).

4.1. DEFINICIÓN.

Podemos definirla de varias formas, según el tipo al que nos refiramos. De forma general, es la *"capacidad de realizar movimientos con la máxima rapidez"* (Torres, 2005).

4.2. CLASIFICACIÓN.

Existen multitud de tipos de velocidad. Cañizares (2004), las agrupa en dos categorías:

FORMAS PRIMARIAS DE VELOCIDAD	VARIANTES DE LA VELOCIDAD
a) V. Reacción	d) V. Aceleración
b) V. Segmentaria o Gestual	e) V. - Resistencia
c) V. Traslación o de Desplazamiento	f) V. Agilidad
	g) V. con balón

Las primarias son más "puras", buscan exclusivamente la explosividad. Las otras dependen de otros factores, como la coordinación.

a) V. de Reacción. Se suele definir como *"la capacidad de responder, en el menor tiempo posible, ante la aparición de un estímulo"* (Freire, 2000).

Distinguimos **dos** tipos de velocidad de reacción:

- **V. de reacción simple**. Cuando la respuesta es siempre la misma ante un estímulo que es conocido (Piñeiro, 2007). Por ejemplo, saltar a la palmada.
- **V. de reacción discriminativa**. Cuando la respuesta varía dependiendo del estímulo exterior. Es el caso típico de la mayoría de los deportes de equipo donde hay un móvil por medio: voleibol, fútbol, etc. Existen varios estímulos y una única respuesta. Por ejemplo, el base de B. Cesto analiza a quién pasar y elige al mejor situado en brevísimas fracciones de tiempo.

b) **V. Segmentaria o Gestual**. Consiste en realizar un gesto técnico deportivo de forma explosiva. Distinguimos dos tipos:

- **Velocidad acíclica**. Es un único movimiento realizado a gran velocidad. Por ejemplo, remate en voleibol, lanzamiento a puerta en balonmano, etc.
- **Velocidad cíclica**. Es una sucesión de movimientos realizados a gran velocidad. Por ejemplo, el ciclista en un esprint.

c) **V. de Desplazamiento**. La mayoría de autores coinciden en definirla como "la capacidad que permite recorrer una distancia corta y recta en el menor tiempo posible". En estas acciones se sabe que el individuo no llega directamente a su máxima velocidad, sino que tarda unos segundos en alcanzarla y que, una vez obtenida, no se puede mantener demasiado tiempo. La velocidad de traslación viene determinada por unos factores propios, por lo que no puede ser una capacidad **aislada** (Grosser, 1992):

- **Amplitud de zancada**. A su vez depende del poder de impulsión o **potencia**, la **longitud** de los miembros inferiores, la **técnica** de carrera y del nivel de **flexibilidad**.
- **Frecuencia de zancada**. Es dar el mayor número de pasos por unidad de tiempo, también depende de la fuerza, flexibilidad, dominio de la técnica y factores neuronales.
- **Velocidad-Resistencia**. Es mantener la máxima velocidad durante el máximo tiempo posible. Es de tipo láctica.
- **Factor relajación-coordinación**. Es de gran importancia, pues nos va a permitir utilizar de forma correcta las energías en aquellos músculos que van a realizar el trabajo, relajando los que no.

d) **V. de Aceleración**. Permite que nos pongamos a la máxima velocidad de desplazamiento. Es decir, llegar desde una posición estática al 100% de intensidad en el mínimo tiempo posible.

e) **V. - Resistencia**. Actúa a partir de los 60 metros. Es de metabolismo anaeróbico láctico. (Ver punto 2.2).

f) **V. Agilidad**. Es realizar trayectos cortos al 100% de intensidad, pero **no en línea recta**. Por lo tanto, se trata de *"dominar el cuerpo en el espacio con precisión y velocidad adecuadas"* (Cañizares, 2004). Es muy habitual en deportes de equipo: fútbol, baloncesto, etc., así como en los juegos motores infantiles.

g) **V. con Balón**. Consiste en desplazarnos a la máxima velocidad que nos sea posible, pero controlando eficazmente al balón. Por lo tanto **influye** decisivamente el nivel de **coordinación general y óculo-segmentaria** del alumno, entre otros factores. Por ejemplo, en situación de contraataque, un jugador de baloncesto, balonmano, fútbol o hockey en posesión del móvil.

Si seguimos la flecha del dibujo, que representa los **tramos** sucesivos de la velocidad de traslación durante una carrera de 100 metros, podemos distinguir las diferentes modalidades (Cañizares, 2004):

Velocidad de reacción al iniciarse el movimiento tras la señal de salida; en este momento el atleta comienza a aplicar la **velocidad de aceleración**, es decir, a tratar de conseguir la máxima velocidad de desplazamiento, que ocurre hacia los 40 metros. Ahora ejerce ya la **velocidad máxima** del individuo que puede mantenerse hasta los 60 metros. A partir de aquí, actúa la **velocidad-resistencia** o capacidad de mantener la máxima velocidad alcanzada durante el mayor tiempo posible, aunque utilizando el sistema anaeróbico láctico.

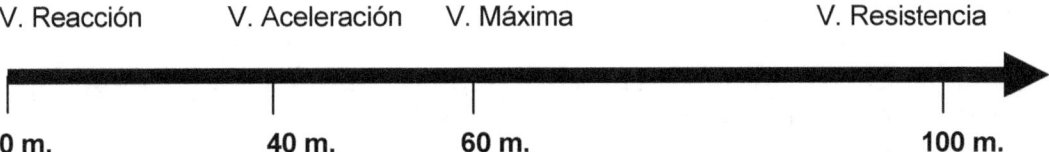

4.3. SU EVOLUCIÓN Y FACTORES QUE INFLUYEN EN SU DESARROLLO.

Extractado de Weineck (1988), García Manso (1998), Sebastiani y González (2000), Reina y Martínez (2003), Los Santos (2004), Cañizares (2004), Forteza y Ramírez (2005), Morente (2005), León (2006), Gómez Mora (2008), Legaz (2012) y Anselmi (2015).

Se encuentra influenciada por el desarrollo biológico y el crecimiento, aunque muy determinada por el potencial genético del individuo.

Desde los 8 y hasta los 12 años se produce el máximo incremento en el desarrollo de la frecuencia de movimientos, mientras que la amplitud de los pasos aumenta progresivamente con la edad y el crecimiento. Por ello, la velocidad máxima en carrera también se incrementa de forma progresiva con la edad, tanto en sujetos entrenados como en los no entrenados. La frecuencia de movimientos en un velocista es prácticamente la misma, se trate de un niño de 8-9 años como de un campeón de 22 años. Sin embargo, la velocidad de desplazamiento del campeón es más elevada por la influencia de los factores antropométricos (estatura y longitud de los miembros inferiores), y por los diferentes niveles de potencia muscular. Ambas proporcionan una mayor impulsión que determinan zancadas más amplias y, consecuentemente, más velocidad de desplazamiento.

Debemos considerar que, antes de afrontar el entrenamiento de la velocidad en niños y niñas, hay que tener en cuenta ciertos aspectos fundamentales para que el provecho sea óptimo y los perjuicios mínimos, hechos que pueden condicionar radicalmente el rendimiento del deportista en su edad madura:

- Los métodos y medios para su desarrollo deben ajustarse a las diferentes **edades** y características de los jóvenes escolares.

- Es de vital importancia aprovechar las fases **sensibles**. Grosser (1992), señala que entre los 8-10 y los 12 años es cuando se pasa por una etapa de fuerte desarrollo, de manera que los niños y niñas en estas edades podrán concentrarse más tiempo dado que su voluntad y motivación por aprender es mayor.

- Es necesario sistematizar las prácticas de velocidad con juegos, por ejemplo de relevos, persecuciones, etc. y las capacidades que le afectan. Una de las cosas que más nos deben **preocupar** es que nuestro alumnado aprenda a **correr bien** (habilidad básica de la carrera). También debemos considerar que al aumentar la fuerza, flexibilidad y coordinación mejoramos, **indirectamente**, el nivel de velocidad.

- Debido a que el S. Nervioso Central **madura** relativamente **pronto** (10-12 años), sus posibilidades de "modelado" pueden desaparecer si la velocidad no se trabaja desde la infancia.

Resumimos la **evolución** de la Velocidad en la siguiente tabla (Torres, Párraga y López, 2001):

EVOLUCIÓN DE LA VELOCIDAD EN LAS EDADES DE EDUCACIÓN PRIMARIA	
1º Ciclo	Mejora de la velocidad por maduración del sistema nervioso y aumento de la coordinación.
2º Ciclo	Mejor encadenamiento de movimientos en el espacio-tiempo. Mejora de la velocidad gestual o acíclica.
3º Ciclo	Sigue incrementándose la velocidad que ya empezó en el ciclo anterior, por aumento de la fuerza y coordinación.

Podemos resumir algunos de los **factores** que influyen en su desarrollo, en:

- **Factores de índole muscular.**
    - La rapidez de la contracción muscular, así como la cantidad de masa y su facilidad para elongarse.
    - Del tipo de fibra, elasticidad y de su viscosidad, la blanca es más veloz.

- **Factores de índole nerviosa.**
    - Acción del estímulo en los receptores y la transmisión de los mismos por vía motriz.
    - Capacidad de excitación de la placa motriz.

- **Otros factores**.
    - Grado de coordinación y equilibrio. Técnica de carrera.
    - Cansancio. Capacidad de atención y fuerza de voluntad.
    - Intensidad y tipo de estímulos.
    - Edad, sexo y altura del individuo.

Durante la Etapa Primaria, podemos **valorar** la velocidad de desplazamiento a través de test de 30 ó 40 metros lisos. La velocidad-agilidad a través del test de tacos.

5. FLEXIBILIDAD. SU EVOLUCIÓN Y FACTORES QUE INTERVIENEN EN SU DESARROLLO.

La flexibilidad ("flexolasticidad" y "amplitud de movimiento" -ADM- para algunos autores), como capacidad del aparato motor, es calificada por muchos como capacidad básica y por otros como derivada o secundaria. Hoy día es más valorada para el mantenimiento de la condición física media (Reina y Martínez, 2003). Lo que está claro es que se trata de la única capacidad **involucionista**, debido a que se nace con mucha y se va perdiendo poco a poco, sobre todo con la pubertad, aunque las chicas son más propensas a tener mejor nivel que los chicos, al contrario que ocurre con la fuerza. El resto de las capacidades se desarrollan, pero la flexibilidad debe **mantenerse**.

5.1. DEFINICIÓN.

Casi todos coinciden en que se trata de un componente articular y algunos matizan que es algo más amplio. Torres (2005), la define como *"la capacidad de mover con la máxima amplitud músculos y articulaciones"*. Hernández y Velázquez -coor.- (2004), la entienden como *"la capacidad de realizar movimientos de gran soltura y amplitud, en la que intervienen la movilidad articular y la elasticidad muscular"*.

5.2. CLASIFICACIÓN.

Podemos establecer los siguientes grupos clasificatorios en función de:

a) Por el tipo de **ejercicio**:
- **Generales**. Implican la movilidad de grandes sistemas articulares.
- **Localizados**. Actúan sobre una zona determinada.
- **Especiales**. Imitación de un gesto deportivo

b) Por la **ejecución**, quién realiza la tensión (Freire, 2000):
- **Pasivo**. El esfuerzo lo realiza un compañero o un elemento externo
- **Activo**. El esfuerzo lo realiza el actuante
- **Combinado**. Alternar los dos anteriores

c) Por el **dinamismo** en la acción (Freire, 2000):

- **Estático**. Ausencia de movimiento. Por ejemplo, stretching
- **Dinámico**. Hay circunducciones, lanzamientos, etc.

5.3. SU EVOLUCIÓN Y FACTORES QUE INFLUYEN EN SU DESARROLLO.

Resumido de Generelo y Lapetra (1993), Dick (1993), Sebastiani y González (2000), Reina y Martínez (2003), Los Santos (2004), Cañizares (2004), Forteza y Ramírez (2005), Ruiz Pérez (2005), Morante (2005), León (2006), Gómez Mora (2008), Rosillo (2010), González y Navarro (2010), Legaz (2012), (González, Pablos y Navarro, 2014) y Anselmi (2015).

La evolución de esta capacidad a lo largo de la vida tiene unas características muy determinadas, las cuales nos pueden servir como referencia a la hora de desarrollarla en las distintas edades. A los pocos meses de nacer es cuando se tiene la máxima movilidad, a partir de ahí va disminuyendo de forma lenta hasta que viene la fase puberal o de desarrollo del niño, donde el gran incremento óseo y muscular repercute en un descenso inevitable de esta capacidad, que seguirá disminuyendo de forma progresiva hasta la vejez.

Resumimos su **evolución** en esta tabla (Torres, Párraga y López, 2001):

EVOLUCIÓN DE LA FLEXIBILIDAD EN LAS EDADES DE EDUCACIÓN PRIMARIA	
1º Ciclo	Gran nivel por falta de osificación del esqueleto y elasticidad de tendones y ligamentos.
2º Ciclo	El desarrollo natural y el juego mantienen los buenos niveles de flexibilidad. Hasta los 10 años se mantienen los niveles cercanos al 90%
3º Ciclo	A partir de los 11 años la flexibilidad coxo-femoral desciende. De 11 a 14 años, se mejora la movilidad de la columna y del cinturón escápulo humeral. La flexibilidad se mantiene más en las chicas que en los chicos.

A partir de aquí el objetivo debe ser el mantenimiento de la misma, de forma que no se produzca un rápido descenso.

Podemos resumir algunos de los **factores** que influyen en su desarrollo, en:

- **Movilidad Articular**. Es una característica de las articulaciones que se refiere a la amplitud de los movimientos que puedan generarse en cada una de ellas.
- **Estiramiento Muscular**. Proceso de alargamiento del grupo muscular que ha sido sometido a una fuerza horizontal y provoca un aumento en la longitud de éste.

- **Elasticidad Muscular.** Capacidad del músculo de volver al punto inicial.
- **Reflejo miotático.** Se produce cuando un músculo se estira y, como reacción, provoca su contracción para prevenir la lesión.
- **Herencia.** Las características genéticas establecerán la primera condicionante del grado de flexibilidad del individuo. Existen diferencias en cuanto a la raza, sexo, edad y constitución.
- **Temperatura, cansancio y fuerza.** Determinados factores ambientales favorecen o inhiben esta capacidad. El frío y el trabajo muy intenso intoxican hasta cierto punto la musculatura quitándole elasticidad e inhibiendo, por lo tanto, a la flexibilidad.
- **Edad y sexo.** Hasta los diez-doce años el nivel de flexibilidad es bueno, pero a partir de esa edad tiende a deteriorarse si no se trabaja oportunamente. Las chicas son más flexibles, generalmente, que los chicos.

Complementariamente comentamos que un buen grado de flexibilidad permite tener un mayor rendimiento deportivo y un menor riesgo de lesiones, pero un **exceso** de flexibilidad (**laxitud articular**), tiene unos efectos perjudiciales.

Debido a que la falta de flexibilidad ocasiona deterioro en la coordinación, facilita las lesiones, impide buenos gestos deportivos y predispone a la adquisición de defectos posturales, un programa adecuado de flexibilidad tendrá una **influencia** decisiva sobre los siguientes aspectos:

- **Relajación muscular.** La falta de relajación disminuye la percepción y favorece el gasto energético.
- **Postura y simetría.** La flexibilidad facilita desarrollar todo el cuerpo por igual.
- **Eficiencia motriz.** Al hacer arcos articulares más amplios, se mejora el nivel de habilidad.
- **Prevención de lesiones.** Una articulación con poca movilidad se "romperá" al hacer un gesto con una angulación superior a la normal.

En cuanto a su valoración podemos hacer el test de flexibilidad profunda (tabla) o el de Wells.

CONCLUSIONES

Este Tema incide sobre un estudio genérico sobre las capacidades físicas básicas. Es la base y se complementa con el 17 y 18 que son más de aplicación a Primaria. Las hemos visto de forma independiente y cómo evolucionan en las edades propias de la Etapa. Que nuestro alumnado posea un buen nivel de condición física es fundamental para que tengan un grado de salud aceptable. También influye para que tengan un ritmo de juego que les permita participar con los demás en las actividades lúdicas propias de la edad, sobre todo en el segundo y tercer tiempo pedagógico que es donde se establecen las relaciones socio-afectivas. Destacar que las capacidades físicas no las debemos trabajar de forma independiente, sino globalmente y como factor de ejecución de la habilidad motriz.

BIBLIOGRAFÍA

- ÁLVAREZ DEL VILLAR, C. (1983). *La preparación física del fútbol basada en el Atletismo*. Gymnos. Madrid.
- ANSELMI, H. (2015). Preparación física: teoría y práctica. Kinesis. Armenia (Colombia).

- AVELLA, R.; MALDONADO, C.; RAM, S. (2015). *Entrenamiento deportivo con niños*. Kinesis. Armenia (Colombia).

- BATALLA, A. (1995). *El rendimiento en la iniciación deportiva*. En BLÁZQUEZ, D. (coor.) *La iniciación deportiva y el deporte escolar*. INDE. Barcelona.

- BERNAL, J. A. -coord.- (2005). *La nutrición en la educación física y el deporte*. Wanceulen. Sevilla.

- CAMBEIRO, X. (1987). *¿Estás en forma?* Biblioteca de Recursos Didácticos Alhambra. Madrid.

- CAÑIZARES, J. Mª. (1997-2001). Colección *Fútbol: fichas para el entrenamiento físico*. (Cuatro volúmenes: Velocidad, Acondicionamiento Físico, Fuerza y Coordinación-Equilibrio). Wanceulen. Sevilla.

- CAÑIZARES, J. Mª. (2004). *Entrenamiento Deportivo*. En VV. AA. *Técnico deportivo de Fútbol. Bloque Común. Nivel 1*. C.E.D.I.F.A. Sevilla.

- CIRUJANO, M. (2010). *Capacidades físicas básicas en la educación secundaria obligatoria*. Visión Libros. Madrid.

- COMES, M. y Otros. (2000). *El ser humano y el esfuerzo físico*. INDE. Barcelona.

- CUADRADO, G.; PABLOS, C.; GARCÍA, J. (2006). *Aspectos metodológicos y fisiológicos del trabajo de hipertrofia muscular*. Wanceulen. Sevilla.

- DELGADO, M. y TERCEDOR, P. (2002). *Estrategias de intervención en educación para la salud desde la Educación Física*. INDE. Barcelona.

- DELGADO, M., TERCEDOR, P. y TORRE, E. (2008). *Métodos y técnicas para el conocimiento y mejora de la comunicatividad y expresividad personal y sus repercusiones en la calidad de vida*. En CUÉLLAR, Mª J. y FRANCOS, Mª C. *Expresión y comunicación oral*. Wanceulen. Sevilla.

- DICK, F. W. (1993). *Principios del entrenamiento deportivo*. Paidotribo. Barcelona.

- EDWARDS, S. (1996). *Corazón inteligente*. Dorleta S.A. Madrid.

- FORTEZA, A. y RAMÍREZ, E. (2005). *Teoría, metodología y planificación del entrenamiento deportivo*. Wanceulen. Sevilla.

- FREIRE, A. (2000). *Capacidades de transmitir tensión. Capacidades de obtener y utilizar energía*. En TRIGO, E. *Fundamentos de la motricidad*. Gymnos. Madrid.

- GARCÍA MANSO, J. M. et. all. (1998). *La Velocidad*. Gymnos. Madrid.

- GENERELO, E. y LAPETRA, S. (1993). *Las cualidades físicas básicas: análisis y evolución*. En VV. AA. *Fundamentos de Educación Física para Enseñanza Primaria*. INDE. Barcelona.

- GENERELO, E. y TIERZ, P. (1994). *Cualidades físicas II*. Imagen y Deporte. Zaragoza.

- GÓMEZ MORA, J. (2008). *Bases del Acondicionamiento Físico*. Wanceulen. Sevilla.

- GONZÁLEZ BADILLO, J. J. y GOROSTIAGA, E. (2002). *Fundamentos del entrenamiento de la fuerza*. INDE. Barcelona.

- GONZÁLEZ RAVÉ, J. Mª y NAVARRO, F. (2010). *Fundamentos del entrenamiento deportivo*. Wanceulen. Sevilla.

- GONZÁLEZ, J. Mª; PABLOS, C.; NAVARRO, F. (2014). *Entrenamiento Deportivo. Teoría y práctica*. Panamericana. Madrid.

- GROSSER, M. (1992). *Entrenamiento de la Velocidad*. Martínez Roca. Barcelona.

- HAHN, E.: (1988). *Entrenamiento con niños*. Martínez Roca. Barcelona.

- HERNÁNDEZ, J. L. y VELÁZQUEZ, R. (2004). *La evaluación en Educación Física*. Graó. Barcelona.

- HORNILLOS, L. (2006). *Fundamentos de las capacidades físicas: resistencia, fuerza, velocidad y flexibilidad*. En VV. AA. *Tratado de atletismo en el siglo XXI*. Asociación Atlética Cultural Gallega.

- JUNTA DE ANDALUCÍA (2007). *Ley 17/2007, de 10 de diciembre, de Educación en Andalucía*. (L. E. A.) B.O.J.A. nº 252, de 26/12/2007.

- JUNTA DE ANDALUCÍA (2010). *Decreto 328/2010, por el que se aprueba el Reglamento Orgánico de las escuelas infantiles de segundo grado, de los colegios de educación infantil y primaria, de los colegios de educación primaria, y de los centros públicos específicos de educación especial*. BOJA nº 139, de 16/07/2010.

- JUNTA DE ANDALUCÍA (2015). *Decreto 97/2015, de 3 de marzo, por el que se establece la ordenación y el currículo de la educación Primaria en la comunidad Autónoma de Andalucía*. BOJA nº 50 de 13/03/2015.

- JUNTA DE ANDALUCÍA (2015). *Orden de 17 de marzo de 2015, por la que se desarrolla el currículo correspondiente a la educación Primaria en Andalucía*. BOJA nº 60 de 27/03/2015.

- JUNTA DE ANDALUCÍA (2015). *Orden de 04 de noviembre de 2015, por la que se establece la ordenación de la evaluación del proceso de aprendizaje del alumnado de educación primaria en la Comunidad Autónoma de Andalucía*. B.O.J.A. nº 230, de 26/11/2015.

- LEGAZ, A. (2012). *Manual de entrenamiento deportivo*. Paidotribo. Barcelona.

- LEÓN, J. A. (2006). *Teoría y Práctica del Entrenamiento Deportivo. Nivel 1 y 2*. Wanceulen. Sevilla.

- LEGIDO, J. C. y otros (2009). *Hipertrofia y crecimiento muscular*. En GUILLÉN, M. y ARIZA. L. *Las Ciencias de la Actividad Física y el Deporte como fundamento para la práctica deportiva*. U. de Córdoba.

- LÓPEZ CHICHARRO, J. y otros (2013). *Fisiología del Entrenamiento Aeróbico*. Panamericana. Madrid.

- LOS SANTOS, C. (2004). *Preparación física. Teoría, aplicaciones y metodología práctica*. Wanceulen. Sevilla.

- MANNO, R. (1999). *El entrenamiento de la Fuerza*. INDE. Barcelona.

- MARTÍNEZ, P. (1996). *Desarrollo de la resistencia en el niño*. INDE. Barcelona.

- MAYNAR, M. y MAYNAR, J. I. -Coords.- (2008). *Fisiología aplicada a los deportes*. Wanceulen. Sevilla.

- M. E. C. (2006). *Ley Orgánica de Educación (L.O.E.) 2/2006, de 3 de mayo, de Educación*. B. O. E. nº 106, de 04/05/2006, modificada en determinados artículos por la LOMCE/2013.

- M. E. C. (2013). *Ley Orgánica 8/2013, de 9 de diciembre, para la mejora de la calidad educativa*. (LOMCE). B. O. E. nº 295, de 10/12/2013.

- M. E. C. (2014). *Real Decreto 126/2014, de 28 de febrero, por el que se establece el currículo básico de la Educación Primaria*. B. O. E. nº 52, de 01/03/2014.

- M.E.C. (2015). *Orden ECD/65/2015, de 21 de enero, por la que se describen las relaciones entre las competencias, los contenidos y los criterios de evaluación de la educación primaria, la educación secundaria obligatoria y el bachillerato.* B.O.E. nº 25, de 29/01/2015

- MORA, J. (1989). *Colección Educación Física 12-14 años.* Diputación de Cádiz.
- MORENTE, A. (2005). *Ejercicio Físico en niños y jóvenes: programas de actividad física según niveles de condición biológica.* En GUILLÉN (coord.) *El ejercicio físico como alternativa terapéutica para la salud.* Wanceulen. Sevilla.
- NAVARRO, F. (1998). *La Resistencia.* Gymnos. Madrid.
- PERAL, C. (2009). *Fundamentos teóricos de las capacidades físicas.* Visión Libros. Madrid.
- PÉREZ TURPIN, J. A. (2012) *Bases del análisis del rendimiento deportivo.* Wanceulen. Sevilla.
- PIÑEIRO, R. (2006a). *La fuerza y el sistema muscular.* Wanceulen. Sevilla.
- PIÑEIRO, R. (2006b). *La resistencia y el sistema cardiorrespiratorio.* Wanceulen. Sevilla.
- PIÑEIRO, R. (2007). *La velocidad y el sistema nervioso.* Wanceulen. Sevilla.
- PORTOLÉS, J. (1995). *Estudio de la fuerza y métodos y medios aplicados.* En MORA, J. (coord.) *Teoría del entrenamiento y del acondicionamiento físico.* COPLEF. Cádiz.
- REINA, L. y MARTÍNEZ, V. (2003) *Manual de teoría y práctica de acondicionamiento físico.* CV Ciencias del Deporte. Madrid.
- ROSILLO, S. (2010). *Cualidades físicas. Plan educativo de hábitos de vida saludable en la educación.* Procompal. Almería.
- RUIZ PÉREZ, L. M. (2005). *Moverse con dificultad en la escuela.* Wanceulen. Sevilla.
- SEBASTIANI, E. y GONZÁLEZ, C. (2000). *Cualidades físicas.* INDE. Barcelona.
- SEGOVIA, J. C. (2009). *Pruebas de valoración de la contracción muscular.* En GUILLÉN, M. y ARIZA. L. *Las Ciencias de la Actividad Física y el Deporte como fundamento para la práctica deportiva.* U. de Córdoba.
- TORRES, J.; PÁRRAGA, J. A. y LÓPEZ, J. M. (2001). *Tratamiento de los contenidos de la condición física-salud y su evolución en los ciclos de enseñanza primaria.* Espacio y Tiempo. Revista de Educación Física. Nº 33-34. A.P.E.F. Almería.
- TORRES, M. A. (2005). *Enciclopedia de la Educación Física y el Deporte.* Ediciones del Serbal. Barcelona.
- WEINECK, J. (1988). *Entrenamiento Óptimo.* Hispano-Europea. Barcelona.
- ZINTL, F. (1991). *Entrenamiento de la Resistencia.* Martínez Roca. Barcelona.

WEBGRAFÍA (Consulta en septiembre de 2016).

http://rabida.uhu.es/dspace/bitstream/handle/10272/3310/b15548806.pdf?sequence=1
http://recursos.cnice.mec.es/edfisica/
http://www.ite.educacion.es/es/recursos
http://www.educarm.es/admin/recursosEducativos#nogo
http://www.juntadeandalucia.es/averroes/
http://www.gobiernodecanarias.org/educacion/webdgoie/
http://www.educarex.es/web/guest/apoyo-a-la-docencia
http://www.catedu.es/webcatedu/index.php/recursosdidacticos
http://www.adideandalucia.es
www.juntadeandalucia.es/educacion/descargasrecursos/curriculo-primaria/index.html

TEMA 7

COORDINACIÓN Y EQUILIBRIO. CONCEPTO Y ACTIVIDADES PARA SU DESARROLLO.

INDICE

INTRODUCCIÓN

1. COORDINACIÓN. CONCEPTO Y ACTIVIDADES PARA SU DESARROLLO.

    1.1. Concepto.

        1.1.1. Coordinación y Equilibrio en el Diseño Curricular

        1.1.2. Características del movimiento coordinado

    1.2. Clasificación.

    1.3. Proceso evolutivo.

    1.4. Componentes de la coordinación.

    1.5. Factores condicionantes de la coordinación.

    1.6. Evaluación.

    1.7. Actividades para su desarrollo

2. EQUILIBRIO. CONCEPTO Y ACTIVIDADES PARA SU DESARROLLO.

    2.1. Concepto.

    2.2. Clasificación.

    2.3. Proceso evolutivo.

    2.4. Factores que influyen en su desarrollo.

    2.5. Evaluación.

    2.6. Actividades para su desarrollo

CONCLUSIONES

BIBLIOGRAFÍA

WEBGRAFÍA

INTRODUCCIÓN

Este Tema trata sobre las llamadas "capacidades coordinativas", "capacidades motrices" o "capacidades coordinativo-equilibradoras". Es decir, aquellas que se encargan de regular y organizar el movimiento, sus elementos cualitativos (Morente, 2005).

No olvidemos que toda habilidad motriz tiene dos componentes muy ligados: físico (más aprisa, más veces...) y motor (hacerlo bien).

Si observamos unas acciones técnicas en deportistas de elite, la elegancia y la economía de las mismas nos parecerán asequibles de reproducir. En realidad, esta aparente sencillez está basada en una serie de complicadísimos mecanismos que, interactuando ordenada y sincrónicamente unos con otros, dan como resultado ese movimiento digno de admirar (Conde y Viciana, 2001).

El título del tema hace que coordinación y equilibrio las veamos por separado aunque en su práctica están **yuxtapuestas**. Su nivel dependerá de la genética del individuo, y de las oportunidades y experiencias lúdicas vividas desde las primeras edades (Rivadeneyra, 2003).

Así pues, veremos en la primera parte del tema todo lo relacionado con la coordinación: concepto, definiciones, tipos, su evolución y sus prácticas escolares y en la segunda haremos el mismo procedimiento pero con el equilibrio.

No olvidemos que todo especialista en nuestra materia debe conocer en profundidad ambas capacidades debido a que las **edades** propias de la Etapa **Primaria** son **críticas** para su desarrollo, de ahí la importancia que le otorga el Real Decreto 126/2014 a toda competencia motriz. Además, un buen nivel coordinativo repercute decisivamente en un mejor y más rápido de los aprendizajes básicos escolares.

1. COORDINACIÓN. CONCEPTO Y ACTIVIDADES PARA SU DESARROLLO.

1.1. CONCEPTO.

Cualquier **movimiento** por pequeño que sea requiere de **coordinación** psíquica y motriz, así como una lucha contra la fuerza de gravedad (**equilibrio**).

En una acción motriz tenemos que distinguir los músculos agonistas, antagonistas, sinergistas y fijadores. La coordinación hace posible el **ordenamiento** de ese trabajo muscular (López y Garoz, 2004). La simple flexión de una falange de la mano viene dada por una acción activa de los flexores de los dedos (músculos agonistas) y por una acción pasiva de los extensores (músculos antagonistas), es decir, siempre que realicemos una acción se le opondrá otra. Todo esto está controlado por el Sistema Nervioso Central (S.N.C.), por lo que su maduración nos dará un grado de coordinación considerable.

Cuando hablamos de coordinación todo es más **complejo** y multifactorial. El S.N.C. debe mandar infinidad de **impulsos** a un sinnúmero de músculos que intervienen en cualquier gesto deportivo, por ejemplo la destreza del lanzamiento de un balón con una mano por encima del hombro, el test de pentasalto, la carrera de obstáculos, etc.

Si para cualquier movimiento se requiere una coordinación relativa, hay que pensar que, para un alto rendimiento deportivo es necesario un nivel infinitamente superior, por que es forzoso un perfecto juego entre el sistema encargado de **dirigir** a la persona -el S. N.- y el encargado de **moverlo**, los músculos.

Un movimiento coordinado (y equilibrado) implica la interacción eficaz entre el S.N.C. y el S. Muscular Esquelético (Rivadeneyra 2003). Un individuo posee un buen nivel cuando es capaz de realizar un gesto natural o específico velozmente, con facilidad y sin aparente gasto de energía, es decir, hacer lo pensado (Cañizares, 2004).

Por todo ello, coordinación y equilibrio constituyen la base de todas las acciones gestuales que se puedan realizar y definirán cualitativamente a la acción, por lo que coordinación y equilibrio son el soporte motor de las habilidades y destrezas, y el nivel alcanzado va a condicionar el logro en el límite de habilidad (López y Garoz, 2004).

En cuanto a su definición, seguimos a los autores más significativos:

- **Le Boulch** (1986). *"La interacción entre el S.N.C. y la musculatura esquelética en la ejecución del movimiento".*

- **Fernández García** -coor.- (2002). *"Es la organización de las acciones motrices orientadas hacia la consecución de un objetivo determinado.*

- **Torres** (2005). *"Capacidad del organismo para ejecutar una acción motriz controlada, con precisión y eficacia, sin realizar ningún gesto parásito".*

- **Rigal (2006)**: "Ajuste espacio-temporal de las contracciones musculares para generar una acción adaptada a la meta perseguida".

Como vemos, todas las definiciones tienen en común el control ejercido por el SNC para regular los actos motores (Los Santos, 2004).

1.1.1. COORDINACIÓN Y EQUILIBRIO EN EL DISEÑO CURRICULAR.

Uno de los objetivos básicos en el marco de la educación física es conseguir que el alumnado adquiera el mayor número posible de patrones motores, con objeto de poder construir nuevas opciones de movimiento, gracias al desarrollo conjunto de las capacidades coordinativas (López y Garoz 2004).

En Andalucía, la O. de 17/03/2015 nos indica que *"la Educación física permite al alumnado indagar en sus habilidades y destrezas motrices y las lleva a la práctica en situaciones de enseñanza/aprendizaje variadas. Las experiencias individuales y colectivas permiten adaptar las respuestas a los diferentes contextos, de esta forma atiende a las dimensiones de la personalidad: sensorial, cognitiva, afectiva, comunicativa, estética, de la salud, moral, social y creativa. Este área es un verdadero motor de formación integral y permanente, ya que a partir de propuestas de tareas competenciales dinámicas y variadas servirá para instrumentalizar en otras áreas actitudes que ayuden a afrontar los retos que en ellas se destilen, sobrepasando su plano motriz inicial. La actividad física tiene un valor educativo muy importante, tanto por las posibilidades de exploración que propicia como por las relaciones lógicas que el sujeto establece en las interacciones con los objetos, el medio, los otros y consigo mismo. Así, por ejemplo, los alumnos y alumnas construyen sus primeras nociones topológicas, temporales, espaciales o de resolución de problemas en actividades que emprende con otros en diferentes situaciones motrices".*

Ahora relacionamos los elementos curriculares:

- **Competencias Clave**. Está relacionado con las **competencias sociales y cívicas**. Las actividades dirigidas a la adquisición de las habilidades motrices requieren la capacidad de asumir las diferencias así como las posibilidades y las limitaciones propias y ajenas. El cumplimiento de las normas que rigen los juegos colabora con la aceptación de códigos de conducta para la convivencia.
El **sentido de iniciativa y espíritu emprendedor** en la medida en que emplaza al

alumnado a tomar decisiones con progresiva autonomía en situaciones en las que debe manifestar auto superación, perseverancia y actitud positiva. También lo hace, si se le da protagonismo al alumnado en aspectos de organización individual y colectiva de las actividades físicas, deportivas y expresivas.

Competencia digital en la medida en que los medios informáticos y audiovisuales ofrecen recursos cada vez más actuales para analizar y presentar infinidad de datos que pueden ser extraídos de las actividades físicas, deportivas, competiciones, etc. El uso de herramientas digitales que permitan la grabación y edición de eventos (fotografías, vídeos, etc.) suponen recursos para el estudio de distintas acciones llevadas a cabo.

Competencia matemática y competencias básicas en ciencia y tecnología. Un buen nivel coordinativo y perceptivo dará lugar a una mayor facilidad en el dominio de las relaciones espaciales, cuantificación y cálculos, magnitudes, comprensión de la perspectiva, lectura de mapas, escenas tridimensionales, formas geométricas, etc.

- **Objetivos de Etapa**. La habilidad está relacionada con el objetivo "k": "valorar la higiene y la salud, aceptar el propio cuerpo y el de los otros, respetar las diferencias y utilizar la educación física y el deporte como medios para favorecer el desarrollo personal y social", habida cuenta la habilidad motriz está presente en las prácticas de juegos que nos llevan a aceptar el propio cuerpo y el de los demás y su uso para el desarrollo personal y social.
- **Objetivos de Área**. Algunos tienen **relación** directa con las capacidades coordinativas. Por ejemplo, el "1", que trata sobre el conocimiento del propio cuerpo y disfrutar de sus capacidades motrices; el "2", sobre el uso de habilidades motrices y la adaptación del movimiento.
- **Contenidos**. Este tema está relacionado con el primer bloque de **contenidos**, "El cuerpo y sus habilidades perceptivo motrices" porque este tema trata del desarrollo de los contenidos básicos de la etapa que servirán para posteriores aprendizajes más complejos, donde seguir desarrollando una amplia competencia motriz.
- **Criterios de evaluación**. También algunos criterios y estándares de aprendizaje hacen referencia a coordinación y equilibrio. Por ejemplo, el 1: "Resolver situaciones motrices con diversidad de estímulos y condicionantes espacio-temporales, seleccionando y combinando las habilidades motrices básicas y adaptándolas a las condiciones establecidas de forma eficaz.
- **Estándares de aprendizaje**. Ponemos algunos ejemplos:
    1.1. Adapta los desplazamientos a diferentes tipos de entornos y de actividades físico deportivas y artístico expresivas ajustando su realización a los parámetros espacio-temporales y manteniendo el equilibrio postural.
    1.2. Adapta la habilidad motriz básica de salto a diferentes tipos de entornos y de actividades físico deportivas y artístico expresivas, ajustando su realización a los parámetros espacio-temporales y manteniendo el equilibrio postural.
    1.3. Adapta las habilidades motrices básicas de manipulación de objetos (lanzamiento, recepción, golpeo, etc.) a diferentes tipos de entornos y de actividades físico deportivas y artístico expresivas aplicando correctamente los gestos y utilizando los segmentos dominantes y no dominantes.
    1.4. Aplica las habilidades motrices de giro a diferentes tipos de entornos y de actividades físico deportivas y artístico expresivas teniendo en cuenta los tres ejes corporales y los dos sentidos, y ajustando su realización a los parámetros espacio temporales.
    1.5. Mantiene el equilibrio en diferentes posiciones y superficies.

1.1.2. CARACTERÍSTICAS DEL MOVIMIENTO COORDINADO.

Un movimiento coordinado (y equilibrado) implica la interacción eficaz entre el S.N.C. y el S. Muscular Esquelético (Rivadeneyra 2003).

Castañer y Camerino (1998), destacan los siguientes criterios para considerar a un movimiento como coordinado:

- Precisión en velocidad y dirección adecuadas
- Eficacia en los resultados
- Economía en el gasto energético
- Armonía en la contracción y relajación muscular

Un individuo posee un buen nivel cuando es capaz de realizar un gesto natural o específico velozmente, con facilidad y sin aparente gasto de energía, es decir, hacer lo pensado (Cañizares, 2004).

¿Por qué un alumno comete errores al hacer un movimiento coordinado? Los fallos podemos encontrarlos al analizar los diversos parámetros que confluyen en él (Gutiérrez 2004):

- Al **informarse** sobre lo que hay que hacer (ver/oír la tarea propuesta). Falta de atención.
- Al **analizar**-interpretar los datos anteriores.
- Al **planificar** la respuesta a nivel cerebral, es decir, organizar la actuación.
- Al **programar** la respuesta: "aplico mis conocimientos previos a lo que debo hacer".
- Al **ejecutar** la respuesta: error, por ejemplo, al medir el obstáculo a saltar.
- Al **ajustar** la respuesta: desequilibrio, descoordinación...

En resumen, una acción resulta coordinada y equilibrada cuando utilizamos los grupos musculares precisos con el tono adecuado, obtenemos el resultado pensado, gastamos la mínima energía muscular y nerviosa y también tenemos capacidad para "tener conciencia" de lo realizado, que es el feedback intrínseco (Cañizares, 2001).

En cambio, torpeza, falta de ritmo, desorientación, mala recepción de objetos y deficiente puntería, así como tener inseguridad en superficies no habituales, es típico de alumnos/as con **bajos niveles** de coordinación y equilibrio.

1.2. CLASIFICACIÓN.

La taxonomía de la coordinación es muy variada y variopinta, habida cuenta que los autores utilizan parámetros desiguales (Bueno, Del Valle y De la Vega, 2011).

En general, hoy día se reconocen dos grandes grupos (López y Garoz, 2004):

- **C. Dinámica General**. Regula los movimientos corporales globales. Es el soporte motor de las habilidades motrices, junto al equilibrio.
- **C. Óculo-Segmentaria**. Movimientos que implican el ajuste entre el sentido de la vista y un segmento corporal que normalmente maneja un móvil. Es como un "lazo" entre la visión y una mano o pie. Constituye el respaldo motor de las destrezas, junto al equilibrio. Por ejemplo, mantener un globo en el aire golpeándolo con manos o pies.

En este cuadro vemos los tipos clasificatorios de otros autores:

LE BOULCH (1986)	AÑÓ, CAMPOS Y MESTRE (1982)	ZAGALAZ, CACHÓN Y LARA (2014)	TORRES (2005)
C. Dinámica General C. Óculo Manual	C. Dinámica General C. Óculo Manual C. Óculo Cabeza C. Óculo Pie C. Disociada	C. Dinámica General C. D. G. Específica: O. Manual; O. Pédica; O. Cefálica o Espacial	C. Gruesa C. Fina C. Segmentaria C. General C. Óculo-manual C. Óculo-pédica

1.3. PROCESO EVOLUTIVO.

Para elaborar este punto resumimos a Conde y Viciana (2001), Fernández -coord.- (2002), López y Garó (2004), Cañizares (2004) Los Santos (2004), Ruiz Pérez (2005) y Tamarit (2016).

Durante la etapa infantil, la evolución de la coordinación está íntimamente ligada al desarrollo general del individuo. La **percepción del medio** que rodea al alumno, ya desde muy pequeño, le ayuda a construir esquemas mentales de su entorno más inmediato, su exploración será posible gracias al desarrollo del movimiento y conllevará la adquisición de capacidades que darán lugar al **desarrollo cognitivo**. Los logros motores de los primeros años suponen sucesivas conquistas de formas de coordinación cada vez más complejas: marcha, carrera, saltos, etc. Nunca es una edad temprana para trabajar la coordinación, aunque sí puede ser una edad tardía.

a) **Primeras edades**. Tras el nacimiento, el S.N.C. y la musculatura esquelética aún no tienen relación funcional. Será imprescindible el juego infantil para que niñas y niños vayan adquiriendo la madurez nerviosa y muscular necesaria para regular su propio cuerpo, además de la independencia de miembros superiores e inferiores y acoplarlo con el espacio y sus objetos. Por ello, el buen nivel de sus percepciones corporales, espaciales y temporales será fundamental. En un principio las coordinaciones son globales, pero su progresión es continua.

b) **Etapa Prepuberal**. Los movimientos se convierten en más claros y orientados. Es el mejor momento para los ensayos motrices porque el sistema nervioso está muy madurado y conlleva el refinamiento de los gestos, sobre todo los de tipo óculo-segmentario. Incremento cualitativo y cuantitativo en actividades de coordinación general. Al final de la etapa hay mayor ajuste, precisión y eficacia.

c) **Etapa Puberal**. El crecimiento anatómico provoca desajustes motores, pero con la práctica se mejora sin gran dificultad, siempre y cuando se hayan cumplido las etapas anteriores. Es un buen momento para iniciar las coordinaciones específicas o deportivas. La condición física hace que las actividades de coordinación tengan mejor nivel de ejecución. Esto es extensible a la **adolescencia**.

d) **Etapa Adulta**.- Hasta los 23-25 años, el grado de coordinación se mantiene, pero la degeneración orgánica hace que el nivel vaya deteriorándose.

1.4. COMPONENTES DE LA COORDINACIÓN.

Diversos autores se han ocupado de estos componentes o "sub-capacidades" que **integran** a la coordinación. Los **psicomotricistas** establecieron tres grupos. **Posteriormente** los estudios de Schnabel (1974), Hirtz (1981), Blume (1981), Martin (1982), Zimmermann (1987), Meinel y Schnabel (1988), Hahn (1988), Weineck (1988) y Kosel y Hecker (1996), (citados por Cañizares, 2001) y León (2006), aumentaron la riqueza del análisis de los parámetros que integra la coordinación, aunque en muchos casos apenas si existen **diferencias** significativas entre ellos. Por ello, Los Santos (2004), indica que en lugar de decir sólo "coordinación", mejor deberíamos hablar de *"capacidades coordinativas"*.

a) **Escuela Psicomotriz**. Para tener un control del movimiento (coordinación) es necesario un previo y paralelo desarrollo de varios factores: esquema corporal, estructuración espacio-tiempo y equilibrio.

b) **Otros autores**. Cañizares (2001), Conde y Viciana (2001) y Cachadiña –coord.- (2006), resumiendo a los autores anteriores, indican que generalmente se viene aceptando como componentes de la coordinación, es decir, una serie de elementos que hacen posible el movimiento, a las facultades de adaptación, reacción, dirección-control motor, orientación, equilibrio, ritmo y capacidad de acoplamiento, entre otras:

- Adaptación. Es ajustar el movimiento al cambio continuo del entorno: compañeros, contrarios, balón... y a los espacios reglamentarios para jugar.
- Reacción. Es responder a una modificación de la situación, es decir, adaptar el programa motor inicial a las variaciones inesperadas.
- Dirección-control motor. Ejecutar las acciones con precisión en aquellos deportes donde predominan las condiciones de ejecución estandarizadas: tiro, pase... Incluye la discriminación de velocidades y trayectorias, la orientación y estructuración espacio-tiempo y el equilibrio
- Orientación. Permite modificar la posición y el movimiento del cuerpo en el espacio y en el tiempo.
- Equilibrio. Es mantener una posición corporal deseada (equilibrio estático) o recuperarla tras un movimiento (equilibrio dinámico) en contra de la fuerza de la gravedad. Las actividades propias de coordinación dinámica general implican una reequilibración continua.
- Ritmo. Es organizar cronológicamente las prestaciones musculares en relación al espacio y al tiempo.
- Capacidad de acoplamiento. Permite regular los movimientos corporales parciales entre sí y/o unir los ya automatizados para lograr un objetivo motor dado.

Estos términos tienen otras **denominaciones** en función de los autores que estudiemos y/o la traducción realizada de otros idiomas.

1.5. FACTORES CONDICIONANTES DE LA COORDINACIÓN.

Un movimiento coordinado y hecho con eficacia es complejo de realizar, sobre todo si no es de tipo "simple" como un salto o el bote estático del balón.

Hay una serie de agentes que influyen decisivamente en los componentes de la coordinación vistos anteriormente. Estas variables que ahora nombramos debemos tenerlas muy en cuenta a la hora de diseñar las actividades en cuanto a su complejidad, porque van a condicionar las respuestas motrices de nuestros escolares (Cañizares, 2001).

- Nivel de aprendizaje motor y de experiencias previas.
- Grado de equilibrio necesario.
- Influencias de compañeros y/o contrarios.
- Uso o no de móviles y sus características de peso, tamaño, textura, etc.
- Cansancio y condición física.
- Grado de tensión nerviosa y de intensidad del esfuerzo.
- Dificultad de la acción. Número de grupos musculares necesarios.
- Velocidad de ejecución del movimiento.

- Condiciones externas de luz, tipo de pavimento, temperatura, limitaciones de espacios, posible incomodidad del factor viento, etc.

1.6. EVALUACIÓN.

No es fácil establecer tests o pruebas que sean de máxima utilidad para medir y evaluar la coordinación al existir diversas capacidades íntimamente relacionadas con la misma. No obstante, establecemos tres apartados:

- **Tests** "tradicionales". Nos referimos a la batería de Ozerestki, el examen psicomotor de Mazzo y de Vayer, y la observación psicomotriz de Da Fonseca (López y Garó, 2004).

- **Nuevas formas**. En los últimos años nos encontramos con la adaptación de Ruiz, Graupera y Gutiérrez (2002), para la población española, del test MABC de Henderson y Sudgen; de la escala ECOMI, y del sistema instrumental para medición de la motricidad de González Rodríguez (2003), todos ellos citados por López y Garó (2004).

- **Pruebas escolares**. Operativamente el docente utiliza el salto en profundidad; triple salto a pies juntos y el pentasalto desde parado, entre otras. Tienen la ventaja de su simpleza y rapidez, así como que el propio alumnado comprueba personalmente su progresión.

1.7. ACTIVIDADES PARA SU DESARROLLO.

Seguimos a Trigueros y Rivera (1991), Kosel y Hecker (1996), Chinchilla y Alonso (1998) Romero Cerezo (2000), Campo (2000), Rigal (2006), León (2006) y (Zagalaz, Cachón y Lara, 2014).

Al planificar las tareas para la mejora de la coordinación implicamos, además de los factores perceptivos y equilibradores, al resto de los componentes o "sub-capacidades", sin olvidar la condición física como factor de ejecución.

a) **Actividades de Coordinación Dinámica General.**

- Desplazamientos de todo tipo y muy variados. Por ejemplo, marchas y carreras, cuadrupedias, tripedias, reptaciones, trepas, etc. También podemos organizarlas de forma individual, en parejas, pequeño y gran grupo, con o sin el uso de recursos móviles como aros, conos, picas, cuerdas, etc.
- Juegos de empuje, transporte, tracción, oposición entre compañeros, etc.
- Saltos de todas las modalidades, con uno y dos pies y sus combinaciones. Desde una altura, superar una altura, en profundidad y sus combinaciones. También podemos contar con el apoyo de recursos tales como aros, bancos, conos, vallitas, colchonetas, etc. El ritmo es también un excelente recurso para la enseñanza de los saltos.
- Carreras en línea recta, de espalda, lateral, etc. Podemos utilizar conos para realizar zig-zag y otras muchas variantes.
- Juegos generales que impliquen desplazamientos, saltos, capturas, ritmos, etc. Pueden ser de índole popular con baja o alta organización, dependiendo de la edad, evolución y característica del grupo.
- Desplazamientos variados de tipo "pasivo", con o sin el uso de patines, skates, etc.
- Juegos con los recursos tradicionales propios de los gimnasios: espalderas,

escalas, etc.

b) **Actividades de Coordinación Óculo–Segmentaria.**

- Podemos distinguirle al Tribunal actividades concretas para la mejora de la coordinación óculo-pie; óculo-mano...
- Botes, conducciones y lanzamientos-recepciones de pelotas y balones. Combinaciones.
- Juegos populares de punterías con diversos móviles, como "las siete y media" o "tirar la raya".
- Golpeos de pelotas, globos y otros recursos propios de la "Corriente Alternativa"

c) **Ejemplos de algunas variantes.**

- Variaciones en la ejecución de un movimiento.
    - Aumentando o disminuyendo la velocidad de ejecución.
    - Variando los movimientos de realización.
    - Alternar lado derecho/izquierdo.
    - Relajación parcial de determinadas áreas del cuerpo.
    - Combinación de movimientos:
        - Ejecución cruzada, sucesiva y simultánea.
- Variación de las condiciones externas:
    - En la orientación del movimiento y dirección
    - En el lugar de la realización.
    - Peso, forma y diseño de los objetos utilizados.
    - Acción facilitada, dificultada, compartida, etc.
- Variaciones en la acción temporal:
    - Opciones en la anticipación de un estímulo.
    - Variaciones parciales del ritmo de una tarea.
    - Adaptación alternada de la tarea a un ritmo.
    - Ajuste de una misma tarea a distintos ritmos.
    - Creación de alternativas rítmicas.
- Variaciones y combinaciones de actividades:
    - En la posición inicial y en la ejecución de la actividad.
    - En la dinámica del movimiento.
    - En las condiciones exteriores.
    - En la estructura espacial del gesto.
    - En la captación de información.
    - Combinaciones de habilidades gestuales.
    - Juegos con adversarios.

d) **Consideraciones metodológicas. Recursos.**

- No olvidamos la importancia de los **aprendizajes previos**.

- Las actividades debemos aplicarlas bajo formas simples dirigidas hasta las propias exploradas y descubiertas por ellas y ellos.

- En los primeros momentos el movimiento debe ser **simple** y de velocidad **lenta** hasta que se fijen engrama y patrón motor.

- Utilizar propuestas para la investigación: ¿de cuántas formas eres capaz de...?, ¿cómo puedes avanzar más rápidamente con tres apoyos sobre el suelo?, etc.

- En el desarrollo de la coordinación óculo-segmentaria debemos incorporar toda clase de móviles: globos, picas, pelotas, bolsitas de granos, cuerdas, aros, etc. y que requieren además una destreza en su manejo, un cálculo de sus posibles trayectorias y unas colocaciones idóneas en las recepciones y lanzamientos.

- Variar mucho de móvil. Su peso será liviano, sin dureza y con un colorido motivador.

- Los docentes debemos integrarnos en la práctica, ser uno más del grupo.

- Utilizar los tres canales de información de la forma más variada y rica posible.

- Algunas normas prácticas para la intervención educativa, son:
    - Realizar movimientos en diferentes entornos, con pocas repeticiones.
    - Evitar los movimientos estereotipados.
    - Variar continuamente las situaciones del movimiento.

2. EQUILIBRIO. CONCEPTO Y ACTIVIDADES PARA SU DESARROLLO.

2.1. CONCEPTO.

Es uno de los componentes perceptivos específicos de la motricidad. Está ubicado dentro de la dimensión introyectiva de la persona, siendo una capacidad con mayor dominio instintivo, porque viene prefijado genéticamente y se va desarrollando a medida que evolucionamos. Comprende las funciones fundamentales de vigilancia, alerta y atención, haciendo frente a la fuerza gravitacional que actúa continuamente sobre la persona.

La equilibración, que está muy relacionada con el esquema corporal y la función tónica, podemos considerarla como el telón de fondo del equilibrio que, a su vez, nos dará las bases para construir nuestras coordinaciones y domino del espacio. En los humanos se manifiesta por la actitud de la bipedestación y se caracteriza porque se lleva a cabo con el mínimo esfuerzo voluntario (Aragunde, 2000).

Desde un punto de vista **fisiológico**, el sentido del equilibrio está ubicado en el sistema vestibular, situado en el laberinto del hueso temporal.

El equilibrio **también** se incluye en las capacidades coordinativas como componente importante de la coordinación general. Si bien ésta permite hacer un movimiento sincronizado, el equilibrio otorga el mantenimiento de la posición del cuerpo en contra de la ley de la gravedad.

El equilibrio puede ser mejorado por la práctica y juega un papel importante en las actividades motrices y deportivas, a la hora del control corporal y posterior ajuste del movimiento. Las constantes inestabilidades de los movimientos, producidos en el transcurso del juego, y el continuo cambio del centro de gravedad, hacen que el participante deba tener en todo momento consciencia exacta de su posición en el ejercicio para, a partir de ahí, actuar en los movimientos posteriores (Bernal, 2002).

Las diferentes actividades del organismo humano requieren la aptitud para conservar una posición sin moverse (equilibrio estático), o para asegurar el control y el mantenimiento de una posición durante el desplazamiento del cuerpo (equilibrio dinámico). En todos estos casos se trata de conservar el centro de gravedad del cuerpo en el interior del cuadrilátero de sustentación, siempre luchando contra la gravedad (López y Garoz, 2004).

Para el equilibrio estático las fuerzas que se ejercen sobre el cuerpo tienen una resultante nula: los músculos antagonistas intervienen de tal manera que no crean más que un mínimo de oscilaciones del cuerpo.

En el equilibrio dinámico la masa del cuerpo se reparte de manera variable en cada instante sobre el punto de apoyo, lo que provoca una variación de fuerzas. La actividad muscular cambia continuamente para mantener la orientación postural global y reestablecerla cuando la perturbación llega a ser demasiado importante.

A cada movimiento que se realiza con una parte del cuerpo, le sigue otro **compensatorio**, inconsciente, que mantiene la estabilidad. Por ejemplo, en el salto para golpear un balón de cabeza, se suceden las posiciones de equilibrio y desequilibrio, y de la correcta coordinación de ambas acciones resultará un salto armónico y controlado. De ahí que el equilibrio también puede ser entendido como una recuperación constante de situaciones desequilibradas (Bernal, 2002).

Por otro lado, el alumnado con equilibrio deficiente tendrá una serie de defectos:

- Rigidez general, tensión. Movimientos bruscos, intempestivos, excesivamente amplios.
- Mala recuperación del equilibrio perdido y muy mal equilibrio con el pie no dominante.
- Mirada demasiado móvil, poca concentración, inatención. Miedo al vacío, vértigo.

En cuanto a las definiciones, exponemos las de los autores más significativos:

- **Contreras**, (2004). "*Capacidad de mantener una o más posturas, o de recuperarlas una vez perdidas, en contra de cuantas fuerzas exógenas puedan incidir sobre el cuerpo*".
- **Fernández García** -coor.- (2002). "*Capacidad para asumir y sostener cualquier parte del cuerpo contra le ley de la gravedad*".
- **López y Garoz** (2004). "*Es la capacidad de mantener la proyección vertical del centro de gravedad dentro de la base de sustentación del cuerpo*".
- **Torres**, (2005). "*Habilidad para mantener el cuerpo compensado, tanto en posiciones estáticas como dinámicas*".

2.2. CLASIFICACIÓN.

El análisis de las exigencias de equilibración lleva a Castañer y Camerino (1993) a distinguir varias situaciones y grados de la misma:

- Equilibrio **reflejo** (de tipo estático-postural).
- Equilibrio **automático** (implícito en los movimientos voluntarios y cotidianos).
- Equilibrio **voluntario**, realizado en los ejercicios programados.

Ya, en el campo de la **educación físico-deportiva** y de acuerdo con las distintas situaciones en que se manifiesta el equilibrio, la mayoría de autores establecen dos grupos (Rigal, 2006):

a) **Equilibrio Estático**.

Castañer y Camerino (1993), lo definen como "*el proceso perceptivo-motor que busca un ajuste de la postura antigravitatoria y una información sensorial exteroceptiva y propioceptiva cuando el sujeto no imprime una locomoción corporal*".

Lo podemos considerar como la facultad del individuo para mantener el cuerpo en posición erguida sin desplazarse. Dentro de este tipo podemos considerar el equilibrio **postural**, en el cual el sujeto trata de mantener su posición erecta gracias a los reflejos de enderezamiento, laberínticos, ópticos, táctiles, los reflejos de actitud, etc. En todos ellos, el aumento del tono de sostén de los flexores y extensores permitirá que el cuerpo mantenga su equilibrio contra la acción de la gravedad. Por ejemplo, el portero de fútbol ante el lanzamiento de un golpe franco.

b) **Equilibrio Dinámico**.

Castañer y Camerino (1993) lo definen como "*cuando el centro de gravedad sale de la verticalidad corporal para realizar un desplazamiento y, tras una acción reequilibradora, regresa a la base de sustentación*".

Es más complejo que el estático porque el practicante se ve condicionado por los aspectos externos que constantemente actúan sobre él (acciones de compañeros y contrarios, móvil, etc.) y preverlas, para iniciar los movimientos compensatorios incluso antes de que comiencen a influir.

La mecánica de los procesos de equilibración la describen López y Garoz (2004), así:

- Los receptores sensoriales perciben un desequilibrio causado por el movimiento corporal o por factores externos.
- A partir de esta información, el S. N. ordena una gama de reacciones reequilibradoras encaminadas al mantenimiento del equilibrio perdido.

Lo que está claro es que cualquier movimiento requiere un desequilibrio inicial que rompe el primitivo. Tras el desequilibrio, el reequilibrio hace recuperar la estabilidad.

También podemos señalar al llamado "equilibrio en **suspensión**" como una **variación** del dinámico. Se produce cuando, a través de una impulsión previa, nos encontramos en el aire y es necesario mantener el cuerpo en una posición estable y biomecánicamente buena, para evitar el desequilibrio antes de la caída. Este tipo de equilibrio es muy importante en el deportista ya que muchas veces es necesario mantener en el aire un dominio corporal para salir airoso de la situación. Por ejemplo, remate en voleibol, tiro en baloncesto, etc. Una vez el cuerpo ha establecido contacto con el suelo a través de los pies, se produce el inicio de la siguiente acción (Bernal, 2002)

Por otro lado, Gil Madrona (2003), señala -citando a otros autores como Giraldes y Fernández Iriarte-, al equilibrio **post-movimiento** (mantener una actitud equilibrada en posición estática después de un movimiento) y al equilibrio con **objetos** (cuando hay que mantener de forma estática o dinámica un determinado objeto sin que este se caiga).

2.3. PROCESO EVOLUTIVO.

El dominio del equilibrio estático comienza hacia **el año**, cuando el bebé se queda en pie, solo, sin ayuda. La evolución del equilibrio está muy unida al desarrollo general y a las experiencias motrices que haya tenido. Su control se traduce en una habilidad mayor del actuante en todas las actividades que requieren un desplazamiento del cuerpo o del mantenimiento de una posición (Bueno, Del Valle y De la Vega, 2011).

Como fases **sensibles** para su mejora, Martin (1982), citado por Hahn (1988) indica los 9-13 años, con incidencia superior entre los 10-12 años, ya que es cuando se produce la maduración de las áreas cerebrales relacionadas con la motricidad, si bien no todos los autores están de acuerdo. Otros bajan esa edad a los 5 años, y como ejemplo demostrativo destacan el nivel alcanzado por las niñas y los niños que hacen Gimnasia Artística y Rítmica. En cualquier caso, su nivel va muy ligado a la cantidad de experiencias motrices realizadas durante las edades tempranas.

No obstante, indicamos que existen discrepancias que ponen de manifiesto autores como Castañer y Camerino (1993), en cuanto a la posibilidad de su mejora, porque creen que es una capacidad escasamente entrenable debido a su estrecha dependencia con el funcionamiento nervioso. Consideran que sí se puede optimizar en edades evolutivas en las que el sistema nervioso central presenta plasticidad.

Después de los 14 años se registran deterioros importantes en sujetos no entrenados, estabilizándose en los entrenados.

A partir de los 30 años, los resultados que valoran el equilibrio, decaen motivado por la incipiente regresión de la funcionalidad del sistema nervioso. El trabajo específico sobre esta cualidad permitirá controlar su involución, ya que hará mantener activos los circuitos nerviosos de control.

2.4. FACTORES QUE INFLUYEN.

Siguiendo a Bernal (2002) y a Desrosiers y Tousignant (2005), lo enfocamos a través de **cuatro** grupos:

a) **Factores Sensoriales**.

Se encuentran en el interior del organismo. Informan de su posición y estado a través del S. N. Podemos destacar a:

- Órganos del oído:
  - Conductos semicirculares: endolinfa.

- Aparato vestibular: laberinto, utrículo y sáculo.
- Órganos de la visión.
- Órganos propioceptivos:
  - Huso muscular.
  - Órgano tendinoso de Golgi.
  - Corpúsculos de Pacini.

b) **Factores Biomecánicos**.

Son externos e internos y atañen a la relación entre el cuerpo y la actividad física que realiza. Resaltamos a:

- Altura del centro de gravedad y su posición.
- Dimensión de la base de sustentación y si la base es movible o no.
- Altura y masa o peso corporal, las características físicas.
- Que la vertical del centro de gravedad caiga dentro de la base de sustentación.
- Que las resultantes de la línea de gravedad (cada miembro tiene su centro de gravedad) estén dentro de la línea total de gravedad.
- La actividad física a realizar, cada una es distinta y produce unos cambios de dirección y de velocidad específicos, así como la postura a mantener.
- Calidad y estado de los órganos sensoriales.

c) **Reflejos**.

- Actúan de modo automático con la aparición del estímulo. Por ejemplo, apretar los dedos de los pies contra el suelo al desequilibrarse hacia delante.

d) **Experiencia**.

- Hace referencia a los aprendizajes previos de patrones motores. En este caso el equilibrio está automatizado y cuesta menos esfuerzo, aumentando la rapidez del gesto.

2.5. EVALUACIÓN.

Desde hace mucho tiempo se ha venido aplicando pruebas para intentar evaluarlo de la forma más objetiva, cuestión que no ha sido fácil. La mayoría de ellas se limitan a la ejecución de un ejercicio, que en realidad implica la realización de una habilidad. Hay que citar, entre las más utilizadas con aplicación escolar, a las siguientes:

- Test de "Iowa Brace Test". Situarse apoyado sobre un pie, con brazos extendidos arriba-adelante. Se balancea el tronco adelante al tiempo que se eleva por detrás la pierna libre, hasta que ambos queden paralelos al suelo. La vista se mantiene al frente. Se trata de resistir en esta posición durante diez segundos.
- Test de "equilibrio flamenco". Durante un minuto debe mantenerse una posición equilibrada. Hay que ponerse de pie sobre una barra de 3 cm. de ancha, 4 cm. de alta y 50 cm. de larga. Flexionar una rodilla para cogerse el pie con la

mano correspondiente y quedarse equilibrado con el otro pie.

- <u>Tradicionalmente</u> hemos venido evaluando el equilibrio dinámico observando al escolar andar sobre un banco sueco de dos metros de largo. En caso de no tener dificultad, el banco lo giramos para que ande sobre la barra. Se observa la habilidad que tiene para recorrer esos dos metros de ida y los otros dos de vuelta, puntuando entre cero y diez. Esta es fácil de realizar pero tiene el inconveniente de la subjetividad en su medición.

2.6. ACTIVIDADES PARA SU DESARROLLO.

Las actividades pueden ser de equilibrio estático y dinámico y normalmente van ligadas a las propias de coordinación. Siguiendo a Trigueros y Rivera (1991), Kosel y Hecker (1996), Chinchilla y Alonso (1998), Campo (2000), Romero Cerezo (2000), Bernal (2002), Desrosiers y Tousignant (2005), León (2006), Rosillo (2010), Bueno, Del Valle y De la Vega (2011), destacamos:

a) Actividades de Equilibrio Estático.

- Progresar de estados más estáticos a otras más dinámicos. Por ejemplo, desde sentado, tendido, de pie con apoyo de uno o dos pies, etc.
- Mantener el equilibrio con un solo pie. Apoyo de punta, talón, parte interna o externa.
- De pie y con piernas abiertas, mover los brazos, pero guardando el equilibrio.
- Variante del anterior, pero ahora es un miembro inferior el que se mueve y balancea.

b) Actividades de Equilibrio Dinámico.

- Sobre posiciones variadas ir disminuyendo progresivamente la base de sustentación.
- Andar sobre diversas planchas del tamaño del pie, sobre banco sueco, barra de equilibrio aumentando progresivamente la altura (cambios de altura del C. de G.).
- Pérdida y recuperación voluntaria del equilibrio.
- Saltos simples y desde una altura, tratando de mantener el equilibrio al caer.
- Ejercicios de equilibrio con interiorización (ajuste corporal).
- Control del equilibrio en marcha, carrera y salto con alternancia exagerada de movimientos.
- Mantener el control en el aire ante diversas causas que lo perturban: empuje, salto, etc.
- Llevar objetos sobre la cabeza (bolsitas de granos, conos, etc.)
- Si a lo anterior le añadimos la práctica de ejercicios con los ojos tapados y combinación de los mismos, tendremos unos excelentes recursos para desarrollar el equilibrio.

c) Metodología y recursos.

Las consideraciones metodológicas que hacíamos en el análisis de la Coordinación son también válidas para el equilibrio, no olvidemos que la Coordinación es un todo integrable de otras capacidades (equilibrio, percepción, reacción, diferenciación, capacidad de ritmo, de dirección…)

Además, tenderemos en cuenta a las siguientes:

- Concentración en la acción que se ejecuta.
- Relajación, evitando tensiones y contracciones superfluas.
- Reducir la amplitud de movimientos corporales.
- Tomar un punto de referencia visual fijo.
- Alternancia en el trabajo para evitar la fatiga localizada.
- No cambiar de posición sin estar equilibrado previamente.
- Buscar la independencia de movimientos.
- Prevenir los desequilibrios, utilizando movimientos de cadera y cabeza.

Como los recursos materiales más empleados citaremos las líneas pintadas en el suelo, barras de equilibrio, bancos suecos, pelotas, aros, barandas, etc.

CONCLUSIONES

A lo largo del Tema hemos podido ver que las capacidades coordinativas, coordinación y equilibrio, son fundamentales a la hora del aprendizaje de la habilidad motriz. También, cómo el desarrollo previo de unos aspectos perceptivos espaciales, corporales y temporales influyen para tener un cuerpo coordinado y equilibrado. Durante la Etapa Primaria tiene lugar la edad más crítica para su desarrollo, de ahí la importancia que tenemos los especialistas en programar actividades lúdicas que promocionen estas capacidades. Por otro lado, destacar la importancia que tiene en su desarrollo el juego motor realizado durante los tres tiempos pedagógicos.

En la etapa de la Educación Primaria la Educación Física permite a los estudiantes explorar su potencial motor a la vez que desarrollan las competencias motrices básicas. Eso implica movilizar toda una serie de habilidades motrices, actitudes y valores en relación con el cuerpo, a través de situaciones de enseñanza-aprendizaje variadas, en las que la experiencia individual y la colectiva en los diferentes tipos de actividades permitan adaptar la conducta motriz a los diferentes contextos. En esta etapa, la competencia motriz debe permitir comprender su propio cuerpo y sus posibilidades y desarrollar las habilidades motrices básicas en contextos de práctica, que se irán complicando a medida que se progresa en los sucesivos cursos. Las propias actividades y la acción del docente ayudarán a desarrollar la posibilidad de relacionarse con los demás, el respeto, la colaboración, el trabajo en equipo, la resolución de conflictos mediante el diálogo y la asunción de las reglas establecidas, el desarrollo de la iniciativa individual y de hábitos de esfuerzo.

BIBLIOGRAFIA

- AÑÓ, V. CAMPOS, J, MESTRE J. (1982). *La Educación Física Escolar*. Miñón. Valladolid.

- ARAGUNDE, J. L. (2000). *Equilibrio*. En *Fundamentos de la motricidad*. TRIGO, E. (coord.). Gymnos. Madrid.

- BERNAL, J. A. (2002). *Juegos y actividades de equilibrio*. Wanceulen. Sevilla.

- BUENO, M.; DEL VALLE, S.; DE LA VEGA, R. (2011). *Los contenidos perceptivomotrices, las habilidades motrices y la coordinación*. Virtual Sport. Segovia.

- CACHADIÑA, M. P. -coord-. (2006). *Expresión corporal en la clase de Educación Física*. Wanceulen. Sevilla.

- CAMPO, G. E. (2000). *El Juego en la Educación Física Básica*. Kinesis. Armenia. Colombia.

- CAÑIZARES, J. Mª. (2001). *Fichas para el entrenamiento físico del jugador de fútbol: Coordinación y Equilibrio*". Wanceulen. Sevilla.

- CAÑIZARES, J. Mª. (2004). "*Entrenamiento Deportivo*". En VV. AA. "*Técnico deportivo de Fútbol. Bloque Común. Nivel 1*". C.E.D.I.F.A. Sevilla.
- CASTAÑER M., y CAMERINO O. (1993). *La conciencia corporal*. En VVAA. Fundamentos de la educación física para la enseñanza primaria. INDE. Barcelona.
- CHINCHILLA, J. L. Y ALONSO, J. (1998). *Educación Física Primaria-1*. CCS. Madrid.
- CONDE, J. L. y VICIANA, V. (2001). "*Fundamentos para el desarrollo de la motricidad en edades tempranas*". Aljibe. Málaga.
- CONTRERAS, O. (2004). *Didáctica de la Educación Física*. INDE. Barcelona.
- DESROSIERS, P. y TOUSIGNANT, M. (2005). *Psicomotricidad en el aula*. INDE. Barcelona.
- FERNÁNDEZ GARCÍA, E. -coord.- (2002). *Didáctica de la educación física en la educación primaria*. Síntesis. Madrid.
- GIL MADRONA, P. (2003). *Desarrollo psicomotor en Educación Infantil*. Wanceulen. Sevilla.
- GUTIÉRREZ, M. (2004). *Aprendizaje y desarrollo motor*. Fondo Editorial Fundación San Pablo Andalucía (CEU). Sevilla.
- HAHN, E. (1988). *Entrenamiento con niños*. Martínez Roca. Barcelona.
- JUNTA DE ANDALUCÍA (2007). *Ley 17/2007, de 10 de diciembre, de Educación en Andalucía*. (L. E. A.) B.O.J.A. nº 252, de 26/12/2007.
- JUNTA DE ANDALUCÍA (2010). *Decreto 328/2010, por el que se aprueba el Reglamento Orgánico de las escuelas infantiles de segundo grado, de los colegios de educación infantil y primaria, de los colegios de educación primaria, y de los centros públicos específicos de educación especial*. BOJA nº 139, de 16/07/2010.
- JUNTA DE ANDALUCÍA (2015). *Decreto 97/2015, de 3 de marzo, por el que se establece la ordenación y el currículo de la educación Primaria en la comunidad Autónoma de Andalucía*. BOJA nº 50 de 13/03/2015.
- JUNTA DE ANDALUCÍA (2015). *Orden de 17 de marzo de 2015, por la que se desarrolla el currículo correspondiente a la educación Primaria en Andalucía*. BOJA nº 60 de 27/03/2015.
- JUNTA DE ANDALUCÍA (2015). *Orden de 04 de noviembre de 2015, por la que se establece la ordenación de la evaluación del proceso de aprendizaje del alumnado de educación primaria en la Comunidad Autónoma de Andalucía*. B.O.J.A. nº 230, de 26/11/2015.
- KOSEL, A. y HECKER, G. (1996). *Fichas de actividades gimnásticas. La coordinación motriz*. Hispano Europea. Barcelona.
- LE BOULCH, J. (1986). *Educación por el movimiento en la edad escolar*. Paidós. Barcelona.
- LEÓN, J. A. (2006). *Teoría y Práctica del Entrenamiento. Deportivo. Nivel 1 y 2*. Wanceulen. Sevilla.
- LÓPEZ, C. y GAROZ, I. (2004). *Evaluación de las capacidades coordinativas*. En HERNÁNDEZ, J. L. y VELÁZQUEZ, R. (Coor.) *La evaluación en Educación Física*. Graó. Barcelona.
- LORA RISCO, L. (1991). *La educación corporal*. Paidotribo. Barcelona.
- LOS SANTOS, C. (2004). *Preparación física. Teoría, aplicaciones y metodología práctica*. Wanceulen. Sevilla.

- M. E. C. (2006). *Ley Orgánica de Educación (L.O.E.) 2/2006, de 3 de mayo, de Educación.* B. O. E. nº 106, de 04/05/2006, modificada en determinados artículos por la LOMCE/2013.

- M. E. C. (2013). *Ley Orgánica 8/2013, de 9 de diciembre, para la mejora de la calidad educativa.* (LOMCE). B. O. E. nº 295, de 10/12/2013.

- M. E. C. (2014). *Real Decreto 126/2014, de 28 de febrero, por el que se establece el currículo básico de la Educación Primaria.* B. O. E. nº 52, de 01/03/2014.

- M.E.C. (2015). *Orden ECD/65/2015, de 21 de enero, por la que se describen las relaciones entre las competencias, los contenidos y los criterios de evaluación de la educación primaria, la educación secundaria obligatoria y el bachillerato.* B.O.E. nº 25, de 29/01/2015.

- MEINEL, K. y SCHNABEL, G. (1988) *Teoría del movimiento. Síntesis de una teoría de la motricidad deportiva bajo el aspecto pedagógico.* Stadium. Buenos. Aires.

- MORENTE, A. (2005). *Ejercicio físico en niños y jóvenes: programas de actividad física según niveles de condición biológica.* En GUILLÉN, M. -coord.- *El ejercicio físico como alternativa terapéutica para la salud.* Wanceulen. Sevilla.

- RIGAL, R. (2006). *Educación motriz y educación psicomotriz en Preescolar y Primaria.* INDE. Barcelona.

- RIVADENEYRA, M. L. (Coord.) (2003). *Desarrollo de la motricidad.* Wanceulen. Sevilla.

- ROMERO CEREZO, C. (2000). *Las capacidades perceptivo-motrices y su desarrollo.* En ORTIZ, Mª M. (coord.) *Comunicación y lenguaje corporal.* Proyecto Sur Ediciones. Granada.

- ROSILLO, S. (2010). *Cualidades físicas. Plan educativo de hábitos de vida saludable en la educación.* Procompal. Almería.

- RUIZ PÉREZ, L. M. (2005). *Moverse con dificultad en la Escuela.* Wanceulen. Sevilla.

- TAMARIT, A. (2016). *Desarrollo cognitivo y motor.* Síntesis. Madrid.

- TORRES, M. A. (2005). *"Enciclopedia de la Educación Física y el Deporte".* Ediciones del Serbal. Barcelona.

- TRIGUEROS, E. y RIVERA, E. (1991). *Educación Física de Base.* CEP Granada y Gioconda. Granada.

- ZAGALAZ, Mª L.; CACHÓN, J.; LARA, A. (2014). *Fundamentos de la programación de Educación Física en Primaria.* Síntesis. Madrid.

WEBGRAFÍA (Consulta en septiembre de 2016).

http://recursosparaeldeporte.blogspot.com.es/2010/12/equilibrios-estatico-y-dinamico.html
http://recursos.cnice.mec.es/edfisica/
http://www.adideandalucia.es
http://recursos.cnice.mec.es/edfisica/
http://www.ite.educacion.es/es/recursos
http://recursostic.educacion.es/primaria/ludos/web/index.html
www.juntadeandalucia.es/educacion/descargasrecursos/curriculo-primaria/index.html

TEMA 8

EL APRENDIZAJE MOTOR. PRINCIPALES MODELOS EXPLICATIVOS DEL APRENDIZAJE MOTOR. EL PROCESO DE ENSEÑANZA Y DE APRENDIZAJE MOTOR. MECANISMOS Y FACTORES QUE INTERVIENEN.

ÍNDICE

INTRODUCCIÓN

1. EL APRENDIZAJE MOTOR.

    1.1. Definiciones.

    1.2. Principios.

    1.3. Clases de aprendizaje motor.

    1.4. Medición del aprendizaje.

2. PRINCIPALES MODELOS EXPLICATIVOS DEL APRENDIZAJE MOTOR.

    2.1. Teorías sobre el aprendizaje motor.

    2.2. Modelos teóricos explicativos sobre el aprendizaje motor.

3. EL PROCESO DE ENSEÑANZA Y DE APRENDIZAJE MOTOR.

4. MECANISMOS Y FACTORES QUE INTERVIENEN.

CONCLUSIONES

BIBLIOGRAFÍA

WEBGRAFÍA

INTRODUCCIÓN

El aprendizaje motor, como área de estudio e investigación, ha sufrido en los últimos 50 años una transformación radical (Ruiz y colls., 2001). En Andalucía, destacan los trabajos de Oña y colaboradores.

En este tipo de aprendizaje lo más importante son los **movimientos** corporales. Así, por ejemplo, al efectuar un lanzamiento con el pie, lo más significativo es la acción del miembro inferior. Pero, si prestamos atención, apreciaremos que el móvil debe dirigirse a un lugar determinado y en un momento preciso, lo cual implica otros procesos, como son los perceptivos, de control, etc. Esto ha hecho que podamos encontrar, refiriéndose al aprendizaje motor, términos como aprendizaje perceptivomotor, sensitivomotor, psicomotor y control motor (Gutiérrez, 2004). Aquí, utilizaremos el término **aprendizaje motor** con la intención de referirnos a todo ese proceso.

Debemos realizar un tipo basado en los conocimientos previos del alumnado, que sea **constructivo** y **significativo**, que se integre en las estructuras previas existentes y que, además, sea **funcional**, es decir, que lo pueda aplicar también fuera del contexto escolar, a situaciones de la vida cotidiana (O. 17/03/2015). No podemos olvidar el aprendizaje cooperativo, es decir, aquel que se basa en el grupo y en la interacción entre sus componentes.

En Primaria los aprendizajes de las habilidades motrices se deben efectuar en un ambiente lúdico y adecuado a la evolución de los intereses del alumnado.

A lo largo del Tema iremos viendo diversas **teorías y modelos**, los más **conocidos** ya que si no se nos haría interminable, que explican los procesos que rigen la adquisición y modificación de las habilidades motrices (aprendizaje motor).

Por último trataremos el proceso que sigue todo aprendizaje, así como muchos de los elementos y agentes que influyen.

1. EL APRENDIZAJE MOTOR.

Lo que enseñamos en el aprendizaje motor son **secuencias** de acciones musculares hechas con alto grado de competencia. Este proceso no es muscular, sino **neural** ya que los músculos son meros ejecutores de órdenes emanadas del cerebro y es allí donde se produce el aprendizaje (Guillén, Carrió y Fernández, 2002).

Las escuelas psicológicas y pedagógicas han definido el fenómeno del aprendizaje destacando los **cambios** y transformaciones que se producen en las personas por el hecho de practicar.

Después de una actividad motivada y de una experiencia significativa, el escolar es capaz de modificar sus respuestas ante diferentes situaciones. La mayoría de estos cambios llegan a ser relativamente permanentes, ya sea en términos de la naturaleza de la respuesta o lo que es más probable, en el aprendizaje de las habilidades motrices.

De hecho, Ruiz y otros (2001) entienden al aprendizaje motor como un proceso de obtención, mejora y automatización de habilidades motrices como resultado de la repetición de la secuencia motriz.

Es necesario diferenciar el cambio producido por el aprendizaje de los originados por el crecimiento o al contrario, por los deterioros de la senectud. Tampoco se consideran aprendizajes las ejecuciones debidas al azar.

1.1. DEFINICIONES.

Citamos una serie de definiciones de autores más significativos. Las hay que se basan en el **proceso** y otras en el **producto**.

- *"Proceso a través del cual el comportamiento motriz relevante, la conducta es alterada o desarrollada por medio de la práctica y la experiencia"* (Oxendine, 1970).

- *"Es un conjunto de procesos asociados a la práctica o experiencia tendentes a provocar cambios relativamente permanentes en el comportamiento"* (Schmidt, 1982).

- *"Es un cambio relativamente permanente producido por el entrenamiento y la experiencia"* (Lawther, 1983).

- *"Estudio de los factores internos y externos que influyen en la adquisición de movimientos coordinados (atención, memoria, organización de las recepciones, tiempo de reacción, transferencia, etc.)"* (Rigal, 2006).

En **resumen**, se puede definir el aprendizaje como *"un cambio relativamente estable y duradero del comportamiento, como resultado del entrenamiento y la experiencia (Gutiérrez, 2004)"*.

Por otro lado, Riera (1989), dentro de una línea ecológica, entiende que el aprendizaje se realiza por el establecimiento de nuevas y estables relaciones del individuo con el entorno.

El alumnado participa de diferentes **entornos** sociales los cuales le proporcionan una gran variedad de **experiencias**. Familia, amigos, la escuela, los medios de comunicación, etc. constituyen contextos desde los cuales **adquiere sus conocimientos** sobre la realidad social y natural. De este modo, el alumnado antes de iniciar un aprendizaje ya tiene un bagaje o ideas previas que le sirve para relacionar el aprendizaje que pretendemos. Un ejemplo es el juego popular (Paredes, 2003).

1.2. PRINCIPIOS.

Gutiérrez (2004), citando a Sánchez Bañuelos (1992), destaca una serie de principios o leyes a tener en cuenta y que son de **obligado** cumplimiento si queremos tener éxito:

a) **Principio de la práctica**.

Las repeticiones sucesivas y bien hechas de la destreza hacen que en ésta se adquiera mayor estabilidad, pero además hacen que pueda ser retenida por más tiempo. Muy unido al principio de retención habida cuenta que la práctica bien realizada provoca la conservación de la habilidad largo tiempo. Por ejemplo, aprender a montar en bicicleta.

b) **Principio de retención**.

No se puede decir que una destreza ha sido aprendida si no está **almacenada** (*engrama motor*) en la memoria. Muchas repeticiones de la destreza -siempre bien hecha- mejora su retención (Singer, 1986). También depende de su significatividad y funcionalidad.

c) **Principio de refuerzo**.

Para que una ejecución se aprenda debe ser **reforzada**, esto es, **reconocida** y animada por el docente, aunque a veces se unen los compañeros. Si tras una ejecución trabajada el sujeto recibe un **premio**, tratará de repetirla otra vez. Por el contrario, con un "castigo", tratará de evitarla.

Los refuerzos pueden ser positivos o negativos. Refuerzo **positivo** es la aparición de un estímulo deseado con la intención de reafirmar la ejecución correcta. Refuerzo **negativo** es la desaparición de un estímulo deseado con la intención de reafirmar la ejecución correcta.

d) Principio de transferencia.

Las destrezas motrices que se aprenden nunca son totalmente **nuevas**, ya que se basan en actividades motrices **previamente** conocidas que pueden favorecer o entorpecer el aprendizaje. Transferencia, pues, es la transmisión de los aprendizajes anteriores hacia los siguientes.

Tradicionalmente se entiende que la transferencia puede ser **positiva, negativa** o **neutra**. Aunque hay multitud de variantes, vemos las más conocidas.

- **Positiva**. Cuando un aprendizaje previo **favorece** el posterior, por ejemplo practicar el bote con una pelota de goma en 1º de Primaria beneficia al aprendizaje del dribling en Mini Basket en 6º.
- **Negativa**. Cuando el aprendizaje a realizar **interfiere** con una segunda tarea. Por ejemplo, practicar bádminton y tenis. Los desplazamientos son **opuestos**, los implementos distintos, lo mismo que la técnica de golpeo, etc.
- **Neutra**. El aprendizaje de una habilidad **no interfiere** en el de otra. Por ejemplo, si enseñamos bádminton y ajedrez en el mismo día.

Las anteriores, a su vez, pueden ser (Ruiz Pérez, 1994 y Parlebas, 2001): **proactivas**, cuando modifican la realización de una actividad nueva, o **retroactivas**, cuando modifican la realización de una actividad aprendida anteriormente. Parlebas (2001), entiende que la proactiva es más habitual en la Educación Física escolar y la retroactiva del entrenamiento deportivo

Sánchez Bañuelos (1992), citando a Gagné (1975), establece las de tipo:

- **Vertical**. Cuando los aprendizajes captados anteriormente son de utilidad a otros posteriores, similares, aunque más complejos. Por ejemplo, el dominio de la habilidad motriz del salto en 2ª de Primaria, le es muy útil al escolar si más adelante entrena a Baloncesto.
- **Horizontal** o **Lateral**. Cuando el alumno es capaz de realizar una destreza similar y de igual nivel de complejidad como consecuencia de haber aprendido otra anteriormente. Por ejemplo, tras dominar el patinaje en hielo, el escolar aprende patinaje "in line".

No obstante lo anterior, matizamos que otros autores - Ellis, Singer, etc.- distinguen **más tipos** de transferencias (Fernández -coord.-, 2002).

1.3. CLASES DE APRENDIZAJE MOTOR.

El aprendizaje motor se produce por la ejecución de las destrezas y éstas pueden ser alcanzadas por cuatro procedimientos: **imitación**; **transmisión** de información verbal; **descubrimiento** y **multimedia** que engloba a las anteriores.

- **Aprendizaje por imitación o modelaje (aprendizaje vicario).**

    Una de las vías habituales en la iniciación al juego es seguir, vía visual, el de los mayores, a los compañeros o a personas (deportistas) que son destacables para nosotros. Es muy habitual, aunque no debería ser así, que el docente realice el gesto, juego, etc. y que el grupo lo imite para practicarlo.

- **Aprendizaje por transmisión de información verbal.**

    Sobre todo se da en casos de conocimientos de resultado. Suele ser complemento al visual o al de descubrimiento. El alumnado de primaria suele atender a pocas consignas verbales.

- **Aprendizaje por descubrimiento.**

    Es un tipo de aprendizaje donde el chico o chica, en lugar de recibir los contenidos de forma pasiva o directa por nuestra parte, descubre los conceptos y sus relaciones y los reordena para transformarlos a su mapa cognitivo. La enseñanza por descubrimiento coloca en primer plano el desarrollo de las destrezas de investigación del escolar y se basa principalmente en la inducción y en la resolución de los problemas.

    Así pues, tras dotar al alumnado de una serie de patrones básicos de movimiento, vamos dando propuestas con indicios y pautas del nuevo aprendizaje para que el escolar responda a las nuevas situaciones que puedan darse en el juego creando las respuestas. Debe ser significativo, que el alumno sea consciente de su importancia. Por ejemplo, ¿cómo puedes trasladarte con tres apoyos?, ¿cómo eres capaz de botar para que el contrario no te quite la pelota?

    Es el que **debemos seguir** si realmente deseamos que el grupo elabore respuestas, practique estrategias creativas, ponga en funcionamiento sus capacidades cognitivas, etc.

- **Holístico o multimedia**

    Lo denominamos así porque **integra**, en mayor o menor medida, a los anteriores. Se produce cuando realizamos una instrucción con ayuda de **recursos multimedia**, como las Webquest y otras herramientas y aplicaciones (**App**), tales son las "plataformas de aprendizaje", como Moodle, Tiching, Kahoot, etc. Por ejemplo, para tratar el aprendizaje del calentamiento, enviamos al alumnado una Webquest para resolver esta temática a base de **investigar** a través de los **enlaces** remitidos. En ellos podemos incluir virtuales con textos y gráficos sobre las ventajas de hacer el calentamiento de forma adecuada y metódica, vínculos a vídeos donde alguien, como un conocido entrenador o deportista, muestra los aspectos más importantes sobre la forma de hacerlo, enlaces a determinadas webs previamente testeadas por nosotros donde hay información relevante sobre los posibles problemas por no realizarlo bien. Es decir, que el alumno/a recibe informaciones que le motivan al **descubrimiento**, otras **auditivas** y unas terceras de índole **visual** para que imite las acciones y consiga realizar y concienciarse de cómo y para qué hacer bien el calentamiento (Cañizares y Carbonero, 2009).

    Además, esta clase de aprendizaje nos facilita que éste se realice teniendo como base una estructura metodológica **cooperativa** donde, a través de la resolución conjunta de las tareas, los miembros del grupo conozcan las estrategias utilizadas por los demás y puedan aplicarlas a situaciones similares (O. ECD/65/2015).

1.4. MEDICIÓN DEL APRENDIZAJE.

Siguiendo a Gutiérrez (2004) y Rigal (2006), destacamos a:

- **Test**.- Es una realización **estandarizada**. Se trata de poner al testeado en una situación de ejecución límite, de alcanzar su máximo. Pueden ser de tipo físico, que aplicaríamos a modo de "control" de la condición física para detectar cualquier irregularidad, preferentemente al final de la Etapa, como el test de Detente. También pueden ser de naturaleza antropométrica, como la medición de la estatura, peso, envergadura, etc. Con los test pretendemos **comparar** los resultados que obtienen unos alumnos con otros.

- **Prueba**.- Genéricamente designa a un conjunto de actividades características de una **edad** dada. Permite determinar el avance o el retroceso psicomotor de un individuo según triunfe o fracase en la prueba situada antes o después de su edad cronológica. Por ejemplo, la prueba de orientación, derecha-izquierda de Piaget-Head.

- **Balance**.- Engloba a un **conjunto** de **pruebas** utilizadas para determinar el máximo desarrollo alcanzado en todo un grupo de habilidades perceptivo-motrices. Por ejemplo, el balance psicomotor de Vayer.

- **Batería**.- Designa un **conjunto** de **test** utilizados para medir varios aspectos. Por ejemplo, la batería Eurofit.

- **Escala de Desarrollo**.- Aglutina a un **conjunto de pruebas** muy diversas y de dificultad graduada para medir minuciosamente diferentes sectores del desarrollo. Su aplicación a un sujeto permite evaluar su nivel de desarrollo motor. Por ejemplo, Escala de Desarrollo de Gesell, Brunet-Lèzinei. Aunque presenta **similitudes** con el Balance, la Escala es una comparación con una edad y el Balance, no.

- **Perfil psicomotor**.- Consiste en una **reproducción gráfica** de resultados obtenidos en varios test. Por ejemplo, el Perfil psicomotor de Vayer.

Todos estos medios deben cumplir una serie de criterios como fiabilidad, validez, discriminación o sensibilidad, objetividad, economía, etc. (Oña, 2005).

Las mediciones de los distintos aprendizajes se plasman en una cuadrícula con un eje de ordenadas. De ahí surgen las conocidas "**curvas de aprendizaje**" y que son los *gráficos que se emplean para representar los datos obtenidos en la evolución del aprendizaje* (Gutiérrez, 2004).

2. PRINCIPALES MODELOS EXPLICATIVOS DEL APRENDIZAJE MOTOR.

Las **teorías** son hipótesis más generales a diferencia de los **modelos** que son más simples y específicos. Hoy día las teorías más aceptadas, desde el punto de vista educativo, son las que establecen el carácter **procesual y constructivo** del aprendizaje y desarrollo motor. Esto conlleva la superación de las posiciones **innatistas** -que los atribuyen a la herencia- y de las posiciones **ambientalistas** -que los explican en función del medio exclusivamente-, pues el mecanismo por el que se van construyendo progresivamente ambos procesos es el de la **interacción** del sujeto con su entorno (Gutiérrez, 2004).

En cualquier caso, el D. 328/2010, de 13 de julio, por el que se aprueba el Reglamento Orgánico de las escuelas infantiles de segundo grado, de los colegios de educación primaria, de los colegios de educación infantil y primaria, y de los centros públicos específicos de educación especial, BOJA nº 139, de 16/07/2010, indica en su artículo 8 sobre los **derechos del profesorado** que puede "emplear los **métodos de enseñanza y aprendizaje** que considere más **adecuados** al nivel de desarrollo, aptitudes y capacidades del alumnado, de conformidad con lo establecido en el proyecto educativo del centro".

2.1. TEORÍAS SOBRE EL APRENDIZAJE MOTOR.

La totalidad de este punto está resumido de Sánchez Bañuelos (1992), Ruiz Pérez (1994), Ballesteros (1996), Montero (1997), Oña -coor.-. (1999), Rojas (2000), Galera (2001), Sáenz-López (2002), Fernández -coord.- (2002), Rivadeneyra -coor- (2003), Castejón -coord.- (2003), Gutiérrez (2004), Riera (2005), Oña (2005) y Gallardo y Camacho (2008).

Ahora vemos las teorías y modelos más conocidos, así como los más vanguardistas. En este cuadro los resumimos.

TEORÍA-MODELO	RASGOS-ÉNFASIS. AUTORES.
T. Conductista	Estímulo-respuesta. Valora el resultado. Watson, Thorndike, Skinner.
T. Cognitivistas	Cogniciones. Valora proceso. Ensayo-error. Vygotski, Piaget, Crowder.
M. Procesamiento I.	Tratamiento de la información, su recorrido y aprovechamiento. Welford, Marteniuk.
M. Cibernético	Feedback. Conocimiento de resultados. Wiener, Fytts, Simonet.
M. Constructivista y A. Significativo	Todo aprendizaje se construye a partir de otro anterior. Vínculos entre los conocimientos que ya posee y los que incorpora. Piaget, Vygotski, Ausubel.
M. Estructuralista	Relación entre las estructuras coordinativas, cognitivas, etc. del ser humano. Saussure, Kohler, Seirul.lo.
M. Cooperativo	Trabajo conjunto. Todo el grupo es un engranaje. Hermanos Jonhson.
M. Aprendizaje social	Importancia de observar e imitar la conducta de los demás compañeros. Bandura.

Riera (1989), destaca que los inicios del aprendizaje motor están en las aportaciones del astrónomo Bessel a finales del siglo XIX. A los pocos años, Lastrow se interesa pero con un enfoque hacia la producción industrial. Le siguieron Bryan y Harter sobre el ámbito de los trabajadores de telégrafos. A principios del siglo XX se inicia con intensidad la investigación.

Históricamente podemos destacar, de forma muy resumida, a dos grandes corrientes:

- **Conductismo (Behaviorismo o Asociacionismo)**. Tienen su esplendor, sobre todo, en la primera mitad del siglo XX. Lleva a cabo el esquema de **asociación** entre "**estímulo-respuesta**" y se investiga a través de la inteligencia animal en laboratorio. Da lugar a una metodología **conductista** o deductiva (Zagalaz, Cachón y Lara, 2014).

- La "**Corriente Cognitiva**". A partir de 1960. Reacción contra los conductistas o conexionistas. El interés de los investigadores se centra no tanto en los mecanismos como en las **estrategias** implicadas en la adquisición de las habilidades y destrezas motrices. Esta teoría se **desglosa** en multitud de **modelos** más concretos que enfatizan el aprendizaje en líneas muy precisas, como veremos más adelante. Da lugar a una metodología **constructivista** o inductiva (Zagalaz, Cachón y Lara, 2014).

- La "**Corriente Biomecánica o Kinesiológica**". Si bien sus inicios podemos encontrarlos hacia 1950, es a partir de la década de los 70 cuando cobra importancia y ésta hoy es imprescindible en el entrenamiento de elite. Las habilidades deportivas se estudian individualmente con ayuda de ordenadores y grabaciones en video con sensores distribuidos a lo largo del cuerpo para evaluar cómo es la "gestoforma" deportiva ideal para un deportista en concreto en función de sus parámetros físicos. Estos análisis biomecánicos aplican técnicas de **Ingeniería Mecánica**. Lógicamente, es inaplicable al ámbito educativo.

a) **Teoría Conductista o Asociacionista**.

Fue la primera formulada por los psicólogos a principios del siglo XX, (Watson y Thorndike), y centra su interés en la **conducta** evidente. Los autores se interesaron en la **asociación de respuestas** predecibles ante un determinado estímulo. De naturaleza **mecánica**, no le da importancia al proceso ni a las diferencias individuales. Los contenidos no son adaptados ni reorganizados con respecto a los conocimientos previos que tiene el alumno, sino que éste los asimila directamente para hacerlos suyos. El "**condicionamiento clásico**", o proceso de aprendizaje, se basa en la relación que estableció Paulov entre estímulo y respuesta y que ignoraba cualquier intervención cognitiva.

En Educación Física su dominio ha sido grande. El docente, cuando tradicionalmente daba la **orden** (voz, pitido) esperaba la **respuesta** de los alumnos de forma simultánea, con la idea que desarrollasen habilidades similares a las mostradas previamente por él. Es típico de la enseñanza masiva.

Skinner es el precursor del "**condicionamiento operante**" y sostiene que el **refuerzo** es elemento fundamental para el control de la conducta. De este modo, las **conductas** "**premiadas**" tienden a **repetirse** y las que obtienen "castigo" a **desaparecer**, centrando su atención en el **resultado**.

Gráfico: *Programa lineal de Skinner: aprendizaje sin error.*

Skinner (1960), establece la secuencia de los marcos para asegurar que casi no se presenten errores en las respuestas del alumno. Todos deben pasar por la misma secuencia, con objetivos muy precisos y encadenados. Un ejemplo aplicado es la enseñanza del pase "clásico" de Balonmano dando los tres pasos reglamentarios. Se analiza en cuatro fases, automatizando cada una de ellas antes de pasar a la posterior: pase estático, con uno, con dos y con tres pasos.

Navarro (2007), indica que en los comienzos de la década de los 80 del pasado siglo, el contexto pedagógico de la Educación Física en España era neoconductista, lo cual se plasmó en lo que se denominó la "enseñanza programada". Cuando esta tendencia inició su declive, aparecieron los "programas renovados", para asentar los desarrollos curriculares de las programaciones de aula de las áreas. "*La Reforma previa a la LOGSE cambió el paradigma de pedagogía conductista por el constructivista*" (Navarro, 2007).

b) **Teoría Cognitivista**.

El aprendizaje no se produce solo por estímulos exteriores, por respuestas mecánicas o por el despliegue de un programa genético innato. Lo más importante es lo que pasa en el interior del alumno: los **procesos cognitivos**, representaciones internas, ideas o razonamientos. Ante un estímulo no todos responden igual porque los "**mapas cognitivos**" son diferentes. **Piaget** (1976), indica que todo el proceso de aprendizaje conlleva otro de maduración del sistema nervioso y así se va organizando este mapa. Esta **maduración** psíquica y física es el **aprendizaje**.

Vygotski entiende que la construcción del conocimiento tiene un carácter social en el sentido que los procesos comunicativos son fundamentales para el desarrollo intelectual, entre otros. Por tanto, los mecanismos de interacción que se producen en el aula van en una doble dirección: docente/alumno y entre el propio alumnado.

El cognitivismo está muy vinculado a la corriente de la **Gestal** y propone una enseñanza basada en la **resolución de problemas** mediante el "**Ensayo-Error**", formulado por **Thorndike**, centrando su atención en el **proceso** porque considera que el **error** también **educa** y además hace a los individuos más adaptativos (Contreras y García, 2011). La clave está en el modo en que cada alumno interpreta y valora la **información** que le llega del exterior, en la fuerza de la conexión entre el estímulo y su respuesta. Los conocimientos no son agregados, sino que constituyen **esquemas** que se van reestructurando, transformándose, en función de la actividad constructiva del sujeto que aprende.

La **percepción del medio** que rodea al alumno, ya desde muy pequeño, le ayuda a construir esquemas mentales de su entorno más inmediato, su exploración será posible gracias al desarrollo del movimiento y conllevará la adquisición de capacidades que darán lugar al **desarrollo cognitivo** (Tamarit, 2016).

Para mejorar el nivel de adaptación a los alumnos, Norman **Crowder** (1962) introdujo una serie de innovaciones que se conocen con el nombre de "**Programación Ramificada**". Cuestionó a Skinner y su programa lineal porque consideró que los errores en las respuestas, además de que eran inevitables, podrían ser útiles. En la programación ramificada se daba retroalimentación tanto para las respuestas correctas como para las erróneas (diferente retroalimentación en cada caso). Esto permitía tomar en cuenta los distintos aprendizajes previos de cada alumno. El escolar realiza sucesivas aproximaciones hasta que se produce la conducta correcta.

Gráfico: *Programa de ramificación múltiple de Crowder*

Por ejemplo, en el cambio de mano y dirección en Mini-Basket, en función de la respuesta dada por cada alumno, el maestro dará más o menos retroalimentación.

2.2. MODELOS TEÓRICOS EXPLICATIVOS DEL APRENDIZAJE MOTOR.

Riera (1989), **clasifica** los modelos en tres grupos: **físicos**, **biológicos** y **psicológicos**, al mismo tiempo manifiesta que en su mayoría parten de presupuestos psicológicos, que los lazos entre ellos son numerosos y que la forma de exponerlos, de forma separada, es simplemente una estrategia metodológica.

- **M. Físicos**. Fundamentados en leyes mecánicas, dinámica y cinemática. "El ser humano está compuesto por un conjunto de articulaciones y segmentos que cumplen con estos principios". Por ejemplo, la biomecánica explica el aprendizaje motor a través de las palancas que establecen huesos y músculos.

- **M. Biológicos**. Compuestos por los de tipo antropométricos, evolutivos y energéticos, que consideran al ser humano desde una perspectiva biológica, subrayando sus aspectos funcionales y estructurales. Por ejemplo, el modelo anatómico se usa en ergonomía (cómo diseñar el lugar de trabajo del operario con el fin de evitar problemas de salud y aumentar su eficiencia).

- **M. Psicológicos**. Emanan de la teoría **Cognitivista** y hacen más hincapié en determinados aspectos: **feedback**, **información**, **significancia** de la nueva tarea, etc. En todos ellos el alumnado es un sujeto "**activo**", que tiene que pensar y reestructurar sus esquemas de conocimiento, bien modificando el existente, bien incorporando otros nuevos. Además deben ser funcionales, es decir, aplicables a otros contextos concretos y transferibles a situaciones nuevas de la vida, cosa que no ocurre con la teoría Conexionista o Asociacionista, donde el aprendiz es un mero **repetidor** de las directrices -exactas- que le dicta el maestro, con objeto de conseguir un aprendizaje rápido, aunque mecánico, aburrido y repetitivo.

Los numerosos **modelos parten del cognitivismo** y, aunque sus **diferencias** son **pocas**, tratan de hallar unas explicaciones que reconozca la comunidad científica. Si bien existen muchas variantes, nos **centramos** en los más **importantes**:

a) **Modelo del Procesamiento de la Información.**

Este modelo entiende al **alumno** es un procesador de información. Es decir, recibe los estímulos que le presenta el medio, los procesa y da una respuesta que se puede convertir en una nueva información a procesar. La dificultad a encontrar por el alumnado al realizar un aprendizaje motor va a estar relacionada con la cantidad y tipo de información que requiera dicho aprendizaje en su realización.

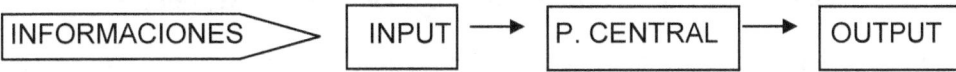

Como vemos en el gráfico, lo importante es la **evolución** que tiene la **información** (conocimiento) desde su captación por el sujeto (Input) hasta la creación de la respuesta (Ouput).

En este modelo es preciso saber que **información** es la cantidad de estímulos que llegan al alumno una vez que se han perdido parte de ellos por diversos motivos. También que "*es la cantidad de incertidumbre que se pierde o reduce cuando recibimos una señal*" (Sánchez Bañuelos, 1992). Los procesos del **tratamiento** de la información se realizan en **serie**, uno tras otro.

El **recorrido** de la información es tratado por diferentes autores. Entre los más conocidos podemos señalar a Welford y Marteniuk:

- **Modelo de Welford** (1976). Entiende el aprendizaje de la habilidad motriz, en sus aspectos funcionales, como un sistema de procesamiento de la información. Tienen un papel destacado **cuatro circuitos de feedback**, que retroalimentan al ejecutante y facilitan el control de la acción. Éstos, son:
    o **Decisión-memoria**. El alumno, antes de responder, evoca a sus experiencias pasadas.
    o **Control neuromuscular**. Por parte del S.N.C.
    o **Conocimiento de la ejecución**. Es el feedback interno. Sirve, sobre todo, para el control de las habilidades de tipo continuo, como marcha, natación, carrera, etc.
    o **Conocimiento de los resultados**. Es el feedback externo. El individuo coteja si el objetivo y el resultado obtenido coinciden.

- **Modelo de Marteniuk** (1976). En este modelo la ejecución motriz está basada fundamentalmente en tres **mecanismos** que se desencadenan de forma secuencial. A diferencia de Welford, distingue **dos circuitos de feedback**: interno y externo.

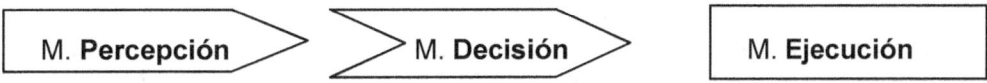

Como podemos observar, el modelo de Welford fue simplificado por Marteniuk, que sintetizó el complejo proceso sensomotor en los tres mecanismos básicos vistos (Galera, 2001).

b) Modelo Cibernético.

Wiener (1948), es considerado como el "padre" de la Cibernética, que la definió como la "ciencia que estudia los procesos de control en las máquinas y en los organismos vivos", aunque también como ciencia de sistemas **autorregulados**. Considera al individuo como un ordenador con memoria a corto (R.A.M.) y largo plazo (disco duro).

Este modelo refleja una consideración de **servomecanismo** o circuito cerrado en la actuación. En el caso que la realización haya terminado, la información de la realimentación se puede almacenar en la memoria para su futuro empleo.

Con la cibernética se ha visto que el aprendizaje viene determinado por los efectos **sensoriales** de los movimientos y de los estímulos que acompañan a las respuestas.

Por lo tanto, el modelo **cibernético** va unido al principio de **feedback** (retroalimentación de la información), el cual según Sage (1984), es *"la información que un individuo recibe como resultado de alguna respuesta"*.

El ser humano es un sistema capaz de utilizar diversos tipos de feedback. Esta acepción es la más primaria en la bibliografía especializada. A partir de los trabajos de Biladau (1961), Fytts (1964), Simonet (1985), Ruiz Pérez (1994) y otros se acuñó el término **conocimiento de resultados**. Hoy día éste es el más usado, entre otras cosas porque existen muchas variantes y estudios de autores. En ello ha influido decisivamente la importancia de las grandes competiciones deportivas, que han acrecentado el interés por la iniciación y el perfeccionamiento de las habilidades deportivas, corrección del gesto, etc.

Tradicionalmente, en el feedback se distinguen dos modalidades:

- **Intrínseco. Conocimiento de la ejecución** que el sujeto capta como consecuencia inherente a la respuesta. El niño cuando anda por encima de una barra de equilibrio está constantemente recibiendo información o **conocimiento** sobre la **ejecución** de la habilidad, para reajustar sus respuestas si así fuera necesario.

- **Extrínseco o aumentado.** Cuando el intrínseco no es suficiente, es necesario aportar al practicante una orientación externa (profesor, vídeo, ordenador...), para poder reajustar o estabilizar sus respuestas. Cuando se trata de una grabación en vídeo hablamos de una **autoscopia**. Un feedback extrínseco es el **biofeedback**, por el cual el deportista recibe información de las constantes biológicas de su organismo durante el proceso de realización de determinadas pruebas. Por ejemplo, al corren sobre la cinta rodante, los datos sobre frecuencia cardiaca que marca la pantalla de control.

Ruiz Pérez (1994), citando a Magill (1986), establece el Conocimiento de Resultados como *"una información que el profesor da al alumno sobre los **resultados** de su respuesta y debe ir en la línea del **refuerzo**"*. *"En la práctica, proporcionar conocimiento de resultado es lo mismo que dar feedback"* (Gil, 2007).

En cuanto a los **tipos** de C. de R. podemos establecer cuatro grupos (Calderón y Palao, 2009):

- **Por el momento de dar la información.** Por ejemplo, **concurrente** si damos información durante la ejecución o **terminal** si la damos al finalizar la actividad.

- **Por la dirección de la información.** Según el número de personas que tienen acceso a la información. Puede ser **individual** o **grupal**.

- **Por la forma de expresar la información.** Podemos dar información de modo **verbal, visual, kinestésico-táctil** y sus combinaciones. Últimamente hay cierta tendencia a la **autoscopia**, que es la auto-observación en video, pero debemos andar con **cautela** por ser menores edad.

- **Por la intención del profesorado al proporcionar la información.** Son muchas las variantes. Destacamos a los tipos **evaluativo**, cuando emitimos un juicio de valor: "está bien"; **descriptivo** cuando narramos los movimientos realizados insistiendo en los gestos mal efectuados: "el salto ha sido demasiado vertical". El **interrogativo** es muy interesante porque preguntamos al alumno sobre la ejecución para que busque sus errores y los corrija, por ejemplo, "¿cómo llevabas el codo al lanzar?".

Díaz (2005), basándose en varios autores, establece siete grupos desgranando la propuesta de Sáenz López (2002): por su procedencia, dirección, objetivo, tipo, forma, momento y a quién va dirigido.

Dentro del modelo Cibernético destacamos a dos autores: **Adams** y **Keele**.

- **Modelo de Adams: Circuito Cerrado** (1971).

También conocido como "Teoría del Bucle o Circuito Cerrado", de Jack Adams, es propia de habilidades motrices continuas, como botar o conducir un balón (Batalla, 2005). El proceso de información es de tipo repetido y el individuo actuará de acuerdo a ello. La información se da y utiliza momento a momento. Para Adams existen dos fases en el proceso de aprendizaje:

  o **Fase Verbal** (decimos la habilidad a realizar y cómo hay que hacerla).
  o **Fase Motriz** (es la realización práctica de la habilidad descrita antes).

- **Modelo de Keele: Programa Motor** (1982).

También es conocida como "Teoría del Esquema o de Control Motor en Bucle Abierto" (Batalla, 2005). Keele, aunque también **Schmidt**, Rogers y Henry, no distingue fases ya que el principiante parte con una idea o "programa motor inicial" que, tras realizarlo en su totalidad, comprueba si ha tenido éxito o no en la actuación. En caso negativo, crea un "programa motor modificado o adaptado" para, posteriormente, realizar el gesto y volver a repetir...

Los aprendizajes promovidos en la etapa de primaria no deben centrarse en la adquisición de respuestas específicas, sino en el aprendizaje de **esquemas generales de acción** que, posteriormente cada alumno, los adapte y concrete ante la variedad de situaciones posibles (Rivadeneyra y Sicilia, 2004).

Los ejemplos están relacionados con las tareas motrices **discretas**: lanzamiento de peso, tiro de personal, tiro de puntería con carabina, dardos, etc.

c) Modelo constructivista y significativo.

El **constructivismo** lo inicia principalmente Piaget. Enfatiza que la adquisición de una habilidad no se produce desde la nada, sino que se cimienta a partir de adaptaciones, modificaciones y rectificaciones de habilidades ya **adquiridas** y que constituyen el repertorio motor del individuo, es decir, los *"mecanismos de asimilación y acomodación"*. Pero esta construcción **no** debe suponer un puro proceso **acumulativo** de informaciones y experiencias; la intervención del docente no se centra sólo en la presentación de estímulos informativos para unos nuevos aprendizajes, sino que implica procesos interactivos y dinámicos, con los que la mente interpreta y reinterpreta (ideas previas) la información externa y construye, a su vez, modelos explicativos cada vez más complejos y útiles.

Hay que promover el contraste entre los conocimientos por parte de los aprendices con el fin de propiciar la aparición de conflictos cognitivos. El alumnado debe **comprender** la situación-problema motor para ajustar su conducta. Por ejemplo, ante la pregunta de cómo puede pasar el balón al compañero sin que se lo quite el contrario, el individuo tendrá que averiguar la mejor forma de hacerlo a partir de experiencias anteriores.

El profesorado debe evaluar y verificar esta **situación de partida**, el nivel de desarrollo y los conocimientos previos del alumnado en este campo, ya que en algunos casos éstos no están bien asegurados, sobre todo si tenemos en cuenta la disparidad en el ritmo de maduración de los grupos de estas edades y la incidencia de factores socioambientales y biofisiológicos (Contreras y García, 2011).

La importancia del factor social entre las informaciones previas y las nuevas queda muy bien sintetizada en la noción de "**zona de desarrollo próximo**" y "**zona de desarrollo potencial**" (Vygotsky 1979 en Rigal 2006). Un alumno tiene un **nivel real** para solucionar un problema -motor en nuestro caso-; es su límite que sólo él por sí mismo puede lograr. Zona de **desarrollo potencial** es el límite de lo que puede aprender con ayuda del docente o compañeros de superior nivel. Zona de **desarrollo próximo** es la distancia entre el nivel real y el potencial. En nuestra área se realiza mucho a través de la aplicación del estilo de enseñanza del "Descubrimiento Guiado".

En la construcción del conocimiento hay que citar también a la "**Dificultad óptima**" (Famose en Oña 1999), que es *"aquella que se sitúa en un nivel tal, que los alumnos tengan la posibilidad de implicarse en ella de forma constante y con un buen porcentaje de éxito"*. Por ejemplo, la entrada a canasta en Mini-Basket "a aro pasado", se basa en la entrada estándar y normalmente representa una "dificultad óptima" para el practicante medio.

El aprendizaje **significativo** lo acuñó Ausubel (1976) como el **opuesto** al mecánico, repetitivo y acumulativo, porque este autor comparte la línea cognitivista. Ausubel, Novak y Hanesian (1983), también lo nombran como *"modelo de la asimilación"*, con el fin de resaltar la función interactiva que las estructuras cognoscitivas (contenidos y organización total de las ideas de la persona en un área concreta del conocimiento) existentes, desempeñan en el proceso del nuevo aprendizaje. Está referido a la posibilidad de establecer **vínculos** sustantivos ("*la inclusión*") y no arbitrarios entre lo que hay que aprender, el nuevo contenido, y lo que ya se sabe, lo que se encuentra en la estructura cognitiva de la persona que aprende, sus conocimientos **previos**.

El alumno reelabora, reinterpreta o mejora -progresiva construcción- de los esquemas de conocimiento disponibles. El docente por su parte, facilita las tareas de construcción del alumnado a partir de las intenciones educativas previstas.

Pero aprender significativamente es atribuir significado al material objeto de aprendizaje, dicha atribución sólo puede efectuarse a **partir de lo que ya se conoce**, generando una motivación, otorgándole **funcionalidad** mediante la actualización de los esquemas de conocimientos pertinentes para la situación que se trate. Por ejemplo, muchas de las situaciones de aprendizaje del juego deportivo, 2X2 y 3X3, se adecuan a estas circunstancias.

Estos esquemas no se limitan a asimilar la nueva información, sino que el aprendizaje significativo supone siempre su revisión, modificación y enriquecimiento estableciendo nuevas conexiones y relaciones entre ellos, con lo que se asegura la **funcionalidad** y **memorización comprensiva** de los contenidos aprendidos significativamente (Coll, 1989).

La **funcionalidad** busca que el aprendizaje no esté descontextualizado de la vida cotidiana del escolar, que sea adecuado a sus **intereses** y a lo que el escolar desea. Presupone la potencialidad del aprendizaje para solucionar problemas concretos en situaciones determinadas; además de ser factible la transferencia y utilidad de lo aprendido para acometer nuevas situaciones y lograr, así, nuevos aprendizajes. Por ejemplo, aprender juegos populares o deportivos para hacerlo en su tiempo libre y pasarlo bien con sus amigos. También existe significatividad cuando inculcamos a nuestras alumnas y alumnos la utilidad de las instalaciones del entorno para la continuidad de la práctica física en algún polideportivo.

No olvidemos que debemos tender a un tipo de enseñanza constructiva, significativa y funcional, conceptos muy **relacionados** entre ellos. O lo que es lo mismo, que el alumnado realice su aprendizaje basándose en otro previo, que le encuentre sentido y que le sea útil para su vida.

d) Modelo Estructuralista.

Los fundamentos del modelo estructuralista (Saussure, Kohler, Wertheimer, Koffka...) sirven para explicar, en una primera aproximación, las interrelaciones existentes entre los distintos factores internos que afectan a la ejecución de las habilidades técnicas. Cada uno de sus componentes, por el sólo hecho de pertenecer al conjunto de ellos, desarrolla ciertas interconexiones de tal manera que la modificación de uno solo transforma a los restantes. Se trata de descubrir y estudiar ese sistema relacional latente que ocasiona este tipo de comportamientos.

A nivel específico de la práctica deportiva, Seirul.lo (2001) es uno de los autores más importantes. Manifiesta que debemos construir preferentemente "**situaciones** de enseñanza/entrenamiento" que permitan altos niveles de **interacción** entre sus componentes. Por ejemplo, combinar las estructuras condicional (condición física), perceptiva, coordinativa, cognitiva, socio-afectiva, emotivo-volitiva y creativo-expresiva, así como su conexión con el medio. Todo ello está encajado de tal forma que sus componentes actúan **entre sí** y con el **medio,** por lo que el aprendizaje/entrenamiento se auto-organiza, se reequilibra, adquiriendo nuevas y diferentes cotas de autoestructuración. Hoy día, con la llamada "**preparación física integrada**", donde los jugadores practican la condición física y otros contenidos del entrenamiento a través de **situaciones globales de juego**, este modelo está de máxima actualidad. Por ejemplo, situaciones de juego globalizado de 4 X 4 en terreno reducido, donde la consigna es "pasarse el balón a un toque; tras dos botes; sólo con el pie izquierdo", etc.

e) Modelo Cooperativo.

Específicamente este punto está extractado de García y otros, (2001 y 2003), Sánchez Gómez y Pérez Samaniego (2002), Fernández Río (2003), Velázquez (2003, 2004 y 2010) Donaire y otros (2006), Baz (2006) y Contreras y García (2011).

El aprendizaje cooperativo, en resumen, es la práctica educativa en pequeños grupos heterogéneos, en los que el alumnado trabaja conjuntamente para aumentar su aprendizaje y el del resto del grupo (Velázquez, -coord.- 2010).

Es el término genérico usado para referirse a un modelo de enseñanza que parte de la división del alumnado del aula en grupos de tres a seis componentes, seleccionados intencionadamente y de forma heterogénea, donde trabajan conjuntamente de forma coordinada para resolver tareas propias del Área y profundizar en su propio aprendizaje. De este modo aprovechamos al máximo la interacción entre sus componentes, porque cada alumno se convierte en el **referente de aprendizaje** de sus compañeros y viceversa. Por ejemplo, en la creación de una coreografía sencilla, en resolver problemas motores, en establecer las reglas de un nuevo juego, en organizar una salida al medio natural, etc.

Se distingue por ser un enfoque interactivo de organización del trabajo en el aula, donde los alumnos aprenden unos de otros, así como de su maestra o maestro y del entorno. El rol del docente es el de un mediador en la generación del conocimiento y desarrollo de las habilidades sociales de alumnos y alumnas. No obstante, podemos encontrarnos con el **"efecto polizón"**, es decir, un miembro del grupo menos capaz o desmotivado, deja que los demás completen sus tareas, por lo que debemos estar muy atentos para actuar según el caso (Velázquez, -coord.- 2010).

Los autores de referencia, Jonhson y Jonhson (1999), en Jiménez, Llobera y Llitjós (2006), lo han definido como *"aquella situación de aprendizaje en las que los objetivos de los participantes se hallan estrechamente vinculados, de tal manera, que cada uno de ellos sólo puede alcanzar sus objetivos si los demás consiguen alcanzar los suyos"*.

Este enfoque promueve la interacción entre alumnos, entregados a un ambiente de trabajo en el que se confrontan sus distintos puntos de vista, generándose así conflictos sociocognitivos que deben ser resueltos por cada miembro asimilando perspectivas diferentes a la suya. También destacamos que este modelo lleva implícito la exigencia de exponer verbalmente los pensamientos (ideas, opiniones, movimientos, habilidades motrices, críticas, etc.), y mostrarlos a los demás potenciando el desarrollo de la capacidad de expresión verbal y corporal. Por todo ello es un modelo muy actual y ligado a la "metodología cooperativa" (Curto y otros, 2009).

Mientras esto ocurre, el docente no debe limitarse sólo a observar el trabajo de los distintos grupos, sino que debe supervisar de un modo activo el proceso de construcción y transformación del conocimiento en ellos, observando y cuidando las interacciones que se van dando entre los miembros de los distintos grupos. El rol del docente es, por lo tanto, de mediador y facilitador del desarrollo de las habilidades sociales de los alumnos y en la generación del conocimiento.

Por todo ello, los niveles de rendimiento escolar son los máximos para cada chica o chico y aprenden, además, a trabajar en equipo como un contenido más.

Además, **Internet** nos ofrece herramientas para trabajar de forma **cooperativa en red**. Algunas **plataformas** educativas muy actuales, son: Brainly; Docsity; Educanetwork; Edmodo; Eduredes; Eduskopia; Misdeberes.es; Otra Educación; RedAlumnos; The Capsuled; etc.

f) Modelo de Aprendizaje Social de Bandura.

Su autor más conocido es Bandura (1977). Hace hincapié en el rol que tiene la cognición y las condiciones ambientales sobre el aprendizaje. En resumen, indica que el aprendizaje ocurre al observar e imitar la conducta de los demás compañeros, interioriza el comportamiento que ve en el otro, es decir, aprendizaje en vicario y por interacción social. Por ejemplo, un alumno que tiene conocimientos previos sobre la protección del balón en Mini-Basket, lo muestra a los demás y éstos comprenden su estilo y lo imitan.

Existen **más modelos** de aprendizaje basados en el cognitivismo. Por ejemplo, el Aprendizaje por Descubrimiento (Bruner, 1963), Modelo de Aprendizaje por la Acción (Piaget, 1976); Modelo Ecológico, que cuestiona al procesamiento de la información (Doyle, 1977); Aprendizaje Mediado (Feuerstein, 1980), Modelo Experiencial (Graupera), etc.

3. EL PROCESO DE ENSEÑANZA Y APRENDIZAJE MOTOR.

Entendemos por **proceso**, al conjunto de fases continuas, en este caso de la enseñanza y aprendizaje motor; son una serie de situaciones que buscan una finalidad como es el aprendizaje de una habilidad, acción, etc.

Siguiendo a Gutiérrez (2004), en el proceso de aprendizaje motor hay que plantearse si es **continuo o discontinuo** y si podemos considerar **fases o no**. Los autores no se ponen de acuerdo y sólo se puede hablar de lo más generalizado pero no de una teoría admitida por todos. En este sentido destacamos a:

Estas tres fases reciben otras acepciones según los autores que sigamos: Kohl (1956), Meinel (1971), Fetz (1977), Schnabel (1988), Rojas (2000), etc.

- **Fase Primaria o de Cognición.**

Se trata de **entender** la tarea, conocerla y comienza por la comprensión (primero pensar y después actuar). Quien aprende construye su mapa cognitivo, su programa de acción, cualquier error en la captación y comprensión de la tarea conllevaría desaciertos a la hora de configurarse esa imagen motriz, la representación del movimiento a practicar (Castejón, 2003).

La influencia del profesorado es grande, con correcciones y explicaciones. La duración de la fase viene dada por la complejidad del aprendizaje, el número de prácticas, las aptitudes perceptivas, etc. Por ejemplo, en el bote atender a la postura, cómo se mueve la muñeca, etc.

En cuanto a su **duración**, habría que matizar el modelo de aprendizaje seguido; por ejemplo, los basados en la cognición, el tiempo de esta fase sería más amplio, habida cuenta que el alumno tiene que descubrir cómo se hace el gesto. Por ejemplo, "vamos a botar el balón con una mano, moviendo la muñeca, "acariciándolo". El primerizo comienza a hacerlo y, lógicamente, no lo controla, no estructura el tiempo y espacio que consume el bote, tiene sincinesias, etc.

- **Fase Intermedia o Asociativa.**

Ya empieza a existir cierto **refinamiento** en los movimientos, los errores van minimizándose y se concretan en los puntos complejos de la habilidad, donde hay que fijarse más. Ahora es cuando debemos **eliminar** los defectos motores aparecidos antes que se automaticen. Por ejemplo, en el bote, adecuar la altura del mismo.

La **motivación** es fundamental para evitar la dejadez y el cansancio. Podemos recurrir a comentarios de ánimo y de reconocimiento a la labor. Podemos establecer una estrategia global o analítica con más o menos intensidad, pero todo depende del tipo de aprendizaje y alumnado. Siguiendo con el ejemplo anterior, el alumno ya bota mejor, tiene más control, pero aún va muy tenso, no "independiza" la mano y brazo del resto del cuerpo.

- **Fase Autónoma o Final.**

Ahora la habilidad se realiza de forma mecánica, con mayor estructuración de los elementos que la componen. Existe una gran fijeza en su realización y el practicante tiene una menor atención consciente, pues se **automatizan** los procesos de fusión de los componentes, incluso se practica la habilidad atendiendo a otras cosas. Ya nuestro alumno referente bota coordinadamente y, al mismo tiempo, mira a los demás, a la grada..., por lo que constituye una fase de aprendizaje más independiente, veloz y con menor gasto energético por ausencia de descoordinaciones.

Aunque se tenga muy dominada esta fase **nunca se deja de aprender**, unas reacciones más rápidas sustituyen poco a poco a otras más lentas aumentando el rendimiento (Ruiz y cols. 2001).

4. MECANISMOS Y FACTORES QUE INTERVIENEN.

Sánchez- Bañuelos (1992), distingue a:

a) **Mecanismos que intervienen en el aprendizaje motor**. Se refiere a las partes sucesivas que debemos considerar durante el mismo:

- **Mecanismo de Percepción**. Su misión es **recibir la información** que nos llega desde el exterior gracias a nuestros órganos sensoriales. Fundamentalmente utilizamos el canal visual y el auditivo, pero el kinestésico-táctil, por ejemplo la manipulación del codo en un lanzamiento, es esencial en nuestra área.

- **Mecanismo de Decisión**. Es una respuesta de carácter mental, porque ahora se trata de **elegir** una solución entre las varias posibles. Por ejemplo, pasar el balón a uno u otro compañero.

- **Mecanismo de Ejecución**. El actuante **organiza** la respuesta y **envía las órdenes musculares** oportunas, por lo que pone en marcha el "plan de acción".

- **Mecanismo de Control o Regulación**. Una vez que está realizando la tarea o, por su carácter breve, ya la ha hecho, toma **conciencia de sus errores** para, de nuevo, decidir, ejecutar y controlar otra vez. Por ejemplo, ante el fallo en el lanzamiento de un tiro libre, corregir la posición de los pies o de la muñeca.

b) **Factores que intervienen en el aprendizaje motor**. Son los elementos que condicionan a lograr un resultado. Los agrupamos en **tres apartados** si bien hay mucha interdependencia entre unos y otros:

- **Factores que dependen de la habilidad a aprender**. No es lo mismo practicar una tarea compleja, por ejemplo un salto mortal, que otra más simple, como una voltereta.
  - **En relación a la transferencia entre las habilidades a aprender**. Debemos considerar la transferencia positiva entre ellas, que lo aprendido con anterioridad sea la base de la posterior. Por ejemplo, dominar la voltereta adelante antes de hacerla con salto previo.

- **Factores que dependen de la metodología utilizada para el aprendizaje**. Nos referimos al estilo de enseñanza, técnica, estrategia, etc. que usemos. Hay unos elementos metodológicos que hacen más rápido el aprendizaje, pero menos rico. Por ejemplo, una metodología directiva hace que una habilidad se domine antes, en cambio el proceso es muy pobre y aburrido.

- **Factores que dependen de las características del alumnado**. Si bien la enseñanza la impartimos en grupo, el aprendizaje siempre es individual. De ahí que señalemos a la maduración, crecimiento, sexo, cualidades innatas, condición física, aprendizajes previos, inteligencia, estado del sistema nervioso -muy relacionado con la capacidad de atención-, contexto socio-cultural o influencia medio ambiental, disposición a aprender y motivación.

CONCLUSIONES

En la conducta humana casi todo es aprendido. En este Tema hemos estudiado el aspecto motor, si bien éste no hay que entenderlo aislado sino ligado a otros de tipo cognitivo, social, etc.

El conductismo opta por un aprendizaje mecanicista olvidándose del papel activo y transformador del escolar. Apoya la descomposición de las tareas en otras más elementales, con unos aprendizajes que van de asociaciones más simples a otras más complejas.

El cognitivismo, en cambio, subraya que el alumno debe tomar parte activa en la construcción del conocimiento, con un aprendizaje desde dentro hacia fuera, más globalizado, en un proceso más cualitativo que cuantitativo. Sus principales mecanismos son los procesos de organización y de integración de los nuevos conocimientos en los previos que posee el sujeto.

También hemos visto los diferentes modelos de aprendizaje motor, donde ha quedado claro que los que tienen implicación cognitiva están más acorde con las actuales corrientes educativas más progresistas.

En el proceso de enseñanza-aprendizaje motor hemos observado las tres fases, destacando la primaria porque es donde más significativamente el alumnado ejercita sus aspectos cognitivos.

Por último, hemos contemplado los mecanismos y factores que influyen y que la no observación de alguno incide negativamente en el proceso.

BIBLIOGRAFÍA

- AUSUBEL, D. P. (1976). 1ª Ed. *Psicología educativa. Un punto de vista cognoscitivo*. Trillas. México.
- AUSUBEL, D.; NOVAK, J. y HANESIAN, H. (1983). 2ª Ed. *Psicología Educativa*. Trillas. México.
- BALLESTEROS, S. (1996). *Procesos psicológicos básicos*. Universitas S. A. Madrid.
- BATALLA, A. (2005). *Retroalimentación y aprendizaje motor: influencia de las acciones realizadas de forma previa a la recepción del conocimiento de los resultados en el aprendizaje y la retención de habilidades motrices*. Tesis doctoral. U. de Barcelona.
- BAZ, C. (2006). *El aprendizaje cooperativo*. Revista Andalucía Educativa. Nº 57, pp. 27-30. C. E. de la Junta de Andalucía. Sevilla.
- CAÑIZARES, J. Mª y CARBONERO, C. (2009). *Currículum de Educación Física en Primaria. Aclaraciones terminológicas*. Wanceulen. Sevilla.
- CASTEJÓN, F. -coor.- (2003). *Iniciación deportiva. La enseñanza y el aprendizaje comprensivo en el deporte*. Wanceulen. Sevilla.
- CONTRERAS, O. R. y GARCÍA, L. M. (2011). *Didáctica de la Educación Física. Enseñanza de los contenidos desde el constructivismo*. Síntesis. Madrid.
- COLL, C. (1989). *Conocimiento psicológico y práctica educativa*. Barcanova. Barcelona.

- CURTO, C. y otros. (2009). *Experiencias con éxito de aprendizaje cooperativo en Educación Física*. INDE. Barcelona.

- DÍAZ, J. (2005). *La evaluación formativa como instrumento de aprendizaje en Educación Física*. INDE. Barcelona.

- DONAIRE, I. Mª (2006). *Aprendizaje cooperativo en el aula*. Revista Andalucía educativa. C. E. C. J. de Andalucía. Nº 55, pp. 43-45. Sevilla.

- FERNÁNDEZ GARCÍA, E. -coord.- (2002). *Didáctica de la Educación Física en la Educación Primaria*. Síntesis. Madrid.

- FERNÁNDEZ RÍO, J. (2003). *El aprendizaje cooperativo en el aula de Educación Física. Análisis comparativo con otros sistemas de enseñanza y aprendizaje*. Cederrón, La Peonza Publicaciones. Valladolid.

- GALERA, A. D. (2001). *Manual de didáctica de la educación física. Una perspectiva constructivista moderada*. Vol. I y II. Paidós. Barcelona.

- GALLARDO, P. y CAMACHO, J. M. (2008). *Teorías del aprendizaje y práctica docente*. Wanceulen Educación. Sevilla.

- GARCÍA, R.; TRAVER, J. A. y CANDELA, I. (2001). *Aprendizaje cooperativo. Fundamentos, características y técnicas*. CCS-ICCE. Madrid.

- GARCÍA, R.; TRAVER, J. A. y CANDELA, I. (2003). *El aprendizaje cooperativo en Educación Física*. En Actas del III Congreso Estatal y I Iberoamericano de actividades físicas cooperativas. La Peonza Publicaciones. Valladolid.

- GIL, P. A. (2007). *Metodología didáctica de las actividades físicas y deportivas*. Wanceulen. Sevilla.

- GUILLÉN, E. I.; CARRIÓ, J. C. y FERNÁNDEZ, M. A. (2002). *Sistema nervioso y actividad física*. En GUILLÉN, M. y LINARES, D. (coords.). *Bases biológicas y fisiológicas del movimiento humano*. Médica Panamericana. Madrid.

- GUTIÉRREZ, M. (2004). *Aprendizaje y desarrollo motor*. Fondo Editorial Fundación San Pablo Andalucía (CEU). Sevilla.

- JIMÉNEZ, G.; LLOBERA, R. y LLITJÓS, A. (2006). *La atención a la diversidad en las prácticas de laboratorio de química: los niveles de abertura*. Enseñanza de las Ciencias, 24 (1), pp.59-70. Universidad de Barcelona.

- JONHSON, D.W. y JOHNSON, R.T. (1999). *Aprender juntos y solos. Aprendizaje cooperativo, competitivo e individualista*. Aique. Buenos Aires.

- JUNTA DE ANDALUCÍA (2007). Ley 17/2007, de 10 de diciembre, de Educación de Andalucía (L. E. A.). B. O. J. A. nº 252, de 26/12/07.

- JUNTA DE ANDALUCÍA (2015). *Orden de 17 de marzo de 2015, por la que se desarrolla el currículo correspondiente a la educación Primaria en Andalucía*. BOJA nº 60 de 27/03/2015.

- JUNTA DE ANDALUCÍA (2015). *Decreto 97/2015, de 3 de marzo, por el que se establece la ordenación y el currículo de la educación Primaria en la comunidad Autónoma de Andalucía*. BOJA nº 50 de 13/03/2015.

- JUNTA DE ANDALUCÍA (2010). *Decreto 328/2010, de 13 de julio, por el que se aprueba el Reglamento Orgánico de las escuelas infantiles de segundo grado, de los colegios de educación primaria, de los colegios de educación infantil y primaria, y de los centros públicos específicos de educación especial*. BOJA nº 139, de 16/07/2010.

- KEELE, S. (1982). *Learning and control of coordinated motor patterns*. En *Human motor behaviour. An introduction Psychology*. London.

- LAWTHER, J. (1983). *Aprendizaje de las habilidades motrices*. Paidós. Barcelona.
- MAGILL, R.A. (1988). *Motor Learning: concepts and applications*. Dubuque. Iowa, U.S.A.
- M.E.C. (2013). *Ley Orgánica 8/2013, de 9 de diciembre, para la mejora de la calidad educativa*. BOE Nº 295, de 10/12/2013.
- M.E.C. (2014). *R. D. 126/2014, de 28 de febrero, por el que se establece el currículo básico de la Educación Primaria*. B.O.E. nº 52, de 01/03/2014.
- M. E. C. (2006). *Ley Orgánica 2/2006, de 3 de mayo, de Educación (L. O. E.)*. B. O. E. nº 106, de 04/05/2006, **modificada** en algunos artículos por la LOMCE/2013.
- M.E.C. (2015). *Orden ECD/65/2015, de 21 de enero, por la que se describen las relaciones entre las competencias, los contenidos y los criterios de evaluación de la educación primaria, la educación secundaria obligatoria y el bachillerato*. B.O.E. nº 25, de 29/01/2015.
- MONTERO, A. (1997). *Educación Secundaria. Apuntes para una nueva etapa educativa*. C.E.C.J.A.-C.E.P. Sevilla.
- NAVARRO, V. (2007). *Tendencias actuales de la Educación Física en España. Razones para un cambio*. (1ª y 2ª parte). Revista electrónica INDEREF. Editorial INDE. Barcelona. http://www.inderef.com
- OÑA, A. -coor.-. (1999). *Control y aprendizaje motor*. Síntesis. Madrid.
- OÑA, A. (2005). *Actividad física y desarrollo: ejercicio físico desde el nacimiento*. Wanceulen. Sevilla.
- PAREDES, J. (2003). *Juego, luego existo*. Wanceulen. Sevilla.
- PARLEBAS, P. (2002). *Juegos, Deporte y Sociedad: Léxico de Praxiología Motriz*. Paidotribo. Barcelona.
- PIAGET, J. (1976). *Problemas de psicología genética*. Ariel. Barcelona.
- RIERA, J. (1989). *Fundamentos del aprendizaje de la técnica y táctica deportivas*. INDE. Barcelona.
- RIERA, J. (2005). *Habilidades en el deporte*. INDE. Barcelona.
- RIGAL, R. (2006). *Educación motriz y educación psicomotriz en Preescolar y Primaria*. INDE. Barcelona.
- RIVADENEYRA M. L. -coor- (2003). *Desarrollo de la motricidad*. Wanceulen. Sevilla.
- RIVADENEYRA, M. L. y SICILIA, A. (2004). *La percepción espacio-tiempo y la iniciación a los deportes de equipo en Primaria*. INDE. Barcelona.
- ROJAS, F. J. (2000). *Aprendizaje y desarrollo motor en la Educación Primaria*. En ORTIZ, M. M. (coord.) *Comunicación y lenguaje corporal*. Proyecto Sur de Ediciones, S. L. Granada.
- RUIZ PÉREZ, L. M. (1994). *Deporte y aprendizaje*. Visor. Madrid.
- RUIZ PÉREZ, L. M.; GUTIÉRREZ, M.; GRAUPERA, J. L.; LINAZA, J. L.; NAVARRO, F. (2001). *Desarrollo, comportamiento motor y deporte*. Síntesis. Barcelona.
- SÁENZ-LÓPEZ BUÑUEL, P. (2002). *Educación Física y su Didáctica*. Wanceulen. Sevilla.
- SAGE, G. H. (1984). *Motor learning and control*. W. C. Brown Publisher. Dubuque, Iowa, U.S.A.
- SÁNCHEZ GÓMEZ, R. y PÉREZ SAMANIEGO, V. (2002). *El aprendizaje a través de los juegos cooperativos*. En MORENO, J. A. *El aprendizaje a través del juego*. Aljibe. Málaga.
- SÁNCHEZ-BAÑUELOS, F. (1992). *Bases para una Didáctica de la Educación Física y los Deportes*. Gymnos. Madrid.
- SEIRUL.LO, F. (2001). *Apuntes del curso de preparación física integrada*. I.A.D. Málaga.

- SIMONET, P. (1985). *Aprentissage moteur. Processuset procédés d'acquisition.* Vigot. Paris.
- SINGER, R. N. (1986). *El aprendizaje de las acciones motrices en el deporte.* Hispanoeuropea. Barcelona.
- SKINNER, B. F. (1960). *The use of teaching machines in collage instruction.* En LUMSDAINE, A. A. y GLASER, R. Teaching machines and programmed learning. Department of Audio-Visual Instruction. National Education Association. Washington. U. S. A.
- SKINNER, B. F. (1982). *Tecnología de la enseñanza.* Labor. Barcelona.
- TAMARIT, A. (2016). *Desarrollo cognitivo y motor.* Síntesis. Madrid.
- VELÁZQUEZ, C. (2003). *El aprendizaje cooperativo en Educación Física.* En Actas del III Congreso Estatal y I Iberoamericano de actividades físicas cooperativas. La Peonza Publicaciones. Valladolid.
- VELÁZQUEZ, C. (2004). *Las actividades físicas cooperativas.* Secretaría de Educación Pública. México.
- VELÁZQUEZ, C. -coord.- (2010). *Aprendizaje cooperativo en Educación Física.* INDE. Barcelona.
- ZAGALAZ, Mª L.; CACHÓN, J.; LARA, A. (2014). *Fundamentos de la programación de Educación Física en Primaria.* Síntesis. Madrid.

WEBGRAFÍA (Consulta en septiembre de 2016).

http://www.elsevier.es/es-revista-neurologia-295-articulo-teorias-modelos-control-aprendizaje-motor--S0213485312000114?redirectNew=true
http://recursos.cnice.mec.es/edfisica/
http://www.agrega2.es
http://www.adideandalucia.es
http://www.ite.educacion.es/es/recursos
www.juntadeandalucia.es/educacion/descargasrecursos/curriculo-primaria/index.html

TEMA 9

HABILIDADES, DESTREZAS Y TAREAS MOTRICES. CONCEPTO, ANÁLISIS Y CLASIFICACIÓN. ACTIVIDADES PARA SU DESARROLLO.

ÍNDICE

INTRODUCCIÓN

1. HABILIDADES Y DESTREZAS MOTRICES. CONCEPTO, ANÁLISIS Y CLASIFICACIÓN.

    1.1. Habilidad y destreza motriz. Concepto.

    1.2. La habilidad motriz en el Diseño Curricular.

    1.3. Habilidad y destreza motriz. Análisis de las más frecuentes.

        1.3.1. Habilidades y destrezas básicas.

        1.3.2. Habilidades genéricas.

    1.4. Habilidad y destreza motriz. Clasificación.

2. - TAREAS MOTRICES. CONCEPTO, ANÁLISIS Y CLASIFICACIÓN.

    2.1. Tareas motrices. Concepto.

    2.2. Tareas motrices. Análisis y Clasificación.

3. ACTIVIDADES PARA SU DESARROLLO.

CONCLUSIONES

BIBLIOGRAFÍA

WEBGRAFÍA

INTRODUCCIÓN

Las habilidades y destrezas básicas son aquellos movimientos que se llevan a cabo de forma natural y que suponen la estructura cinética primaria que todo ser humano requiere como soporte de su vida, al margen de que siga o no realizando actividades físicas de forma metódica. Es, en suma, el repertorio básico de todas las acciones motrices, por muy complejas que sean.

La corriente "**Habilidades y Destrezas**" proviene de la americana "learning motor", (aprendiendo, practicando, lo motor), que trata de dotar al individuo de un gran acervo motor a partir del cual pueda, posteriormente, optimizar al máximo su potencial.

Si niños y niñas las practican eficazmente en los periodos críticos mejorarán su disponibilidad y competencia motriz, sobre todo cuando traten de aprender las habilidades específicas o deportivas. No olvidemos que la iniciación deportiva supone el comienzo del trabajo con las habilidades específicas, pero para ello debemos basarnos en un trabajo previo de las genéricas, básicas y perceptivo-motrices (Giménez, 2003).

Precisamente, las edades propias de la etapa Primaria resultan **concluyentes** para el desarrollo equitativo y óptimo de las áreas cognoscitiva, afectiva y motriz de la conducta humana, aunque también influyen las oportunidades que les demos para la práctica motriz en los tres tiempos pedagógicos.

En este sentido, el R.D. 126/2014, indica que *"la propuesta curricular de la Educación Física debe permitir organizar y secuenciar los aprendizajes que tiene que desarrollar el alumnado de Educación Física a lo largo de su paso por el sistema educativo, teniendo en cuenta su momento madurativo del alumnado, la lógica interna de las diversas situaciones motrices, y que hay elementos que afectan de manera transversal a todos los bloques como son las capacidades físicas y las coordinativas, los valores sociales e individuales y la educación para la salud"*.

Las **tareas** son las situaciones prácticas que planteamos al alumnado durante las sesiones de clases (Fernández García, -coord.- 2002). En muchas ocasiones el término "tarea" aparece ligado al de "habilidad", lo cual no es pertinente desde la perspectiva didáctica. La confusión viene dada porque las operaciones que configuran una tarea motriz son reducibles a movimientos observables -habilidades motrices- (Galera, 2001).

1. HABILIDADES Y DESTREZAS MOTRICES. CONCEPTO, ANÁLISIS Y CLASIFICACIÓN.

Durante nuestra vida aprendemos un sinfín de habilidades que nos permiten mejorar nuestra relación con el entorno. Por ejemplo, sentarnos, andar, cocinar, conducir, etc. (Riera, 2005).

En nuestro ámbito, habilidades y destrezas suelen ir unidos, como expresa Sánchez Bañuelos (1992). No obstante, dentro del confusionismo terminológico existente, el término **destreza**, en los últimos años, tiende a utilizarse en movimientos que implican manipulaciones (Serra, 1987, 1991 y 1994).

1.1. HABILIDAD Y DESTREZA MOTRIZ. CONCEPTO.

Sánchez (1992), especifica que las habilidades motrices son **conjuntos** organizados **jerárquicamente** y compuestos por módulos que se integran unos con otros. Estos son requisitos previos para lograr nuevas adquisiciones. Por ello, el aprendizaje de una nueva habilidad no se forma desde "la nada", sino a partir de adaptaciones, modificaciones y rectificaciones (tratamiento educativo del error) de otras ya adquiridas y que constituyen el repertorio motor del individuo que usará en el juego habitual, sobre todo en su tiempo de ocio. Por lo tanto, la **transferencia** positiva de aprendizajes de habilidades previas, su **jerarquía** y el **constructivismo** son tres de sus principales características.

En cuanto a las definiciones, recogemos lo expresado por los autores más reconocidos:

- **Bárbara Knapp** (1981). *"Es la capacidad, adquirida por aprendizaje, de producir unos resultados previstos con el máximo de certeza y con el mínimo dispendio de tiempo, de energía o ambas cosas".*

- **Simonet** (1985). *"La noción de habilidad motriz (motor skill) recoge en su sentido estricto la idea de maestría en la realización de una tarea, es decir, adquisición de cierto grado de eficacia".*

- **R. Singer** (1986). *"Habilidad es la eficacia en una tarea o conjunto de ellas".*

- **Serra** (1987, 1991 y 1994). Se basa en autores como Guthrie, Cratty, Knapp, Mc Clenaghan, Lawther y Gallahue, entre otros. Determina que *"habilidad motriz es la maestría en la realización de una tarea que requiera movimiento y que es preciso hacerla con eficiencia, con intención, con un objetivo concreto, en poco tiempo, y utilizando la mínima energía posible"*. Es el cuerpo sólo, sin móvil y realizando un gesto técnicamente bueno, por ejemplo saltar adelante con dos pies juntos. En cambio, *"destreza motriz es un término que significa manipulación de un móvil: pelota, soga, aro, etc."*. Por ejemplo, lanzar una pelota con una mano por encima del hombro.

- **Gil Madrona** (2003). La entiende como *"la facilidad y la precisión que se necesita para la ejecución de diversos actos".*

- **Riera** (2005). *"Tarea motriz realizada por alguien con eficacia. No obstante, cuando se hace la relación con el entorno es global y no únicamente motriz".*

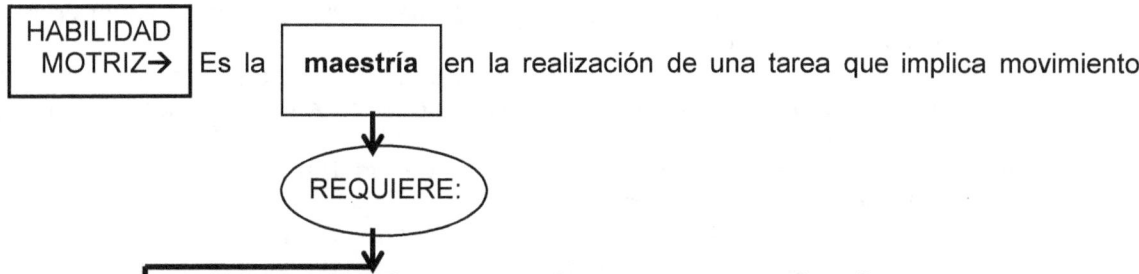

HABILIDAD MOTRIZ→ Es la **maestría** en la realización de una tarea que implica movimiento

REQUIERE:
- Tener un objetivo concreto: hacer exactamente "esto".
- Hacer bien el gesto
- Desde el punto de vista técnico y biomecánico, excelente
- Realizada con presteza
- Sin malgasto de energía
- El aprendizaje de la habilidad motriz sigue una línea constructivista, porque la aprendida anteriormente se transfiere a la nueva.

Gutiérrez (2004), citando a diversos autores, indica una serie de **características** que debe incluir cualquier definición de habilidad motriz:

- **Finalista**, por lo que tratan de conseguir un objetivo.
- **Organizadas**, con unas estructuras jerárquicas, de menos a más complejidad.
- **Competencia**, aprendidas para dar solución a un problema motor.
- **Eficiencia**, poco gasto energético y gran precisión.

- **Flexibilidad** y **adaptabilidad**, no debemos ser rígidos a la hora de la respuesta motriz.

Por otro lado, **Coordinación y Equilibrio** están íntimamente ligados a las habilidades motrices, debido a que son *"aptitudes funcionales o capacidades"* que facilitan el aprendizaje de nuevas habilidades (Riera, 2005).

1.2. LA HABILIDAD MOTRIZ EN EL DISEÑO CURRICULAR.

En Andalucía, la O. de 17/03/2015 nos indica que *"la Educación física permite al alumnado indagar en sus habilidades y destrezas motrices y las lleva a la práctica en situaciones de enseñanza/aprendizaje variadas. Las experiencias individuales y colectivas permiten adaptar las respuestas a los diferentes contextos, de esta forma atiende a las dimensiones de la personalidad: sensorial, cognitiva, afectiva, comunicativa, estética, de la salud, moral, social y creativa. Este área es un verdadero motor de formación integral y permanente, ya que a partir de propuestas de tareas competenciales dinámicas y variadas servirá para instrumentalizar en otras áreas actitudes que ayuden a afrontar los retos que en ellas se destilen, sobrepasando su plano motriz inicial. La actividad física tiene un valor educativo muy importante, tanto por las posibilidades de exploración que propicia como por las relaciones lógicas que el sujeto establece en las interacciones con los objetos, el medio, los otros y consigo mismo. Así, por ejemplo, los alumnos y alumnas construyen sus primeras nociones topológicas, temporales, espaciales o de resolución de problemas en actividades que emprende con otros en diferentes situaciones motrices"*.

Ahora relacionamos los elementos curriculares:

a) **Competencias clave**. Está relacionado con las **competencias sociales y cívicas**. Las actividades dirigidas a la adquisición de las habilidades motrices requieren la capacidad de asumir las diferencias así como las posibilidades y las limitaciones propias y ajenas. El cumplimiento de las normas que rigen los juegos colabora con la aceptación de códigos de conducta para la convivencia.
El **sentido de iniciativa y espíritu emprendedor** en la medida en que emplaza al alumnado a tomar decisiones con progresiva autonomía en situaciones en las que debe manifestar auto superación, perseverancia y actitud positiva. También lo hace, si se le da protagonismo al alumnado en aspectos de organización individual y colectiva de las actividades físicas, deportivas y expresivas.
Competencia digital en la medida en que los medios informáticos y audiovisuales ofrecen recursos cada vez más actuales para analizar y presentar infinidad de datos que pueden ser extraídos de las actividades físicas, deportivas, competiciones, etc. El uso de herramientas digitales que permitan la grabación y edición de eventos (fotografías, vídeos, etc.) suponen recursos para el estudio de distintas acciones llevadas a cabo.
Competencia matemática y competencias básicas en ciencia y tecnología. Un buen nivel coordinativo y perceptivo dará lugar a una mayor facilidad en el dominio de las relaciones espaciales, cuantificación y cálculos, magnitudes, comprensión de la perspectiva, lectura de mapas, escenas tridimensionales, formas geométricas, etc.

b) **Objetivos de Etapa**. La habilidad está relacionada con el objetivo "k": "valorar la higiene y la salud, aceptar el propio cuerpo y el de los otros, respetar las diferencias y utilizar la educación física y el deporte como medios para favorecer el desarrollo personal y social", habida cuenta la habilidad motriz está presente en las prácticas de juegos que nos llevan a aceptar el propio cuerpo y el de los demás y su uso para el desarrollo personal y social.
- **Objetivos de Área**. Algunos tienen **relación** directa con las capacidades coordinativas. Por ejemplo, el "1", que trata sobre el conocimiento del propio cuerpo y disfrutar de sus capacidades motrices; el "2", sobre el uso de habilidades motrices y la adaptación del

movimiento.
- **Contenidos**. Este tema está relacionado con el primer bloque de **contenidos**, "El cuerpo y sus habilidades perceptivo motrices" porque este tema trata del desarrollo de los contenidos básicos de la etapa que servirán para posteriores aprendizajes más complejos, donde seguir desarrollando una amplia competencia motriz.
- **Criterios de evaluación**. También algunos criterios y estándares de aprendizaje hacen referencia a coordinación y equilibrio. Por ejemplo, el 1: "Resolver situaciones motrices con diversidad de estímulos y condicionantes espacio-temporales, seleccionando y combinando las habilidades motrices básicas y adaptándolas a las condiciones establecidas de forma eficaz.
- **Estándares de aprendizaje**. Ponemos algunos ejemplos:
    1.6. Adapta los desplazamientos a diferentes tipos de entornos y de actividades físico deportivas y artístico expresivas ajustando su realización a los parámetros espacio-temporales y manteniendo el equilibrio postural.
    1.7. Adapta la habilidad motriz básica de salto a diferentes tipos de entornos y de actividades físico deportivas y artístico expresivas, ajustando su realización a los parámetros espacio-temporales y manteniendo el equilibrio postural.
    1.8. Adapta las habilidades motrices básicas de manipulación de objetos (lanzamiento, recepción, golpeo, etc.) a diferentes tipos de entornos y de actividades físico deportivas y artístico expresivas aplicando correctamente los gestos y utilizando los segmentos dominantes y no dominantes.
    1.9. Aplica las habilidades motrices de giro a diferentes tipos de entornos y de actividades físico deportivas y artístico expresivas teniendo en cuenta los tres ejes corporales y los dos sentidos, y ajustando su realización a los parámetros espacio temporales.
    1.10. Mantiene el equilibrio en diferentes posiciones y superficies.

Por otro lado, el R.D. 126/2014, indica que uno de los elementos curriculares de la Educación Física pasa por la creación de "cinco tipos de situaciones motrices". Una de ellas está muy relacionada con la habilidad motriz, como son las "acciones motrices individuales en entornos estables".

1.3. HABILIDAD Y DESTREZA MOTRIZ. ANÁLISIS DE LAS MÁS FRECUENTES.

Para tratar este apartado y el siguiente resumimos a Wikstrom (1990), Trigueros y Rivera (1991), Sánchez Bañuelos (1992), Arráez y otros, (1995), Cañizares, (1999), Díaz Lucea (1999), Batalla (2000), Ruiz Pérez (2000), Cepero (2000), Conde y Viciana (2001), Ruiz Pérez -coor- (2001), Fernández García -coor- (2002), Gil Madrona (2003), Sánchez Bañuelos y Fernández García -coords.- (2003), Hernández y Velázquez (2004), Gutiérrez (2004), Velázquez y Martínez, (2005), Oña (2005), Rigal (2006), Bueno, Del Valle y De la Vega (2011) y Zagalaz, Cachón y Lara, (2014).

Nos referimos ahora a los conjuntos de habilidades y destrezas básicas y genéricas, habida cuenta que las perceptivo motrices se tratan en los temas 10 y 11 y las específicas o deportivas en el Tema 14. (Consultar las clasificaciones en el punto 1.3).

1.3.1. HABILIDADES Y DESTREZAS BÁSICAS.

Son gestos primarios con cierta independencia y de su combinación surgen otros más complejos de rango superior (habilidades genéricas y específicas). Suele decirse que es el "alfabeto de la motricidad humana". Se basan en las perceptivo-motrices, es decir, conocimiento del propio cuerpo/espacio/tiempo. Ahora vemos los cuatro **grupos** clasificatorios.

a) **Los desplazamientos**

Los desplazamientos son toda progresión de un punto a otro del entorno que utilice como medio único el movimiento corporal, total o parcial. Diferenciamos a:

a.1) Los **habituales**: Marcha y carrera adelante.

a.2) Los **no habituales**: El resto de los desplazamientos.

Si los **analizamos** vemos que se **caracterizan** por:

- La puesta en acción: comienzo del movimiento.
- El ritmo de ejecución: realización del desplazamiento a la velocidad adecuada.
- Los cambios de dirección: seguir con eficacia una trayectoria no rectilínea.
- Las paradas: la detención del desplazamiento una vez cumplido el objetivo.
- La riqueza de sus modalidades.
- Sus **objetivos** están relacionados con llegar a un destino antes, en un determinado momento, etc. También con evitar y escapar de los demás o interceptar a otros o a objetos.

En cuanto a las **cualidades** requeridas, hay dos fundamentales: la coordinación y el equilibrio desde un punto de vista motor. Además están presentes los factores de ejecución de velocidad, potencia y flexibilidad, dependiendo del desplazamiento que practiquemos. Ahora **analizamos** estos dos grupos, resaltando sus **características** más significativas.

a.1) Desplazamientos habituales

- **La marcha.** Producida por apoyos sucesivos y alternativos de los miembros inferiores sobre el suelo, **sin** que exista fase aérea entre ellos.
- **La carrera.** Desplazamiento producido por una sucesión alternativa de apoyos de los pies sobre la superficie de desplazamiento. Entre ambos existe una fase **aérea**.

a.2) **Desplazamientos no habituales**

- **Gateo**, **cuadrupedia** y **tripedia**. Desplazamientos producidos por más de dos puntos de apoyo. Mejoran mucho la tonicidad de los músculos dorsales.
- **Reptaciones**. Aquel desplazamiento en el que, utilizando como medio de propulsión los miembros superiores, los inferiores o todos a la vez, se mantiene un contacto total o parcial del tronco con la superficie de contacto.
- **Trepas**. Desplazamientos producidos por apoyos sucesivos, mediante los cuales el sujeto deja de estar en contacto con el suelo. Es habitual observarlo en las estructuras metálicas de parques comunales y escolares.
- **Propulsiones**. Desplazamientos producidos en el medio acuático. También se denominan así los desplazamientos que se realizan en silla de ruedas.
- **Deslizamientos**. Desplazamientos originados por una fuerza inicial del sujeto que se ve favorecido, con posterioridad, por la falta de rozamiento de la superficie sobre la que se desarrolla (pavimento liso, agua, nieve, hielo, etc.)

b) **Los saltos.**

Son movimientos súbitos producidos por la acción de uno o ambos miembros inferiores. El cuerpo del sujeto se aleja de la superficie de apoyo y posteriormente cae tras "volar". Si los **analizamos** vemos que se **caracterizan** por:

- En su ejecución se distinguen las fases: previa, impulso, vuelo y caída.
- Su diversidad: con o sin carrera previa, uso de una o dos piernas de batida, variación en las direcciones, etc. También saltos con superación o no de obstáculos: en altura, longitud y combinados.
- Los diversos tipos de **objetivos** que plantean: ganar distancia o altura, superar un obstáculo, alcanzar un objeto fuera del alcance directo, lanzar un móvil por encima de una barrera o mantener un esquema rítmico mediante saltos sucesivos.
- En cuanto a las **cualidades** requeridas, observamos a las de tipo **cuantitativo**: fuerza rápida (potencia) y velocidad gestual de diferentes segmentos corporales. Las **cualitativas**, son: equilibrio dinámico (reequilibrio); coordinación dinámica general y estructuración espacio temporal.

c) **Los giros.**

Son movimientos que comportan una rotación alrededor de cualquiera de los tres ejes que conforman el espacio euclidiano: vertical, antero-posterior y transversal. Si los **analizamos** vemos que se **caracterizan** por:

- Los movimientos alrededor del eje vertical producen rotaciones longitudinales: 90º, 180º, etc.; alrededor del eje antero-posterior generan giros laterales, como rondadas y ruedas laterales y alrededor del eje transversal originan volteos hacia delante y atrás.
- Tienen como objetivo permitir la orientación y situarse para conseguir una postura o acción determinada.
- Requieren las capacidades de coordinación dinámica general y equilibrio, así como flexibilidad.
- A nivel sensorial, dependen de la sensibilidad laberíntica, por lo que pueden producir mareos.
- La ejecución de diferentes giros educa el esquema corporal y la toma de conciencia del propio cuerpo, al ser éstos realizados en tres planos, con sus combinaciones, y al variar la base de sustentación o suspensión.
- En función del momento de arranque, los giros se pueden realizar desde la posición vertical normal, invertida, horizontal e inclinada. Teniendo en cuenta los apoyos, pueden ejecutarse en contacto constante con el suelo, con agarre constante de manos (balanceos en barra), en suspensión y con apoyos múltiples y sucesivos. Además, la dirección de giro tiene un sentido que puede ser adelante, atrás, derecha e izquierda.

d) **Destrezas: manipulaciones (lanzamientos y recepciones).**

Son acciones efectuadas con los miembros superiores e inferiores y, ocasionalmente, con el resto del cuerpo. Si las analizamos, vemos que se **caracterizan** por:

- Requerir las capacidades de estructuración espacio-temporal, coordinación dinámica-general, óculo-segmentaria y lateralidad. En algunos casos, el individuo debe anticipar la trayectoria y la velocidad para que el móvil alcance su destino o colocarse en el sitio donde va a llegar aquél.

- Su relación con el aprendizaje de la lateralidad. Podemos distinguir lanzamientos bilaterales, laterales o de predominio lateral, además de con o sin impulso previo.

- **Lanzamientos**. Son manipulaciones en las cuales el sujeto arroja un móvil con una o dos manos o pies. Es la unión entre el campo visual y la motricidad del miembro que actúa. Su **objetivo** es incidir sobre el entorno a través del impacto con un objeto móvil.

    Se **caracterizan** por sus cuatro **fases**:

    - **Armado o Preparación**. Poner el móvil en el sitio deseado para iniciar la acción.
    - **Desarrollo o Impulsión**. La ejecución de la trayectoria segmentaria que produce el lanzamiento. De ella depende la dirección, velocidad, ángulo de salida, etc.
    - **Desprendimiento**. Es la pérdida del contacto con el objeto, con lo que se consuma el lanzamiento. Traspasar la fuerza acumulada en la fase anterior al móvil, provocando la salida de éste en las mejores condiciones posibles.
    - **Final**. Absorber toda la energía liberada durante el lanzamiento y favorecer el reequilibrio del cuerpo.

- **Recepciones**. Manipulaciones consistentes en recoger uno o más objetos, tanto si se encuentran en movimiento como estáticos (recogidas). Su **objetivo** es tomar lo para su uso posterior. Distinguimos cuatro **fases**:

    - Colocación en el sitio preciso según la trayectoria y velocidad del móvil.
    - El contacto con el objeto.
    - La amortiguación, para que no se escape el móvil.
    - La preparación para acciones siguientes.

1.3.2. HABILIDADES GENÉRICAS.

Cañizares y Carbonero (2007), citando a Serra (1987, 1991), las definen como "*la combinación de dos o más básicas y son el siguiente escalón en cuanto a complejidad en la evolución y desarrollo de las habilidades motrices*". Son acciones intermedias entre las básicas y específicas, por lo que son la base de las primeras y la base de las últimas Zagalaz, Cachón y Lara, (2014). No obstante es el profesor Serra quien las enuncia, basándose en los estudios de la U. Católica de Lovaina. Si las analizamos vemos que se **caracterizan** por:

- En sus prácticas hay ciertas reglas y estrategias, aunque muy generales, como ocurre en los juegos pre-deportivos.
- Es una ampliación de la motricidad de base con respuestas más enriquecedoras y complejas, que combinan varias básicas.
- Requieren un mayor grado madurativo.
- Son habilidades comunes a los deportes, aunque sin la técnica de éstos.

Serra (1987, 1991 y 1994) indica dos grandes grupos **clasificatorios**:

H. GENÉRICAS (**con** uso de móviles).	Botes, Golpeos, Pases, Tiros, Desvíos, Impactos, Conducciones, etc.
H. GENÉRICAS (**sin** uso de móviles.)	Marcajes, Desmarques, Bloqueos, Pantallas, Pivotes, Fintas, etc.

Nos centramos en el análisis de las más **comunes**:

- **Pases**. Es desprenderse de un móvil con la finalidad de hacerlo llegar a otro sujeto. Se caracterizan por el cálculo de distancias y trayectorias y la implicación de la coordinación óculo-segmentaria.

- **Conducciones**. Son manipulaciones producidas por un sujeto dirigiendo sucesivamente un objeto móvil (pelota por ejemplo), con la finalidad de desplazarlo por el espacio, utilizando la acción directa de algún segmento corporal o, indirectamente, mediante el uso de algún implemento. Se diferencia de los golpeos en que no se pierde el control del móvil. Las conducciones con los miembros superiores suelen realizarse con el empleo de un instrumento (stick, etc.). Es muy común en deportes tales como fútbol y hockey.

- **Impactos**. Serra (1987, 1991 y 1994), indica que son manipulaciones de un móvil con la ayuda de un instrumento (bate, raqueta, etc.) para impulsarlo o cambiar su trayectoria anterior. Puede ser sobre un móvil estático o en movimiento y el alumno puede estar estático o dinámico y variar el instrumento empleado. Otros autores asimilan los impactos a los golpeos.

- **Golpeos**. Serra (1987, 1991 y 1994), señala que es una habilidad por la que se tiene un encuentro violento y a veces repentino con un objeto. Se diferencia del impacto en que no existe instrumento. Se suceden tres fases durante la realización de la habilidad: preparación y ajuste, contacto y acompañamiento.

- **Botes**. Se fundamentan en el impulso que experimentan los móviles elásticos al chocar contra una superficie rígida. Como habilidad genérica surge de la unión de las destrezas básicas de lanzar y recepcionar en situación estática. Cuando es dinámica, se añade un desplazamiento. Se realiza a través de dos **fases**:

    - Impulso. Lanzamiento del móvil a la superficie dura, con la mano, para que rebote y vuelva a ella.
    - Contacto. Recepción sin aprehensión. El móvil y la mano están un tiempo mínimo en contacto para imprimir un nuevo impulso.

- **Finta**. Es un gesto de engaño al oponente para situarse en posición ventajosa. Suele haber cambio de ritmo y dirección. Se basan en los desplazamientos y sus posibilidades espaciales y temporales. Cuando se producen con un móvil se denominan regate, pivote, dribling, etc. En su análisis vemos que hay tres fases: parada, engaño y superación.

- **Paradas**. Se basan en las recepciones, pero sin que exista captura. Las paradas se realizan con los miembros superiores utilizando instrumentos -stick- o con las manos sin retener el móvil -portero de fútbol-. También con los miembros inferiores, básicamente el pie (fútbol). Consta de las mismas fases que las recepciones, pero sin que exista detención del móvil.

- **Interceptaciones**. Es el gesto de desviar la trayectoria de un móvil antes de que llegue al destino que tenía provisto. Aunque se puede realizar con cualquier parte del cuerpo, los segmentos más indicados son las manos y los pies. Una variante de las interceptaciones son los **desvíos**: golpeo o impacto sobre un móvil en movimiento, sin precisar su lugar de destino. Se producen siempre sobre móviles y son propios de los porteros de los deportes de equipo.

Otras:

Pantalla, bloqueo, marcaje y desmarcaje, tiro, pivote, etc.

1.4. HABILIDAD Y DESTREZA MOTRIZ. CLASIFICACIÓN.

Las clasificaciones de las habilidades cumplen un objetivo claro de **ordenamiento** (Singer, 1986). Tradicionalmente han sido prolijas y dispersas, dependiendo de la perspectiva o del autor (Oña, 2005). Por ejemplo, la participación corporal, la duración del movimiento, las condiciones del ambiente, el nivel de control que el sujeto ejerce sobre la tarea, la participación del S.N.C., etc. Para facilitar su estudio y de la misma manera que hemos procedido en otros temas, las resumimos en una tabla "flash" con palabras "claves".

CLASIFICACIÓN DE LAS HABILIDADES Y DESTREZAS.	
AUTORES	PALABRAS-CLAVE
POULTON	Grado de control del individuo sobre el ambiente: cerradas y abiertas
FITTS Y POSNER	Por su origen: adquiridas o innatas
FITTS, POSNER Y OTROS	Por la organización temporal: discretas, seriadas y continuas
FITTS	Por el sistema sujeto-tarea antes de la acción: si están parados o en movimiento
KNAPP	Por el grado de participación cognitiva: habituales y perceptivas
CRATTY	Grado de participación corporal: globales y finas
SINGER	Por el control del sujeto sobre la habilidad: regulación externa, auto y mixta
RIERA	En función de las relaciones de oposición-colaboración.
SÁNCHEZ BAÑUELOS	Según su jerarquía: perceptivas, básicas y específicas
SERRA	Cada edad se corresponde con una habilidad: perceptivas, básicas, genéricas, específicas y especializadas.
BATALLA	Distingue las motrices básicas y las específicas o deportivas.
RIERA	Relación persona-entorno: básicas, técnicas, tácticas, estratégicas, interpretativas

a) **POULTON, (1957)**

Atiende al grado de **control** del movimiento que el individuo tiene sobre el ambiente.

- **Habilidades cerradas.** Caracterizadas por la estabilidad del medio y por una misma información. Por ejemplo, salto de altura, salida de velocidad.
- **Habilidades abiertas.** Hay muchos estímulos y fluctuación permanente de las condiciones ambientales. Por ejemplo, judo, bádminton, esquí, etc.

b) **FITTS Y POSNER, (1967)**

Las clasifican según su **origen**.

- **Habilidades adquiridas** por el aprendizaje. Por ejemplo, jugar a rugby.
- **Habilidades innatas**, patrones básicos de la estructura genética. Por ejemplo, saltar.

c) FITTS Y POSNER Y OTROS, (1968)

Según la forma de **organización temporal** o su **fluidez**.

- **Habilidades discretas**. Tienen un principio, un desarrollo y un final rápido y muy marcado. Se conoce el principio y el final y no tienen posibilidad de cambio, aunque lo que varía es la rapidez en su ejecución. Entre una realización y la siguiente existe un espacio de tiempo. Por ejemplo, lanzamiento de dardos, tiro de personal, etc.

- **Habilidades seriadas**. Son cíclicas, repiten la secuencia del movimiento y el individuo sólo puede incidir en la velocidad. Por ejemplo, nadar o carrera de 110 m. vallas.

- **Habilidades continuas**. No se repiten, no hay ciclo y son fluidas porque sus intervalos apenas si son perceptibles, siendo muy difícil averiguar el principio y el final de cada ciclo. Pueden alargarse, pero no de forma cíclica, sino variando el ritmo o la dirección. Por ejemplo, deslizarse por una pista de esquí, conducir un balón en fútbol, etc.

d) FITTS, (1975)

Estudia la relación entre "**sujeto-tarea**" antes de realizar la acción:

- Sujeto y objeto inicialmente **estacionarios**: coger un objeto del suelo desde la posición de pie.

- Sujeto quieto y objeto en **movimiento**: recibir un pase desde una posición estática.

- Sujeto en movimiento y objeto **estacionario**: dar un pase en carrera a un compañero que está parado.

- Sujeto y objeto en **movimiento**: dar un pase en carrera a un compañero que se encuentra corriendo.

e) B. KNAPP, (1981)

Las clasifica según las condiciones o **estabilidad** del entorno.

- **Habilidades habituales**. Las condiciones del entorno son siempre las mismas, por lo que no tienen problemas de percepción fluctuante. Por ejemplo, el salto del potro, nadar, etc.

- **Habilidades perceptivas**. El sujeto necesita acomodar la tarea para realizar la habilidad debido a los cambios que se producen en el entorno. Por ejemplo, tenis, voley, etc.

f) CRATTY, (1982)

Las clasifica según su grado de **participación corporal** y grado de **precisión** o número de grupos musculares implicados.

- **Habilidades Globales**. Implican a todo el cuerpo y esfuerzo físico. Por ejemplo, nadar.

- **Habilidades Finas**. Involucran pocos segmentos y manipulaciones de objetos. Gran esfuerzo motor, precisión. Por ejemplo, lanzamiento de dardos, malabares, etc.

g) SINGER, (1986)

Las clasifica según el **control** del sujeto sobre la habilidad. Sintetiza las de Knapp y Poulton:

- **Habilidades** donde la tarea necesita de **regulación externa**. Están en función de los estímulos cambiantes. Similares a las abiertas. Por ejemplo, saltos al ritmo que marca el docente.
- **Habilidades** donde las tareas se **autorregulan**. Son habituales y similares a las cerradas. Por ejemplo, correr libremente.
- **Habilidades** donde la tarea necesita una **regulación mixta**. Hay varias ordenaciones según el grado de control del sujeto sobre la acción. Por ejemplo, deslizarse por una pista de esquí.

h) RIERA, (1989)

Las clasifica en función de las relaciones de **oposición-colaboración**. En ciertas habilidades deportivas se dan diferentes relaciones entre el jugador, sus compañeros y los oponentes:

- **Sin oposición ni colaboración**. En deportes individuales como natación, esquí, etc.
- **Con colaboración y sin oposición**. La relación se establece con los compañeros, por ejemplo, pasarse el testigo en relevos, etc.
- **Con oposición y sin colaboración**. En los deportes de adversarios y en muchas situaciones de los deportes de equipo, como evitar una proyección de judo.
- **Con oposición y con colaboración**. Cuando se dan todas las relaciones posibles dentro de este criterio. Driblar a un oponente con el apoyo del compañero que hace el bloqueo en baloncesto, hacer una pared en fútbol, etc.

i) SÁNCHEZ BAÑUELOS, (1992)

Las clasifica según su **jerarquía** en:

- **Habilidades perceptivas**: Percepción de uno mismo, espacio y tiempo.
- **Habilidades y destrezas básicas**: Desplazamientos, saltos, giros, lanzamientos y recepciones.
- **Habilidades específicas**: Los movimientos especiales de los deportes.

k) SERRA, (1987, 1991 y 1994) y ZAGALAZ, CACHÓN Y LARA, (2014).

Las clasifica basándose en los estudios de Gallahue (1985) sobre la "integración de las acciones", es decir, hay un tiempo (edad) en el que se producen habilidades diferentes.

- **Habilidades Perceptivas**. La percepción como base de todo movimiento: corporal, espacial y temporal. (Hasta 6 años).
- **Habilidades y Destrezas Básicas**. Movimientos fundamentales formados por: Desplazamientos, saltos, giros, lanzamientos y recepciones. (De 6 a 9 años).
- **Habilidades Genéricas**. Gestos comunes a muchos deportes y compuestos de varias habilidades básicas: fintas, botes, marcajes, etc. (9 y 11 años).

- **Habilidades Específicas**. Las deportivas, los elementos técnicos de un deporte reglamentado: tiro a canasta, reverso, remate de fútbol, etc. (A partir de los 11 años).
- **Habilidades Especializadas**. A partir de los 14-15 años y, obviamente, no se aplican en Primaria. Son aspectos concretos de las específicas y surgen con la aparición de jugadores especialistas en determinadas acciones del juego. Por ejemplo, el juego del portero de balonmano, el del rematador de voleibol, etc.

I) **BATALLA, (2000)**

Distingue, en su estudio clasificatorio, a las de base y deportivas:

- **Habilidades Motrices Básicas**. Desplazamientos habituales (marchas y carreras) y no habituales (activos y pasivos). Saltos, giros y manejo y control de objetos (con todas las zonas corporales).
- **Habilidades Específicas**. Las correspondientes a los deportes.

II) **RIERA, (2005)**

Resalta en su amplio estudio clasificatorio una serie de habilidades para el **alumnado**, destacando su **relación global con el entorno** y no únicamente la motriz:
- **H. Básicas**. Las referidas a los objetivos de equilibrarse, trepar, nadar, estirar, etc.
- **H. Técnicas**. Las que tienen como objetivo chutar, lanzar, seguir un ritmo, etc.
- **H. Tácticas**. Persiguen simular, ayudar, sorprender, pasar, etc.
- **H. Estratégicas**. Pretenden seguir pautas, cumplir normas, etc.
- **H. Interpretativas**. Relacionadas con el análisis del movimiento, valoración de esfuerzos, entre otras.

2. TAREAS MOTRICES. CONCEPTO, ANÁLISIS Y CLASIFICACIÓN.

Para Ruiz Pérez (1995), el término "tarea" es habitual en el contexto de la Educación Física. Otros lo **asimilan** al de "habilidad", sobre todo algunos traductores de autores extranjeros.

Chinchilla y Zagalaz (2002), por ejemplo, diferencian "*tarea*", o actividad aislada de una clase, de la "*macrotarea*", que es el sumatorio de todas las tareas presentes en una sesión, con contenidos similares que buscan conseguir un objetivo didáctico.

2.1. TAREAS MOTRICES. CONCEPTO.
En la literatura especializada existe cierta confusión con los términos habilidad-tarea, sus clasificaciones, etc. Cañizares y Carbonero (2007), citando a Serra, (1987, 1991 y 1994) y a Garrote y otros (2003), indican que "*Tarea Motriz es aquello que se va a realizar, el planteamiento: << tienes que hacer esto...>>*". "*Actividad Motriz es lo que se realiza, los movimientos y acciones lúdicas que hace el alumnado*". Es decir, "*las tareas motrices de aprendizaje son propuestas que hace el profesor entorno a un contenido*".

La **secuencia** que hace un docente, es:

PROGRAMAR UNA HABILIDAD → DISEÑAR UNA TAREA PARA LOGRAR UNA HABILIDAD MOTRIZ → EL ALUMNADO HACE LA ACTIVIDAD MOTRIZ

2.2. TAREAS MOTRICES. ANÁLISIS Y CLASIFICACIÓN.

El análisis establece procedimientos para **identificar** las características específicas de la tarea que deseemos aplicar, manipulando y controlando sus elementos o componentes (Fernández -coord- 2002).

Blázquez (1986), indica que diseñar una tarea **implica** preparar el medio, los recursos a utilizar, los recorridos, etc., además de dar más o menos instrucciones en cuanto a la forma de ejecutarla, los recursos a utilizar, etc. Por ejemplo, para un salto de longitud tendremos en cuenta el tipo de pavimento, las señales a poner, la carrera de aproximación, la última zancada, la batida/vuelo/caída, etc.

Por su parte Galera (2001), citando a Ruiz Pérez (1995), siguiendo la línea de Blázquez (1986), indica tres características didácticas de las tareas:

- **Finalidad**. Tiene la intención de alcanzar un objetivo concreto.
- **Obligatoriedad**. El practicante debe hacerla para aprender una habilidad.
- **Organización**. Debemos presentarla con orden, método y recursos adecuados.

Las Tareas Motrices tienen dos tipos de **exigencias**, las relacionadas con los elementos **perceptivos y coordinativos/equilibradores** por un lado, y las de índole **física** por otro. Ahora bien, no podemos olvidarnos de las de orden **socio afectivo**.

En cuanto a su **clasificación**, se han realizado varios intentos basándose los autores en diversos criterios o perspectivas. Creemos más oportuno estudiarlas siguiendo **dos** modelos **clasificatorios** con su correspondiente **análisis**. Primero veremos el de Famose (1992), del INSEP de París y después el de Sánchez-Bañuelos (1992), del INEF de Castilla-La Mancha.

- **Modelo de Famose (1992).**

Determina el análisis basándose en **dos** nociones: **Naturaleza** y **Complejidad**

  a) **Naturaleza** hace referencia al tipo y nivel de recursos o **fuentes** que son necesarios para realizarlas. Siguiendo esta noción las agrupa en tres categorías:

     o Bio-informacionales: tareas basadas en las percepciones.
     o Bio-energéticas: tareas donde la condición física es importante.
     o Afectivas: expresión, acciones grupales, cooperativas, socio-afectivas, etc.

  b) **Complejidad**, que está vinculada a la mayor o menor claridad con que los "elementos" de la tarea motriz son presentados al alumnado, es decir, la **cantidad de información** que le damos al practicante. Estos elementos son:

     o Objetivos a conseguir.
     o Criterios de éxito.
     o Consignas sobre la disposición y utilización del material.
     o Consignas sobre las modalidades de acción a realizar en las actividades.

Para Famose, si no están presentes estos elementos no hay tarea y en base a la forma en que se organizan surge el término "*Arquitectura de la Tarea Motriz*", que es la estructura **interna** que presentan sus elementos. Partiendo de esta idea ofrece una forma de análisis atendiendo a la mayor o menor **complejidad**, que puede alcanzar cada uno de los elementos de la estructura interna de la tarea y en función de la incertidumbre con que es presentada al alumno. A partir de aquí agrupa las tareas en **tres** categorías (Fernández -coord- 2002):

- o **Tarea motriz definida**: cuando el objetivo a conseguir, la disposición del material, los criterios de éxito y modalidades de trabajo están perfectamente claras. Relacionadas con la instrucción directa.
- o **Tarea motriz semidefinida**: cuando uno de los elementos no está especificado con total claridad. Son propias del descubrimiento guiado.
- o **Tarea motriz no definida**: cuando no se especifica con claridad los criterios de actuación con relación a cada uno de los elementos de la estructura interna de la tarea, animando al alumnado a actuar sobre los objetos. Propia de una metodología exploratoria.

- **Modelo de Sánchez Bañuelos (1992).**

Este autor determina la necesidad de un análisis de las tareas según la complejidad de los diversos **mecanismos** implicados en su realización, siempre fundamentado en los modelos de Procesamiento de la Información. Eso le lleva a clasificar las tareas en **tres** grandes grupos:

a) **Tareas con dificultad en la percepción**.
Implican la codificación de una multitud de estímulos de tipo sensorial, por ejemplo espacio, tiempo, trayectorias, etc.; relacionar esta información con otra ya existente y almacenada en la memoria para que el individuo extraiga un significado útil de la misma en un contexto espacio temporal. Por ejemplo, recorrido de un circuito con carreras en zig-zag, saltos, etc.

b) **Tareas con dificultad de decisión o cognitiva**.
El mecanismo de decisión es la forma de resolver rápida y eficientemente la respuesta motriz más correcta en la tarea propuesta. Por ejemplo, en los juegos pre-deportivos y deportivos, entre otros, cada individuo tiene que procesar numerosas informaciones espaciales y temporales continuamente para dar la respuesta inmediata y adecuada a cada situación. Por ejemplo, en el juego popular de los "10 pases": ¿quién está mejor posicionado para pasarle la pelota?

c) **Tareas con dificultad en la ejecución y control**.
Este tipo de tareas dependen de la coordinación neuromuscular y de la condición física, así como del control del movimiento que posea el individuo. Por ejemplo, salto del caballo.

Podemos afirmar que todas las tareas tienen cierta dosis de exigencia sobre los **tres mecanismos** de la cadena sensorio-motriz, aunque incidirán más en alguno.

3. ACTIVIDADES PARA SU DESARROLLO.

El desarrollo de las habilidades es un complejo proceso en el que interviene la maduración y la experiencia, por lo que debemos ofrecer oportunidades a nuestro alumnado para que las adquieran (Gutiérrez, 2004).

Nos centramos en las actividades para el desarrollo de las Habilidades y Destrezas Básicas y Genéricas, a través de un cuadro-resumen original de Serra (1987, 1991 y 1994) y desarrollado por Garrote y otros (2003), además de las aportaciones de Ureña y otros (2006) y Batalla (2011).

GRUPOS DE H. Y D. BÁSICAS	ACTIVIDADES PARA SU DESARROLLO. JUEGOS DONDE EXISTAN...
DESPLAZAMIENTOS	- Marcha y carrera - Cuadrupedia y tripedia - Trepa y descenso - Deslizamientos - Propulsiones - Transportes
SALTOS	- Longitud y altura - Con o sin apoyo intermedio - Diferentes batidas - Diferentes gestos en el aire - Diferentes caídas - Varios medios y alturas
GIROS	- Tres ejes y sus combinaciones - Apoyos para el giro - Presas para el giro - Suspensiones para el giro
LANZAMIENTOS	- De precisión, de velocidad - Varias trayectorias - En suspensión - Con varios objetos - Estáticos o dinámicos
RECEPCIONES	- Estáticas o dinámicas - Con uno o varios segmentos - Variar los objetos - En apoyo o en suspensión - Varias orientaciones
GRUPO DE HABILIDADES GENÉRICAS	- El Juego Popular integra a la mayoría de ellas: "Poli y Ladro", "Balón-Tiro", "Corta-hilos", "Pídola", "Pies quietos", "El pañuelo", etc.

En la programación de las tareas motrices debemos tomar en consideración las siguientes pautas **metodológicas**.

- **Variedad**. Ofrecer estímulos motores variados que contribuyan a su enriquecimiento, y a partir de los cuales, conozca, experimente y explore.

- **Significación**. Los estímulos debemos relacionarlos con sus necesidades.

- **Participación**. Organizarlas para que no haya largas esperas.

- **Actividad**. Las tareas deben demandar la máxima actividad e implicación cognitivas.

- **No sexistas**. Cuidar las tareas para que no estén contaminadas de algún elemento sexista.

    - **Indagación**. Las tareas debemos plantearlas hacia la indagación y la creación.
    - **Progresión**. Deben combinar lo lúdico con pequeños retos de dificultad progresiva.

- **Seguridad**. Que no supongan peligro.
- **Globalidad**. Debemos integrar los componentes motores con los de otras áreas.

Las habilidades motrices pueden **valorarse** a través de escalas de evaluación, que permiten tender un puente entre una evaluación cualitativa, basada en la apreciación subjetiva de la adecuación del movimiento a propósitos concretos, y las posibilidades de cuantificación que ofrecen los test y pruebas convencionales de carácter cuantitativo (Fernández y otros 2007).

CONCLUSIONES

En este Tema hemos visto la importancia de la habilidad motriz en el currículo de Primaria y de cómo un buen trabajo de las habilidades y destrezas básicas va a ser fundamental para el desarrollo físico, psíquico y social del alumnado. La habilidad puede estudiarse desde muchos puntos de vista tal y como hemos podido comprobar en la múltiples clasificaciones existentes en la literatura deportiva. También debemos señalar la importancia que le otorga el D.C. de Andalucía a la construcción de la habilidad motriz a lo largo de la Etapa. Por otro lado hemos diferenciado a tarea de habilidad, tratando diversos puntos de vista sobre la misma.

En la etapa de la Educación Primaria la Educación Física permite a los estudiantes explorar su potencial motor a la vez que desarrollan las competencias motrices básicas. Eso implica movilizar toda una serie de habilidades motrices, actitudes y valores en relación con el cuerpo, a través de situaciones de enseñanza-aprendizaje variadas, en las que la experiencia individual y la colectiva en los diferentes tipos de actividades permitan adaptar la conducta motriz a los diferentes contextos. En esta etapa, la competencia motriz debe permitir comprender su propio cuerpo y sus posibilidades y desarrollar las habilidades motrices básicas en contextos de práctica, que se irán complicando a medida que se progresa en los sucesivos cursos. Las propias actividades y la acción del docente ayudarán a desarrollar la posibilidad de relacionarse con los demás, el respeto, la colaboración, el trabajo en equipo, la resolución de conflictos mediante el diálogo y la asunción de las reglas establecidas, el desarrollo de la iniciativa individual y de hábitos de esfuerzo.

BIBLIOGRAFÍA
- ARRÁEZ, J. M.; LÓPEZ, J. M.; ORTIZ, Mª M. y TORRES, J. (1995). *Aspectos básicos de la Educación Física en Primaria. Manual para el Maestro*. Wanceulen. Sevilla.
- BATALLA, A. (2000). *Habilidades Motrices*. INDE. Barcelona.
- BATALLA, A. (2011). *Criterios para la optimización del aprendizaje de las habilidades Motrices*. Revista Tándem, nº 37. Barcelona.
- BUENO, M.; DEL VALLE, S.; DE LA VEGA, R. (2011). *Los contenidos perceptivomotrices, las habilidades motrices y la coordinación*. Virtual Sport. Segovia.
- CAÑIZARES, J. Mª (1999). *200 Juegos y ejercicios por Tríos para el desarrollo de las Habilidades Básicas*. Wanceulen. Sevilla.
- CAÑIZARES, J. Mª. (1996). *400 Juegos y Ejercicios por Parejas para el desarrollo de las Habilidades Básicas*. Wanceulen. Sevilla.
- CAÑIZARES, J. Mª y CARBONERO, C. (2007). *Temario de oposiciones de Educación Física para Primaria*. Wanceulen. Sevilla.
- CHINCHILLA, J. L. y ZAGALAZ, M. L. (2002). *Didáctica de la Educación Física*. CCS. Madrid.
- CEPERO, M. (2000). *Las habilidades motrices y su desarrollo*. En ORTIZ, Mª M. (coord.) *Comunicación y lenguaje corporal*. Proyecto Sur Ediciones. Granada.

- CONDE, J. L. y VICIANA, V. (2001). *"Fundamentos para el desarrollo de la motricidad en edades tempranas"*. Aljibe. Málaga.
- CONTRERAS, O. (2004). *Didáctica de la Educación Física*. INDE. Barcelona.
- CRATTY, B. J. (1982). *Desarrollo perceptual y motor en los niños*. Paidós. Buenos Aires.
- DÍAZ LUCEA, J. (1999). *La enseñanza y el aprendizaje de las habilidades y destrezas básicas*. INDE. Barcelona.
- FAMOSE, J. P. (1992). *Aprendizaje motor y dificultad de la tarea*. Paidotribo. Barcelona.
- FERNÁNDEZ GARCÍA, E. -coor.- (2002). *Didáctica de la Educación Física en la Educación Primaria*. Síntesis. Madrid.
- FERNÁNDEZ GARCÍA, E.; GARDOQUI, M. L.; SÁNCHEZ BAÑUELOS, F. (2007). *Evaluación de las habilidades motrices básicas*. INDE. Barcelona.
- FITTS, P. y POSNER, M. (1968). *El rendimiento humano*. Marfil. Alcoy.
- GALERA, A. (2001). *Didáctica de la Educación Física (I)*. Paidós. Barcelona.
- GARROTE, N., CAMPOS, J. y NAVAJAS, R. (2003). *Diseño y desarrollo de tareas motoras*. Dirección General de Deportes. Comunidad Autónoma. Madrid.
- GIL MADRONA, P. (2003). *Diseño y desarrollo curricular en educación física y educación infantil*. Wanceulen. Sevilla.
- GIMÉNEZ, F. J. (2003). *Fundamentos básicos de la iniciación deportiva en la escuela*. Wanceulen. Sevilla.
- GUTIÉRREZ, M. (2004). *Aprendizaje y desarrollo motor*. Fondo Editorial San Pablo Andalucía (CEU). Sevilla.
- HERNÁNDEZ, J. L. y VELÁZQUEZ, R. (2004). *La evaluación en Educación Física*. Graó. Barcelona.

- JUNTA DE ANDALUCÍA (2007). *Ley 17/2007, de 10 de diciembre, de Educación en Andalucía*. (L. E. A.) B.O.J.A. nº 252, de 26/12/2007.
- JUNTA DE ANDALUCÍA (2010). *Decreto 328/2010, por el que se aprueba el Reglamento Orgánico de las escuelas infantiles de segundo grado, de los colegios de educación infantil y primaria, de los colegios de educación primaria, y de los centros públicos específicos de educación especial*. BOJA nº 139, de 16/07/2010.
- JUNTA DE ANDALUCÍA (2015). *Decreto 97/2015, de 3 de marzo, por el que se establece la ordenación y el currículo de la educación Primaria en la comunidad Autónoma de Andalucía*. BOJA nº 50 de 13/03/2015.
- JUNTA DE ANDALUCÍA (2015). *Orden de 17 de marzo de 2015, por la que se desarrolla el currículo correspondiente a la educación Primaria en Andalucía*. BOJA nº 60 de 27/03/2015.
- JUNTA DE ANDALUCÍA (2015). *Orden de 04 de noviembre de 2015, por la que se establece la ordenación de la evaluación del proceso de aprendizaje del alumnado de educación primaria en la Comunidad Autónoma de Andalucía*. B.O.J.A. nº 230, de 26/11/2015.
- KNAPP, B. (1981). *La Habilidad Motriz en el Deporte*. Miñón. Valladolid.
- LAWTHER, J. D. (1993). *Aprendizaje de las habilidades motrices*. Paidotribo. Barcelona.
- MC CLENAGHAN, B. y GALLAHUE, D. (1985). *Movimientos fundamentales*. Médica Panamericana. Buenos Aires.
- M. E. C. (2006). *Ley Orgánica de Educación (L.O.E.) 2/2006, de 3 de mayo, de Educación*. B. O. E. nº 106, de 04/05/2006, modificada en determinados artículos por la LOMCE/2013.

- M. E. C. (2013). *Ley Orgánica 8/2013, de 9 de diciembre, para la mejora de la calidad educativa*. (LOMCE). B. O. E. nº 295, de 10/12/2013.
- M. E. C. (2014). *Real Decreto 126/2014, de 28 de febrero, por el que se establece el currículo básico de la Educación Primaria*. B. O. E. nº 52, de 01/03/2014.
- M.E.C. (2015). *Orden ECD/65/2015, de 21 de enero, por la que se describen las relaciones entre las competencias, los contenidos y los criterios de evaluación de la educación primaria, la educación secundaria obligatoria y el bachillerato*. B.O.E. nº 25, de 29/01/2015.
- OÑA, A. -Coor.-. (1999). *Control y aprendizaje motor*. Síntesis. Madrid.
- OÑA, A. (2005). *Actividad física y desarrollo: ejercicio físico desde el nacimiento*. Wanceulen. Sevilla.
- POULTON, E. C. (1957). On prediction in skilled movement. *Psicological bullletin*, 54, 467-478.
- RIERA, J. (1989). *Fundamentos del aprendizaje de la técnica y táctica deportiva*. INDE. Barcelona.
- RIERA, J. (2005). *Habilidades en el deporte*. INDE. Barcelona.
- RIGAL, R. (2006). *Educación motriz y educación psicomotriz en Preescolar y Primaria*. INDE. Barcelona.
- RUIZ PÉREZ, L. M. (1995). *Aprendizaje de las habilidades motrices y deportivas*. Gymnos. Madrid.
- RUIZ PÉREZ, L. M. (2000). *Deporte y aprendizaje. Procesos de adquisición y desarrollo de habilidades*. Visor. Madrid.
- RUIZ PÉREZ, L. M. (2001) -coord.- *Desarrollo, comportamiento motor y deporte*. Síntesis. Madrid.
- SÁNCHEZ BAÑUELOS, F. (1992). *Bases para una didáctica de la Educación Física y el Deporte*. Gymnos. Madrid.
- SÁNCHEZ BAÑUELOS, F. y FERNÁNDEZ GARCÍA, E. -coor.- (2003). *Didáctica de la Educación Física para Primaria*. Prentice Hall. Madrid.
- SERRA, E. (1987). *Habilidades desde la base al alto rendimiento. Actas del Congreso de Educación Física y Deporte de Base*. F.C.C.A.F.D. Granada.
- SERRA, E. (1991). *Apuntes de Educación Física de Base*. Documento multicopiado. F.C.C.A.F.D. Granada.
- SERRA, E. (1994). *Documento del "Curso sobre Habilidad y Destreza"*. Apuntes del curso. CEP. de Sevilla.
- SINGER, R. (1986). *El aprendizaje de las acciones motrices en el deporte*. Hispano-Europea. Barcelona.
- TRIGUEROS, C. y RIVERA, E. (1991). *La Educación Física de Base en la Enseñanza Primaria*. C. E. P. Granada.
- UREÑA, N.; UREÑA, F.; VELANDRINO, A. y ALARCÓN, F. (2006). *Las habilidades motrices básicas en Primaria. Programa de intervención*. INDE. Barcelona.
- VELÁZQUEZ, A. y MARTÍNEZ, A. (2005). *Desarrollo de habilidades a través de materiales alternativos*. Wanceulen. Sevilla.
- WICKSTROM, R. (1990). *Patrones motores básicos*. Alianza. Madrid.
- ZAGALAZ, Mª L.; CACHÓN, J.; LARA, A. (2014). *Fundamentos de la programación de Educación Física en Primaria*. Síntesis. Madrid.

WEBGRAFÍA (Consulta en septiembre de 2016).

http://ocw.um.es/gat/contenidos/jvgjimenez/Educacion_Fisica_Primaria_I_y_II/material_clase/habilidades_motrices.html
http://www.agrega2.es
http://recursos.cnice.mec.es/edfisica/
http://recursos.cnice.mec.es/edfisica/
http://www.ite.educacion.es/es/recursos
http://www.gobiernodecanarias.org/educacion/webdgoie/
http://www.educastur.es
http://www.adideandalucia.es
http://recursostic.educacion.es/primaria/ludos/web/index.html
www.juntadeandalucia.es/educacion/descargasrecursos/curriculo-primaria/index.html

TEMA 10

EVOLUCIÓN DE LAS CAPACIDADES MOTRICES EN RELACIÓN CON EL DESARROLLO EVOLUTIVO GENERAL. EDUCACIÓN SENSOMOTRIZ Y PSICOMOTRIZ EN LAS PRIMERAS ETAPAS DE LA INFANCIA.

INDICE

INTRODUCCIÓN

1. EVOLUCIÓN DE LAS CAPACIDADES MOTRICES EN RELACIÓN CON EL DESARROLLO EVOLUTIVO GENERAL.

    1.1. Evolución de las capacidades motrices.

    1.2. Desarrollo evolutivo general.

        1.2.1. Desarrollo biológico.

        1.2.2. Desarrollo fisiológico.

        1.2.3. Desarrollo psicológico.

2. EDUCACIÓN SENSOMOTRIZ Y PSICOMOTRIZ EN LAS PRIMERAS ETAPAS DE LA INFANCIA.

    2.1. La educación sensomotriz en las primeras etapas de la infancia.

    2.2. La educación psicomotriz en las primeras etapas de la infancia.

    2.3. Sensomotricidad y psicomotricidad en el Currículo de Primaria.

CONCLUSIONES

BIBLIOGRAFÍA

WEBGRAFÍA

INTRODUCCIÓN

El tratamiento en la evolución de las capacidades motrices nos lleva a observar varias **fuentes** (genética, psicología, medicina, psiquiatría, educación física, sociología, etc.), ya que el conocimiento y profundización en el estudio del desarrollo motor nos obliga a hacerlo, porque el progreso de la motricidad va parejo con el resto de componentes de la conducta humana y ésta la constituye una serie de **dominios**: afectivo, social, cognoscitivo y psicomotor (Gil, 2003).

El objetivo principal en el estudio del desarrollo motor es "*analizar el proceso evolutivo de la adquisición de la competencia motriz necesaria para poder tener una interacción eficaz con el medio, con objeto de que el individuo sea capaz de realizar un amplio abanico de actividades físicas*". (Sánchez Bañuelos y Fernández -coor.-, 2003).

En la bibliografía especializada existen muchas taxonomías sobre las capacidades motrices, aunque para la mayoría éstas integran al conocimiento del propio cuerpo y la lateralidad, el conocimiento del espacio y del tiempo, la coordinación y el equilibrio.

Todo ello permite abordarlo a través de varias interpretaciones (Bottini, 2010). Nosotros veremos cómo es el desarrollo evolutivo general y las capacidades motrices, para después centrarnos en aspectos generales de la senso y psicomotricidad.

1. EVOLUCION DE LAS CAPACIDADES MOTRICES EN RELACION CON EL DESARROLLO EVOLUTIVO GENERAL.

La evolución psicomotriz de niñas y niños depende, sobre todo, de la maduración neurológica, pues el desarrollo de los órganos sensoriales corre paralelo al motor y es de evolución rápida. Éste parte de los movimientos básicos (postura, desplazamiento, manipulación de objetos, etc.) para llegar a las principales conductas motrices (marcha, carrera, saltos, recepción, lanzamiento, etc.), los cuales desencadenan y facilitan los movimientos más complejos propios de los juegos y deportes (Gil, 2003).

La **percepción del medio** que rodea al alumno, ya desde muy pequeño, le ayuda a construir esquemas mentales de su entorno más inmediato, su exploración será posible gracias al desarrollo del movimiento y conllevará la adquisición de capacidades que darán lugar al **desarrollo cognitivo** (Tamarit, 2016).

En relación al desarrollo evolutivo general observamos estos conceptos, tomando como referencia a García y Berruezo (2000), Gil (2003), Gutiérrez (2004) y Rigal (2006):

- **Crecimiento**
  Aumento gradual del organismo o sus miembros. Es un aspecto **cuantitativo** y muy relacionado con la edad cronológica del sujeto.

- **Maduración**
  Es la plenitud de las capacidades en general. Es un aspecto **cualitativo**. "*Es un proceso fisiológico genéticamente determinado, por el cual uno o varios órganos permite a la función por la cual es conocido, ejercerse libremente y con el máximo de eficacia*". (Rigal, 2006)

- **Ambiente**
  Todo cuanto desde el exterior, de forma premeditada o accidental, puede influir en el proceso de desarrollo. Por ejemplo, el medio social, el grupo de amigos, la escuela, los medios de información, los recursos espaciales y materiales, etc.

- **Desarrollo**
  Cada uno de los cambios que el individuo soporta a lo largo de su vida. Término global que involucra a los aspectos cualitativos y cuantitativos anteriores.

- **Periodo Crítico**
  Cuando el órgano está sometido a fenómenos de hiperplasia o hipertrofia (Legido y otros, 2009).

Para dar respuesta a este punto veremos en **primer lugar** cómo van evolucionando las capacidades motrices y **después** cómo se produce el desarrollo evolutivo general.

1.1. EVOLUCIÓN DE LAS CAPACIDADES MOTRICES.

Las capacidades motrices (psicomotrices para algunos autores y psicomotrices básicas para otros), tienen numerosas clasificaciones en la bibliografía especializada. Las principales diferencias no radican en su fondo sino en los términos utilizados y en la traducción de éstos al castellano.

Entendemos a las **capacidades motrices** como "facultades que permiten el movimiento". Distinguimos a las habilidades perceptivo motrices (conocimiento del propio cuerpo, espacio y tiempo), por un lado, y a la coordinación y el equilibrio (capacidades coordinativas) por otro, aunque íntimamente ligadas por la acción del **sistema nervioso**.

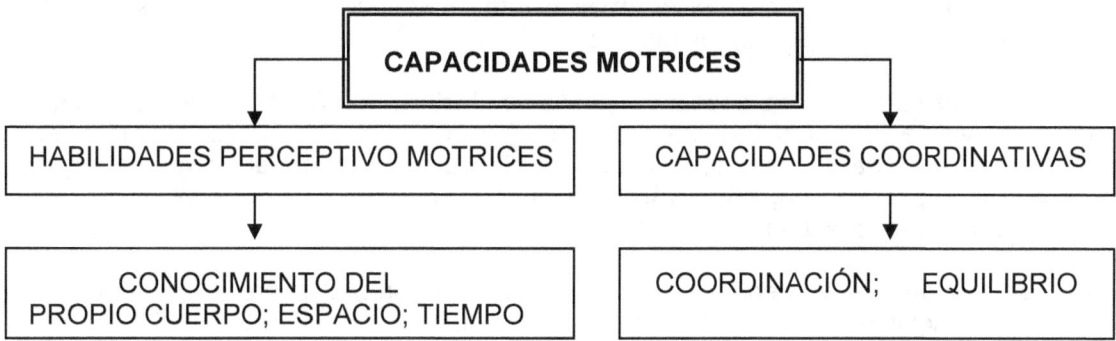

Un alumno con gran conocimiento de su propio cuerpo, espacio y tiempo, pero con déficit en el equilibrio tendrá grandes dificultades para el juego y su deambulación en general.

La condición física (fuerza, velocidad, resistencia y flexibilidad) deben actuar durante la Etapa Primaria como **factor de ejecución** de la habilidad motriz, así como a la adquisición de hábitos responsable de actividad física regular (R.D. 126/2014).

a) **Habilidades Perceptivo Motrices**.

Son propias del comienzo de la etapa Infantil y han sido estudiadas, mayoritariamente, por la corriente psicomotriz. Tienen una estrecha analogía con los procesos cognitivos, sobre todo con la percepción (Oña, 2005). Vemos ahora sus componentes:

1.- **Esquema Corporal**.- Le Boulch (1986) lo define como *"intuición global o conocimiento inmediato de nuestro propio cuerpo, sea en estado de reposo o en movimiento, en función de la interrelación de sus partes y, sobre todo, de su relación con el espacio y los objetos que nos rodean"*. Este conocimiento se elabora a partir de las sensaciones (Rigal, 2006).

Su **evolución** se basa en las leyes "fundamentales" del desarrollo psicomotor. El desarrollo del cerebro consiste en una evolución progresiva del **centro a la periferia** o **tele encefalización** (Bueno, Del Valle y De la Vega, 2011):

- Ley Céfalo-Caudal. Se controlan antes las zonas corporales más próximas a la cabeza.
- Ley Próximo-Distal. Se gobiernan antes las partes más cercanas al eje corporal.
- Ley de Flexores-Extensores. Se desarrollan antes los músculos flexores.
- Ley de lo General a lo Específico. El desarrollo deriva de patrones generales de respuesta a patrones específicos.

En su **evolución** pueden determinarse tres grandes periodos:

- De 0 a 3 años: El niño no discrimina entre el yo y el mundo. Es importante el contacto con la madre para la estructuración de su propio **esquema corporal**. Amplía su relación con el mundo cuando camina, colaborando en ello sus sensaciones y las que le ofrecen vista y tacto. Su **esquema** corporal lo percibe por partes.
- De 3 a 7 años. Adquiere conciencia de sí mismo progresivamente diferenciándose de los demás. Aumenta la discriminación de sus percepciones. Va captando el yo como conjunto. Su lateralidad –izquierda o derecha– termina de afirmarse.
- De 7 a 11 años. Integra el **esquema corporal**. Es capaz de representar mentalmente su cuerpo en movimiento. Evidencia con más precisión la diferencia entre el yo y los objetos.

Los aprendizajes **básicos** escolares (grafismo, lectura y cálculo), están en íntima relación con el nivel de Esquema Corporal alcanzado (Rivadeneyra, 2003). Habitualmente se le reconocen los siguientes componentes: **conocimiento y control del propio cuerpo, actitud, respiración, relajación, equilibrio** y **lateralidad**, aunque estos apelativos no son iguales para todos los autores (ver Tema 11).

2.- **Lateralidad**. Es el predominio de un hemisferio cerebral sobre el otro y es un componente muy significativo del Esquema Corporal. Su proceso **evolutivo** se divide en cuatro fases, (Sassano, 2015):

- 1ª Fase: **Localización** (3 años).
- 2ª Fase: **Fijación** (4-5 años).
- 3ª Fase: **Desarrollo** (6-8 años)
- 4ª Fase: **Maduración** y **Ambidextrismo** (a partir de 8-10 años)

Para estudiar su **evolución** cronológica resumimos a Le Boulch (1986), Corpas y otros (1994), Conde y Viciana (2001), Pastor -coord.- (2007) y Sassano (2015):

- 3-4 meses, seguimiento con los ojos del movimiento de manos. Manotazos.
- 1 año, manipulación de objetos con la mano no dominante.
- 2 años, manipulación bilateral, preferencia lateral.
- 2-3 años, periodo de vacilación en las extremidades inferiores. Distingue las dos mitades corporales.
- 4 años, empieza a definir la lateralidad.
- 5 años, tiene conciencia que las extremidades ocupan los dos lados del cuerpo, pero no de su ubicación izquierda-derecha.
- 6-7 años, tiene conciencia que las extremidades del lado izquierdo y derecho se

hallan en lados opuestos de su cuerpo.
- 7-8 años, toma los conceptos de izquierda-derecha sobre sí y los demás.
- 8-9 años, ya es consciente de los dos lados de su cuerpo, tomando como referencia el plano antero-posterior y el eje antero-posterior.
- 10 años, a partir de esta edad refuerza su lado "bueno" y puede empezar a probar su habilidad con el otro.

3.- **Estructuración Espacial**. Es la capacidad de distinguir y ubicar personas y objetos en un espacio tridimensional (Pastor, 1994). Su **evolución** va paralela a la maduración corporal y en ella destacamos a las siguientes fases (Conde y Viciana, 2001):
- 0-1 año. Su espacio se reduce al más próximo, donde desarrolla sus movimientos.
- 2-6 años. Desde las percepciones más primarias en dos dimensiones (topológicas), niñas y niños empiezan a apreciar distancias y a seguir acciones de dentro-fuera, encima-abajo, ordenación, continuidad, etc.
- 7-9 años. Aparece el espacio proyectivo que incorpora las nociones de perspectiva y proyección de objetos entre sí. Existe conciencia de las formas geométricas, de las agrupaciones y dispersiones. Ya calcula distancias y las simboliza.
- 10-12 años. Domina el espacio de tres dimensiones (relaciones euclidianas o métricas) al tomar conciencia de trayectorias y velocidades, aceleraciones y desaceleraciones. Descubre las operaciones geométricas de medición.

4.- **Estructuración Temporal**. Une a la percepción temporal su ajuste corporal correspondiente (Sassano, 2015). Durante la etapa primaria, niñas y niños irán pasando de la percepción temporal inmediata a la posibilidad de representar mentalmente estructuras rítmicas de complejidad creciente que constituyen el soporte de los aprendizajes motores con representación mental (Fernández García -coord-, 2002). En su **evolución** destacamos a:

- 0-2 años. El tiempo va asociado a las necesidades biológicas tales como sueño y hambre. Mañana, tarde o noche están en función de estos parámetros.
- 3 a 6 años. Empieza a comprender la noción de velocidad.
- 7 a 9 años. Se produce una disonancia entre el orden temporal y el espacial. También efectúa seriaciones.
- 10 a 12 años. Entiende las relaciones témporo-espaciales y las va dominando progresivamente.

5.- **Ritmo**. El ritmo viene dado por la **organización temporal** de las secuencias del movimiento. La ordenada sucesión de tiempos le confiere una de sus propiedades más sobresalientes: la distribución con un ritmo determinado. Ritmo es **orden y proporción** en el espacio y tiempo (Conde y Viciana, 2001).

Va **evolucionando** progresivamente con la edad, aunque también influye el tipo de aprendizaje que se realice. Desde pequeños (18 meses), utilizan su cuerpo para responder rítmicamente a la música. A los dos años responden al ritmo con pateos y balanceos. Hacia los cinco años coordina su propio ritmo con el musical. Un año más tarde, el ritmo corporal va más sincronizado con el de la música.

b) **Capacidades Motrices Coordinativas**.

1.- **Coordinación**. Torres (2005), la define como la "*capacidad del organismo para ejecutar una acción motriz controlada, con precisión y eficacia, sin realizar ningún gesto* *parasitario*". Durante el desarrollo infantil su **evolución** va ligada al desarrollo general. Los logros motores sucesivos son nuevas conquistas de formas de coordinar cada vez más complejas: marcha, carrera, salto, subir escaleras, etc. (López y Garó, 2004).

Para su **evolución** establecemos cuatro **fases**:

a) **Primeras edades**. Tras el nacimiento, el S.N.C. y la musculatura esquelética aún no tienen relación funcional. Será imprescindible el juego infantil para que niñas y niños vayan adquiriendo la madurez nerviosa y muscular necesaria para regular su propio cuerpo y acoplarlo con el espacio y sus objetos. Por ello, el buen nivel de esquema corporal será fundamental.

b) **Etapa Prepuberal**. Los movimientos se convierten más claros y orientados. Es el mejor momento para los ensayos motrices porque el S. N. está muy madurado.

c) **Etapa Puberal**. El crecimiento anatómico provoca desajustes motores, pero con la práctica se mejora sin gran dificultad, siempre y cuando se hayan cumplido las etapas anteriores. La condición física hace que las actividades de coordinación tengan mejor nivel de ejecución. Esto se hace extensible a la **adolescencia**.

d) **Etapa Adulta**. Hasta los 23-25 años, el grado de coordinación se mantiene, pero la degeneración orgánica hace que el nivel vaya deteriorándose.

2.- Equilibrio.

Bernal (2002), citando a Mosston (1986), establece que es la "*capacidad de asumir y sostener cualquier posición del cuerpo contra la ley de la gravedad*".

El dominio del equilibrio comienza hacia los doce meses, cuando el bebé se queda de pie por sus propios medios. A partir de los dos años y medio empieza a quedarse en equilibrio sobre un solo pie durante un segundo. Poco a poco lo va consiguiendo durante más tiempo, hasta lograr entre cuatro y ocho segundos a los cuatro años. Entre los cuatro y seis años aún tienen apuros para resolver problemas donde actúa el control del equilibrio, pero con la maduración del sistema nervioso, la equilibración mejora sensiblemente (Bueno, Del Valle y De la Vega, 2011).

Como fases **sensibles** para su avance, Martin (1982), citado por Hahn (1988), indica los 9-13 años, con incidencia superior entre los 10-12 años, ya que es cuando se produce la maduración de las áreas cerebrales relacionadas con la motricidad, si bien no todos los autores están de acuerdo. Otros bajan esa edad a los 5 años, prueba de ello es el nivel alcanzado por las niñas y los niños que hacen Gimnasia Artística y Rítmica.

Después de los 14 años se registran deterioros importantes en sujetos no entrenados, estabilizándose en los entrenados.

c) **Ejemplos concretos en la evolución de la capacidad motriz** (Rigal, 2006 y Gil Madrona -coord-, 2013).

Rodar, gatear y reptar
Estos esquemas motores aparecen en los primeros meses de vida, siendo el principal medio de desplazamiento antes de ser capaz de ponerse de pie. Estas habilidades van muy vinculadas a los procesos sensitivos.

Caminar
Tras ponerse de pie aparece el esquema motor de la marcha. Es una de las formas más naturales y básicas del comportamiento motor. Debemos evaluarlo para observar posibles retrasos en el desarrollo de nuestro alumnado. Al acabar la Etapa Infantil debe tener un excelente nivel de la marcha.

Correr

La progresiva adquisición del control sobre los movimientos permite que, posteriormente, al caminar, aparezca el esquema motor de correr. El control motor está limitado hasta los cinco o seis años por factores de tipo mecánico y neurológico. Cabe destacar que niñas y niños tienden a correr siempre al máximo de sus posibilidades.

Saltar

Es de mayor dificultad que los dos anteriores. La complicación de este esquema motor está en función de aspectos tales como la edad, desarrollo de los aspectos perceptivos y coordinativos, el esquema corporal... y la complejidad del salto.

Trepar

En la primera infancia tiene un componente más bien reflejo. Después es una gran fuente de recursos en la motricidad infantil, muchas veces es una "conquista" a base de valentía y desafío.

Coger, lanzar y golpear

En los primeros meses de vida la acción de coger y lanzar es de tipo reflejo. Con el crecimiento se vuelve consciente y voluntario. Los esquemas motores de estas acciones se desarrollan con los procesos coordinativos generales y están muy relacionados con la percepción y coordinación óculo-segmentaria.

1.2. DESARROLLO EVOLUTIVO GENERAL.

El desarrollo tiene lugar durante toda la **vida**, pero es en la niñez y adolescencia cuando los cambios ocurren más rápidamente, son más visibles y tienen mayor impacto para el futuro.

Estudiamos el desarrollo evolutivo general a través del desarrollo **biológico, fisiológico** y **psicológico**, aunque éste involucra al **cognitivo** y **emocional** y **social**. Para tratar este apartado y el siguiente resumimos a Oña (1987), Corpas, Toro y Zarco (1994), Ruiz Pérez (1994), Pérez-Santamarina, (1998), Gil (2003), Gutiérrez (2004), Ruiz Pérez (2005), Oña (2005), León (2006), Rigal (2006), Hernández Fernández (2008) y Gil Madrona -coord.- (2013).

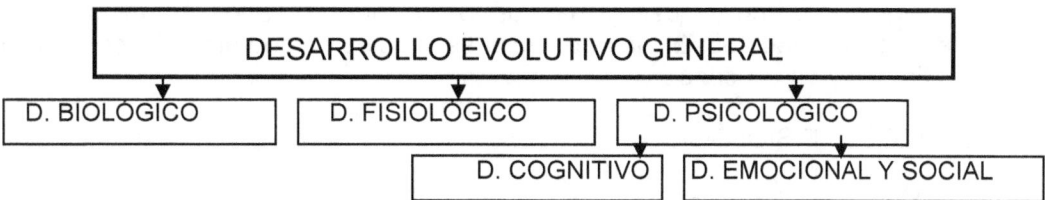

1.2.1. DESARROLLO BIOLÓGICO.

El crecimiento se produce en **periodos** con características propias y siguiendo un **ritmo personal**. Estas etapas han sido fijadas con bastante coincidencia por casi todos los autores dedicados al estudio de la evolución humana (Piaget, Wallon,...); y suponen formas normativas y diferenciales de comportamiento para todos los sujetos comprendidos en cada fase.

Los grandes momentos del crecimiento humano han sido divididos en numerosos periodos y subperiodos, según los autores a los que nos refiramos. En general, se entienden estas etapas:

a) **Período Prenatal**:

Fase **germinal** (dos primeras semanas desde la fecundación).

Fase **embrionaria** (2ª a 8ª semana).

Fase **fetal** (3º mes - nacimiento).

b) **Nacimiento y Período Postnatal:**

Maternal (0 a 2 años).	Adolescencia (15 a 18 años).
Infancia (2 a 5 años).	Juventud (18 a 25 años).
Niñez (5 a 10-11 años).	Madurez (25 a 60 años).
Pubertad (11/12 a 15 años).	Senectud (60 en adelante).

La **evolución** de los parámetros que se involucran en el crecimiento, son:

- **Talla**. El crecimiento disminuye con el nacimiento. Hasta los 8-10 años no hay diferencias entre chicos y chicas. Con la pubertad se adelanta el crecimiento en ellas.
- **Peso.** En el primer año el aumento es muy rápido, se triplica. A partir de los dos años el avance es continuo, de 2 a 2,5 kg. por año.
- **Crecimiento óseo**. Las fases son las siguientes: aparición de los centros de osificación (0-5 años), sustitución del cartílago por el tejido óseo (5-14 años), y fusión de las extremidades epifisarias (14-22 años).
- **Aumento de la musculatura**. El tono muscular aumenta, sobre todo, en el primer período postnatal. A los 6 años las fibras musculares son aún finas. La masa muscular aumenta progresivamente con la edad, hasta la pubertad, de manera uniforme en ambos sexos. Después se hace más significativa en los chicos.
- **Aparato cardiovascular**. Muestra un crecimiento regular y progresivo.
- **Aparato respiratorio**. Su crecimiento se realiza simultáneamente al desarrollo corporal general.
- **Sistema nervioso**. Muestra un crecimiento rapidísimo durante los primeros años de vida, aunque no ocurre lo mismo respecto a sus funciones. A los 9 meses del nacimiento el cerebro muestra un peso que alcanza el 50% del adulto. Aunque al final del segundo año se puede afirmar que, en esencia, está acabada la mielinización, aún quedan elementos, por lo que sobre los 6 años se considera finalizada, siendo posible las operaciones simples de coordinación sensomotriz en el tiempo y en el espacio.

1.2.2. DESARROLLO FISIOLÓGICO.

La bibliografía especializada la divide en cuatro periodos: sensorio-motor; preescolaridad; escolaridad y puberal-adolescencia.

a) **Periodo sensorio-motor, (0 a 2 años)**.

- Los **estereotipos rítmicos** constituyen un paso intermedio entre los primeros automatismos y la motricidad voluntaria.
- El **dominio postural** se da una progresiva superación de la postura fetal flexionada y una sustitución de la extensión refleja por la voluntaria. Junto a la posición erecta, se irán dominando cada vez más posturas (sentado, de rodillas, cuclillas...).
- La **autopercepción**. La "nebulosa" perceptiva del nacimiento cede a una creciente matización conceptual del mundo, que sólo empieza a hacerse densa más adelante, en las cercanías de la escolaridad. Las primeras percepciones son globales e indiferenciadas, hasta que comienza a observar el *"primer diferencial autoperceptivo"*: su

mano, a partir de ahí comenzará a construir una percepción de su cuerpo diferenciado sus segmentos.

- La **dominancia lateral** no se manifiesta claramente en este período.
- En cuanto al **desplazamiento**, cuyas primeras formas se darán cuando el monoaxial sea el adecuado, serán la reptación y el gateo. Cuando domine la postura erecta comenzará la marcha, que más tarde dará lugar a la carrera y el salto. También aparecerán otras conductas motrices como rodar, nadar o trepar.
- Por su parte, la **prensión** voluntaria empieza con la aproximación al objeto y posterior contacto. Más adelante comienza el lanzamiento, gracias a la capacidad de relajar la musculatura flexora. También una recepción muy burda empieza al final del período. Por último se inicia también la patada, que puede compararse a un lanzamiento con el pie.

b) **Preescolaridad, (2 a 7 años).**

La actitud motriz genérica se caracteriza por su variabilidad, siendo por ello el patrón mecánico de los gestos muy eficaz y cambiante. El gesto motor se mantiene aún demasiado globalizado. Se produce también un incremento de la eficacia, sobre todo a partir de los cinco años, y gracias a la ganancia en potencia, control y a una progresiva integración relativa.

- En el **tono muscular** mejora el control estático y el dominio de la alternancia tensión/relajación. Se dan como algo normal en estas edades las paratonías y las sincinesias.
- La **autopercepción** mejora en posiciones estáticas, progresando en lo relativo a la diferenciación de segmentos.
- El **dominio postural** es mayor en posiciones estáticas. El equilibrio dinámico comienza a controlarlo al final del período.
- La **dominancia lateral** se va a definir en este período, comenzando alrededor de los cinco años (dominancia ocular y manual) y terminando hacia los siete aproximadamente.
- En la línea de los **desplazamientos**, la carrera y el salto comienzan a tener fases definidas, sobre todo en el vuelo.
- La **carrera** y el **salto** suelen ser arrítmicos en esta fase, variables sus patrones, e impregnados de simbolismo.
- En lo referente a la **prensión**, continúan diversificándose las conductas. La unión continuada del lanzamiento y recepción, da lugar al bote, que al principio se ejecuta con ambas manos.
- Todas las **conductas** mejoran en precisión, potencia y control, sobre la mitad del periodo.
- El **lanzamiento** comienza a ser bueno en la mayoría de los niños sobre los seis años. En la **recepción**, al final del período, comienza a adaptarse a la forma del móvil, a relajarse y anticiparse a su trayectoria.
- La **patada** va mejorando de los 4 a 6 años, haciendo participar progresivamente a los brazos y flexionando la pierna desde la rodilla, aunque el balanceo es corto aún.

c) **Escolaridad, (7 a 11 años).**

La actitud motriz genérica se caracteriza por la estabilidad y el control, que es extensible a todos los comportamientos motores. Se manifiesta en una mayor coordinación.

- Aparece la **motricidad analítica** propiamente dicha.
- Surgen las **actividades motrices socializadas.**

- Gracias al progreso en los factores biológicos se origina una mejora en las **capacidades físicas**.
- El **control tónico** mejora, siendo más ajustado a las necesidades. Se superan paratonías y sincinesias. Se consigue ajustar la alternancia contracción/relajación.
- El **equilibrio** gana en complejidad y se aprenden posturas técnicas.
- En el **desplazamiento**, la carrera se hace más fluida y rítmica, la fase de vuelo es marcada y amplia, los brazos balancean de forma integrada en oposición al movimiento de piernas.
- El **salto** comienza a integrarse realmente a partir de los 7 años.
- En cuanto a la **patada**, va a poder realizarse con balanceo previo, con mayor integración y asociada a la carrera previa.
- El **lanzamiento** avanza en eficacia y precisión.
- Se produce en esta fase un gran avance en todas las **capacidades físicas.**
- La **velocidad** mejora gracias a la mayor selectividad y canalización del impulso nervioso, a la mejor integración motriz del gesto y al desarrollo de la atención.
- La **flexibilidad** tiene su apogeo con el paso de la infancia a la pubertad. Posteriormente decrecerá si no se incide con ejercicios específicos.

d) **Pubertad-adolescencia, (12 a15 años)**.

En el ámbito de la motricidad, de una parte, la inestabilidad producida por los cambios biológicos y emocionales da lugar a una alteración de su corporalidad y de la imagen de sí mismo, que le crean un **descontrol motor**. De otra, los avances que impone la mejora de las capacidades y la cognición, permite, en potencia, una mayor eficacia de las conductas motrices.

- Negativamente, el factor más influenciado es el **control corporal**.
- El **tono muscular** pasará por fases de exceso en segmentos no necesarios, lo cual dará lugar a vueltas episódicas de las paratonías y las sincinesias.
- La **actitud** postural también puede alterarse (cifosis, lordosis, escoliosis...). La insuficiencia de los mecanismos de control usuales sobre el **equilibrio**, pueden afectarlo.
- Las **capacidades físicas** muestran una mejora sustancial, pero su traducción en conductas motrices puede verse alterada por los procesos de desajuste corporal.

1.2.3. DESARROLLO PSICOLÓGICO.

Los estudios sobre el desarrollo humano nos muestran la gran importancia que en la construcción de la personalidad de niñas y niños tiene la motricidad.

a) **Desarrollo cognoscitivo**. Seguimos a Piaget (1982), citado por Rigal (2006) y Gallardo y Camacho (2008), el cual establece cuatro grandes etapas, a su vez compuestas de sub-etapas, en el desarrollo. Una de las aportaciones que hace a la motricidad este autor es el afán en poner de manifiesto la **relación** existente entre ésta y la evolución de la inteligencia. También la necesidad de actuar pedagógicamente según las características de cada uno de los estadios por los que los niños van pasando.

1º. Periodo Sensoriomotor. (0-2 años)	2º. Inteligencia Preoperativa o Simbólica (2-7 años)	3º. Operaciones Concretas. (7/8-12 años).	4º. Operaciones Formales. (12- 16 años).
El niño se ocupa de adquirir el control motor y conocer los objetos del mundo físico, pero aún no forma símbolos de esos objetos. Aparición de las capacidades sensomotrices, perceptivas y lingüísticas.	El niño se ocupa de adquirir habilidades verbales y empieza a elaborar símbolos de los objetos que ya puede nombrar, pero en sus razonamientos ignora el rigor de las operaciones lógicas. Imitación y la representación.	El niño es capaz de manejar conceptos abstractos como los números y de establecer relaciones. Hace operaciones lógicas pero con símbolos concretos ya que tiene dificultades con los abstractos. Posee reversibilidad mental. Tiene lugar la socialización y la objetivación del pensamiento.	Se libera de lo concreto para pasar a lo abstracto. Surge el pensamiento formal e hipotético-deductivo. Se da paso al pensamiento hipotético-deductivo.

b) **Desarrollo emocional y social**. Seguimos a Freud (1981), quien afirma que lo *"afectivo se desarrolla junto a la inteligencia"*. Estudia los cuatro periodos que brevemente exponemos:

1º. **Estadio impulsivo y emocional u oral (nacimiento-1/2 años).**

Aparecen reflejos afectivos en forma de respuestas a estímulos derivados de necesidades primarias (primeros meses). Hacia el tercer mes sus emociones se van diferenciando.

2º. **Estadio del personalismo o fálico (2-4 años).**

Se identifica con su yo: identificación con su sexo. Tres períodos: de oposición y de inhibición (3 años), de las gracias (4 años) y de imitación (4-5 años). Fase en la que se desarrolla el Complejo de Edipo.

3º. **Estadio de latencia (5-8 años).**

Organización del aparato psíquico. Constitución del Yo y de la estructura del aparato psíquico. Defensa y adaptación del Yo a la realidad. Construcción progresiva del pensamiento social, lógico y moral: moralidad autónoma.

4º. **Estadio prepuberal (9-11/12 años).**

Reactivación de las tendencias infantiles rechazadas. Identificación sexual y equilibrio emocional, mayor autonomía y autodeterminación: moralidad autónoma y aparición de la pandilla. El niño se convierte progresivamente en miembro del grupo social.

c) **Otros**. Independientemente de los autores anteriores, complementamos el desarrollo evolutivo citando escuetamente a Wallon (1947), Bruner (1970) y a Gesell y la teoría psicoanalítica (1979), entre otros.

- **Wallon**, (1947). Indica que niños y niñas van descubriendo sus cuerpos y tomando conciencia de los mismos como consecuencia de sus interacciones con el medio y debido a la maduración del sistema nervioso. Establece que la motricidad incide decisivamente en la elaboración de las funciones psicológicas y enuncia varios periodos.

- **Bruner**, (1970). Considera que niñas y niños, a partir de una competencia motriz general, irán obteniendo patrones motores que, a través de su imitación, los irán dominando. Determina cinco fases que cubren desde el nacimiento a los once años.
- **Gessell**, (1979). Entiende que la maduración es la protagonista del desarrollo adaptativo, social, motriz y verbal. Resaltan la importancia del juego y movimiento por su influencia en la estructuración de la imagen corporal y en las relaciones interpersonales.
- **Ruiz Pérez**, (1994). Este autor agrupa a los distintos modelos en dos grandes líneas, los europeos (Ajuriaguerra, Le Boulch, Da Fonseca, Azemar, etc.) y los americanos (Cratty, Williams, Gallahue, etc.)

2. EDUCACION SENSOMOTRIZ Y PSICOMOTRIZ EN LAS PRIMERAS ETAPAS DE LA INFANCIA.

Sensopercepción es el trabajo que tiene por objeto el desarrollo de los sentidos: vista, oído, olfato, tacto... y gusto. **Motricidad** se refiere al movimiento corporal. El aprendizaje de la habilidad motriz depende de las aferencias y experiencias sensitivas que guían la producción motriz. El individuo sano modifica los esquemas motores y los adapta a funciones más dificultosas (saltos, carreras...). Esto es así porque ya las conoce, las ha experimentado y memorizado, aunque la persona con discapacidad psíquica tiene más restricciones para aprender a moverse. De ahí la relación entre el factor mental y el motor (Gil Madrona -coord.-, 2013).

2.1. LA EDUCACIÓN SENSOMOTRIZ EN LAS PRIMERAS ETAPAS DE LA INFANCIA.

Las **sensaciones** son todos aquellos estímulos que somos capaces de captar a través de los órganos sensoriales, de los sentidos: vista, oído, gusto, olfato y tacto (Guillén, Carrió y Fernández, 2002). Estos llegan a los centros de control produciendo en cada individuo una percepción concreta de la realidad. Por lo tanto es una mera admisión de información que nos ofrece el mundo a través de los sentidos (Gil Madrona -coord.-, 2013).

A lo largo del cuerpo están distribuidos los receptores sensoriales, algunos ocupan lugares muy específicos (Hernández Fernández, 2008). Son los responsables de captar los estímulos del medio, transformándolos en una información que será transportada a través de las vías nerviosas **aferentes** o sensitivas, hasta el S.N.C. y en particular hacia el córtex, donde se verán sometidas a una decodificación que determinará de dónde proceden, la naturaleza del excitante, su intensidad, etc. Las vías nerviosas **eferentes** o motrices transmiten los impulsos desde el S.N.C. hacia la periferia a través de interconexiones anatómicas complejas (Piñeiro, 2007).

Rigal (2006), **clasifica** las sensaciones en:

- **Interoceptivas**. Informan de los procesos internos del organismo, captando las informaciones procedentes de las vísceras. Representan las formas de sensación más difusa y mantienen cierta actividad con los estados emocionales.
- **Propioceptivas**. Informan sobre la situación del cuerpo en el espacio y sobre la postura, concretándose en sensaciones kinestésicas y vestibulares.
- **Exteroceptivas**. Informan sobre aspectos exteriores. Las más conocidas son la vista, oído, tacto, gusto y olfato, pero existen otras formas de sensibilidad poco estudiadas, como la sensibilidad vibratoria, la fotosensibilidad de la piel...

Las exteroceptivas se dividen en (Gil, 2003) y (Rigal, 2006):

a) **La vista.**

- **Agudeza visual.** Es la capacidad que tenemos de distinguir la forma y los detalles precisos del estímulo que se halla en posición estática o dinámica.
- **Seguimiento visual.** Se refiere a la capacidad de continuar con la mirada objetos.
- **Visión periférica.** Identificar lo que ocurre alrededor de un objeto sobre el que se fija la mirada.
- **Memoria visual.** Es la capacidad de recordar experiencias visuales anteriores.
- **Diferenciación figura-fondo.** Capacidad de destacar una figura dominante de su entorno.
- **Estabilidad perceptiva.** Consiste en reconocer objetos dentro de un mismo rango, por ejemplo bolas de tenis dentro del grupo de "pelotas". Requiere persistencia en la interpretación de la observación.

b) **El oído.**

- **Agudeza auditiva.** Es la capacidad que tenemos para captar y diferenciar los distintos sonidos, su tono e intensidad.
- **Seguimiento auditivo.** Consiste en la capacidad de identificar de dónde proviene el sonido y seguir el trazado que lleva.
- **Memoria auditiva.** Es la capacidad que tenemos de recordar y repetir experiencias auditivas cuando ha desaparecido el estímulo.

c) **El tacto.**

- **Discriminación táctil.** Es la capacidad de distinguir diferentes texturas utilizando exclusivamente el tacto.
- **Agudeza táctil.** Se trata de captar y diferenciar aspectos de los objetos y las cosas que tocamos o nos tocan.
- **Precisión táctil.** Es la minuciosidad en el tacto.

d) **Gusto y olfato.**

Son los sentidos que menos intervienen en la conducta motriz del niño y de la niña. La educación de los habitualmente denominados sentidos químicos, dado que dependen del contacto con diferentes sustancias químicas con sus receptores, se sistematizará en sesiones de carácter interdisciplinar. Por ejemplo, oler plantas en el área de Conocimiento del Medio.

La decodificación producida en el córtex se integra a las de otras sensaciones dando lugar a la percepción. La percepción será el fruto de una labor compleja de análisis y síntesis y nos permitirá captar objetos y situaciones íntegras.

Las **percepciones** son experiencias más complejas como resultado de procesos internos superiores y producto de la acumulación de sensaciones en la memoria en forma de experiencias o vivencias, es decir, el reconocimiento e interpretación de éstas. En la edad infantil es necesario realizar un intenso trabajo de capacidades sensitivas y perceptivas para ir construyendo la base motriz (Gil, 2003).

2.2. EDUCACIÓN PSICOMOTRIZ EN LAS PRIMERAS ETAPAS DE LA INFANCIA.

Estudiamos este punto basándonos en Linares (1989), Pastor (1994), Mendiara y Gil (2003), Camacho (2003), Gil (2003), Desrosiers y Tousignant (2005), Rigal (2006), Hernández Fernández (2008), Gil Madrona -coord.- (2013), Sassano (2015) y Tamarit (2016).

La Psicomotricidad surge en los primeros años del siglo XX a través del francés Ernest Dupré. Su idea central parte de que es posible reeducar al individuo con retraso dado las relaciones entre movimiento y mente. Ello arraiga en el campo de la psicología genética (Wallon), la psiquiatría infantil (Ajuriaguerra) y la pedagogía (Picq y Vayer), principalmente (Bottini, 2010).

Desde este planteamiento unitario de la persona, la psicomotricidad se propone tres grandes objetivos, entre otros:

- Desarrollar la capacidad **sensitiva**.
- Educar la capacidad **perceptiva**.
- Educar la capacidad **representativa y simbólica**.

En resumen, favorecer la relación entre el alumnado y su medio a través de actividades perceptivas y motrices relacionadas con el esquema corporal, espacio y tiempo, bajo formas jugadas.

En los últimos decenios ha ido adquiriendo importancia porque la educación psicomotriz se ha ocupado de modos de intervenir en el desarrollo infantil desde la **educación normal**, la **reeducación** y la **terapia** y desde las dificultades en el aprendizaje a la potenciación del desarrollo normal.

Aunque tradicionalmente se asocia a la idea de trabajar la psicomotricidad en una sala, en realidad muchas actividades pueden hacerse en la propia aula.

El **papel** de la maestra o maestro será doble, por un lado tratar de crear un clima positivo de intercambios de experiencias y por otro tratar de mejorar el desarrollo funcional que permita una mejora en las tareas y actividades. La educación psicomotriz ha dado magníficos resultados en los tratamientos reeducativos y terapéuticos, muy especialmente como tratamiento de los problemas de inadaptación escolar (dislexias, disgrafías, disortografías, etc.). Una buena educación psicomotriz debe ser la mejor base para realizar los aprendizajes escolares, fundamentalmente en educación infantil y también en primaria.

El D. 328/2010, de 13 de julio, por el que se aprueba el Reglamento Orgánico de los colegios de educación infantil y primaria, y de los centros públicos específicos de educación especial, BOJA nº 139, de 16/07/2010, indica en artículo 7 que una de las funciones y deberes del profesorado es "la atención al desarrollo intelectual, afectivo, **psicomotriz**, social y moral del alumnado".

Hoy día, siglo XXI, tenemos que dejar patente que el término psicomotriz engloba a corrientes muy diversas e incluso enfrentadas, por lo que no puede hablarse de un todo homogéneo. Igualmente, tiene numerosos detractores. El término psicomotricidad encubre hoy en día distintas significaciones, por lo que conviene citar, al menos, las más representativas. Destacamos a:

a) **La concepción experimental de la acción reeducativa de Picq y Vayer.**

En su desarrollo metodológico conciben la psicomotricidad como la comunicación, que se da a través del diálogo corporal niño-mundo, fundamentalmente a través de tres formas: la relación del niño consigo mismo, con los objetos y con los demás.

Centran su **atención** en las "*conductas motrices de base*" (coordinaciones y equilibrios), "*neuromotrices*" (relajación y lateralidad*)* y "*perceptivo-motrices*" (espacio y tiempo).

b) **La psicocinética de Le Boulch.**

"*La ciencia del movimiento humano debe partir de la existencia corporal como totalidad y como unidad y no puede homologarse con el estudio de una máquina compuesta por palancas, bisagras y músculos*".

Huye de la concepción dualista y considera el movimiento como medio de educación de la personalidad. Critica la práctica escolar de la condición física y la gran importancia del deporte.

"*El método psicocinético es un método de educación general que, como medio pedagógico, utiliza el movimiento en todas sus formas*".

c) **La psicomotricidad relacional de Lapierre y Aucouturier**

Intentan convertir la psicomotricidad en la vía que permita el paso de lo **vivido** a lo **abstracto**, para lo que proponen una educación organizada a partir de la percepción sensomotriz vivida por el escolar. A partir de los **contrastes asociados** a la acción corporal es como niñas y niños van a captar y organizar la realidad del mundo.

2.3. SENSOMOTRICIDAD Y PSICOMOTRICIDAD EN EL CURRÍCULO DE PRIMARIA.

El R.D. 126/2014, indica que uno de los elementos curriculares de la Educación Física pasa por la creación de "cinco tipos de situaciones motrices". Una de ellas está muy relacionada con la motricidad de base, como son las "acciones motrices individuales en entornos estables".

En Andalucía, la O. de 17/03/2015 nos indica que "*la Educación física permite al alumnado indagar en sus habilidades y destrezas motrices y las lleva a la práctica en situaciones de enseñanza/aprendizaje variadas. Las experiencias individuales y colectivas permiten adaptar las respuestas a los diferentes contextos, de esta forma atiende a las dimensiones de la personalidad: sensorial, cognitiva, afectiva, comunicativa, estética, de la salud, moral, social y creativa. Este área es un verdadero motor de formación integral y permanente, ya que a partir de propuestas de tareas competenciales dinámicas y variadas servirá para instrumentalizar en otras áreas actitudes que ayuden a afrontar los retos que en ellas se destilen, sobrepasando su plano motriz inicial. La actividad física tiene un valor educativo muy importante, tanto por las posibilidades de exploración que propicia como por las relaciones lógicas que el sujeto establece en las interacciones con los objetos, el medio, los otros y consigo mismo. Así, por ejemplo, los alumnos y alumnas construyen sus primeras nociones topológicas, temporales, espaciales o de resolución de problemas en actividades que emprende con otros en diferentes situaciones motrices*".

Ahora relacionamos los **elementos curriculares**:

a) **Competencias clave**. El área, desde la globalidad de los aprendizajes contribuye a la **competencia matemática y competencias en ciencia y tecnología**. Abordar cálculos, análisis de datos, gráficas y tablas sobre tiempos en pruebas, clasificaciones, ritmo cardíaco, puntuaciones, nociones de orden y espacios, cantidades, etc. Un buen nivel coordinativo y perceptivo-motor dará lugar a una mayor facilidad en el dominio de las relaciones espaciales, cuantificación y cálculos, magnitudes, comprensión de la perspectiva, lectura de mapas, escenas tridimensionales, formas geométricas, etc. Además, las relaciones temporales entre los objetos y las circunstancias, donde los cambios se producen dentro de sistemas de objetos interrelacionados.

El conocimiento de la naturaleza y la interacción con esta hace directamente que se desarrolle las competencias en ciencia y tecnología desde el conocimiento y principios básicos de la naturaleza. La observación del medio, el planteamiento de hipótesis para adaptar la acción al medio desde el conocimiento del propio cuerpo, espacio y tiempo.

La Educación física ayuda a la consecución del **Sentido de iniciativa y espíritu emprendedor** en la medida en que emplaza al alumnado a tomar decisiones con progresiva autonomía en situaciones en las que debe manifestar auto superación, perseverancia y actitud positiva.

El área contribuye a la **competencia de aprender a aprender** mediante el conocimiento de sí mismo y de las propias posibilidades y carencias como punto de partida del aprendizaje motor desarrollando un repertorio variado que facilite su transferencia a tareas motrices más complejas. Ello permite el establecimiento de metas alcanzables cuya consecución genera autoconfianza.

Competencia digital en la medida en que los medios informáticos y audiovisuales ofrecen recursos cada vez más actuales para analizar y presentar infinidad de datos que pueden ser extraídos de las actividades físicas, deportivas, competiciones, etc. El uso de herramientas digitales que permitan la grabación y edición de eventos (fotografías, vídeos, etc.) suponen recursos para el estudio de distintas acciones llevadas a cabo.

b) **Objetivos de etapa**. La habilidad está relacionada con el objetivo "k": "valorar la higiene y la salud, aceptar el propio cuerpo y el de los otros, respetar las diferencias y utilizar la educación física y el deporte como medios para favorecer el desarrollo personal y social", habida cuenta la habilidad motriz está presente en las prácticas de juegos que nos llevan a aceptar el propio cuerpo y el de los demás y su uso para el desarrollo personal y social.

c) **Objetivos de Área**. Algunos tienen **relación** directa con las capacidades coordinativas. Por ejemplo, el "1", que trata sobre el conocimiento del propio cuerpo y disfrutar de sus capacidades motrices; el "2", sobre el uso de habilidades motrices y la adaptación del movimiento.

d) **Contenidos**. Este tema está relacionado con el primer bloque de **contenidos**, "**El cuerpo y sus habilidades perceptivo motrices**" porque este tema trata del desarrollo de los contenidos básicos de la etapa que servirán para posteriores aprendizajes más complejos, donde seguir desarrollando una amplia competencia motriz.

e) **Criterios de evaluación**. También algunos criterios y estándares de aprendizaje hacen referencia a coordinación y equilibrio. Por ejemplo, el 1: "Resolver situaciones motrices con diversidad de estímulos y condicionantes espacio-temporales, seleccionando y combinando las habilidades motrices básicas y adaptándolas a las condiciones establecidas de forma eficaz".

f) **Estándares de aprendizaje**. Ponemos algunos ejemplos:
   1.1. Adapta los desplazamientos a diferentes tipos de entornos y de actividades físico deportivas y artístico expresivas ajustando su realización a los parámetros espacio-temporales y manteniendo el equilibrio postural.
   1.2. Adapta la habilidad motriz básica de salto a diferentes tipos de entornos y de actividades físico deportivas y artístico expresivas, ajustando su realización a los parámetros espacio-temporales y manteniendo el equilibrio postural.
   1.3. Adapta las habilidades motrices básicas de manipulación de objetos (lanzamiento, recepción, golpeo, etc.) a diferentes tipos de entornos y de

actividades físico deportivas y artístico expresivas aplicando correctamente los gestos y utilizando los segmentos dominantes y no dominantes.
1.4. Aplica las habilidades motrices de giro a diferentes tipos de entornos y de actividades físico deportivas y artístico expresivas teniendo en cuenta los tres ejes corporales y los dos sentidos, y ajustando su realización a los parámetros espacio temporales.
1.5. Mantiene el equilibrio en diferentes posiciones y superficies.

Por otro lado, el R.D. 126/2014, indica que uno de los elementos curriculares de la Educación Física pasa por la creación de "cinco tipos de situaciones motrices". Una de ellas está muy relacionada con la habilidad motriz, como son las "acciones motrices individuales en entornos estables".

CONCLUSIONES

La evolución de las capacidades motrices en relación con el desarrollo evolutivo general ha sido estudiada desde diversos prismas: desarrollo biológico, fisiológico y psicológico, éste incluye al cognitivo, emocional y social. Esto es de gran importancia para el docente de primaria debido a que debe detectar cualquier anomalía en el alumnado para avisar a la familia y poner el remedio oportuno. La observación en clase de educación física le permitirá descubrir las irregularidades que puedan presentarse en las capacidades físicas, perceptivo-motrices y coordinativas. La senso y psicomotricidad son de gran trascendencia debido a que las edades más críticas para su aplicación son, precisamente, las correspondientes a la etapa primaria. Por otro lado hay que destacar la relación existente entre psicomotricidad y los aprendizajes básicos escolares (lecto-escritura) y las relaciones socio-afectivas entre los componentes del grupo.

En la etapa de la Educación Primaria la Educación Física permite a los estudiantes explorar su potencial motor a la vez que desarrollan las competencias motrices básicas. Eso implica movilizar toda una serie de habilidades motrices, actitudes y valores en relación con el cuerpo, a través de situaciones de enseñanza-aprendizaje variadas, en las que la experiencia individual y la colectiva en los diferentes tipos de actividades permitan adaptar la conducta motriz a los diferentes contextos. En esta etapa, la competencia motriz debe permitir comprender su propio cuerpo y sus posibilidades y desarrollar las habilidades motrices básicas en contextos de práctica, que se irán complicando a medida que se progresa en los sucesivos cursos. Las propias actividades y la acción del docente ayudarán a desarrollar la posibilidad de relacionarse con los demás, el respeto, la colaboración, el trabajo en equipo, la resolución de conflictos mediante el diálogo y la asunción de las reglas establecidas, el desarrollo de la iniciativa individual y de hábitos de esfuerzo.

Por último, destacar la impertinencia en estas edades de trabajar la psicomotricidad y la sensomotricidad, de modo que el niño o niña sea capaz de reconocer los estímulos que recibe desde el exterior, tales como: sonidos, distancias, diferencian objetos, etc.

BIBLIOGRAFIA

- ARTEAGA, M. VICIANA, V. y CONDE, J. (1997). *Desarrollo de la expresividad corporal*. INDE. Barcelona.
- BERNAL, J. A. (2002). *Juegos y actividades de equilibrio*. Wanceulen. Sevilla.
- BOTTINI, P. -coor.- (2010). Psicomotricidad: prácticas y conceptos. Miño y Dávila, editores. Buenos Aires.
- BRUNER, (1979). *El desarrollo del niño*. Morata. Madrid.
- BUENO, M.; DEL VALLE, S.; DE LA VEGA, R. (2011). *Los contenidos perceptivomotrices, las habilidades motrices y la coordinación*. Virtual Sport. Segovia.

- CAMACHO, H. (2003). *Pedagogía y Didáctica de la Educación Física*. Kinesis. Armenia (Colombia).
- CONDE, J. L. y VICIANA, V. (2001). *Fundamentos para el desarrollo de la motricidad en edades tempranas*. Aljibe. Málaga.
- CORPAS, F., TORO, S. y ZARCO, J. (1994). *Educación Física en la Enseñanza Primaria*. Aljibe. Málaga.
- CUADRADO, G.; PABLOS, C.; GARCÍA, J. (2006). *Aspectos metodológicos y fisiológicos del trabajo de hipertrofia muscular*. Wanceulen. Sevilla.
- DESROSIERS, P. y TOUSIGNANT, M. (2005). *Psicomotricidad en el aula*. INDE. Barcelona.
- FERNÁNDEZ GARCÍA, E. (Coor.), CECCHINI, J. A. y ZAGALAZ, Mª L. (2002). *Didáctica de la educación física en la educación primaria*. Síntesis. Madrid.
- FREUD, S. (1981). *Más allá del principio del placer*. Biblioteca Nueva. Madrid.
- GARCÍA, J. A. y BERRUEZO, P. P. (2000). *Psicomotricidad y Educación Infantil*. CEPE S. L. Madrid.
- GALLARDO, P. y CAMACHO, J. M. (2008). *Teorías del aprendizaje y práctica docente*. Wanceulen Educación. Sevilla.
- GIL, P. (2003). *Desarrollo psicomotor en Educación Infantil*. Wanceulen. Sevilla.
- GIL MADRONA, P. -coord.- (2013). *Desarrollo curricular de la Educación Física en la Educación Infantil*. Ediciones Pirámide. Madrid.
- GUILLÉN, E. I.; CARRIÓ, J. C. y FERNÁNDEZ, M. A. (2002). *Sistema nervioso y actividad física*. En GUILLÉN, M. y LINARES, D. (coords.). *Bases biológicas y fisiológicas del movimiento humano*. Médica Panamericana. Madrid.
- GUTIÉRREZ, M. (2004). *Aprendizaje y desarrollo motor*. Fondo Editorial San Pablo Andalucía (CEU). Sevilla.
- HAHN, E. (1988). *Entrenamiento con niños*. Martínez Roca. Barcelona.
- HERNÁNDEZ FERNÁNDEZ, A. (2008). *Psicomotricidad: Fundamentación teórica y orientaciones prácticas*. Universidad de Cantabria. Santander.
- JUNTA DE ANDALUCÍA (2007). *Ley 17/2007, de 10 de diciembre, de Educación en Andalucía*. (L. E. A.) B.O.J.A. nº 252, de 26/12/2007.
- JUNTA DE ANDALUCÍA (2010). *Decreto 328/2010, por el que se aprueba el Reglamento Orgánico de las escuelas infantiles de segundo grado, de los colegios de educación infantil y primaria, de los colegios de educación primaria, y de los centros públicos específicos de educación especial*. BOJA nº 139, de 16/07/2010.
- JUNTA DE ANDALUCÍA (2015). *Decreto 97/2015, de 3 de marzo, por el que se establece la ordenación y el currículo de la educación Primaria en la comunidad Autónoma de Andalucía*. BOJA nº 50 de 13/03/2015.
- JUNTA DE ANDALUCÍA (2015). *Orden de 17 de marzo de 2015, por la que se desarrolla el currículo correspondiente a la educación Primaria en Andalucía*. BOJA nº 60 de 27/03/2015.
- JUNTA DE ANDALUCÍA (2015). *Orden de 04 de noviembre de 2015, por la que se establece la ordenación de la evaluación del proceso de aprendizaje del alumnado de educación primaria en la Comunidad Autónoma de Andalucía*. B.O.J.A. nº 230, de 26/11/2015.

- JUNTA DE ANDALUCÍA (2010). *Decreto 328/2010, de 13 de julio, por el que se aprueba el Reglamento Orgánico de las escuelas infantiles de segundo grado, de los colegios de educación primaria, de los colegios de educación infantil y primaria, y de los centros públicos específicos de educación especial.* BOJA nº 139, de 16/07/2010.

- LAPIERRE, A. y AUCOUTURIER, B. (1980). *El cuerpo y el inconsciente en educación y terapia.* Científico-Médica. Barcelona.

- LE BOULCH, J. (1986). *La educación por el movimiento en la edad escolar.* Paidós. Barcelona.

- LEGIDO, J. C. y otros (2009). *Hipertrofia y crecimiento muscular.* En GUILLÉN, M. y ARIZA. L. *Las Ciencias de la Actividad Física y el Deporte como fundamento para la práctica deportiva.* U. de Córdoba.

- LEÓN, J. A. (2006). *Teoría y Práctica del Entrenamiento. Deportivo. Nivel 1 y 2.* Wanceulen. Sevilla.

- LINARES, P. (1989). *Expresión corporal y desarrollo psicomotor.* Unisport. Málaga.

- LÓPEZ, C. y GAROZ, I. (2004). *Evaluación de las capacidades coordinativas.* En HERNÁNDEZ, J. L. y VELÁZQUEZ, R. (Coor.) *La evaluación en Educación Física.* Graó. Barcelona.

- M. E. C. (2006). *Ley Orgánica de Educación (L.O.E.) 2/2006, de 3 de mayo, de Educación.* B. O. E. nº 106, de 04/05/2006, modificada en determinados artículos por la LOMCE/2013.

- M. E. C. (2013). *Ley Orgánica 8/2013, de 9 de diciembre, para la mejora de la calidad educativa.* (LOMCE). B. O. E. nº 295, de 10/12/2013.

- M. E. C. (2014). *Real Decreto 126/2014, de 28 de febrero, por el que se establece el currículo básico de la Educación Primaria.* B. O. E. nº 52, de 01/03/2014.

- M.E.C. (2015). *Orden ECD/65/2015, de 21 de enero, por la que se describen las relaciones entre las competencias, los contenidos y los criterios de evaluación de la educación primaria, la educación secundaria obligatoria y el bachillerato.* B.O.E. nº 25, de 29/01/2015.

- MENDIARA, J. y GIL, P. (2003) *La Psicomotricidad. Evolución, corrientes y tendencias actuales.* Wanceulen. Sevilla.

- OÑA, A. (1987). *Desarrollo y Motricidad: Fundamentos evolutivos de la Educación Física.* Universidad de Granada.

- OÑA, A. (2005). *Actividad física y desarrollo: ejercicio físico desde el nacimiento.* Wanceulen. Sevilla.

- PASTOR, J. L. (1994). *Psicomotricidad escolar.* Dpto. Educación de la U. De Alcalá de Henares. Madrid.

- PASTOR, J. L. (coord.) (2007). *Motricidad.* Wanceulen. Sevilla.

- PÉREZ-SANTAMARINA, E. (1998). *Desarrollo psicomotor.* En GALLEGO, J. L. -coord.- (1994). *Educación Infantil.* Aljibe. Málaga.

- PIAGET, J. (1982). *El nacimiento de la inteligencia en el niño.* Aguilar. Madrid.

- PICQ Y VAYER (1985). *Educación psicomotriz y retraso mental.* Científico-Médica. Madrid.

- PIÑEIRO, R. (2007). *La velocidad y el sistema nervioso.* Wanceulen. Sevilla.

- RIGAL, R. (2006). *Educación motriz y educación psicomotriz en Preescolar y Primaria.* INDE. Barcelona.

- RIVADENEYRA M. L. -Coord-. (2003). *Desarrollo de la motricidad*. Wanceulen. Sevilla.
- RUIZ PÉREZ, L. M. (1994). *Desarrollo motor y actividades físicas*. Gymnos. Madrid.
- RUIZ PÉREZ, L. M. (2005). *Moverse con dificultad en la escuela*. Wanceulen. Sevilla.
- SANCHEZ BAÑUELOS, F. (1989). *Bases para una didáctica de la educación física y el deporte*. Gymnos. Madrid.
- SÁNCHEZ BAÑUELOS, F. y FERNÁNDEZ, E. -Coord.- (2003). *Didáctica de la Educación Física*" Prentice Hall. Madrid.
- SASSANO, M. (2015). *El cuerpo como origen del tiempo y del espacio. Enfoques desde la Psicomotricidad*. Miño y Dávila editores. Buenos Aires.
- TAMARIT, A. (2016). *Desarrollo cognitivo y motor*. Síntesis. Madrid.
- TORRES, M. A. (2005). *Enciclopedia de la Educación Física y el Deporte*. Ediciones del Serbal. Barcelona.
- TRIGUEROS, C. y RIVERA, F. (1991) *Educación Física de Base*. Imprenta Gioconda-C.E.P. Granada.
- WALLON, H. (1980). *La Evolución psicológica del niño*. Crítica. Barcelona.

WEBGRAFÍA (Consulta en septiembre de 2016).

- https://www.um.es/cursos/promoedu/psicomotricidad/2005/material/contenidos-psicomotricidad-texto.pdf
- http://www.ite.educacion.es/es/recursos
- http://www.educarm.es/admin/recursosEducativos#nogo
- http://www.gobiernodecanarias.org/educacion/webdgoie/
- http://www.educarex.es/web/guest/apoyo-a-la-docencia
- http://www.guiaderecursos.com/webseducativas.php
- http://www.adideandalucia.es
- http://recursostic.educacion.es/primaria/ludos/web/index.html
- www.juntadeandalucia.es/educacion/descargasrecursos/curriculo-primaria/index.html

TEMA 11

EL ESQUEMA CORPORAL, EL PROCESO DE LATERALIZACIÓN. DESARROLLO DE LAS CAPACIDADES PERCEPTIVO-MOTRICES.

ÍNDICE

INTRODUCCIÓN

1. EL ESQUEMA CORPORAL, EL PROCESO DE LATERALIZACIÓN.

    1.1. Concepto y definiciones.

    1.2. Etapas en la elaboración del esquema corporal.

    1.3. Componentes del esquema corporal.

    1.4. El proceso de lateralización.

    1.5. Evaluación.

2. DESARROLLO DE LAS CAPACIDADES PERCEPTIVO-MOTORICES.

    2.1. Percepción.

    2.2. Percepción temporal o temporalidad.

        2.2.1. Clasificación.

        2.2.2. Evolución con la edad.

        2.2.3. Evaluación.

    2.3. Percepción del espacio o espacialidad. Su organización.

        2.3.1. Clasificación.

        2.3.2. Evolución con la edad.

        2.3.3. Evaluación.

    2.4. Estructuración espacio-temporal.

    2.5. Las capacidades perceptivo-motrices en el currículum.

    2.6. Actividades para el desarrollo de las capacidades perceptivo-motrices.

CONCLUSIONES

BIBLIOGRAFÍA

WEBGRAFIA

INTRODUCCIÓN.

Para estudiar la corporalidad debemos partir de Vayer (1977) y Wallon (1979), al considerar al cuerpo como elemento básico necesario para la construcción de la personalidad de niñas y niños; a través de él puede abordar los aprendizajes básicos escolares, la relación con los demás y los objetos, siendo el inicio para las posibilidades de acción.

La dominancia de uno de los dos lados del cuerpo sobre el otro obedece a una hegemonía cerebral que está en relación con uno de sus dos hemisferios.

Las edades propias de Primaria son fundamentales para el trabajo de las capacidades perceptivo motrices -conocimiento de sensaciones y análisis de sensaciones del propio cuerpo y del mundo que les rodea- y del proceso de lateralización, ya que la acción educativa del docente incide en su correcto desarrollo. Así lo reconoce el R. D. 126/2014, que resalta la importancia de los contenidos del título de este tema en la población escolar de Primaria.

Estas capacidades van íntimamente ligadas al esquema corporal y a la lateralidad, constituyendo gran parte de la base de la motricidad.

Por todo ello, estas capacidades tienen una gran importancia para que los escolares conozcan su cuerpo y, gracias a él, su interacción con el medio -espacio, objetos y personas que le rodean-, y el tiempo -duración, orden y ritmo- (Romero Cerezo, 2000).

1. EL ESQUEMA CORPORAL, EL PROCESO DE LATERALIZACIÓN.

Lo que llamamos *esquema corporal*, no es más que un conjunto de **retroacciones** procedentes de las interacciones del sujeto con su entorno físico que son interpretadas y memorizadas en forma de conjuntos estructurados de información y programas por parte del sistema nervioso (Fernández 2002).

La **percepción del medio** que rodea al alumno, ya desde muy pequeño, le ayuda a construir esquemas mentales de su entorno más inmediato, su exploración será posible gracias al desarrollo del movimiento y conllevará la adquisición de capacidades que darán lugar al **desarrollo cognitivo** (Tamarit, 2016).

En la bibliografía especializada aparecen multitud de términos similares, por ejemplo, "percepción corporal", "imagen corporal", "esquema postural", "gnosia corporal" etc. (Gallego, 2010). Romero Cerezo (2000), indica que *"hoy día el término tradicional de Esquema Corporal va dejando paso al de **Corporalidad**"*.

1.1. CONCEPTO Y DEFINICIONES

Las definiciones más conocidas, son:

- Picq y Vayer (1973), *"la organización de las sensaciones corporales en relación con los datos del mundo"*. Se advierten dos vertientes: la orientada hacia sí mismo y la orientada hacia el mundo exterior a través de la actividad cinética (Pastor, 2007).

- Ajuriaguerra (1981), *"la toma de conciencia del cuerpo en su totalidad y en sus partes íntimamente ligadas e interrelacionadas, como realidad vivida y conocida"*.

- Le Boulch, (1987), *"es la intuición global o conocimiento inmediato de nuestro cuerpo, bien en estado de reposo o en movimiento, en función de la interrelación de sus partes y sobre todo, de su relación con el espacio y los objetos que nos rodean"*.

- Rigal (2006), *"Representación que tenemos de nuestro cuerpo en estado estático o dinámico y que nos permite adaptarnos al medio exterior"*.

En resumen podemos afirmar que el esquema corporal es entendido como el conjunto de representaciones mentales que tenemos de nuestro propio cuerpo.

Un problema son las **deficiencias** en el esquema corporal. Niñas y niños con carencias lo manifestarán a través de estos cuatro planos (Le Boulch, 1987):

- En el plano de la **percepción**. El propio cuerpo es la referencia de la percepción.

- En el plano **motor**. Graves deficiencias a la hora de coordinarse y equilibrarse, en suma, torpeza motriz, falta de "disponibilidad motriz".

- En el plano de las **relaciones y el carácter**. Tendrá falta de actividad lúdica con los demás por ser más "torpón".

- En el plano **escolar**. Trastornos en el aprendizaje de las técnicas instrumentales (lecto-escritura), debido a una deficiente lateralidad, coordinación global y fina, desequilibrio y percepción espacio-tiempo. Por ejemplo, confusión de letras, palabras, etc. (Rigal, 2006). Esto es de capital importancia en la Etapa habida cuenta el **valor** que actualmente tiene la **lectura** (J. de Andalucía, 2007. Acuerdo sobre el Plan de Lectura y Bibliotecas Escolares en C. P. de Andalucía "-Plan LYB-"). También debemos citar al D. 328/2010, de 13 de julio, por el que se aprueba el Reglamento Orgánico de los colegios de educación primaria, el cual indica que todas las **programaciones** de todas las áreas incluirán actividades en las que el alumnado deberá **leer**, **escribir** y **expresarse** de forma oral.

En el dominio del propio cuerpo tienen un rol fundamental los aspectos **perceptivos**: la percepción de **uno** mismo y de las propias posibilidades de movimiento, así como la percepción del **entorno** (Sassano, 2015).

1.2. ETAPAS EN LA ELABORACIÓN DEL ESQUEMA CORPORAL.

El esquema corporal no aparece con el nacimiento, sino que se va construyendo por medio de múltiples experiencias motrices, a través de las informaciones sensoriales **propioceptivas** (proceden de músculos, tendones y articulaciones), **interoceptivas** (son las que provienen de las vísceras) y **exteroceptivas** (proceden del exterior, como vista o tacto) (Rigal, 2006). El esquema corporal se enriquece con nuestras experiencias, no es inmutable, sino maleable dentro de su relativa permanencia (Gil Madrona -coord.-, 2013). Por lo tanto, su elaboración se lleva a cabo mediante la relación continuada del individuo con el mundo que le rodea, aunque es también necesaria, además de esta experiencia personal y social, la maduración neuronal y sensorial (Martin, 2008).

De estas etapas o estructuración hay descritos varios **modelos**. No obstante, todos indican que se construye conforme a la **tele encefalización**: las leyes **céfalo-caudal** y **próximo-distal**, es decir, la maduración neurológica se realiza desde la cabeza a los pies y desde el centro del cuerpo hacia la periferia (Hernández Fernández, 2008). También tenemos en cuenta la ley de **Flexo-Extensores**, la cual entiende que los primeros se desarrollan antes que los segundos, y la ley de lo **General a lo Específico**, es decir, el desarrollo deriva de patrones generales de respuesta a patrones específicos (Gil, 2003). Debemos destacar que no alcanza su pleno desarrollo hasta los 11-12 años (Rigal, 2006).

- Modelo de **Vayer**, (1977). Indica cuatro periodos:
    - **Periodo Maternal**. Desde el nacimiento hasta los 2 años. El niño pasa desde los primeros reflejos (bucales) a la marcha y primeras coordinaciones motrices, a través de un diálogo madre-niño, muy cerrado al principio, luego, cada vez más suelto.
    - **Período Infantil** o periodo global de aprendizaje y uso de sí. De 2 a 5 años.

Hasta los 4 años va asumiendo los elementos visuales y topográficos. La relación con el adulto es siempre un factor esencial de esta evolución, que permite al niño desprenderse del mundo exterior y reconocerse como individuo.

- **Período de Transición**. De 5 a 7 años. Hay una progresiva integración del cuerpo, dirigida hacia su representación y concienciación, con la posibilidad de una transposición de sí mismo a los demás, y de los demás a sí mismo. Aparece el desarrollo de las posibilidades de control postural y respiratorio; la afirmación definitiva de la lateralidad; el conocimiento de derecha e izquierda y la independencia de los brazos con respecto al tronco.
- **Periodo de Educación Primaria o de elaboración definitiva del esquema corporal**. De 7 a 11-12 años. Gracias a la toma de conciencia de los diferentes elementos corporales, y al control de su movilización con vistas a la acción, se desarrollan e instalan: la posibilidad de relajación global y segmentario; la independencia de los brazos y piernas con respecto al tronco; la independencia funcional de los diversos segmentos corporales y de derecha-izquierda; la transposición del conocimiento de sí al conocimiento de los demás.

- Modelo de **Ajuriaguerra** (1981), citado por García y Berruezo (2000). Destaca tres niveles:
    - **Nivel del "cuerpo vivenciado"** (hasta los 3 años).
    - **Nivel de discriminación perceptiva** (de 3 a 7 años).
    - **Nivel de la representación mental del propio cuerpo** (de 7 a 12 años).

Otros modelos a señalar son los de Wallon, Le Boulch, Lleixá, etc.

1.3. COMPONENTES DEL ESQUEMA CORPORAL.

Los **elementos** del esquema corporal, que son tratados de forma interdependiente por la mayoría de autores, son (Gil Madrona, 2013):

a) **Conocimiento y control corporal**.
b) **Actitud tónica**.
c) **Respiración/Control tónico-postural**.
d) **Relajación**.
e) **Equilibrio**.
f) **Lateralidad**.

Por otro lado, en los últimos años, en la bibliografía especializada aparece el término "*Actividad tónico postural equilibradora*" (A.T.P.E.), a modo de síntesis de un conjunto de conceptos que hacen al niño y a la niña controlar y ajustar su cuerpo, adoptando una postura natural y equilibrada (Conde, 2001).

a) Conocimiento y control corporal.

A través del conocimiento se llega a la toma de conciencia de cada una de las partes del cuerpo, de sus nombres y de sus posibilidades de acción, es la "idea" que tenemos de nuestro cuerpo. Este dominio que se tiene de uno mismo no es exclusivamente en saber sólo su existencia, sino en conocer las posibilidades y en obtener de ellas el máximo rendimiento. El cuerpo es el primer medio de relación que tenemos con el mundo que nos rodea. Es un recurso de expresión y comunicación y ya durante el 1º ciclo niñas y niños están en disposición de desarrollar las estructuras más finas que dependen de los centros analizadores (Fernández, -coord.- 2002).

Niños y niñas de 1º curso ya deben conocer, nombrar y movilizar los segmentos corporales por haberse tratado en la anterior etapa.

b) **Actitud tónica.**

Actitud es interpretada como la **postura individual**, si bien tiene un concepto **psicobiológico**. No es consciente ni voluntaria sino asumida por cada persona y variable en función de múltiples factores personales y ambientales. Para el individuo la mejor postura es aquella en que los segmentos del cuerpo están **equilibrados** en la posición de **menor esfuerzo** y máximo sostén (Fernández, -coord.- 2002).

Se designa habitualmente con el nombre de "**actitud tónica**" a la actividad muscular que acompaña al músculo, tanto en estado de reposo como de movimiento. Todo músculo se encuentra sometido a un estado de tensión permanente, variable con el estado físico o anímico del sujeto (Gil, 2003).

El dominio postural sigue un proceso de **tele encefalización** o desarrollo progresivo desde el centro a la periferia: los principios de la maduración céfalo-caudal y próximo-distal, por lo que el control corporal se produce desde la cabeza hasta los miembros inferiores y desde el centro del cuerpo hasta las extremidades (Oña, 2005).

Podemos distinguir **tres** niveles:

- El tono de **actitud** (postural o de mantenimiento). Es el estado de tensión en que se encuentran los músculos en espera de una acción o en la conservación de una posición.

- El tono de **movimiento** o de acción. Es el estado de tensión necesario para que el músculo sea capaz de producir el desplazamiento de los segmentos corporales.

- El tono de **reposo** de **sostén** o de base. Es la ligera tensión que afecta a los músculos estriados necesaria para mantener el mínimo estado de vitalidad.

c) **Respiración.**

Es la más **importante** porque de ella dependen las demás. Muy ligada a la Relajación (Delgado y Tercedor, 2002). El control de los movimientos respiratorios es continuo y automático, desde el nacimiento a la muerte, sin interrupción (Piñeiro, 2006).

Respiración es "*la entrada y salida de aire de los pulmones, que a su vez se realiza por la elevación y depresión de la caja torácica y por el ascenso y descenso de la base del tórax*" (Fernández, -coord.- 2002).

La respiración varía constantemente ajustándose automática y perfectamente a nuestras actividades para atender a la demanda de oxígeno provocada por la actividad física (Bernal -coord.-, 2005).

La respiración tiene una serie de **fases** (Conde, 2001):

- **Preinspiración**. Es la fase breve y estática que antecede a la toma de aire.
- **Inspiración**. También llamada aspiración e inhalación, se caracteriza por la expansión del tórax. Durante la inspiración entra en el interior de los pulmones una porción de aire.

- **Preespiración**. Es un breve y estático momento que tiene lugar después de la inspiración y precede a la espiración.
- **Espiración**. También llamada exhalación o expulsión de aire, durante la cual el aire antes inhalado es devuelto a la atmósfera. Esta fase se acompaña de la disminución del volumen torácico.

Distinguimos tres **tipos** de respiración, según las partes del pulmón implicadas, además de su combinación (Valín, 2010):

- **Respiración inferior** o **diafragmática**. Cuando se hincha la parte inferior de los pulmones.
- **Respiración intermedia, pectoral** o **pectoral**. Se produce cuando al inspirar se ensancha el tórax, bien hacia adelante, bien hacia los lados.
- **Respiración superior** o **clavicular**. Consiste en llenar de aire la parte alta de los pulmones, que es la más próxima a las clavículas.
- **Respiración completa**. Es una combinación de los tipos anteriores.

Va muy **unida** a la **relajación** a la hora de hacer actividad física. Su control debe activarse desde los primeros años con actividades cercanas al yoga (Zagalaz, Cachón y Lara, 2014)

d) **Relajación.**

Es un proceso destinado a reducir la tensión psico-física y a la que acompaña una sensación de calma (Guerrero, 2005).

La práctica de la relajación en la Etapa Primaria es una ayuda considerable para la toma de conciencia del propio cuerpo por parte del alumnado. Ésta y la posibilidad posterior de disociar los grupos musculares y regular la pasividad de otros, facilita, en gran medida, el aprendizaje de la habilidad motriz (Bueno, Del Valle y De la Vega, 2011).

Es esencial que el sujeto, desde pequeño, se acostumbre a percibir y reaccionar a las señales indicadoras de esfuerzo físico y mental. Un exceso traerá consigo fatiga, falta de concentración, etc. La relajación contribuye a normalizar estas situaciones (Prado y Charaf, 2000).

Existen varias **técnicas-métodos** de relajación. Entre ellos, destacamos a:

- **Métodos Tradicionales** (Delgado y Tercedor, 2002) y (Guerrero, 2005).
    - Relajación **progresiva diferencial de Jacobson**. Destinada al plano fisiológico y se apoya en la relajación de la musculatura periférica. Quizá sea el más aplicable en Primaria.
    - **Otros**. Podemos nombrar la Eutonía de Gerda Alexander, el método Autógeno de Schultz, el método de Vayer, la relajación postural de Popen, yoga, la relajación pasiva de Ervely & Rosenfeld, Reeducación Psicotónica, Método de Mitchell, Relajación Dinámica, y muchos otros, aunque no son fáciles de aplicar al menos que el docente esté especializado en ellos y le dedique bastante tiempo en clase.

- **Métodos Escolares**.

    Nos referimos a las prácticas relacionadas con la relajación que suele hacerse en la "Vuelta a la Calma", a veces dilatando el tiempo dedicado a ella. Siempre habrá que sopesar los recursos ambientales (silencio, temperatura, aislamiento, etc.) y la idoneidad de los componentes del grupo.

    - **Ejercicios asistidos**. Se trata de organizar al grupo en parejas. Uno se relaja en el suelo y el otro le produce "vibraciones" musculares, mediante manipulaciones, en gemelos, cuádriceps, etc.
    - **Ejercicios de percusiones**. Igual que el anterior, pero el compañero produce con las palmas de las manos pequeñas percusiones sobre diversas zonas musculares del compañero que está tumbado, preferiblemente en prono, y relajado.
    - **Ejercicios de presión digital**. Similar al anterior, pero ahora los dedos de las manos sirven para presionar sobre las zonas musculares previstas. También nos podemos auxiliar de pelotas para presionar y deslizarla sobre la zona.
    - **Métodos auditivos**. Nos referimos a las grabaciones de audio que son escuchadas por todo el grupo que está tendido y en silencio. Es un tipo de práctica "imaginada".

e) **Equilibrio.**

La función del equilibrio no es innata en el organismo humano, requiere de su maduración progresiva y consiste en mantener la posición deseada en contra de la fuerza de gravedad (Campo, 2000).

Es uno de los componentes perceptivos específicos de la motricidad. Está ubicado dentro de la dimensión introyectiva de la persona, siendo una capacidad con mayor dominio instintivo, porque viene prefijado genéticamente y se va desarrollando a medida que evolucionamos. Comprende las funciones fundamentales de vigilancia, alerta y atención, haciendo frente a la fuerza gravitacional que actúa continuamente sobre la persona (Bueno, Del Valle y De la Vega, 2011).

La equilibración, que está muy relacionada con el esquema corporal y la función tónica, podemos considerarla como el telón de fondo del equilibrio, que, a su vez, nos dará las bases para construir nuestras coordinaciones y domino del espacio (Shinca, 2011). En los humanos se manifiesta por la actitud de la bipedestación y se caracteriza porque se lleva a cabo con el mínimo esfuerzo voluntario (Aragunde, 2000).

Hay dos grandes tipos: estático y dinámico y está presente en todas las acciones corporales. (Ver Tema 7).

f) **Lateralidad.**

Lateralidad es la predominancia de cada una de las partes simétricas del cuerpo: mano, pie, ojo, oído (Rigal, 2006). En concreto, Campo (2000), la define como "*el predominio funcional de uno de los lados del cuerpo que, a su vez, viene dado por la supremacía que un hemisferio cerebral ejerce sobre el otro*".

La **afirmación** de la lateralidad consiste en conseguir un dominio de uno de los dos lados corporales, teniendo como referencia el plano sagital que divide al cuerpo en dos mitades (Fernández, -coord.- 2002).

Este aspecto tiene capital importancia para los niños **de 5 a 7 años**, por ser en ese momento cuando los **aprendizajes** escolares son más intensos, sobre todo lectura y escritura (Zagalaz, Cachón y Lara, 2014).

Los **tipos de lateralidad** que destacamos son:

TIPOS DE LATERALIDAD			
Según el predominio oído-mano-pie-ojo	**Según los gestos que utiliza en los aprendizajes instrumentales**	**Según su intensidad**	**Según su naturaleza**
• Homogéneo • Ambidiestro • Invertido • Cruzado	• Utilización • Inclinación	• Zurdo • Diestro • Ambidiestro	• Normal • Patológica (lesión)

1.4. EL PROCESO DE LATERALIZACIÓN.

La lateralización es el proceso de maduración a través del cual niñas y niños logran alcanzar su preferencia lateral. Va muy ligado al desarrollo del esquema corporal y la toma de conciencia del propio cuerpo, así como la progresiva diferenciación de izquierda-derecha y la percepción del espacio (Marugán, 2006).

Tiene su preludio en los reflejos posturales, sobre todo en el tónico-cervical (Oña, 2005). Siguiendo a Le Boulch (1987) y Gil Madrona -coord.- (2013), este proceso progresa por periodos estables e inestables. Durante el primer año de vida hay fases de manipulación y aprehensión unilaterales y bilaterales, sin dominancia clara. Hacia los dieciocho meses aparece la preferencia lateral. Sobre los dos y tres años surge un periodo de alternancia de las dos manos en aquellos actos que precisan de habilidad motriz, que incluso se prolonga hasta los cuatro años. Sobre esta edad se ha observado que se establece de manera casi definitiva la dominancia lateral. Así, entre los cuatro y siete años, niñas y niños van automatizando su lateralidad, pues entre los cinco y los seis años obtiene el concepto de derecha e izquierda en su propio cuerpo. Si bien es verdad que continúa automatizándose hasta los siete años, existe algún que otro periodo de fluctuación.

Maestras y maestros debemos ayudar a que el alumnado consolide su predominio innato; para ello procuraremos darles oportunidades motrices para que descubran y afirmen la lateralidad genética, al mismo tiempo que controlaremos el proceso con cuestionarios de preferencia manual, como el de Harris, así como pruebas de eficiencia (Rigal, 2006). La trabajaremos con juegos bilaterales, laterales y de predominio lateral, ayudándose de globos, pelotas, etc. (Sassano, 2015).

Habitualmente el proceso se divide en **cuatro fases**, que se corresponden, de alguna manera, con los estadios evolutivos:

1ª Fase: Localización (3 años).

El docente debe saber los **segmentos dominantes** del alumno e intentar que el mismo escolar los conozca y sepa diferenciar la eficacia de uno respecto al otro.

2ª Fase: Fijación (4-5 años).

El alumno tiene conciencia que las extremidades se encuentran a los lados del cuerpo, pero no de su ubicación derecha-izquierda. Aquí se recomiendan tareas que hagan intervenir el segmento lateralizado, para fijarlo.

3ª Fase: Desarrollo (6-8 años).

Niños y niñas advierten que los órganos y miembros izquierdo y derecho se encuentran en lados opuestos de su cuerpo.

4ª Fase: Maduración y Ambidextrismo (a partir de 8-10 años).

Si todo el proceso anterior se ha realizado correctamente, en esta edad se tiene todo el **potencial** de maduración dispuesto para el logro de las más altas metas.

Primero practicaremos con el **segmento dominante** e, independientemente, con el otro, para que al final de la fase el tiempo de práctica de cada segmento pueda igualarse y también realizarse simultáneamente.

1.5. EVALUACIÓN.

Algunas pruebas fáciles de aplicar para saber el nivel de conocimiento corporal, son:

- Test de dominancia lateral de Harris.
- Localización e identificación de las partes del cuerpo, sobre sí, sobre el compañero o sobre una lámina.
- Prueba de "contra espejo".

2. DESARROLLO DE LAS CAPACIDADES PERCEPTIVO-MOTRICES.

Romero Cerezo (2000) las define como "*la disposición que tiene el individuo para responder y adaptarse con los movimientos de su cuerpo a los estímulos que se producen en el medio en que se desenvuelven*". Son aquellas que necesitan un proceso de elaboración sensorial. Permiten ajustar el movimiento a las posibilidades y circunstancias específicas de la persona, su cuerpo y entorno. Vienen **determinadas por el S. N.** y toman al cuerpo como el centro y eje del mundo que le rodea (Zagalaz, Cachón y Lara, 2014).

Estas respuestas y adaptaciones provienen de:

- **El análisis propioceptivo**. Es reconocer el propio cuerpo, su diferenciación sensorial o somatognosia y de la postura.
- **El conocimiento del mundo exterior**. La interacción con los demás y con los objetos (exterognosia).

Las **edades** correspondientes a la Educación Primaria son las **óptimas** para potenciar el trabajo de las capacidades perceptivo-motrices ya que el alumnado tiene las edades más críticas (Rivadeneyra y Sicilia 2004).

2.1. PERCEPCIÓN.

Percepción es el proceso integrador que sigue a la sensación y se encarga de originar formas mentales en el cerebro que suponen las representaciones internas del mundo exterior que hacen posible el conocimiento (Rigal, 2006). En general se suele denominar como **senso-percepción**, para precisar las dos fases que tiene todo fenómeno perceptivo: **sensación** y **percepción**. La **sensación** es un hecho elemental, primordial, por el que el sujeto reconoce el estímulo y en él algo conocido, comprende su significado y toma las decisiones oportunas.

Los aspectos perceptivos son los más esenciales del **ajuste motor**, entre ellos hay que incluir a los espaciales y temporales, donde la sensación es decisiva (Rivadeneyra, 2004).

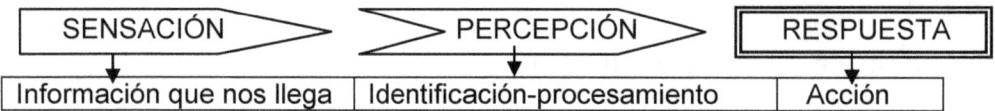

Los contenidos de las capacidades perceptivo motrices que vamos a considerar, (Castañer y Camerino, 1991), entre otros autores, son:

- P. de uno mismo o Corporalidad (Esquema Corporal)
- P. Temporal o Temporalidad.
- P. Espacial o Espacialidad.

Estructuración Espacio-Tiempo

Las tres primeras se refieren a nociones **elementales**, la estructuración es la **relación** entre ellas.

De todo ello se deduce que ante una posible tarea a realizar, el niño y la niña deben tener un gran número de **oportunidades** que le permitan ir confrontando y ajustando el resultado motor según la propuesta requerida. De esta manera llegará a conseguir un número de experiencias vividas que le serán sumamente válidas para posteriores dificultades que se le puedan presentar.

Para Rivadeneyra y Sicilia (2004), la información que al individuo le resulta útil para la realización del movimiento le viene por los siguientes canales: **visual**, **auditivo**, **cinestésico-táctil** y laberíntico, además de la labor de los procesos de **abstracción**, **simbolización** y **memoria**, que integran y dan sentido a los procesos de estructuración espacial, sobre todo en niñas y niños con **discapacidad visual**.

Los dos primeros y el táctil aportan la información que llega desde **fuera**. La que se obtiene por el canal kinestésico origina datos acerca de cómo están **situadas** las diferentes partes del cuerpo y la relación entre ellas (Rigal, 2006).

2.2. PERCEPCIÓN TEMPORAL O TEMPORALIDAD.

En general, la percepción temporal es la **toma de conciencia** del tiempo a partir de hechos o cambios que se suceden (Graña, 2000b). Por lo tanto son unos acontecimientos que siguen un orden cronológico y tienen una duración cuantitativa (Le Boulch, 1987).

La noción temporal es un concepto muy difícil de asimilar por niñas y niños debido a que no es fácilmente perceptible por los sentidos y a que requiere una capacidad de concentración propia del pensamiento lógico-abstracto. Al contrario de lo que sucede con otras percepciones, el organismo no tiene receptores específicos del tiempo (Conde y Viciana, 2001). Conforme va madurando, a través de los sentidos del oído, vista y tacto, toma conciencia del tiempo (Sassano, 2015).

Espacio y tiempo forman un todo indisociable (Sassano, 2015). Si el espacio es fácil de aprender por ser algo que se obtiene visualmente, el tiempo sólo existe en sus formas de concretarse, por ejemplo al percibir un móvil en el espacio (Rigal, 2006). Así pues, a partir de las informaciones espaciales, niños y niñas van adquiriendo las nociones temporales, máxime si todas las situaciones y movimientos se dan en un espacio y tiempo determinado (Fernández, 2002). Complementa a la percepción espacial y corporal (Zagalaz, Cachón y Lara, 2014).

Le Boulch (1987), indica que la percepción temporal tiene lugar a dos niveles:

- **Percepción Inmediata**. Es la organización repentina de fenómenos continuos.
- **Representación Mental**. Es recordar las percepciones temporales anteriores que incluso dan lugar a la composición de estructuras musicales. Es el tiempo físico con sus medidas de minutos, etc., que separan a dos puntos de referencia temporal (intervalo).

2.2.1. CLASIFICACIÓN.

Castañer y Camerino (1991), Conde -coord.- (2001) y Contreras y García (2011), entre otros, establecen:

a) Orientación Temporal

Es la forma de **plasmar** el tiempo. La orientación temporal no se puede, obviamente, visualizar, por lo que debemos **recurrir a nociones conceptuales**. Por ejemplo, noche-día, hoy-ayer, verano-invierno, etc. Para su desarrollo práctico diseñaremos actividades que reflejen estas nociones porque a base de repetir un mismo concepto en situaciones y contextos distintos, es como niñas y niños irán asimilándolas.

b) Estructuración Temporal

Nos permite **situar** hechos, objetos o pensamientos dentro de una **serie sucesiva**. Está integrada por dos parámetros:

- **Orden**, o aspecto **cualitativo**, como distribución sucesiva de las características y cambios en los hechos y situaciones que acontecen. Por ejemplo, primero boto, después cojo el balón y por último, lo lanzo.
- **Duración** física, la medida que separa dos referencias temporales y que es el aspecto **cuantitativo**. Por ejemplo correr uno, dos, cinco minutos...

c) Organización Temporal

Orden y duración se perciben conjuntamente a través del **ritmo** y éste es la **organización temporal** del movimiento humano. La idea de ritmo se sustenta, por un lado, en la **regularidad** de la sucesión, es decir, el tiempo necesario para producir grupos colectivos de estímulos y su repetición; por otro, en la **alternancia** entre dos o más elementos idénticos en duración, cualidad e intensidad.

Ritmo es **orden** y **proporción** en el espacio y tiempo y constituye un fenómeno orgánico-biológico. Cada persona tiene su ritmo de trabajo o acción, a esto se le llama "**tempo**", aunque otros autores lo denominan "*Ritmo Intrínseco*" (Rigal, 2006).

2.2.2. EVOLUCIÓN CON LA EDAD.

- 0-2 años. El tiempo va asociado a las necesidades biológicas tales como sueño y hambre. Mañana, tarde o noche están en función de estos parámetros.
- 3 a 6 años. Empieza a comprender la noción de velocidad.
- 7 a 9 años. Se produce una disonancia entre el orden temporal y el espacial. También efectúa seriaciones.
- 10 a 12 años. Ya entiende las relaciones témporo-espaciales y las va dominando progresivamente.

2.2.3. EVALUACIÓN.

Todas las pruebas se sustentan en la imitación de estructuras rítmicas. Hay varias pruebas de medición, entre ellas destacamos a:

- La **comparación**. Presentamos al alumno dos intervalos o duraciones y debe indicar si son o no iguales.
- La **reproducción**. El alumno debe recrear una duración igual a la presentada.

Por otro lado hay juegos que nos permiten evaluar esta capacidad, por ejemplo, el juego del "Minuto", que podemos adecuarlo a más o menos tiempo según nos interese.

También debemos mencionar a las pruebas correspondientes al protocolo de ritmo de Stambak, (en Daurat, Stambak y Bergès, 1980), con cierta similitud a las de Rigal.

2.3. PERCEPCIÓN DEL ESPACIO O ESPACIALIDAD. SU ORGANIZACIÓN.

El espacio es el lugar donde nos situamos, movemos y desplazamos porque tenemos disponible una zona y la posibilidad de ocuparla de varias maneras y posiciones (Hernández Fernández, 2008). La conciencia del espacio en el bebé empieza desde el conocimiento de su propio cuerpo y del espacio que ocupa en cada momento. Para llegar a dominarlo es necesaria una etapa en la infancia, a través de la cual el niño descubre las propiedades relacionadas y construye su estructuración. Tener buena percepción espacial es ser capaz de **situarse**, **moverse**, **orientarse**, tomar direcciones múltiples, **analizarlas** y **representarlas** (Rivadeneyra y Sicilia, 2004). Complementa a la percepción **corporal y temporal** (Zagalaz, Cachón y Lara, 2014).

2.3.1. CLASIFICACIÓN.

La **Organización Espacial** es un "todo", es decir, el conjunto de las relaciones espaciales. El conocimiento del espacio potencia en niñas y niños la capacidad de reconocer el que ocupa su cuerpo y su capacidad de orientarse. Evoluciona desde que el niño/a tiene una localización egocéntrica, en la que no distingue el espacio que ocupa su cuerpo, hasta una localización objetiva. Se **basa** en la **Orientación y Estructuración Espacial** (Contreras y García, 2011).

a) **Orientación Espacial**

Es la forma que tenemos de **ubicarnos** en el espacio en **relación** con los objetos y seres vivos, por ejemplo, **dispersiones**, **agrupaciones**, **localizaciones**, etc. Hay que destacar la idea de "espacio perceptivo", basado en la vivencia motriz y perceptiva que niñas y niños poseen de él, permitiéndoles elaborar relaciones espaciales simples, a través de una serie de puntos de referencias subjetivos, creados por el propio individuo y que tienen razón de ser para éste, independientemente del espacio que le rodea. Juega un papel fundamental la **lateralidad**. Algunos ejemplos de estas relaciones son las de **orientación**: izquierda-derecha; de **situación**: dentro-fuera; de **superficie**: espacio libre-lleno; de tamaño: grande-pequeño; de **distancia**: lejos-cerca; de **dirección**: hacia la derecha-hacia la izquierda; de **orden** o sucesión en el espacio, es decir, ordenar objetos por alguna cualidad, como por su tamaño: de más cortos a más largos. Piaget, citado por la mayoría de autores, establece aquí las **Relaciones Topológicas**, por ser las más **elementales** ya que se establecen **entre sujeto y objetos**. Se dan en **dos dimensiones** (mismo plano), como los ejemplos antes citados.

b) **Estructuración Espacial**

Es la capacidad de distinguir y situar objetos y personas en un espacio de tres dimensiones, su distribución. Se relaciona con el espacio representativo, imaginario o figurado. Por ejemplo, juegos que impliquen el mantenimiento de distancias en persecuciones; delimitaciones de espacios, representaciones de volúmenes en dos dimensiones (dibujos en papel) o en tres dimensiones (plastilina, cartulina, barro...). Rivadeneyra y Sicilia (2004), citan a Piaget (1969) sobre el estudio de la evolución del espacio en el niño, el cual distingue -además de las topológicas que se corresponden con la orientación- dos categorías más de relaciones espaciales:

- **Relaciones Proyectivas**. Son las topológicas, pero con mayor **complejidad**, como cuando hay necesidad de colocar a los objetos en relación con otros dentro de una perspectiva dada. Es la apreciación de distancias en el espacio y se basan en el espacio topológico. Precisan procesos de **representación mental**. Se fundamentan en las nociones de profundidad, constancia de la forma y tamaño del objeto.

- **Euclidianas o Métricas**. Se fundamentan en situar a los objetos con relación a un sistema de referencia de tres ejes de coordenadas: alto, ancho y largo. Exigen el principio de conservación de dimensiones, superficies y volúmenes (relaciones en los tres planos) (Rigal, 2006).

2.3.2. EVOLUCIÓN CON LA EDAD.

Su **evolución** va paralela a la maduración corporal y en ella destacamos a las siguientes fases (Conde y Viciana, 2001):

- 0-1 año. Su espacio se reduce al más próximo, donde desarrolla sus movimientos.
- 2-6 años. Desde las percepciones más primarias en dos dimensiones (topológicas), niñas y niños, empiezan a apreciar distancias y a seguir acciones de dentro-fuera, encima-abajo, ordenación, continuidad, etc.
- 7-9 años. Aparece el espacio proyectivo que incorpora las nociones de perspectiva y proyección de objetos entre sí. Existe conciencia de las formas geométricas, de las agrupaciones y dispersiones. Ya calcula distancias y las simboliza.
- 10-12 años. Domina el espacio de tres dimensiones (relaciones euclidianas o métricas) al tomar conciencia de trayectorias y velocidades, aceleraciones y desaceleraciones. Descubre las operaciones geométricas de medición.

2.3.3. EVALUACIÓN.

El medio habitual de evaluar los aspectos de la organización espacial del alumnado, valorando con ello las nociones de distancia, intervalo espacial y dirección, es la batería de Piaget-Head. Algunos ejemplos, son:

- Reconocimiento de derecha-izquierda sobre sí mismo (6 años).
- Reconocimiento de derecha-izquierda sobre el compañero (8 años).
- Representación de movimientos con figuras esquemáticas (10 años).
- Reconocimiento de la posición relativa de tres objetos en el espacio (11 años).

2.4. ESTRUCTURACIÓN ESPACIO-TEMPORAL

A lo largo de nuestra vida necesariamente ocupamos un **espacio** y gastamos un **tiempo**. Nuestro movimiento se desarrolla dentro de un espacio y en su ejecución consumimos un tiempo en recorrerlo, siendo **indisociables** (Rigal, 2006).

La buena adaptación escolar en el momento de aprender a **leer** y **escribir** depende en parte de la orientación espacio-temporal; muchos problemas de conducta escolar tienen su origen en una perturbación de esta función. En la práctica estas aptitudes se manifiestan, por ejemplo, en coger un balón en movimiento, la percepción de un obstáculo imprevisto, etc. (Shinca, 2011).

En el área de Educación Física casi todo está relacionado con la estructuración témporo-espacial. Se trata de que cada uno y una organicen su acción individual en el seno del grupo o sub-grupo clase. En los juegos con móviles tienen lugar todas las acciones cuya finalidad es una mejora de apreciación de **trayectorias, distancias** y **velocidades** (Campo, 2000).

Como ejemplo sobre la globalidad de todos estos apartados podemos poner el jugador de B. Cesto que inicia el contraataque, y que no lanza el balón al compañero en el lugar donde se halla en ese momento, sino más adelante, donde se encontrará después de avanzar en carrera, segundos o décimas después.

2.5. LAS CAPACIDADES PERCEPTIVO-MOTRICES EN EL CURRÍCULUM.

En Andalucía, la O. de 17/03/2015 nos indica que *"la Educación física permite al alumnado indagar en sus habilidades y destrezas motrices y las lleva a la práctica en situaciones de enseñanza/aprendizaje variadas. Las experiencias individuales y colectivas permiten adaptar las respuestas a los diferentes contextos, de esta forma atiende a las dimensiones de la personalidad: sensorial, cognitiva, afectiva, comunicativa, estética, de la salud, moral, social y creativa. Este área es un verdadero motor de formación integral y permanente, ya que a partir de propuestas de tareas competenciales dinámicas y variadas servirá para instrumentalizar en otras áreas actitudes que ayuden a afrontar los retos que en ellas se destilen, sobrepasando su plano motriz inicial. La actividad física tiene un valor educativo muy importante, tanto por las posibilidades de exploración que propicia como por las relaciones lógicas que el sujeto establece en las interacciones con los objetos, el medio, los otros y consigo mismo. Así, por ejemplo, los alumnos y alumnas construyen sus primeras nociones topológicas, temporales, espaciales o de resolución de problemas en actividades que emprende con otros en diferentes situaciones motrices".*

Ahora relacionamos los elementos curriculares:

a) **Competencias clave.** Está relacionado con las **competencias sociales y cívicas.** Las actividades dirigidas a la adquisición de las habilidades motrices requieren la capacidad de asumir las diferencias así como las posibilidades y las limitaciones propias y ajenas. El cumplimiento de las normas que rigen los juegos colabora con la aceptación de códigos de conducta para la convivencia.
El **sentido de iniciativa y espíritu emprendedor** en la medida en que emplaza al alumnado a tomar decisiones con progresiva autonomía en situaciones en las que debe manifestar auto superación, perseverancia y actitud positiva. También lo hace, si se le da protagonismo al alumnado en aspectos de organización individual y colectiva de las actividades físicas, deportivas y expresivas.
Competencia digital en la medida en que los medios informáticos y audiovisuales ofrecen recursos cada vez más actuales para analizar y presentar infinidad de datos que pueden ser extraídos de las actividades físicas, deportivas, competiciones, etc. El uso de herramientas digitales que permitan la grabación y edición de eventos (fotografías, vídeos, etc.) suponen recursos para el estudio de distintas acciones llevadas a cabo.
Competencia matemática y competencias básicas en ciencia y tecnología. Un buen nivel coordinativo y perceptivo dará lugar a una mayor facilidad en el dominio de las relaciones espaciales, cuantificación y cálculos, magnitudes, comprensión de la perspectiva, lectura de mapas, escenas tridimensionales, formas geométricas, etc.

b) **Objetivos de Etapa.** La habilidad está relacionada con el objetivo "k": "valorar la higiene y la salud, aceptar el propio cuerpo y el de los otros, respetar las diferencias y utilizar la educación física y el deporte como medios para favorecer el desarrollo

personal y social", habida cuenta la habilidad motriz está presente en las prácticas de juegos que nos llevan a aceptar el propio cuerpo y el de los demás y su uso para el desarrollo personal y social.
- **Objetivos de Área**. Algunos tienen **relación** directa con las capacidades coordinativas. Por ejemplo, el "1", que trata sobre el conocimiento del propio cuerpo y disfrutar de sus capacidades motrices; el "2", sobre el uso de habilidades motrices y la adaptación del movimiento.
- **Contenidos**. Este tema está relacionado con el primer bloque de **contenidos**, "El cuerpo y sus habilidades perceptivo motrices" porque este tema trata del desarrollo de los contenidos básicos de la etapa que servirán para posteriores aprendizajes más complejos, donde seguir desarrollando una amplia competencia motriz.
- **Criterios de evaluación**. También algunos criterios y estándares de aprendizaje hacen referencia a coordinación y equilibrio. Por ejemplo, el 1: "Resolver situaciones motrices con diversidad de estímulos y condicionantes espacio-temporales, seleccionando y combinando las habilidades motrices básicas y adaptándolas a las condiciones establecidas de forma eficaz.
- **Estándares de aprendizaje**. Ponemos algunos ejemplos:
    1.1. Adapta los desplazamientos a diferentes tipos de entornos y de actividades físico deportivas y artístico expresivas ajustando su realización a los parámetros espacio-temporales y manteniendo el equilibrio postural.
    1.2. Adapta la habilidad motriz básica de salto a diferentes tipos de entornos y de actividades físico deportivas y artístico expresivas, ajustando su realización a los parámetros espacio-temporales y manteniendo el equilibrio postural.
    1.3. Adapta las habilidades motrices básicas de manipulación de objetos (lanzamiento, recepción, golpeo, etc.) a diferentes tipos de entornos y de actividades físico deportivas y artístico expresivas aplicando correctamente los gestos y utilizando los segmentos dominantes y no dominantes.
    1.4. Aplica las habilidades motrices de giro a diferentes tipos de entornos y de actividades físico deportivas y artístico expresivas teniendo en cuenta los tres ejes corporales y los dos sentidos, y ajustando su realización a los parámetros espacio temporales.
    1.5. Mantiene el equilibrio en diferentes posiciones y superficies.

Por otro lado, el R.D. 126/2014, indica que uno de los elementos curriculares de la Educación Física pasa por la creación de "*cinco tipos de situaciones motrices*". Una de ellas está muy relacionada con la habilidad motriz, como son las "*acciones motrices individuales en entornos estables*".

2.6. ACTIVIDADES PARA EL DESARROLLO DE LAS CAPACIDADES PERCEPTIVO-MOTRICES.

Tratamos este punto siguiendo, entre otros, a Loudes (1973), Lagrange (1984), Cuenca y Rodao (1986), Corpas, Toro y Zarco (1994), Lleixá (1995), Campo (2000), García y Berruezo (2000), Aragunde (2000), Graña (2000a), Graña (2000b), Conde (2001), Gil (2003), Escobar (2004), Desrosiers y Tousignant (2005), Rigal (2006), Pastor -coord.- (2007), Hernández Fernández (2008), Gallego (2010), Gil Madrona -coord.- (2013), (Zagalaz, Cachón y Lara, 2014) y Sassano (2015).

Planteamos ejemplos a modo de actividades **sugerentes** y no como modelos tipo para el desarrollo de las habilidades perceptivo motrices.

Actividades prácticas relacionadas con el conocimiento del cuerpo.

- Medios de conocimiento del propio cuerpo: Niñas y niños deben saber nombrar y señalar las partes esenciales de su cuerpo, movilizar los segmentos, etc.

- Señalar y tocar las diferentes partes del cuerpo, movimientos de cabeza, cuello, etc. Imitaciones de movimientos, señalar o tocar en el compañero las partes del cuerpo, etc.

Actividades prácticas relacionadas con la actitud y postura.

- **Educación de sensaciones**, ya que el sistema muscular tónico no es más que un ejecutante fiel de los impulsos motrices puestos en marcha por los reflejos gravitatorios.
- **Los trastornos vertebrales** se mejoran fortaleciendo y flexibilizando la musculatura debilitada de los abdominales y del resto de los grupos musculares que intervienen en el mantenimiento de la postura. Por ejemplo, desplazamientos no habituales, encogerse-estirarse, etc.

Actividades prácticas relacionadas con la respiración.

Antes de realizar las actividades respiratorias, es preciso cuidar que niñas y niños tengan sus fosas nasales destapadas, todas y todos deben aprender a sonarse y a tomar conciencia de lo beneficioso que supone para una buena respiración tener una nariz libre y limpia. Las actividades de respiración deben ir precedidas de ejercicios de relajación y siempre evitar la apnea. Por ejemplo, que tomen conciencia de las dos fases de la respiración: inspiración y espiración; con el papel en el suelo soplar y tratar de conseguir cierto desplazamiento; poner la mano delante de la boca y notar el soplo; notar como el aire sale de la nariz; escuchar el ruido de la respiración; etc.

Actividades prácticas relacionadas con la relajación.

Nos será relativamente más fácil si seguimos la siguiente **progresión**:

- Lograr que permanezcan inmóviles y en silencio treinta segundos. Después un minuto, dos... Sólo tras varias sesiones de este tipo podremos hacer con éxito un trabajo efectivo.
- Que el niño tome constancia de los puntos de contacto del cuerpo con el suelo.
- Descubrir la pesadez segmento tras segmento, primero en posición sentada o de pie, para pasar a tendido supino.
- Trabajar la relajación asociada a la respiración y utilizar alguna técnica de relajación.

Actividades prácticas relacionadas con la lateralidad.

Todas las actividades lúdicas donde se utilice **una parte lateral** del cuerpo, tanto al nivel de miembros superiores como inferiores. Por ejemplo, juegos de coordinación óculo-manual que se realizan con una sola mano. También a nivel de miembros inferiores, como golpear el balón con un pie, conducirlo, etc.

Actividades prácticas relacionadas con la percepción temporal.

Las más habituales se concretan en la concienciación del tempo personal, localizaciones temporales (ahora, antes, después, etc.), el ajuste motor al tiempo (seguir ritmos marcados), los conceptos de aceleraciones básicos (lento, rápido, etc.). Apreciación de velocidades, tomar conciencia de la duración, noción de simultaneidad, apreciación de la sucesión, intervalo y encadenación de movimientos.

En cuanto a ejemplos de actividades prácticas relacionadas con la **construcción del tiempo**, podemos concretar:

- **Velocidad**: desplazamientos al tiempo de distintos objetos, etc.
- **Simultaneidad-sucesión**: dar palmada cuando la pelota rodando toque la pared, etc.
- **Duración:** mantenerse sentados un tiempo determinado; movimientos a cámara lenta.
- **Cadencias**: marcha y carrera con determinado ritmo, mantener el ritmo con apoyo sonoro...

Actividades relacionadas con la percepción espacial.

Orientación con respecto a sí mismo: saltos a derecha-izquierda, delante-detrás. Golpeos con pie o mano derecha, izquierda.

Orientaciones con respecto a los otros y a los objetos: situarse a la derecha-izquierda, delante-detrás del objeto o entre dos objetos. Orientaciones de los objetos entre sí: situar objetos; decir su situación, etc.

Apreciación de distancias: saltos largos-cortos, dispersarse-concentrarse, lanzar-recibir...

Punterías: Adaptar el gesto a la distancia. Puntería sobre objetos fijos, móviles, en movimiento...

Trayectorias:

- En una sala, seguir la trayectoria indicada. Ocupación del espacio en fila, etc.
- Interiorización de las nociones de derecha-izquierda: actividades de independencia segmentaria (miembros superiores/inferiores con relajación).
- Educación de la captación visual en el sentido izquierda-derecha: transferencia del plano vertical al horizontal, reconocimiento de los colores, formas, propiedades, etc.
- Organización de los objetos con relación a sí (cuerpo y objetos en diferentes posiciones).
- Ídem, en las direcciones: por encima, por debajo ¿cómo podemos lanzar la pelota...?
- Reconocimiento de formas y tamaños con simbolización: grande/verde, pequeño/rojo, etc.
- Reversibilidad del pensamiento: esquematizar en la pizarra las diferentes actividades anteriores de orientación y desplazamientos. Después, efectuar los recorridos.
- Las relaciones en el espacio: noción de superficie (diferentes evoluciones, agrupamientos, cubrir el espacio, etc.); noción de situación (dispersión, situarse a un lado u otro de la sala), noción de distancia (lanzamientos contra la pared: cerca-lejos, arriba-abajo, derecha-izquierda); noción de intervalo (caminar/saltar entre obstáculos pequeños, etc.).
- Apreciación de alturas y trayectorias: lanzamientos de pelotas para pasarlas a través de aros a diferentes alturas, atajar pelotas de diferentes tamaños variando las distancias.

CONCLUSIONES

En el Tema ha quedado de manifiesto la importancia que tiene durante la Etapa Primaria, sobre todo en los primeros cursos, los tres grandes apartados de que consta: esquema corporal, lateralización y las capacidades perceptivo-motrices. Es, sobre todo, responsabilidad del docente especialista el desarrollo de estos aspectos, así como su control, de tal forma que cualquier irregularidad debe ponerla de inmediato en conocimiento de la familia para un tratamiento individualizado. Todas las coordinaciones y habilidades motrices están basadas en un escalón previo que es la percepción del propio cuerpo, espacio y tiempo que, en realidad, casi siempre, van unidos. Lo mismo podemos decir sobre la ligazón existente entre las percepciones y los aprendizajes escolares básicos: lecto-escritura. Prueba de ello es el valor que se les da a las percepciones en el D.C.

En la etapa de la Educación Primaria la Educación Física permite a los estudiantes explorar su potencial motor a la vez que desarrollan las competencias motrices básicas. Eso implica movilizar toda una serie de habilidades motrices, actitudes y valores en relación con el cuerpo, a través de situaciones de enseñanza-aprendizaje variadas, en las que la experiencia individual y la colectiva en los diferentes tipos de actividades permitan adaptar la conducta motriz a los diferentes contextos. En esta etapa, la competencia motriz debe permitir comprender su propio cuerpo y sus posibilidades y desarrollar las habilidades motrices básicas en contextos de práctica, que se irán complicando a medida que se progresa en los sucesivos cursos. Las propias actividades y la acción del docente ayudarán a desarrollar la posibilidad de relacionarse con los demás, el respeto, la colaboración, el trabajo en equipo, la resolución de conflictos mediante el diálogo y la asunción de las reglas establecidas, el desarrollo de la iniciativa individual y de hábitos de esfuerzo.

BIBLIOGRAFÍA

- AJURIAGUERRA, J. y AUZIAS, M. (1981). *La escritura del niño*. Laia. Barcelona.
- ARAGUNDE, J. L. (2000). *Equilibrio*. En *Fundamentos de la motricidad*. TRIGO, E. (coord.). Gymnos. Madrid.
- ARUFE, V. y otros. (2009). *La Educación Física en la sociedad actual*. Wanceulen. Sevilla.
- BUENO, M.; DEL VALLE, S.; DE LA VEGA, R. (2011). *Los contenidos perceptivomotrices, las habilidades motrices y la coordinación*. Virtual Sport. Segovia.
- BERNAL, J. A. -coord.-. (2005). *La relajación y respiración en la educación física y el deporte*. Wanceulen. Sevilla.
- CAMPO, G. E. (2000). *El Juego en la Educación Física Básica*. Kinesis. Armenia. Colombia.
- CAÑIZARES, J. Mª (1996). *400 Juegos y ejercicios por Parejas para el desarrollo de las Habilidades Básicas*. Wanceulen. Sevilla.
- CAÑIZARES, J. Mª (1998). *200 Juegos y ejercicios por Tríos para el desarrollo de las Habilidades Básicas*. Wanceulen. Sevilla.
- CASTAÑER, M y CAMERINO, O. (1991). *La educación física en la enseñanza primaria*. INDE. Barcelona.
- CONTRERAS, O. R. y GARCÍA, L. M. (2011). *Didáctica de la Educación Física. Enseñanza de los contenidos desde el constructivismo*. Síntesis. Madrid.
- CONDE, J. L. -coord.- (2001). *Juegos para el desarrollo de las habilidades motrices en Educación Infantil*. Aljibe. Málaga.
- CONDE, J. L. y VICIANA, V. (2001). "*Fundamentos para el desarrollo de la motricidad en edades tempranas*". Aljibe. Málaga.
- CORPAS, F; TORO, S. y ZARCO, J. (1994). *Educación Física en la Enseñanza Primaria*. Aljibe. Málaga.
- CUENCA, F. y RODAO, F. (1984). *Cómo desarrollar la psicomotricidad en el niño*. Narcea. Madrid.

- DAURAT-HMELJAK, C.; STAMBAK, M. y BERGÈS, J. (1980). *"Test del esquema corporal: una prueba de conocimiento y de construcción de la imagen del cuerpo"*. Madrid.
- DELGADO, M. y TERCEDOR, P. (2002). *Estrategias de intervención en educación para la salud desde la Educación Física*. INDE. Barcelona.
- DESROSIERS, P. y TOUSIGNANT, M. (2005). *Psicomotricidad en el aula*. INDE. Barcelona.
- ESCOBAR, R. (2004). *Taller de psicomotricidad*. Ideas Propias Editorial. Pontevedra.
- FERNANDEZ GARCÍA, E. -coord.- (2002). *Didáctica de la Educación Física en la Educación Primaria*. Síntesis. Madrid.
- GALLEGO, F. (2010). *Esquema corporal y praxia. Bases conceptuales*. Wanceulen. Sevilla.
- GARCÍA, J. A. y BERRUEZO, P. P. (2000). *Psicomotricidad y Educación Infantil*. CEPE S. L. Madrid.
- GIL, P. (2003). *Desarrollo psicomotor en Educación Infantil*. Wanceulen. Sevilla.
- GIL MADRONA, P. -coord.- (2013). *Desarrollo curricular de la Educación Física en la Educación Infantil*. Ediciones Pirámide. Madrid.
- GRAÑA, I. (2000a). *Espacialidad*. En *Fundamentos de la motricidad*. TRIGO, E. (coord.). Gymnos. Madrid.
- GRAÑA, I. (2000b). *Temporalidad*. En *Fundamentos de la motricidad*. TRIGO, E. (coord.). Gymnos. Madrid.
- GUERRERO, S. (2005). *La Relajación y la Respiración*. Wanceulen. Sevilla.
- HERNÁNDEZ FERNÁNDEZ, A. (2008). *Psicomotricidad: Fundamentación teórica y orientaciones prácticas*. Universidad de Cantabria. Santander.
- JUNTA DE ANDALUCÍA (2007). *Ley 17/2007, de 10 de diciembre, de Educación en Andalucía*. (L. E. A.) B.O.J.A. nº 252, de 26/12/2007.
- JUNTA DE ANDALUCÍA (2010). *Decreto 328/2010, por el que se aprueba el Reglamento Orgánico de las escuelas infantiles de segundo grado, de los colegios de educación infantil y primaria, de los colegios de educación primaria, y de los centros públicos específicos de educación especial*. BOJA nº 139, de 16/07/2010.
- JUNTA DE ANDALUCÍA (2015). *Decreto 97/2015, de 3 de marzo, por el que se establece la ordenación y el currículo de la educación Primaria en la comunidad Autónoma de Andalucía*. BOJA nº 50 de 13/03/2015.
- JUNTA DE ANDALUCÍA (2015). *Orden de 17 de marzo de 2015, por la que se desarrolla el currículo correspondiente a la educación Primaria en Andalucía*. BOJA nº 60 de 27/03/2015.
- JUNTA DE ANDALUCÍA (2015). *Orden de 04 de noviembre de 2015, por la que se establece la ordenación de la evaluación del proceso de aprendizaje del alumnado de educación primaria en la Comunidad Autónoma de Andalucía*. B.O.J.A. nº 230, de 26/11/2015.
- JUNTA DE ANDALUCÍA (2007). *Acuerdo de 23/01/07, del Consejo de Gobierno, por el que se aprueba el Plan de Lectura y de Bibliotecas Escolares en los Centros Educativos Públicos de Andalucía (Plan LYB)*. B. O. J. A. nº 29 de 08/02/07.
- JUNTA DE ANDALUCÍA (2010). *Decreto 328/2010, de 13 de julio, por el que se aprueba el Reglamento Orgánico de las escuelas infantiles de segundo grado, de los colegios de educación primaria, de los colegios de educación infantil y primaria, y de los centros públicos específicos de educación especial*. BOJA nº 139, de 16/07/2010.

- LAGRANGE, G. (1968). *Educación Psicomotriz*. Fontanella. Barcelona.
- LE BOULCH, J. (1987). *La educación psicomotriz en la escuela primaria*. Paidós. Buenos Aires.
- LOUDES, J. (1973). *Educación psicomotriz y actividades físicas*. Científico-Médica. Barcelona.
- LLEIXÁ, T. (1995). *Juegos sensoriales y de conocimiento corporal*. Paidotribo. Barcelona.
- MARTÍN, D. (2008). *Psicomotricidad e intervención educativa*. Pirámides. Madrid.
- MARUGÁN, M. (2006). *Screening o profilaxis comportamental: un modelo de aplicación con iguales en Educación Infantil*. Cuaderno Digital, 42. Valencia.
- M. E. C. (2006). *Ley Orgánica de Educación (L.O.E.) 2/2006, de 3 de mayo, de Educación*. B. O. E. nº 106, de 04/05/2006, modificada en determinados artículos por la LOMCE/2013.
- M. E. C. (2013). *Ley Orgánica 8/2013, de 9 de diciembre, para la mejora de la calidad educativa*. (LOMCE). B. O. E. nº 295, de 10/12/2013.
- M. E. C. (2014). *Real Decreto 126/2014, de 28 de febrero, por el que se establece el currículo básico de la Educación Primaria*. B. O. E. nº 52, de 01/03/2014.
- M.E.C. (2015). *Orden ECD/65/2015, de 21 de enero, por la que se describen las relaciones entre las competencias, los contenidos y los criterios de evaluación de la educación primaria, la educación secundaria obligatoria y el bachillerato*. B.O.E. nº 25, de 29/01/2015.
- OÑA, A. (2005). *Actividad física y desarrollo: ejercicio físico desde el nacimiento*. Wanceulen. Sevilla.
- PASTOR, J. L. (coord.) (2007). *Motricidad*. Wanceulen. Sevilla.
- PIAGET, J. (1969). *El nacimiento de la inteligencia en el niño*. Aguilar. Madrid.
- PICQ Y VAYER (1973). *Educación psicomotriz y retraso mental*. Científico-Médica. Barcelona.
- PIÑEIRO, R. (2006). *La resistencia y el sistema cardiorrespiratorio*. Wanceulen. Sevilla.
- PRADO, D. y CHARAF, m. (2000). *Relajación creativa*. INDE. Barcelona.
- RIGAL, R. (2006). *Educación motriz y educación psicomotriz en Preescolar y Primaria*. INDE. Barcelona.
- RIVADENEYRA, Mª L. (2004). *Desarrollo de la motricidad en los distintos contextos deportivos*. Wanceulen. Sevilla.
- RIVADENEYRA, Mª L. y SICILIA, A. (2004). *La percepción espacio-temporal y la iniciación a los deportes de equipo en Primaria*. INDE. Barcelona.
- ROMERO CEREZO, C. (2000). *Las capacidades perceptivo-motrices y su desarrollo*. En ORTIZ, Mª M. (coord.) *Comunicación y lenguaje corporal*. Proyecto Sur Ediciones. Granada.
- SASSANO, M. (2015). *El cuerpo como origen del tiempo y del espacio. Enfoques desde la Psicomotricidad*. Miño y Dávila editores. Buenos Aires.
- SHINCA, M. (2011) *Manual de psicomotricidad, ritmo y expresión corporal*. Wolters Kluwer España, S. A. Ebook.
- TAMARIT, A. (2016). *Desarrollo cognitivo y motor*. Síntesis. Madrid.
- TASSET, J. M. (1980). *Teoría y práctica de la psicomotricidad*. Paidós. Buenos Aires.

- VALÍN, A. (2010). *Expresión Corporal y Técnicas Corporales*. Librerías Deportivas Esteban Sanz. Madrid.
- VAYER, P. (1977) *El niño frente al mundo*. Científico-Médica. Barcelona.
- WALLON, H. (1979). *Del acto al pensamiento*. Grijalbo. Barcelona.
- ZAGALAZ, Mª L.; CACHÓN, J.; LARA, A. (2014). *Fundamentos de la programación de Educación Física en Primaria*. Síntesis. Madrid.

WEBGRAFÍA (Consulta en septiembre de 2016).

- http://recursos.cnice.mec.es/edfisica/
- http://docencia.udea.edu.co/edufisica/guiacurricular/Perceptivomotrices.pdf
- http://www.ite.educacion.es/es/recursos
- http://www.educarm.es/admin/recursosEducativos#nogo
- http://www.juntadeandalucia.es/averroes/
- http://www.gobiernodecanarias.org/educacion/webdgoie/
- http://www.educastur.es
- http://www.guiaderecursos.com/webseducativas.php
- http://www.adideandalucia.es
- http://recursostic.educacion.es/primaria/ludos/web/index.html
- www.juntadeandalucia.es/educacion/descargasrecursos/curriculo-primaria/index.html

TEMA 12
LA EXPRESIÓN CORPORAL EN EL DESARROLLO DEL AREA DE LA EDUCACIÓN FÍSICA. MANIFESTACIONES EXPRESIVAS ASOCIADAS AL MOVIMIENTO CORPORAL. INTERVENCIÓN EDUCATIVA.

INDICE

INTRODUCCIÓN

1. LA EXPRESIÓN CORPORAL EN EL DESARROLLO DEL ÁREA DE EDUCACIÓN FÍSICA.

    1.1. Definiciones.

    1.2. La Expresión Corporal en el Diseño Curricular.

    1.3. El cuerpo y el movimiento como elementos de expresión y comunicación.

2. MANIFESTACIONES EXPRESIVAS ASOCIADAS AL MOVIMIENTO CORPORAL.

    2.1. Aspectos históricos.

    2.2. Orientaciones en la Expresión Corporal.

3. INTERVENCIÓN EDUCATIVA.

    3.1. Ejemplos de actividades lúdicas.

    3.2. Aspectos metodológicos.

    3.3. Los recursos en expresión corporal.

    3.4. Estructura de la clase en expresión corporal.

    3.5. La evaluación en expresión corporal.

CONCLUSIONES

BIBLIOGRAFÍA

WEBGRAFÍA

INTRODUCCIÓN

La Expresión Corporal es una realidad muy joven, nos encontramos todavía en una fase de exploración inicial porque todo lo aportado por los creadores y autores aún no ha sido convenientemente analizado y estructurado (Rodríguez Terrón, 2006).

La expresión y comunicación corporal se configura como medio fundamental de relación de las personas desde sus primeros meses de vida, hasta la adquisición de otras vías que les permitan la comunicación (Vizuete, 2003). Por lo tanto, no se trata de buscar la eficacia sino de ayudar a encontrar un cuerpo expresivo capaz de comunicar ideas, sentimientos, etc., en un espacio y tiempo tanto personal como colectivo.

Si bien sus orígenes, desde el punto de vista de su sistematización, los encontramos en la Escuela Alemana-Movimiento de Centro, la LOGSE la dotó de un soporte "legal" dándole una gran importancia en el currículum, aunque arrastró tras sí una carga de estereotipos sexistas que es necesario eliminar aún hoy día. La L. O. E. lo ratificó.

La Expresión Corporal, como resultado de la percepción reflexiva y del movimiento expresivo, debe estar centrada en la presencia, conciencia y vivencia del cuerpo como totalidad personal en el movimiento (Arteaga, Viciana y Conde, 1997).

En el ámbito de la actividad física es donde posee una mayor relevancia porque tiene una gran riqueza educativa, aunque es difícil de aplicar para muchos docentes (Cachadiñas -coord.-, 2006). A partir de aquí nos podemos aproximar más a la idea de "lenguaje corporal", especialmente desde que se emplean técnicas expresivas específicas como las propias del mimo, baile, dramatización, etc.

Una educación rica en Expresión Corporal o una Expresión Corporal rica en valores educativos va a preparar al niño y a la niña para muchas más cosas que para poder expresarse y captar mensajes a través del lenguaje corporal (Gil y Gutiérrez, 2005).

El currículum actual destaca la expresión en los objetivos de Etapa y Área, así como en el bloque de contenidos número tres y en varios criterios y estándares de aprendizaje.

Destacamos cuatro manifestaciones expresivas que usan parecidos medios, aunque objetivos desiguales: psicológica, metafísica, escénica y pedagógica.

Actualmente, están apareciendo "prácticas no tradicionales" que utilizan métodos relacionados con la Expresión y Comunicación Corporal, que persiguen una formación desde la perspectiva de la experiencia vivencial de la persona, cualquiera que sea su edad y condición (Cuéllar y Francos, 2008).

En la práctica expresiva las propuestas se centran, fundamentalmente, en la búsqueda del equilibrio y la armonía entre la vertiente física y psíquica. Por esta razón nos servimos de elementos que la **motricidad** también puede ofrecer para la realización de nuestro trabajo, puesto que, para llegar a conseguir que el cuerpo se exprese, hay que saber trasladar la idea y la imagen al gesto físico. Así, el conocimiento del propio cuerpo, actitud, postura, relajación, respiración, las capacidades perceptivas y coordinativas, además de la expresión de emociones y sentimientos, la creatividad... nos ayudarán a conseguir el desarrollo armónico corporal y psíquico del individuo (Shinca, 2011).

1. LA EXPRESIÓN CORPORAL EN EL DESARROLLO DEL ÁREA DE EDUCACIÓN FÍSICA.

Expresividad es la capacidad potencial del ser humano cuyo efecto se refleja en la expresión. **Expresión** es el acto de exteriorizar algo oculto. En cambio, **creación** es la capacidad de realizar, inventar una realidad nueva e inexistente y es una capacidad potencial del ser humano (Rodríguez Terrón, 2006).

Se consolida como contenido desarrollado en el currículum escolar a partir de la década de los 90 del pasado siglo, aunque aún sigue siendo un aprendizaje que exige mayores matices que otros más habituales en la cultura de la Educación Física. Así pues, tiene un espacio propio y equilibrado, sobre todo en Primaria (Navarro, 2007).

La expresión corporal se basa en dos pilares (Motos, 1983):

a) La **técnica** nos proporciona el conocimiento de las posibilidades corporales a través de la conciencia segmentaria y el análisis y estudio del movimiento.

b) La **espontaneidad** que surge de del potencial vital y creador del alumnado.

Es una capacidad que nos otorga la liberación, exteriorización y nos sensibiliza el conocimiento, manteniéndonos abierto al mundo, a la sociedad y a nuestro propio "yo" a través del lenguaje corporal expresivo (Cuéllar y Francos, 2008).

1.1. DEFINICIONES.

En la bibliografía especializada hay muchos autores que la definen, si bien el término puede admitir varias interpretaciones (Ortiz, 2002). De los más conocidos escogemos a:

Shinca (1983): "*Disciplina que estudia y profundiza el empleo del cuerpo, buscando un lenguaje propio a través del trabajo corporal*".

Villada y Vizuete (2002): "*Capacidad que permite a todos los seres humanos que exterioricen y pongan de manifiesto sus deseos, sentimientos, pensamientos, emociones y sensaciones, materializándolo a través del cuerpo. La expresión corporal se sirve de los gestos, las posturas, las miradas, el movimiento y de todas las posibilidades que el cuerpo humano es susceptible de generar*"

Rodríguez Terrón (2006): "*Disciplina que tiene por objeto el estudio, trabajo y desarrollo de los aspectos expresivos, comunicativos, afectivos y cognoscitivos del cuerpo y el movimiento. Todo ello orientado hacia la formación integral de la persona*".

Zagalaz, Cachón y Lara (2014): Toman como referencia al DRAE, "*técnica practicada por el intérprete para expresar circunstancias de su papel por medio de gestos y movimientos, con independencia de la palabra*"

En **resumen** podemos decir que es "*toda acción, gesto o palabra desarrollado por nuestro cuerpo con el fin de comunicarnos*" (Ortiz, 2000).

1.2. LA EXPRESIÓN CORPORAL EN EL DISEÑO CURRICULAR.

En el ámbito de la Educación Física, la Expresión Corporal debe contribuir al desarrollo integral del individuo potenciando el conocimiento y desarrollo del lenguaje corporal a través de técnicas que favorezcan:

- Exteriorizar lo más profundo de cada individuo a través del cuerpo y del movimiento, es decir, **expresar**.
- Reforzar la utilización del cuerpo y el movimiento como medios de **comunicarnos**.
- Analizar el valor **estético** y **artístico** del cuerpo (Ortiz, 2002).

La Ley 17/2007, de Educación de Andalucía, estima en su artículo 40 que el currículo escolar deberá recoger **hechos diferenciadores de Andalucía**, como el **flamenco**. La O. de 7/05/2014, establece medidas para la **inclusión** del Flamenco en el **sistema educativo andaluz**.

En todos los elementos del Diseño aparecen referencias a la Expresión Corporal:

a) R. D. 126/2014, Artículo 6. *Principios generales*.

"La **finalidad** de la Educación Primaria es facilitar a los alumnos y alumnas los aprendizajes de la **expresión** y comprensión oral, la lectura, la escritura, el cálculo, la adquisición de nociones básicas de la cultura, y el hábito de convivencia así como los de estudio y trabajo, el **sentido artístico**, la **creatividad** y la **afectividad**, con el fin de garantizar una formación integral que contribuya al pleno desarrollo de la personalidad de los alumnos y alumnas y de prepararlos para cursar con aprovechamiento la E.S.O. La acción educativa en esta etapa procurará la integración de las distintas **experiencias** y aprendizajes del alumnado y se adaptará a sus ritmos de trabajo".

El mismo R.D. indica sobre el currículo que *"los elementos curriculares de la programación de la asignatura de Educación Física pueden **estructurarse** en torno a **cinco situaciones motrices** diferentes"*. Una de ellas está relacionada con el **expresión**: *"Acciones motrices en situaciones de índole artística o de expresión. En estas situaciones las respuestas motrices requeridas son de carácter estético y comunicativo y pueden ser individuales o en grupo. El uso del espacio, las calidades del movimiento, así como los componentes rítmicos y la movilización de la imaginación y la creatividad en el uso de diferentes registros de expresión (corporal, oral, danzada, musical), son la base de estas acciones. Dentro de estas actividades tenemos los juegos cantados, la expresión corporal, las danzas, el juego dramático y el mimo, entre otros"*.

b) O. 17/03/2015. *Aspectos Generales del Área de Educación Física. Introducción*.

*"El área de Educación física tiene como finalidad principal el desarrollo de la competencia motriz orientada a la puesta en práctica de procesos, conocimientos y actitudes motrices para realizar actividades y ejercicios físicos, **representaciones, escenificaciones**, juegos y deportes. La enseñanza de la Educación física ha de promover y facilitar que alumnos y alumnas se sientan bien con su cuerpo, que adquieran una comprensión significativa del mismo y de sus **posibilidades**, a fin de conocer y dominar actuaciones diversas que les permitan su desenvolvimiento de forma normalizada en el medio, mejorar sus condiciones de vida, disfrutar del ocio y establecer ricas y fluidas **interrelaciones** con los otros. De igual manera, se debe resaltar la importancia educativa del **conocimiento corporal vivenciado** y de sus posibilidades lúdicas, **expresivas y comunicativas**; así como la importancia de la aceptación del propio cuerpo y de utilizarlo eficazmente"*.

c) Competencias Clave.

La LOMCE/2013 indica una serie de competencias. Las más relacionadas, son:

- ***Conciencia y expresiones culturales***. La expresión de ideas o sentimientos de forma creativa contribuye mediante la exploración y utilización de las posibilidades y recursos del cuerpo y del movimiento. *A la apreciación y comprensión del hecho cultural, y a la valoración de su diversidad*, lo hace mediante el reconocimiento y la apreciación de las manifestaciones culturales específicas de la motricidad humana, tales como los deportes, los juegos tradicionales, las actividades expresivas o la danza y su consideración como patrimonio de los pueblos.

- **Comunicación lingüística**. Ofrece gran variedad de intercambios comunicativos, del uso de las normas que los rigen y del vocabulario específico que el área aporta.

- **Competencias sociales y cívicas**. Las características de la Educación física, sobre todo las relativas al entorno en el que se desarrolla y a la dinámica de las clases, la hacen propicia para la educación de habilidades sociales, cuando la intervención educativa incide en este aspecto. Las actividades físicas y en especial las que se realizan colectivamente son un medio eficaz para facilitar la relación, la integración y el respeto, a la vez que contribuyen al desarrollo de la cooperación y la solidaridad. Los elementos fundamentales de esta competencia incluyen el desarrollo de ciertas destrezas como la capacidad de comunicarse de una manera constructiva en distintos entornos sociales y culturales, mostrar tolerancia, expresar y comprender puntos de vista diferentes, negociar sabiendo inspirar confianza y sentir empatía. Las personas deben ser capaces de gestionar un comportamiento de respeto a las diferencias expresado de manera constructiva.

d) Objetivos de Etapa.

Destacamos al objetivo "**j**" "*Utilizar diferentes representaciones y expresiones artísticas e iniciarse en la construcción de propuestas visuales*". Pero hay otros aplicables.

e) Objetivos de Área para la Etapa.

El objetivo **O. EF. 3** del Área de Educación Física indica "*Utilizar la imaginación, creatividad y la expresividad corporal a través del movimiento para comunicar emociones, sensaciones, ideas y estados de ánimo, así como comprender mensajes expresados de este modo*". También otros objetivos están relacionados aunque no tan directamente, como es el caso del O. EF.1., sobre el "conocimiento del propio cuerpo".

f) Bloques de Contenido.

La Expresión Corporal está ubicada en el **Bloque 3**: "*La Expresión corporal: expresión y creación artística: se refiere al uso del movimiento para comunicarse y expresarse, con creatividad e imaginación*" (O. 17/03/2015). Ponemos algunos **ejemplos**:

3.1. Investigación y exploración de las posibilidades expresivas del cuerpo (tono muscular, mímica, gestos) y del movimiento (ritmo, espacio, tiempo).
3.2. Expresión e interpretación de la música en general y el flamenco en particular a través del cuerpo, sincronizando sencillas estructuras rítmicas a
partir de un compás y un tempo externo.
3.3. Práctica de sencillos bailes y danzas populares o autóctonas de la Comunidad Andaluza.
3.4. Imitación y representación desinhibida de emociones y sentimientos a través del cuerpo, el gesto y el movimiento.

g) Evaluación.

El **criterio** más directamente relacionado con la expresión es el nº 2 (R.D.126/2014):

2. *Utilizar los recursos expresivos del cuerpo y el movimiento, de forma estética y creativa, comunicando sensaciones, emociones e ideas.*

Los **indicadores** que le corresponden, son:

2.1. Representa personajes, situaciones, ideas, sentimientos utilizando los recursos expresivos del cuerpo individualmente, en parejas o en grupos.
2.2. Representa o expresa movimientos a partir de estímulos rítmicos o musicales, individualmente, en parejas o grupos.
2.3. Conoce y lleva a cabo bailes y danzas sencillas representativas de distintas culturas y distintas épocas, siguiendo una coreografía establecida.
2.4. Construye composiciones grupales en interacción con los compañeros y compañeras utilizando los recursos expresivos del cuerpo y partiendo de estímulos musicales, plásticos o verbales.

1.3. EL CUERPO Y EL MOVIMIENTO COMO ELEMENTOS DE EXPRESIÓN Y COMUNICACIÓN.

El cuerpo y el movimiento corporal asociado al individuo han supuesto formas de comunicación que se han usado para sacar al exterior sentimientos, estados de ánimo e ideas muy variadas. Es la forma que en que cada persona se manifiesta espontáneamente y que, a su vez, es susceptible de ser observada por los demás dando lugar al fenómeno de la comunicación (Zagalaz, Cachón y Lara, 2014).

Stokoe (1986), analiza desde un punto de vista didáctico la siguiente clasificación:

- Comunicación **intrapersonal**. La establece el individuo consigo mismo. Mejora su esquema corporal.
- Comunicación **interpersonal**. Se establece con otro para interactuar y conocimiento mutuo para obtener un verdadero diálogo corporal.
- Comunicación **grupal**. La que realizan tres o más personas.
- Comunicación **intergrupal**. Se establece entre dos grupos.

2. MANIFESTACIONES EXPRESIVAS ASOCIADAS AL MOVIMIENTO CORPORAL.

En la comunicación interpersonal usamos dos canales de comunicación: la palabra o comunicación verbal y el gesto y la postura o comunicación no verbal. La primera usa la vía acústica y dentro de ésta el lenguaje verbal o lo que se dice y el paraverbal o cómo se dice. En la no verbal, usamos las vías táctil y visual (Motos, 1983).

De cualquier forma, los elementos básicos de la comunicación son el emisor, el mensaje, el canal y el receptor. Dependiendo del canal usado para mandar el mensaje, se dan diversos tipos de expresión y comunicación (Delgado, Tercedor y Torre, 2008).

Todos estos elementos, a lo largo de la historia, han tenido diversas tendencias y usos que ahora comentamos.

2.1. ASPECTOS HISTÓRICOS.

Para este punto tomamos como base a Chinchilla y Díaz (2015).

En la **Prehistoria**, la danza es una manifestación de carácter étnico. A través de ella se invoca a la naturaleza y se representan los diferentes elementos naturales para ejercer el control sobre ellos. Se danza para sacrificios, se danza imitando a los animales para atraerlos, también alrededor de los ancianos para captar su sabiduría, etc.

En las **Antiguas Culturas**, tras el paso de tribus a naciones, la danza se hermetiza y codifica y la hacen especialistas, aunque esto no impide que cada cultura tenga las suyas.

En la **Edad Media** el culto al cuerpo pasa a un segundo plano debido, entre otras cosas, al dualismo cuerpo-mente que hace que aquél sea un obstáculo para la salvación del alma. Surge la "momería" a modo de antesala del ballet teatral, donde los participantes actúan disfrazados y con máscaras, si bien le falta la acción dramática coordinada y la diversidad de danzas. Los "Entremeses" son muy comunes en los siglos XIV y XV y se representan durante las comidas.

En el **Renacimiento** empiezan a ignorarse las prohibiciones provenientes de la Iglesia sobre las actividades expresivas y surge el Humanismo, que retoma el pensamiento de la Cultura Clásica. Entre los espectáculos típicos de la época están las "Mascaradas" y los "Intermedios", de procedencia italiana, y las "Fiestas" y la "Interacción Artística", originarias de Italia y Francia, que desemboca en el "Ballet de Cour", a finales del siglo XVI. Posteriormente decae, dando paso a la Ópera Italiana y al Teatro. El profesionalismo de la danza hace que decaiga la inspiración.

En el **siglo XVI** el ballet surge en Francia auspiciado por la nobleza. Beauchamp hace evolucionar a la danza clásica, codificándola y estableciendo las cinco posiciones de base.

En el **siglo XVIII**, Noverre es considerado un personaje clave por sus trabajos en el teatro, la coreografía y en la reforma de la danza, así como ser el inspirador de la actual Gimnasia Moderna.

Ya en el **siglo XIX** encontramos una conexión en fase inicial de las actividades corporales expresivas y estéticas, concretamente con los considerados promotores de la gimnasia moderna. Delsarte es precursor de la danza moderna e influye decisivamente en la propagación de la expresión corporal en U.S.A. a finales de siglo.

Así, tras intentos de ideas globalizadoras, a finales del siglo XIX y principios del **siglo XX**, tras los acontecimientos de **Mayo de 1968** y la explosión de los movimientos del rock y del pop, la psicodelia y la contracultura, encuentra el "cuerpo expresivo" su verdadera dimensión. No obstante, tenemos que mencionar a los "Sistemas Rítmicos", en concreto, la Gimnasia Rítmica con Dalcroze; la Gimnasia Expresiva con Isadora Duncan; Von Laban, Wigmann y Bode; la Gimnasia Moderna con Heinrich Medau, Hilma Jalkanen y Ernest Idla. También podemos destacar en el siglo XX a Alberto Dallo y Otto Hannebuth. En el último cuarto del siglo surgen nuevos sistemas rítmicos como la Gimnasia Jazz, la Danza-Jazz, el Aeróbic y sus variantes de Step, Cardiobox, etc. (Fernández García, 2011). También los Bailes de Salón y las Danzas Folclóricas (Otero, 2012).

En los primeros lustros del **siglo XXI** debemos destacar el auge de las actividades relacionadas con las coreografías, posiblemente debido al apoyo de determinados programas y concursos de televisión, entre otros motivos. En cualquier caso, las TIC, aparecidas a finales del siglo XX y en pleno desarrollo en el siglo XXI, han traído "nuevas formas" formas a la expresión, sobre todo como medio para su aplicación didáctica, como veremos más adelante. En cualquier caso, la "**zumba**" está de plena moda, sin olvidarnos de la "**batuka**" o la "**capoeira**" y otras coreografías con ritmos muy dinámicos.

2.2. ORIENTACIONES EN LA EXPRESIÓN CORPORAL.

Fernández -coord.-, (2002) y Delgado, Tercedor y Torre, (2008), basándose en Le Baron (1982), indican que dentro del panorama de las "*manifestaciones expresivas asociadas al movimiento corporal*", tanto en sus fundamentos teóricos como en los prácticos, existen cuatro **corrientes** u **orientaciones** de aplicación bien definidas. Se caracterizan porque todas ellas utilizan los mismos medios e idénticos ejercicios, aunque su finalidad está claramente diversificada:

a) ORIENTACIÓN PSICOLÓGICA.

Introduce la expresión corporal en la esfera de las **terapias psicoanalíticas** de inspiración freudiana. No se trata aquí de concretar o expresar un personaje con la intención de un espectáculo, sino de profundizar en **uno mismo** y, sobre todo, en su relación con los demás, reeducando y reequilibrando al sujeto que la practica, ofreciéndole ajustes conductuales (Valín, 2010).

El descubrimiento del propio cuerpo, la puesta en relación con otro por la mirada, la palabra, el contacto, el placer que se puede tener jugando con el cuerpo, hacen que algunas sesiones puedan servir de sustitutos a curas psicoanalíticas **clásicas**.

En los últimos años se practica con fines terapéuticos la "danzaterapia" y la "biodanza" (Montávez, 2005).

b) ORIENTACIÓN METAFÍSICA o FILOSÓFICA-SOCIAL.

Procede de las filosofías y prácticas orientales, donde el cuerpo es el medio de tránsito ritual hacia el "más allá" (Rodríguez Terrón, 2006). Corresponde a una búsqueda de lo espiritual, traducidas tanto por una técnica naturista en el paraíso como en la meditación trascendente. Es el Zen, yoga, meditación trascendental,... trata de una unión del alma-cuerpo, de experiencias no habituales del cuerpo y de la mente (Rojas, 2007).

c) ORIENTACIÓN ESCÉNICA.

Está próxima a las **artes** y al profesionalismo del **espectáculo**, incluyendo las técnicas acrobáticas y el mimo, donde todos los componentes del arte escénico son estudiados y tomados en cuenta. Se pone el acento en la **transmisión** al público de un **mensaje** en el cual se busca la coherencia óptima entre un personaje o un sentimiento que es interpretado, y la forma del gesto más apropiado para expresarlo y comunicarlo (Mateu, 1999).

d) ORIENTACIÓN PEDAGÓGICA-ESCOLAR.

En educación física se utiliza fundamentalmente la **dramatización**, el **mimo** y la **danza**. Pretende que el alumnado conozca y desarrolle sus capacidades expresivas y sepa comunicarse con los demás a través de las mismas. Un sector de la "nueva educación física", se centra en la **exploración** del movimiento más que en el aprendizaje de unas técnicas cuyo fin es el deporte y no concibe la formación corporal sin una iniciación a la **creación**. Incluso aplican estos contenidos en la "educación de personas adultas" a través de talleres. Con la L.O.G.S.E., la renovación llevada a cabo en los objetivos, métodos y contenidos de la educación física, arranca de una concepción nueva del cuerpo y la enseñanza. La LOE/2006, modificada por la LOMCE/2013, lo **reafirmó**. En este sentido cabe destacar el bloque de contenidos del Área.

El conjunto de estas concreciones supone la actuación de mecanismos relacionados con conceptos tales como la creatividad, creación, simbolización, representación, emoción, sensación, expresión, lo imaginario, el sentimiento...

Por otro lado, destacamos que favorece la comunicación dentro de la estructura de **participación social del aula** -interacciones entre docente-alumnado e interdiscentes, sobre todo hoy día que nuestras aulas están inmersas en el fenómeno de la interculturalidad- (Ansó, 2007).

El creciente fenómeno de la inmigración está configurando los nuevos escenarios sociales, culturales y también educativos. En estos momentos la educación en España está abordando uno de los retos más importantes de su historia: la inclusión de un alumnado cuya

diversidad cultural, a todos los niveles (social, cultural, lingüístico y religioso), no era antes conocida (Leiva, 2012).

No olvidemos que la orientación escolar pone en juego multitud de aspectos eminentemente educativos muy aprovechables para nuestra **intervención didáctica**. Por ejemplo, el **gesto**, la **postura**, la **mirada**, la conducta táctil, la necesaria **cooperación** y mejora de los aspectos **cognitivos** para crear, etc., como veremos en el **siguiente** punto, son portadores de información que acompaña al mensaje verbal interactuando con éste y conformando el fenómeno del proceso comunicativo (Gil y Gutiérrez 2005).

3. INTERVENCIÓN EDUCATIVA.

Montesinos (2004), especializado en un método de enseñanza *"natural y evolutivo"*, indica que el **objetivo** último de nuestra intervención es contribuir al **crecimiento personal** del alumnado y a la mejora de sus sistemas de **comunicación**.

Navarro (2007), citando a LLeixá (2003), indica que las prácticas de expresión no comparten los objetivos de otras, como "**superarse** a sí mismo" o "ganar a los contrincantes", sino "**descubrirse** a sí mismo", "desbloquear las emociones" o "**vivir mejor** en el propio cuerpo", lo cual implica un número de actividades diferentes.

En la bibliografía especializada hay muchas propuestas de intervención. Gil y Gutiérrez (2005), citan a Villada, Quintana, Centro Municipal de Investigación y Dinamización Educativa de Sevilla (CEMIDE), etc. También, Castillo (2000) y Ortiz (2002) y Cachadiñas -coord.- (2006) proponen unos contenidos por niveles. Por otro lado, Montávez y Zea (1998), plantean un modelo, aunque más ejemplificado hacia la E.S.O.

Navarro (2007), reconoce que las nuevas incorporaciones de actividades a la expresión corporal ayudan a **diversificar** las experiencias del alumnado: cuento motor, mimodrama, títeres, máscaras y sombras chinescas, tai chi y otras técnicas orientales, etc. son ejemplos de un contenido en pleno desarrollo.

Martínez y Díaz (2008), destacan la importancia de las habilidades expresivas en el proceso **creador** del alumnado.

En cualquier caso, las manifestaciones socioculturales que en relación con el cuerpo y su expresividad tienen lugar en nuestra sociedad, son muchas y con planteamientos muy variados y suelen servirnos de referencia para nuestras acciones didácticas. No obstante, sólo algunas pocas son más aplicables debido a su más o menos dificultad de grado técnico e interpretativo, tiempo necesario, objetivos de la unidad didáctica, recursos disponibles, etc.

Así pues, basándonos en estos autores y en la propia secuenciación de contenidos de los *"mapas de desempeño"* (O. 17/03/2015), **proponemos** un **primer** nivel con unos aprendizajes más elementales y un **segundo** donde se incorporan otros más complejos, pero sobre la base del anterior. En todo caso, cada maestra y maestro los aplicará en función de las variables de su contexto (Cañizares y Carbonero, 2007):

a) ASPECTOS BÁSICOS (1º y 2º Ciclo)	b) ASPECTOS COMPLEJOS (2º y 3º ciclo)
<ul><li>1. Lenguaje corporal</li><li>2. Gesto</li><li>3. Ritmo</li><li>4. Movimiento corporal.</li><li>5. Técnicas teatrales adaptadas</li></ul>	<ul><li>1. Dramatización. Juego dramático</li><li>2. Mimodrama</li><li>3. Baile-Danza</li><li>4. Coreografía</li></ul>

a) **ASPECTOS BÁSICOS.**

1. Lenguaje Corporal.

El lenguaje corporal o comunicación no verbal es el **conjunto** de movimientos, gestos, miradas, actitudes, etc. con los que la persona manifiesta lo que piensa o siente (Valín, 2010).

Supone verter al exterior todos los sentimientos internos, así como las emociones más diversas que experimentamos. Al mismo tiempo, permite que aflore la originalidad y creatividad que todos poseemos por el hecho de ser diferente al otro en todos los niveles de la persona (Martín, Cabañas y Gómez, 2005).

Cualquier relación que establezcamos con los demás se soporta con el apoyo del lenguaje corporal y sus posibilidades de comunicación, de tal forma que el movimiento adquiere la condición de elemento fundamental constitutivo de la expresión corporal (Pastor, 2007).

La Expresión Corporal es el **lenguaje del cuerpo**, el natural de la persona, el más inmediato y propio de ella.

Las **fases** en la **construcción** del lenguaje corporal son tres y aunque las veamos de forma aisladas, en realidad son interdependientes: conocimiento y dominio **corporal**, del **espacio** y del **tiempo**. (Ortiz, 2002).

- **Conocimiento y dominio de nuestro cuerpo. (Cinésica).**

Antes de adentrarnos en el conocimiento y dominio espacio-temporal, antes de salir al exterior, es conveniente vivenciar las experiencias relacionadas con el propio cuerpo. El comportamiento cinésico (del griego "kínesis" movimiento), comprende los gestos, la mímica facial, la mirada y las posturas corporales (Gil y Gutiérrez, 2005). Con nuestro propio cuerpo **exteriorizamos** nuestros pensamientos, sentimientos y emociones a través de posturas, gestos y movimientos que su aúnan en el mensaje dirigido a los demás (Valín, 2010).

Los **pasos** a seguir en el conocimiento y dominio del cuerpo son:

- Concienciación de la morfología corporal, sus zonas y segmentos, admitiendo las capacidades y limitaciones propias.
- Experimentación de todas las posibilidades de expresión.
- Búsqueda de nuevos caminos para la comunicación interna y externa.

Ruano (2006), divide el trabajo corporal en varias zonas debido a que cada una presenta rasgos característicos propios: cabeza y cara; cejas; ojos; manos y brazos; hombros; tronco; cintura; piernas y pies; expresividad global.

- **Dominio del espacio. (Proxémica).**

La **proxémica** es el estudio del uso y percepción del espacio personal y los espacios interpersonales, así como la influencia del espacio construido y su organización (Gil y Gutiérrez, 2005). Nuestro cuerpo es una unidad de movimiento que necesita un espacio (próximo o lejano), para poder expresar y desarrollar al máximo sus capacidades. Para realizar un correcto estudio del espacio lo dividimos en **dos** tipos de zonas en función de la **proximidad**:

  - **Espacio próximo (kinesfera)**. Es la zona que se encuentra en los límites corporales y todo el que puede abarcar el cuerpo en movimiento sin desplazamiento: la "burbuja imaginaria" que nos sigue en los desplazamientos.
  - **Espacio lejano**. Es el área donde se encuentran los otros sujetos. Lo abordamos a partir del dominio del espacio próximo.

- **Dominio del tiempo. (Cronémica).**

Las actividades que ocupan un espacio también tienen una duración determinada, posea o no soporte musical (Valín, 2010). El estudio y desarrollo cuantitativo y cualitativo de la duración del movimiento es lo que se denomina "factor tiempo". El ritmo es el elemento motor de la música, la estructura rítmica organiza todos los aspectos referentes a las duraciones temporales de los sonidos (Rodríguez Terrón, 2006).

De la misma manera que nuestro cuerpo funciona a través de los movimientos rítmicos de cada una de sus partes, el empleo de la música para la coordinación corporal resulta de gran utilidad en las clases de Educación Física (Fernández García, 2011).

Es necesario dominarlo para expresar algo en el **momento** adecuado. El ritmo compartido debe ser la base de la comunicación humana. Es necesario ajustar el movimiento corporal a las estructuras rítmicas previamente establecidas (Fernández -coord.- 2002).

2. El Gesto.

Son los movimientos de todo el cuerpo, o parte de él, con los que expresamos estados de ánimo y sentimientos, buscando modificar nuestra relación con el mundo exterior (Fernández -coord.- 2002). En realidad no existe unanimidad a la hora de delimitar la zona corporal a la que se refiere el gesto, ya que encontramos autores que lo consideran referido a todo el cuerpo, mientras otros lo circunscriben al rostro y manos (Gil y Gutiérrez, 2005).

Muchos especialistas lo han estudiado, Ortiz (2002), cita a:

- **Stoetzel** (1971). Los clasifica en autísticos (sin intención comunicativa), habituales (expresan más de lo que pretenden comunicar) y simbólicos (los determinados culturalmente).
- **Scheflen** (1976). Distingue entre gestos de referencia (los que señalan), los enfáticos (que realzan), demostrativos (describen imágenes) y táctiles (el que establece un contacto). En cuanto a su forma, pueden ser rápidos, ligeros, categóricos, etc.
- **Motos** (1983). Estudia los gestos en los primeros años de vida: reflejos, emocionales y proyectivos.
- **Valín** (2010). Establece una clasificación en varios grupos: universales (comunes e innatos en todas las culturas, como alegría o asco). Culturales o aprendidos (los imitamos, como sacar la lengua para demostrar burla). Personales o creativos (los que desarrollamos y expresan nuestro carácter, muy propios de actores profesionales).

3. El Ritmo.

El ritmo es un fenómeno universal, está inmerso en nuestros procesos fisiológicos. Mejora la coordinación y el equilibrio, además de economizar el esfuerzo (Ortiz, 2002).

Bernal y Calvo (2000), lo definen como *"la subdivisión de un periodo de tiempo en secciones perceptibles por los sentidos"*.

Ritmo es la **armonía**, el **orden** en la sucesión de las cosas; es la **frecuencia** de algo. El ritmo organiza la dimensión temporal que da sentido a la música (Lorenzo y Souto, 2008). El ritmo de movimiento viene dado, precisamente, por la organización temporal de las secuencias variadas de movimientos y es básico a la hora de abordar bailes populares y tradicionales simples (Shinca, 2011).

Dentro del ritmo hay que tener en cuenta tres elementos constituyentes: **pulso**, que es una percusión repetida de forma regular y periódica; **acento**, que son aquellas pulsaciones que se destacan periódicamente dentro del conjunto por concentrar una cantidad de energía mayor; **duraciones** o tiempo que transcurre desde el comienzo al cese del sonido (Lorenzo y Souto, 2008).

4. Movimiento corporal. Elementos cualitativos.

El movimiento se entiende como el **cambio de situación** de un ser corpóreo en el espacio y presenta cuatro componentes fundamentales: qué es lo que se desplaza (segmento); en qué dirección (espacio y sentido); con qué energía (intensidad) y durante cuánto tiempo (duración) (Rodríguez Terrón, 2006).

Los **elementos cualitativos** del movimiento son las diferentes formas de usar el cuerpo, el espacio, el tiempo y la energía (Ortiz, 2002).

El trabajo del cuerpo en expresión se caracteriza por el hecho de que, partiendo de unos elementos y capacidades de ejecución más o menos objetivos (elementos cuantitativos), éstos son transformados en cualitativos. El objetivo de trabajo es la toma de conciencia, sensibilización y afinamiento del cuerpo como instrumento (Rodríguez Terrón, 2006).

Siguiendo a Shinca (1988), citada por Cachadiña (2006), los cinco factores que actúan sobre el movimiento y de los que depende la **calidad** del mismo, son:

- **Energía**. Grado de tensión, el **tono** muscular. Pueden ser movimientos fuertes o suaves.
- **Fluir**. Relacionado con la **energía**, ya que cuando se propaga de manera constante y regular el movimiento es continuo, al contrario sería discontinuo.
- **Gravedad**. Los movimientos realizados a su favor son pesados y, al contrario, son livianos.
- **Espacio**. Donde se desarrolla el movimiento. Puede tener una sola dirección y será directo. Si cambia de dirección será indirecto, flexible o curvo.
- **Tiempo**. La duración del movimiento provoca que éste sea sostenido (largo, lento) o súbito (rápido).

Por ejemplo, cuando hacemos una caricia nuestro gesto es curvilíneo (espacio), lento (tiempo), discontinuo (fluir), liviano (gravedad) y suave (energía).

Rueda (2004), en cambio, cita como los **elementos** fundamentales de la **expresión** a: **cuerpo, espacio, tiempo y energía**.

5. Técnicas teatrales adaptadas.

Dependiendo de las características del grupo y de las posibilidades de espacios, podemos realizar ya desde los primeros cursos, estas técnicas teatrales, pero siempre **adaptadas**:

- El **cuento**. Narrado, inventado y escenificado de forma grupal. El "cuentacuentos"; el "kamishibai" o teatro de papel, original de Japón, y que potencia la expresión oral (Rojas, 2007).
- El **guiñol**. Juego de títeres y marionetas.
- Las **sombras chinescas**. Gestos, posturas y personajes delante de un foco.
- La **cámara negra**. Es un foco fluorescente que resalta las partes del cuerpo a destacar.
- Las **máscaras**. Potencian la expresividad de las partes no ocultas.
- **Sketch** o flash. Se representan o parodian anuncios, estatuas, cuadros, etc.

b) ASPECTOS MÁS COMPLEJOS.

Para aplicarlos debemos basarnos en unos aprendizajes **previos** de conocimiento corporal, espacio, tiempo, ritmo, gesto... y así poder crear drama, mimo, danza, etc. Las técnicas teatrales adaptadas vistas anteriormente, también son muy adecuadas.

1. Dramatización. El juego dramático.

Dramatizar es dar condición dramática, es decir, representar una situación con el fin de conmover al espectador. Por tanto, es convertir un suceso real o imaginario en una historia susceptible de ser representada escénicamente, "teatralizada" (Fernández -coord.- 2002).

Es la representación de situaciones donde median personajes con un argumento que está dentro de un espacio y tiempo. Cuando la representación dramática se realiza **sin** previo guión, surgiendo espontáneamente a partir de unos estímulos dados, se llama "*improvisación*".

Se diferencia de **teatro** en que éste se encuadra en la orientación escénica, profesional. En cambio, el juego dramático se ubica en la corriente pedagógica. No obstante, juego y teatro, aunque sean conceptos distintos, participan de un proceso común como es recrear y vivenciar situaciones reales o imaginarias.

El hecho de desarrollar un **juego dramático**, al escolar le pone en contacto con un mundo real o irreal en el que es capaz de sentirse creador, destructor o adquirir personalidades determinadas que enriquecen su ser total. Acerca a los actuantes a lenguajes variados y a la posibilidad de relacionarse y cooperar con los demás sin prejuicios ni ataduras sociales (Gil y Gutiérrez, 2005).

El **esquema** del juego dramático se define por los siguientes elementos (Castillo 2000):

- **Tema**: la idea básica que la obra quiere transmitir. Los valores.
- **Personajes**: los seres y objetos reales o imaginarios.
- **Conflicto**: lo que ocurre. Suceso que provoca lucha o contraste, situación problema o contradicción en la que dos fuerzas se enfrentan por una causa.
- **Espacio**: lugar donde se realiza la acción, S.U.M., patio, etc.
- **Tiempo**: el tiempo dramático se refiere al que dura la representación; el de ficción, en cambio, es la época donde ocurre el conflicto.

- **Argumento**: asunto de lo que trata el relato, lo que se cuenta, la trama.

La dramatización lleva implícita unos recursos expresivos como gesto, posición, manifestaciones externas de los propios sentimientos, la expresión verbal con monólogos y diálogos, la expresión rítmica musical que armoniza movimiento y sonido, la música que se inserta en los diálogos para acompañar a los movimientos, etc. Además implica gestionar la iluminación, decoración y ornamentación para crear un ambiente motivador (Gil y Gutiérrez, 2005).

La **performance** es una muestra escénica, muchas veces con un importante factor de improvisación, que busca provocación, estética y asombro. El término empezó a ser utilizado para definir ciertas manifestaciones artísticas a finales de los años sesenta del pasado siglo.

El "**happening**" está basado en la improvisación y suele implicarse al público en la obra, huyendo en muchas ocasiones de una historia estructurada. Es, dada sus características, de difícil aplicación en Primaria.

En parecidos términos podemos hablar del "**flashmob**", (destello de multitud). Es una acción organizada en la que un gran grupo de alumnos se citan, normalmente a través de las redes sociales, en un lugar público, para realizar una representación algo inusual y luego se dispersa rápidamente. Su finalidad es entretenerse, pero también puede ser una reivindicación social (Gore, 2010).

El "**lipdup**" es la sincronización o doblaje de labios de relatos hechos por otras personas, aunque lo habitual es hacerlo de una canción. No hay sonido propio, como es el karaoke, interpretamos con los labios y gestos lo que verbalizan otros.

Al **teatro negro** lo consideramos un nivel superior ya que se trata de una escenificación en un espacio totalmente oscuro y en condiciones lumínicas especiales por usar "luz negra", que resalta ciertos tejidos y materiales. La representación con luz negra, por su carácter versátil, mágico y creativo, es un espectáculo capaz de transportar al alumnado a un mundo irreal en el que, además de que todo es susceptible de transformarse o surgir de la nada, se contempla la integración de aspectos tales como poesía, danza, música, canto, acrobacia y mimo. Llevar a nuestro alumnado más allá del aula tradicional, al "territorio del teatro negro", implica presentarles una serie de herramientas creativas y novedosas al servicio de su imaginación, que será un recurso clave en su incorporación a un mundo cambiante, abierto y plural.☐☐Se basa en el uso del cuerpo, espacio, recursos materiales y música (Pedraza y Torrent, 2013)

2. Mimodrama.

En realidad, el "mimo" es el **actor** que hace una representación llamada "**pantomima**" o "mimodrama" [1] y que es el arte de expresarse mediante el **gesto** y otros movimientos corporales prescindiendo del lenguaje verbal, para interpretar situaciones, personajes, estados de ánimo, etc. Este arte exige que los gestos sean precisos, significativos y, a veces, caricaturescos (Fernández -coord.- 2002).

El "teatro de las sombras" es considerado como una forma de pantomima habida cuenta que puede hacerse sin utilizar la palabra, aunque también con diálogos, cantos y sonidos de instrumentos musicales. Se necesita dominar unas técnicas mínimas, así como contar con unos recursos específicos como un haz de luz y una pantalla (Martín, Cabañas y Gómez, 2005).

---

[1] El mimodrama es una especialidad teatral creada por Decroux. Es un arte dramático del movimiento. En cambio, la pantomima tiende más a cambiar las palabras por los gestos. No obstante, estas apreciaciones no son totalmente asumidas por la totalidad de los autores especialistas.

3. Baile o danza.

Ambos términos son sinónimos, aunque la danza persigue más unos movimientos estéticos, creativos y de interpretación. El baile tiene unas connotaciones menos estrictas y más lúdicas.

La danza es la más **antigua** de todas las artes, surge con la persona -hay referencia de ello desde las primeras crónicas-, ha sido una expresión espontánea de la vida colectiva. Las danzas naturales han evolucionado perdiendo la precisión de su origen y subsistiendo en formas de folclore en la **herencia cultural** de los países (Fernández -coord.- 2002). El ballet surgió de la fusión del acróbata, el profesional y el aristócrata. La danza moderna nació como reacción opuesta y como necesidad de búsqueda de nuevas formas de expresión artística.

En la actualidad todas se pueden clasificar dentro de **dos** grandes **ramas** (Cuéllar, 2004):

- **Danza clásica**: también llamada académica y sujeta a técnicas rígidas.
- **Danza moderna**: iniciada por Isadora Duncan. Pretende liberarse de todos los cánones establecidos y dejar al cuerpo que se exprese **libremente**. Podemos incluir aquí los bailes de salón (vals, cha-cha-chá, tango, polka, merengue...), danza jazz y a los bailes de discoteca como bacalao, video-clips, rock, etc. y que tanta significación tienen para el alumnado del tercer ciclo de Primaria y E. S. O. Renobell (2009), plantea actividades expresivas y rítmicas con diferentes estilos del mundo de la danza, como son: el country infantil, el aeróbic latino, las danzas populares nacionales e internacionales (que incluyen a las africanas), coreografías adaptadas, los juegos motrices y rítmicos, etc.

Existen numerosas clasificaciones de danza. Autores como Linares (1999), nombra a danzas prerromanas, góticas, medievales... Ossona (1984), distingue a la danza flamenca, clásica, de sociedad...

La danza en Primaria debe ser un contenido de carácter **expresivo** y **comunicativo** que contribuya a la educación del alumnado, sin pretender alcanzar un rendimiento (Contreras y García, 2011).

Por otro lado, Montávez (2005), indica una serie de beneficios en su aplicación escolar. Por ejemplo, mejora el sentido espacial y rítmico, las relaciones socio-afectivas, las coordinaciones, etc.

4. Coreografía.

Es la representación de un tema musical usando todos los recursos expresivos posibles, incluidos decorados, música, luces, disfraces, etc. Se realiza en sub-grupos, **mixtos**, de 6 a 12 alumnos y su dificultad más significativa radica en la coordinación grupal.

3.1. EJEMPLOS DE ACTIVIDADES LÚDICAS.

Seguimos a Linares (1989), Rubial (1997), Arteaga, Viciana y Conde (1997), Montávez y Zea (1998), Mateu (1999), Castillo (2000), Motos y García (2001), Campo y otros (2004), Montesinos (2004), Conde, Martín y Viciana (2004), Learreta, Sierra y Ruano (2005), Cachadiñas -coord.- (2006), Learreta, Sierra y Ruano (2006), Rojas (2007), Cuéllar y Francos (2008), Ramírez (2009), Valín (2010), Fernández García (2011), Pedraza y Torrent (2012) y Zagalaz, Cachón y Lara (2014).

Las actividades expresivas se caracterizan por la elevada implicación emocional del alumno y ésta viene determinada porque se fundamentan en la estimulación de la singularidad y la creatividad del alumnado, proponiendo situaciones que requieren la exploración de las posibilidades motrices (Canales, 2010).

a) **Actividades genéricas relacionadas con las posibilidades expresivas corporales.**

1. Expresar con el cuerpo la sensación de agua fría y caliente. Como si estuvieran bajo la ducha. Analizar las diferencias en el movimiento entre las dos sensaciones.

2. Sentados en círculo hacer muecas con la cara, los ojos, las manos. Imitación de animales o personas en distintas situaciones o estado de ánimo.

3. Con los ojos cerrados, expresar con el movimiento qué entienden por suavidad, aspereza, humedad, sequedad, etc.

4. Con los ojos cerrados, hacer de conejos y de culebras. Con los ojos abiertos hacer de león, perro, vaca, águila, etc.

5. Expresar distintos estados de ánimo y caracteres: un niño despreocupado, fuerte, alegre, triste, simpático, bailarín, tímido, presumido, etc.

6. Tendidos, mover y expresar con las manos lo que vaya surgiendo, por ejemplo: las olas del mar en calma, agitado, los árboles movidos por el viento.

7. Imitar el vuelo de las palomas, de las águilas. Los brazos son culebras que van levantándose del suelo; dos cisnes en un estanque; los patos que piden comida; dos gatos que se pelean; dos bailarinas; dos flores que se abren...

8. Jugar a ser la luna y las estrellas, el sol. Proponer una historieta sobre ello para escenificarla. Se puede poner voz y sonido. Desde ahí, improvisar.

9. Con las manos y los pies, decir, sí, no, ven, vete, sube, baja, vuela, etc.

10. Producir sonidos con la voz, sin cantar. Imitar a los pájaros, a los lobos, a los corderos, el caer del agua, los ruidos de la calle, los de casa, el viento, la lluvia, los truenos, los cohetes, etc.

11. Prácticas muy variadas aprovechando la narración de un cuento motor y las canciones motrices (VV. AA., 2011).

b) **Actividades genéricas relacionadas con el espacio.**

1. Elegir un espacio de la sala donde permanezcamos en pie y nos encontremos cómodos.

2. Desde este lugar que hemos elegido, reconocer todo el espacio de la sala a través de la mirada (dimensiones, color, objetos, luz, etc.).

3. Recorrer el espacio de la sala en todos los sentidos y direcciones intentando ocuparla con nuestro desplazamiento. Ocupar el mayor/menor espacio posible.

4. Buscar posibilidades de contacto con el suelo y las paredes a través de toda nuestra superficie corporal. Podemos hacerlo con los ojos cerrados.

5. Por parejas, desplazarse por la sala uno al lado del otro. Alejarse lo más posible sin perder la comunicación (mirada) volver a acercarse.

6. Por parejas, uno con los ojos cerrados y el otro, con los ojos abiertos, guía al compañero por la sala y le ayuda a reconocer por el tacto diversas partes de la misma (paredes, espalderas, objetos, etc.). Cambiar los papeles.

7. Igual que el ejercicio anterior, pero el que guía al compañero lo hace con un sonido original, para que no se confunda con el de otros.

8. Establecer dos grupos dentro de la sala y dar a cada uno un espacio de la misma. Cada uno de ellos simula una tribu y se comporta y organiza como tal en su espacio, sin utilizar la palabra.

c) **Ejemplos de actividades lúdicas genéricas relacionadas con el tiempo.**

1. Caminar por la sala observando las tres fases de la ley del péndulo (preparación, acción y espera). Variar el ritmo de la marcha.

2. Caminar por la sala siguiendo el ritmo marcado por un pandero o cualquier otro elemento de percusión. Utilizar los cuatro tiempos musicales que corresponden a muy lento, lento, rápido y muy rápido e intentar seguir este ritmo con la marcha (muy lenta, lenta, rápida, muy rápida).

3. También con música, elegir libremente uno de los cuatro tiempos y realizar desplazamientos diversos siguiendo ese ritmo (adelante, atrás, lateral, con saltos, etc.).

4. Uno del grupo se desplaza siguiendo el ritmo elegido y los demás lo imitan. Ir cambiando de líder hasta que lo hagan todos.

5. Elegir uno de los cuatro tiempos y desplazarse por la sala siguiendo este ritmo. Al encontrarse con alguien que sigue el mismo ritmo, desplazarse los dos juntos. Sucesivamente se van juntando todos los que siguen el mismo ritmo.

d) **Ejemplos de actividades genéricas de improvisación.**

No debemos conducir las respuestas de los alumnos por un camino que creen "verdadero" para evitar coartar su libertad y permitirles expresarse con total autonomía. Por otro lado, debemos potenciar la **imaginación** y **creatividad** propias de estas **edades**. Buscamos que el alumno/a se ponga en lugar de otro personaje para que se introduzca en en situaciones insospechadas para que **reaccione** ante lo inesperado.

1. Caminar por la sala y saludarse uno a otros, mirándose. Intentar saludar a todos.

2. Marcha, carrera, trazado desordenado evitando tocarse unos a otros. A la señal, encuentro con un compañero, marcha por parejas, etc.

3. Un director de orquesta se separa del grupo y, mediante gestos amplificados, dirige los desplazamientos o los movimientos de todos.

4. Conversar con la espalda. Por parejas, sentados espalda contra espalda. Cerrados los ojos y en silencio contactar con el compañero. Iniciar movimientos e interactuar con el compañero como si se estuviese manteniendo una conversación silenciosa.

5. Igual que el ejercicio anterior, conocer al otro a través de medios no habituales: diálogo de la mirada, del tacto, del gesto, del sonido, con las manos, etc.

6. Por parejas, mantener un diálogo con los hombros, con las caderas, con los pies.

7. Juegos de películas, cantantes y canciones, play-back, juegos de adivinanzas, etc.

8. La mano es un imán. Por parejas, colocados de pie frente a frente, uno pone la palma de la mano a unos centímetros de la cara del otro. La mano inicia un movimiento lento y atrae la cara del compañero que siempre debe guardar la misma distancia respecto a la mano.

9. La sombra. Por parejas, uno se coloca de pie a la espalda del otro y reproducirá sus movimientos como si de la sombra se tratase.

10. Anuncios de televisión, video-clip, "match de improvisación", juegos de zapping…

11. Por parejas, con los ojos cerrados y las manos cogidas, intentar iniciar un diálogo transmitiendo: dolor, ternura, miedo, aburrimiento, etc.

12. Intentar entrar en el círculo de brazos cerrados formado por los compañeros.

13. Una persona intenta representar un sentimiento básico (alegría, amor, tristeza, ira, miedo) y los demás lo analizan.

14. Todo el grupo se coloca en círculo y, por turnos, cada componente va saliendo al centro y corporalmente expresa algo a los demás.

15. Movimiento colectivo. Colocados en fila india, procurando estar lo más juntos posibles. El primero realiza un movimiento que es imitado por el segundo, que a la vez lo es por el tercero, hasta llegar al último. Cada uno sólo está pendiente del que tiene delante. Añadir desplazamiento.

16. Representación de actividades de la vida cotidiana.

e) **Ejemplos de actividades usando recursos multimedia.**

La pizarra digital es un medio cada vez más normalizado en nuestros centros. Este recurso nos permite muchas posibilidades didácticas. Por ejemplo:

1. *"AEROB-IMAGEN"*. Es un aeróbic expresivo adaptado al contexto escolar, utilizando como elemento motivador las imágenes proyectadas. Los alumnos/as se sitúan en frente a la pizarra digital. Proyectamos una presentación en formato Power Point con un tema, por ejemplo El Camino de Santiago. A lo largo de las sesiones de educación física, los alumnos/as "recorren" las etapas del Camino al mismo tiempo que conocen sus monumentos, cultura y paisajes a través del visionado de imágenes y soporte musical correspondiente).

2. *"TEATRO MULTIMEDIA"*. Creamos un escenario virtual, a través de proyecciones. Cada diapositiva sugiere un tema, idea o sucesión de las mismas. Los alumnos/as en pequeños grupos o en grupo aula preparan y representan historias surgidas de las imágenes y de la música.

3.2.- ASPECTOS METODOLÓGICOS.

Independientemente de lo expresado por la legislación actual, apuntamos unas orientaciones metodológicas **prácticas**.

Rodríguez Terrón (2006), indica que debemos utilizar una metodología **específica** porque perseguimos una finalidad concreta como es el desarrollo integral del alumnado, por lo que debemos dar más valor al proceso que al resultado y a la persona que a la actividad concreta a realizar.

Si bien muchos autores se inclinan por una metodología basada en la **indagación**, otros la combinan con la **instrucción directa**, como señalan Cuéllar y Francos (2008), citando a García Ruso (1997), Guerber, Leray y Mancouvert (2000), Motos y Aranda (2003), etc.

Cuéllar y Francos (2004), significan que la creación de un ambiente positivo de aprendizaje es una de las variables que contribuye al incremento de nivel de expectativas de aprendizaje en el alumnado.

Al partir de una metodología holística e investigadora, cada actividad es incentivada no para dar una respuesta concreta, sino **divergente**, por lo tanto no tiene nada que ver con un aprendizaje codificado.

El grupo articula sus experiencias, se **relaciona** y se **comunica** a partir de las experiencias individuales, siendo todas válidas. Prevalece el hacer, el propio experimentar con lo interno y externo asociado a la propia imaginación y a la fantasía. Se vive y se experimenta, luego se reflexiona.

El docente no dirige sino que **orienta**. Únicamente cuando se le requiere alguna información, explica, pues lo importante es que la **imaginación** aflore libremente (Gil y Gutiérrez, 2005).

El temor, la timidez, la sumisión pasiva, el miedo a desagradar o el deseo de actuar con perfección para ser aprobado son condicionantes.

A la hora de dirigir a un grupo escolar en expresión corporal, el profesor/a necesita una adecuada **preparación** que le permita encarar con garantías las sesiones de trabajo. Es importante que tenga:

- Un conocimiento **vivencial** de su **cuerpo**.
- Un adecuado sentido del **ritmo**.
- Un adecuado sentido del **espacio**.

La **atención a la diversidad** siempre tiene que estar presente. Valín (2010), indica al respecto que debemos plantear distintos niveles; proponer actividades de aprendizaje diferenciadas y adaptar y modificar las mismas.

3.3. LOS RECURSOS EN EXPRESIÓN CORPORAL.

Nos referimos a los mediadores de tipo material, espacial y ambiental.

- **Materiales**. Debemos utilizar objetos cotidianos que por su textura, forma o color comprometan a niñas y niños a profundizar en las tareas (Gil y Gutiérrez, 2005). Destacamos los relacionados con el sonido. Los soportes audiovisuales y otros materiales diversos tales como cartulinas, telas, paneles de madera, objetos manipulables, colchonetas, maquillaje, etc. Numerosos autores los califican específicamente como "*artefactos*" (Arteaga, Viciana y Conde, 1997).

Learreta, Ruano y Sierra (2006), indican que ya en pleno siglo XXI no podemos desdeñar las posibilidades que nos ofrece la comunicación audiovisual y los **recursos tecnológicos** de todo tipo: CDs, DVD, la imagen digital, Internet, los mp5, presentaciones en Power Point y similares, etc. Constituyen unas herramientas de gran valor pedagógico en el contexto escolar. Por ejemplo, aportaciones musicales por parte del alumnado, sus mezclas, etc. También las grabaciones en formato DVD para evaluar el trabajo realizado, además de recibir feedback. Incluso existen varias webs de organismos públicos y privados donde es posible exponer los trabajos realizados e intercambiarlos con los hechos en otros centros.

- **Espaciales**. Los lugares más habituales en el medio escolar: S.U.M., teatro, aula, naturaleza, y polideportivo municipal, carpas efímeras, etc. (Castillo, 2000). Deben ser espacios amplios, bien iluminados y fáciles de oscurecer, con suelo cálido (moqueta o parquet), donde se pueda trabajar descalzo (Learreta, Ruano y Sierra, 2006).

- **Ambientales**. Debemos procurar entornos aislados del ruido y con luz regulable a voluntad. Es lo que Linares (1989) denomina "*rapport*", para definir el clima o ambiente físico y motivacional que envuelve la realización de unas tareas concretas, como son las expresivas.

3.4. ESTRUCTURA DE LA CLASE EN EXPRESIÓN CORPORAL.

Es variada y está en función de los autores que leamos. Tradicionalmente se opta por Comienzo, Desarrollo y Final o Síntesis, aunque las tres partes están muy encadenadas

Durante el **Comienzo** tratamos de crear un clima de tranquilidad y deseo de trabajar. Podemos empezar con actividades como sentarse y conversar sobre el tema de la clase, desplazarse por la sala sin chocar con personas o cosas, igual pero con música, etc. También es válida una buena relajación en determinados grupos.

El **Desarrollo** de la clase es el modo específico de abordar el tema elegido. Aquí podemos incluir trabajos sobre el espacio, tiempo, comunicación, conciencia corporal, etc.

El **Final** o **Síntesis** es un momento tan importante como los anteriores. Se trata, mediante un juego, una conversación o un descanso organizado, que el alumno pueda redondear su experiencia y retenga un recuerdo grato de ella.

Por su parte, Montávez y Zea (1998), indican su ideal de sesión-tipo:
- Calentamiento expresivo. Presentación (sólo en las primeras sesiones).
- Calentamiento expresivo. Puesta en acción.
- Espacio de creación. Parte central, contenidos propios y mayor duración.
- Relajación holística. Recuperación y bienestar personal.
- Reflexión compartida. Puesta en común.

Valín (2010), señala cinco partes: explicación previa; puesta en acción; la sesión propiamente dicha; vuelta a la calma; reflexión.

3.5. LA EVALUACIÓN EN EXPRESIÓN CORPORAL.

A partir de los criterios expuestos en el R. D. 126/2014, y vistos en el punto 1.2, destacamos unos aspectos más concretos. Por ejemplo, creatividad, participación interés, representación práctica, integración del grupo, cooperación, respeto a las decisiones, expresión de mensajes verbales y gestuales, desinhibición, relación grupal, etc. (Cuellar y Francos, 2008).

Como instrumento de medición podemos utilizar listas de control, que acumulan datos terminales sobre los objetivos alcanzados, y el registro anecdótico, además de evaluar el proceso y el resultado obtenido. Cuestionarios, entrevistas, diarios y escalas de valoración son también muy usadas.

Cada vez se utiliza más la grabación en vídeo (autoscopia) como medio para observar multitud de aspectos que emanan de la práctica y que es muy difícil evaluarlos en "vivo". Esto nos permite detectar algunas "lagunas" relacionadas con la percepción corporal, espacial y temporal. No obstante, en los últimos tiempos el tema de la grabación de imágenes con menores se ha vuelto muy sensible.

Motos y Aranda (2001) establecen un "modelo multidimensional" de evaluación en expresión corporal, que debe responder a estas cuatro preguntas: ¿quién evalúa?; ¿qué evaluar?; ¿cómo evaluar?; ¿cuándo evaluar?

Motos (2008), señala, entre otros, una serie de instrumentos y pruebas muy específicos usados en la medición de los efectos de la formación en creatividad dramática para el alumnado entre 3 y 8 años. Se trata de *"pensando creativamente en acción y movimiento"*, compuesto de cuatro actividades que valoran tres aspectos de la creatividad: fluidez, imaginación y originalidad:

a) ¿De cuántas formas?
b) ¿Te puedes mover igual?
c) ¿De qué otras maneras?

Valín (2010), propone una serie de ítems para evaluar teniendo como herramienta una lista de control: ¿propone una propuesta creativa?; ¿sigue su movimiento el ritmo de la música?; ¿tiene variedad de pasos, posturas, gestos?; etc.

No debemos olvidar la autoevaluación. Los registros usados deben ofrecer esta posibilidad para reflexionar y contribuir a la mejora de la responsabilidad, propiciar la reflexión, etc. (Cuéllar y Francos, 2008).

La O. de 03 agosto de 2010, *por la que se regulan los servicios complementarios de la enseñanza de aula matinal, comedor escolar y actividades extraescolares en los centros docentes públicos, así como la ampliación de horario"*, especifica que pueden incluirse en la oferta, **talleres de expresión**.

CONCLUSIONES

La expresión es la disciplina que tiene por objeto el estudio, trabajo y desarrollo de los aspectos expresivos, comunicativos, afectivos y cognoscitivos del cuerpo y movimiento. Todo ello conducente a la formación integral del alumnado.

El juego es un recurso imprescindible en esta etapa como situación de aprendizaje, acordes con las intenciones educativas, y como herramienta didáctica por su carácter motivador. Las propuestas didácticas deben incorporar la reflexión y análisis de lo que acontece y la creación de estrategias para facilitar la transferencia de conocimientos de otras situaciones.

Hemos visto la importancia que tiene la expresión corporal en la educación corporal del alumnado de Primaria. También su relación con toda la motricidad: percepciones, coordinaciones, habilidades motrices, y su eficacia como actividad lúdica cooperativa y de relación. Todo ello ha quedado de manifiesto al estudiar su tratamiento en los elementos del currículo: objetivos de etapa y área, otras áreas, temas transversales, bloques de contenido, etc. No podemos olvidar que estos contenidos se entienden como "neutros", es decir, que tradicionalmente no se relacionan con el género.

BIBLIOGRAFÍA

- ANSÓ, R. (2007). *Tejiendo la interculturalidad. Actividades creativas para el aula.* Catarata y M. E. C. Madrid.
- ARTEAGA, M. VICIANA, V. y CONDE, J. (1997). *Desarrollo de la expresividad corporal.* INDE. Barcelona.
- BERNAL, J. y CALVO-NIÑO, M. L. (2000). *Didáctica de la Música. La Expresión Musical en la Educación Infantil.* Aljibe. Archidona (Málaga).
- BLOUIN LE BARON, J. (1982). *L'expresion corporelle.* Revista "Éducation Physique et Sport", nº 178, pp. 58-62. París.
- CACHADIÑA Mª P. -Coord-. (2006). *La expresión corporal en clase de educación física.* Wanceulen. Sevilla.
- CAMPO, J. J. y otros. (2004). *Fichero de Juegos de expresión y cooperación.* INDE. Barcelona.
- CANALES, I. (2010). *La desinhibición en expresión corporal.* Wanceulen. Sevilla.
- CAÑIZARES, J. Mª y CARBONERO, C. (2007). *Temario de oposiciones de Educación Física para Primaria.* Wanceulen. Sevilla.
- CASTILLO, A. (2000). *La dramatización y el lenguaje corporal en Primaria.* En ORTIZ, M. (coord.) *Comunicación y lenguaje corporal.* Proyecto Sur Ediciones. Granada.
- CHINCHILLA, J. L. y ZAGALAZ, M. L. (2002). *Didáctica de la Educación Física.* CCS. Madrid.

- CHINCHILLA J. L. y DÍAZ, A. M. (2015) -coords.- *Danza, educación e investigación. Pasado y presente.* Aljibe. Archidona (Málaga).
- CONDE, J. MARTÍN, C. y VICIANA, V. (2004). *Las canciones motrices.* INDE. Barcelona.
- CONTRERAS, O. R. y GARCÍA, L. M. (2011). *Didáctica de la Educación Física. Enseñanza de los contenidos desde el constructivismo.* Síntesis. Madrid.
- CUÉLLAR, Mª J. (2004). *Bases teóricas y didácticas de la Educación Física.* Arte Digital. Tenerife.
- CUÉLLAR, Mª J. y FRANCOS, Mª C. (2008). *Expresión y comunicación corporal.* Wanceulen. Sevilla.
- CONTRERAS, O. (2004). *Didáctica de la Educación Física.* INDE. Barcelona.
- DELGADO, M.; TERCEDOR, P. y TORRE, E. (2008). *Método y técnicas para el conocimiento y mejora de la comunicatividad y expresividad personal y sus repercusiones en la calidad de vida.* En CUÉLLAR, Mª J. y FRANCOS, Mª C. *Expresión y comunicación corporal.* Wanceulen, Sevilla.
- FERNANDEZ GARCÍA, E. -coord.- (2002). *Didáctica de la Educación Física en la Educación Primaria.* Síntesis. Madrid.
- FERNÁNDEZ GARCÍA, C. (2011). *Actividades rítmicas dirigidas en Educación Física. Aeróbic, Aeróbic Latino y Cardiobox.* Wanceulen. Sevilla.
- GIL, P. y GUTIÉRREZ, D. (2005). *Expresión Corporal y Educación Infantil.* Wanceulen. Sevilla.
- GORE, G. (2010). *Flash Mob Dance and the Territorialisation of Urban Movement.* Antropological Netbooks, 16(3), 125-131.
- JUNTA DE ANDALUCÍA (2007). Ley 17/2007, de 10 de diciembre, de Educación de Andalucía (L. E. A.). B. O. J. A. nº 252, de 26/12/07.
- JUNTA DE ANDALUCÍA (2015). *Decreto 97/2015, de 3 de marzo, por el que se establece la ordenación y las enseñanzas correspondientes a la Educación primaria en Andalucía.* B. O. J. A. nº 50, de 13/03/2015.
- JUNTA DE ANDALUCÍA. (2015). *Orden de 17 de marzo de 2015, por la que se desarrolla el currículo correspondiente a la Educación Primaria en Andalucía.* B. O. J. A. nº 60, de 27/03/2015.
- JUNTA DE ANDALUCÍA (2010). *Decreto 328/2010, de 13 de julio, por el que se aprueba el Reglamento Orgánico de las escuelas infantiles de segundo grado, de los colegios de educación primaria, de los colegios de educación infantil y primaria, y de los centros públicos específicos de educación especial.* BOJA nº 139, de 16/07/2010.
- JUNTA DE ANDALUCÍA (2010). *Orden de 03 agosto de 2010, por la que se regulan los servicios complementarios de la enseñanza de aula matinal, comedor escolar y actividades extraescolares en los centros docentes públicos, así como la ampliación de horario.* BOJA núm. 158 de 12/08/2010.
- JUNTA DE ANDALUCÍA (2014). *Orden de 7 de mayo de 2014, por la que se establecen medidas para la inclusión del Flamenco en el sistema educativo andaluz.* BOJA nº 101, de 27/05/2014.
- LEARRETA, B.; SIERRA, M. A. y RUANO, K. (2005). *Los contenidos de Expresión Corporal.* INDE. Barcelona.
- LEARRETA, B.; SIERRA, M. A. y RUANO, K. (2006). *Didáctica de la Expresión Corporal.* INDE. Barcelona.
- LEIVA, J. J. (2012). *Educación Intercultural y convivencia en la escuela inclusiva.*

Ediciones Aljibe. Málaga.

- LINARES, P. (1989). *Expresión corporal y desarrollo psicomotor*. Unisport. Málaga.
- LINARES, P. (1999) -coord.-. *Expresión y comunicación corporal en Educación Física*. Grupo Editorial Universitario. Granada.
- LORENZO, A. I. y SOUTO, R. (2008). *El ritmo musical y la expresión y la percusión corporales*. En CUÉLLAR, Mª J. y FRANCOS, Mª C. *Expresión y comunicación corporal*. Wanceulen, Sevilla.
- MARTÍN, S., CABAÑAS, M. L. y GÓMEZ, J. J. (2005). *El teatro de sombras en la escuela*. Wanceulen. Sevilla.
- MARTÍNEZ, A. y DÍAZ, P. (2008). *Creatividad y deporte*. Wanceulen. Sevilla.
- MATEU, M. (1999). *1000 ejercicios y juegos aplicados a las actividades corporales de expresión*. Paidotribo. Barcelona.
- M.E.C. (2013). *Ley Orgánica 8/2013, de 9 de diciembre, para la mejora de la calidad educativa*. BOE Nº 295, de 10/12/2013.
- M. E. C. (2006). *Ley Orgánica 2/2006, de 3 de mayo, de Educación* (L. O. E.). B. O. E. nº 106, de 04/05/2006, modificada por la LOMCE/2013.
- M. E. C. (2010). *Real Decreto 132/2010, de 12 de febrero, por el que se establecen los requisitos mínimos de los centros que impartan las enseñanzas del segundo ciclo de la educación infantil, la educación primaria y la educación secundaria*. B.O.E. nº 62, de 12/03/2010.
- *ECD/65/2015, O. de 21 de enero, por la que se describen las relaciones entre las competencias, los contenidos y los criterios de evaluación de la educación primaria, la educación secundaria obligatoria y el bachillerato*. B.O.E. nº 25, de 29/01/2015.
- MONTÁVEZ, M. y ZEA, M. J. (1998). *Expresión Corporal. Propuestas para la acción*. Autoedición. Málaga.
- MONTÁVEZ, M. (2005). *La Danza como actividad físico-artística saludable*. En GUILLÉN, M. -coor.- *El ejercicio físico como alternativa terapéutica para la salud*. Wanceulen. Sevilla.
- MONTESINOS, D. (2004). *La expresión corporal. Su enseñanza por el Método Natural Evolutivo*. INDE. Barcelona.
- MOTOS, T. (1983). *Iniciación a la Expresión Corporal*. Humanitas. Barcelona.
- MOTOS, T. y GARCÍA, L. (2001). *Práctica de la Expresión Corporal*. Ñaque Editora. Ciudad Real.
- MOTOS, T. (2008). *Habilidades de dramatización y evaluación de la creatividad dramática*. En CUÉLLAR, Mª J. y FRANCOS, Mª C. (2008). *Expresión y comunicación corporal*. Wanceulen. Sevilla.
- NAVARRO, V. (2007). *Tendencias actuales de la Educación Física en España. Razones para un cambio*. (1ª y 2ª parte). Revista electrónica INDEREF. Editorial INDE. Barcelona. http://www.inderef.com
- ORTIZ, M. M. (2000) -coord.-. *Comunicación y lenguaje corporal*. Proyecto Sur Ediciones. Granada.
- ORTIZ, M. M. (2002). *Expresión Corporal. Una propuesta para el profesorado de Educación Física*. Grupo Editorial Universitario. Granada.
- OTERO, J. (2012). *Tratado de bailes de sociedad. Regionales españoles. especialmente andaluces: con su historia y modo*. Tecnographic S. L. Sevilla.
- OSSONA, P. (1984). *La educación por la danza*. Paidós. Barcelona.

- PASTOR, J. L. (coord.) (2007). *Motricidad*. Wanceulen. Sevilla.

- PEDRAZA, M. P. y TORRENT, M. A. (2013). *El teatro negro: teoría y práctica*. INDE. Barcelona.

- RAMÍREZ, I. (2009). *99 Juegos de expresión corporal y musical para niños de 5 años*. Wanceulen. Sevilla.

- RENOBELL, G. (2009). *Todo lo que hay que saber para bailar en la escuela*. INDE. Barcelona.

- RODRÍGUEZ TERRÓN, J. J. (2006). *Punto de partida*. En CACHADIÑA, M. P. (Coord.) *La expresión corporal en clase de educación física*. Wanceulen. Sevilla.

- ROMERO-MARTIN, R. (1997). *La Expresión Corporal en el ámbito educativo*. Revista electrónica Áskesis. (http://askesis.es)

- ROJAS, P. (2007). *Expresión corporal. Una asignatura apasionante*. Wanceulen. Sevilla.

- RUANO, K. (2006). *El cuerpo y el movimiento: aspectos cognoscitivos, comunicativos y creativos*. En CACHADIÑA, M. P. (Coord.) *La expresión corporal en clase de educación física*. Wanceulen. Sevilla.

- RUBIAL, O. (1997). *Unidades didácticas de expresión corporal*. INDE. Barcelona.

- RUEDA, B. (2004). *La expresión corporal en el desarrollo del área de educación física*. En Castillo, E.; Díaz, M. *Expresión Corporal en Primaria*. U. de Huelva. Servicio de publicaciones.

- SCHEFLEN, A. (1976). *El lenguaje del cuerpo y el orden social*. Diana. México.

- SHINCA, M. (1983). *Psicomotricidad. Ritmo y Expresión Corporal*. Escuela Española. Madrid.

- SHINCA, M. (1988). *Expresión Corporal. Bases para una programación teórico-práctica*. Escuela Española. Madrid.

- SHINCA, M. (2011) MANUAL DE PSICOMOTRICIDAD, RITMO Y EXPRESIÓN CIORPORAL. Wolters Kluwer España, S. A. Ebook.

- TORRENT, Mª A. y PEDRAZA, Mª P. *Teatro negro*. En CUÉLLAR, Mª J. y FRANCOS, Mª C. (2008). *Expresión y comunicación corporal*. Wanceulen, Sevilla.

- TORRES, J. (2000). *Marco conceptual y curricular de la expresión corporal en Educación Primaria*. En ORTIZ, M. M. (coord.) *Comunicación y lenguaje corporal*. Proyecto Sur de Ediciones, S. L. Granada.

- VALÍN, A. (2010). *Expresión Corporal y Técnicas Corporales*. Librerías Deportivas Esteban Sanz. Madrid.

- VICIANA, J. (2002). *Planificar en Educación Física*. INDE. Barcelona.

- VIZUETE, M. (2003). *Los lenguajes y la comunicación. Dimensiones culturales, didácticas e interdisciplinares de la expresión humana*. En Secretaría General Técnica (Ed.). *Los lenguajes de la Expresión*. Ministerio de Educación, Cultura y Deporte. Madrid.

- VILLADA, P. y VIZUETE, M. (2002). *Los fundamentos teórico didácticos de la Educación Física*. Ministerio de Educación, cultura y Deportes. Madrid.

- VV. AA. (2011). *Cuentos motores en Educación Física. Primaria. Érase una vez en... Educación Física*. INDE. Barcelona.

- ZAGALAZ, Mª L.; CACHÓN, J.; LARA, A. (2014). *Fundamentos de la programación de Educación Física en Primaria*. Síntesis. Madrid.

WEBGRAFÍA (Consulta en septiembre de 2016)

- http://rabida.uhu.es/dspace/bitstream/handle/10272/3317/b15549859.pdf?sequence=1
- http://recursos.cnice.mec.es/edfisica/
- www.juntadeandalucia.es/educacion/descargasrecursos/curriculo-primaria/index.html
- http://recursos.cnice.mec.es/edfisica/
- http://www.ite.educacion.es/es/recursos
- http://www.adideandalucia.es
- http://recursostic.educacion.es/primaria/ludos/web/index.html

TEMA 13

EL JUEGO COMO ACTIVIDAD DE ENSEÑANZA Y DE APRENDIZAJE EN EL ÁREA DE EDUCACIÓN FÍSICA. ADAPTACIONES METODOLÓGICAS BASADAS EN LAS CARACTERÍSTICAS DE LOS JUEGOS.

INDICE

INTRODUCCIÓN.

1. EL JUEGO COMO ACTIVIDAD DE ENSEÑANZA Y APRENDIZAJE EN EL ÁREA DE EDUCACIÓN FÍSICA.

    1.1. Concepto y definiciones.

    1.2. Funciones del juego.

    1.3. Teorías sobre el juego.

    1.4. Clasificación del juego motor.

    1.5. El juego como medio educativo en el Área de Educación Física. Juego y Currículum.

2. ADAPTACIONES METODOLÓGICAS BASADAS EN LAS CARACTERÍSTICAS DE LOS JUEGOS.

    2.1. Relaciones estratégicas en los juegos.

    2.2. La organización de los juegos en la clase de educación física.

    2.3. La selección de los juegos en Primaria. Niveles de adecuación.

    2.4. Consideraciones sobre el desarrollo didáctico del juego. Aplicación a la sesión de educación física.

        2.4.1. Tipos de juego según la parte de la sesión.

    2.5. Juegos y edad. Etapas evolutivas del juego.

CONCLUSIONES

BIBLIOGRAFÍA

WEBGRAFÍA

INTRODUCCIÓN

El juego es la acción de jugar, es decir, el conjunto de acciones que sirven para **divertirse**. El ser humano ha jugado siempre, en toda circunstancia y en toda cultura. No es exclusivo de la infancia, porque se juega a todas las edades y, aunque no ha estado bien visto por la pedagogía tradicional, hoy día está ampliamente asumido. Es una actividad fundamental para el desarrollo de las personas ya que, además de desarrollar todos los aspectos físicos y motrices, su práctica fomenta la adquisición de valores, actitudes y normas necesarias para la convivencia (Gallardo y Fernández, 2010).

Los juegos son la manifestación más importante de la motricidad humana. Desde la consolidación de los primeros esquemas sensoriales en el recién nacido, pasando por la capacidad de simbolización y representación y terminando en los procesos de socialización e integración en grupos cooperativos, el ser humano encuentra en la actividad lúdica su instrumento más privilegiado, contribuyendo al desarrollo de la personalidad (Méndez y Méndez, 2004).

Así, el componente **motor** del juego en las primeras edades disminuye progresivamente y aumentando, por contra, la complejidad del mismo. Las formas del juego adulto son más **sedentarias** y, a veces, son utilizadas de forma inconsciente (Torres y colls, 1994).

Los juegos experimentan grandes modificaciones y muestran características distintas en función de las edades de los jugadores. Por eso es frecuente que los investigadores planteen formas variadas de clasificarlos para describir y explicar estas diferencias (Paredes, 2003).

Juego, aprendizaje y desarrollo constituyen una unidad **indisociable** siendo fuente de aprendizaje porque estimula la **acción**, **reflexión** y **expresión** por parte de niñas y niños. Es una actividad que les permite **investigar** y conocer el mundo de los objetos, de las personas y sus relaciones, explorar, descubrir y crear (García Fernández 2005).

Aunque a primera vista parezca sencillo organizar una sesión de juegos, es una tarea **metodológica** delicada y debemos realizarla prestando atención a todos los aspectos que comprende.

El juego en Educación Física puede ejercer diferentes cometidos, forma parte del diseño curricular como medio, o también puede ser parte fundamental de los contenidos del mismo por su valor antropológico y social. De una u otra forma, los juegos están siempre presentes en la Educación Física, por lo que es preciso que los realicemos lo mejor posible para que puedan cumplir los fines previstos (R. D. 126/2014).

1. EL JUEGO COMO ACTIVIDAD DE ENSEÑANZA Y DE APRENDIZAJE EN EL ÁREA DE EDUCACIÓN FÍSICA.

Actualmente al juego lo podemos entender desde tres perspectivas complementarias: **medio** globalizador (interrelaciona contenidos de educación física con otras áreas); objeto de **estudio** (conocerlo, sus reglas, etc.) y como herramienta **metodológica** (actividad motivadora que facilita el aprendizaje). Estas tres líneas deben estar íntimamente relacionadas para la consecución de los objetivos (Valero, 2002).

1.1. CONCEPTO Y DEFINICIONES.

Paredes (2003), tras un pormenorizado análisis, indica que para el estudio del concepto "*juego*" hay que considerar a "*ludus-i*", vocablo latino, que abarca al campo del juego y diversión. También cita a Huizinga, el cual opina que los vocablos "*ludus, ludere*" abarcan el juego infantil, recreo, competición, etc. Además, realza sus características de ficción, desinterés y delimitación espacial y temporal.

Por su parte, Campo (2000), establece que, desde un punto de vista etimológico, la palabra juego procede del latín "jocus" (iocus-iocare), que significa ligereza, pasatiempo.

En parecidos términos, Suari (2005), destaca además a Caillois (1958), el cual resalta al juego como una actividad incierta, improductiva, reglamentada y ficticia.

Para interpretar el concepto de juego, Paredes (2003) citando a autores como Cagigal (1957), Cañeque (1991) y Ortega (1992), estima que debemos tener en cuenta una serie de rasgos que lo hacen distinto a todo. Por ejemplo, espontaneidad, acción libre, tensión, limitaciones en espacio y tiempo, placentero, autotélico, voluntario, ficticio, incertidumbre, proporciona socialización, etc.

Zagalaz, Cachón y Lara (2014), se manifiestan en parecidos términos: "*actividad libre, espontánea, independiente, incierta, voluntaria, improductiva, que integra la acción con los sentimientos, las emociones y el pensamiento, favoreciendo el desarrollo personal y social y que, a veces, puede ser dirigido*".

Existen multitud de definiciones en la bibliografía especializada. Una de las más habituales y completa es la de Navarro (1993): "*actividad recreativa natural de incertidumbre sometida a un contexto sociocultural*".

Gallardo y Fernández (2010), indican que la definición de Huizinga es ampliamente aceptada: "*el juego es una acción libre, que se desarrolla dentro de un espacio y tiempo determinados, con reglas obligatorias, libremente aceptadas, que tiene fin en sí misma y va acompañada de un sentimiento de tensión y alegría y de la conciencia de ser de otro modo que en la vida corriente*".

1.2. FUNCIONES DEL JUEGO.

Los juegos son una forma **organizada** de la actividad motriz, tanto reglada como espontánea y tienen una evolución a lo largo de la etapa escolar hasta llegar a los deportes. Lo verdaderamente importante del juego es que a la vez que niñas y niños **disfrutan** con el mismo, tiene un carácter multifuncional, el cual va a depender del **tipo** de juego y de la **forma** de jugar (Paredes, 2003).

El juego tiene una **aplicación** en el resto de las **áreas**, sobre todo en la etapa Infantil y Primaria. Su evolución, paralela al desarrollo del escolar, le sugiere distintas formas en función del propio psiquismo y de su evolución social, de manera que atiende desde los primeros pasos y apreciaciones sensoriales hasta el más complicado juego reglado. Sus funciones más reconocidas, son (Paredes, 2003):

Sus funciones más reconocidas, y que son asimilables a las de la educación física en general, son (Paredes, 2003) y Expósito (2006):

- Función de **conocimiento**. La actividad generada por el juego motor es uno de los instrumentos cognitivos fundamentales de la persona, tanto para conocerse a sí misma como para explorar y organizar su entorno más próximo.
- Función de **organización de las percepciones**. Por medio de la organización de sus percepciones sensomotrices, el alumnado va tomando conciencia de su propio cuerpo, espacio y tiempo.

- Función **anatómico funcional**. El juego motor provoca una mejora condición física y capacidad motriz en diferentes situaciones y para distintos fines. Si la actividad lúdica es metódica y continuada, el rendimiento físico del practicante es sensiblemente superior al del sujeto pasivo.
- Función **estética y expresiva**. La llevamos a cabo a través del juego expresivo y dramático, basados en la expresión corporal y en el movimiento.
- Función **comunicativa y de relación**. El juego grupal nos permite un contacto permanente entre los miembros del grupo, por lo que es un excelente medio para establecer vínculos de trato con los demás.
- Función **agonista**. De manera natural, el humano desea mostrar su nivel de competencia y habilidad motriz a los demás, sobre todo a nivel físico-deportivo. Está relacionada con el rendimiento motor.
- Función **hedonista**. El placer en el juego, disfrutar del movimiento y de su eficacia corporal.
- Función **higiénica**. Es la relativa a la conservación y mejora de la salud y el estado físico, así como a la prevención de determinadas enfermedades y disfunciones.
- Función **catártica**. El juego motor nos permite eliminar tensiones de la vida cotidiana, restaurando el equilibrio psíquico y normalizando las conductas.
- Función **simbólica**. Representación de roles.
- Función de **compensación**. Como elemento de resarcimiento ante las limitaciones del medio y el sedentarismo de la sociedad actual. El juego motor es un excelente medio para reparar el inmovilismo de hoy día.

FUNCIÓN DEL JUEGO	PALABRA-CLAVE
Conocimiento	Conocimiento esquema corporal y al medio
Organización de las percepciones	Percepción espacio/tiempo
Anatómico-funcional	Mejora aspectos óseo-muscular y orgánico
Higiénica	Salud e higiene
Estética-comunicativa	Belleza y comunicación con los demás
Relación	Contactos con los demás
Agonista	Superarse a sí mismo
Hedonista	Placer por el movimiento
Compensación	Respuesta ante la vida sedentaria
Catártica	Liberación de tensiones
Simbólica	Realización de roles

Podemos agrupar estas funciones del juego hacia tres **orientaciones**:

- **Función físico-motriz**.- El juego como desarrollo de las capacidades orgánico-biológicas-funcionales. El cuerpo como "instrumento".
- **Función psicomotriz**.- El juego como medio de desarrollo de las capacidades intelectuales: lógicas, cognitivas, memorísticas, etc.
- **Función sociomotriz**.- El juego como realidad social (juego deportivo, juego colectivo, etc.) y como medio de desarrollo de las capacidades sociales (comunicativas, expresivas...)

Todas estas funciones son posibilidades que el juego tiene y que no podemos despreciar. Sin embargo, muchas de ellas pueden resultar anti-educativas si no están reguladas.

1.3. TEORÍAS SOBRE EL JUEGO.

Existen infinidad de teorías. La mayor parte de ellas han pretendido dar respuesta a una o ambas cuestiones (Gallardo y Fernández, 2010):

- **¿Por qué** juegan niños y adultos?
- **¿Para qué** juegan niños y adultos?

Las formulaciones teóricas que abordan el fenómeno del juego infantil son relativamente recientes (S. XIX-XX), sin embargo, esta actividad había sido ya observada desde la antigüedad. Existen infinidad de recopilaciones y estudios hechos por muchos autores de campos diversos.

Para el desarrollo de este punto nos centramos en Andreu (2006), aunque también hemos consultado a Campo (2000), Navarro (2002), Sáenz-López (2002), Martínez Fuentes (2002), Fernández -coord.- (2002), Paredes (2003), Gil y Navarro (2004), García Fernández (2005), Expósito (2006) y Gallardo y Fernández Gavira (2010):

a) TEORÍAS CLÁSICAS.

- Teoría de **Platón**. El juego como medio didáctico para aprender oficios de adultos y sus valores.
- Teoría del **recreo**. Schiller (1875). El juego sirve para recrearse, es decir, que su finalidad intrínseca es pasarlo bien, su placer.
- Teoría del **descanso**. Lazarus (1883). La recuperación no sólo se puede alcanzar mediante el descanso, sino también poniendo en movimiento las otras fuerzas que están pasivas durante el trabajo.
- Teoría del **exceso de energía**. Spencer (1897). El juego tiene por función descargar la energía excedente no agotada en las necesidades biológicas básicas y en las actividades útiles.
- Teoría de la **anticipación funcional** o "pre-ejercicio". Groos (1898). El juego es un ejercicio de preparación para poder realizar las actividades que se desempeñará en la vida adulta.
- Teoría **catártica**. Carr (1902). El juego libera a niños y niñas de tendencias antisociales, como la violencia. A través del juego se descarga agresividad.
- Teoría de la **recapitulación**. Hall (1906). Formula la "ley fundamental de la biogénesis". El niño reproduce y sintetiza la transición filogenética, desde el juego animal al juego humano.

b) TEORÍAS MODERNAS.

- Teoría del **instinto**. Decroly (1907) indica que "el juego es un instinto que provoca un estado agradable o desagradable, según sea o no satisfactorio".
- Teoría de **derivación por ficción**. Claparède (1909). El juego sirve para desplegar la personalidad del individuo, que juega para realizar fines ficticios.
- Teoría **psicoanalista**. Freud (1916). El juego simbólico es el medio para obtener placer y cumplir deseos insatisfechos del subconsciente. Freud entiende que el infantil crea un mundo propio donde inserta las cosas en un orden de su agrado, un mundo amable.
- Teoría del **placer funcional**. Bühler (1924). Fundada en la obtención del placer

mediante la práctica de un juego y su dominio progresivo.

- Teoría **sociocultural**. Vigostky y otros psicólogos de la escuela soviética (1926). Elaboran una teoría sobre el origen social del juego, llegando a la conclusión que el juego crea una zona de desarrollo próximo en el niño y, a través de él, llega a conocerse a sí mismo y a los demás.
- Teoría **general del juego**. Buytendijk (1933). Propugna que la misma infancia es la razón del juego y que sus características varían en función de las etapas del desarrollo humano.
- Teoría de **Wallon** (1941). La finalidad del juego es el desarrollo motor, afectivo, social e intelectual.
- Teoría **genética-cognitiva**. Piaget (1949) y sus colaboradores de la Escuela de Ginebra, indican que el juego y la imitación son parte integrante del desarrollo de la inteligencia. Al juego se accede por grados de capacidades que dependen de la evolución del pensamiento infantil.
- Teoría **fenomenológica**. Formulada por Scheuerl (1954). Para que una actividad sea juego debe tener conjuntamente libertad, apariencia, ambivalencia, unidad, actualidad e "infinitud interna".
- Teoría de **Châteu** (1955). A través del juego se logra la afirmación de sí mismo y, a través de la repetición, vuelve a descubrir cada vez lo nuevo. Las reglas confieren orden a la propia existencia del individuo y refuerza la autoafirmación ante el grupo.
- Teoría de **Rüssel** (1970). El juego es una actividad generadora de placer que se realiza por sí mismo.
- Teoría de los fenómenos transicionales de **Winnicott** (1972). La transicionalidad es una modalidad de funcionamiento psíquico que constituyen los fenómenos, el espacio y los objetos transicionales. El objeto transicional es algo material del entorno, por lo general blando, que el bebé elige y usa dentro del área intermedia de experiencia. Posee características paradójicas, pues aunque tiene materialidad, para el sujeto no proviene del exterior ni del interior.
- Teoría de **Elkonin** (1980). El juego tiene una función social, la de enseñar a niñas y niños sus quehaceres de la vida adulta.
- Teoría de **Bruner** (1980). Toma como referentes a Vygotsky y Piaget. Expone una teoría integradora, funcional y constructiva donde el juego es un comportamiento básicamente social que tiene su origen en la acción espontánea, pero orientada culturalmente. El juego como agente de socialización aprendizaje y mejora de la inteligencia.
- Teoría de **enculturación de Sutton-Smith** (1981). Defiende que cada cultura fomenta un tipo de juego para inculcar los valores predominantes de la comunidad en cuestión. Es una manera muy eficaz de asegurarse la transmisión de la ideología dominante de la sociedad.

También, Paredes (2003), Expósito (2006) y Gallardo y Fernández (2010), engloban a estas y otras teorías en varios apartados que se corresponden con la disciplina que lo ha estudiado: Antropología, Psicoanálisis, Filosofía, Biología y Psicopedagogía, entre otras.

1.4. CLASIFICACIÓN DEL JUEGO MOTOR.

A pesar de referirnos únicamente al motor, existen numerosos tipos clasificatorios (Gil Madrona -coord.-, 2013). Para su estudio los agrupamos en cuatro grandes líneas (Cañizares y Carbonero, 2007):

a) Aspectos más **tradicionales**.

- Las acciones que generalmente se realizan en el juego: transporte, lanzamiento, etc.
- Los instrumentos empleados: raquetas, pelota, discos voladores, etc.
- Los espacios donde se juega: patio, agua, S. U. M., etc.
- Las habilidades que se desarrollan: carreras, saltos, etc.
- La estación del año en que se practica: verano, invierno, etc.
- Las características de las reglas: fijas o movibles.
- Las edades donde son más aplicables.
- Los tipos de interacciones entre los participantes: cooperación, oposición…

b) Según las **características de las reglas**, podemos observar a los siguientes grupos:

- Juego **Libre o Espontáneo**. Surge del propio niño o niña. Reglas efímeras: el "tocar"
- Juego **Dirigido**. El maestro lo introduce. Adapta las reglas a sus objetivos.
- Juego **Simple**. Muy pocas reglas. Pocas exigencias físicas: relevos, pases, etc.
- Juego **Complejo**. Muchas reglas y difíciles. Es de tipo pre-deportivo.
- Juego **Deportivo**. Muchas reglas, fijas, estrictas y estandarizadas, como Mini-Basket.

c) Juegos de gran **aplicación didáctica**.

Desde un punto de vista práctico, Cañizares y Carbonero (2007) **establecen un grupo clasificatorio** con aquellos juegos que prestan un **mayor servicio** en nuestro quehacer diario:

- Juego **cooperativo**. Es muy importante en la Etapa Primaria habida cuenta de sus características: nadie gana ni nadie pierde (Gil y Naveiras, 2007). Hay flexibilización para interpretar las reglas y capacidad de aceptación, por parte de los jugadores, de los múltiples cambios de rol. Los grupos pueden y deber ser heterogéneos (edad, sexo...) y tienen gran importancia para los procesos **comunicativos** y **sociales**, destacando en este sentido compartir los móviles, como puede ser un paracaídas. Su finalidad no es la competición sino el placer de jugar (Orlick, 2001 y Gallardo y Toro, 1993). Por ejemplo, construcciones, coreografías, etc. Al respecto, la **O. 17/03/2015**, indica que *"el aspecto lúdico y deportivo favorece el trabajo en equipo, fomentando el compañerismo y la cooperación"*.
- Juegos de **habilidad**. La habilidad y destreza motriz ocupa un alto porcentaje de objetivos y contenidos. De ahí que en este epígrafe englobemos a todos aquellos que nos sirven para su desarrollo: percepción, básica, expresiva, etc.
- Juego **adaptado**. Son aquellos que los docentes "reinventamos" y modificamos de acuerdo con el **objetivo** educativo que persigamos, espacio disponible, características de un determinado grupo o sub-grupo, niveles, etc. Profesoras y profesores podemos modificar ciertas reglas, el material, el número de jugadores y su rol, etc. (Fernández -coord.- 2002). Por ejemplo, la estructura de "los diez pases", se adecua a este perfil porque lo podemos reformar a pases con las manos, con los pies, con bote, etc.
En muchas ocasiones esta adaptación es obligada por tener en el grupo alumnado con necesidades específicas de apoyo educativo (a.n.e.a.e.).
- Juego **alternativo**. Se denominan así a las actividades lúdicas que tienen como base la utilización de recursos móviles no habituales. Por ejemplo, la pelota es "sustituida" por el disco volador, la clásica valla de atletismo, por "cono-vallas", etc. Además, el material alternativo abre numerosas aplicaciones didácticas antes imposibles de realizar por no disponer de estos recursos nuevos que continuamente produce la

industria del ocio y tiempo libre: pelotas gigantes, discos voladores, bolsitas de granos, etc.

- Juego **predeportivo**. Son aquellos que plantean, bajo unas formas muy similares al deporte concreto que se trate, aproximaciones a la realidad deportiva específica. Por ejemplo, el balón-tiro está diseñado para el balonmano, el balón-torre para el baloncesto, los relevos de botar pelota para el dribling en general, los diez toques para el voleibol, etc. (García-Fogeda, 1982).

- Juego **recreativo**. Aunque a priori todo juego infantil es para recrear, por juego recreativo entendemos aquellos que no tienen otro fin más específico que la propia diversión por la diversión; dan sensación de bienestar, alegría, realización de logros; no reparan en reglas, tiempos, número de jugadores, etc. Por ejemplo, jugar a las canicas, a los "caballos", al coger, etc.

- Juego **popular-tradicional**. Es el "juego de siempre", el que se ha practicado en plazas, calles y patios de colegio. Tiene gran aplicación didáctica habida cuenta que encierra muchos objetivos físicos, motores y socio-afectivos. Tras pasar varias épocas por el ostracismo, en los últimos años está renaciendo. Podemos introducirlos en una U. D. específica o servirnos de ellos para el desarrollo de determinadas habilidades y destrezas motrices. Por ejemplo, "soga-tira", las "siete y media", el "teje", etc.

-

En este sentido, Navarro (2007) indica que hacia 1990, los juegos mostraron nuevos modelos y, entre ellos, destaca a los tradicionales, cooperativos y alternativos.

d) Clasificación de **autores** más conocidos.

- Clasificación de **Caillois** (1979), citado por Campo (2000), Paredes (2003) y García Fernández (2005).

Desde una aproximación sociológica propone una agrupación del juego, que obedece a aspectos formales, en cuatro rangos:

- o "**Agon**", juegos de competición, de superación. Por ejemplo, los juegos deportivos.
- o "**Alea**", juegos de azar, suerte donde los aspectos intelectivos del participante apenas cuentan. Por ejemplo, dados, cartas, lotería, etc.
- o "**Mimicry**", juegos de imitación, representación o simulación. Por ejemplo, los juegos de expresión o los de tipo simbólico.
- o "**Ilinx**", juegos de vértigo, emoción, riesgo o aventura. Por ejemplo, las atracciones de ferias.

- Clasificación de **Piaget** (1932), citado por Gallardo y Fernández Gavira (2010):

- o Juego **sensomotor**. Hasta los dos años. Por placer, realizar ejercicios en los que interviene la coordinación sensorio-motriz. Por ejemplo, gatear.
- o Juego **simbólico**. De dos a seis años. Su objetivo es la asimilación de lo real al yo, la creación de personajes. Por ejemplo, jugar con un plato como si fuese el volante de un coche.
- o Juego **reglado simple**. Desde los siete años y hasta los 11-12. Implica la imposición de códigos por el grupo. Su violación supone una falta o penalización. Por ejemplo, la comba y otros juegos populares.
- o Juego de **reglas complejas**. Tiene lugar durante la etapa operaciones formales, a partir de 11-12 años. Por ejemplo, los juegos deportivos.

Zagalaz, Cachón y Lara (2014), establecen: **motores** (los habituales que implican movimiento); **psicomotrices** o individuales (no se interactúa con los demás); **Sociomotrices** (hay relaciones con los demás); **sedentarios** (no implican movimiento); **populares/tradicionales**: unidos por la cultura de una región; **deportivos**: iniciación al deporte con su reglamento.

Otros autores, son: María Montessori, Jean Chateau, Ovidio Décroly, Henri Wallon, D. B. Elkonin...

1.5. EL JUEGO COMO MEDIO EDUCATIVO EN EL ÁREA DE EDUCACIÓN FÍSICA. JUEGO Y CURRÍCULUM.

El juego es un excelente medio didáctico de uso universal, como vehículo para alcanzar los logros escolares (Rosillo, 2010). Adquiere mayor autonomía en todas las etapas educativas debido a que vuelve a ser lo que era y recupera su valor intrínseco. Deja de ser un "cautivo" del deporte y se diversifica, ampliando sus muchas opciones. Así pues, mantiene su lugar como **modelo pedagógico** central e integral en la Ed. Primaria, orientándose hacia el tipo deportivo en etapas posteriores (Navarro, 2007).

Preferentemente en el Área tenemos al juego como medio de nuestra acción didáctica para conseguir fines físicos y psicomotores. No obstante, no podemos olvidarnos del desarrollo afectivo, intelectual, **glósico** (aprendizaje del habla) y ético-social (Ponce y Gargallo, 2003). Además, como jugar es fundamental para el desarrollo de la personalidad de niñas y niños, de ahí su gran poder a la hora de impartir nuestra didáctica (Gallardo y Fernández Gavira, 2010).

Por lo grandes beneficios que tiene el juego como medio educativo, es imprescindible contar con él para la consecución de las metas propuestas (Torres y colls. 1994). Como es una actividad inherente al ser humano, bien encauzada y acorde con la edad y condiciones contextuales, estimula el desarrollo y dominio corporal, favoreciendo la adquisición de todas las habilidades sensorio motrices, capacidad de creación, interacción y cooperación con los demás, habilidades sociales, además de aumentar la autonomía, iniciativa, etc. (Gallardo y Fernández, 2010).

A) El juego en el currículum.

El juego parte de una materia concreta al observar cómo contribuye al logro de varias **Competencias**, los **objetivos** de etapa y área. Proporciona unos **contenidos** globalizadores, integradores y, a la vez, específicos. Por sus características lúdicas, tiene unos recursos **metodológicos** convergentes con las orientaciones planteadas y también posee recursos para obtener información sobre los criterios de **evaluación**. Además permite desarrollar las **funciones** del movimiento, siendo el instrumento más adecuado para implementar la función hedonista (Fernández -coord.- 2002).

El juego viene reseñado en numerosos pasajes de los DD. CC. De Andalucía. Destacamos a:

a) **Introducción**. *"No podemos obviar el papel tan importante y motivador que desempeña el juego en este área, siendo el aspecto lúdico un eje sobre el que gira todo el proceso de enseñanza-aprendizaje. Existe en el juego una respuesta a diferentes situaciones vivenciales en el espacio escolar, la calle, el barrio y diferentes manifestaciones populares. Su práctica habitual debe desarrollar actitudes y hábitos de tipo cooperativo y social basados en la solidaridad, la tolerancia, el respeto y la aceptación de las normas de convivencia. Además, la práctica lúdica se vinculará a la cultura andaluza que aporta multitud de tradiciones y manifestaciones propias de indudable riqueza. Conviene por tanto tener en cuenta la importancia de que los alumnos y alumnas conozcan y practiquen juegos* *autóctonos y tradicionales, como vínculo de nuestro patrimonio cultural.*

El área de Educación física debe hacer que cada plaza, cada barrio y en definitiva, cada rincón de Andalucía, sea una extensión de las actividades realizadas en los patios de las escuelas, para que en ellos se juegue a lo que se juega en los colegios. En la comunidad y contextos del alumnado se deben encontrar las actitudes que se cultivan en la escuela; de esta forma, el área se consolidará en la categoría de área competencial que promueva acciones, reflexiones y actitudes que aporten nuestro granito de arena para una sociedad más solidaria, saludable y dispuesta a afrontar los retos".

b) **Competencias Clave.**

El área de Educación física contribuye de manera esencial al desarrollo de la **competencia sociales y cívicas**. Las características de la Educación física, sobre todo las relativas al entorno en el que se desarrolla y a la dinámica de las clases, la hacen propicia para la educación de habilidades sociales, cuando la intervención educativa incide en este aspecto. Las actividades físicas, y en especial las que se realizan colectivamente, son un medio eficaz para facilitar la relación, la integración, el respeto y la interrelación entre iguales, a la vez que contribuyen al desarrollo de la cooperación solidaria.

La Educación física ayuda a la consecución de la competencia del **sentido de iniciativa y espíritu emprendedor** en la medida en que emplaza al alumnado a tomar decisiones con progresiva autonomía en situaciones en las que debe manifestar auto superación, perseverancia y actitud positiva. También lo hace, si se le da protagonismo al alumnado en aspectos de organización individual y colectiva de las actividades físicas, deportivas y expresivas. El juego motor aporta a la consecución de esta competencia estas habilidades esenciales: capacidad de análisis; capacidades de planificación, organización, gestión y toma de decisiones; capacidad de adaptación al cambio y resolución de problemas; comunicación, presentación, representación y negociación efectivas; habilidad para trabajar, tanto individualmente como dentro de un equipo; participación, capacidad de liderazgo y delegación; pensamiento crítico y sentido de la responsabilidad; autoconfianza, evaluación y auto-evaluación, ya que es esencial determinar los puntos fuertes y débiles de uno mismo y de un proyecto, así como evaluar y asumir riesgos cuando esté justificado (manejo de la incertidumbre y asunción y gestión del riesgo).

El área contribuye a la **competencia de aprender a aprender** mediante el conocimiento de sí mismo y de las propias posibilidades y carencias como punto de partida del aprendizaje motor desarrollando un repertorio variado que facilite su transferencia a tareas motrices más complejas. Ello permite el establecimiento de metas alcanzables cuya consecución genera autoconfianza. Al mismo tiempo, los proyectos comunes en actividades físicas colectivas facilitan la adquisición de recursos de cooperación.

Desde este área se contribuye en cierta medida a la **competencia digital** en la medida en que los medios informáticos y audiovisuales ofrecen recursos cada vez más actuales para analizar y presentar infinidad de datos que pueden ser extraídos de las actividades físicas, deportivas, competiciones, etc. El uso de herramientas digitales que permitan la grabación y edición de eventos (fotografías, vídeos, etc.) suponen recursos para el estudio de distintas acciones llevadas a cabo.

El área también contribuye en cierta medida a la adquisición de la **competencia en comunicación lingüística**, ofreciendo gran variedad de intercambios comunicativos, del uso de las normas que los rigen y del vocabulario específico que el área aporta.

c) Objetivos de **Etapa**:

El juego está claramente citado en el objetivo "**k**": *"Valorar la higiene y la salud, aceptar el propio cuerpo y el de los otros, respetar las diferencias y utilizar la educación física* *y el deporte como medios para favorecer el desarrollo personal y social"*. No obstante, indirectamente, también lo podemos relacionar con otros.

d) **Objetivos de Área**. Aunque podemos relacionarlos con **todos** los objetivos, el vínculo mayor está con:

O.EF.6. *"Conocer y valorar la diversidad de actividades físicas, lúdicas, deportivas y artísticas como propuesta al tiempo de ocio y forma de mejorar las relaciones sociales y la capacidad física y además teniendo en cuenta el cuidado del entorno natural donde se desarrollen dichas actividades".*

d) **Contenidos**. El bloque más vinculado es nº **4**, "***El juego y el deporte escolar***": desarrolla contenidos sobre la realización de diferentes tipos de juegos y deportes entendidos como manifestaciones culturales y sociales de la motricidad humana. El juego, además de ser un recurso recurrente dentro del área, tiene una dimensión cultural y antropológica. Ponemos unos ejemplos:

4.1. Reflexión e interiorización sobre la importancia de cumplir las normas y reglas de los juegos.
4.2. Utilización y respeto de reglas del juego para la organización de situaciones colectivas.

Por todo ello podemos concluir que el juego es básico en el desarrollo de los contenidos del currículum de Educación Física en Primaria.

e) **Criterios de evaluación**. Entendemos que el juego está implícito de una u otra forma en la mayoría de los criterios oficiales. No obstante, destacamos:

C. 3. Resolver retos tácticos elementales propios del juego y de actividades físicas, con o sin oposición, aplicando principios y reglas para resolver las situaciones motrices, actuando de forma individual, coordinada y cooperativa y desempeñando las diferentes funciones implícitas en juegos y actividades.

C. 13. Demostrar un comportamiento personal y social responsable, respetándose a sí mismo y a los otros en las actividades físicas y en los juegos, aceptando las normas y reglas establecidas y actuando con interés e iniciativa individual y trabajo en equipo.

En cuanto a los **estándares** de aprendizaje, señalamos:

3.1. Utiliza los recursos adecuados para resolver situaciones básicas de táctica individual y colectiva en diferentes situaciones motrices.
13.5. Acepta formar parte del grupo que le corresponda y el resultado de las competiciones con deportividad.

2. ADAPTACIONES METODOLÓGICAS BASADAS EN LAS CARACTERÍSTICAS DE LOS JUEGOS.

El juego es una actividad intrínsecamente motivadora y facilita el acercamiento natural a la práctica del ejercicio físico. Además, se ajusta a los intereses del alumnado y evoluciona en función de ellos (Rosillo, 2010).

La evolución de los juegos, según las **edades** de los niños, nos servirá de orientación para realizar aquellos más apropiados a su situación real (Gutiérrez, 1991).

Desde un punto de vista **metodológico**, destacamos:

- El juego es el eje sobre el que giran las actividades motrices.
- Tanto el espontáneo como el reglado tienen su sitio en el proceso de enseñanza-aprendizaje. El primero favorece un trabajo libre en los primeros años, el segundo atiende a normas cada vez más complejas.
- El escolar debe aprender juegos para realizarlos en su tiempo de ocio y que éste sea saludable.
- El juego como estrategia metodológica y como manifestación popular.
- Mediante la práctica lúdica se perfeccionan las habilidades motrices, poniéndose en funcionamiento las estrategias de cooperación y oposición.

Por otro lado, niñas y niños juegan cada vez menos en la calle. La inseguridad, la falta de espacios y la moda de los juegos electrónicos y del juego por Internet, hace necesario que en Educación Física se incremente el tiempo dedicado al juego motor.

Por todo ello, en la escuela debemos **ofertar**:

- Conocimiento de juegos populares, pre-deportivos y deportivos
- Espacios y recursos móviles adecuados en los tres tiempos pedagógicos
- Organización de talleres por las tardes
- Implicar a las familias para que se involucren en las actividades
- Actividades, organizadas en grupos mixtos preferentemente, que no supongan exclusión por razón de sexo, nivel de habilidad, etc. (Gómez Lecumberri y otros, 2009).
- Varios niveles de ejecución, incluso adaptarlos a niñas y niños con n.e.e.
- Cuidar que nadie monopolice móviles, espacios, reglas, etc.
- Posibilidad de organizar su práctica en los **recreos** a través de los llamados "**recreos inteligentes**" y "**un día sin balón**"

2.1. RELACIONES ESTRATÉGICAS EN LOS JUEGOS.

En los juegos podemos conjugar cuatro tipos de **relaciones** estratégicas (Torres y colls. 1994):

- **Cooperación**. Hay vinculaciones tendentes a conseguir un fin común, todos ganan y nadie pierde. Se utiliza para **unir** a las personas no para enfrentarlas, debiendo **jugar juntas**, no unas contra otras.
- **Oposición**. Participan **dos** individuos o grupos. El éxito de uno significa el fracaso del otro. Se requiere, por tanto, concentración, un entrenamiento adecuado, esfuerzos constantes y el amor propio junto con el deseo de triunfo. Cuando participan dos equipos, entre sus componentes mantienen una estrategia de cooperación. La competición bien usada es un elemento que permite al alumno introducirse en la realidad social del sistema competitivo, pero lo educativo es usar la **competición** como un **medio**, no para ganar como sea.
- **Resolución**. Son juegos donde existe la posibilidad de resolver situaciones problema durante su desarrollo. Ante la propuesta de: "por tríos, desplazarse unidos, sin soltarse, de cinco maneras diferentes", cada alumno puede solventar el problema de manera particular (Cañizares, 1998).
- **Individual**. Se da en situaciones donde el niño juega solo y la incertidumbre proviene del medio que le rodea, los móviles que usa y su limitación creadora.

2.2. LA ORGANIZACIÓN DE LOS JUEGOS EN LA CLASE DE EDUCACIÓN FÍSICA.

Desde un punto de vista de su complejidad, el juego va desde el libre y espontáneo, hasta el más arduo de los deportes, esto es, de manera ascendente de menor a mayor complejidad. Se pueden dar los siguientes tipos de **organización**, entendiendo a ésta como la forma de ubicarse, de disponerse:

- **Libre** y espontánea. Se realiza de manera natural y sin la influencia del adulto. Tiene suma importancia para el desarrollo de la **personalidad**. A destacar:
    - Permite conocer la estructura del juego infantil
    - Tienen carencia de organización
    - No tiene medida temporal, cesa cuando se cansa o desmotiva.
- **Organización simple**. Son aquellas que se realizan generalmente de forma individual, en el que cada niña o niño se compara con los demás, trata de emular a otros procurando hacer la tarea mejor o más rápida que los demás.
- **Codificada**, **reglamentada**. Las que tienen determinadas reglas o códigos por los que se rigen, destacando la **comunicación motriz** que es muy intensa, tanto en la faceta de cooperación como en la de oposición.

2.3. LA SELECCIÓN DE LOS JUEGOS EN PRIMARIA. NIVELES DE ADECUACIÓN.

Narganes, (1993) y Expósito (2006), indican una serie de aspectos **metodológicos** a tener en cuenta a la hora de seleccionar los juegos a aplicar, que resumimos en este croquis.

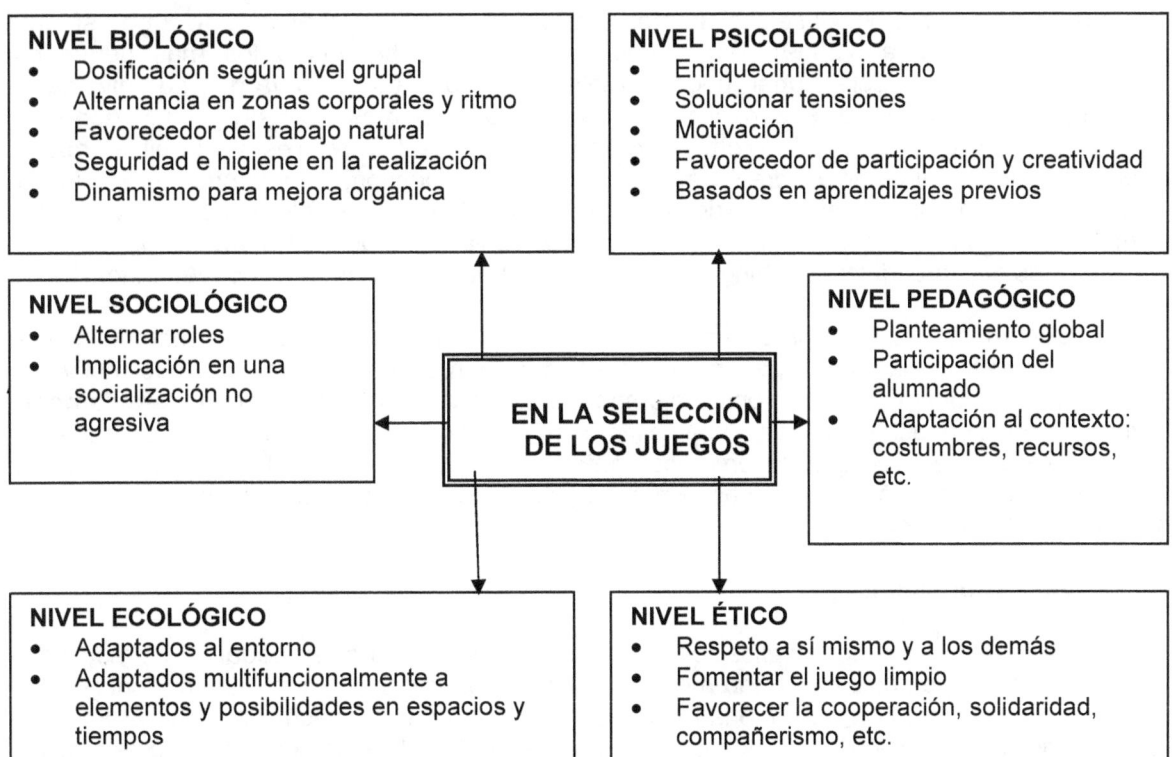

2.4. CONSIDERACIONES SOBRE EL DESARROLLO DIDÁCTICO DEL JUEGO. APLICACIÓN A LA SESIÓN DE EDUCACIÓN FÍSICA.

El proceso a seguir a la hora de un **planteamiento** didáctico del juego en las diferentes sesiones de Educación Física, será el siguiente, con expresión de las **funciones** del docente (Cañizares y Carbonero, 2007):

1. PREPARACIÓN. FASE PRE ACTIVA.	• Selección de los juegos a utilizar en función de las Competencias Clave y objetivos a cumplir. Diseño. • Preparación de los recursos espaciales y materiales • Posibilidad de información previa enviada al alumnado a través de Plataforma de Aprendizaje, Blog, Webquest, etc.
2. PRESENTACIÓN. FASE INTERACTIVA.	• Disposición de los participantes • Explicación y aclaraciones • Demostración • Formación de equipos y distribución de los roles • Reparto del material (lo último)
3. EJECUCIÓN.	• Animación • Arbitraje • Recogida de información de cara a la evaluación.
4. EVALUACIÓN. FASE POST ACTIVA	• Recabar opiniones • Solicitar variantes • Reflexión final. Evaluación del maestro.

1. Preparación.

Debemos disponer de un repertorio suficiente y para seleccionarlos nos basaremos en las características evolutivas del alumnado, las Competencias Clave, los objetivos de la unidad didáctica y de la sesión, su ubicación dentro de la misma y las posibilidades materiales de realización. Si seleccionamos varios, tendremos en cuenta el nivel de esfuerzo requerido (Arufe et al., 2009). Por ejemplo, si están destinados a los más pequeños, tendremos en cuenta seleccionar juegos simples y de corta duración ya que sus niveles de concentración son endebles aún. En cualquier caso, debemos **huir** de juegos donde la **eliminación** esté presente. Por otro lado, en los últimos tiempos es ya habitual que el maestro/a envíe información previa sobre el juego en cuestión, sobre todo los de índole popular/tradicional o deportiva, es decir, aquellos que tienen más elementos a considerar, reglas, etc., con objeto de facilitar y operativizar esta fase previa, a través de Internet: Plataformas de Aprendizaje (Tiching, Moodle, Kahoot! etc.), Wiki, Blog, Webquest, etc.

Son muchos los recursos espaciales (patio, S.U.M., pistas, etc.) y materiales que podemos utilizar (picas, aros, pelotas, cuerdas, etc.), sin olvidar que resulta más motivador que éstos los construyan los propios alumnos. Todo ello debemos conocerlo **previamente** para así anticiparlos. Debemos sacar el máximo partido a los recursos espaciales que tengamos y será preciso que tracemos con anterioridad las líneas de demarcación del campo y coloquemos las señales precisas. En todo caso, deberá estar exento de peligros, por ejemplo obstáculos, grietas, etc.

2. Presentación.

La realizaremos con explicaciones claras y breves, para que puedan ser practicados en el menor tiempo posible. Hablaremos alto, claro, despacio y con naturalidad, concretando lo más básico para ir completando la información a lo largo de su desarrollo. Utilizaremos los canales de comunicación más adecuados: visual, auditivo y kinestésico-táctil. **Colocaremos** al alumnado de la forma más apropiada para que todos puedan verse y también nosotros los controlemos, por ejemplo, sentados en un semicírculo en el suelo. Todas y todos deberán **comprender** las reglas y aclarar las dudas antes del inicio (Torres y colls. 1994).

Posteriormente debemos disponer la organización y formación de **equipos**, decir los roles a cada participante y su posible rotación.

Debemos cuidar mucho el **equilibrio** de fuerzas entre el alumnado y los equipos, para lograr con ello que el juego sea incierto y el resultado pueda decantarse para ambos lados, así como que el trabajo físico a realizar no resulte desproporcionado. También cuidaremos de posibles **actitudes racistas** y de **género** que son muy dadas en estas situaciones (Contreras, 2009).

Igualmente tendremos en cuenta la disminución de algunas capacidades que pueden tener algunas niñas o niños y quienes presenten necesidades específicas de apoyo educativo (Barcala, 2009).

La formación de los equipos la haremos nosotros o el propio alumnado con sistemas **tradicionales**, como por ejemplo echar suertes. De este modo estamos favoreciendo la transmisión de esta parte de nuestra cultura lúdica.

Por **último** procedemos a distribuir el material preciso para la ejecución del juego, de esta forma evitaremos distracciones.

3. Ejecución.

Comienza tras la entrega de los móviles. Debemos limitarnos a encauzar y sugerir, no interfiriendo en su desarrollo, **absteniéndonos** de participar directamente. Debemos mostrarnos abiertos, flexibles, dialogantes, dando refuerzos motivadores y facilitando la autonomía personal (Navarro, 1993).

Introduciremos **modificaciones** según el desarrollo del juego. Cuidaremos que no existan crispaciones, que se respeten entre ellos y ellas, etc. Podemos arbitrar o que esta labor la realicen los propios participantes. En todo caso, si el juego empieza a perder interés, cambiarlo.

Durante la ejecución de los juegos pueden plantearse algunos problemas que debemos considerar para ponerle solución (Torres y colls. 1994):

- Marginación de participantes con nivel más bajo
- Exclusiones por eliminación, etc.
- Perseguir el enfrentamiento para obtener el resultado
- Ausencia de solidaridad y cooperación entre los actuantes
- No respetar las decisiones arbitrales
- Conflictos por motivos sexistas o racistas

Deseamos señalar que el carácter competitivo no se puede apartar del juego porque motiva, si no existiera dejaría de interesar. Lo malo es la excesiva competencia, ésta debe ser un instrumento para educar. De todas formas debemos promocionar juegos que rompan con las formas de competición tradicionales (Torres y colls. 1994).

También se producen acciones muy aptas para que las tengamos en cuenta posteriormente a la hora de evaluar.

4. Evaluación.

Aunque los juegos infantiles no tienen una finalidad que no sea el propio juego, sí exigen, en la mayoría de los casos, una calificación o **resultado** que justifique el agonismo que encierra. En muchas ocasiones el interés del juego se mantiene en pie exclusivamente por la búsqueda de ese resultado, que llega a ser en otros su núcleo.

La calificación del juego debe tener tres cualidades: **claridad, sencillez e inmediatez** (Gutiérrez, 1991).

Podemos utilizar como instrumento las Listas de Control, donde registramos todos aquellos parámetros que más nos interesen en cada momento. Por ejemplo, la participación, respeto a las normas y a los demás, esfuerzo, cooperación, etc. (García Fernández, 2005).

No olvidemos que el juego se convierte en el mejor recurso para obtener información sobre los escolares y verificar si van adquiriendo los aprendizajes (Valero, 2002).

2.4.1. TIPOS DE JUEGO SEGÚN LA PARTE DE LA SESIÓN.

Campo (2000) y García Fernández (2005), manifiestan que:

a) En la **Animación** los juegos serán eminentemente dinámicos.

b) En la parte **Central** haremos juegos relacionados con los objetivos a conseguir (las habilidades de todo tipo: perceptivas, básicas, genéricas, específicas, expresivas, etc.).

c) En la parte **Final** o Relajación, los contenidos lúdicos estarán en consonancia con todo lo relacionado con los aspectos sensoriales y relajatorios.

2.5. JUEGOS Y EDAD. ETAPAS EVOLUTIVAS DEL JUEGO.

Para la redacción de este apartado nos basamos en Gutiérrez (1991), García Fernández (2005) y Expósito (2006). En una tabla resumimos el tipo de juego, edades de las etapas Infantil y Primaria en las que se suele practicar y sus peculiaridades.

TIPO DE JUEGO	EDAD	PECULIARIDADES
FUNCIONAL	Hasta 6 meses	Juego sensorial y solitario, que afecta a vista y boca. Se irá integrando al resto de zonas corporales.
EXPLORACIÓN	6 a 12 meses	Toma relación con el entorno, el "reflejo de orientación". La bipedestación invita a ello. Juego con objetos.
AUTOCONFIRMACIÓN	1-2 años	Juegos de tipo sensorio-motor. Descubre su propio ser y sus posibilidades. Disfruta con sus juguetes.
SIMBÓLICO	2-4 años	Juegos de construcción y destrucción. Gusta tener a alguien que le acompañe.
PRESOCIAL	4-6 años	Busca a compañeros para sus juegos. Representa actividades propias de las personas adultas.
REGLADO Y SOCIAL	6-8 años	Auge del juego colectivo, marginándose de los adultos. El juego pasa del entorno familiar al escolar.
COMPETICIÓN	8-10 años	Juegos populares y colectivos de competición ("contra"), con reglas auto impuestas y cambiantes que provocan discusiones. Juegos de "niñas y niños" y formación de pandillas al final del periodo.
EJERCITACIÓN	10-12 años	Juegos solidarios e individuales. Juego expresivo y de imitación. Concursos de tipo intelectual y de construcción.

Deseamos matizar que la irrupción desde los últimos años del siglo XX de nuevos juguetes **electrónicos**, consolas, etc. en el mercado, así como la popularización de Internet a todos los niveles, hace que debamos considerar, sobre todo a partir de los seis años, estas nuevas posibilidades lúdicas. Ello se ve potenciado por la creación de los **centros TIC**, donde el juego tiene fines educativos. Ya en el siglo XXI, la industria juguetera fabrica "portátiles" con programas educativos para niñas y niños.

CONCLUSIONES

Hemos tratado el tema del juego, que es fundamental para la educación en la Etapa Primaria. No podemos olvidar que la actividad lúdica es el vehículo ideal para conducir el proceso de enseñanza-aprendizaje. Las definiciones son variadas, así como las clasificaciones, funciones y teorías. El juego es un recurso imprescindible en esta etapa como situación de aprendizaje, acordes con las intenciones educativas, y como herramienta didáctica por su carácter motivador. Las propuestas didácticas deben incorporar la reflexión y análisis de lo que acontece y la creación de estrategias para facilitar la transferencia de conocimientos de otras situaciones. El tratamiento del juego en el currículo viene dado por todos sus elementos: Competencias Clave, Objetivos de Etapa y Área, Bloque de Contenido, Metodología, Evaluación, otras Áreas..., por lo que el docente debe dominar todo su potencial. Por último hemos visto cómo hay un tipo de juego para cada edad.

BIBLIOGRAFIA

- ANDREU, E. (2006). *La actividad lúdica infantil en el Mediterráneo.* Wanceulen. Sevilla.
- ARUFE, V. y OTROS. (2009). *Importancia de los principios pedagógicos de la educación motriz para el logro de las competencias básicas de los alumnos de primaria y secundaria.* En ARUFE, V. et al. en *La Educación Física en la sociedad actual.* Wanceulen. Sevilla.
- BARCALA, R. J. (2009). *Estrategias para la integración de alumnos con necesidades educativas especiales.* En GUILLÉN M. y ARIZA, L. (coords.) *Las ciencias de la actividad física y el deporte como fundamento para la práctica deportiva.* Universidad de Córdoba.
- CAMPO, G. E. (2000). *El Juego en la Educación Física Básica.* Kinesis. Armenia. Colombia.
- CAÑIZARES, J. Mª. (1998). *400 Juegos simples por parejas para el desarrollo de las Habilidades Básicas. Animación, Parte Principal y Vuelta a la Calma.* Wanceulen. Sevilla.
- CAÑIZARES, J. Mª y CARBONERO, C. (2007). Temario de Oposiciones de Educación Física para Primaria. Wanceulen. Sevilla.
- CHATEAU, J. (1978). *Psicología de los juegos.* Kapelusz. Buenos Aires.
- CONTRERAS, O. R. (2009). *Intervención intercultural desde la Educación Física.* En ARUFE, V. et al. en *La Educación Física en la sociedad actual.* Wanceulen. Sevilla.
- DECROLY, O. y MONCHAMP, E. (1986). *El juego educativo iniciación a la actividad intelectual y motriz.* Morata. Madrid.
- EXPÓSITO, J. (2006). *El juego y el deporte popular, tradicional y autóctono en la escuela.* Wanceulen. Sevilla.
- FERNANDEZ GARCÍA, E. -coord.- (2002). *Didáctica de la Educación Física en la Educación Primaria.* Síntesis. Madrid.
- GALLARDO, P. y TORO, V. (1993). *El juego.* Comunidad Educativa, nº 204, pp 27-28.
- GALLARDO, P. y FERNÁNDEZ GAVIRA, J. (2010). *El juego como recurso didáctico en Educación Física.* Wanceulen. Sevilla.

- GARCÍA FERNÁNDEZ, P. (2005). *Fundamentos teóricos del juego*. Wanceulen. Sevilla.
- GARCÍA-FOGEDA, M. A. (1982). *El juego predeportivo en la educación física y el deporte*. Pila Teleña. Madrid.
- GIL, P. (2003). *Animación y dinámica de grupos deportivos*. Wanceulen. Sevilla.
- GIL, P. y NAVARRO, V. (2004). *El juego motor en educación infantil*. Wanceulen. Sevilla.
- GIL, P. y NAVEIRAS, D. (2007). *La Educación Física cooperativa*. Wanceulen. Sevilla.
- GIL MADRONA, P. -coord.- (2013). Desarrollo curricular de la Educación Física en la Educación Infantil. Pirámide. Madrid.
- GÓMEZ LECUMBERRI, C. y otros. (2009). *Deporte e integración social: guía de intervención educativa a través del deporte*. INDE. Barcelona.
- GUTIÉRREZ, M. (1991). *La educación psicomotriz y el juego*. Wanceulen. Sevilla.
- HUIZINGA, J. (Varias ediciones anteriores. 2014). *Homo ludens*. Alianza Editorial. Madrid.
- JUNTA DE ANDALUCÍA (2007). Ley 17/2007, de 10 de diciembre, de Educación de Andalucía (L. E. A.). B. O. J. A. nº 252, de 26/12/07.
- JUNTA DE ANDALUCÍA (2015). *Decreto 97/2015, de 3 de marzo, por el que se establece la ordenación y las enseñanzas correspondientes a la Educación primaria en Andalucía*. B. O. J. A. nº 50, de 13/03/2015.
- JUNTA DE ANDALUCÍA. (2015). *Orden de 17 de marzo de 2015, por la que se desarrolla el currículo correspondiente a la Educación Primaria en Andalucía*. B. O. J. A. nº 60, de 27/03/2015.
- MARTÍNEZ FUENTES, M. T. (2002). *Evolución del juego a lo largo del ciclo vital*. En MORENO, J. A. *Aprendizaje a través del juego*. Aljibe. Málaga.
- MARTÍNEZ, A. y DÍAZ, P. (2008). *Creatividad y deporte*. Wanceulen. Sevilla.
- M.E.C. (2013). *Ley Orgánica 8/2013, de 9 de diciembre, para la mejora de la calidad educativa*. BOE Nº 295, de 10/12/2013.
- M. E. C. (2006). *Ley Orgánica 2/2006, de 3 de mayo, de Educación* (L. O. E.). B. O. E. nº 106, de 04/05/2006, modificada por la LOMCE/2013.
- M. E. C. (2010). *Real Decreto 132/2010, de 12 de febrero, por el que se establecen los requisitos mínimos de los centros que impartan las enseñanzas del segundo ciclo de la educación infantil, la educación primaria y la educación secundaria*. B.O.E. nº 62, de 12/03/2010.
- ECD/65/2015, *O. de 21 de enero, por la que se describen las relaciones entre las competencias, los contenidos y los criterios de evaluación de la educación primaria, la educación secundaria obligatoria y el bachillerato*. B.O.E. nº 25, de 29/01/2015.
- MÉNDEZ, A. y MÉNDEZ, C. (2004). *Los juegos en el currículum de la Educación Física*. Paidotribo. Barcelona.
- MORENO, J. A. (2002). *Aprendizaje a través del juego*. Aljibe. Málaga.
- NARGANES, J.C. (1993). *Juego y desarrollo curricular en Educación Física. Orientaciones para Reforma en Enseñanza Primaria*. Wanceulen. Sevilla.
- NAVARRO, V. (1993). *El juego infantil*. En VV. AA. *Fundamentos de Educación Física para Primaria*, vol. II. INDE. Barcelona.
- NAVARRO, V. (2002). *El afán de jugar*. INDE. Barcelona.

- NAVARRO, V. (2007). *Tendencias actuales de la Educación Física en España. Razones para un cambio.* (1ª y 2ª parte). Revista electrónica INDEREF. Editorial INDE. Barcelona. http://www.inderef.com
- ORLICK, T. (2001). *Libres para cooperar, libres para crear.* Paidotribo. Barcelona.
- PAREDES, J. (2002). *Aproximación teórica a la realidad del juego.* En MORENO, J. A. *Aprendizaje a través del juego.* Aljibe, Málaga.
- PAREDES, J. (2003). *Juego, luego soy.* Wanceulen. Sevilla.
- PARLEBAS, P. (1988). *Elementos de sociología del deporte.* Unisport. Málaga.
- PIAGET, J. (1983). *Psicología y Pedagogía.* Sarpe. Madrid.
- PIAGET, J. (1986). *La formación del símbolo.* Fondo de Cultura Económica. México.
- PONCE, A. y GARGALLO, E. -coords.- (2003). *Reciclo, construyo, juego y me divierto.* CCS. Madrid.
- ROMERO CEREZO, C. (2002). *El juego en el Decreto del Área de Educación Física, Etapa de Educación Primaria.* Revista "Habilidad Motriz", nº 18, págs. 48-59. C.O.P.L.E.F.A. Córdoba.
- ROSILLO, S. (2010). *Actividad motora. Plan educativo de adquisición de hábitos de vida saludable en la educación.* Procompal. Almería.
- SÁENZ-LÓPEZ BUÑUEL, P. (2002). *La Educación Física y su Didáctica.* Wanceulen. Sevilla.
- SUARI, C. (2005). *Juegos tradicionales: del currículum a la clase.* Wanceulen. Sevilla.
- TORRES GUERRERO, J. y colls. (1994). *Las Actividades Físicas Organizadas en Educación Primaria.* Rosillo's. Granada.
- VALERO, A. (2002). *El juego en la Educación Primaria.* En MORENO, J. A. *Aprendizaje a través del juego.* Aljibe. Málaga.
- ZAGALAZ, Mª L.; CACHÓN, J.; LARA, A. (2014). *Fundamentos de la programación de Educación Física en Primaria.* Síntesis. Madrid.

WEBGRAFÍA (Consulta en septiembre de 2016).

http://edufisrd.weebly.com/juegos-ef.html
http://www.agrega2.es
http://recursos.cnice.mec.es/edfisica/
http://www.adideandalucia.es
http://www.ite.educacion.es/es/recursos
http://www.educarm.es/admin/recursosEducativos#nogo
www.juntadeandalucia.es/educacion/descargasrecursos/curriculo-primaria/index.html
http://www.guiaderecursos.com/webseducativas.php
http://recursostic.educacion.es/primaria/ludos/web/index.html

TEMA 14

LOS DEPORTES. CONCEPTO Y CLASIFICACIONES. EL DEPORTE COMO ACTIVIDAD EDUCATIVA. DEPORTES INDIVIDUALES Y COLECTIVOS MÁS PRESENTES EN LA ESCUELA: ASPECTOS TÉCNICOS Y TÁCTICOS ELEMENTALES; SU DIDÁCTICA.

INTRODUCCIÓN

1. LOS DEPORTES. CONCEPTO Y CLASIFICACIONES.

1.1. Concepto. Definiciones.

1.2. Clasificaciones.

2. EL DEPORTE COMO ACTIVIDAD EDUCATIVA.

2.1. El deporte, derecho de niñas y niños.

2.2. El deporte en el Diseño Curricular.

2.3. Aportaciones educativas del deporte.

3. DEPORTES INDIVIDUALES Y COLECTIVOS MÁS PRESENTES EN LA ESCUELA: ASPECTOS TÉCNICOS Y TÁCTICOS MÁS ELEMENTALES; SU DIDÁCTICA.

3.1. Deportes individuales. Aspectos técnicos y tácticos elementales. Su didáctica.

3.1.1. Su didáctica.

3.2. Deportes colectivos. Aspectos técnicos y tácticos elementales. Su didáctica.

3.2.1. Su didáctica.

CONCLUSIONES

BIBLIOGRAFÍA

WEBGRAFÍA

INTRODUCCION

Es complejo establecer la frontera entre algunos juegos y deportes, pues muchos de los deportes actuales fueron juegos del pasado y si nos proyectamos hacia el futuro es probable que algunos de los juegos, que hoy consideramos simples pasatiempos, adquieran la categoría de deporte (Paredes, 2003).

El R. D. 126/2014 especifica la importancia del juego y el deporte en nuestra área, así como sus aspectos educativos. También nos sugiere efectuar la iniciación deportiva al final de la Etapa, si antes el alumnado ha realizado correctamente los aprendizajes previos. Para ello se basa en la mejora motriz, en las relaciones socioafectivas, en sus valores y en la utilización del juego pre-deportivo y deportivo durante el tiempo libre para que éste sea saludable, aunque de lo que no cabe duda es que tanto juego como deporte son las líneas más comunes de entender la Educación Física en nuestro contexto social.

A lo largo del Tema veremos que el deporte es un fenómeno muy estudiado, prueba de ello son las numerosas definiciones, clasificaciones y puntos de vista distintos sobre la iniciación.

También incidiremos en los múltiples valores humanistas y educativos que tiene el deporte, siempre y cuando realicemos su iniciación de manera adecuada y saludable (Turro, 2013).

El deporte en la escuela está muy mediatizado por los recursos espaciales y materiales existentes, así como la posibilidad de que el alumnado lo practique en el tercer tiempo pedagógico, en las escuelas deportivas y pre-deportivas organizadas en el propio centro.

En los últimos años la metodología de la enseñanza deportiva ha progresado mucho, pasando de las concepciones tradicionales y analíticas a otras globales que tienen como eje el juego simplificado (Bengué, 2005). Debemos considerar las constantes que, formando parte de los deportes de equipo, nos permiten estudiar las diferentes posibilidades de construir una estructura pedagógica para la iniciación deportiva (Blázquez, 2013).

1. LOS DEPORTES, CONCEPTO Y CLASIFICACIONES.

Son muchos los conceptos y clasificaciones existentes en la bibliografía especializada. Las primeras definiciones tuvieron un carácter más restrictivo que la de los últimos tiempos, porque éstas tienen una concepción más amplia, abierta e integradora, distinguiendo el deporte que practican escolares, adultos y alta competición (Giménez, 2003).

1.1. CONCEPTO. DEFINICIONES.

El concepto de deporte ha ido evolucionando durante los últimos años, pero hay un conjunto de **características** que se han mantenido: **reglas** fijas estandarizadas, **competición, esfuerzo** físico y un **organismo** organizador de toda la estructura deportiva (Castejón, 2003). En el deporte, que para muchos tiene su origen moderno en Inglaterra (siglos XVIII y XIX), hay necesidad de organizar campeonatos, comparar resultados y establecer clasificaciones.

El Barón Pierre de Coubertin lo define como "*iniciativa, perseverancia, intensidad, búsqueda del perfeccionamiento, menosprecio del peligro*" (Giménez, 2003).

López Franco (2004), cita la definición de Cagigal (1979): *"Diversión liberal, espontánea, desinteresada, expansión del espíritu y del cuerpo, generalmente en forma de lucha, por medio de ejercicio físicos más o menos sometidos a reglas"*.

Gómez Mora, (2003) *"actividad lúdica sujeta a reglas fijas y controladas por organismos internacionales que se practica de forma individual y colectiva"*.

Hernández Moreno (1995) y Sáenz-López (2002) resumen varias definiciones reduciéndolas a estas cinco características de índole **externa**:

DEPORTE	
	Juego: Todos los deportes nacen como juegos, con carácter lúdico
	Situación motriz: Implican ejercicio físico y motricidad más compleja
	Competitivo: Superar marcas o al adversario
	Reglas: Son codificadas, estandarizadas e internacionales
	Institucionalizada: Está regido por instituciones oficiales, federaciones.

Todos los autores están de acuerdo en que durante la Enseñanza Obligatoria se debe tender a un deporte de tipo **educativo**, **recreativo** y **saludable**.

1.2. CLASIFICACIONES.

Son **múltiples** las clasificaciones existentes, todas ellas con normas propias y, en la mayoría de los casos, no coincidentes, pero todas tienen la finalidad de clarificar y situar los diferentes deportes en un marco de referencia. Los autores eligen multitud de **criterios** (Paredes, 2003). Por ejemplo:

- Las **capacidades** que se consideran más solicitadas por los participantes: deporte de fuerza, destreza, resistencia, velocidad y coordinación.
- Los **instrumentos utilizados**: balón, raqueta, deportes mecánicos...
- El **lugar de práctica**: al aire libre, patio, deportes de sala o de terrenos pequeños.
- La **naturaleza del substrato**: deporte de nieve o hielo, deportes aéreos o náuticos...
- El **número de participantes**: deporte individual, deporte colectivo, deporte de adversario.

Vemos algunas de las **clasificaciones más significativas:**

a) **Parlebas** (1988), del I.N.S.E.P. de París, considera cualquier **situación motriz** como un régimen de interacción global entre el **individuo** que se mueve, el **entorno** físico y los otros **participantes** (compañeros y contrarios). El factor "clave" es la noción de **incertidumbre** (inseguridad, inquietud) y que puede estar causada por los tres elementos anteriores.

Cuando no existe incertidumbre, porque el ejecutante actúa en solitario (salto de longitud), las denomina *"situaciones psicomotrices"*. En cambio, cuando el individuo depende para su acción de la incertidumbre que provoca el medio físico (esquí), los contrarios (bádminton) o los compañeros y adversarios (fútbol), las llama *"situaciones sociomotrices"*:

b) **Hernández Moreno** (1995), basándose en Parlebas, clasifica los deportes en cuatro grupos:

- Deportes **Psicomotrices** o individuales. Por ejemplo, los que usan un medio fijo (lanzamiento de disco) o fluctuante (windsurf).

- **Deportes de Oposición.** Son los individuales con enfrentamiento, por ejemplo tenis single.
- **Deportes de Cooperación.** Cuando participan dos o más compañeros sin adversarios. En un entorno fijo tenemos a patinaje por parejas y en uno fluctuante a la escalada.
- **Deportes de Cooperación-Oposición.** Cuando un equipo de dos o más jugadores se enfrenta a otro de sus mismas características. Por ejemplo, tenis dobles, baloncesto, etc.

c) **Riera** (1985 y 2005), los clasifica en:

- Deportes con Oposición:
    - Sin Cooperación (Judo)
    - Con Cooperación (Baloncesto)
- Deportes sin Oposición:
    - Sin Cooperación (Slalom especial en Esquí)
    - Con Cooperación (K-2 en Piragüismo)

d) **Blázquez** (2001), los clasifica en:

- Deporte educativo; deporte recreativo y deporte institucional.

e) Clasificación "**tradicional**". Es la normal en muchos estamentos: Individuales (atletismo o natación), Colectivos (baloncesto) y de Adversario (boxeo o tenis).

f) Ellis (en Werner y Almond, 1990):

- Deportes de **Territorio**: a) Portería: Fútbol, Hockey. b) Línea de marca: Rugby.
- Deportes de **Diana**: a) Con oponente: petanca. b) Sin oponente: Bowling.
- Deportes de **Sala**: a) Dividida: Tenis de Mesa. b) Con pared: Frontón.
- Deportes de **Campo abierto**: a) Rombo: Beisbol. B) Oval: Criquet.

g) Thorpe, Bunker y Almond

- Deportes de **Invasión**: Rugby, waterpolo, fútbol…
- Deportes de **Red/Pared**: Bádminton, tenis / Frontón, squash…
- Deportes de **Campo/Carrera**: Beisbol, criquet…
- Deportes de **Diana**: Golf, billar, bowling…

h) Zagalaz, Cachón y Lara (2014), establecen una clasificación "comparativa": individuales y colectivos; escolar y extraescolar; competitivo y educativo; reglado y alternativo; de espectador y de acción; para la guerra y para la paz; para todos y de aventura y riesgo; de tierra, agua y aire.

i) Clasificación "**educativa**". No podemos dejar de mencionar a otros "tipos" de deportes que, desde un punto de vista **educativo**, son muy importantes en Primaria (Cañizares y Carbonero, 2007):

- **Deporte Adaptado**: Con vistas a la iniciación escolar, se puede adecuar según los objetivos y el alumnado participante. Por ejemplo, modificación de los recursos espaciales, materiales o personales, el reglamento, los participantes, etc. Se subdivide en dos:

- Deporte "Reducido": (Los "minis"). Son muy adecuados para los escolares que se inician al deporte. Se restringen muchos elementos para facilitar su práctica, por ejemplo peso y tamaño del balón, dimensiones de terrenos y porterías, etc. Es el caso de fútbol-7, mini-basket, minivoleibol, etc. Está reconocido por las federaciones y tienen sus campeonatos oficiales. Es la "cantera".

- Deporte "Especial": Tiene un gran auge a partir de los llamados "Specials Olimpics", tras los JJ.OO. de Barcelona-92, y gracias al mecenazgo de la O.N.C.E. y otras organizaciones sin ánimo de lucro (ONGs). Está adaptado a las necesidades especiales -discapacidades físicas, psíquicas o sensoriales- de quienes participan. Hoy día están en plena evolución y estudio. Así, baloncesto en silla de ruedas, boccia o petanca para paralíticos cerebrales, etc.

- **Juegos Predeportivos**: No son deportes como tal, pero de gran valor educativo y didáctico hacia la iniciación, sobre todo en **Primaria**. Son todos aquellos que tienen las características de los deportivos (competitivos, motrices y reglas más o menos complejas), pero que no están regulados por ninguna federación. El reglamento (dimensiones, tiempo de juego, etc.) está acomodado al contexto del grupo. Por ejemplo, el "Balón-Tiro", Balón-Torre", "Diez pases", etc.

No obstante lo anterior, existen **otras** clasificaciones. Podemos mencionar las de Bouchard (1974), Durand (1976), Matveiev (1981), Blázquez (1986), Read y Devís (1990).

2. EL DEPORTE COMO ACTIVIDAD EDUCATIVA.

Desde un prisma histórico, el juego competitivo ha tenido un papel muy importante. Ya desde tiempos remotos se integró en la conciencia individual y colectiva de cualquier sociedad, pasando a formar parte de su patrimonio cultural. Hoy día, siglo XXI, el deporte es el fenómeno cultural más importante (Soriano, 2015).

Además, son las actividades por las que el alumnado muestra más interés y le dedica más tiempo fuera del horario escolar (Castejón y otros, 2013). Un deporte es educativo cuando permite el desarrollo de sus aptitudes motrices y psicomotrices, en relación a los aspectos afectivos, cognitivos y sociales de su personalidad (Le Boulch, 1991). De hecho, la actividad deportiva de iniciación es muy común como contenido en los llamados "**recreos inteligentes**".

La celebración de la Olimpiada de Barcelona-92 fue el detonante que hizo **incorporar** definitivamente el deporte a la **escuela**, incluyendo el "deporte especial". No obstante, en nuestra región debemos señalar que los numerosos eventos que tienen lugar en Andalucía suponen un catalizador para nuestro alumnado. Por ejemplo, los Juegos del Mediterráneo (Almería-2005) y los numerosos campeonatos europeos y mundiales ya celebrados y los que tendrán lugar en los próximos años.

La actividad deportiva sólo puede acceder a niveles educativos cuando en su planteamiento tenga como referencia a la persona que la realiza y no el posible resultado (Seirul.l.o, 1995). El objetivo no es el deporte, sino quién lo practica; no el movimiento, sino el escolar que se mueve; no el deporte, sino el deportista (Blázquez, 1995).

Por último, señalar la importancia de los medios de comunicación, la **televisión** sobre todo, en la divulgación de los grandes eventos deportivos y la **captación** que de ellos hacen nuestros alumnos y alumnas, así como los portales de Internet que son de índole deportiva.

Para que un deporte sea educativo y contribuya a la formación del alumnado debe tener una serie de características (Feu e Ibáñez, 2001):

- Ausencia de discriminación
- Que fomente la autonomía personal
- Que le sirva para dar contenido al tiempo de ocio y vacacional
- Que la competición esté orientada al proceso y no a conseguir la victoria por encima de todo
- Posea una práctica divertida
- Favorezca la comunicación, creatividad y expresión
- Sea saludable y cree también estos hábitos
- Aumente la habilidad motriz y la condición física
- Enseñe a valorar y respetar las capacidades propias y las de los demás
- Permita la reflexión y la toma de decisiones

2.1. EL DEPORTE, DERECHO DE NIÑAS Y NIÑOS.

La Convención de **Naciones Unidas** sobre los Derechos del Niño (1989) se reconoce el derecho a dedicarse al juego y a actividades recreativas propias de su edad y al fomento de la organización y adecuación de medios apropiados para su ejercicio en condiciones de igualdad para un mejor desarrollo de sus facultades físicas y anímicas, intelectuales, artísticas y éticas.

La **Carta Europea del Deporte** (1992) entiende por deporte *"cualquier forma de actividad física que, a través de una participación organizada o no, tiene por objetivo la expresión o la mejoría de la condición física y psíquica, el desarrollo de las relaciones sociales o la obtención de resultados en competición de todos los niveles"*.

El Manifiesto Europeo sobre los Jóvenes y el Deporte, recomendación del Comité de Ministros de la Unión Europea adoptada el 12/10/1995, recoge en su artículo tercero: "El deporte en todas sus formas será accesible a todos los jóvenes sin discriminación alguna, ofrecerá posibilidades iguales a chicas y chicos y tendrá en cuenta cualquier exigencia particular de cada tramo de edad o de cada grupo que tenga necesidades específicas (Soriano, 2015).

2.2. EL DEPORTE EN EL DISEÑO CURRICULAR.

El R.D. 126/2014 cuando se refiere a los cinco **elementos curriculares** de la programación, hace referencia a las situaciones que se producen en la actividad deportiva individual, de oposición y colectivos:

a) *Acciones motrices individuales en entornos estables: suelen basarse en modelos técnicos de ejecución en los que resulta decisiva la capacidad de ajuste para lograr conductas motrices cada vez más eficaces, optimizar la realización, gestionar el riesgo y alcanzar soltura en las acciones. Este tipo de situaciones se suelen presentar en las actividades de desarrollo del esquema corporal, de adquisición de habilidades individuales, la preparación física de forma individual, el atletismo, la natación y la gimnasia en algunos de sus aspectos, entre otros.*

b) *Acciones motrices en situaciones de oposición. En estas situaciones resulta imprescindible la interpretación correcta de las acciones de un oponente, la selección acertada de la acción, la oportunidad del momento de llevarla a cabo, y la ejecución de dicha decisión. La atención, la anticipación y la previsión de las consecuencias de las propias acciones en el marco del objetivo de superar al contrario, son algunas de las facultades implicadas. A estas situaciones corresponden los juegos de uno contra uno, los juegos de lucha, el judo, el bádminton, el tenis, el mini-tenis y el tenis de mesa, entre otros.*

c) *Acciones motrices en situaciones de cooperación, con o sin oposición. En estas situaciones se producen relaciones de cooperación y colaboración con otros participantes en entornos estables para conseguir un objetivo, pudiéndose producir que las relaciones de colaboración tengan como objetivo el de superar la oposición de otro grupo. La atención selectiva, la interpretación de las acciones del resto de los participantes, la previsión y anticipación de las propias acciones atendiendo a las estrategias colectivas, el respeto a las normas, la capacidad de estructuración espacio-temporal, la resolución de problemas y el trabajo en grupo, son capacidades que adquieren una dimensión significativa en estas situaciones; además de la presión que pueda suponer el grado de oposición de adversarios en el caso de que la haya. Juegos tradicionales, actividades adaptadas del mundo del circo, como acrobacias o malabares en grupo; deportes como el patinaje por parejas, los relevos en línea, la gimnasia en grupo, y deportes adaptados, juegos en grupo; deportes colectivos como baloncesto, balonmano, béisbol, rugby, fútbol y voleibol, entre otros, son actividades que pertenecen a este grupo.*

La **O. 17/03/2015**, indica en su **Introducción** que "*fomentar el deporte escolar como práctica deportiva que se programa y desarrolla desde el centro educativo requiere el fomento de esa práctica desde un* **enfoque lúdico-recreativo***, donde predomina el desarrollo de* **valores** *educativos como la* **cooperación-colaboración***, la* **coeducación***, la* **solidaridad***, la igualdad de oportunidades. A partir del diseño, desarrollo y evaluación de juegos y actividades de carácter cooperativo y de cooperación-oposición aumentaremos la participación del alumnado en condiciones de igualdad de sexo,* **reduciendo la competitividad** *y aumentando el grado de* **autonomía** *del alumnado, así como la* **creatividad** *en los juegos y actividades que se desarrollan*".

De los demás **elementos** curriculares, destacamos:

a) **Competencias Clave**:

El área de Educación física contribuye de manera esencial al desarrollo de las **competencias sociales y cívicas**. Las características de la Educación física, sobre todo las relativas al entorno en el que se desarrolla y a la dinámica de las clases, la hacen propicia para la educación de habilidades sociales, cuando la intervención educativa incide en este aspecto. Las actividades físicas y en especial las que se realizan colectivamente son un medio eficaz para facilitar la relación, la integración, el respeto y la interrelación entre iguales, a la vez que contribuyen al desarrollo de la cooperación solidaria.

La Educación física ayuda a la consecución de la competencia del **sentido de iniciativa y espíritu emprendedor** en la medida en que emplaza al alumnado a tomar decisiones con progresiva autonomía en situaciones en las que debe manifestar auto superación, perseverancia y actitud positiva. También lo hace, si se le da protagonismo al alumnado en aspectos de organización individual y colectiva de las actividades físicas, deportivas y expresivas. El juego motor aporta a la consecución de esta competencia estas habilidades esenciales: capacidad de análisis; capacidades de planificación, organización, gestión y toma de decisiones; capacidad de adaptación al cambio y resolución de problemas; comunicación, presentación, representación y negociación efectivas; habilidad para trabajar, tanto individualmente como dentro de un equipo; participación, capacidad de liderazgo y delegación; pensamiento crítico y sentido de la responsabilidad; autoconfianza, evaluación y auto-evaluación, ya que es esencial determinar los puntos fuertes y débiles de uno mismo y de un proyecto, así como evaluar y asumir riesgos cuando esté justificado (manejo de la incertidumbre y asunción y gestión del riesgo).

El área contribuye a la **competencia de aprender a aprender** mediante el conocimiento de sí mismo y de las propias posibilidades y carencias como punto de partida del aprendizaje motor desarrollando un repertorio variado que facilite su transferencia a tareas motrices más complejas. Ello permite el establecimiento de metas alcanzables cuya consecución genera autoconfianza. Al mismo tiempo, los proyectos comunes en actividades físicas colectivas facilitan la adquisición de recursos de cooperación.

Desde este área se contribuye en cierta medida a la **competencia digital** en la medida en que los medios informáticos y audiovisuales ofrecen recursos cada vez más actuales para analizar y presentar infinidad de datos que pueden ser extraídos de las actividades físicas, deportivas, competiciones, etc. El uso de herramientas digitales que permitan la grabación y edición de eventos (fotografías, vídeos, etc.) suponen recursos para el estudio de distintas acciones llevadas a cabo.

El área también contribuye en cierta medida a la adquisición de la **competencia en comunicación lingüística**, ofreciendo gran variedad de intercambios comunicativos, del uso de las normas que los rigen y del vocabulario específico que el área aporta.

b) Objetivos de **Etapa**:

El deporte está claramente citado en el objetivo "**k**": "*Valorar la higiene y la salud, aceptar el propio cuerpo y el de los otros, respetar las diferencias y utilizar la educación física y el deporte como medios para favorecer el desarrollo personal y social*".

c) Objetivos de **Área**:

El deporte es mencionado en dos de los objetivos, aunque está también relacionado con otros. Por ejemplo, el 4: "*Adquirir, elegir y aplicar principios y reglas para resolver problemas motores y actuar de forma eficaz y autónoma en la práctica de actividades físicas, deportivas y artístico expresivas*". También el 8: "*Conocer y valorar la diversidad de actividades físicas, lúdicas y deportivas como elementos culturales, mostrando una actitud crítica tanto desde la perspectiva de participante como de espectador*".

d) **Contenidos**:

- **Bloque 4**, "*El juego y el deporte escolar*": desarrolla contenidos sobre la realización de diferentes tipos de juegos y deportes entendidos como manifestaciones culturales y sociales de la motricidad humana. El juego, además de ser un recurso recurrente dentro del área, tiene una dimensión cultural y antropológica.

Así pues, la iniciación deportiva tendrá un carácter abierto y participativo, sin discriminación de ningún tipo, tendrá unos objetivos globales, no únicamente motrices, y evitará la excesiva importancia que se le suele dar al resultado.

d) **Evaluación**: Sobre todo, los criterios 3, 4, 8 y 13, sin olvidarnos de otros.

C. 3. Resolver retos tácticos elementales propios del juego y de actividades físicas, con o sin oposición, aplicando principios y reglas para resolver las situaciones motrices, actuando de forma individual, coordinada y cooperativa y desempeñando las diferentes funciones implícitas en juegos y actividades.

C. 4. Relacionar los conceptos específicos de educación física y los introducidos en otras áreas con la práctica de actividades físico deportivas y artístico expresivas.

C. 9. Opinar coherentemente con actitud crítica tanto desde la perspectiva de participante como de espectador, ante las posibles situaciones conflictivas surgidas, participando en debates, y aceptando las opiniones de los demás.

C. 13. Demostrar un comportamiento personal y social responsable, respetándose a sí mismo y a los otros en las actividades físicas y en los juegos, aceptando las normas y reglas establecidas y actuando con interés e iniciativa individual y trabajo en equipo.

Algunos ejemplos de **estándares**, son:

3.2. Realiza combinaciones de habilidades motrices básicas ajustándose a un objetivo y a unos parámetros espacio-temporales.

4.3. Distingue en juegos y deportes individuales y colectivos estrategias de cooperación y de oposición.

9.4. Reconoce y califica negativamente las conductas inapropiadas que se producen en la práctica o en los espectáculos deportivos.

13.5. Acepta formar parte del grupo que le corresponda y el resultado de las competiciones con deportividad.

La ley 17/2007, de 10 de diciembre, de Educación de Andalucía (L. E. A.). B. O. J. A. nº 252, de 26/12/07, indica en su artículo 51, sobre "*la promoción del deporte en la edad escolar*", que "*la Consejería competente en materia de educación promocionará la implantación de la práctica deportiva en los centros escolares en horario no lectivo, que tendrá, en todo caso, un carácter eminentemente formativo*". Este mismo documento legislativo, en el artículo 50.3, indica que "*los centros docentes de educación infantil, educación primaria y educación secundaria ofrecerán, fuera del horario lectivo, actividades extraescolares que aborden aspectos formativos de interés para el alumnado. Asimismo, fomentarán actuaciones que favorezcan su integración con el entorno donde está ubicado*".

Por otro lado, es preciso que mencionemos a la Orden de 6 de abril de 2006 de la Consejería de Educación de la Junta de Andalucía, por la que se **regula** la organización y el funcionamiento de los centros docentes públicos autorizados para participar en el programa "**El deporte en la escuela**". En resumen, regula la actividad física y deportiva, recreativa y competitiva, realizada con carácter voluntario por escolares, en horario no lectivo, desde su incorporación a la Educación Primaria hasta la finalización del período de escolarización obligatoria.

Tiene, entre sus objetivos, fomentar la adquisición de hábitos permanentes de actividad física y deportiva, utilizar el deporte como elemento de integración del alumnado de necesidades educativas especiales, influir en el clima del centro, ayudando a la integración de colectivos desfavorecidos, como inmigrantes o deprimidos socioeconómicos, entre otros, y hacer de la práctica deportiva un instrumento para la adquisición de valores como la solidaridad, la colaboración, el diálogo, la tolerancia, la igualdad entres sexos, el juego limpio (VV. AA. 2008).

Las modalidades deportivas básicas del programa son baloncesto, balonmano, fútbol sala y voleibol, como deportes colectivos, y atletismo y ajedrez, como deportes individuales. Las categorías abarcan desde los pre benjamines -7 y 8 años- hasta los cadetes -15 y 16 años. Los equipos serán femeninos, masculinos y mixtos (VV. AA., 2006).

El programa se completa con otras dos vertientes: los Encuentros Deportivos Escolares de Andalucía (EDEA), y los Encuentros Deportivos de Residencias Escolares, de periodicidad anual.

La O. de 05/11/2014, modifica la de 03/08/2010, por la que se regulan los servicios complementarios de la enseñanza de aula matinal, comedor escolar y actividades extraescolares en los centros docentes públicos, así como la ampliación de horario (BOJA nº 233, de 28/11/2014).

2.3. APORTACIONES EDUCATIVAS DEL DEPORTE.

a) Aportaciones en valores.

Uno de los aspectos que más destacan del deporte educativo es la educación en **valores**, habida cuenta que éstos forman parte importante de cualquier proyecto social y educativo (Ortega y Mínguez, 2001). Debemos inculcar al alumnado una serie de valores o conductas que les permitan en el futuro ser unos ciudadanos más solidarios, democráticos y comprometidos socialmente (Álvarez Medina, 2011).

Es preciso que desde la escuela reivindiquemos el potencial humanizador del deporte. Basándonos en una concepción integral y armónica del ser humano, observamos muchas virtudes humanistas que presenta el fenómeno deportivo, incidiendo de manera especial en su dimensión axiológica y psicosocial. La praxis deportiva, **bien encauzada desde el principio**, puede proporcionarnos unos **valores claves** en el proceso de construcción personal, en nuestro camino de educación moral y social: espíritu lúdico y competitivo; voluntad, coraje, esfuerzo, perseverancia, disciplina, jovialidad, humildad, confianza, cooperación, solidaridad, etc. son valores alcanzables con una iniciación adecuada (Turro, 2013).

Dada la **pasión** deportiva que tiene habitualmente el alumnado, hace que el aprendizaje lo interiorice mucho mejor, aumente su atención o su capacidad de procesar la información que se les transmite. Se sienten a gusto aprendiendo, quieren saber más, quieren mejorar. Debemos utilizar esta característica para que **aprendan valores y normas** de socialización que van a poder generalizar a otros ámbitos de su vida y que van a ayudar a formar la personalidad que se está desarrollando y que poco a poco irá mostrándonos qué adultos van a ser (Roldán, 2015).

La práctica deportiva con los escolares debe ayudar al **desarrollo integral** de éstos. El deporte puede ser un medio de gran valía siempre que el docente sepa quitarle los "vicios o contaminaciones" del deporte competitivo: ganar como sea, violencia, trampas, presión, discriminación, rendimiento, rigidez, disciplina extrema, etc. El deporte escolar debe ser lo contrario. González Lozano (2001), expone la siguiente tabla de "valores y contravalores" que tiene el deporte en función de cómo se **oriente** el mismo.

VALORES	CONTRAVALORES
- Salud y socialización - Recreación y creación - Libertad y solidaridad - Constancia, no violencia y paz	- Violencia y manipulación - Consumismo - Triunfalismo - Dopaje

b) Aportaciones específicas de los deportes individuales.

No debemos olvidar que el deporte es otro medio más en la educación del alumnado, pero no todos los deportes aportan lo mismo. Dependerá de sus características. Siguiendo a Giménez, (2003), destacamos:

- Conocimiento de las posibilidades y limitaciones propias
- Espíritu de sacrificio y superación, además del autocontrol y la responsabilidad
- Desarrollo del autoconcepto y autoestima
- Buen medio para mejorar la condición física

c) **Aportaciones específicas de los deportes colectivos**.

El deporte cumple con el valioso deber de ofrecer una estructura lúdica, que es capaz de conectar el microcosmos **personal** con el macrocosmos **social** (Paredes, 2003).

Giménez (2003), citando a Cagigal (1979) y otros, indica las siguientes:

- **Mecánicas**. A mayor conocimiento técnico-táctico de las acciones motrices de cada deporte, mayor preparación para dar solución a los problemas motrices que se planteen.
- **Psicomotrices**. Hay mejoras en la condición física y motriz de los practicantes. Los tres mecanismos del acto motor (percepción, decisión y ejecución), están presentes en el deporte, aunque en los individuales (atletismo, natación, etc.) tienen menor riqueza que los colectivos (baloncesto, fútbol, etc.)
- **Morales**. Superación de situaciones de fatiga, incomodidad, etc. Respeto a las reglas, compañeros y contrarios. El juego limpio, la cooperación, etc.
- **Superación ante la derrota**. Es otra experiencia básica para las relaciones diarias.
- **Aportaciones intelectuales**. Búsqueda de nuevas soluciones a los problemas que se planteen; la capacidad de observación, comprensión y análisis... Acceso a uno de los bienes culturales más característicos de nuestra época.

d) **Aportaciones específicas de los deportes de adversario**.

- Gran riqueza **motriz** y mejora de los aspectos **cognitivos**
- Desarrollo de la **velocidad** y perfeccionamiento de las habilidades **perceptivas**
- Eliminación de **tensiones** (función catártica)

3. DEPORTES INDIVIDUALES Y COLECTIVOS MÁS PRESENTES EN LA ESCUELA: ASPECTOS TÉCNICOS Y TÁCTICOS MÁS ELEMENTALES; SU DIDÁCTICA.

Giménez, (2003), basándose en autores tales como Weineck, Manno y Hernández Moreno (1995), entre otros, indica que **técnica individual** es *"la realización de un gesto deportivo por parte de un solo jugador, de la forma más correcta posible y sin la influencia de factores que puedan influir en la realización del acto motor"*. Son los fundamentos prácticos de un deporte. Por ejemplo, tiro libre en baloncesto. Hay autores que distinguen entre técnica individual y colectiva.

Táctica se suele definir como la organización de los jugadores en sus acciones ofensivas y defensivas. Por ejemplo, disponer a los seis jugadores de campo, en Balonmano. Hay autores que especifican entre táctica individual y colectiva, así como estrategia. Ésta suele definirse como las acciones que realiza un equipo a partir de reiniciar el juego a balón parado. Por ejemplo, al sacar un golpe franco indirecto en fútbol-11.

Didáctica, desde un punto de vista etimológico significa el arte de enseñar. No obstante, también podemos decir que es considerada una ciencia porque investiga y experimenta, nuevas formas y técnicas de enseñanza, que adaptamos según las necesidades del contexto. La de nuestra área es distinta a la de las demás, habida cuenta los contenidos que debemos enseñar, el tipo de "aula" que usamos, el movimiento, etc.

3.1. DEPORTES INDIVIDUALES. ASPECTOS TÉCNICOS Y TÁCTICOS ELEMENTALES. SU DIDÁCTICA.

Los deportes individuales (psicomotrices para algunos autores), tienen unas particularidades y ejecuciones de gestos muy cerradas que no dan lugar a destacar aspectos comunes entre los mismos. **Atletismo, Natación** y **Gimnasia Artística** son muy diferentes entre sí: técnicas, pruebas, el medio, los implementos que utilizan, las exigencias físicas y el reglamento por el que se rigen.

Lo más **destacable** es que se compite contra uno mismo o contra un cronómetro, cinta métrica, etc.

a) **Características de los deportes individuales**.

- Gran protagonismo de la técnica individual y de la condición física.
- Planteamiento táctico muy concreto y específico de la especialidad.
- Se usan móviles variados: jabalina, halteras, vallas, etc., aunque en algunas especialidades únicamente se utiliza el propio cuerpo.
- La acción es solitaria. No hay influencias de compañeros.

b) **Aspectos técnicos de los deportes individuales más presentes en la escuela**.

ATLETISMO.

- **Carreras**. Las hay de velocidad, medio fondo, fondo y gran fondo. En su aprendizaje técnico hay que incidir en la frecuencia, potencia y amplitud de la zancada, así como en la coordinación específica de todos los movimientos. En Primaria nos interesa que el alumnado aprenda a correr, la habilidad de la carrera (De Castro, 2016).
- **Saltos**. Son de altura (incluye pértiga) y longitud (incluye triple). En su trabajo hay que destacar la carrera de aceleración, batida, parábola de vuelo y caída.
- **Lanzamientos**. Los hay de rotación, por ejemplo el disco y en traslación, por ejemplo la jabalina. Los aspectos técnicos a matizar, son la fase de desplazamiento, aceleración, desprendimiento, trayectoria del móvil y frenado.
- **Pruebas Combinadas**. Mezcla de las anteriores, por ejemplo decatlón.

NATACIÓN.

Resalta el hecho de practicarse en el medio acuático, lo que le da unas peculiaridades muy específicas. Poco a poco el número de instalaciones públicas en Andalucía hace que la posibilidad de practicarla como actividad curricular o extracurricular sea más frecuente.

Los **estilos** de la Natación deportiva son: crol, espalda, braza y mariposa. Estas cuatro técnicas requieren el mismo proceso de aprendizaje con las fases siguientes:

Posición corporal → Movimiento de brazos → Movimiento de piernas → Respiración → Coordinación de lo anterior.

Como **principios** en la enseñanza de la Natación se contemplan a:

Familiarización → Flotación → Respiración

GIMNASIA ARTÍSTICA.

Tanto la masculina como la femenina se basan -sobre todo- en saltos, suspensiones, equilibrios, y giros/volteos de todo tipo acompañados de gran dominio corporal (coordinación y equilibrio).

La Gimnasia **Rítmica**, únicamente femenina, además del ajuste del propio cuerpo debe tener en cuenta los móviles que utiliza (pelota, cuerda, maza, aro...) y la coordinación de gestos con el resto del grupo en caso de hacer esta especialidad de equipo. Independientemente de todo esto, la base se encuentra en la percepción rítmica.

Su iniciación escolar debe centrarse en los ejercicios de suelo: volteos, equilibrios y enlaces, así como la iniciación a los saltos, todo ello con las debidas **precauciones**.

c) **Aspectos Tácticos de los deportes individuales más presentes en la escuela**.

Tienen un desarrollo táctico muy escueto. Se trata, normalmente, en la distribución razonable de la condición física y motriz del actuante durante el transcurso de la prueba. No olvidemos que el alumnado de primaria suele ser muy generoso en el esfuerzo, lo que le lleva a "vaciarse" desde un principio sin pensar en la duración de la prueba, sobre todo en aquellas que son de resistencia. En muchos casos la táctica de los deportes individuales tiene como finalidad **conseguir ventajas**, por ejemplo, la cuerda o zona interna de una calle de atletismo, seguir hasta un determinado punto en el pelotón, etc. (De Castro, 2016). En cambio, las acciones tácticas para **evitar desventajas** se basan en reaccionar prontamente a las acciones de los contrarios.

3.1.1. SU DIDÁCTICA.

Ante todo debemos pensar en las características psico-biológicas del alumnado, intereses, etc. antes de afrontar el aprendizaje. Siguiendo a Sánchez-Bañuelos, (1990) y a Zagalaz, Cachón y Lara (2014), la metodología a emplear en la iniciación a los deportes individuales o psicomotrices se basa en estas fases:

1ª.- **Presentación** global del deporte. Informar sobre reglas, objetivos, etc.

2ª.- **Familiarización** perceptiva. Conocer las características más básicas, dónde se practica, espacios, tipos, etc.

3ª.- Enseñanza de **modelos técnicos** de ejecución. Aprender la técnica en el momento oportuno. Ejecución de ejercicios técnicos. Se hará un tipo de práctica global, analítica o mixta, según las circunstancias.

4ª.- **Integración** de los modelos técnicos en las situaciones básicas de aplicación. El alumnado debe comprender la utilidad de cada fundamento. Plantear situaciones próximas a la situación real.

5ª.- Formación de los **esquemas** básicos de decisión (cuándo y de qué manera se emplean las técnicas aprendidas) o fase de la táctica individual y de la anticipación cognitiva.

Todo ello debemos tratarlo a través de juegos simples.

3.2. DEPORTES COLECTIVOS. ASPECTOS TÉCNICOS Y TÁCTICOS ELEMENTALES. SU DIDÁCTICA.

Los deportes de equipo, debido a los **componentes** que los constituyen, tienen mucha importancia en la educación **motriz** de nuestro alumnado. Es un conjunto de dos o más personas que interactúan de forma dinámica, interdependiente y adaptativamente, con respecto a un objetivo y donde cada componente tiene un rol concreto que debe coordinar con los demás (Álvarez Medina, 2011).

a) Características de los deportes colectivos.

Blázquez (2013), cita a Bayer (1986) las analiza así:

1.- **Móvil** para lanzarlo, botarlo, pasarlo, golpearlo, etc.

2.- **Terreno** de juego donde se desarrolla la acción y que está limitado por líneas.

3.- **Meta** para defender o atacar, poner o lanzar el balón y conseguir punto.

4.- **Compañeros** que nos ayudan para progresar con el balón y para defender nuestra meta.

5.- **Adversarios** a los que hay que superar y ganar.

6.- **Reglamento** que es preciso respetarlo para el buen desarrollo del juego.

Otros autores llaman a los puntos anteriores la "**estructura formal**" y a la acción del juego la "**estructura funcional**", es decir, la interrelación entre los elementos anteriores, técnica y táctica; ataque y defensa; cooperación y oposición entre los jugadores.

El juego está determinado por la posesión o no del **balón**. El equipo que posee el balón es el atacante. El equipo que no lo tiene en su poder es el defensor.

Para ello, Ruiz, García y Casimiro (2001) indican tres **objetivos** básicos en el juego:

EQUIPO EN POSESIÓN DEL BALÓN	EQUIPO SIN POSESIÓN DEL BALÓN
- Conservarlo - Progresar hacia la meta contraria - Conseguir punto o tanto	- Recuperar el balón - Impedir el avance del contrario - Defender la portería propia

Cada deporte, según sus características reglamentarias, intentará conseguir estos objetivos de forma **distinta**. Los reglamentos **condicionan** espacios, zonas prohibidas, limitadas, etc.

b) Aspectos técnicos y tácticos de los deportes colectivos más presentes en la escuela.

En unas tablas los resumimos:

FÚTBOL SALA	BALONMANO
- Características y reglamento - **Elementos técnicos ofensivos**: . Manejo de balón, toque, conducción, control, tiro, remate, fintas. - **Elementos técnicos defensivos**: . Interceptaciones (entrada, desvío, cortes). . Carga, anticipación, acoso, repliegue - Técnica específica del portero - **Aspectos tácticos**: . Defensa individual: Anticipación; Marcaje; . Organización de ataque: desmarques, rombo y cuadrado.	- Fundamentos del juego. Reglamento. - Posiciones de base: ofensiva y defensiva - **Elementos técnicos básicos**: . Forma de coger el balón, recepción; . Desplazamiento con balón, pase, bote; . Lanzamiento, finta, blocaje, técnica específica del portero. - La defensa: recuperar balón, evitar gol. - El ataque: conseguir gol, ocupar los espacios libres - **Táctica ofensiva**: 3-3; etc. - **Táctica defensiva**: 6-0; 5-1; etc.

VOLEIBOL	BALONCESTO
- Fundamentos del juego. Reglamento. - **Técnica individual**: - Posiciones básicas: media, alta y baja. - Desplazamientos: 　. Doble paso 　. Pasos laterales 　. Carrera - El saque: 　. Bajo 　. Tenis 　. Flotante - Toque de dedos: 　. Adelante 　. Atrás 　. Lateral - Remate - Bloqueo - Toque de antebrazos - Caídas y planchas - **Táctica**: 　. 3-1-2; 3-2-1 - **Táctica de recepción**: 　. W 　. Semicírculo	- Fundamentos del juego. Reglamento - **Técnica individual de ataque**: . Dominio del balón, posición básica de ataque, desplazamientos, cambio de ritmo, paradas en 1 y 2 tiempos, dribling, recepción del balón. . Pases: pecho, bote, béisbol, etc. . Tiro: estático y en suspensión . Fintas, rebote - **Técnica individual defensiva**: . Posición básica y desplazamiento; marcaje; interceptación; tapón; defensa individual - **Técnica colectiva de ataque**: . Bloqueo, pantalla - Técnica colectiva de defensa: defensa del bloqueo, ayuda y recuperación. - **Táctica individual de ataque**: . Cortes, pantalla. - **Táctica individual de defensa**: Ayuda. - **Táctica colectiva de ataque**: acciones de ataque, contraataque, sistemas de ataque. - **Táctica colectiva de defensa**: zona individual, mixta. . Defensa del contraataque

Nota:

En Primaria hay que expresarlos en su versión "mini": Mini-Basket, Mini-Voley, Fútbol-7, etc. Además, escogeremos los elementos más fundamentales.

3.2.1. SU DIDÁCTICA.

La utilización del deporte en la escuela viene **justificada** por la mejora de todos los **ámbitos** de la persona: cognitivo, afectivo, psico-social y motor y por las **peculiaridades** del alumnado de **Tercer Ciclo** de Primaria, que son las adecuadas para iniciar el proceso de enseñanza deportiva adaptada a sus características biológicas y psicológicas (Chinchilla y Romero, 1995).

a) **Etapas en la iniciación deportiva.**

Iniciación deportiva es el "*periodo en el que el individuo empieza a aprender de forma específica la práctica de un deporte*" (Blázquez, 2013), aunque en parecidos términos se expresan Zagalaz, Cachón y Lara (2014) y Avella, Maldonado y Ram, (2015). En cambio, si seguimos a Delgado (1994), la iniciación "*es un proceso que dura desde el aprendizaje inicial y su progresivo desarrollo, hasta que el educando pueda aplicar lo aprendido a una situación real de juego de forma eficaz*".

Giménez (2003), indica una serie de puntos a tener en cuenta a la hora de iniciar al alumnado a los deportes colectivos:

- Enseñar los contenidos básicos con un aprendizaje variado, sin especialización
- Empezar entre los 8 y 10 años, siempre y cuando tengan una buena base motriz

En la bibliografía especializada existen muchos modelos de etapas para la iniciación. En realidad, lo que difiere son los apelativos de aquéllas y las sub-etapas que comprende. Por ejemplo, Feu e Ibáñez (2001), nombran a Jolibois (1975), Sánchez (1986), Hahn (1988),

Pintor (1989), Antón (1990), Torrescusa (1992), Díaz (1995), Viciana (1997), Hernández Moreno (2000), Álvarez Medina (2011), Blázquez (2013), Soriano (2015)...

La mayoría de autores convienen que en la iniciación se dan **tres fases**:

ETAPA	IDEA GLOBAL	CRITERIO GENERAL	OBJETIVOS	MÉTODO DE TRABAJO
Inicio o Básica 8 a 10 años	No es imprescindible pensar en la técnica deportiva. Los elementos técnicos forman parte del cúmulo general de actividades.	Desarrollo de las habilidades básicas y genéricas. Sin especificar.	Conseguir un alto nivel psicomotor.	- Educación Física de Base. - Método Natural - Juegos.
Desarrollo 11 a 14 años	Utilización de los elementos no complejos de la técnica deportiva, los más simples. Enseñanza global.	Progresar en dificultades dentro de la coordinación para conseguir la ejecución de la técnica estándar de los elementos fundamentales.	Conseguir la asimilación de los elementos básicos. Saber ejecutarlos.	- Educación Física - Juegos. - Ejercicios de aprendizaje.
Perfeccionamiento + de 15 años	Perfeccionar los elementos más simples e introduciendo los más complejos. Se introduce la competición como elemento educativo.	Seguir la progresión lógica dentro de cada técnica. Información sobre las bases teóricas de la ejecución.	Perfeccionar los elementos básicos. Conseguir un buen nivel de ejecución. Conocimiento de los elementos que rodean al deporte.	- Juegos competitivos - Ejercicios de asimilación. - Ejercicios de perfeccionamiento.

En la tabla anterior podemos observar que la iniciación puede producirse mucho **antes** que el sujeto tome contacto con el deporte concreto, por ejemplo al aprender la destreza del bote, indirectamente está aprendiendo el bote en baloncesto (Hernández Moreno, 2000).

Giménez (2000) incorpora un cuadro-resumen con las clasificaciones de las etapas, sub-etapas y sus edades que hacen algunos autores:

SÁNCHEZ BAÑUELOS	PINTOR	SÁENZ-LÓPEZ Y TIERRA
Iniciación 9 - 13 a.	1ª E. de iniciación 8 -12 a.	1ª E. Formación básica 0 - 4 2ª E. Formación básica 4 – 7
	2ª E. de iniciación 12 - 14 a.	1ª E. Iniciación deportiva 7 – 10 2ª E. Iniciación deportiva 10-12
Desarrollo 14 - 20 a.	1ª E. Perfeccionamiento 14 -18 a. 2ª E. Perfeccionamiento 18 - 22 a	1ª E. Perfeccionamiento 12-16 2ª E. Perfeccionamiento 16-19
Perfeccionamiento 21 - 30 a.	Alta especialización 22 - 30 a.	E. de Máximas prestaciones +19

La iniciación deportiva precoz es un fenómeno nuevo que se origina por la rentabilidad política de los resultados, y se agrava con los intereses comerciales (Personne, 2005).

No podemos olvidar que hoy día la iniciación deportiva en la escuela tiene un componente de "**presión social**" muy grande (Soriano, 2015). Ciertas familias desean que sus hijos se inicien a los 5 ó 6 años con objeto de saber si tienen un "talento" deportivo en casa (Cañizares y Carbonero, 2007).

b) La enseñanza de los deportes colectivos.

A partir de 1990 llegan nuevos modelos de enseñanza del deporte como alternativa al tradicional o técnico, vigente desde siempre (Robles, 2009). A partir del modelo Vertical, centrado en el juego (sobre un solo deporte), ya no se recurre a la técnica como elemento central sino al juego simplificado y al mini-deporte, tanto para el aprendizaje técnico como táctico (Álvarez Medina, 2011).

b.1) Métodos tradicionales o técnicos.

Están construidos sobre la base del entrenamiento deportivo y son de escasa rentabilidad pedagógica y didáctica. Se basan en **repetir** continuamente el modelo propuesto por el docente hasta su automatización (Castejón y otros, 2013). El aislamiento de la ejecución crea situaciones artificiales que, niñas y niños, inmersos en la fase de operaciones concretas, no son capaces de asimilar porque les parece carente de lógica. Además, hay mucho **directivismo** por parte del docente, con explicaciones detalladas y enfocadas a la ejecución, quedando la creatividad del alumnado anulada. Es llamado "método del puzzle", porque cada día se automatiza analíticamente una "pieza" sin que ésta tenga ligazón con las demás. (Ruiz, García y Casimiro, 2001).

b.2) Métodos activos o globales.

Aquí, al contrario que antes, la práctica deportiva no es una suma de técnicas, sino un sistema de **relaciones** entre los elementos del juego, lo que permite determinar la estructura de estas actividades. Si las pedagogías tradicionales ponen su énfasis en los elementos técnicos y gestuales, en las activas destacan las **relaciones** que se establecen entre estos elementos (Castejón y otros, 2013). La fundamentación de esta corriente metodológica se basa en el paradigma ecológico del aprendizaje motor y en los modelos de aprendizaje constructivista y significativo aplicados a la Educación Física (Ruiz, García y Casimiro, 2001). Para ello, Blázquez (2013), señala una serie de principios:

- Partir de la **totalidad** y no de las partes.
- Comenzar desde la **situación real** o de juego.
- El educador deberá enfrentar al practicante, de forma individual o grupal, con situaciones **problema** entroncadas en las actividades deportivas.
- Los gestos técnicos corresponden a un comportamiento **general o grupal** (deportes colectivos).

Esta concepción toma en consideración al **juego** como elemento fundamental, a partir de la cual se elabora todo el proceso didáctico, **rechazando** el modelo adulto y su descomposición (Ortega, 2015). La actividad practicada por el niño o niña debe ser siempre el punto de partida, tanto si aquélla nace del seno del grupo, como si es propuesta por el docente. El **progreso** se efectúa por **reorganización de estadios** (Ortega, 2015).

Esta metodología de la iniciación deportiva postula una técnica de enseñanza (información inicial y conocimiento de resultados), que debe favorecer la **autonomía** y la **creatividad** del alumnado, por lo que debe basarse en la **indagación** y no inducir al alumnado a situaciones preestablecidas (Martínez y Díaz, 2008).

Entre las diversas propuestas metodológicas actuales que se engloban en esta "línea activa", destacamos a dos grandes modelos (Lozano, 2012):

- **Modelos Verticales** (Contreras y García, 2011).

La enseñanza de un deporte debe ser especializada desde sus inicios. Son aquellos que se plantean para una sola especialidad deportiva, atendiendo a las peculiaridades que la diferencian de otras.

Empieza su enseñanza por los gestos más sencillos, como el pase y la conducción, aplicada en juegos reales **reducidos** o **simplificados**, donde aparecen otros elementos de orden táctico como el marcaje y la ocupación del espacio, para pasar a una segunda fase en la que se trabaja a través de la aplicación de mini deportes. Finalmente el proceso termina con el aprendizaje específico del deporte estándar. Si algún practicante tiene problemas de tipo técnico en alguna de las fases, pasaremos a un modelo analítico de enseñanza fuera del juego de forma eventual, hasta el punto en que el alumno logre superar el objetivo planteado en el punto en el que se detuvo el proceso.

- **Modelos Horizontales** (Contreras y García, 2011).

Los deportes de equipo poseen unos elementos **comunes** que permiten una acción pedagógica genérica, capaz de facilitar la práctica de cada especialidad deportiva (Devís, 1996). Este modelo consiste en agrupar esos fundamentos iguales de los deportes para obtener una progresión coherente y eficaz en su aprendizaje. De esta forma, deportes como baloncesto y balonmano, o tenis y bádminton, tendrían una primera fase de aprendizaje general o común (Bengué, 2005). El docente debe hacer previamente análisis profundo de aquellos elementos constantes que se dan en los deportes a practicar para construir una estructura pedagógica para la iniciación deportiva (Blázquez, 2013).

Dentro de los modelos Horizontales destacamos **dos corrientes**: "Reflexiva y Comprensiva"

  o **C. Reflexiva** (Blázquez, 2013 y Lasierra y Lavega, 1993).

Sigue la tradición alemana de Mahlo y Döbler y la francesa de Claude Bayer y Parlebas, entre otros, de los llamados pre-deportes y deportes reducidos. Tiene en cuenta las características del grupo, maduración, experiencias previas, etc. y sus aspectos más significativos son que la técnica y la táctica se deducen de las situaciones de juego, y la evolución se produce de forma contextualizada.

Tras explicar escuetamente las reglas más básicas, empieza con un juego real y global en situación reducida, si bien a medida que sigue la acción se introducen nuevas reglas. Posteriormente se para con objeto de que los jugadores propongan organizaciones tácticas; después se vuelve a jugar, y esta cadencia se repite sucesivamente.

  o **C. Comprensiva** (Devís y Peiró, 1992).

Se pretende que el alumno conozca la naturaleza de los juegos deportivos a partir de la clasificación de Almond (1986): juegos de diana (bolos); de bate y campo (béisbol); cancha dividida y red (bádminton) y juegos deportivos de invasión (fútbol). Cada grupo de estos juegos tiene similitudes sobre tácticas, interacciones entre compañeros y contrarios, etc. Estos autores propugnan una enseñanza integrada de cada uno de estos conjuntos, es decir, lo contrario de los modelos verticales (Méndez y Fernández-Río, 2009). Velázquez (2011) y Castejón y otros (2013) indican la necesidad de buscar nuevas vías y formas de investigación al aplicar esta corriente, que puedan aumentar el conocimiento sobre los procesos de enseñanza deportiva que tienen lugar en los centros escolares. Por su parte, Díaz del Cueto y Castejón (2011), exponen las dificultades que manifiesta el profesorado con experiencia para la implementación de la enseñanza comprensiva, por lo que en muchas ocasiones no sigue este modelo.

El enfoque comprensivo establece las siguientes **fases**:

- Fase 1. Juegos deportivos modificados. Enseñanza de fundamentos tácticos a través de juegos deportivos modificados: de blanco, de cancha dividida, etc.
- Fase 2. Transición. Práctica combinada de juegos modificados, de situaciones de juego y de mini deportes.
- Fase 3. Introducción a los deportes estándares. Enseñanza específica de las modalidades deportivas escogidas.

o **Modelo de Blázquez (2013)**

Blázquez (2013), indica un "**método común**" para la enseñanza deportiva escolar. Tras explicar las reglas más básicas, comienza el "**juego simple**", siempre con pocos alumnos. Después de unos minutos se para y el docente propone unas "**situaciones pedagógicas o de enseñanza**", es decir, juegos de aplicación a determinados aspectos técnicos-tácticos, por ejemplo el pase, donde los alumnos pueden opinar y proponer soluciones. Se observa y discute por el grupo. Después se vuelve a la actividad con un "**juego global evolucionado**", que es el juego anterior pero con las mejoras producidas al aplicar la "situación pedagógica". De nuevo se para y el docente vuelve a proponer otros juegos aplicados a otros aspectos, por ejemplo el bote, que se observa, se practica y discute entre todos. Después se vuelve a practicar un "juego global evolucionado", y así sucesivamente.

Debemos destacar la metodología de su enseñanza, que en los últimos años ha pasado de ser la habitual o tradicional basada en el análisis de todos los gestos a una más globalizada y basada en la práctica lúdica y simplificada de la especialidad deportiva que se trate desde el primer momento.

Por otro lado, recalcar la motivación intrínseca que tienen todos los contenidos deportivos en la Etapa Primaria.

El deporte, adaptado, que debemos hacer en la escuela es el que sea más habitual en el entorno y del que dispongamos instalaciones y recursos móviles. Enseñaremos aquellos elementos técnicos y tácticos más elementales y así olvidarnos del modelo del "campeón".

También es de acentuar la importancia de observar previamente que el alumnado tenga adquiridas sus habilidades perceptivas, básicas y genéricas.

CONCLUSIONES

A lo largo del Tema hemos visto el deporte y la iniciación deportiva en Primaria. Debemos destacar la metodología de su enseñanza, que en los últimos años ha pasado de ser la habitual o tradicional basada en el análisis de todos los gestos a una más globalizada y basada en la práctica lúdica y simplificada de la especialidad deportiva que se trate desde el primer momento.

El juego deportivo es un recurso imprescindible en esta etapa como situación de aprendizaje, acordes con las intenciones educativas, y como herramienta didáctica por su carácter motivador. Las propuestas didácticas deben incorporar la reflexión y análisis de lo que acontece y la creación de estrategias para facilitar la transferencia de conocimientos de otras situaciones.

Por otro lado, recalcar la motivación intrínseca que tienen todos los contenidos deportivos en la Etapa Primaria.

El deporte, adaptado, que debemos hacer en la escuela es el que sea más habitual en el entorno y del que dispongamos instalaciones y recursos móviles. Enseñaremos aquellos elementos técnicos y tácticos más elementales y así olvidarnos del modelo del "campeón".

También es de acentuar la importancia de observar previamente que el alumnado tenga adquiridas sus habilidades perceptivas, básicas y genéricas.

BIBLIOGRAFÍA

- ÁLVAREZ MEDINA, J. (2011). *Los deportes colectivos: teoría y realidad. Desde la iniciación al rendimiento*. Prensas Editoriales de Zaragoza. Zaragoza.
- AVELLA, R.; MALDONADO, C.; RAM, S. (2015). *Entrenamiento deportivo con niños*. Kinesis. Armenia (Colombia).
- BAYER, C. (1986). *La enseñanza de los juegos deportivos colectivos*. H. Europea. Barcelona.
- BENGUÉ, L. (2005). *La enseñanza de los deportes de equipo*. INDE. Barcelona.
- BLÁZQUEZ, D. (1986). *Iniciación a los deportes de equipo*. Martínez Roca, Barcelona.
- BLÁZQUEZ, D. (1995). *Métodos de enseñanza en la práctica deportiva*, en BLÁZQUEZ, D. et al. (1995). *La Iniciación deportiva y el deporte escolar*. INDE. Barcelona.
- BLÁZQUEZ, D. (2001). *La Educación Física*. INDE. Barcelona.
- BLÁZQUEZ, D. (2013). *Iniciación a los deportes de equipo*. INDE. Barcelona.
- CAGIGAL, J. Mª. (1979). *Cultura intelectual y cultura física*. Kapelusz. Buenos Aires.
- CAÑIZARES, J. Mª y CARBONERO, C. (2007). Temario de oposiciones de Educación Física para Primaria. Wanceulen. Sevilla.
- CASTEJÓN, F. -coor.- (2003). *Iniciación deportiva. La enseñanza y el aprendizaje comprensivo en el deporte*. Wanceulen. Sevilla.
- CASTEJÓN, F. J. y otros. (2013). *Investigaciones en formación deportiva*. Wanceulen. Sevilla.
- CHINCHILLA, J. L. y ROMERO, O. (1995). *Iniciación Deportiva en Educación Primaria*. Encasa. Málaga.
- CONTRERAS, O. R. y GARCÍA, L. M. (2011). *Didáctica de la Educación Física. Enseñanza de los contenidos desde el constructivismo*. Síntesis. Madrid.
- DE CASTRO, A. (2016). *"El atletismo en la escuela a través de la Educación Física"*. Narcea Ediciones. Madrid.
- DELGADO, M. A. (1994). *La actividad física en el ámbito educativo*. En Gil, J. y Delgado, M. A. (1994). *Psicología y Pedagogía de la actividad física y el deporte*. Siglo XXI. Madrid.
- DEVIS, J. y PEIRÓ, C. (1992). *Nuevas perspectivas curriculares: la salud y los juegos modificados*. INDE. Barcelona.
- DEVIS, J. y PEIRÓ, C. (1995). *Enseñanza de los deportes de equipo: la comprensión en la iniciación de los juegos deportivos*. En BLÁZQUEZ, D. *La iniciación deportiva y el deporte escolar*. INDE. Barcelona.
- DEVIS, J. Y SÁNCHEZ, R. (1996) *La enseñanza alternativa de los juegos deportivos: antecedentes, modelos actuales de iniciación y reflexiones finales*. En MORENO, J. A. y RODRÍGUEZ, P. L. (comps). *Aprendizaje deportivo*. Universidad de Murcia. Murcia.

- DÍAZ DEL CUETO, M. y CASTEJÓN, F. (2011). *La enseñanza comprensiva del deporte: dificultades del profesorado en el diseño de tareas y en la estrategia de pregunta-respuesta*. Revista Tándem, nº 37, págs. 31-41. Madrid.
- EXPÓSITO, J. (2006). *El juego y el deporte popular, tradicional y autóctono*. Wanceulen. Sevilla.
- FEU, S. e IBAÑEZ, S. (2001). *La planificación de objetivos y contenidos en la iniciación deportiva en la edad escolar*. En Libro de Actas del IV Congreso Internacional sobre la enseñanza de la Educación Física y el Deporte escolar, p.p. 573-578. Santander.
- GIMÉNEZ, F. J. (2000). *Fundamentos básicos de la Iniciación Deportiva en la escuela*. Wanceulen. Sevilla.
- GIMÉNEZ, F. J. (2003). *El Deporte en el marco de la Educación Física*. Wanceulen. Sevilla.
- GÓMEZ MORA, J. (2003). *Fundamentos biológicos del ejercicio físico*. Wanceulen. Sevilla.
- GONZÁLEZ LOZANO, F. (2001). *Educar en el deporte*. CCS. Madrid.
- HERNÁNDEZ MORENO, J. (1995). *Fundamentos del deporte. Análisis de la estructura del juego deportivo*. INDE. Barcelona.
- HERNÁNDEZ MORENO, J. (Dir.) (2000). *La iniciación a los deportes desde su estructura y dinámica*. INDE. Barcelona.
- JUNTA DE ANDALUCÍA (2007). Ley 17/2007, de 10 de diciembre, de Educación de Andalucía (L. E. A.). B. O. J. A. nº 252, de 26/12/07.
- JUNTA DE ANDALUCÍA (2015). *Decreto 97/2015, de 3 de marzo, por el que se establece la ordenación y las enseñanzas correspondientes a la Educación primaria en Andalucía*. B. O. J. A. nº 50, de 13/03/2015.
- JUNTA DE ANDALUCÍA. (2015). *Orden de 17 de marzo de 2015, por la que se desarrolla el currículo correspondiente a la Educación Primaria en Andalucía*. B. O. J. A. nº 60, de 27/03/2015.
- JUNTA DE ANDALUCÍA (2006). *Orden de 6 de abril, por la que se regula la organización y el funcionamiento de los centros docentes públicos autorizados para participar en el programa "El deporte en la escuela"*. BOJA nº 84, de 05/05/2006.
- JUNTA DE ANDALUCÍA (2010). *Orden de 03 agosto de 2010, por la que se regulan los servicios complementarios de la enseñanza de aula matinal, comedor escolar y actividades extraescolares en los centros docentes públicos, así como la ampliación de horario*. BOJA núm. 158 de 12/08/2010.
- JUNTA DE ANDALUCÍA (2014). *Orden de 05/11/2014, por la que se modifica la de 3 de agosto de 2010, por la que se regulan los servicios complementarios de la enseñanza de aula matinal, comedor escolar y actividades extraescolares en los centros docentes públicos, así como la ampliación de horario*. (BOJA nº 233, de 28/11/2014).
- LASIERRA, G. y LAVEGA, P. (1993): *1015 juegos y formas jugadas de iniciación a los deportes de equipo*. Paidotribo. Barcelona.
- LOZANO, J. R. (2012). *Hándbol, la enseñanza del deporte a través del método global*. Paidotribo. Barcelona.
- M.E.C. (2013). *Ley Orgánica 8/2013, de 9 de diciembre, para la mejora de la calidad educativa*. BOE Nº 295, de 10/12/2013.
- M. E. C. (2006). *Ley Orgánica 2/2006, de 3 de mayo, de Educación* (L. O. E.). B. O. E. nº 106, de 04/05/2006, modificada por la LOMCE/2013.

- M. E. C. (2010). *Real Decreto 132/2010, de 12 de febrero, por el que se establecen los requisitos mínimos de los centros que impartan las enseñanzas del segundo ciclo de la educación infantil, la educación primaria y laeducación secundaria.* B.O.E. nº 62, de 12/03/2010.
- M. E. C. ECD/65/2015, *O. de 21 de enero, por la que se describen las relaciones entre las competencias, los contenidos y los criterios de evaluación de la educación primaria, la educación secundaria obligatoria y el bachillerato.* B.O.E. nº 25, de 29/01/2015.
- MARTÍNEZ, A. y DÍAZ, P. (2008). *Creatividad y deporte.* Wanceulen. Sevilla.
- MÉNDEZ, A. y FERNÁNDEZ-RÍO, J. (2009). *Modelos actuales de Iniciación Deportiva.* Wanceulen. Sevilla.
- NAVARRO, V. (2007). *Tendencias actuales de la Educación Física en España. Razones para un cambio.* (1ª y 2ª parte). Revista electrónica INDEREF. Editorial INDE. Barcelona. http://www.inderef.com
- ORTEGA, P. (2015). *Sesiones de voleibol desde el juego modificado.* Pila Teleña. Madrid.
- ORTEGA, P. y MÍNGUEZ, R. (2001). *Los valores en educación.* Ariel. Barcelona.
- PARLEBÁS, P. (1988). *Elementos de sociología del deporte.* Unisport. Málaga.
- PAREDES, J. (2003). *Teoría del Deporte.* Wanceulen. Sevilla.
- PERSONNE, J. (2005). *El deporte para el niño.* INDE. Barcelona.
- PROYECTO EDELVIVES (1994). *Libro del profesor, 3º Ciclo.* Edelvives. Zaragoza.
- RIERA, J. (2005). *Habilidades en el deporte.* INDE. Barcelona.
- ROBLES, J. (2009). *Tratamiento del deporte dentro del Área de Educación Física durante la etapa de Educación Secundaria Obligatoria en la provincia de Huelva.* Tesis doctoral. U. de Huelva.
- ROLDÁN, E. (2015). ¿Entrenas o educas?. MC SPORTS. Pontevedra.
- RUIZ, F.; GARCÍA, A. y CASIMIRO, A. J. (2001). *La iniciación deportiva basada en los deportes colectivos.* Gymnos. Madrid.
- SÁENZ-LÓPEZ, P. (2002). *La Educación Física y su Didáctica.* Wanceulen. Sevilla.
- SÁNCHEZ BAÑUELOS, F. (1992). *Bases para una didáctica de la Educación Física y el Deporte.* Gymnos. Madrid.
- SEIRUL.LO, F. (1995). *Valores educativos del deporte.* En BLÁZQUEZ, D. *La iniciación deportiva y el deporte escolar.* INDE. Barcelona.
- SORIANO, M. (2015). *El deporte en la infancia. Enseñar, entrenar y competir sin dejar de aprender, educar y disfrutar.* INDE. Barcelona.
- TURRO, G. (2013). *El valor de superarse. Deporte y Humanismo.* Proteus. Barcelona.
- VELÁZQUEZ, R. (2011). *El modelo comprensivo de la enseñanza deportiva.* Revista Tandem, nº 37, págs. 7-19. Madrid.
- VV. AA. (2006). *El Deporte en la Escuela.* En Actas del IV Congreso Nacional Deporte en la Edad Escolar. P. M. D. Ayuntamiento de Dos Hermanas.
- VV. AA. (2008). *Educación en valores a través de deporte.* Wanceulen. Sevilla.
- WERNER, P. y ALMOND, L. (1990). *Models of games education.* Journl of Physical Education, Recreation and Dance, 41 (4): 23-27.

WEBGRAFÍA (Consulta en septiembre de 2016).

http://www.educacionfisicaenprimaria.es/udt-06-deportes-08-sesiones.html
http://www.agrega2.es
http://recursos.cnice.mec.es/edfisica/
http://www.ite.educacion.es/es/recursos
www.juntadeandalucia.es/educacion/descargasrecursos/curriculo-primaria/index.html
http://www.gobiernodecanarias.org/educacion/webdgoie/
http://www.educarex.es/web/guest/apoyo-a-la-docencia
http://www.educa2.madrid.org/educamadrid/servicios
http://www.educa.jccm.es/educa-jccm/cm/recursos
http://www.educa.jcyl.es/profesorado/es/recursos-aula
http://www.educastur.es
http://www.adideandalucia.es
http://recursostic.educacion.es/primaria/ludos/web/index.html

TEMA 15

LA EDUCACIÓN FÍSICA Y EL DEPORTE COMO ELEMENTO SOCIOCULTURAL. JUEGOS Y DEPORTES POPULARES, AUTÓCTONOS Y TRADICIONALES. ACTIVIDADES FÍSICAS ORGANIZADAS EN EL MEDIO NATURAL.

ÍNDICE

INTRODUCCIÓN

1. LA EDUCACIÓN FÍSICA Y EL DEPORTE COMO ELEMENTO SOCIOCULTURAL.

    1.1. Deporte, sociedad y cultura.

    1.2. Cuerpo y educación física en la sociedad y cultura actuales.

2. JUEGOS Y DEPORTES POPULARES, AUTÓCTONOS Y TRADICIONALES.

    2.1. Los juegos y deportes populares.

    2.2. Los juegos y deportes autóctonos.

    2.3. Los juegos y deportes tradicionales.

        2.3.1. Distribución geográfica y clasificación de los juegos y deportes tradicionales en España.

        2.3.2. Juegos y deportes tradicionales en Andalucía.

    2.4. Juego popular, autóctono y tradicional en el currículo de educación física.

    2.5. Ejemplos de aplicación del juego popular.

3. ACTIVIDADES FÍSICAS ORGANIZADAS EN EL MEDIO NATURAL.

    3.1. Clasificación.

    3.2. A.F.O. en el medio natural y currículo de educación física.

    3.3. A.F.O. en el medio natural y normas de organización y seguridad.

CONCLUSIONES

BIBLIOGRAFÍA

WEBGRAFÍA

INTRODUCCIÓN

El título de este Tema engloba a tres "subtemas", con cierta independencia entre ellos, por lo que su tratamiento debe estar compensado.

En el primero estudiamos la importancia que tiene la actividad física y el deporte en nuestra sociedad, la cual es consciente de la necesidad de incorporar a la cultura y a la educación básica aquellos conocimientos, destrezas y capacidades que, relacionados con el cuerpo y su actividad motriz, contribuyen al desarrollo personal y a una mejor calidad de vida. Hay una demanda social para que eduquemos hacia el cuidado del cuerpo, la práctica de la condición física-salud y para la utilización constructiva del ocio mediante las actividades recreativas y deportivas, máxime hoy día donde disponemos de más tiempo libre.

La segunda trata sobre los juegos populares, tradicionales y autóctonos. El R. D. 126/2014 menciona en muchas ocasiones el poder que tiene el juego de toda índole como elemento sociocultural, la importancia que tienen las formas lúdico-físicas populares, tradicionales y autóctonas en la transmisión de la cultura de las regiones y cómo, a través de su práctica, el alumnado mejora motrizmente, establece relaciones con los demás y transfiere su conocimiento a las nuevas generaciones, además de ocupar racionalmente su tiempo libre convirtiéndolo en saludable.

Por último, el título del Tema nos pide que tratemos cómo debemos proceder con las actividades físicas organizadas en el medio natural. También el R. D. 126/2014 nos dice que el alumnado podrá conocerlo a través de las actividades que programemos en él, de esta forma contribuiremos a que lo comprendan, cuiden y defiendan.

El medio natural nos ofrece una serie de características que lo hacen ideal para trabajarlo en nuestra Área: amplitud de espacios, medio no conocido, abundancia de estímulos, contacto real con temas de estudio escolar, intensidad de la experiencia, poder de rememoración, entre otros (Miguel, 2005).

Pocos campos han tenido un avance tan espectacular en las últimas décadas como las actividades físicas en el medio natural. De este modo, las actividades físicas en la naturaleza se convierten en dinamizadoras de economías rurales, vías de escape de la rutina y el estrés de las grandes ciudades, objeto de servicios deportivos de primer orden, campo de juego de una población deseosa de nuevas sensaciones deportivas y, para otras personas, actividad no competitiva que ayuda a conseguir salud en el sentido más amplio del término. En ello tiene especial protagonismo las "empresas de servicios" (Sánchez, 2005).

1. LA EDUCACIÓN FÍSICA Y DEPORTE COMO ELEMENTO SOCIOCULTURAL.

Puntualizamos cada término:

- **Educación Física**.- Es la pedagogía del uso motor que hacemos del cuerpo. En este sentido, Parlebas (2003), la define como *"la ciencia de la conducta motriz, es decir, la organización del comportamiento motor"*.

- **Deporte**.- Actividad lúdica sujeta a reglas fijas y controladas por organismos internacionales que se practica de forma individual y colectiva (Gómez Mora, 2003).

- **Sociedad**.- Es el conjunto de relaciones del ser humano con sus semejantes. Un agrupamiento organizado y complejo. El proceso de socialización tiene lugar a lo largo de la vida de las personas (Paredes, 2003).

- **Cultura**.- Es el carácter, la calidad, el modo e idiosincrasia de esas relaciones sociales. Hace hincapié en los recursos acumulados que las personas heredan, utilizan, transforman, aumentan y transmiten (Paredes, 2003).

El deporte, en nuestra cultura, disfruta de una dinámica social en continuo progreso, dejando las puertas abiertas al crecimiento y cambio constantes. Las actividades físicas, lúdicas y deportivas del siglo XX se convirtieron en un símbolo cultural, una realidad que dejó huella en la sociedad: espectáculos, hábitos, mitos, publicaciones, comunicación, multimedia, moda deportiva y hasta una filosofía de vida (Paredes, 2003).

1.1. DEPORTE, SOCIEDAD Y CULTURA.

El deporte cumple con el valioso deber de ofrecer una estructura lúdica, que es capaz de conectar el microcosmos **personal** con el macrocosmos **social** (Paredes, 2003).

Como hecho **individual** la persona desea mejor **condición** física y psíquica. Como hecho **social**, tanto la práctica como su contemplación constituyen una de las más populares formas de utilización del **tiempo libre** y la base de una poderosa **industria** de servicios.

La hegemonía alcanzada por el deporte como fenómeno **cultural** explica las diversas formas de practicarlos. En este sentido, Lagardera (1995), indica los siguientes subsistemas:

- Subsistema **federativo**. Constituido por personas, instituciones y recursos de todo tipo.
- Subsistema **asociativo**. La práctica deportiva realizada en clubes y asociaciones no relacionadas directamente con las federaciones.
- Subsistema **grupal no asociativo**. Grupos de deportistas no organizados de forma institucional que utilizan instalaciones no pertenecientes a clubes.
- Subsistema **individual**. Deportistas que realizan la práctica independiente.

Paredes, (2003) revela que el deporte, como acción humana, tiene tres dimensiones sociales:

- Dimensión **educativa**. Formación escolar y extraescolar.
- Dimensión **recreativa**. Especialmente, aunque no de forma exclusiva, destinado para la segunda y tercera edad y grupos especiales.
- Dimensión **competitiva**. Desde la escolar hasta la elite profesional.

El deporte es uno de los elementos **imprescindibles** en toda cultura, sobre todo en la actualidad donde disponemos de mucho **tiempo libre** para gastarlo en temas culturales, hasta el punto que se le suele llamar "**la cultura del ocio**" (Vázquez, 1990).

El deporte es cultura en todos sus aspectos y esto se justifica porque:

- Surge en las capas más **arcaicas** de la cultura y constituye un patrimonio que se **transmite** por libros y otros medios, además de su propia práctica de generación en generación, como el juego y deporte popular.
- Es un rasgo de las culturas que, por naturaleza, posee un gran potencial de difusión entre las mismas, lo que implica mayor entendimiento entre los pueblos (Andreu, 2006).
- Con el deporte hay **comunicación** y estética, creación e inteligencia.

El deporte cumple con una función social además de poseer valor cultural, su comercialización y su calidad de producto de **consumo** de primer orden, lo acopla al esquema de la cultura de masas, (Vázquez 1990).

Una nota característica de todo juego es su fuerte matiz **sociológico**, la existencia de **reglas** que regulan la actuación del grupo. Si no se siguen, no hay juego; hay, en todo caso, una acción distensora, espontánea que sólo por la sumisión voluntaria a las reglas se convierte en juego. En el lenguaje infantil la liberación de las reglas se expresa claramente al decir "ya no juego".

El carácter socializador de los juegos, aparte de la sumisión a las reglas, tiene una doble vertiente:

- En ciertos juegos el esfuerzo **individual** está en parangón con el de los demás participantes y el sometimiento a las reglas permite la igualdad de posibilidades, evitar fricciones con los demás, etc.
- En otros juegos, por tener carácter de **equipo**, la socialización es más acusada, hay que convivir con todos los participantes y el equipo debe ser un grupo fundamentado en las diversas individualidades.

Con el aprendizaje de un deporte, el alumnado puede interiorizar unas normas y valores sociales que le llevará a:

- Reconocer las normas como válidas (conformidad normativa).
- Saber reconocerse a sí mismos en relación a los demás (identidad).
- Saber comprometerse con el colectivo al que pertenece (solidaridad).
- Participar con toda su realidad corporal como ser social.

Desde el deporte, la **socialización** tiene un doble prisma (Paredes, 2003):

- **Socialización deportiva**: proceso mediante el cual la cultura deportiva es adquirida por los sujetos sociales, hasta tal punto que forma parte de su personalidad.
- **Socialización a través del deporte**: una vez adquirida la cultura deportiva, ésta facilita mecanismos y recursos para integrarse en la sociedad.

El deporte tiene una gran penetración en el tejido social actual. La **familia** se convierte en el primer agente transmisor de la cultura, pues mediante condicionamientos precoces traspasa a sus hijos esquemas incorporados, que son la base sobre la que se fijarán los hábitos que, asimilados de forma inconsciente al esquema de pensamiento, definen todo un sistema de percepciones y disposiciones que irán construyendo lentamente la personalidad.

En el sistema educativo radica el segundo nivel. La escuela, a través de una complicada red de relaciones simbólicas, refuerza y hace emerger actitudes positivas hacia la práctica del deporte. Normalmente una escuela que tiene en su currículo una oferta deportiva formal complementada con otra no formal o extraescolar, es considerada como un factor clave de calidad educativa, por la significación saludable y formativa que ello tiene (Paredes, 2003).

El potencial socializador será positivo o negativo según el propio alumno, su actitud, el estilo del grupo y la situación social. En todo caso, la influencia del deporte en la socialización del alumnado es una tendencia positiva que se añade al resto de los componentes de la socialización.

1.2. CUERPO Y EDUCACIÓN FÍSICA EN LA SOCIEDAD Y CULTURA ACTUALES.

En la sociedad del S. XXI, el **músculo** no es solo el motor inmediato del movimiento, sino también apariencia, autoestima, rendimiento e, incluso, forma parte de nuestro **comportamiento social** (Legido y otros, 2009).

Para Vázquez (1990), la cultura y la sociedad actuales resaltan y ensalzan el cuerpo hasta el punto de que algunos lo toman como **símbolo** de nuestra época, a la vez que, aquí y allá, se descubren señales contradictorias de desprecio y hasta agresividad hacia él: alcohol, drogas, pastillas estimulantes, etc. El **modelo** cultural que se impone en la sociedad es el del cuerpo joven, sano, hábil, fuerte, estético y atlético.

Por su lado, Blázquez (2001) expone que con las influencias propias de toda sociedad postindustrial, asistimos actualmente a una **recuperación** de lo corporal. El cuerpo se convierte en un lugar de conflicto que da lugar a diferentes sensibilidades. Ya no hay un único modelo corporal, sino muchas maneras de entender al cuerpo. La educación física deberá ajustarse a los cambios culturales de la sociedad moderna y a sus consecuencias. Esto queda reflejado en el espectacular crecimiento de la cultura del cuerpo y del movimiento.

La idealización del cuerpo como proyecto supone, por una parte, considerar el cuerpo -su salud, su apariencia- como aspiración en sí misma y, por otra, considerar que dicho afán resulta alcanzable sólo con el esfuerzo personal, minusvalorándose la influencia de factores sociales, económicos y culturales (Devís, 2000).

La **publicidad** nos invade con imágenes y productos relacionados con la exaltación del cuerpo. Ya desde los últimos años del siglo XX, cualquier tema relacionado con el cuerpo empezó a venderse bien y las prácticas corporales continúan en auge. Esto ha favorecido que la educación física se vea cada vez mejor.

En este sentido también se manifiesta Navarro (2007), al afirmar que los medios de información y el propio mercado **se sirven** del cuerpo activando una serie de valores centrados en la estética y el culto al cuerpo. La escuela es una de las instituciones perjudicadas, pues este culto corporal es una opción que se inclina por un ideal concreto de cuerpo, tal y como propone la **moda**.

Así pues, los medios se suman a esta idea del cuerpo al servicio del desarrollismo económico y conforman un fenómeno social que es el causante de una nueva sacralización del cuerpo en tres sentidos: **belleza**, **salud** y **rendimiento** (Vázquez, 2001).

Todo tipo de medio de comunicación influye en el ámbito del comportamiento cotidiano, donde tenemos personas que prefieren andar a coger el coche para desplazamientos cortos y medios. En este sentido, el actual nivel de insistencia al respecto en **televisión** y **redes sociales** conduce a variaciones significativas de los estilos de vida. De hecho, el actual, se mueve por una ética del beneficio y del consumo que va en contra de la ética de la salud (Durbá, 2006). También, muchas **App** han aparecido: "runtastic", "seven", "fatsecret", etc. son algunos ejemplos.

Si pensamos en los fines de semana, progresivamente alargados, y en las vacaciones anuales, también ampliadas y generalizadas, veremos que el **programa** que se hace para unas y otras incluye de una manera destacada actividades físicas y deportivas de un tipo u otro, además de cuidados del cuerpo. Prueba de ello son los hoteles y resorts que cada vez tienen más servicios tipo "SPA".

Las actividades relativas al cuerpo muestran tener su fundamentación en valores sociales de un grado elevado. Para unos serán razones de **salud**, de desarrollo de la **capacidad física** o de "mantenimiento"; para otros serán razones de tipo **estético**, como aproximación a los **modelos** en boga; para otros será el simple **disfrute** del cuerpo en movimiento, la satisfacción de superar sucesivas pruebas o a un competidor.

Estamos ya ante un **nuevo** tipo de prácticas referidas directa y principalmente al cuerpo, acompañadas de valores y normas que reflejan, a la vez que impulsan, nuevos **cambios** sociales, por ejemplo, al disponer de más tiempo libre, el ocio se convierte en negocio.

El problema aparece cuando, ante la creciente imposibilidad de conseguir los modelos corporales socialmente construidos como deseables, (jóvenes, esbeltos o musculosos, dinámicos, atractivos, y un largo etcétera), termina siendo fuente de angustia. Así pues, el deseo de alcanzar esa imagen ideal, unido a la práctica imposibilidad lograrlo, provoca, en general, un autoconcepto corporal negativo lo cual, unido a otros factores, a veces se traduce en graves enfermedades sociosomáticas como la **anorexia**, la **bulimia** y la **vigorexia** (Zagalaz, Cachón y Lara (2014). Recientemente se ha detectado la **"ortorexia"** u obsesión por la comida sana hasta un punto patológico.

Muchas de estas personas se afligen diariamente a causa de su físico, incluso cuando su figura se acerca a los estándares actuales (López Miñarro, 2002).

También López Miñarro (2002) alerta sobre las falsas creencias y los efectos negativos que sobre la salud existen hoy día en nuestra sociedad. Por ejemplo, dietas milagrosas, cuerpo artificial, etc. que tanto espacio ocupa en la publicidad de los medios de comunicación.

2. JUEGOS Y DEPORTES POPULARES, AUTÓCTONOS Y TRADICIONALES.

Fijamos el significado de cada componente (Cañizares y Carbonero, 2009):

- **Juego**. Actividad lúdica, espontánea, voluntaria, sin reglas oficiales y que tiene un fin en sí mismo.

- **Deporte**. Juego que consiste en el cumplimiento coordinado de los esfuerzos físicos y morales, según un tema arbitrariamente determinado, llamado reglamento y que está institucionalizado.

- **Popular**. Indica que es practicado por grandes masas de ciudadanos, que está dentro de una comunidad muy numerosa, con muchos seguidores. Conocido por la población de un modo natural a través de esquemas de difusión oral.

- **Autóctono**. Expresa que es originado o creado en la misma zona geográfica.

- **Tradicional**. Especifica que viene arrastrado a lo largo del tiempo, dándose a conocer de generación en generación. Generalmente se derivan del quehacer diario y se han extendido gracias a la difusión oral y jugada.

De esta forma podemos encontrarnos con juegos autóctonos pero no tradicionales, o que sean populares pero no autóctonos o juego popular que no sea deporte, etc.

El **juego** popular supone un primer estadio evolutivo derivado de una actividad profesional, con reglas flexibles y previamente pactadas y un estilo de juego campechano. En cambio, el **deporte** popular supone una evolución hacia su complejidad técnica, organización y reglamentación oficial, así como un entrenamiento y profesionalismo para obtener rendimiento.

2.1. LOS JUEGOS Y DEPORTES POPULARES.

Ya el mismo comienzo del juego popular suele tener características peculiares. Para el **reparto** de los papeles se suele emplear el azar o, simplemente, la exigencia de una mayor habilidad. Algunas de las formas más usuales de sorteo están hechas con una moneda al aire o tirarla a una raya, hacer pares/nones con los dedos de la mano, con series de números o canciones, etc. Esto ya es **tradición popular** (Andreu, 2006).

Casi en cualquier sitio se puede jugar, por ejemplo la plaza pública, un descampado, etc., porque el terreno puede estar delimitado por piedras, árboles, paredes... Las reglas son una constante, una imagen de las leyes sociales posteriores, sin embargo el niño percibe que debe **aceptar** las normas del juego si quiere jugar.

Las normas de los grupos o pandillas son un excelente ejercicio para la práctica de las virtudes humanas sociales: sinceridad, lealtad, honradez, etc.

El juego popular ha ido **evolucionando**, prueba de ello es que en los últimos años algunos móviles o "artefactos" han sido captados por los niños siendo popularizado su uso en calles, parques comunales y públicos. Tal es el caso del disco volador o "frisbee", patinetes, monopatines o "skates"·, etc. y que nada tienen que ver con los recursos de antaño: trompos, canicas, aros metálicos, limas, pequeñas piedras o "chinas", etc.

Podemos afirmar que en las plazas y parques públicos, que en los años 50 y 60 del pasado siglo eran habituales los juegos de "pídola", "bombilla", "teje", "elástico", etc. hoy es normal observar otros móviles, incluidos los de tipo electrónico (García Nozal, 2011). Pretendemos que niñas y niños de ahora abandonen durante un tiempo las consolas y juegos de "última generación" para que se diviertan como se hacía en otro tiempo (Rodríguez y Fernández, 2015).

No olvidemos que a principios del siglo XXI surgen nuevas formas lúdicas, la mayoría relacionadas con Internet: juegos en línea, foros, chats, etc. que entran en **competencia** con al juego motor popular. Además, al inicio de la segunda década del siglo XXI, han surgido con mucha fuerza las llamadas "**redes sociales**", que las emplean de forma mayoritaria nuestro alumnado: "Tuenti"; "Facebook"; "Twitter", "Gmail"; "Messenger", "Yahoo", etc., por lo que el tiempo dedicado al juego motor de índole popular es muy pequeño (Cañizares y Carbonero, 2009).

El **deporte popular** nace de la reglamentación del juego practicado por una gran masa de ciudadanos. Un ejemplo claro son las regatas de traineras y otros muchos deportes actuales. Esta evolución del juego al deporte es progresiva en complejidad y producto, precisamente, de su mayor popularización y práctica, el juego se reglamenta y lo regula un organismo que organiza las competiciones y vela por su promoción. Las técnicas de ejecución se despliegan hacia una mayor complejidad, así como las tácticas, el entrenamiento y, al final, surge el profesionalismo.

2.2. LOS JUEGOS Y DEPORTES AUTÓCTONOS.

Son aquellos que se llevan a cabo en cada una de las ciudades, provincias o regiones y que, emanando de la propia cultura popular local, se inician en un entorno geográfico reducido. Suele ser un término inexacto ya que es difícil establecer con precisión si en un determinado lugar se "inventó" un juego. Por ejemplo, está demostrado que la "*Rueda*" es autóctona de Coria del Río (Sevilla), lo mismo que el "Pinfuvote" es un juego que a finales del siglo XX comenzó a gestarse en Dos Hermanas (Sevilla) y que ha tenido mucha aceptación y prosigue su expansión www.pinfuvote.net.

Hoy día están siendo "redescubiertos" gracias a los trabajos de investigación que se realizan en nuestras escuelas. El alumnado, motivado por el docente, indaga entre las personas mayores de su entorno los juegos que éstos hacían cuando eran jóvenes. De esta forma los rescatan del olvido, aumentando el bagaje lúdico popular y tradicional de la zona.

La mayoría de las comunidades autónomas españolas cuentan con algún departamento oficial encargado de investigar, promocionar y regular el juego y deporte autóctono de sus territorios.

2.3. LOS JUEGOS Y DEPORTES TRADICIONALES.

Son manifestaciones culturales presentes en todos los grupos y sociedades. Se han venido practicando desde tiempo inmemorial y no han sufrido casi ninguna modificación en su estructura, precisando una **transmisión** a lo largo de varias **generaciones** (Lavega, 2000).

Ya los niños de la antigua Grecia jugaban, como los actuales, al "escondite", al "corro"; tenían muñecas, pelotas y aros. El comercio y las múltiples invasiones trasladaron los juegos de unos territorios a otros, desde los fenicios a los romanos, desde el mundo árabe a las cruzadas y desde los colonos europeos a los indios americanos y viceversa. También los misioneros los exportaron a África y otros continentes, al mismo tiempo que cuando regresaban a sus países de origen traían los originales de esos territorios (Andreu, 2006).

Ahora, curiosamente, los inmigrantes que vienen a España traen y practican los juegos de sus países de origen, por lo que enriquecen nuestros ficheros.

El juego, por tanto, puede ser creado, adoptado o asumido por una cultura. La **enculturización** es el proceso por el que una sociedad integra a sus miembros. Lo habitual es que los mayores obliguen a los jóvenes a adoptar sus modos tradicionales. Es una transmisión interna de valores, actitudes y normas. El juego popular es el primer ejemplo que recibe el joven de sus mayores cuando los ve practicar. La **aculturización** supone que la transmisión de aspectos culturales de una sociedad y cultura a otra diferente. Por ejemplo, cuando un pueblo domina a otro impone sus formas, estilos, etc. El **sincretismo** supone que un pueblo se opone tajantemente a todo lo que le llega de otra comunidad, por lo que refuerza sus peculiaridades. De ahí que ciertos juegos se practiquen de forma distintas en pueblos cercanos. Los valores que encierran los juegos tradicionales son, entre otros, el conocimiento de las formas de vida, adaptación social, transmisión de la cultura y afirmación de la idiosincrasia (Expósito, 2006).

El sentido y las **causas originarias** de los juegos tradicionales, son:

- La exploración lúdica y el juego como creadores de cultura, por ejemplo, la comba.
- Las de origen en la **actividad económica o laboral**, por ejemplo, las regatas.
- Aquellas relacionadas con la **actividad bélico-militar**, defensa del territorio y de supervivencia, como la lucha leonesa, canaria o el palo canario.
- Las que toman su inspiración en **actividades lúdico-festivas y religiosas**. Por ejemplo, algunas modalidades de las danzas rituales vascas (Euskal Dantzak).

Las **características** de los juegos tradicionales son recogidas por Andreu (2010):

- Niñas y niños los organizan por su propio placer. Deciden dónde y cómo jugar.
- Las reglas son fáciles de recordar, cambiantes y negociables.
- Los juegos se aprenden observando a los mayores.
- Tienen estrategias cooperativas y competitivas, aunque suele predominar una sobre la otra.
- Los materiales son fáciles de fabricar o encontrar.

La evolución de los juegos tradicionales no tiene por qué culminar necesariamente en "deporte" como forma de garantizar su supervivencia, como por ejemplo ha sucedido con la pelota vasca o los bolos leoneses (Martín Nicolás, 2003).

En Andalucía, la **O. 17/03/2015**, indica que *"el conocimiento y práctica de juegos populares, tradicionales y alternativos, contribuirán a enriquecer su identidad cultural"*.

2.3.1. DISTRIBUCIÓN GEOGRÁFICA Y CLASIFICACIÓN DE LOS JUEGOS Y DEPORTES TRADICIONALES EN ESPAÑA.

Siguiendo a Moreno Palos (1992), la Cornisa Cantábrica es la zona que posee mayor número de juegos y deportes tradicionales y donde éstos han arraigado más, destacando el País Vasco que, por sus peculiaridades culturales, ha sido siempre un excelente conservador de sus costumbres populares y donde ocupan un lugar destacado sus juegos tradicionales, posiblemente debido también a sus características orográficas.

En una tabla condensamos la clasificación general, por la actividad que se realiza, y la correspondiente subclasificación (Moreno Palos, 1992, basada en García Serrano, 1974).

CLASIFICACIÓN GENERAL	SUB-CLASIFICACIÓN
Juegos y Deportes de Locomoción	Carreras y marchas Saltos Equilibrios Otros de Locomoción
Juegos y Deportes de Lanzamiento a Distancia	Lanzamiento a mano Lanzamiento con elementos propulsivos Otros juegos de lanzamiento
Juegos y Deportes de Lanzamiento de Precisión	Bolos Disco y moneda De bolas De mazo y bola Otros juegos de lanzamiento
Juegos y Deportes de Pelota y Balón	Pelota a mano Pelota con herramienta Juegos y deportes de balón Otros juegos y deportes
Juegos y Deportes de Lucha	Lucha Esgrima Otros juegos y deportes
Juegos y Deportes de Fuerza	Levantamiento y transporte de pesos
Juegos y Deportes Náuticos y Acuáticos	Pruebas de nado Regatas a vela Regatas a remo Otros juegos y deportes acuáticos
Juegos y Deportes con Animales	Competiciones. Pruebas de valía y adiestramiento Luchas de animales Caza y persecuciones Otros juegos y deportes con animales
Juegos y Deportes de Habilidad en el Trabajo	Actividades agrícolas Otras actividades laborales
Otros Juegos y Deportes Diversos, no clasificados	

En el siguiente cuadro, originario de Moreno Palos, (1992), basado en García Serrano, (1974) exponemos un extracto de los juegos y deportes tradicionales y populares en España más conocidos y que normalmente se encuentran ligados a fiestas de marcado carácter folklórico, así como su procedencia autóctona.

JUEGOS Y DEPORTES TRADICIONALES Y POPULARES EN ESPAÑA	
PAÍS VASCO	pelota vasca; aizcolaris; toka; soga-tira; korricolaris; palankaris; segolaris; arrijosateka; idi-dema
ASTURIAS Y CANTABRIA; CASTILLA-LEÓN; RIOJA Y ARAGÓN; NAVARRA	caliche; bolos; barra española; pelota; lucha leonesa; corricolaris; anadines; sogatira
CATALUÑA	castellets; sogatira; barra; bolos
PAÍS VALENCIANO	Bolos; caliche; pelota valenciana
CASTILLA-LA MANCHA	tiro de reja; bolos; barra española; tejo
MADRID	Chito; bolo-palma; barra española
MURCIA	caliche; bolos de Murcia; bolos de Cartagena; mazi-bol
ISLAS BALEARES	caliche; bolos; tiro con onda
GALICIA	Bolos; loita; carreras rituales
EXTREMADURA	Barra española; caliche; tiro de reja
ANDALUCÍA	carrera de sacos; soga-tira; barra española; caliche; bolos serranos; pelota Alhama; rueda de Coria
CANARIAS	lucha canaria; vela latina; palo canario; levanta arado; petanca; salto de pastor; pulseo de piedra

2.3.2. JUEGOS Y DEPORTES TRADICIONALES EN ANDALUCÍA.

En la Facultad de CC. EE. de Granada y en la F.CC.A.F.D. de la misma ciudad se han realizado trabajos sobre recopilaciones de juegos andaluces.

Los más conocidos, son:

CARACTERÍSTICAS	NOMBRES
De marchas y carreras	Carreras de sacos
De lanzamiento a distancia y a mano	Tiro de reja, Barra española
De bolos	Bolos serranos
De fuerza	Pulsos
De valía y adiestramiento	Pruebas de doma
De pelota	Pelota Alhama
Pruebas hípicas	Carreras de burros

Independientemente de todo ello, en Añora (Córdoba) se organizan en verano las "**Olimpiadas Rurales de Los Pedroches**", que es una práctica multitudinaria de los juegos populares y tradicionales más conocidos de la zona. En el mes de julio de 2016 tuvo lugar la novena edición.

2.4. JUEGO POPULAR, AUTÓCTONO Y TRADICIONAL EN EL CURRÍCULO DE EDUCACIÓN FÍSICA.

El juego popular y tradicional ha sido habitualmente marginado de los contenidos de las clases de educación física al verse "anulado" por los deportes que todos conocemos. Comprobarlo es fácil si miramos al patio de recreo de cualquier escuela. Esto está cambiando y ya a principios del siglo XXI podemos evidenciar esta tendencia, aunque aún la influencia del juego deportivo sigue siendo grande (Miraflores e Ibáñez, 2015).

En parte, esta restitución se debe a la condición diferenciadora de los territorios en España, que produce un resurgir de la cultura propia y de su reafirmación identitaria, por otra. En los últimos tiempos, la "globalización" y el alumnado que nos llega procedente de otros países, ha traído como consecuencia que incorporemos juegos populares de **otras naciones** que enriquecen nuestra acción educativa y, al fin y al cabo, son nuevas soluciones para la **integración** (Gómez, Puig y Maza, 2009). Buena prueba de ello son las publicaciones recientes sobre el juego **multicultural** (Navarro, 2007).

Andreu (2010), detalla los numerosos aspectos que **desarrollan** los juegos populares y tradicionales: habilidades perceptivo-motrices, capacidades coordinativas, habilidades motrices, capacidades físicas y también las conductas socio motrices.

El actual D. C., en referencia a los juegos populares, tradicionales y autóctonos, especifica:

a) **Competencias Clave**:

El área de Educación física contribuye de manera esencial al desarrollo de las **competencias sociales y cívicas**. Las características de la Educación física, sobre todo las relativas al entorno en el que se desarrolla y a la dinámica de las clases, la hacen propicia para la educación de habilidades sociales, cuando la intervención educativa incide en este aspecto. Las actividades físicas y en especial las que se realizan colectivamente son un medio eficaz para facilitar la relación, la integración, el respeto y la interrelación entre iguales, a la vez que contribuyen al desarrollo de la cooperación solidaria.

La Educación física ayuda a la consecución de la competencia del **sentido de iniciativa y espíritu emprendedor** en la medida en que emplaza al alumnado a tomar decisiones con progresiva autonomía en situaciones en las que debe manifestar auto superación, perseverancia y actitud positiva. También lo hace, si se le da protagonismo al alumnado en aspectos de organización individual y colectiva de las actividades físicas, deportivas y expresivas. El juego motor aporta a la consecución de esta competencia estas habilidades esenciales: capacidad de análisis; capacidades de planificación, organización, gestión y toma de decisiones; capacidad de adaptación al cambio y resolución de problemas; comunicación, presentación, representación y negociación efectivas; habilidad para trabajar, tanto individualmente como dentro de un equipo; participación, capacidad de liderazgo y delegación; pensamiento crítico y sentido de la responsabilidad; autoconfianza, evaluación y auto-evaluación, ya que es esencial determinar los puntos fuertes y débiles de uno mismo y de un proyecto, así como evaluar y asumir riesgos cuando esté justificado (manejo de la incertidumbre y asunción y gestión del riesgo).

El área contribuye a la **competencia de aprender a aprender** mediante el conocimiento de sí mismo y de las propias posibilidades y carencias como punto de partida del aprendizaje motor desarrollando un repertorio variado que facilite su transferencia a tareas motrices más complejas. Ello permite el establecimiento de metas alcanzables cuya consecución genera autoconfianza. Al mismo tiempo, los proyectos comunes en actividades físicas colectivas facilitan la adquisición de recursos de cooperación.

Desde este área se contribuye en cierta medida a la **competencia digital** en la medida en que los medios informáticos y audiovisuales ofrecen recursos cada vez más actuales para analizar y presentar infinidad de datos que pueden ser extraídos de las actividades físicas, deportivas, competiciones, etc. El uso de herramientas digitales que permitan la grabación y edición de eventos (fotografías, vídeos, etc.) suponen recursos para el estudio de distintas acciones llevadas a cabo.

El área también contribuye en cierta medida a la adquisición de la **competencia en comunicación lingüística**, ofreciendo gran variedad de intercambios comunicativos, del uso de las normas que los rigen y del vocabulario específico que el área aporta.

b) **Objetivos de etapa**: Si bien podemos relacionarlo con muchos, de modo más significativo está más vinculado con el "h"; "k"; "m".

d) **Objetivos de área**: Está relacionado con el O.EF.6. *"Conocer y valorar la diversidad de actividades físicas, lúdicas, deportivas y artísticas como propuesta al tiempo de ocio y forma de mejorar las relaciones sociales y la capacidad física y además teniendo en cuenta el* *cuidado del entorno natural donde se desarrollen dichas actividades".*

También debemos señalar al objetivo "d" de Andalucía (D. 97/2015):

"Conocer y valorar el patrimonio natural y cultural y contribuir activamente a su conservación y mejora, entender la diversidad lingüística y cultural como un valor de los pueblos y de las personas y desarrollar una actitud de interés y respeto hacia la misma".

d) **Contenidos**: Los podemos aplicar constituyendo una Unidad Didáctica independiente-temática que promueva la **investigación** en cada contexto específico y reviva la tradición, así como la mejora de las habilidades motrices que conlleva. También los podemos usar como **medio**, en cualquier Unidad, para conseguir los objetivos de la misma (Trigueros, 2002).

En cualquier caso debemos **adaptarlos** en función de las características físicas, psicológicas y sociales del grupo, además tendremos en cuenta los espacios, objetos y reglas (Suari, 2005).

El bloque que recoge el juego popular en la O. 17/03/2015, es:

- **Bloque 4**, "***El juego y el deporte escolar***": desarrolla contenidos sobre la realización de diferentes tipos de juegos y deportes entendidos como manifestaciones culturales y sociales de la motricidad humana. El juego, además de ser un recurso recurrente dentro del área, tiene una dimensión cultural y antropológica.

Como ejemplo de contenido, indicamos:

4.4. Indagación y práctica de juegos populares y tradicionales propios de la cultura andaluza.

Por todo ello, podemos resumir diciendo que los juegos populares y tradicionales **mejoran** varios aspectos muy importantes en nuestra área, como son los **perceptivos**, **coordinativos** y la **condición física-salud**, además de los relacionados con los psico-sociológicos (Lavega y otros, 2010).

Como **ejemplos** de **juegos concretos** indicamos el escondite, corta-hilo, rescate (o policías y ladrones), pies quietos, a la zapatilla por detrás, marro (o balón prisionero), pico-zorro-zahina (o churro-mediamanga-mangaentera), látigo, marro, el patio de mi casa, pídola, las cuatro esquinas, la pared, rayuela (o avión), veo-veo, antón-antón-antón pirulero, en el patio de mi casa, pase misí-pase misá, el escondite inglés, las cuatro esquinas, el pañuelo, la cadena, el elástico, la escoba, la paloma, la comba, canicas, chapas, el telegrama, el taco, aro, tula, la gallina ciega, las sillas, etc. (Bernal, 2003) y (Castejón -supervisor-,1999).

e) **Evaluación**: Algunos de los **criterios** de evaluación y estándares (R.D. 126/2014), son:

"C. 8. Conocer y valorar la diversidad de actividades físicas, lúdicas, deportivas y artísticas.

C. 13. Demostrar un comportamiento personal y social responsable, respetándose a sí mismo y a los otros en las actividades físicas y en los juegos, aceptando las normas y reglas establecidas y actuando con interés e iniciativa individual y trabajo en equipo

E.A. 8.1. Expone las diferencias, características y/o relaciones entre juegos populares, deportes colectivos, deportes individuales y actividades en la naturaleza.

E.A.13.5. Acepta formar parte del grupo que le corresponda y el resultado de las competiciones con deportividad".

Además de todo lo dicho en los elementos curriculares anteriores, no podemos dejar de mencionar la importancia de su tratamiento en **otras áreas** y a través de los **contenidos transversales**.

2.5. EJEMPLOS DE APLICACIÓN DEL JUEGO POPULAR.

Dadas las características que posee, es muy aplicable en diversas situaciones:

a) Como unidad didáctica propia. El alumnado investiga los juegos de la zona, cómo se practica, etc.
b) Como medio para lograr determinadas habilidades y destrezas.
c) Como prácticas en los llamados "**recreos inteligentes o saludables**".

3. ACTIVIDADES FÍSICAS ORGANIZADAS EN EL MEDIO NATURAL.

Tienen una denominación muy diversificada que suele responder a la filosofía de su aplicación (Santos, 2003).

Son definidas por Bernadet (1991), citado en Guillén y otros (2000), como "*aquellas de tipo físico-deportivo que tienen, en líneas generales, el objetivo común el desplazarse individual o colectivamente hacia un fin más o menos próximo utilizando o luchando con los elementos que constituyen el entorno físico*". Podemos añadir que también serían válidas las actividades preparatorias que realizamos en la escuela, con vistas a su práctica posterior en la naturaleza.

Fijar el origen de la actividades en la naturaleza dependerá de la perspectiva en la que nos posicionemos (Santos, 2003). Para unos comienza con la propia supervivencia del ser humano en la antigüedad (pesca, caza...). Para otros, todo lo contrario, comienza con la "civilización del ocio", a través de los nuevos deportes centrados en la autorrealización personal y mejora de la calidad de vida (Miranda y otros, 1995). Otros señalan a Rousseau, (Ascaso, 1996). Por otro lado, hay quien opina que comienza con los juegos corporales al aire libre, en plena naturaleza, que realizan los ingleses en el siglo XIX (Varela, 1991).

Si hacemos un poco de historia, las primeras actividades organizadas en Europa tienen su **origen** en Suiza (1870), donde un pastor evangélico lleva a grupos de niños de vacaciones a casas y fondas situadas en la naturaleza. Esto se extiende progresivamente al resto de Europa. En 1887, Manuel Cossío organiza las primeras actividades en la "Institución Libre de Enseñanza", que se incrementan hasta 1936. En los años veinte y treinta de del siglo XX se desarrollan rápidamente porque organismos escolares y asociaciones impulsan colonias escolares (Santos, 2003). Fue muy significativo el Twenty Club (1912), que posteriormente se transformó en el Club Alpino Español, o la asociación "Doce Amigos", con ascendencia en Giner de los Ríos. La F. E. de Montaña se fundó en 1941 (Sánchez Igual, 2005).

En Inglaterra empiezan en 1908 los Boys Scouts, con una marcada estructura militar, y adaptado para los niños. El modelo ideológico es el de una persona "altruista, cívica, pacifista y universalista" (Santos, 2003).

Tras la guerra civil española se funda la O.J.E. y se produce un cierto "boom" en este tipo de actividad, aunque claro está, totalmente de acuerdo con el ambiente social de la época. Un ejemplo del interés político que tiene la Naturaleza y las actividades a realizar en ella, son los campamentos obligatorios para los estudiantes de Magisterio entre 1960 y 1970 (Santos, 2003). A partir de 1975 grandes empresas y entidades públicas y privadas organizan actividades en el medio natural para hijos de sus empleados, etc. **Actualmente** son las entidades públicas y las **empresas de servicios** quienes organizan preferentemente las actividades en el medio natural.

Los cambios experimentados en las prácticas físico-deportivas escolares y sociales a partir de los años ochenta del siglo pasado, reflejan un giro, a nivel general, hacia la personalización y diversificación de los intereses en las actividades **escolares y turísticas** de tiempo libre. Se ha producido una eclosión de múltiples modalidades físico-deportivas y recreativas en distintos contextos, que se han generado, en muchos casos, al margen de la normativa y gestión del sistema deportivo moderno.

La proliferación de actividades al aire libre hace que la naturaleza se ha comenzado a descubrir como un espacio deportivo. Deportes como montañismo, ciclismo, esquí o especialidades náuticas se han popularizado llegando a distintos sectores de la población, sobre todo el escolar. La vida en las grandes urbes y la falta de espacios en las ciudades han influido en la necesidad de los ciudadanos de una vuelta a la naturaleza, marco común de los deportes de aire libre (Granero y Baena, 2011).

La O. de 10/08/2007, por la que se desarrolla el currículo correspondiente a la Educación Primaria en Andalucía, en su Anexo I, indica la importancia de la Educación Física a la hora de trabajar núcleos temáticos propios de la Comunidad, como los "Paisajes Andaluces".

3.1. CLASIFICACIÓN.

Acuña (1986), clasifica las **actividades** para las edades de Primaria, en tres grupos:

- Actividades **básicas**. Aquellas en que la única variación es el lugar en el cual se realiza, en este caso el medio natural (playa, río, pradera, etc.).
- Actividades **genéricas**. Aquellas que al aprenderse permiten el abordaje a cualquier actividad concreta en la naturaleza; aunque el aprendizaje de estas técnicas puede convertirse en una actividad concreta (montaje de tiendas, cabuyería, orientación, socorrismo, construcciones, meteorología, etc.). Sólo en el tercer ciclo.
- Actividades **concretas**. Son las específicas que se pueden iniciar en estas edades. Por ejemplo, esquí, navegación, natación, escalada, bicicross, juegos adaptados, patinaje sobre hielo, etc.

Cañada y García (2003), con otro punto de vista distinto al anterior, exponen la siguiente clasificación sobre las actividades físico-deportivas en la Naturaleza:

- **Habilidades perceptivo-motrices.**
    - Percepción del propio cuerpo y del entorno
- **Habilidades motrices básicas.**
    - De locomoción y manipulativas.
- **Habilidades específicas.**
    - Básicas de desenvolvimiento: marcha, acampada, cabuyería, construcciones, refugios, hornillos, utensilios, etc. Material y equipo, organización de itinerarios y orientación. Juegos de pistas, circuitos de aventuras, etc.
    - Terrestres: senderismo, montañismo, escalada, espeleología, barranquismo, bicicleta de montaña, cicloturismo, orientación, esquí, tiro con arco y equitación.
    - Acuáticas: natación, vela, pirágüismo, kayak, canoa, etc.
    - Aéreas: vuelo sin motor, globo, etc.

Todas las actividades anteriores **no** son aplicables en Primaria. Cada docente deberá adaptarlas en su programación según las posibilidades, características y medios materiales y económicos que tenga el grupo, además de sus aprendizajes previos, etc. (Iglesias, 2005)

Quintana y García (2005) las clasifican en función del **medio** donde se desarrollan:

Agua	Submarinismo, piragüismo, vela, surf...
Aire	Parapente, ultraligeros, globo, ala delta, etc.
Tierra	BTT, senderismo, escalada, etc.
Nieve	Snowboard, esquí, trineos, mushing
Hielo	Cascadismo, patinaje, alpinismo, etc.

García y otros (2005), clasifican cinco **marcos** para **aplicar** en nuestro currículo los grupos clasificatorios de actividades en el medio natural:

M. Cerrado	Las actividades realizadas en el aula o en el propio centro
M. Abierto	Las realizadas en plena naturaleza
M. Mixto	Parte en la escuela y parte en la naturaleza
M. Alternativo cercano	Hechas en parques y otros espacios cercanos al centro
M. Alternativo lejano	Realizadas en campamentos, rocódromos, equipamientos ambientales, etc., pero lejanos al centro.

Por otro lado, no podemos olvidar que en Andalucía tenemos muchas posibilidades y facilidades para hacer "deportes de playa". Nos referimos a la iniciación al "voley-playa", "fútbol-playa", "balonmano-playa", entre otros, aprovechando las instalaciones existentes en el litoral de nuestro entorno mediato o inmediato. Además, podemos contar con la posibilidad de hacer muchos juegos populares, así como otros alternativos aprovechando también la playa o el bosque y los elementos naturales allí existentes. Otra línea son los deportes náuticos tradicionales como la vela, pero también los "alternativos", como el llamado "carro-velismo" (Cañizares y Carbonero, 2009).

3.2. A.F.O. EN EL MEDIO NATURAL Y CURRICULO DE EDUCACIÓN FÍSICA.

La **normativa** sobre las A.F.O. en el Medio Natural, en Andalucía, es la O. de 05/11/2014, por la que se modifica la de 3 de agosto de 2010, por la que se regulan los servicios complementarios de la enseñanza de aula matinal, comedor escolar y actividades extraescolares en los centros docentes públicos, así como la ampliación de horario (BOJA 28-11-2014).

Por otro lado, la O. de 15 de enero de 2007, por la que se regulan las medidas y actuaciones a desarrollar para la atención al alumnado inmigrante y, especialmente, las Aulas Temporales de Adaptación Lingüística, indica en el artículo 3 que "debemos fomentar la participación del **alumnado inmigrante** en las actividades escolares y **extraescolares** del centro.

También, el Decreto 328/2010, de 13 de julio, por el que se aprueba el Reglamento Orgánico de las escuelas infantiles de segundo grado, de los colegios de educación primaria, de los colegios de educación infantil y primaria, y de los centros públicos específicos de educación especial. indica en su artículo 81 que son competencias de los equipos de ciclo, *"promover, organizar y realizar actividades complementarias y extraescolares, de conformidad con lo establecido en la normativa vigente"*.

El DC. actual nos indica:

a) **Competencias Clave**. Tiene una mayor relación con la **Competencia en conciencia y expresiones culturales** mediante la expresión de ideas o sentimientos de forma creativa a través de la exploración y utilización de las posibilidades y recursos del cuerpo y del movimiento. A la apreciación y comprensión del hecho cultural, y a la valoración de su diversidad, lo hace mediante el reconocimiento y la apreciación de las manifestaciones culturales específicas la motricidad humana, tales como los deportes, los juegos tradicionales, las actividades expresivas o la danza y su consideración como patrimonio de los pueblos. **Competencia digital** en la medida en que los medios informáticos y audiovisuales ofrecen recursos cada vez más actuales para analizar y presentar infinidad de datos que pueden ser extraídos de las actividades físicas, deportivas, competiciones, etc. El uso de herramientas digitales que permitan la grabación y edición de eventos (fotografías, vídeos, etc.) suponen recursos para el estudio de distintas acciones llevadas a cabo.

b) **Objetivos de Etapa**. El más intencional es el objetivo "**h**": *Conocer y valorar su entorno natural, social y cultural, así como las posibilidades de acción y cuidado del mismo*".

c) **Objetivos de Área**. El más relacionado es el nº "**6**": "*Conocer y valorar la diversidad de actividades físicas, lúdicas, deportivas y artísticas como propuesta al tiempo de ocio y forma de mejorar las relaciones sociales y la capacidad física y además teniendo en cuenta el cuidado del entorno natural donde se desarrollen dichas actividades*".

d) **Contenidos**. Las actividades físicas en el medio natural no están recogidas como tal en la legislación actual, aunque sí de forma indirecta. Por ejemplo, en el medio natural podemos mejorar las percepciones y la habilidad motriz en general, resultan prácticas saludables, podemos hacer muchos tipos de juegos y deportes, así como de índole expresiva.

No podemos dejar de señalar a los contenidos de otras áreas y el Tema Transversal de "Educación Ambiental". Esto nos da pie para llevar a cabo actividades interdisciplinarias, sin olvidarnos de prestar atención a la Diversidad (Iglesias, 2005). Por otro lado, la Orden de 10 de agosto de 2007, por la que se desarrolla el currículo correspondiente a la Educación Primaria en Andalucía. B. O. J. A. nº 171, de 30/08/2007, indica que en los contenidos propios de la Comunidad de Andalucía, como el relativo al patrimonio andaluz o a la incidencia de la actividad humana en el medio -correspondientes al área de Conocimiento del Medio Natural, Social y Cultural-, se puede tratar en colaboración con otras áreas, como la de Educación Física. En los enclaves naturales existen diferentes **programas** que pueden adaptarse a nuestras necesidades: centros de visitantes, centros de recepción, aulas de la naturaleza, jardines botánicos, etc.

e) **Evaluación**: Las actividades lúdicas en el medio natural vine recogido en el:

C. 10. *Manifestar respeto hacia el entorno y el medio natural en los juegos y actividades al aire libre, identificando y realizando acciones concretas dirigidas a su preservación.*

Independientemente de ello, el R.D. 126/2014 cuando se refiere a los cinco elementos curriculares de la programación, hace referencia a la actividad en el medio natural:

"***Acciones motrices en situaciones de adaptación al entorno físico***. *Lo más significativo en estas acciones es que el medio en el que se realizan las actividades no tiene siempre las mismas características, por lo que genera incertidumbre. En general se trata de desplazamientos con o sin materiales, realizados en el entorno natural o urbano que puede estar más o menos acondicionado, pero que experimentan cambios, por lo que el alumnado necesita organizar y adaptar sus conductas a las variaciones del mismo. Resulta decisiva la* *interpretación de las condiciones del entorno para situarse, priorizar la seguridad sobre el riesgo y para regular la intensidad de los esfuerzos en función de las posibilidades personales. Estas actividades facilitan la conexión con otras áreas de conocimiento y la profundización en valores relacionados con la conservación del entorno, fundamentalmente del medio natural. Puede tratarse de actividades individuales, grupales, de colaboración o de oposición. Las marchas y excursiones a pie o en bicicleta, las acampadas, las actividades de orientación, los grandes juegos en la naturaleza (de pistas, de aproximación y otros), el esquí, en sus diversas modalidades, o la escalada, forman parte, entre otras, de las actividades de este tipo de situación".*

3.3. A.F.O. EN EL MEDIO NATURAL Y NORMAS DE ORGANIZACIÓN Y SEGURIDAD.

Para organizar actividades en el medio natural, en un único día o en varios, es preciso tener en cuenta una serie de pautas legales, organizativas y de seguridad para que todo salga bien, dado que estamos sujetos a riesgo físico por múltiples causas, con la responsabilidad de todo tipo que esto conlleva. Miguel (2005), subraya que la primera tarea del profesorado es anular el riesgo físico al 100%. Indicamos una serie de puntos a considerar:

- Antes que nada, todo lo que vayamos a hacer debe estar reflejado en el **Plan de Centro** y las familias deberán **autorizar** a sus hijas e hijos hacer la actividad extraescolar.
- El docente puede verse auxiliado por los programas que ofrecen los P. Naturales, la Consejería de Educación y los Ayuntamientos.
- Podrá organizarlo de forma independiente (prácticamente en desuso hoy día), o bien acudir a la amplia oferta de las *"empresas de servicios"* que nos ofrecen itinerarios naturales, senderismo, cursos de iniciación a los deportes de nieve, náuticos, multiaventura, "campus", etc., así como "huertos escolares", etc. En ellos nos muestran una serie de prestaciones que hay que tener en consideración. Por ejemplo:
  - Publicidad y promoción a los escolares y familiares: vídeos, web, Cd., etc.
  - Asesoramiento para llevar a cabo cualquier petición del docente.
  - Tratamiento didáctico de, prácticamente, cualquier contenido.
  - Viajes, alojamientos, manutención y materiales específicos.
  - Asistencia médica, permisos y seguro de accidentes y responsabilidad civil. Debemos hacer un contrato donde se especifiquen servicios y actividades a realizar, así como las alternativas previstas en caso de mal tiempo o de cambio forzoso por otras circunstancias, precio, número de monitores, (es conveniente uno por cada diez o quince alumnos), etc. Teléfono de la compañía aseguradora y número de **póliza** suscrita. Los recursos que ponen a nuestra disposición, etc.
  - Estas empresas gestoras han supuesto, lógicamente, un vuelco en la organización escolar de las A.F.O. en el Medio Natural. Ya todo es más fácil, profesional y ágil, además de derivar un asunto que siempre ha causado "respeto" en los docentes: la **responsabilidad** en caso del más mínimo incidente.
  - Precio interesante, sobre todo porque cada vez hay más competencia comercial.
- Las **TAC** nos ofrecen muchas posibilidades. Por ejemplo, antes de la visita física, podemos realizarla de modo "virtual".
- Internet nos ofrece consultar la climatología, orografía y servicios, así como otros datos interesantes que puedan ser tenidos en cuenta.

Podemos concretar una serie de consejos relacionados con la **evitación** de accidentes (Cañada y García, 2003):

- Dar normas sobre las actividades a realizar y precauciones a tener en cuenta.
- Repasar si se cumplen las instrucciones dadas sobre ropa, calzado y demás componentes, por ejemplo, protección contra el sol, frío, etc. Prever zonas de refugio en caso de lluvia.
- En caso de baño, no hacerlo en aguas estancadas o sucias, saber la profundidad existente y controlar las corrientes.
- Que exista un monitor por cada diez o quince asistentes.
- No olvidar elementos de seguridad: linterna, mapa, teléfono móvil, dinero, botiquín de primeros auxilios que incluya crema contra las picaduras, etc.
- Tener previsto vehículo de emergencia y facilidad para contactar con la familia.

CONCLUSIONES

Este Tema consta de tres partes diferenciadas. En la primera hemos visto la importancia que hoy día tiene todo lo relacionado con el movimiento corporal, el deporte, etc. Esto es muy beneficioso para la escuela debido a las influencias del medio social. La motivación que tiene el escolar hacia los aprendizajes motrices y deportivos es muy grande, de ahí los éxitos en las escuelas deportivas, talleres de juegos, etc.

En la segunda hemos tratado cómo el juego popular y tradicional tiene un gran valor en el medio escolar debido a su influencia en la educación del movimiento, la condición física, las relaciones socio-afectivas y la transmisión de la cultura lúdica popular a las nuevas generaciones.

En la tercera hemos expuesto la influencia del medio natural en el ámbito educativo. Muchas de las enseñanzas, sobre todo las relacionadas con nuestra Área, tienen un marco ideal en la naturaleza. De este modo enseñamos al alumnado el respeto, conservación, limpieza, etc. hacia nuestro entorno natural.

El juego en todas las acepciones estudiadas en este tema, es un recurso imprescindible en esta etapa como situación de aprendizaje, acordes con las intenciones educativas, y como herramienta didáctica por su carácter motivador. Las propuestas didácticas deben incorporar la reflexión y análisis de lo que acontece y la creación de estrategias para facilitar la transferencia de conocimientos de otras situaciones.

BIBLIOGRAFÍA

- ACUÑA, A. (1991). *Manual didáctico de actividades en la naturaleza*. Wanceulen. Sevilla.
- ANDREU, E. (2006). *La actividad lúdica infantil en el Mediterráneo*. Wanceulen. Sevilla.
- ANDREU, E. (2010). *¿Juego o deporte? Análisis psicopedagógico de la riqueza motriz de los juegos tradicionales*. Wanceulen. Sevilla.
- ASCASO, J. y otros. (1996). *Actividades en la naturaleza*. M. E. C. Madrid.
- BAYLE, J. I. (2005). *Vigorexia: cómo reconocerla y evitarla*. Síntesis. Madrid.
- BERNAL, J. A. (2003). *Juegos de calle*. Wanceulen. Sevilla.
- BLÁZQUEZ, D. (2001). *La Educación Física*. INDE. Barcelona.
- CAÑADA, S. y GARCÍA, B. (2003). *El medio natural*. En "*Desarrollo de la motricidad*". RIVADENEYRA, M. L. (Coord). Wanceulen. Sevilla.
- CAÑIZARES, J. Mª y CARBONERO, C. (2009). *Temario de oposiciones de Educación Física para Primaria*. Wanceulen. Sevilla.

- CASTEJÓN, F. J. (supervisor) (1999). *Juegos populares. Una propuesta para la Educación física.* Gymnos. Madrid.
- DEVÍS, J. y PÉREZ-SAMANIEGO, V. (2000). *La ética profesional y la promoción de la actividad física relacionada con la salud*, en DEVÍS, J. -coor.-. *La Educación Física y el deporte en el S. XXI*, Marfil, Alcoy.
- DURBÁ, V. (2006). *El deporte y la televisión. Una propuesta de investigación.* Monografías. Revista Tándem, nº 20, pp. 89-100. Graó. Barcelona.
- EXPÓSITO, J. (2006). *El juego y el deporte popular, tradicional y autóctono.* Wanceulen. Sevilla.
- GARCÍA NOZAL, J. M. (2011). *Juegos de nuestra infancia.* Wanceulen. Sevilla.
- GARCÍA, P.; MARTÍNEZ, A.; PARRA, M.; QUINTANA, M.; ROVIRA, C. M. (2005). *Actividades físicas en el medio natural para Primaria y Secundaria.* Wanceulen. Sevilla.
- GÓMEZ MORA, J. (2003). *Fundamentos biológicos del ejercicio físico.* Wanceulen. Sevilla.
- GÓMEZ, C.; PUIG, N. y MAZA, G. (2009). *Deporte e integración social.* INDE. Barcelona.
- GRANERO, A. y BAENA, A. (2011). *Actividades físicas en el medio natural. Teoría y práctica para la Educación Física actual.* Wanceulen. Sevilla.
- GUILLÉN, R.; LAPETRA, S. y CASTERAD, J.; (2000). *Actividades en la naturaleza.* INDE. Barcelona.
- GUTIÉRREZ TOCA, M. (2004). *Juegos ecológicos con piedras y palos.* INDE. Barcelona.
- IGLESIAS, J. A. (2005). *Ficheros de actividades en la Naturaleza.* INDE. Barcelona.
- JUNTA DE ANDALUCÍA (2010). *Decreto 328/2010, de 13 de julio, por el que se aprueba el Reglamento Orgánico de las escuelas infantiles de segundo grado, de los colegios de educación primaria, de los colegios de educación infantil y primaria, y de los centros públicos específicos de educación especial.* BOJA Nº 139, de 16/07/2010.
- JUNTA DE ANDALUCÍA (2010). *Orden de 03/08/2010, por la que se regulan los servicios complementarios de la enseñanza de aula matinal, comedor escolar y actividades extraescolares en los centros docentes públicos, así como la ampliación de horario.* (BOJA 12-08-2010).
- JUNTA DE ANDALUCÍA (2007). Ley 17/2007, de 10 de diciembre, de Educación de Andalucía (L. E. A.). B. O. J. A. nº 252, de 26/12/07.
- JUNTA DE ANDALUCÍA (2015). *Decreto 97/2015, de 3 de marzo, por el que se establece la ordenación y las enseñanzas correspondientes a la Educación primaria en Andalucía.* B. O. J. A. nº 50, de 13/03/2015.
- JUNTA DE ANDALUCÍA. (2015). *Orden de 17 de marzo de 2015, por la que se desarrolla el currículo correspondiente a la Educación Primaria en Andalucía.* B. O. J. A. nº 60, de 27/03/2015.
- JUNTA DE ANDALUCÍA (2007). *Orden de 15 de enero de 2007, por la que se regulan las medidas y actuaciones a desarrollar para la atención al alumnado inmigrante y, especialmente, las Aulas Temporales de Adaptación Lingüística.* B.O.J.A. nº 33, de 14/02/07.
- JUNTA DE ANDALUCÍA (1999). *Orden de 17 de febrero de 1999, por la que se regulan las ayudas a la realización de actividades complementarias y extraescolares en los Centros docentes públicos, a excepción de los de Adultos y Universitarios.* B.O.J.A. nº 33, de 18/03/99.

- JUNTA DE ANDALUCÍA (1998). *Orden de 14 de julio de 1998, por la que se regulan las actividades complementarias y extraescolares y los servicios prestados por los Centros docentes públicos no universitarios.* B.O.J.A. nº 86, de 01/08/98.

- LAGARDERA, F. (1995). *El sistema deportivo: dinámica y tendencias.* Revista de Educación Física, nº 61. Barcelona.

- LAVEGA, P. (2000). *Juegos y Deportes Populares Tradicionales.* INDE. Barcelona.

- LAVEGA, P. y otros (2010). *Juegos tradicionales y salud social.* A. C. La Tanguilla. Aranda del Duero (Burgos).

- LEGIDO, J. C. y otros (2009). *Hipertrofia y crecimiento muscular.* En GUILLÉN, M. y ARIZA. L. *Las Ciencias de la Actividad Física y el Deporte como fundamento para la práctica deportiva.* U. de Córdoba.

- LÓPEZ MIÑARRO, P. A. (2002). *Mitos y falsas creencias en la práctica deportiva.* INDE. Barcelona.

- MARTÍN NICOLÁS, J. C. (2003). *Fundamentos de los juegos y deportes tradicionales en el ámbito de la Educación Física.* U. de León. Secretariado de Publicaciones y Medios Audiovisuales. León.

- M.E.C. (2013). *Ley Orgánica 8/2013, de 9 de diciembre, para la mejora de la calidad educativa.* BOE Nº 295, de 10/12/2013.

- M. E. C. (2006). *Ley Orgánica 2/2006, de 3 de mayo, de Educación (L. O. E.).* B. O. E. nº 106, de 04/05/2006, modificada por la LOMCE/2013.

- M. E. C. (2010). *Real Decreto 132/2010, de 12 de febrero, por el que se establecen los requisitos mínimos de los centros que impartan las enseñanzas del segundo ciclo de la educación infantil, la educación primaria y la educación secundaria.* B.O.E. nº 62, de 12/03/2010.

- M. E. C. ECD/65/2015, *O. de 21 de enero, por la que se describen las relaciones entre las competencias, los contenidos y los criterios de evaluación de la educación primaria, la educación secundaria obligatoria y el bachillerato.* B.O.E. nº 25, de 29/01/2015.

- MIGUEL, A. (2005). *La lección de Educación Física en el Aula Naturaleza.* En BORES, N. -coord.- *La lección de Educación Física en el Tratamiento Pedagógico de lo Corporal.* INDE. Barcelona.

- MIRAFLORES, E.; IBÁÑEZ, N. (2015). *Juegos populares y tradicionales para Educación Infantil.* CCS Editorial. Madrid.

- MIRANDA, J. y colls. (1995). *Actividades físicas en la naturaleza: un objeto a investigar. Dimensiones científicas.* Revista "Apunts Educació Física". (41, 53-69). Barcelona.

- MORENO, C. (1992). *Juegos populares, autóctonos y tradicionales en España.* Alianza. Madrid.

- NAVARRO, V. (2007). *Tendencias actuales de la Educación Física en España. Razones para un cambio.* (1ª y 2ª parte). Revista electrónica INDEREF. Editorial INDE. Barcelona. http://www.inderef.com

- PAREDES, J. (2003). *Teoría del Deporte.* Wanceulen. Sevilla.

- PARLEBAS, P. (2003). *Elementos de sociología del deporte.* I. A. D. Málaga.

- QUINTANA, M. y GARCÍA, P. (2005). *Introducción a las Actividades en la Naturaleza.* Wanceulen. Sevilla.

- RODRÍGUEZ, E. y FERNÁNDEZ-TRESGUERRES, A. (2015). *Juegos de ayer y de hoy.* Conais Gestión. Oviedo.

- ROMERO, C. (2002). *El juego en el Decreto del Área de Educación Física, Etapa de Educación Primaria*. Revista "Habilidad Motriz", nº 18, págs. 48-59. Ed. C.O.P.L.E.F.A. Córdoba.
- SÁNCHEZ IGUAL, J. E. (2005). *Actividades en el medio natural y Educación Física*. Wanceulen. Sevilla.
- SANTOS, Mª. L. (2003). *Fundamentos de las Actividades en el Medio Natural en la Educación Física Escolar*. Wanceulen. Sevilla.
- SUARI, C. (2005). *Juegos Tradicionales: del currículum a la clase*. Wanceulen. Sevilla.
- TORO, V. (1996). *El cuerpo como delito*, Ariel, Madrid.
- TRIGUEROS, C. (2002). *El juego tradicional en la socialización de los niños*. En MORENO, J. A. *Aprendizaje a través del juego*. Aljibe. Málaga.
- VARELA, J. (1991). *El cuerpo en la infancia. Elementos para una genealogía de la ortopedia pedagógica*. En VV. AA. Sociedad, cultura y Educación (229-246). Madrid.
- VÁZQUEZ, B. (1990). *La Educación Física en la Educación Básica*. Gymnos. Madrid.
- VÁZQUEZ, B. (2001). (Coord). *Bases educativas de la actividad física y el deporte*. Síntesis. Madrid.
- ZAGALAZ, Mª L.; CACHÓN, J.; LARA, A. (2014). *Fundamentos de la programación de Educación Física en Primaria*. Síntesis. Madrid.

WEBGRAFÍA (Consulta en septiembre de 2016).

http://efjjrebollo.blogspot.com.es/2009/02/fichero-de-juegos-populares.html
https://pacolopez.files.wordpress.com/2010/04/fichero-juegos-populares-y tradicionales.pdf
http://www.agrega2.es
http://recursos.cnice.mec.es/edfisica/
http://www.pinfuvote.net
http://recursos.cnice.mec.es/edfisica/
http://www.ite.educacion.es/es/recursos
http://www.educarm.es/admin/recursosEducativos#nogo
www.juntadeandalucia.es/educacion/descargasrecursos/curriculo-primaria/index.html
http://www.gobiernodecanarias.org/educacion/webdgoie/
http://www.educarex.es/web/guest/apoyo-a-la-docencia
http://www.catedu.es/webcatedu/index.php/recursosdidacticos
http://www.educa2.madrid.org/educamadrid/servicios
http://www.educa.jccm.es/educa-jccm/cm/recursos
http://www.educa.jcyl.es/profesorado/es/recursos-aula
http://www.guiaderecursos.com/webseducativas.php
http://www.adideandalucia.es
http://recursostic.educacion.es/primaria/ludos/web/index.html

TEMA 16

PRINCIPIOS DE SISTEMÁTICA DEL EJERCICIO Y ELEMENTOS ESTRUCTURALES DEL MOVIMIENTO. SISTEMAS DE DESARROLLO DE LA ACTIVIDAD FÍSICA (ANALÍTICOS, NATURALES, RÍTMICOS...)

ÍNDICE

INTRODUCCIÓN

1. PRINCIPIOS DE SISTEMÁTICA DEL EJERCICIO FÍSICO Y ELEMENTOS ESTRUCTURALES DEL MOVIMIENTO.

    1.1. Concepto y definiciones.

    1.2. Clasificaciones. Criterios.

    1.3. Elementos estructurales del movimiento.

2. SISTEMAS DE DESARROLLO DE LA ACTIVIDAD FÍSICA: ANALÍTICOS, NATURALES, RÍTMICOS...

    2.1. SISTEMAS ANALÍTICOS.

        2.1.1. Gimnasia Sueca.

        2.1.2. Gimnasia Neo-Sueca.

    2.2. SISTEMAS NATURALES.

        2.2.1 Sistemas naturales más importantes.

    2.3. SISTEMAS RÍTMICOS.

        2.3.1. Evolución de los sistemas rítmicos.

    2.4.   SISTEMAS MÁS ACTUALES.

    2.5.   APLICACIÓN DIDÁCTICA DE LOS SISTEMAS DE DESARROLLO DE LA ACTIVIDAD FÍSICA.

CONCLUSIONES

BIBLIOGRAFÍA

WEBGRAFÍA

INTRODUCCIÓN

Este Tema consta de dos grandes bloques, que a su vez se dividen en otras. La primera trata de los aspectos que determinan la forma y la técnica de ejecución de la actividad física, incluyendo el proceso y el mecanismo que la posibilitan.

Hacer una **taxonomía del ejercicio** y de los sistemas de desarrollo de la actividad física podría llevarnos al análisis de toda la historia de la Educación Física. No olvidemos que el ejercicio físico ha estado ligado al género humano desde los tiempos más prehistóricos -a través de su carácter **utilitario**- hasta las concepciones más actuales, que están relacionadas con los ámbitos **educativo**, **recreativo**, **rendimiento** y de la **salud** y **calidad de vida**.

La segunda parte recoge las características de las corrientes gimnásticas tradicionales y las surgidas en las últimas décadas, comprobando su evolución, entendiendo que este es el sentido de los "**puntos suspensivos**" recogidos al final del título.

Así pues, se trata de un Tema muy **largo**, con muchos **autores** por lo que es preciso condensar todos los puntos. Lo mismo podemos decir de los sistemas, sobre todo de los más actuales.

1. PRINCIPIOS DE SISTEMÁTICA DEL EJERCICIO FÍSICO Y ELEMENTOS ESTRUCTURALES DEL MOVIMIENTO.

1.1. CONCEPTO Y DEFINICIONES.

Si seguimos a Martín Llaudes (1995), sistemática del ejercicio físico es la **ordenación y clasificación** de éste como punto de partida para su estudio y aplicación específica dentro de la Educación Física, describiendo sus principios e implicaciones más importantes.

Ejercicio físico es la manifestación **práctica** del movimiento en el campo de la actividad física. Todo esfuerzo corporal individual y colectivo se realiza a través del ejercicio físico, al igual que toda actividad deportiva. Constituye el estímulo para **desarrollar** y perfeccionar las **capacidades** motrices y físicas del individuo. Para que tenga provecho, debe ser **voluntario**, tener un **objetivo** y estar **sistematizado**.

Movimiento significa **cambio**, **variación** y **desplazamiento** del todo corporal o de sus partes. La energía para realizarlo proviene de la **fuerza muscular** que se produce en la **contracción** (Calderón y Palao, 2009).

Tradicionalmente los **Principios** del Ejercicio han sido:

- **P. de Unidad Funcional.** El organismo es una unidad indivisible. Cualquier lesión de una parte afecta a la totalidad.
- **P. de la Adaptación.** El organismo se acomoda progresivamente al esfuerzo que le supone la agresión del ejercicio físico. De ahí la importancia de ir poco a poco.
- **P. de la Intensidad.** La carga será según la edad, nivel, etc. de la persona.

1.2. CLASIFICACIONES. CRITERIOS.

Abordamos este amplísimo apartado desde varios puntos de vista o **criterios**, pero advirtiendo a quienes nos leen que no deberán ser muy profusos en su redacción, habida cuenta que el tiempo concedido para el examen escrito es relativamente escaso. Así pues, casi con los epígrafes se puede contestar:

- A) Punto de vista histórico. Carácter primario del ejercicio (Zagalaz (2001).
- B) El ejercicio como preparación sistemática de la persona: Escuelas y Movimientos (Blázquez, 2001).
- C) Clasificaciones clásicas. Varios criterios tradicionales.
- D) Clasificación "Integrada" (Agosti, 1963); (Mosston, 1968); (Hernández Vázquez, 1980); Fidelus y Kocjasz (1989).
- E) Tendencias en el siglo XXI (Cañizares y Carbonero, 2007)

A) Punto de vista histórico. Carácter primario del ejercicio (Zagalaz (2001).

Desde un **punto de vista histórico**, todas las civilizaciones y en todas las épocas se ha tendido a clasificar el ejercicio físico en función de su naturaleza (Zagalaz, 2001). En una tabla lo resumimos:

ÉPOCA	CONCEPTO Y TIPOS DE EJERCICIOS
Prehistoria	La lucha por la vida. Ejercicios para actividades de supervivencia (caza, recolección, traslado, etc.)
Antigüedad, Lejano y Extremo Oriente	Ejercicios con fines religiosos, terapéutico, guerrero
Grecia, Atenas, Esparta	Ciudadano integral. Deporte (JJ. OO.) Educativo. Guerrero
Roma	Conquista (guerrero). Circo, profesionalismo
Edad Media (Feudalismo)	Ejercicios realizados por caballeros para la preparación de torneos. Lucha por ideales: las Cruzadas.
Renacimiento: Humanismo, Filantropismo, Enciclopedismo	Ideales clásicos, vida natural. Ejercicio físico como agente educativo. Humanismo.

Hasta aquí, exceptuando la valoración helénica y renacentista, podemos hablar de una **interpretación** del ejercicio físico de **carácter primario**.

B) El ejercicio como preparación sistemática de la persona: Escuelas y Movimientos (Blázquez, 2001).

Ahora vamos a encontrar el ejercicio físico como parte de un **programa de preparación** del individuo, sin un fin tan directamente **utilitario** como en el anterior apartado.

A comienzos del **siglo XIX**, la aparición de las "**Escuelas**" marca con su sello característico la forma, técnica y clasificación del ejercicio físico. En el **siglo XX** aparecen los "**Movimientos**", como evolución de aquéllas. Resumimos los llamados periodos de Escuelas y Movimientos (Blázquez, 2001):

a) **Periodo de Escuelas**: (1800-1900).

ESCUELAS	TIPO EJERCICIOS
Sueca	Analítico. Carácter médico y rehabilitador. P. Ling.
Alemana	Pedagógico. "Patriótico". Guts Muts y F. L. Jahn.
Francesa	Escolar. Militar. Científico. F. Amorós.
Inglesa	Deportivo. T. Arnold.
Americana	Influencia emigrantes nórdicos y alemanes: higiene, educación, terapia y recreación. Deportivo. Por influencia inmigrantes ingleses: deportes tales como B. Cesto, Voleibol, Béisbol, etc. Karl Follen, Karl Beck y Binet.

b) **Periodo de Movimientos**: (1900-1939). Surgen como evolución de las Escuelas.

MOVIMIENTOS	CONCEPTO-TIPO DE EJERCICIOS	AUTORES
Norte (Escandinavia)	Rítmico. Acrobático. Balanceos.	N. Bukh; E. Björksten
Centro (Alemania)	Rítmico. Natural.	I. Duncan; J. Dalcroze
Oeste (Francia)	Natural. Científico.	G. Hèbert;
Deportivo (Inglaterra y Francia)	Deportivo. Reinstauración JJ.OO. (1896)	P. Coubertin

A partir de 1939 hay una **internacionalización** progresiva.

C) **Clasificaciones clásicas. Varios criterios tradicionales.**

Algunos intentos de sistematización los resumimos en las siguientes direcciones, que también se conocen como **clasificaciones clásicas**:

- Clasificación del ejercicio por su **proyección anatómica**. Pretende resaltar el interés por las partes del cuerpo. Predomina en los métodos de procedencia sueca por su excesiva preocupación postural.
- Clasificación del ejercicio por el **tipo de actividad**. Conceptos utilitarios como correr, saltar, trepar... Predomina en este tipo el "Método Natural" de Hébert.
- Clasificación del ejercicio por la **función o capacidad física** que desarrolla. Realizada fundamentalmente por el danés N. Buck, dentro de la llamada gimnasia neosueca. Por ejemplo, fuerza o flexibilidad.
- Clasificación del ejercicio por el **papel que desempeña en la sesión**. Manifiesta la finalidad que el ejercicio tiene en el transcurso de la clase tradicional. Por ejemplo, ejercicios para la vuelta a la calma.
- Clasificación del ejercicio en función de **las características mecánicas del mismo**. Flexión, extensión, rotación...

D) **Clasificación "Integrada" (Agosti, 1963); (Mosston, 1968); (Hernández Vázquez, 1980); Fidelus y Kocjasz (1989).**

Modernamente nos fijamos en el llamado "**Concepto Integrado del Ejercicio**". Tiene cuatro autores más significativos: Luís Agosti (España), Muska Mosston (EE.UU.), K. Fidelus (Polonia) y José Luís Hernández Vázquez (España).

- **Luís Agosti** (1963) clasifica los ejercicios atendiendo a:
  - La **finalidad**, es decir según la función y miembro a que van dirigidos, así como el lugar que ocupan y papel que representan en la lección de gimnasia. Por ejemplo, ejercicios de orden: formaciones; ejercicios fundamentales de piernas: potencia, flexibilidad; ejercicios de equilibrio: en suelo o elevado; etc.
  - Las **características mecánicas**, es decir, según las condiciones en que se realiza el movimiento en funciones del espacio y del tiempo. Por ejemplo, la mecánica elemental con palmadas o rebotes.

- **Muska Mosston** (1968), propone una clasificación del ejercicio desde una perspectiva **tridimensional**. Presenta un concepto integrado por **tres dimensiones** cuya representación es un **cubo**.
  - **Dimensión anatómica.** Se centra en la parte del cuerpo o región que debe desarrollarse con un movimiento determinado. Así clasifica los ejercicios del miembro superior, tronco, etc.

- o **Dimensión mecánica.** Se ocupa del tipo de movimiento que se emplea para desarrollar la capacidad deseada en alguna zona del cuerpo. **Simple**: flexión-extensión, abducción-aducción, etc.; **compleja**: correr, lanzar, etc.

- o **Dimensión de las capacidades físicas.** Se refiere a los efectos producidos por los ejercicios en el organismo y que, en función de las distintas taxonomías, reciben nombres como fuerza, flexibilidad, resistencia, etc.

- **J. L. Hernández** (1980). De este autor suele decirse que tiene la clasificación más "completa". Hace una clasificación del ejercicio en función de las características esenciales del mismo. La vemos a través de su propio cuadro-resumen.

CARACTERÍSTICAS	CRITERIOS		TIPOS DE EJERCICIOS
SEGÚN LA INTENCIÓN. Se refiere a los factores de ejecución o condición física y a la habilidad motriz o "ajuste"	ÁREA DE DESARROLLO	Factores de ejecución	Fuerza, Flexibilidad, Velocidad, Resistencia
		Habilidad motriz	Coordinación, Equilibrio, Agilidad
SEGÚN LA INTENSIDAD. Depende de cada persona y su propia capacidad.	Baja, Media, Alta	Depende del individuo y su condición física	
SEGÚN LA FORMA Y TÉCNICA DEL MOVIMIENTO. Es el aspecto exterior del ejercicio.	a) Acción mecánica		Flexión-extensión, Abducción-aducción, Rotación y Circunducción
	b) Localización anatómica		Articulaciones y grupos musculares
	c) Técnica de aplicación		Posición inicial; Ejecución; Final
	d) Técnica de trabajo		Impulsados; Conducidos; Explosivos
	e) Tipos de movimiento		Activos: libres, ayudados y resistidos / Pasivos: relajados y forzados
	f) Estructura del ejercicio		Analíticos; Sintéticos y Globales
	g) Carácter de los ejercicios		Naturales y Construidos
	h) Tipo de contracción muscular		Isométrica / Isotónica: Concéntrica y Excéntrica

- **Fidelus y Kocjasz**, (1989) hacen una clasificación teniendo en cuenta a **tres parámetros**: zona corporal y dirección del movimiento; posición inicial y carga adicional (si la hay).

La "Biomáquina" de Fidelus es una simplificación del funcionamiento del organismo del ser humano, englobando a los principales órganos y aparatos en tres sistemas: locomotor o de movimiento; dirección y control; alimentación y transporte (Gómez Mora, 2003).

E) Tendencias en el siglo XXI (Cañizares y Carbonero, 2007).

Podemos hablar de **dos** grandes **tendencias** en el ejercicio físico en pleno siglo XXI. Por un lado, el mundo del deporte profesional (**deporte-rendimiento**), basa el ejercicio físico, primordialmente, en la biomecánica y en el vigor orgánico, haciendo una preparación minuciosa ya que está en juego el triunfo y, por tanto, mucho dinero. Aquí podemos incluir también el deporte no de élite, pero que igualmente sigue una sistematización muy estricta. Del mismo modo, podemos encuadrar en esta tendencia a quienes necesitan una excelente condición física para llevar a cabo su profesión: profesionales del ballet, cuerpos de seguridad, etc.

La otra corriente es la **educativa** que, en su concepción moderna, va a rechazar una sistematización rigurosa como la del modelo anterior. Aquí también englobamos a las "corrientes sociales" relacionadas con la **Salud** y **Recreación**. No olvidemos que en la escuela debemos enseñar técnicas y juegos para que el alumnado los realice en su tiempo de ocio y vacacional y que éste resulte saludable.

1.3. ELEMENTOS ESTRUCTURALES DEL MOVIMIENTO.

Para centrarnos en los aspectos estructurales del movimiento debemos remitirnos a las estructuras o **soportes** del cuerpo humano. En conjunto, estructuras, si seguimos a **Bouchard** (citado entre otros por Cañizares y Carbonero, 2007), podemos definirlas como *"la suma del equipamiento biológico de la persona"*, es decir, la **totalidad** de tejidos, órganos y sistemas de los que está hecha. En otras palabras, el **sustento biológico** que hace posible el movimiento.

Pero de la globalidad de estas estructuras es posible hacer distinciones en razón a los aspectos distintos que ejercen unas y otras. Así, podemos desglosarlas en tres grandes apartados:

E S T R U C T U R A S (Bouchard)		
MORFOLÓGICAS	**ORGÁNICAS**	**PERCEPTIVAS**
Huesos (articulaciones)	S. cardio-respiratorio	Interopercepción
	S. nervioso	
Músculos	S. endocrino	Propiocepción
	S. digestivo	
Grasa	S. reproductor	Exterocepción

- Estructuras **Morfológicas** (Gómez Mora, 2003 y Lloret, 2003).

    o Estructura **ósea**. Formada por huesos y cartílagos que son los elementos de sostén del organismo, permitiendo la postura y los movimientos corporales. Protege a los órganos más delicados: corazón, cráneo, médula, etc. Las **articulaciones** son las estructuras que unen a los huesos.

    o Estructura **muscular**. Los músculos estriados producen los movimientos voluntarios de los segmentos óseos y la musculatura lisa, inserta en las estructuras de las vísceras, depende de la motilidad automática de los órganos internos.

    o Estructura **adiposa**. Es un tejido conectivo de células generalmente amontonadas, voluminosas, por la presencia de las grasas, separadas en grupos o lóbulos de formaciones fibrosas.

- Estructuras **Orgánicas** (Gómez Mora, 2003 y Lloret, 2003).

    o **S. Cardio-Respiratorio**. Destinado a distribuir la sangre por todo el organismo, por lo que nutre, depura los deshechos, etc. La respiración permite el intercambio gaseoso y la producción de energía a través de los fenómenos químicos celulares, junto a las sustancias que forman parte del ambiente externo.

    o **S. Nervioso**. Recoge y elabora los estímulos que provienen del interior y exterior del organismo. Además, elabora y determina las respuestas motrices. También es responsable de las expresiones psíquicas que caracterizan nuestra individualidad.

- o **S. Endocrino**. Regula la función de las glándulas de secreción interna, la influencia de las mismas en el organismo y la terapia producida por su suministro.
- o **S. Digestivo**. Conjunto de órganos que tienen como misión la digestión del alimento, absorber los productos y evacuar los restos.
- o **S. Reproductor**. Encargado de perpetuar la especie transmitiendo todas sus características.

- Estructuras **Perceptivas** (Rigal, 2006).

  - o **Interopercepción**. Informa de los procesos internos del organismo, captando las informaciones procedentes de las vísceras. Representan las formas de sensación más difusa y mantienen cierta actividad con los estados emocionales. Por ejemplo, sensación de hambre, sed, etc.
  - o **Propiocepción**. Comunican sensaciones sobre la situación del cuerpo en el espacio y sobre la postura, concretándose en sensaciones kinestésicas y vestibulares.
  - o **Exterocepción**. Es el conocimiento del mundo exterior. Proviene de la decodificación e interpretación de los mensajes procedentes de los receptores exterosensoriales: vista, oído, tacto, gusto y olfato.

2. SISTEMAS DE DESARROLLO DE LA ACTIVIDAD FÍSICA: ANALÍTICOS, NATURALES, RÍTMICOS...

Para la elaboración de la totalidad de este punto seguimos, fundamentalmente, a Marcos (1969), VV. AA. (1985), Langlade (1986), VV. AA. (1989), González (1993), Martín Llaudes (1995), Vicente (1998), Zagalaz (2001), Chinchilla y Zagalaz (2002), Romero Cerezo y Cepero (2002), Fernández García -coord.- (2002), Camacho (2003), Rivadeneyra (2003), Paredes (2003), Rigal (2006), Monroy y Sáez (2008), Calderón y Palao (2009), Torrebadella (2013) y Zagalaz, Cachón y Lara (2014).

Por **sistemas** de desarrollo de la actividad física entendemos *"un conjunto de normas y principios sobre la práctica de la actividad física. Conforman una serie de corrientes que han existido y que están en la actualidad. Indudablemente pueden surgir otras nueva"* (Martín Llaudes, 1995). El título del tema incide sobre tres "tradicionales", si bien pone unos **puntos suspensivos** para indicarnos que **existen más**, y a ellos nos referiremos posteriormente.

2.1. SISTEMAS ANALÍTICOS.

Desde el punto de vista mecánico, una estructura analítica implica la movilización de un segmento. Es aquel ejercicio que incide directamente sobre **una articulación** y grupo muscular concreto. Partiendo de esta idea, un sistema analítico es aquel que construye sus ejercicios con respecto a un principio analítico, del que sólo se puede obtener un desarrollo anatómico. En la actualidad, pensar en sistemas puramente analíticos, salvo la gimnasia rehabilitadora y el entrenamiento deportivo, es poco menos que imposible, más aún en la Educación Física escolar. La gimnasia sueca de Per Henrik Ling representa el **máximo exponente** de la gimnasia entendida como sistema analítico.

Se **caracterizan** por:

- El trabajo por **partes**, analítico. Ejercicios construidos, **localizados** sobre una articulación o grupo muscular concreto y, lógicamente, artificiales.

- Entiende que si el trabajo es más global, el esfuerzo es compartido y, por tanto, limitado. De esa manera la amplitud articular es mayor.

- Movimientos rígidos, estáticos y estrictamente **estereotipados**. Realizados sobre tres planos perpendiculares entre sí (trabajo artificial, en contraposición con el natural de Hébert).
- Concepción **dual** de la persona (alma-cuerpo, la gimnasia incide sólo sobre el cuerpo).
- Carácter eminentemente **funcional**. Voces de mando.

2.1.1. GIMNASIA SUECA.

Creada por Pier Henrik Ling (1776-1839) médico, militar y profesor de esgrima, cuyo método se caracteriza por una concepción anatómica, biológica y correctiva de la gimnástica, fundamentada en los dogmas y principios científicos que fueron incorporados por él al sistema educativo (y por extensión a la concepción gimnástica). Su "gimnasia" estaba ideada para contribuir a una educación integral del niño desde el desarrollo anatomofisiológico del sujeto; para preparar al soldado ante la guerra y para desarrollar el sentido estético a través de un fortalecimiento corporal y de la corrección de los defectos físicos. P.H. Ling desarrolló aparatos gimnásticos como la barra fija, las anillas, las escaleras oscilantes o la soga para trepar.

A pesar de estos elementos se cree que la gimnasia sueca es un método muy simple atribuido en parte a la pobreza y aislamiento en que habían vivido los suecos a mediados del siglo XIX.

Otras de sus características se identifican con la no existencia de niveles de ejecución diferenciados, el concepto de competición en las prácticas fue relegado por el de ayuda de los miembros más aventajados en las clases para con los menos dotados y distanciamiento respecto a la necesidad de evaluar las aptitudes individuales o la vistosidad de las ejecuciones, ya que esta concepción gimnástica se aproximó siempre hacia el fomento de la salud colectiva.

Ling dividió la gimnasia en cuatro ramas:

- **Gimnasia Pedagógica**. *"Gracias a la cual el ser humano aprende a dominar su cuerpo"*. Pretende crear y conservar la salud evitando las enfermedades. Responde al concepto actual de la "Gimnasia Educativa". Clasifica los ejercicios en dos grandes grupos: movimientos **sin aparatos** y **con aparatos**
- **Gimnasia Médica**. "Empleada contra muchas dolencias y deformidades". Nace a partir de la Pedagógica, pero pronto adquiere un papel predominante llegando incluso, como Ling denunció, a influir demasiado en la escolar.
- **Gimnasia Militar**. Parte de la estructura de la pedagógica, incluyendo ejercicios de tiro, florete, sable y bayoneta.
- **Gimnasia Estética**. Apenas desarrollada por Ling. Se trata de ilustrar, por posiciones y movimientos del cuerpo, las ideas y pensamientos. Incluye la práctica de bailes autóctonos suecos.

Los contenidos originarios de la escuela sueca no fueron desarrollados en España debido a la falta de información por parte de sus seguidores. Lo que se hizo fue adoptar técnicas y ejercicios de su más directo colaborador y continuador, su hijo Hjalmar Ling (1820-1866), quien ordena y sistematiza la obra de su padre, estableciendo una nueva clasificación de ejercicios con un orden fijo que constituyó un esquema de lección con una práctica también predominantemente estática y analítica. Nos estamos refiriendo a las famosas "**Tablas** de Gimnasia", cuyo objetivo principal era conseguir un efecto correctivo que marcaría la gimnasia durante muchos años.

2.1.2. GIMNASIA NEO-SUECA.

A partir de 1900, la evolución del método de P. Ling desemboca en la llamada Gimnasia Neo-Sueca, iniciada por Hjalmar Ling. Se desarrollaron **tres nuevas corrientes** que surgieron por la crítica a la rigidez, lo estereotipado y poca motivación de la Gimnasia Sueca. Buscaron dar un mayor **dinamismo** a la ejecución de los ejercicios.

Los realizadores de la Gimnasia Neo-Sueca son por excelencia Elli Björkstén y Niels Bukh en la gimnasia femenina y masculina respectivamente, Falk y Thulin en la infantil y Lindhard como teórico en la fundamentación fisiológica del ejercicio:

- **Corriente Pedagógica**. Autores: Elli Björkstén; Niels Bukh y Elin Falk, entre otros. Es la más cercana al ambiente educativo.
- **Corriente Científica**. Autor: Johannes Lindhard. Investiga los efectos del ejercicio desde un punto de vista fisiológico.
- **Corriente Ecléctica**. Autor: Josef Thulin. Concilia y unifica las tendencias surgidas en algunos países europeos y resuelve el conflicto suscitado entre el carácter analítico sueco y el carácter natural y deportivo que se venía desarrollando. A este autor se le atribuye la creación de los "cuentos motores" o "cuento-lección" que contribuyeron, sobre todo, al desarrollo de la Educación Física Infantil (VV. AA., 2011).

2.2. SISTEMAS NATURALES.

Los sistemas naturales fueron, desde sus comienzos, más que una línea de gimnasia, un planteamiento y un ofrecimiento de nuevas soluciones para el área general de la Educación Física. Los ejercicios, la concepción de los mismos y el valor de las actividades de base, tienen eminentemente un **carácter pedagógico** y una fundamentación biológica.

Se **caracterizan** por:

- Su trabajo es conforme al niño y a su desarrollo. Concepción integral de la persona.
- Trabaja sobre unidades de movimiento globales (carrera, salto, lanzamiento...), propios de la vida natural.
- El lugar o escenario de sus ejercicios es la naturaleza, utilizando como aparatos los obstáculos naturales.
- Su docencia es natural. Tiene un carácter eminentemente pedagógico.
- El estilo de sus movimientos es natural y su meta es aproximar lo más posible al niño a la naturaleza.

Sus **precursores**, son:

- Rousseau (1712-1778), que con su obra "El Emilio", aspira a que la persona retorne a la vida sencilla y natural al aire libre alejado de las ciudades.
- Pestalozzi (1746-1827). Influido por la lectura de "El Emilio", decidió divulgarla, modificando las ideas de éste acerca de la educación. Recurre a la acción en todas las modalidades y formas, abogando para que todo procedimiento educativo se realice con la máxima simplicidad y naturalidad.
- Amorós (1770-1848), español afrancesado y discípulo de Pestalozzi. Concedía mucha importancia a la puesta en juego de todos los sentidos en el medio natural. Por ello se esforzaba en "hacer sentir" intuitivamente el movimiento.
- Guts-Muths (1759-1839) y otros humanistas. Se le considera el padre de la gimnasia pedagógica. Promociona el ejercicio como favorecedor del crecimiento y trató de sistematizarlo metódicamente.

2.2.1. SISTEMAS NATURALES MÁS IMPORTANTES.

a) **Método Natural** de George Hébert (1875-1957). Nace y muere en Francia. Está influido por Amorós y por las aportaciones **científicas** de Demeny, de los que se considera continuador de su obra, aunque las influencias más antiguas se remontan a las teorías de Rousseau. Agrupa los ejercicios según las actividades físicas que ejercían las personas primitivas:

- Locomoción **normal**: marcha, carrera y salto.
- Locomoción **secundaria**: cuadrupedias, trepas, equilibrio y natación
- **Defensa** o seguridad: armas primitivas y lanzamientos.
- Actividades **industriales** o utilitarias: esfuerzos musculares.
- La **recreación**: danzas, ejercicios de fantasía o acrobáticos.

Basándose en estas características, Hèbert hace su clasificación de ejercicios: marcha, carrera, salto, cuadrupedias, trepas, equilibrios, lanzamientos, natación, etc. La "**lección**" es un recorrido de longitud variable (según edad, nivel de entrenamiento, condiciones atmosféricas...), que se puede efectuar de forma natural (sobre itinerarios a través del campo), en una superficie restringida o "**plateau**" (con material indispensable para cada ejercicio), y en el que los ejercicios siguen, alternativamente, períodos de **intensidad** creciente ("ola") y decreciente ("contra-ola").

b) **Gimnasia Natural Austriaca**. Los creadores de esta modalidad fueron Karl Gaulhofer (1885), Margarette Streicher (1891) y Adalbert Slana (1880). Una cosa es la Gimnasia Natural Austríaca, la "**original**", o "Método Natural Austriaco", y otra cosa es **su evolución** -Gimnasia Natural Escolar Austriaca o Sistema Escolar Austriaco- en la que trabajaron Erwin Mehl, Wolfgang Burger, Josef Recla y Gerhard Schmidt, éste muy conocido en Andalucía por los numerosos cursos impartidos.

Las **partes** en que se divide la sesión de Gimnasia Natural Escolar Austriaca, son, según sus creadores:

GAULHOFER/STREICHER	BURGER/GROLL
1. Ejercicios vivificantes	1.- Animación
2.- Ejercicios de tronco, equilibrio, fuerza, destreza, carrera y marcha.	2.- Escuela de la Postura y del Movimiento.
3.- Ejercicios calmantes.	3.- Performance deportiva y destrezas. Juegos y bailes.
-----	4.- Vuelta a la calma.

- *Animación*. Calentamiento físico y psíquico con alegría y muy motivador.
- *Escuela de la postura y del movimiento*. Tiende al fortalecimiento músculo-articular en general, con formas jugadas globales y simples. La organización se hace en pequeños grupos, con materiales variados del gimnasio o de la naturaleza.
- *Performance deportiva y destrezas*. Ejercicios relacionados con el aprendizaje y perfeccionamiento de las habilidades y destrezas específicas de los deportes "naturales": gimnasia deportiva, atletismo y natación, aunque en los últimos años incorporan deportes de sala. *Juegos y Bailes.* Se trata de juegos de "aplicación" a los aprendizajes hechos en la performance, aunque también juegos deportivos. Los bailes son populares, danzas (polkas), etc.
- *Vuelta a la calma*. Relajación física y psíquica, a través de los juegos simples calmantes, sensoriales, etc.

Hoy día es un método muy **actual** y conecta con multitud de aspectos que recoge el D. C. y el **currículo** del Área de Educación Física, como fácilmente hemos podido comprobar... Por ejemplo, el aprendizaje de cualquier habilidad o destreza básica (carrera, cuadrupedia, salto, lanzamiento...), además de mantener los apelativos de "Animación" y "Vuelta a la Calma".

2.3. SISTEMAS RÍTMICOS.

Nacen en las postrimerías del S. XIX y principios del siglo XX, en busca de una nueva concepción de la gimnasia, aunque se sirve de lo hecho y estudiado por los sistemas anteriores. Al hablar de ritmo es lógico que otra de las partes implicadas en este nuevo sistema sea el ballet y la danza moderna, que aportan influencias muy positivas para la aparición de la Gimnasia Moderna.

Se **caracterizan** por:

- El empleo de **aparatos portátiles** y el trabajo unido a una cadencia **rítmica**, con lo que se consiguen movimientos fluidos, totales y rítmicos.

- Los ejercicios deben cumplir los siguientes resultados: mantener la salud y las buenas posturas, desarrollar expresividad y creatividad. Deben ser movimientos totales presentados como única forma de lograr la armonía y la interpretación de la persona como una unidad psicosomática.

Los principales **inspiradores** de la "Gimnasia Moderna", fueron:

- **Jean Noverre** (1727-1809), suizo. Devolvió al bailarín intérprete su condición expresiva porque introduce el factor emotivo humano, con partes mimadas (mímica). Sus dos principales preocupaciones son que el movimiento tiene su razón de ser en la intervención del espíritu y del sentimiento y la utilización de la naturaleza como una fuente de inspiración.

- **François Delsarte** (1811-1871), francés. Sin duda alguna es el mayor inspirador de la Gimnasia Moderna. sobre todo por la interpretación que en Estados Unidos se hace de sus ideas. El sistema proyectado por él analizaba las formas, el equilibrio y los gestos en relación con las emociones. Plantea las Leyes del Movimiento Armonioso (postura, movimiento opuesto y función muscular armoniosa).

2.3.1. EVOLUCIÓN DE LOS SISTEMAS RÍTMICOS.

En su evolución destacamos cuatro tendencias:
a) Gimnasia Rítmica

- **Jacques Dalcroze** (1865-1950), suizo. La Gimnasia Rítmica es un método de educación general "*euritmia*", que se imparte como un solfeo corporal musical que sirve para analizar los defectos y buscar su corrección. Relaciona la enseñanza de la música y el movimiento corporal. Crea un sistema educativo que regulariza las reacciones nerviosas del niño, sus reflejos, la lucha contra sus inhibiciones, etc. Influyó sobre su alumno Rudolf Bode creador de la gimnasia expresiva.

b) Gimnasia Expresiva

- **Isadora Duncan** (1878-1929), americana. Su obra tiene gran influencia en la gimnasia expresiva. Para ella la gimnasia debe ser la base de toda la Educación Física. A continuación, en un nivel más elevado, llega la danza, donde el cuerpo se desarrolla armoniosamente. Sus ideas influyen en la danza, y dan origen al expresionismo alemán y luego a toda la "Escuela Libre". Junto con la rítmica dalcroziana inspira el movimiento de la "Gimnasia Expresiva de Rudolf Von Laban". Lleva a la práctica las ideas de Delsarte y Noverre.

- **Rudolf Von Laban** (1879-1958), checo. El ballet reclamó su mayor atención. Sus principales contribuciones son:
    - La "Danza Libre" como forma educativa.
    - La interpretación de que el movimiento es un arte. Los movimientos "dramáticos".
    - Una metodología práctica aplicada a la enseñanza de la Ed. Física.
- **Mary Wigmann** (1888-1973), alemana. Discípula de Laban, pero aporta como elemento la "intuición creadora", buscando la fascinación y los instintos. Influyó en la formación de bailarines creando su propia escuela, con elementos que van hacia los contrastes, por ejemplo risa-lloro, alegría-tristeza, etc. y con movimientos de tensión-relajación.
- **Rudolf Bode** (1881-1971), alemán. Alumno de Dalcroze, e influenciado por Pestalozzi. Crea la escuela de "Gimnasia Rítmica" para mujeres, en Munich. Dicta los principios fisiológicos y psicológicos de los movimientos elementales: totalidad, cambio de ritmo y armonía.

c) Gimnasia Moderna

- **Heinrich Medau** (1890-1974), alemán. Sus principales aportaciones a la gimnasia han sido la utilización de aparatos portátiles (pelotas, aros, picas.); la postura correcta y técnicas metodológicas (improvisación, ritmo con palmadas y golpeos al suelo, etc.)
- **Hilma Jalkanen** (1889-1964), finlandés. Crea la nueva gimnasia femenina finlandesa. Contribuye con técnicas expresivas, énfasis postural, respiración, y las contracciones isométricas alternadas con relajación.
- **Ernest Idla** (1901), estonio. Tiene influencias de la gimnasia de Ling y de la natural austriaca. Se preocupa por la organización en el trabajo y la utilización de pequeños aparatos, como la pelota o la cuerda a modo de recurso.

d) Los sistemas rítmicos de la actualidad

- A partir de 1960 hay una preocupación por la aplicación de los principios de la gimnasia moderna al campo masculino. Podemos destacar a Alberto Dallo y Otto Hannebuth.
    - **Alberto Dallo**, argentino. Logró en sus trabajos una verdadera expresión masculina del movimiento. Para ello utilizó los recursos didácticos de tensión y explosividad en los gestos, a los que acompaña con gritos, ejercicios con o sin elementos portátiles, etc.
    - **Otto Hanebuth**, alemán. Su innovación más llamativa es la utilización de argollas de hierro. Sus diferencias con Dallo fueron una menor cuota de expresión rítmico-estética; mayor permanencia en lo gimnástico y amplia preocupación por utilizar el espacio.
- **Nuevos sistemas rítmicos**
    - **Gimnasia Jazz**. Podemos definirla como la capacidad de crear movimientos a través del empleo libre del cuerpo, expresando sentimientos apoyándose en el ritmo de una melodía. Favorece la capacidad de creación y expresión, así como todas las capacidades perceptivo-motrices. En 1963 surge en Suecia, de

la mano de Mónica Beckman, una gimnasia basada en la música afro y jazz. Este sistema toma auge por la necesidad de utilizar música, como factor educativo, en las clases de educación física.

- o **Danza-Jazz**. Es creada por artistas del musical americano a partir de motivos musicales del jazz. Tiene como objetivo el espectáculo. A diferencia de la Gimnasia-Jazz posee un nivel elevado y necesita de una gran especialización por parte del docente.

- o **Aeróbic**. Es un método de gimnasia, practicado con acompañamiento musical, preferentemente disco-pop, que busca el desarrollo y/o mantenimiento de la forma física general del individuo, en base a ejercicios fundamentales aeróbicos, a través de un esfuerzo de baja o media intensidad (impacto) y larga duración. En el ámbito escolar favorece la mejora de todas las percepciones y de las capacidades coordinativas y equilibradoras, entre otros aspectos. El creador del método fue Kenneth H. Cooper, médico y militar U.S.A., en 1968, quien preconizó las excelencias de la actividad física aeróbica para desarrollar el sistema cardio-vascular, empleando ejercicios basados en el equilibrio entre el aporte y el consumo de oxígeno. Lo popularizó la actriz Jane Fonda, entre otras. En nuestros gimnasios se ha ido creando en los últimos veinte años una gran variedad de corrientes que tienen como denominador común los postulados del Aeróbic. Por ejemplo, step, cardiobox, fit-ball training, latin aerobic, acqua-aeróbic o el programa "Zumba" que fusiona ritmos latinos (salsa, bachata, merengue, reggeaton o samba) con ejercicios de tonificación para producir una coreografía sencilla, son varias de las últimas novedades (Fernández García, 2011). En este mismo sentido surge en 2014 el baile-fitness "**Sh'Bam**". Una modalidad en grupo que se sale de las típicas rutinas y que combina movimientos sencillos de hasta doce estilos diferentes.

- o **Bailes de salón y danza folclórica**. Destacamos ritmos latinos (salsa, merengue, bachata, mambo, tango, cha-cha-cha), bailes de salón, así como otros estilos (jazz, funky, ballet, polca, vals, flamenco, boggie woogie, etc.). Son muy bien aceptados en las etapas educativas, siempre y cuando profesores y profesoras motiven y se impliquen lo suficiente. Es una de las llamadas "actividades neutras". Las danzas folclóricas (sevillanas, verdiales, etc.) han estado siempre presentes en muchos contextos escolares. Su práctica es de gran valor porque mejora el ritmo, espacio y coordinación, además de otros aspectos relacionales, cooperativos, expresivos, desinhibición, etc. (Otero, 2012). En los últimos años cabe destacar la **Capoeira**, que es un arte marcial-danza brasileño, aunque con raíces africanas, y que empezó a ser practicada por los esclavos. Desarrolla las capacidades coordinativas y las físicas de flexibilidad, fuerza y resistencia, entre otros aspectos.

2.4. SISTEMAS MÁS ACTUALES.

A partir de los últimos años del siglo XX se desarrollan **numerosos** sistemas para el desarrollo de la actividad física. Podemos señalar una serie de motivos que dan lugar a que, de una vez por todas, la actividad física se popularice en nuestro país. Por ejemplo, la política de construcción de instalaciones deportivas emprendidas por las administraciones públicas, que incluyen en muchos casos una piscina climatizada o la celebración de las olimpiadas en Barcelona-1992 y muchos campeonatos europeos o del mundo. También debemos señalar que el área de Educación Física es impartida por docentes especialistas, la creación en numerosos centros de talleres deportivos (actividades extraescolares), la difusión del "binomio" actividad física-salud, el diseño de nuevos materiales que facilitan la práctica desde las primeras edades, campañas publicitarias destinadas al "consumo deportivo", como las carreras populares, marchas en bicicletas (que incluyen en muchas ciudades la construcción de "carriles-bici" y un servicio de alquiler de las mismas a bajo costo), la profusión y especialización de establecimientos comerciales con artículos deportivos, la oferta de gimnasios públicos y privados que incorporan cada temporada nuevos programas para atraer a más usuarios, aunque no nos podemos olvidar de la preocupación de gran parte de la población por hacer una actividad física beneficiosa para su organismo, apoyada en grandes campañas publicitarias donde incluimos portales de Internet y canales de televisión específicos de la actividad física y el deporte.

Cañizares y Carbonero (2007), señalan, entre otros, a los siguientes sistemas aparecidos y/o muy desarrollados en los dos últimos decenios del siglo XX y que siguen vigentes en el XXI.

- **Psicomotriz**. Nace a partir de las investigaciones de Dupré (1913) y otros en neuropsiquiatría y psicología. Su propósito es *"rehabilitar o devolver al cuerpo su valor"*. Propone, en un principio, diferentes métodos de trabajo para la mejora de los aprendizajes del niño en la escuela a través de la actividad motriz (Hernández Fernández, 2008). Posteriormente existen varias tendencias, algunas de ellas escolares, como la Psicocinética de Le Boulch, que se populariza en España y países hispanoamericanos como Educación Física de Base y difundida por el profesor Legido (INEF de Madrid). Sus contenidos, tales como el trabajo perceptivo y coordinativo tiene **plena vigencia** en la actualidad.

- **Deportivos**. No constituyen en sí mismos una "escuela" en el ámbito de la Educación Física, sino que son, en cierta medida, los inicios de la actividad deportiva reglada de carácter competitivo. Tienen su inicio en Inglaterra, con T. Arnold. Su característica fundamental radica en el aprovechamiento de la **práctica deportiva como elemento educativo y recreativo**. A partir de aquí surgen muchos deportes que son puestos a disposición del escolar. En España, a partir de 1960, tiene importancia el sistema "multideportivo". Pila, a finales de los 70, sistematiza "su método", que es seguido por sus alumnos. Consiste en la enseñanza de varios **deportes individuales y colectivos** (en ocasiones también de **adversario**), para que cada alumno se especialice en el de sus preferencias. Este sistema se apoya en los "Juegos Escolares", verdadera cantera del futuro deportista semi y profesional. En muchas ocasiones la obsesión de "ganar como sea" lo hace anti-educativo. En el curso 2006-07, la C.E.C. de la J. de Andalucía inicia una campaña de promoción deportiva en las escuelas e institutos públicos, que continúa en la actualidad. Mencionamos a la O. de 06/04/2006 por la que se regula la organización y el funcionamiento de los centros docentes públicos autorizados para participar en el programa "El deporte en la escuela". El R. D. 126/2014, art. 10, indica que *"las Administraciones promoverán la práctica diaria de deporte y ejercicio físico por parte de los alumnos y alumnas durante la jornada escolar, en los términos y condiciones que, siguiendo las recomendaciones de los organismos competentes, garanticen un desarrollo adecuado para favorecer una vida activa, saludable y autónoma"*.

- **Habilidades y Destrezas**. En los años setenta y principalmente a través de Sánchez Bañuelos (1992), se "importa" el término Habilidad de U.S.A. Este autor sienta los principios para el estudio de las habilidades y destrezas básicas. Se apoya en Kephart, Cratty, Gallahue, etc. Debemos señalar que, además de las básicas, reconocemos a las habilidades perceptivas, que han sido estudiadas por la escuela francesa, y a las genéricas, elaboradas por la belga (A.L.E.F.U.C.L.). Hoy día están presentes en los Diseños Curriculares. Empezó a tener más importancia en la década de los ochenta debido a la *"decadencia de la psicomotricidad ya que estaba constituida por una motricidad desvitalizada, alejada del dinamismo propio de la Educación Física, alejada de los intereses y motivaciones del escolar, ausente de significado por sí misma, acabó siendo sustituida por las habilidades motrices básicas"* (Blázquez, 2001). Se basa en la creación de **patrones motores** y se fundamenta en la utilización eficiente de las **transferencias** con un aprendizaje constructivista. Se trata de dotar al niño de un acervo motor tal que constituya el fundamento a partir del cual pueda, con posterioridad, optimizar al máximo su potencial. Su ordenamiento se hace a partir de la percepción del propio cuerpo, espacio y tiempo. A partir de aquí se construyen las denominadas habilidades y destrezas básicas: desplazamientos, saltos, giros y lanzamientos-recepciones. Estos movimientos, combinados, darán respuesta a cualquier otro por muy complejo que sea.

- **Expresión Corporal**. A partir de 1968, aparece como un término confuso donde se suceden actividades diversas como el **mimo, danza, dramatización** y donde la importancia de la música, ritmo y comunicación a través del movimiento corporal lo son todo. Poco a poco ha ido haciéndose sitio y hoy tiene una importancia muy significativa en nuestro currículo: objetivos del área, bloque de contenido y criterio de evaluación. Con el tiempo se han venido sucediendo numerosas variantes expresivas, como la **performance** es una muestra escénica, muchas veces con un importante factor de improvisación, que busca provocación, estética y asombro; el "**happening**" está basado en la improvisación y suele implicarse al público en la obra, huyendo en muchas ocasiones de una historia estructurada; el "**flashmob**", (destello de multitud). Es una acción organizada en la que un gran grupo de alumnos se citan, normalmente a través de las redes sociales, en un lugar público, para realizar una representación algo inusual y luego se dispersa rápidamente. Su finalidad es entretenerse, pero también puede ser una reivindicación social. El **teatro negro** lo consideramos un nivel superior ya que se trata de una escenificación en un espacio totalmente oscuro y en condiciones lumínicas especiales por usar "luz negra", que resalta ciertos tejidos y materiales. La **coreografía** es la representación de un tema musical usando todos los recursos expresivos posibles, incluidos decorados, música, luces, disfraces, etc.

- **Sistema de los Juegos y Deportes Alternativos**. Se inicia en España en 1988 a través del profesor del I.N.E.F. de Madrid Manuel Hernández Vázquez. *"Surge con la idea de introducir nuevas formas que haga posible una evolución más racional del juego y el deporte, así como una adaptación a los intereses de la sociedad actual"* (Hernández, 1994). Nacen como respuesta a los sistemas gimnásticos y deportivos tradicionales: fútbol, baloncesto, etc. Tienen un enfoque más decidido hacia la recreación (provienen de la corriente "Deportes para Todos") y aprovecha el medio escolar para introducirlo, dado que los recursos materiales alternativos son óptimos como apoyo para la educación y desarrollo de las habilidades motrices. Asimismo obligan a un esfuerzo físico regulable por los propios practicantes. La novedad, motivación, bajo coste económico, etc., hacen que este sistema cada día tenga más adeptos. Además, la industria del ocio y tiempo libre no deja de manufacturar productos nuevos muy atractivos. Como ejemplo señalamos: balones y globos gigantes, zancos, discos voladores, palas y raquetas, conos multifuncionales, sogas gigantes, indiacas y numerosos recursos para piscinas. Por otro lado, algunos docentes "inventan" nuevos juegos que podrían en un futuro ser deportes reconocidos, como ocurre actualmente con el "**Pinfuvote**". Estos juegos son "**neutros**" desde un punto de vista del sexo del practicante y, por tanto, muy educativos. En el último lustro podemos observar cierta tendencia a "rescatar" del olvido móviles relacionados con los juegos **populares** y **tradicionales**: palos del diablo, pelotas de malabares, diábolos, etc. Todo ello hace que la oferta de actividades **saludables** sea más amplia. Prueba de la importancia que este sistema tiene actualmente la encontramos en que es contenido en los Planes de Estudio para la obtención de la titulación en Educación Física, a nivel de Diplomado o Licenciado.

- **Fitness**. Es un término algo confuso que suele englobar a salud, nivel de potencia muscular, resistencia, capacidad y condición física... En cierto modo puede considerarse como una evolución del aeróbic del doctor Cooper. Se inicia hacia los años sesenta del siglo XX y ya en la década de los 90 se entiende como el Fitness Total, donde además de practicar actividad física con todo tipo de máquinas de acondicionamiento, incluidas las tead-mille y los cicloergómetros, implica también un estilo de vida saludable y de bienestar, control médico, etc. Por ello, muchos lo entienden como una actividad física global y favorecedora de la salud, siempre y cuando se haga bien. En los primeros años del siglo XXI se pone de "moda" en método "Pilates", que reúne la filosofía del ejercicio occidental -más dinámico y centrado en la física muscular-, con la oriental, que trabaja el control corporal y la fluidez, basándose en la respiración y la relajación activa. El método busca el alargamiento, la flexibilidad y la tonificación de los grandes grupos musculares, sin olvidar a los pequeños músculos profundos. No podemos dejar de nombrar al sistema "SPA", Salus per Aquam" (Salud por medio del agua) y que retoma las prácticas de los baños romanos de agua caliente o mineral de manantial para curar enfermedades, revitalizarse y relajarse. La propia industria va promocionando nuevos servicios como los masajes, baños de lodos, etc. A finales del siglo XX se ponen de moda los "**entrenadores personales**", es decir, se traslada a la sociedad en general la metodología individualizada que se realiza con atletas. Delgado, Delgado y Tercedor (2008), citan el "**Movimiento Fitness**" que va desde 1960 a 1980, aproximadamente. De origen anglosajón, se ocupa de conseguir un aumento de la condición física de los escolares estadounidenses, buscando el rendimiento físico. A través de Augusto Pila, entre otros, se proyecta en España en una época que no había aún currículo oficial. Es la época de los test de condición física y sus baremos, etc. Con la publicación de la LOGSE (1990), la llamada "educación física-rendimiento", va dejando paso a la "educación física-salud". También, el **R.D. 126/2014** hace referencia a este término: El abanico de actividades de la propuesta curricular debe reflejar las manifestaciones culturales de la sociedad en la que vivimos, que se manifiesta tanto en nuevas formas de ocio como el turismo activo y las actividades de *fitness* o *wellness*, como en los juegos y deportes, o en las manifestaciones artísticas. El "**crossfitt**" se populariza en 2015, proviene de USA y es un tipo de entrenamiento funcional de alta intensidad con ejercicios muy variados y diseñados a partir de las acciones de la vida diaria.

- **Sistema Recreativo/Educación para el Ocio Saludable**. También conocido como "**Movimiento social hacia la salud**" (Delgado; Delgado y Tercedor, 2008), que surge a partir de los años 80 y que, entendemos, dura hasta la actualidad. Nace un tanto en contraposición al Movimiento Fitness y como consecuencia de las pautas del currículo LOGSE. Hay una preocupación en grandes masas poblacionales hacia la actividad física saludable, no competitiva; hacia la alimentación sana; las actividades deportivas en el tiempo extraescolar, etc. Se busca que el alumnado domine una serie de juegos para hacer en su tiempo de ocio y vacacional y, por tanto, crear **hábitos** y estilos saludables. Un ejemplo de ellos son los juegos populares-tradicionales y los juegos con materiales "alternativos". Está muy presente en la **escuela actual** a través de las CC. CLAVE, los objetivos de Etapa, Área, bloques de contenido, etc. En esta misma línea, podemos encuadrar los programas de ayuntamientos y otros organismos en la organización de eventos regulares (talleres de gimnasia, de juegos populares, "Thai Chi", planes para un "envejecimiento activo y saludable", etc., así como manifestaciones multitudinarias como los "paseos, carreras y rutas populares en bicicletas", fiestas deportivas, etc. (Navarro, 2007). A diario podemos comprobar también cómo cientos de personas realizan estas mismas actividades saludables de forma individual o en pequeños grupos. En Andalucía, a partir de 2008 van tomando cada vez más importancia los paseos en **bicicleta** y **patines** aprovechando la construcción masiva en pueblos y ciudades de carriles-bici. Muchas de estas nuevas vías se acompañan con instalaciones complementarias en parques tales como los "**circuitos biosaludables**", es decir, máquinas de acondicionamiento, como la de los gimnasios, accesibles a mayores para que éstos puedan movilizar sus articulaciones.

Nuestros mayores están muy influenciados hacia la realización de actividades físicas por los mensajes de sus médicos y por la publicidad que sobre la mejora de la salud se hace desde numerosos foros (Calderón, 2012).

En este sentido, podemos destacar un sistema de actividad física que cada vez tiene más adeptos entre nuestro alumnado como es el "**Parkour**" o "el arte del desplazamiento". La entendemos como una filosofía que consiste en desplazarse de un punto a otro lo más eficiente y operativamente posible, usando fundamentalmente las posibilidades y habilidades del cuerpo humano para superar los obstáculos que se presentan en el recorrido, tales como vallas, muros, barandas, paredes, etc., en ambientes urbanos y árboles, rocas, ríos, etc. en ambientes rurales. Hacia 2016 se inicia el concepto de "entrenamiento en suspensión" o **TRX**, que se distingue por realizar ejercicios suspendidos de cintas para desarrollar fuerza, al mismo tiempo que mejora la flexibilidad, equilibrio y estabilidad de la parte central del cuerpo.

- **Otros**. En este apartado englobamos a varios sistemas que están de mucha actualidad y que suelen basarse en la ligazón de turismo y tiempo libre; naturaleza y deportes de riesgo; etc. Por ejemplo, en Andalucía donde el turismo es una de las principales industrias, hoy día no se concibe una instalación turística sin espacios deportivos naturales o artificiales donde los visitantes puedan realizar varios programas de actividades saludables que ocupen su tiempo libre.

2.5. APLICACIÓN DIDÁCTICA DE LOS SISTEMAS DE DESARROLLO DE LA ACTIVIDAD FÍSICA.

Los tres sistemas "tradicionales" tienen aplicación, si bien del analítico podemos afirmar que es "testimonial", salvo ocasiones muy concretas.

a) **Analíticos**. Apenas tienen aplicación salvo actividades relacionadas con el aprendizaje del esquema corporal: ¿de cuántas podemos mover el hombro?; actividades específicas (la tradicional "gimnasia correctiva") con un alumno que padece una minusvalía temporal o permanente; actividades de relajación como son las del "método Jacobson" (tensión-relajación por zona muscular); etc. Si bien podemos destacar, sobre todo en 3º ciclo, actividades relacionadas con la tonificación muscular, no suelen ser habituales, pero sí como acciones a realizar en las estaciones de un circuito de A.F.B. También podemos considerar gestos analíticos determinados aprendizajes de habilidades específicas, aunque no es habitual en la Etapa Primaria.

b) **Naturales**. Todas las actividades relacionadas con las habilidades y destrezas básicas suelen ser naturales o propias de la condición humana: carreras, saltos, giros, lanzamientos, recepciones, desplazamientos varios como cuadrupedias, etc. También podemos relacionarlos con las actividades que realicemos en el medio natural, también conocidas como "**deportes tecno ecológicos**". Por ejemplo iniciación a la escalada y escalada Boulder; taller de espeleología; trekking o senderismo; rutas en bicicleta de montaña; orientación; piragüismo (piragua canadiense); tirolinas, etc. La mayoría tienen relación con el área de Conocimiento del Medio y elementos transversales.

c) **Rítmicos**. Todo lo relacionado con la mayoría de las habilidades expresivas y que conlleven un soporte musical, como coreografías. El aeróbic es un ejemplo habitual, aunque en ocasiones podemos clasificarlo como analítico en función de la propia actividad practicada.

Los sistemas más "**modernos**" están en plena vigencia y hacemos uso de ellos a diario. **Salud, juegos alternativos, actividades en el medio natural, expresión,** etc. están presentes todos los días en nuestras aulas específicas.

CONCLUSIONES

Hemos visto en el Tema una primera parte que trata sobre los conceptos de sistemática, ejercicio físico, sus clasificaciones, autores, etc. Hemos podido comprobar la gran variedad de los mismos y cómo algunos de los más antiguos siguen de plena actualidad, por ejemplo salud, naturaleza...

Después hemos pasado a explicar los sistemas de ejercicio más tradicionales, su evolución y lo que quedan de ellos en la actualidad. Al final hemos estudiado los que en los últimos tiempos están más de novedad, y hemos comprobado la amalgama existente.

También cómo el ejercicio físico es un producto más que se vende y que genera mucha actividad económica. Por ejemplo, el binomio tiempo libre /ejercicio o turismo/ejercicio o salud/ejercicio. Destacar los movimientos sociales para la salud que tienen mucha actividad en pleno siglo XXI. Aquí se constata la importancia que tenemos en el Área de Educación Física para crear hábitos saludables.

BIBLIOGRAFÍA

- AGOSTI, L. (1974). *Gimnasia educativa*. ERISA. Madrid.
- BLÁZQUEZ, D. (2001). *La Educación Física*. INDE. Barcelona.
- CALDERÓN, F. J. (2012). *Fisiología humana. Aplicación a la actividad física*. Panamericana. Madrid.
- CALDERÓN, A. y PALAO, J. M. (2009). *Manual de sistemática del ejercicio*. Diego Marín. Librero-editor. Murcia.
- CAMACHO, H. (2003). *Pedagogía y Didáctica de la Educación Física*. Kinesis. Armenia (Colombia).
- CAÑIZARES, J. Mª y CARBONERO, C. (2007). *Temario de oposiciones de Educación Física para Primaria*. Wanceulen. Sevilla.
- CHINCHILLA, J. L. y ZAGALAZ, M. L. (2002). *Didáctica de la Educación Física*. CCS. Madrid.
- DELGADO, M.; DELGADO, P. y TERCEDOR, P. (2008). *Calidad de vida y desarrollo del conocimiento personal a través de la expresión y comunicación corporal*. En CUÉLLAR, M. J. y FRANCOS, M. C. *Expresión y comunicación corporal*. Wanceulen. Sevilla.
- FERNÁNDEZ GARCÍA, E. -coord.- CECCHINI, J. A. y ZAGALAZ, Mª L. (2002). *Didáctica de la educación física en la educación primaria*. Síntesis. Madrid.
- FERNÁNDEZ GARCÍA, C. (2011). *Actividades rítmicas dirigidas en Educación Física. Aeróbic, Aeróbic Latino y Cardiobox*. Wanceulen. Sevilla.
- FIDELUS, K. (1982). *Atlas de ejercicios físicos* Gymnos. Madrid.
- GIL MADRONA, P. (2003). *Desarrollo psicomotor en Educación Infantil*. Wanceulen. Sevilla.
- GÓMEZ MORA, J. (2003). *Fundamentos biológicos del ejercicio físico*. Wanceulen. Sevilla.
- GONZÁLEZ, M. (1993). *La Educación Física: Fundamentación Teórica y* Pedagógica. En VV.AA. *Fundamentos de Educación Física para Enseñanza Primaria (vol. I)*. INDE. Barcelona.
- HERNÁNDEZ VAZQUEZ, J. L. y MANCHÓN, J. L. (1980). *Gimnástica*. UNED.
- HERNÁNDEZ VÁZQUEZ, M. (1994). *Colección Juegos y Deportes Alternativos*. Autoedición. Madrid.
- HERNÁNDEZ FERNÁNDEZ, A. (2008). *Psicomotricidad: Fundamentación teórica y orientaciones prácticas*. Universidad de Cantabria. Santander.
- JUNTA DE ANDALUCÍA (2007). *Ley 17/2007, de 10 de diciembre, de Educación de Andalucía (L. E. A.)*. B. O. J. A. nº 252, de 26/12/07.
- JUNTA DE ANDALUCÍA (2006). *Orden de 6 de abril de 2006 de la Consejería de Educación por la que se regula la organización y el funcionamiento de los centros docentes públicos autorizados para participar en el programa "El deporte en la escuela"*. BOJA nº 84, de 05/05/2006.
- JUNTA DE ANDALUCÍA (2006). *Orden de 7 de abril de 2006 de la Consejería de Educación por la que se convocan proyectos educativos para participar en el programa "El deporte en la escuela" para el curso escolar 2006-07*. BOJA nº 85, de 08/05/2006.

- LANGLADE, A. y LANGLADE, N. (1986). *Teoría general de la Gimnasia*. Stadium. Buenos Aires.
- LLORET, M. (2003). *Anatomía aplicada a la actividad física y deportiva*. Paidotribo. Barcelona.
- MARCOS, O. (1969). *Pedagogía de la Educación Física*. C.O.E. Madrid.
- MARTÍN LLAUDES, N. (1995) *Sistemática del ejercicio*. F.C.C.A.F.D. Granada.
- M. E. C. (2006). *Ley Orgánica 2/2006, de 3 de mayo, de Educación (L. O. E.)*, modificada por la LOMCE/2013. B. O. E. nº 106, de 04/05/2006.
- M.E.C. (2013). *Ley Orgánica 8/2013, de 9 de diciembre, para la mejora de la calidad educativa*. BOE Nº 295, de 10/12/2013.
- M.E.C. (2015). *R. D. 126/2014, de 28 de febrero, por el que se establece el currículo básico de la Educación Primaria*. B.O.E. nº 52, de 01/03/2014.
- MONROY, A. J. y SÁEZ, G. (2008). *Historia del Deporte*. Wanceulen. Sevilla.
- OTERO, J. (2012). *Tratado de bailes de sociedad. Regionales españoles. especialmente andaluces: con su historia y modo*. Tecnographic S. L. Sevilla.
- PAREDES, J. (2003). *Juego, luego soy*. Wanceulen. Sevilla.
- RIGAL, R. (2006). *Educación motriz y educación psicomotriz en Preescolar y Primaria*. INDE. Barcelona.
- RIVADENEYRA, M. L. -coord.- (2003). *Desarrollo de la motricidad*. Wanceulen. Sevilla.
- ROMERO CEREZO, C y CEPERO, M. (2002). *Bases teóricas para la formación del maestro especialista en educación física*. Grupo Editorial Universitario. Granada.
- SÁNCHEZ BAÑUELOS, F. (1992). *Bases para una didáctica de la Educación Física y el Deporte*. Gymnos.
- TORREBADELLA, X. (2013). *Gimnástica y educación física en la sociedad española de la primera mitad de siglo XIX*. U. de Lleida.
- VICENTE, M. (1988). *Teoría pedagógica de la Actividad Física. Bases epistemológicas*. Gymnos. Madrid.
- VV. AA. (1985). *La Educación Física en las Enseñanzas Medias*. Paidotribo. Barcelona.
- VV.AA. (1989). *Bases para una nueva Educación Física*. CEPID. Zaragoza.
- ZAGALAZ, Mª L. (2001). *Corrientes y Tendencias de la Educación Física*. INDE. Barcelona.
- ZAGALAZ, Mª L.; CACHÓN, J.; LARA, A. (2014). *Fundamentos de la programación de Educación Física en Primaria*. Síntesis. Madrid.

WEBGRAFÍA (Consulta en septiembre de 2016).

- http://altorendimiento.com/tendencias-actuales-de-entrenamiento-h-i-i-t-entrenamiento-intervalico-de-alta-intensidad/
- http://recursos.cnice.mec.es/edfisica/
- http://www.ite.educacion.es/es/recursos
- http://www.juntadeandalucia.es/averroes/
- http://www.adideandalucia.es

TEMA 17

DESARROLLO DE LAS CAPACIDADES FÍSICAS BÁSICAS EN LA EDAD ESCOLAR. FACTORES ENTRENABLES Y NO ENTRENABLES. LA ADAPTACIÓN AL ESFUERZO EN NIÑOS Y NIÑAS.

ÍNDICE

INTRODUCCIÓN

1. DESARROLLO DE LAS CAPACIDADES FÍSICAS BÁSICAS EN LA EDAD ESCOLAR.

    1.1. La condición física en el Diseño Curricular.

    1.2. Desarrollo del acondicionamiento físico en Educación Física en Primaria.

        1.2.1. Resistencia.
        1.2.2. Flexibilidad.
        1.2.3. Velocidad.
        1.2.4. Fuerza.

2. FACTORES ENTRENABLES Y NO ENTRENABLES.

3. LA ADAPTACIÓN AL ESFUERZO FÍSICO EN NIÑOS Y NIÑAS.

    3.1. Adaptaciones que producen el desarrollo de las capacidades físicas básicas en los organismos de los niños y de las niñas.

    3.2. Teorías que tratan de explicar los fenómenos de adaptación.

CONCLUSIONES

BIBLIOGRAFÍA

WEBGRAFÍA

INTRODUCCIÓN

Este Tema consta de **tres** grandes apartados relacionados con el entrenamiento y la condición física durante las edades propias de la Etapa Primaria.

En el primero vemos cómo con la práctica del juego motor, las capacidades físicas tienen su importancia como factor de ejecución. La iniciación a la condición física, según el R. D. 126/2014, debe tener un carácter eminentemente saludable. En todo caso debemos huir del modelo deportivo o de rendimiento y fomentar el desarrollo globalizado de todas las capacidades, haciendo su tratamiento con estrategias eminentemente lúdicas. Este modelo se denomina "condición física-salud" (Delgado y Tercedor, 2002).

La segunda parte del Tema se refiere a lo que es posible mejorar o no con el entrenamiento y la tercera trata sobre los procesos adaptativos del organismo infantil ante los esfuerzos físicos hechos en los tres tiempos pedagógicos y las diversas teorías que los sustentan.

En el tratamiento de la condición física en Primaria debemos respetar escrupulosamente el nivel evolutivo de niñas y niños, administrar su dosificación y ejecución teniendo presente los principios de globalidad y de buena ejecución de la habilidad. Por todo ello, los docentes especialistas debemos conocer con profundidad las capacidades orgánicas de su alumnado y saber cómo les afectan las actividades, cuáles son aplicables y su repercusión. A lo largo del tema veremos su tratamiento didáctico que busca, ante todo, un adecuado desarrollo individualizado.

1. DESARROLLO DE LAS CAPACIDADES FÍSICAS BÁSICAS EN LA EDAD ESCOLAR.

El vocablo "desarrollo" tiene en este Tema un sentido similar a entrenamiento. Por ello, **desarrollo** es el producto de una actividad sistemática y regularmente repetida con vistas a una mejora motriz. No obstante, si reflexionamos podemos decir que no es lo mismo **entrenar** que **desarrollar**. El primer concepto tiene una intención más **deportiva**, de rendimiento, de conseguir una determinada marca. El segundo pone más énfasis en lo **educativo** y escolar.

Debemos **huir** de lo que conocemos por "**rendimiento deportivo**" y centrarnos en los aspectos educativos y saludables. Así pues, toda connotación a los sistemas de entrenamiento y su control, así como los modernos sistemas de gestión y software comercial para análisis del rendimiento: Focus, Quintic, Prozone, Dartdish, Crickstatm SiliconCoach, SportsCode, etc. **no tiene** ningún tipo de **aplicación** en el ámbito educativo (Pérez Turpin, 2012).

El error más grave que se suele cometer es considerar al niño como un adulto en pequeño, y querer aplicarle el entrenamiento de los atletas de competición simplemente disminuyendo las cargas. Las características del niño y de la niña son muy diferentes a las de los adultos, y su desarrollo debe tener diferencias sustanciales con respecto a ellos, aplicándoles estímulos adecuados a cada edad, e incluso individualizando el trabajo, pues también existen diferencias entre chicos de la misma edad.

Utilizaremos el término "*capacidad*", aunque sabemos que existe un debate abierto sobre "*capacidad*" o "*cualidad*" (Reina y Martínez, 2003).

Las capacidades físicas son cualidades, factores, potencialidades o recursos personales que tiene el individuo. Tal es el caso de doblarse (flexibilidad), correr rápidamente (velocidad). etc. De igual forma podemos afirmar que son unas "predisposiciones innatas" en la persona, factibles de **mejora** en un organismo sano y que le permiten todo tipo de movimientos. Se manifiestan en **todas** las habilidades motrices. Por ejemplo, el salto necesita potencia, la cuadrupedia precisa fuerza, etc. (Cañizares, 2004).

También son conocidas por **capacidades condicionales** o **fundamentales** porque condicionan el rendimiento físico del individuo y porque pueden ser desarrolladas mediante el acondicionamiento físico (Hernández y Velázquez, 2004).

La **condición física** es el estado de forma que posee cada persona (Torres, 2005). Hay que entenderla como un **sumatorio** de capacidades y constituye el soporte de todo entrenamiento deportivo, ya que no es posible imaginar el aprendizaje y utilización de las distintas técnicas, tácticas de competición, etc. sin el desarrollo de la condición física (Peral, 2009).

Por ello, la forma de incrementar la condición física en el alumnado de Primaria se basa en el **acondicionamiento físico básico** o mejora de las capacidades físicas básicas a través de la práctica de la Educación Física de Base y como **factor de ejecución de la habilidad motriz** (Avella, Maldonado y Ram, 2015). Como estamos en el ámbito educativo y recreativo, el componente **salud** es primordial, de ahí que hoy día se hablemos del término "*condición física-salud*". Al contrario, el **acondicionamiento físico específico** se corresponde con el rendimiento deportivo y la competición, identificándose con el término "*condición física-rendimiento*", del que debemos huir en nuestra etapa educativa (Delgado y Tercedor, 2002).

Generelo y Lapetra (1993), definen el acondicionamiento físico como "*el desarrollo intencionado de las capacidades físicas. El resultado obtenido será el grado de condición física*".

1.1. LA CONDICIÓN FÍSICA EN EL DISEÑO CURRICULAR.

Las capacidades físicas se diversifican con claridad en los currículos de la Educación Obligatoria. En Primaria se hace una presentación **global** de ellas dentro de un marco de práctica de las habilidades motrices. En edades posteriores, se limitan a objetivos muy influidos por el modelo condición física-salud, con esfuerzos moderados y evaluación criterial. La idea de la educación física-rendimiento dejó de existir oficialmente en la escuela (Navarro, 2007).

El **R. D. 126/2014** destaca para esta Etapa el binomio "condición física-salud creando hábitos saludables". Dentro de los elementos curriculares, apuntamos:

a) CC. CLAVE
Competencia sociales y cívicas. Las actividades dirigidas a la adquisición de las habilidades motrices requieren la capacidad de asumir las diferencias así como las posibilidades y las limitaciones propias y ajenas. El cumplimiento de las normas que rigen los juegos colabora con la aceptación de códigos de conducta para la convivencia. La Educación física ayuda a entender, desarrollar y poner en práctica la relevancia del ejercicio físico y el deporte como medios esenciales para fomentar un estilo de vida saludable que favorezca al propio alumno, su familia o su entorno social próximo. Se hace necesario desde el área el trabajo en hábitos contrarios al sedentarismo, consumo de alcohol y tabaco, etc. **Competencia digital** en la medida en que los medios informáticos y audiovisuales ofrecen recursos cada vez más actuales para analizar y presentar infinidad de datos que pueden ser extraídos de las actividades físicas, deportivas, competiciones, etc. El uso de herramientas digitales que permitan la grabación y edición de eventos (fotografías, vídeos, etc.) suponen recursos para el estudio de distintas acciones llevadas a cabo.

b) Objetivos de Etapa: El objetivo más relacionado es el "k": "*valorar la higiene y la salud, aceptar el propio cuerpo y el de los otros, respetar las diferencias y utilizar la* *educación física y el deporte como medios para favorecer el desarrollo personal y social"*, habida cuenta la condición física está presente en las prácticas de juegos motores en mayor o menor medida. Por ejemplo, velocidad en los juegos de relevos.

La **O. del 17/03/2015**, indica:

c) **Objetivos de Área**: Objetivo 2: *Reconocer y utilizar sus capacidades físicas, habilidades motrices y conocimiento de la estructura y funcionamiento del cuerpo para el desarrollo motor, mediante la adaptación del movimiento a nuevas situaciones de la vida cotidiana.*
Objetivo 4: *Adquirir hábitos de ejercicio físico orientados a una correcta ejecución motriz, a la salud y al bienestar personal, del mismo modo, apreciar y reconocer los efectos del ejercicio físico, la alimentación, el esfuerzo y hábitos posturales para adoptar actitud crítica ante prácticas perjudiciales para la salud.*
Objetivo 6: *Conocer y valorar la diversidad de actividades físicas, lúdicas, deportivas y artísticas como propuesta al tiempo de ocio y forma de mejorar las relaciones sociales y la capacidad física, teniendo en cuenta el cuidado del entorno natural donde se desarrollen dichas actividades.*

d) **Bloques de contenidos**. En el **bloque** nº 2 *"La Educación física como favorecedora de la salud"*, se especifican muchos aspectos relacionados con la condición física, como:

- Movilidad corporal orientada a la salud (1º C.)
- Mejora genérica de la condición física-salud (2º C.)
- Calentamiento y recuperación (3º C.)

El **R. D. 126/2014**, indica:

e) **Criterios de evaluación**. El nº 6 nos dice: 6. *"Mejorar el nivel de sus capacidades físicas, regulando y dosificando la intensidad y duración del esfuerzo, teniendo en cuenta sus posibilidades y su relación con la salud"*.

f) **Estándares de aprendizaje**. Los correspondientes al 6º criterio, son:

6.1. Muestra una mejora global con respecto a su nivel de partida de las capacidades físicas orientadas a la salud.
6.2. Identifica su frecuencia cardiaca y respiratoria, en distintas intensidades de esfuerzo.
6.3. Adapta la intensidad de su esfuerzo al tiempo de duración de la actividad.
6.4. Identifica su nivel comparando los resultados obtenidos en pruebas de valoración de las capacidades físicas y coordinativas con los valores correspondientes a su edad.

1.2. DESARROLLO DEL ACONDICIONAMIENTO FÍSICO EN EDUCACIÓN PRIMARIA.

Vemos ahora varias formas de desarrollo del acondicionamiento físico, es decir, incrementar la condición física, **aplicado** a Primaria. Para la elaboración de la totalidad de este punto seguimos, sobre todo, a Generelo y Tierz, (1994), Morente (2005), Bernal –coord.- (2008) y Avella, Maldonado y Ram, (2015) en cuanto a los grupos de actividades. Para la evolución de cada capacidad nos basamos en Arráez y otros (1995), Rosillo (2010) y concretamente para la resistencia, en Maynar y Maynar, (2008).

1.2.1. LA RESISTENCIA

La mayoría de autores consideran la resistencia como "*la capacidad de realizar un esfuerzo de mayor o menor intensidad durante el máximo tiempo posible*" (Torres, 2005), aunque también puede definirse como "*la capacidad de oposición del individuo a la fatiga*" (Harre 1987, citado por Reina y Martínez, 2003). Piñeiro (2006b), en su estudio, establece la importancia del cansancio en la definición de resistencia: "*capacidad de resistir frente al cansancio*", diferenciando diversos tipos de éste: físico, mental, sensorial, motor y motivacional, así como sus causas y síntomas objetivos y subjetivos.

En su **evolución**, vemos que desde 1º Ciclo se produce una mejora en los esfuerzos aeróbicos, sobre todo si el nivel de coordinación es significativo, porque trae como consecuencia menos gasto energético. Los test hechos al final de la etapa demuestran una mejor disposición para esfuerzos prolongados.

a) 1º Ciclo de Primaria:

- **Resistencia y juego**

El juego constituye un elemento de valor incalculable para contribuir a la mejora general de la condición física. En relación con el problema de control de la intensidad, el juego popular espontáneo es en sí mismo un contenido "muy sabio", ya que ha generado una dinámica que constituyen verdaderos sistemas de autorregulación. Por lo que se refiere a los juegos populares no dirigidos, la pauta de intervención del maestro debería consistir únicamente en controlar que se respeten las estructuras básicas que los definen y propiciar situaciones para que aparezcan espontáneamente. El juego dirigido presenta casi las mismas características que el deporte. El docente controlará las variables definidas, tanto en la preparación de la sesión, como durante su desarrollo. Por ejemplo, "Corta hilos".

- **Resistencia y medio acuático**

Cada vez tenemos más piscinas públicas de invierno, dándonos la posibilidad de acudir a ellas. El grado de intensidad es mayor en el agua porque el organismo experimenta en este medio una pérdida de calor debida al contraste de temperaturas. En este contexto es conveniente subrayar la importancia de manejar correctamente las variables de organización y estrategias metodológicas, para evitar pausas inútiles en las que el sujeto dedica energía exclusivamente a combatir el frío.

- **Resistencia y danza**

Las danzas colectivas y los bailes de salón, sin demasiada complicación de automatismos y con ritmos vivos, son muy adecuadas para asegurar un buen trabajo de resistencia, además de mejorar la percepción temporal y aspectos relacionados con la socio afectividad.

- **Resistencia y habilidades y destrezas básicas**

El tratamiento de las habilidades y destrezas básicas se presta perfectamente para contemplar los aspectos cuantitativos. Por ejemplo, al practicar en una clase saltos diversos, la capacidad de resistencia, y también la de fuerza, se ve beneficiada. Igualmente podemos decir de trepas, cuadrupedias, etc. El propio dinamismo de la tarea hace que la frecuencia cardiaca se eleve y trabajemos la resistencia.

b) 2º Ciclo de Primaria:

Además de todo lo **anterior**, podemos introducir ya el juego pre-deportivo y, con precaución:

- **"Cross-paseo"**

La **marcha** y la **carrera** constituyen dos elementos fundamentales para ejercitar la resistencia, y el aire libre es también el escenario más adecuado. La combinación de ambas habilidades produce lo que denominamos "cross-paseo". Son esfuerzos de intensidad media-baja y las pulsaciones no deben sobrepasar las 160 por minuto.

c) 3º Ciclo de Primaria:

Lo **anterior**, aunque con **más intensidad**. Además, de forma progresiva:

- **Carrera continua**. ("Continuo extensivo")

Consiste en trotes ininterrumpidos por excelencia y durante un espacio de tiempo prolongado. La intensidad es moderada, baja-media, manteniendo la frecuencia cardiaca entre 120-160 p/m. El ritmo debe ser uniforme y el terreno blando y llano. El tiempo de práctica dependerá del nivel de adaptación del sujeto y de su edad. Por ejemplo: 3' de carrera, 1' de marcha, 5' de carrera, 2' de marcha,... siempre progresando, según los casos, y controlando el ritmo cardiaco.

- **"Circuit-training"**

Este método de trabajo puede hacerse en las edades correspondientes a Educación Primaria, adaptando los diversos parámetros que lo componen. Si bien originariamente estaba previsto para entrenar la resistencia anaeróbica y la potencia, ambas capacidades no son adecuadas para los niños y niñas. ¿Cómo es esta adaptación?: "Circuitos Coordinativos". Así denominamos a estos recorridos donde en cada posta existe un ejercicio de coordinación dinámica general y óculo-segmentaria (saltos, trepas, bote de balón, etc.). En cada estación se estará un tiempo, alrededor de 30" y otros tanto de recuperación entre las bases, con objeto de que sea aeróbico. Podemos hacerlo dos veces con algunos minutos de recuperación y establecer entre seis y nueve actividades.

- **Resistencia y deporte**

Se trata de un buen contenido para practicar la resistencia porque existe un gran nivel de entrega debido a la motivación propia del deporte "mini", pero también, y dada la intensidad que puede alcanzar, en especial durante la competición, resulta difícil controlar el tipo de resistencia que se desarrolla (Maynar y Maynar, -coords.- 2008). En cambio, durante el aprendizaje, resulta más fácil para el docente el control de sus variables (Piñeiro, 2006b).

Independientemente de lo anterior, en los últimos años se relaciona la frecuencia cardiaca con la **zona de actividad**. Ésta se refiere a los distintos ritmos o intensidades que podemos llevar a cabo cuando hacemos resistencia. Partimos de las cinco zonas de actividad definidas por Edwards (1996), por lo que es necesario conocer previamente los porcentajes de ritmo cardiaco personal, y que se calculan a partir de la frecuencia cardíaca máxima teórica aconsejable (220 – edad en hombres y 226 – edad en mujeres). Este autor formula estos cinco espacios de intensidades, desde el aeróbico más liviano hasta el anaeróbico más duro.

% Ritmo cardiaco	Zona de entrenamiento:
50-60%	Zona de actividad moderada. Para quienes se inician. Calentamiento.
60-70%	Zona de control de peso. La energía procede de la degradación de las grasas.
70-80%	Zona aeróbica. Mejora cardiorrespiratoria en general.
80-90%	Zona de umbral anaeróbico. Ritmo duro. Se metaboliza ácido láctico. No abusar.
90-100%	Zona de la línea roja. Peligro. Para muy entrenados.

En Primaria debemos mantenernos dentro de los tres primeros.

1.2.2. LA FLEXIBILIDAD. (Flexolasticidad y Amplitud de Movimientos –ADM- para algunos autores).

La flexibilidad hoy día está muy valorada para el mantenimiento de la condición física media (Reina y Martínez, 2003). Se trata de la única capacidad **involucionista**, debido a que se nace con mucha y se va perdiendo poco a poco, sobre todo con la pubertad, aunque las chicas son más propensas a tener mejor nivel que los chicos, al contrario que ocurre con la fuerza.

Torres (2005), la define como *"la capacidad de mover con la máxima amplitud músculos y articulaciones"*. Hernández y Velázquez –coor.- (2004), la entienden como *"la capacidad de realizar movimientos de gran soltura y amplitud, en la que intervienen la movilidad articular y la elasticidad muscular"*.

Los sistemas básicos para tratar la flexibilidad podemos clasificarlos en dos grandes grupos: el **trabajo dinámico** y el **trabajo estático.**

El primero se basa en el ejercicio gimnástico tradicional, y se caracteriza porque continuamente aparece movimiento significativo (desplazamiento), no hay fases estáticas. Por ejemplo, circunducciones y lanzamientos. El método no dinámico se caracteriza porque durante una gran parte del trabajo no existe movimiento aparente. Relacionamos este método con el estiramiento donde el sujeto busca en una posición determinada un grado de tensión que deberá mantener durante unos segundos. Ambos métodos pueden hacerse de forma activa (el sujeto hace el esfuerzo), o de forma pasiva (un compañero fuerza la postura).

En cuanto a su **evolución**, vemos que niñas y niños de primer ciclo tienen gran nivel, que se mantiene hasta los 9-10 años. Posteriormente empieza la "dureza" que es más significativa en niños que en niñas.

a) **1º Ciclo de Primaria:**

La flexibilidad se mantiene de forma espontánea con el juego motor, de ahí su importancia en los tres tiempos pedagógicos. Así pues, son ejercicios activos y dinámicos realizados de forma natural.

b) **2º Ciclo de Primaria:**

Debemos empezar un trabajo más concreto. El inicio de la pubertad hace que el niño empiece a perderla. Son recomendables ejercicios dinámicos y activos y Debe aprenderlos para hacerlos en su tiempo de ocio.

c) **3º Ciclo de Primaria:**

Trabajo más acusado que en el ciclo anterior en todos los grandes grupos músculo-articulares. Además, quienes practiquen algún deporte concreto, deben ejercitar más las zonas solicitadas por el mismo. Seguimos usando ejercicios dinámicos y activos preferentemente, aunque podemos introducir los estiramientos al final del Ciclo.

1.2.3. VELOCIDAD

Velocidad es sinónimo de **explosividad**, no sólo en cuanto al desplazamiento, sino en el gesto, en la reacción, etc. De forma general, es la *"capacidad de realizar un movimiento con la máxima rapidez"* (Torres, 2005).

En su **evolución** observamos que desde los seis años mejora por la maduración del sistema nervioso. Sigue acrecentándose gracias a un mayor nivel de fuerza y coordinación, sobre todo lo concerniente al encadenamiento de acciones en relación al espacio-tiempo, que se hace más significativo al final de la etapa (Piñeiro, 2007).

Vamos a analizar propuestas inscritas en aquellos bloques de contenido de la Enseñanza Primaria que más fácilmente se **adaptan** al desarrollo de esta capacidad.

a) 1º Ciclo de Primaria:

La tratamos a través de juegos motores heterogéneos: persecuciones, carreras, saltos de todo tipo, relevos cortos, etc. No debemos hacer velocidad prolongada. Es necesario corregir los defectos propios de las carreras de velocidad: apoyo, braceo, posición del tronco, etc. con objeto de tener un buen patrón, un buen nivel de habilidad básica de la carrera.

- **Velocidad y habilidades y destrezas básicas**

Constituyen un contenido fundamental en el desarrollo de la velocidad de todos los tipos: reacción, segmentaria, desplazamiento, etc. Por ejemplo, responder con la máxima rapidez en la fase de vuelo del salto; girar a la máxima velocidad; "carreras" de desplazamientos con tres apoyos; en parejas, establecer cuál de ellas realiza un mayor número de pases en diez segundos, etc.

- **Velocidad y juego**

Comentamos unos **ejemplos** didácticos. Los "relevos" es un juego típico que involucra a todas las facetas de la velocidad, además de las mejoras en las competencias sociales y afectivas. Una de las ventajas es su aplicación a casi todas las edades y que podemos realizar multitud de ajustes en distancias, participantes, etc. "Los pelotazos", que consiste en intentar impactar una pelota de foam, **autohinchable**, en los demás compañeros, pone en marcha la velocidad de reacción, discriminativa, segmentaria y de desplazamiento, así como la agilidad.

"Cara y cruz" es otro ejemplo. El grupo se divide en dos mitades, los "cara" y los "cruz". Si el profesor nombra a un grupo, el otro deberá ir a por ellos antes de llegar a la meta.

b) 2º Ciclo de Primaria:

Además de lo anterior, insistir en la reacción tras estímulos auditivos, visuales y kinestésico-táctiles. Por ejemplo, salidas sorpresa desde diversas posiciones corporales. También juegos de velocidad gestual como lanzamientos y saltos.

c) 3º Ciclo de Primaria:

Además de lo anterior con algo más de intensidad, podemos introducir carreras en "tresbolillos", saltos acrobáticos y carreras de velocidad de no más de cinco o seis segundos.

1.2.4. LA FUERZA

Es una de las capacidades condicionales que desempeña un importante papel en el desarrollo motor, bien como elemento de rendimiento o como base para generar la tensión necesaria en la creación de cualquier habilidad (Cuadrado, Pablos, García, 2006).

Morehouse-Miller (1986) la definen como "*La capacidad de ejercer tensión contra una resistencia*". Mosston (1978) entiende que es: "*La capacidad de vencer una resistencia exterior o de adaptarla por medio de un esfuerzo muscular*", ambos citados por Piñeiro (2006ª).

En su **evolución** hay que señalar su desarrollo desde las primeras edades, por maduración. El crecimiento físico y el nivel de coordinación son dos parámetros que condicionan su aumento. En tercer ciclo es muy significativa la potencia de salto y al final de la etapa el incremento de la fuerza es constante por la llegada de la pubertad.

El **desarrollo** de la fuerza en la Etapa Primaria debemos hacerlo con actividades propias de los bloques de contenido. Podemos trabajarla con la ayuda del propio peso del individuo (auto cargas) o con implementos de poco peso (sobrecargas), por ejemplo balones medicinales de 2 Kg., cubiertas de scooter, etc., si bien aparece en cualquier **contenido** de Educación Física (Piñeiro, 2006ª).

En cualquier caso, en su **aplicación** debemos tener mucho cuidado con la postura del raquis en juegos de transportes, cargas, etc.; estirar la musculatura paravertebral tras estos juegos, saber las posturas que no implican riesgos, hacer un calentamiento previo y no abusar en actividades de sobrecarga (Rosillo, 2010).

a) **1º Ciclo de Primaria:**

- **Fuerza y gimnasia**

Las habilidades gimnásticas requieren fuerza y flexibilidad. Su aplicación puede hacerse desde el primer ciclo, como equilibrios de cabeza o manos; volteos; saltos de aparatos, etc.

- **Fuerza y habilidades y destrezas básicas**

El salto, el desplazamiento (reptar, trepar, etc.), el giro y los lanzamientos y recepciones (lanzamientos de objetos poco pesados) ofrecen un gran número de posibilidades para, con los criterios oportunos, desarrollar la fuerza.

- **Fuerza y juego**

Formas jugadas motivan al participante para desarrollar el trabajo de fuerza. No olvidar los juegos populares, como el "soga-tira". Los juegos en parejas también nos ofertan muchas posibilidades: empujes, tracciones, pulsos, relevos, así como transportes luchas, pero con precaución.

b) **2º Ciclo de Primaria:**

Además de lo anterior, podemos utilizar de forma más significativa los recursos propios del gimnasio: bancos, espalderas, colchonetas, etc. Siempre a través de formas lúdicas.

c) **3º Ciclo de Primaria:**

Podemos intensificar lo hecho en ciclos anteriores. Además, niñas y niños podrán transportar, en grupo, bancos suecos, colchonetas, cajones de plinto, etc. También lanzar cubiertas de scooter, balones medicinales de 2 kilos, etc. Otra opción son los ejercicios en parejas de "contra-resistencias". Es decir, el compañero opone una resistencia controlada y razonable al movimiento a realizar el ejecutante, evitando tirones y brusquedades, cuestión que no siempre es posible en determinados grupos. Este sistema permite localizar la acción en las zonas anatómicas que más nos interese, por lo que perdemos la concepción global de la actividad.

> Independientemente de lo expresado hasta ahora, debemos considerar la necesidad de enseñar a **calentar** y volver a la calma (**relajación**), para que nuestro alumnado, cuando realice actividad física o deportiva en horario extracurricular, no tenga problemas de salud.

2. FACTORES ENTRENABLES Y NO ENTRENABLES

La **función del maestro/a no es entrena**r ni buscar rendimiento físico en nuestro alumnado. No obstante, se hace fuera del ámbito escolar, en el deportivo de los clubes (Avella, Maldonado y Ram, 2015).

Este punto lo podemos abordar desde **dos** aspectos:

a) Lo expresado por Álvarez (1986) sobre lo que **es factible entrenar o no** en el individuo.

RESULTADO MOTOR DEPORTIVO		
FACTORES NO ENTRENABLES	FACTORES SÍ ENTRENABLES	OTROS FACTORES EXTERNOS INFLUYENTES
• Los propios dados por la herencia: - Biotipo - Tipo de fibra - Número de fibras - Composición ósea	• Los que tienen capacidad de adaptación al esfuerzo: - Capacidades físicas - Técnica y Táctica - Aspectos psíquicos	• Medios socio-económico - Instalaciones y recursos - Control médico - Dieta - Hábitos - Clima…

En resumen: Los **no entrenables** son los dados por la herencia. Los **entrenables** son los modificables por el entrenamiento. Los otros factores influyentes están relacionados con el medio donde se desenvuelve el individuo.

b) Lo que expresan varios autores: Castañer y Camerino (2001), Mirella (2002), Stumpp (2002), Reina y Martínez (2003), Bompa (2004), Los Santos (2004), entre otros, sobre lo que **podemos y no podemos** realizar físicamente con niñas y niños de Primaria:

- Más que entrenar debemos tener la idea de "desarrollar". Los niños no tienen capacidad de entrenar hasta los seis años, por lo menos, y siempre utilizando una metodología lúdica.

- Debemos tener en cuenta la edad biológica del grupo.

- Plantear prácticas racionales, sentando las bases para el futuro.

- Alternar el tiempo de trabajo con el descanso, sobre todo teniendo en cuenta la "explosividad" natural que tienen en el trabajo los niños.

- No hacer ejercicios de sobrecargas y progresar individualmente en la carga.

- Cuidado con el trabajo asimétrico, tenis por ejemplo, compensar el lado "vago".

- Atención a los multisaltos porque pueden acentuar la enfermedad del "crecimiento".

- Huir de ejercicios tradicionales pero que, a la larga, son perjudiciales: marcha en cuclillas, saltos en profundidad, cargas del compañero, abdominales con rodillas extendidas, etc.

- Procurar trabajar integralmente la técnica/preparación física.
- Huir de sistemas de entrenamiento para adultos (pliometría, pesas, cuestas, etc.).
- Atender a la individualización y diversidad.

3. LA ADAPTACIÓN AL ESFUERZO FÍSICO EN NIÑOS Y NIÑAS.

Cuando el organismo soporta nuevas cargas encuadradas dentro de ciertos umbrales, tiende a adaptarse mediante la modificación de la estructura y función de células, tejidos, órganos, etc. (Guzmán, 2013).

Se puede definir la adaptación como *"la especial capacidad de los seres vivos para mantener un equilibrio constante de sus funciones ante la exigencia de los estímulos que continuamente inciden en ellos, gracias a la modificación funcional que se produce en cada uno de sus órganos y sistemas"* (Álvarez del Villar, 1986). Naranjo y Centeno (2000), establecen que *"la adaptación es un cambio duradero en una estructura o función que hace que el organismo pueda responder mejor ante nuevos ejercicios. Generalmente son necesarias varias semanas para que se produzcan"*.

La adaptación va a depender de varios factores, que podemos sistematizar así:

- Del excitante o estímulo.
- De la respuesta general del organismo de cada persona.
- De los distintos sistemas a los que van dirigidos específicamente los estímulos.

3.1. ADAPTACIONES QUE PRODUCEN EL DESARROLLO DE LAS CAPACIDADES FÍSICAS BÁSICAS EN LOS ORGANISMOS DE LOS NIÑOS Y DE LAS NIÑAS.

El organismo humano permanece en constante vigilia con el fin de mantener el equilibrio dinámico de los tejidos y su funcionalidad en relación con las exigencias del entrenamiento (Anselmi, 2015).

Naranjo y Centeno (2000), diferencian entre **adaptación** y **respuesta** ya que ésta es *"un cambio agudo y temporal, a diferencia de la adaptación que es duradera, en la función del organismo, ocasionados por el ejercicio, y que desaparecen rápidamente tras finalizar el esfuerzo"*.

Es evidente que el desarrollo de las capacidades físicas provoca en el organismo infantil una serie de **modificaciones** físicas y psico-sociales que, de modo general, las iremos comentando a continuación.

Para la elaboración de este punto nos basamos, fundamentalmente, en Naranjo y Centeno (2000), Barbany, (2002), Lloret (2003), Torres (2005), Garrote y Legido (2005), Piñeiro (2006a), Piñeiro (2006b), Gómez Mora (2008), Bernal -coord.- (2008), González y Navarro (2010), Contreras y García (2011), Calderón (2012), López Chicharro y otros (2013), (González, Pablos y Navarro, 2014) y Anselmi (2015).

- **Efectos psico-sociales**
    - Mejora la participación en actividades, comunicación con los demás, la integración en grupos sociales, etc. Actitud de responsabilidad, integración y cooperación con los demás (Gómez, Puig y Maza, 2009).
    - Responsabilidad ante obligaciones con el grupo. Nos enseña a asumir normas

- y responsabilidades.
- Nos enseña a aceptar y superar las derrotas.
- Efectos antidepresivos.
- Estimula el afán de trabajo en equipo.
- Estimula la participación e iniciativa personal.
- Mejora el equilibrio psíquico y aumenta la capacidad de abstracción.
- Favorece la autoestima. Mejora la imagen corporal.
- Disminución de las tensiones personales y estrés. Canaliza la agresividad.
- Previene el insomnio y regula el sueño.

- **Efectos sobre el sistema cardiovascular**

    - Mejora la circulación coronaria, evitando la concentración de grasa en sus paredes. Previene la obesidad y enfermedades coronarias.
    - Mayor volumen cardiaco y menor frecuencia en reposo.
    - Menor incremento de la frecuencia mediante el ejercicio moderado.
    - Retorno más rápido de la frecuencia y de la presión sanguínea a la normalidad.
    - Mayor utilización del oxígeno de la sangre y tensión arterial más baja.

- **Efectos sobre el sistema respiratorio**

    - Los músculos respiratorios son más eficaces y mejora la difusión de los gases.
    - Aumenta el volumen respiratorio máximo por minuto y la capacidad vital.
    - Descenso en la frecuencia y un aumento en la profundidad respiratoria.

- **Efectos sobre el sistema nervioso**

    - Aumento de la capacidad **reguladora** del sistema vegetativo (vagotonía del entrenado), con economía en los procesos metabólicos.
    - Mejora la rapidez en la conducción de estímulos a través de las fibras motrices.
    - Se perfeccionan los mecanismos de producción de impulsos y la coordinación de movimientos.

- **Efectos sobre el aparato locomotor**

    - Modificaciones en las estructuras de los huesos e hipertrofia de las masas musculares.
    - El aumento del número de capilares y del tamaño de la fibra, va acompañado de un progreso importante de fuerza.

- **Efectos sobre la sangre**

    - Se crea un sistema estabilizador evitando la excesiva concentración de ácidos.

3.2. TEORÍAS QUE TRATAN DE EXPLICAR LOS FENÓMENOS DE ADAPTACIÓN

Antes de hablar de adaptación hay que hacerlo de la "**homeostasis**". Es la "*tendencia de los organismos vivos por mantener su medio ambiente interno equilibrado para sus células*" (Platonov, 2001).

En realidad, cuando un niño en un patio se **cansa**, se para y si, por ejemplo, está jugando al fútbol, se pone de portero, se va a beber agua, etc. En definitiva, se **autorregula.**

Es evidente que, en los últimos años, los logros deportivos han alcanzado cotas insospechadas y esto se debe, entre otros factores, a la aplicación de un entrenamiento más **sistemático** y eficaz (González y Navarro, 2010). Los avances de la medicina y el empleo de medios cada vez más sofisticados de análisis de datos, hacen que el entrenamiento se haya convertido en un proceso más científico (López Chicharro y otros, 2013).

No obstante, las leyes y los principios del entrenamiento son conocidos desde hace mucho tiempo: "*en **el respeto a estas leyes y principios** y en el talento deportivo reside básicamente el hecho*" (Platonov, 2001).

Consideramos fundamentales las de Selye (S.G.A.), P. de Supercompensación y la Ley de Arnold-Schultz -Ley del Umbral- (Legaz, 2012).

a) LEY DE SELYE O SÍNDROME GENERAL DE ADAPTACIÓN.

El fisiólogo Hans Selye, en sus investigaciones sobre el comportamiento del cuerpo, observó que ante una situación desequilibradora, que denominó estrés, el organismo reacciona mediante una serie de ajustes fisiológicos específicos para cada estímulo, con los que trata de oponerse al agente estresante y restablecer el equilibrio. Pero también observó que aunque los ajustes eran específicos, la forma en que se producen es inespecífica, es decir, siguen siempre la misma secuencia, sea cual sea el estímulo. Selye llamó a esta secuencia "**síndrome general de adaptación**" (Forteza y Ramírez, 2005).

La adaptación es una constante en la evolución del ser vivo y en las personas se produce de dos formas diferentes: **Inconsciente** o **Elemental** y **Consciente** o **Superior**. En la **elemental**, el ser humano en contacto con el ambiente y en su evolución vital se adapta inconscientemente (aclimatación, crecimiento...) En la **superior**, la persona conscientemente propicia una adaptación en su organismo (ejercicio físico). En el siguiente croquis observamos el esquema gráfico (Guillén y Benítez, 2009).

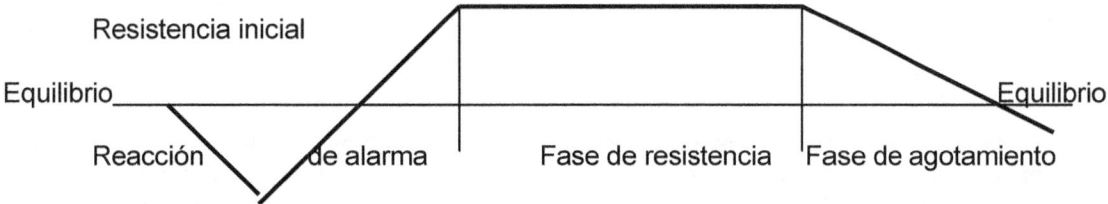

Fase 1ª. **Estado de alarma** (shock y contraschock o choque y contra choque). Tras una resistencia inicial, se rompe el equilibrio e inmediatamente se ponen en funcionamiento toda clase de ajustes (hormonales cardiovasculares, quimicomusculares...), para restablecer el equilibrio perdido.

Fase 2ª. **Estado de resistencia**. Conseguidos los ajustes, el organismo "aguanta" la acción del estímulo. La duración de esta fase depende del grado de entrenamiento que tenga el sujeto. Cuando el organismo se ve incapaz de reaccionar ante el sucesivo aumento del excitante, se pasa a la 3ª Fase.

Fase 3ª. **Estado de agotamiento**. El organismo ya no puede resistir más para mantenerse en equilibrio. Ahora hay dos vías: o descansa para recuperarse y volver a equilibrarse, o si continúa llegará a la extenuación con el peligro que conlleva (Piñeiro, 2006a).

b) PRINCIPIO DE LA SUPERCOMPENSACIÓN.

Cuando se realiza un esfuerzo, como consecuencia, se produce un desgaste físico. Al cesar o al realizar otro más suave, el organismo sano va restituyendo las fuentes de energía y el material perdido por la actividad, llegando un momento (hacia las veinticuatro o cuarenta y ocho horas, según los casos), que los niveles iniciales aumentan, es decir, no sólo recupera las energías perdidas durante el ejercicio, sino que **acumula** potenciales de trabajo superiores al nivel que se encontraba antes del mismo, por lo que puede aumentar su capacidad para responder a esfuerzos más intensos que los primeros. Es como si hubiesen llegado "refuerzos" (Piñeiro, 2006a). Esta supercompensación está presente, según los casos, uno o dos días, de tal forma que si no se vuelve a practicar, la supercompensación se retira y el organismo vuelve al nivel inicial. También se le conoce como el periodo de "**asimilación compensatoria**", autores rusos la llaman "**período de restauración ampliada**" y Mateiev, "**fase de exaltación**" (Martín y otros, 2001).

La eficacia del entrenamiento deportivo camina muy ligada a la **reposición** o **compensación** de energías perdidas durante el esfuerzo.

En el siguiente cuadro vemos un esquema de las fases de la supercompensación, donde 1 es la carga de entrenamiento y 2 la cúspide de supercompensación.

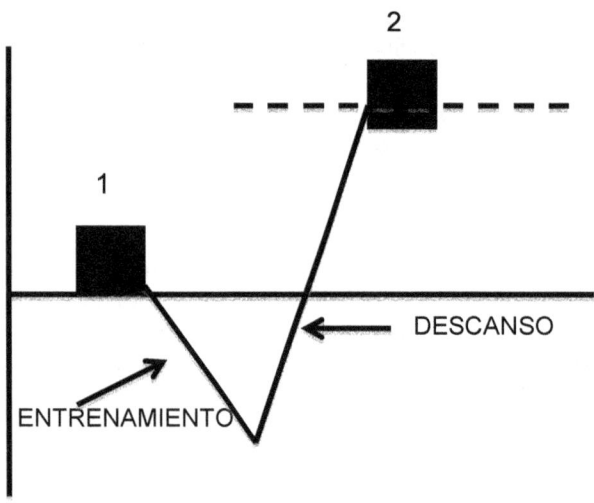

Este período de exaltación está muy ligado con la carga funcional, sabiendo además que los efectos que produce una determinada actividad física van desapareciendo poco a poco. Ozolin (1995), que es uno de los autores que más la estudian, opina que la supercompensación obtenida después de una sesión de entrenamiento se **mantiene** a lo sumo **tres días**.

De esta secuencia biológica podemos deducir las dos principales normas para entrenar correctamente:

- Tan importante es el trabajo como el descanso.
- Hay que ser oportunos al aplicar los esfuerzos. El desgaste y "supercompensación" posterior son proporcionales al estímulo.

Los procesos de adaptación se rigen por el concepto del **heterocronismo** ya que el evolución de la supercompensación presenta una **variabilidad** individual muy importante y un comportamiento muy diferenciado en los diferentes órganos y funciones (Guillen y Benítez, 2009).

c) LEY DE SCHULTZ-ARNOLT O DEL UMBRAL

Nos dice que cada persona tiene distinto nivel de excitación ante un estímulo ("Umbral de Excitación") y para que se produzca adaptación, éste debe poseer una determinada intensidad en función de la capacidad de aguante y reacción del organismo. El "suelo" representa el nivel mínimo y el "techo" el máximo (Piñeiro, 2006a). Así pues, la adaptación funcional se logra como consecuencia de la asimilación de estímulos crecientes.

Clasifica los estímulos en cuatro grados: débiles, medios, altos y muy altos, que variarán en su nivel absoluto según sea la edad, sexo y estado físico del sujeto. Los que están por debajo del suelo o débiles no inciden en la mejora orgánica; los medios y altos, que están en el Umbral, son los ideales. En cambio, los que sobrepasan el techo, pueden llegar a fatigar peligrosamente.

Esta clasificación es relativa, pues la velocidad y la reiteración de los estímulos, pueden cambiar el nivel de valoración, convirtiendo un estímulo débil en medio, un medio en alto, un alto en muy alto y viceversa (Martín y otros, 2001).

Podemos observarlo en el siguiente cuadro:

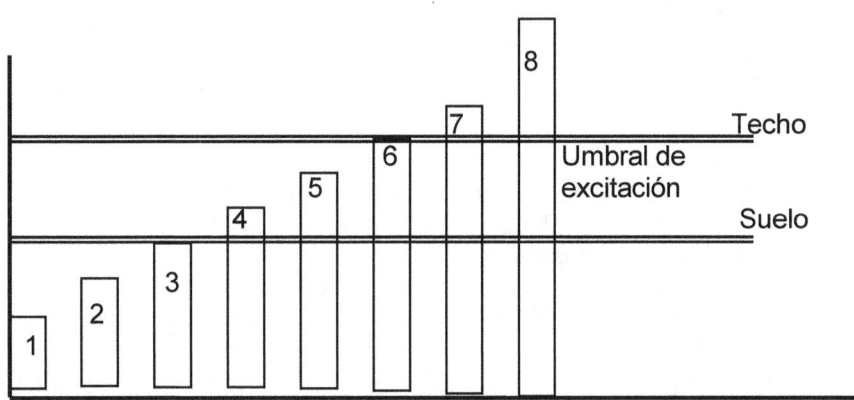

- Los estímulos débiles 1, 2, 3, no entrenan, salvo que se reiteren adecuadamente en el tiempo, pudiendo en este caso llegar a entrenar.
- Los estímulos 4, 5, 6, están dentro de la zona del Umbral y por tanto entrenan.
- Los estímulos 7 y 8 están fuera del límite de tolerancia y son perjudiciales. La administración inadecuada de estímulos altos puede exceder el techo del Umbral ocasionando el agotamiento.

CONCLUSIONES

El Tema ha tratado sobre el desarrollo de las capacidades físicas básicas a lo largo de la edad escolar, aunque nos hemos centrado en Primaria. El R. D. 126/2014 incide en el binomio condición física/salud, de ahí que los trabajos deben ser globales, básicos, saludables y como factor de ejecución de la habilidad motriz. Hay que tener en cuenta los tres tiempos pedagógicos, sobre todo en niñas y niños con hiperactividad. Ya al final de la Etapa pueden hacerse trabajos algo más concretos. Es importante crear hábitos saludables para que cuando nuestro alumnado haga actividad física en su tiempo libre no se lesione. En el punto de la adaptación al esfuerzo hemos visto la importancia de ir poco a poco, progresando en el volumen e intensidad del juego motor, no forzar al alumnado y distribuir los esfuerzos a lo largo de la semana.

BIBLIOGRAFÍA

- ALVAREZ DEL VILLAR, C. (1986). *La preparación física del fútbol basada en el atletismo.* Gymnos. Madrid.
- ANSELMI, H. (2015). *Preparación física: teoría y práctica.* Kinesis. Armenia (Colombia).
- AVELLA, R.; MALDONADO, C.; RAM, S. (2015). *Entrenamiento deportivo con niños.* Kinesis. Armenia (Colombia).
- ARRÁEZ, J. M.; LÓPEZ, J. M.; ORTIZ, Mª M. y TORRES, J. (1995). *Aspectos básicos de la Educación Física en Primaria. Manual para el Maestro.* Wanceulen. Sevilla.
- BARBANY, J. R. (2002). *Fisiología del ejercicio físico y del entrenamiento.* Paidotribo. Barcelona.
- BERNAL, J. A. (coord.) (2008). *El calentamiento y la adaptación del organismo al esfuerzo.* Wanceulen. Sevilla.
- BOMPA, T. (2004). *"Periodización del entrenamiento deportivo".* Paidotribo. Barcelona.
- CALDERÓN, F. J. (2012). *Fisiología humana. Aplicación a la actividad física.* Panamericana. Madrid.
- CAÑIZARES, J. Mª. (2004). *Entrenamiento Deportivo.* En VV. AA. *Técnico deportivo de Fútbol. Bloque Común. Nivel 1.* C.E.D.I.F.A. Sevilla.
- CAÑIZARES, J. Mª y CARBONERO, C. (2007). *Temario de oposiciones de Educación Física para Primaria.* Wanceulen. Sevilla.
- CUADRADO, G.; PABLOS, C.; GARCÍA, J. (2006). *Aspectos metodológicos y fisiológicos del trabajo de hipertrofia muscular.* Wanceulen. Sevilla.
- CASTAÑER, M. y CAMERINO, O. (2001). *La educación física en la enseñanza primaria.* INDE. Barcelona.
- CONTRERAS, O. R. y GARCÍA, L. M. (2011). *Didáctica de la Educación Física. Enseñanza de los contenidos desde el constructivismo.* Síntesis. Madrid.
- DELGADO, M. y TERCEDOR, P. (2002). *Estrategias de intervención en educación para la salud desde la Educación Física.* INDE. Barcelona.
- EDWARDS, S. (1996). *Corazón inteligente.* Dorleta S.A. Madrid.
- FORTEZA, A. y RAMÍREZ, E. (2005). *Teoría, metodología y planificación del entrenamiento deportivo.* Wanceulen. Sevilla.
- GARROTE, N. y LEGIDO, J. C. (2005). *Actividad física-educación física-salud.* En GUILLÉN, M. (coord.) *El ejercicio físico como alternativa terapéutica para la salud.* Wanceulen. Sevilla
- GENERELO, E. y TIERZ, P. (1994). *Cualidades físicas.* Imagen y Deporte. Zaragoza.
- GENERELO, E. y LAPETRA, S. (1993). *Las cualidades físicas básicas: análisis y evolución.* En VV. AA. *Fundamentos de Educación Física para Enseñanza Primaria.* INDE. Barcelona.
- GÓMEZ, C.; PUIG, N. y MAZA, G. (2009). *Deporte e integración social*. INDE. Barcelona.
- GÓMEZ MORA, J. (2003). *Fundamentos biológicos del ejercicio físico.* Wanceulen. Sevilla.
- GÓMEZ MORA, J. (2008). *Bases del Acondicionamiento Físico.* Wanceulen. Sevilla.
- GONZÁLEZ RAVÉ, J. Mª Y NAVARRO, F. (2010). *Fundamentos del entrenamiento deportivo.* Wanceulen. Sevilla.
- GONZÁLEZ, J. Mª; PABLOS, C.; NAVARRO, F. (2014). *Entrenamiento Deportivo. Teoría y práctica.* Panamericana. Madrid.
- GUILLÉN, M. y BENITEZ, J. D. (2009). *Principios del entrenamiento deportivo.* En GUILLÉN, M. y ARIZA. L. *Las Ciencias de la Actividad Física y el Deporte como fundamento para la práctica deportiva.* U. de Córdoba.
- GUZMÁN, L. A. (2013). *Entrenamiento Deportivo: La Carga.* Kinesis. Armenia (Colombia).

- HERNÁNDEZ, J. L. y VELÁZQUEZ, R. (2004). *La evaluación en Educación Física*. Graó. Barcelona.
- JUNTA DE ANDALUCÍA (2007). *Ley 17/2007, de 10 de diciembre, de Educación en Andalucía*. (L. E. A.) B.O.J.A. nº 252, de 26/12/2007.
- JUNTA DE ANDALUCÍA (2010). *Decreto 328/2010, por el que se aprueba el Reglamento Orgánico de las escuelas infantiles de segundo grado, de los colegios de educación infantil y primaria, de los colegios de educación primaria, y de los centros públicos específicos de educación especial*. BOJA nº 139, de 16/07/2010.
- JUNTA DE ANDALUCÍA (2015). *Decreto 97/2015, de 3 de marzo, por el que se establece la ordenación y el currículo de la educación Primaria en la comunidad Autónoma de Andalucía*. BOJA nº 50 de 13/03/2015.
- JUNTA DE ANDALUCÍA (2015). *Orden de 17 de marzo de 2015, por la que se desarrolla el currículo correspondiente a la educación Primaria en Andalucía*. BOJA nº 60 de 27/03/2015.
- JUNTA DE ANDALUCÍA (2015). *Orden de 04 de noviembre de 2015, por la que se establece la ordenación de la evaluación del proceso de aprendizaje del alumnado de educación primaria en la Comunidad Autónoma de Andalucía*. B.O.J.A. nº 230, de 26/11/2015.
- LEGAZ, A. (2012). *Manual de entrenamiento deportivo*. Paidotribo. Barcelona.
- LEÓN, J. A. (2006). *Teoría y Práctica del Entrenamiento. Deportivo. Nivel 1 y 2*. Wanceulen. Sevilla.
- LÓPEZ CHICHARRO, J. y otros (2013). *Fisiología del Entrenamiento Aeróbico*. Panamericana. Madrid.
- LOS SANTOS, C. (2004). *Preparación física: teoría, aplicaciones y metodología práctica*. Wanceulen. Sevilla.
- LLORET, M. (2003). *Anatomía aplicada a la actividad física y deportiva*. Paidotribo. Barcelona.
- MARTÍN, D.; CARL, K. y LEHNERTZ, K. (2001). *Manual de metodología del entrenamiento deportivo*. Paidotribo. Barcelona.
- MAYNAR, M. y MAYNAR, J. I. -Coords.- (2008). *Fisiología aplicada a los deportes*. Wanceulen. Sevilla.
- M. E. C. (2006). *Ley Orgánica de Educación (L.O.E.) 2/2006, de 3 de mayo, de Educación*. B. O. E. nº 106, de 04/05/2006, modificada en determinados artículos por la LOMCE/2013.
- M. E. C. (2013). *Ley Orgánica 8/2013, de 9 de diciembre, para la mejora de la calidad educativa*. (LOMCE). B. O. E. nº 295, de 10/12/2013.
- M. E. C. (2014). *Real Decreto 126/2014, de 28 de febrero, por el que se establece el currículo básico de la Educación Primaria*. B. O. E. nº 52, de 01/03/2014.
- M.E.C. (2015). *Orden ECD/65/2015, de 21 de enero, por la que se describen las relaciones entre las competencias, los contenidos y los criterios de evaluación de la educación primaria, la educación secundaria obligatoria y el bachillerato*. B.O.E. nº 25, de 29/01/2015
- MIRELLA, R. (2002). *Nuevas metodologías del entrenamiento de la fuerza, la resistencia, la velocidad y la flexibilidad*. Paidotribo. Barcelona.
- MORENTE, A. (2005). *Ejercicio físico en niños y jóvenes: programas de actividad física según niveles de condición biológica*. En GUILLÉN, M. -coord.- *El ejercicio físico como alternativa terapéutica para la salud*. Wanceulen. Sevilla.
- NARANJO, J. y CENTENO, R. (2000). *Bases fisiológicas del entrenamiento deportivo*. Wanceulen. Sevilla.
- NAVARRO, V. (2007). *Tendencias actuales de la Educación Física en España. Razones para un cambio*. (1ª y 2ª parte). Revista electrónica INDEREF. Editorial INDE. Barcelona. http://www.inderef.com
- OZOLIN, N. G. (1995). *Sistema contemporáneo de entrenamiento deportivo*. Científico - Técnica. La Habana.
- PERAL, C. (2009). *Fundamentos teóricos de las capacidades físicas*. Visión Libros. Madrid.

- PÉREZ TURPIN, J. A. (2012) *Bases del análisis del rendimiento deportivo*. Wanceulen. Sevilla
- PIÑEIRO, R. (2006a). *La fuerza y el sistema muscular*. Wanceulen. Sevilla.
- PIÑEIRO, R. (2006b). *La resistencia y el sistema cardiorrespiratorio*. Wanceulen. Sevilla.
- PIÑEIRO, R. (2007). *La velocidad y el sistema nervioso*. Wanceulen. Sevilla.
- PLATONOV, V. (2001). *La preparación física*. Paidotribo. Barcelona.
- REINA, L. y MARTÍNEZ, V. (2003). *Manual de Teoría y Práctica de Entrenamiento Deportivo*. CV Ciencias del Deporte. Madrid.
- ROSILLO, S. (2010). *Cualidades físicas. Plan educativo de hábitos de vida saludable en la educación*. Procompal. Almería.
- STUMPP, U. (2002). *Adquirir una buena condición física jugando*. Paidotribo. Barcelona.
- TORRES, M. A. (2005). *Enciclopedia de la Educación Física y el Deporte*. Ediciones del Serbal. Barcelona.

WEBGRAFÍA (Consulta en septiembre de 2016).

http://www.saludalia.com/ejercicio-fisico/adaptacion-organismo-ejercicio-fisico
http://recursos.cnice.mec.es/edfisica/
http://www.ite.educacion.es/es/recursos
http://www.educarm.es/admin/recursosEducativos#nogo
http://www.gobiernodecanarias.org/educacion/webdgoie/
http://www.educa2.madrid.org/educamadrid/servicios
http://www.educa.jccm.es/educa-jccm/cm/recursos
http://www.adideandalucia.es
http://recursostic.educacion.es/primaria/ludos/web/index.html
www.juntadeandalucia.es/educacion/descargasrecursos/curriculo-primaria/index.html

TEMA 18

EL DESARROLLO DE LAS HABILIDADES. PRINCIPIOS FUNDAMENTALES DEL ENTRENAMIENTO. ADECUACIÓN DEL ENTRENAMIENTO EN LA ACTIVIDAD FÍSICA EN LOS CICLOS DE EDUCACIÓN PRIMARIA.

ÍNDICE

INTRODUCCIÓN

1. **EL DESARROLLO DE LAS HABILIDADES.**

    1.1. Definición.

    1.2. Clasificación de las habilidades motrices.

    1.3. Desarrollo de las habilidades motrices básicas.

    1.4. Desarrollo de las habilidades genéricas.

    1.5. Importancia de las condiciones física y motriz en el desarrollo de las habilidades y destrezas básicas.

2. **PRINCIPIOS FUNDAMENTALES DEL ENTRENAMIENTO.**

    2.1. Principios del entrenamiento infantil. (Ungerer).

3. **ADECUACIÓN DEL ENTRENAMIENTO EN LA ACTIVIDAD FÍSICA EN LOS CICLOS DE EDUCACIÓN PRIMARIA.**

    3.1. La condición física en el diseño curricular.

    3.2. Modelos de adecuación del entrenamiento en la actividad física en los ciclos de Educación Primaria.

CONCLUSIONES

BIBLIOGRAFÍA

WEBGRAFÍA

INTRODUCCIÓN

El enunciado de este tema puede crear confusiones. Por un lado, el término "habilidad" -suponemos que motriz- y su "desarrollo", tienen relación con los contenidos del Tema 9. Por otro, la segunda y tercera se refieren a la condición física a través de los "principios del entrenamiento" y de la "adecuación del entrenamiento durante los tres ciclos de Primaria". Choca porque, en el ámbito escolar, debemos huir del modelo "deportivo o de rendimiento" y promocionar el "educativo y saludable" (Sánchez y Fernández -coords.-, 2003).

En este sentido, el R.D. 126/2014, indica que *"la propuesta curricular de la Educación Física debe permitir organizar y secuenciar los aprendizajes que tiene que desarrollar el alumnado de Educación Física a lo largo de su paso por el sistema educativo, teniendo en cuenta su momento madurativo del alumnado, la lógica interna de las diversas situaciones motrices, y que hay elementos que afectan de manera transversal a todos los bloques como son las capacidades físicas y las coordinativas, los valores sociales e individuales y la educación para la salud"*.

Así pues, nos centraremos en el desarrollo de las habilidades motrices relacionándolas con las capacidades físicas y motrices que son necesarias para su correcto progreso.

Durante los primeros años de la vida, niñas y niños van adquiriendo los patrones motores básicos como consecuencia de la evolución y de las experiencias sacadas de los juegos, de ahí la importancia de éste en la formación del alumnado. Aunque antes había el convencimiento generalizado acerca de que la maduración era suficiente para conseguir el desarrollo, hoy día está más que demostrada la importancia de la educación física en estas edades tan tempranas.

Por otro lado, en los últimos años los métodos y sistemas de entrenamiento han evolucionado mucho. Marcas que parecían imposibles de batir se pulverizan cada año. Para ello han sido decisivo los avances en muchos campos: medicina, metodología, multimedia, etc.

En este tema veremos las leyes que son precisas observar para llevar a cabo esos niveles, si bien deseamos matizar que su ámbito de aplicación está fuera del mundo escolar. También trataremos cómo debe planificarse el esfuerzo físico durante la Etapa Primaria.

1. EL DESARROLLO DE LAS HABILIDADES.

Durante los últimos decenios la Educación Física ha experimentado cambios sustanciales. La perspectiva excesivamente mecanicista, que se dirigía fundamentalmente al desarrollo anatómico y funcional del sujeto, dejó paso a las corrientes psicomotrices, que enfocaron los objetivos de nuestra área hacia valores propios del área socio-afectiva y cognitiva. Desde entonces las nuevas transformaciones entienden que la condición física se desarrollará como consecuencia del **trabajo** realizado, aún teniendo otras referencias prioritarias, si bien tiene mucha importancia el matiz de "**salud**" (Sánchez y Fernández -coords.-, 2003).

1.1. DEFINICIÓN.

Serra (1987, 1994), que se basa en autores como Guthrie, Cratty, Knapp, Mc Clenaghan, Lawther y Gallahue, entre otros, determina que *"habilidad motriz es la maestría en la realización de una tarea que requiera movimiento y que es preciso hacerla con eficiencia, con intencionalidad, con un objetivo concreto, en poco tiempo, y utilizando la mínima energía posible"*. Es el cuerpo sólo, sin móvil y realizando un gesto técnicamente bueno, por ejemplo saltar adelante con dos pies juntos. En cambio, *"destreza motriz es un término que significa manipulación de un móvil: pelota, soga, aro, etc."*. Por ejemplo, lanzar una pelota con una mano por encima del hombro. En cualquier caso, la **transferencia** positiva de aprendizajes de habilidades previas, su **jerarquía** y el **constructivismo** son tres de sus principales características.

Gil Madrona (2003), define a la habilidad motriz como *"la facilidad y la precisión que se necesita para la ejecución de diversos actos"*.

1.2. CLASIFICACIÓN DE LAS HABILIDADES MOTRICES.

Existen numerosos modelos en función de los parámetros que sigan los autores. Cañizares y Carbonero (2007), indican una "pirámide" especificando el tipo de habilidad, ciclo y edades más críticas para su aprendizaje. En ella podemos observar cómo se va "construyendo" la habilidad motriz desde las primeras edades, y la importancia de las capacidades coordinativas en el ajuste motor de cualquier habilidad.

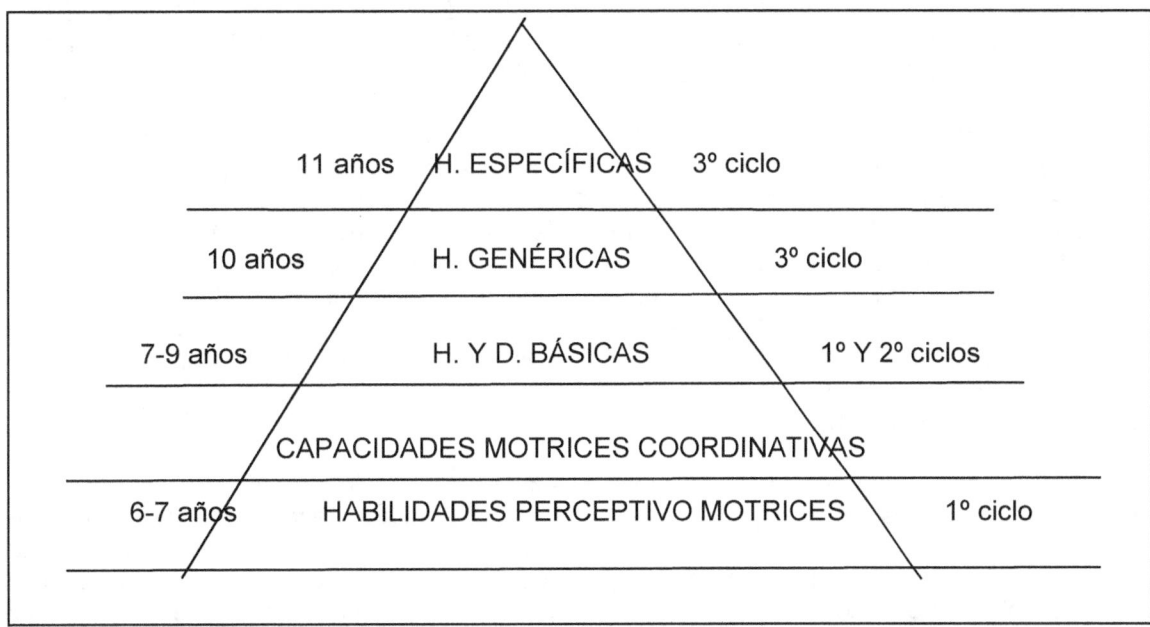

- **Habilidades Perceptivas Motrices.- Integradas** por los contenidos relacionados con el conocimiento del propio cuerpo, espacio y tiempo. Aunque tienen una edad crítica de aprendizaje hasta los siete años, en realidad se siguen perfeccionando durante toda la Primaria. (Ver Tema 11).

- **Capacidades Motrices Coordinativas**.- Engloba a Coordinación y Equilibrio, con sus variantes. En realidad **no son habilidades**, sino los elementos cualitativos del movimiento y "puente" entre las Habilidades Perceptivo Motrices y las H. Básicas y Genéricas. Estas capacidades van íntimamente unidas a las habilidades porque son requeridas significativamente para aprender un gesto concreto. Por ejemplo, regular todos los segmentos óseos corporales para aprender la habilidad del salto con dos pies juntos (secuenciar durante las fases del mismo los gestos de miembros superiores-tronco-miembros inferiores, guardando el equilibrio durante la acción, sobre todo al caer). (Ver Tema 7).

- **H. y D. Básicas**.- Son movimientos fundamentales que se agrupan en Desplazamientos, Saltos, Giros, Lanzamientos y Recepciones. Cualquier gesto que hagamos se basa en alguna de ellas. Constituyen el "alfabeto" del movimiento. (Ver Tema 9).

- **H. Genéricas**.- Resultan de la combinación de varias básicas. Botes, fintas, conducciones, interceptaciones, etc. Se desarrollan con juegos de índole pre-deportivo, como el "balón-torre". (Ver Tema 9).

- **H. Específicas**.- Son las deportivas. Deben iniciarse al final de la Etapa, si el alumnado tiene bien asentados los aprendizajes de las habilidades anteriores. En todo caso será un deporte "mini". Tiene gran importancia hacerlas conforme el reglamento de la especialidad. Por ejemplo, si en el ejemplo anterior del "balón-torre" da igual si se hace la falta de "dobles", al realizar Mini-Basket, es fundamental no hacerlo porque sería sancionable. (Ver Tema 14).

La mayoría de los autores reconocen a las Habilidades Perceptivo Motrices, las Habilidades y Destrezas Básicas y a las Habilidades Específicas.

1.3. DESARROLLO DE LAS HABILIDADES MOTRICES BÁSICAS.

Para tratar este apartado y los dos siguientes resumimos a Trigueros y Rivera (1991), Sánchez Bañuelos (1992), Díaz (1999), Batalla (2000), Ruiz Pérez (2000), Conde y Viciana (2001), Fernández García -coor.- (2002), Gil Madrona (2003), Sánchez Bañuelos y Fernández García -coords.- (2003), Gutiérrez (2004) y Oña (2005).

a) **Desplazamientos**. Exigen un gran control sobre la coordinación general del cuerpo. La marcha y la carrera adelante son las dos formas más habituales, pero no podemos desechar de ninguna manera al resto de los desplazamientos (carrera lateral, cuadrupedias, trepas, transportes, gateos...), debido al gran poder motor que encierran y el desarrollo de las capacidades físicas a modo de factor de ejecución. Los aspectos que debemos significar a la hora de su trabajo radican en: variar las posiciones de partida, uso del factor sentido y dirección del desplazamiento, realización de recorridos, alterar las velocidades de ejecución, ajustar las distancias, variar la complejidad (franquear obstáculos), variar los recursos materiales: picas, cuerdas, conos, pelotas, aros, bancos, espalderas, etc., innovar la organización: parejas, tríos, sextetos...

b) **Saltos**. Podemos distinguir saltos en longitud, altura y sus combinaciones. Además, la combinación de los saltos con marchas, carreras, multisaltos, saltar a una altura o desde una altura, etc. En su desarrollo didáctico debemos prestar atención a las diferentes fases del salto: previa, impulso, vuelo y caída. No podemos olvidar un factor de ejecución que es fundamental: fuerza rápida o potencia, sobre todo al nivel de los grupos extensores de los miembros inferiores (cuádriceps y gemelos), tanto a la hora del impulso -potencia activa- como en el momento de caer -potencia negativa o de frenado-. El equilibrio dinámico -reequilibrio- es muy importante en todo momento para mantener la posición deseada en contra de la fuerza de gravedad.

Algunos ejemplos de propuestas de actividades son: saltos a dos pies juntos; saltos a la pata coja, con agarre o no del pie libre; variar ritmos, recorridos y obstáculos, (éstos serán, siempre, livianos: conos, cuerdas, aros, etc.); combinar los saltos con carreras, giros, lanzamientos...

c) **Giros**. Solicitan mucho equilibrio y sentido kinestésico, aunque también flexibilidad y agilidad. Proponemos algunos ejemplos de actividades para su desarrollo: giros muy livianos, con/sin ayudas sobre el eje longitudinal, transversal y antero-posterior; giros previo salto vertical; realizar algún gesto durante el giro. Señalamos algunas variables tales como cambios en la dirección, ajustes a un ritmo y espacio. Debemos prestar atención a posibles mareos, así como tener presente recursos que faciliten la seguridad, colchonetas por ejemplo.

d) **Lanzamientos y recepciones**: Debemos tener presente un aprendizaje previo que es fundamental: tener la lateralidad bien definida. Debemos corregir las fases de lanzamiento y recepción. Proponemos las siguientes actividades: rodar, conducir, lanzar, etc. balones, discos voladores, aros, etc. con lanzamientos variados con manos y pies, lanzando en altura o en longitud, con lanzamientos de fuerza o de precisión, a dianas móviles, desde posiciones estáticas o dinámicas, a diferentes alturas, etc.

Además, tendremos en cuenta una serie de variables como la velocidad de los lanzamientos, los controles de las distancias, apreciaciones de trayectorias, ajustes espacio-tiempo, sincronía entre el propio movimiento y el del objeto, ritmos, etc.

1.4. DESARROLLO DE LAS HABILIDADES MOTRICES GENÉRICAS.

Serra (1987, 1994), indica dos grandes grupos:

H. GENÉRICAS (donde **se utilizan** móviles).	Botes, Golpeos, Pases, Tiros, Desvíos, Impactos, Conducciones, etc.
H. GENÉRICAS (donde **no se utilizan** móviles.)	Marcajes, Desmarques, Bloqueos, Pantallas, Pivotes, Fintas, etc.

Incluimos algunos ejemplos (ver Tema 9):

- **Pases**

    Manipulaciones producidas por un sujeto que se desprende de un objeto con la finalidad de hacerlo llegar a otro compañero. Se **caracterizan** por el cálculo de distancias y trayectorias. Se desarrolla con juegos donde los alumnos se pasan pelotas de todo tipo, aros, picas, etc. Por ejemplo, "balón-tiro", aunque éste incluye otras habilidades genéricas tales como fintas, lanzamientos. También, "balón-torre", "los diez pases", etc.

- **Conducciones**

    El alumno dirige **sucesivamente** un objeto móvil (pelota por ejemplo) con la finalidad de desplazarlo por el terreno, utilizando su propio cuerpo o un móvil. Las conducciones con los miembros superiores suelen realizarse con el empleo de un instrumento (stick). Lo desarrollamos con juegos de conducción de balón, por ejemplo, relevos de conducción. Algunas variables radican en conducir con diversas superficies de contacto, móviles o implementos para la conducción, así como alternar velocidades y trayectorias.

- **Impactos**

    Serra (1987, 1994), indica que son manipulaciones producidas por un sujeto con un instrumento (raqueta preferentemente), que maneja para actuar sobre otro móvil para impulsarlo o para cambiar su trayectoria anterior. Para desarrollarlos debemos construir tareas variando el móvil, trayectorias y velocidades, etc. Por ejemplo, juegos con palas a base de toques, botes, pases, lanzamientos de fuerza y precisión, efectos, etc. Otros autores asimilan los impactos a los golpeos.

- **Golpeos**

    Serra (1987, 1994), manifiesta que es un encuentro violento y a veces repentino con un objeto. Se diferencia del **impacto** en que no existe instrumento. Se desarrollan a través de juegos con recursos móviles, preferiblemente pelotas. Por ejemplo, fútbol-tenis en espacio reducido. Podemos aumentar las posibilidades didácticas si cambiamos de segmento ejecutor, variamos los móviles, combinamos posiciones estáticas y dinámicas, etc.

- **Botes**

    Basados en el impulso que experimentan los móviles elásticos al chocar contra una superficie rígida. Los hay con o sin desplazamiento. Los trabajamos con juegos populares y pre-deportivos donde hay un balón como recurso móvil. Por ejemplo, relevos con bote de pelota. Podemos variar las direcciones, velocidades, altura del bote, tipo de móvil, superficie, postura corporal, etc.

- **Fintas**

    Se basan en los desplazamientos y sus posibilidades espaciales (cambios súbitos de sentido y dirección), y en el tiempo (diferentes velocidades). Si se utiliza un móvil se llama **regate**. Su desarrollo va implícito en la mayoría de los juegos grupales con o sin móvil. Por ejemplo, "corta-hilos", "balón-tiro", "policías y ladrones", etc.

- **Tiro**

    Es un lanzamiento de precisión, como el pase, pero tratando de conseguir gol o punto. Su desarrollo parte de juegos de puntería, como los de diana y populares como el "balón-tiro".

Una vez que estén **afianzadas** las básicas y genéricas puede iniciarse el aprendizaje de la **específica** o deportiva, normalmente al final de la Etapa. Para ello el alumnado debe ser capaz de combinar progresivamente todas las habilidades anteriores. Por ejemplo, una entrada a canasta en Mini-Basket implica desde la lateralidad y la estructuración espacio-temporal al desplazamiento, bote y tiro. Si bien el paso de la H. Básica a la Genérica-Específica empieza hacia los siete años, en realidad la especialización llegará más adelante (Sánchez y Fernández -coords.-, 2003).

1.5. IMPORTANCIA DE LAS CONDICIONES FÍSICA Y MOTRIZ EN EL DESARROLLO DE LAS HABILIDADES Y DESTREZAS BÁSICAS.

Para relacionar cada habilidad con sus necesidades físicas y motrices, vamos a considerar los siguientes grupos de Habilidades y Destrezas Básicas (Arráez y otros, 1995):

- **Desplazamientos habituales**: marcha y carrera adelante
- **Desplazamientos no habituales**, pero que se consideran **básicos** debido a la gran riqueza motriz que su desarrollo producen en el alumnado. Son, entre otros, las variantes de marcha y carrera, cuadrupedias, reptaciones, gateos, transportes, propulsiones, etc.
- **Saltos**.
- **Giros**.
- **Lanzamientos-Recepciones**.

No podemos olvidar que el R. D. 126/2014 da a la condición física un matiz de "**saludable**" y también como **factor de ejecución** de la habilidad motriz (Ver T. 17).

- **Desplazamientos habituales**

HABILIDAD	CAPACIDAD FÍSICA	CAPACIDAD MOTRIZ
Marcha adelante	Cierto tono y resistencia muscular	Esquema Corporal, Equilibrio y Coordinación General
Carrera adelante	Potencia muscular, resistencia y velocidad	Ídem

- **Desplazamientos no habituales.** Tratamos los más significativos:

HABILIDAD	CAPACIDAD FÍSICA	CAPACIDAD MOTRIZ
Cuadrupedia	Fuerza general (dinámica y resistencia)	Esquema Corporal Coordinación General
Tripedia	Ídem	Ídem
Reptación	Ídem	Ídem
Trepa	Ídem y Flexibilidad	Ídem y Equilibrio
Propulsión	Ídem	Esquema Corporal Coordinación General
Deslizamiento	Fuerza dinámica Velocidad	Coordinación General Equilibrio
Gateo	Fuerza general	Esquema Corporal Coordinación General

- **Saltos, Giros y Lanzamientos-Recepciones.**

HABILIDAD	CAPACIDAD FÍSICA	CAPACIDAD MOTRIZ
Saltos	Potencia muscular	Coordinación y Equilibrio
Giros	Agilidad y Flexibilidad	Ídem
Lanzamientos y Recepciones	Velocidad Segmentaria Potencia	Coordinación Óculo-Segmentaria y General. Lateralidad

Como podemos observar, los vehículos para el desarrollo de las habilidades y destrezas básicas lo constituyen las capacidades motrices de Coordinación y Equilibrio con todas sus variantes. Además, la coordinación se apoya en los "elementos psicomotores básicos": Esquema Corporal y Estructuración Espacio-Tiempo, que llevan consigo la relajación, lateralidad, etc.

2. PRINCIPIOS FUNDAMENTALES DEL ENTRENAMIENTO.

La teoría y metodología del entrenamiento tienen sus propios principios o **leyes** de **obligado cumplimiento** basados en las ciencias biológicas, psicológicas y pedagógicas González y Navarro (2010) y (González, Pablos y Navarro, 2014). Todos se relacionan entre sí y garantizan la correcta aplicación del proceso de entrenamiento (Navarro, 2000). Los principios son comunes a todos los deportes, independientemente del método de enseñanza empleado. Indican cómo aplicar los estímulos de entrenamiento al deportista para que provoquen la adaptación deseada (Avella, Maldonado y Ram, 2015).

Torres (2005), indica que los Principios del Entrenamiento son unas "*pautas de actuación correctas con el objetivo de lograr unos resultados óptimos. Todos están relacionados y no se pueden aislar*".

Si resumimos lo expuesto por Reina y Martínez (2003), recogido de varios autores, el entrenamiento es "*la utilización sistemática de técnicas y principios metodológicos con vistas a una mejora de la eficacia y acrecentamiento del rendimiento. Sirve para mejorar la condición física, técnica, táctica y psicológica*".

Guillén y Benítez (2009), indican que si **cumplimos** lo especificado por estos principios acertaremos en el planteamiento, ejecución, eficacia y desarrollo del entrenamiento.

En cualquier caso, debemos **huir** de lo que conocemos por "**rendimiento deportivo**" y centrarnos en los aspectos educativos y saludables. Así pues, toda connotación a los sistemas de entrenamiento y su control, así como los modernos **sistemas de gestión y software** comercial para análisis del rendimiento: Focus, Quintic, Prozone, Dartdish, Crickstatm SiliconCoach, SportsCode, etc. **no** tiene ningún tipo de **aplicación** en el ámbito educativo (Pérez Turpin, 2012).

En la literatura deportiva existen numerosos autores que tratan sobre los principios del entrenamiento. Por ejemplo, Weineck (1988) y Grosser (1992). Álvarez del Villar (1983), a quien seguimos, es un referente para muchos, como Navarro (2000), Pacheco (2003), Cañizares (2004), León (2006), Gómez Mora (2008), Guillén y Benítez (2009), González y Navarro (2010), Legaz (2012), Avella, Maldonado y Ram, (2015) y Anselmi (2015).

En los últimos tiempos también se han incorporado al entrenamiento deportivo, entre otras ciencias, la Psicología y hoy día es común encontrarnos con especialistas en los "cuerpos técnicos" de los equipos, sobre todo en la elite. De ahí que citemos unos "principios psicológicos" que acompañan a los biológicos.

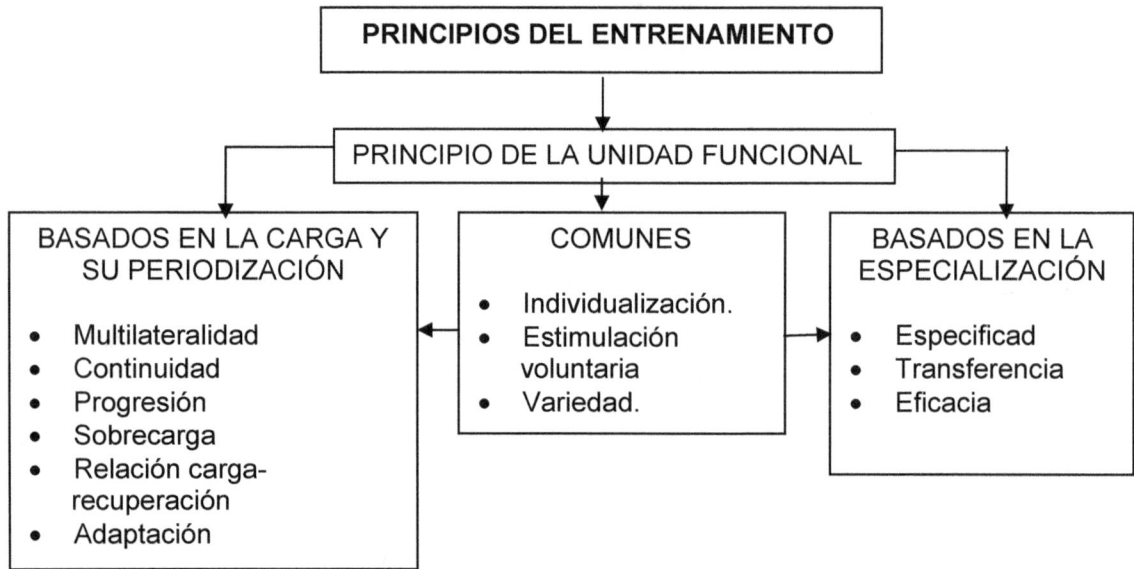

Resumimos de cada uno su característica principal en la siguiente tabla, para facilitar su estudio y comprensión:

PRINCIPIO	CARACTERIZACIÓN
Unidad funcional	El organismo es un todo.
Multilateralidad	Trabajo previo de todos los factores de base.
Continuidad	Frecuencia en las prácticas con descansos adecuados.
Progresión	Aumento continuado de la carga.
Sobrecarga	Combinar volumen y calidad.
Relación carga-recuperación	Según el esfuerzo así será la recuperación.
Adaptación	Cambios de funciones orgánicas.
Especificidad	Cada especialidad requiere un entrenamiento concreto.
Transferencia	Aprovechar los aprendizajes anteriores. Positiva o negativa.
Eficacia	Relación del gasto de energía con el ingreso de la misma.
Individualización	Cada persona requiere una carga distinta.
Estimulación voluntaria	Activación de la capacidad volitiva.
Variedad	Alternar recursos, agrupaciones…

Principio de la Unidad Funcional

El organismo actúa como un todo. Cada uno de sus órganos y sistemas está interrelacionado con los demás hasta tal punto que el fallo de cualquiera de ellos hace imposible la continuidad del entrenamiento (corazón, sistema respiratorio, aparato endocrino,...). El desarrollo de los sistemas y cualidades del individuo ha de hacerse simultánea y paralelamente.

Principio de la Multilateralidad o Generalidad.

Este principio no se contradice con el de "Especificidad", sino que lo complementa. Se refiere a una preparación basada en el desarrollo previo de todas las capacidades físicas. El entrenamiento debe buscar el desarrollo armónico de todas las capacidades para, una vez asentadas, insistir en una o varias propias de la especialidad.

Se ha demostrado que todas las capacidades mejoran más gracias al entrenamiento genérico previo. Se puede decir que un entrenamiento general garantiza la preparación propia de la especialidad. El entrenamiento moderno trata de abarcar simultáneamente todos los factores de la práctica física, porque se ha demostrado que con una preparación multifacética de base se consiguen mejores resultados, ya que el deportista domina una mayor cantidad de movimientos, tiene un mando superior en sus conductas motrices y, en consecuencia, está en disposición de asimilar posteriormente las técnicas y los métodos de entrenamiento más complicados. Al contrario, una preparación unilateral sólo incide sobre un sistema u órgano concreto, por lo que al progresar en un sector, se regresa en los demás.

Principio de la Continuidad

Un entrenamiento muy distante de otro no producirá ningún efecto positivo en el proceso de adaptación del entrenamiento, porque no será posible la súper compensación. La fisiología del ejercicio y la experiencia han demostrado que todo esfuerzo que se interrumpe por un período prolongado o es realizado sin continuidad, ni crea hábito ni entrena. Esto no quiere decir que el deportista no deba descansar, porque esta fase del entrenamiento tiene tanta importancia como el trabajo realizado en sí. Lo que sucede es que cuando un esfuerzo se repite, pero han desaparecido los efectos del anterior, no existe desarrollo funcional. Con el descanso entre estímulos perseguimos el crecimiento de los tejidos, la reposición alimentaria y síntesis bioquímica.

Principio de la Progresión

La mayor o menor duración de la forma deportiva de un sujeto y, en suma, de su vida deportiva, va a depender de la capacidad de asimilación de estímulos sucesivamente crecientes, capacidad que sólo podrá adquirirse si durante el proceso de entrenamiento hay un crecimiento paulatino del esfuerzo: **volumen**, el factor cuantitativo; **intensidad**, elemento cualitativo; **complejidad**, es decir, los contenidos del entrenamiento, el qué y cómo se entrena; **densidad** o factor estímulo, que es la relación entre el tiempo de aplicación de la carga y el tiempo para la recuperación.

Una vez elegido el sistema de entrenamiento, el número de ejercicios, las cargas a utilizar, etc., deben estar fraccionadas gradualmente para que el sujeto vaya adaptándose progresivamente a esfuerzos más intensos en cantidad y en calidad.

Principio de la Sobrecarga

Está encadenado con el principio anterior. Se relaciona directamente con el "**volumen**" de entrenamiento, si bien hay que considerar que en los primeros años de preparación éste aumenta progresivamente, influyendo enormemente en el rendimiento. A medida que el deportista mejora su nivel, la importancia del volumen va disminuyendo y toma su lugar el factor "**intensidad**", ya que las adaptaciones sólo se producen cuando responden a tensiones aplicadas a niveles superiores al umbral personal, dentro de los límites de tolerancia. También debemos considerar los factores de "**densidad**", o tiempo de descanso entre estímulos a lo largo de la sesión (tiempo total y útil de la sesión); "**frecuencia**" o número de sesiones dentro de un ciclo de entrenamiento; "**complejidad**", que es la dificultad técnica de los ejercicios empleados.

Principio de la Relación Carga-Recuperación

Muy relacionado con los demás, sobre todo con el de la Continuidad. Hace referencia al establecimiento de unos periodos adecuados entre la carga del entrenamiento y la fase de descanso correspondiente, con objeto de que el organismo sano realice la supercompensación. Esta carga dinámica puede variar en cantidad, calidad, densidad y complejidad.

Principio de la Adaptación

El entrenamiento provoca en el organismo múltiples procesos de ajuste que modifican sus funciones. En cambio, desaparecen cuando no se entrena.

Principio de Especificidad

Cada deporte tiene unas características y reglas especiales. También en cada deporte hay roles distintos: portero, delantero, etc. Por lo tanto, cada deportista debe entrenarse en aquellos requerimientos que le demanda su puesto específico. No es el mismo tipo de potencia que necesita un saltador que un jugador de baloncesto.

Principio de Transferencia

Al realizar los ejercicios propios de unos entrenamientos más o menos ajenos, las modificaciones pueden tener una triple influencia en el estereotipo motor propio de una especialidad concreta. Esta influencia puede ser **positiva, negativa o neutra**. Por ejemplo, la realización de un ejercicio de fuerza va a influir en la mejora de la velocidad de arranque de un sujeto. Es un caso de transferencia positiva. En el caso de un velocista que entrena varias veces por semana carreras de fondo, existe una transferencia negativa, porque le va a suponer merma en su capacidad explosiva. Si un futbolista juega a tenis de mesa, ésta especialidad no le supone ni beneficio ni perjuicio, por lo que es una transferencia neutra.

Principio de Eficacia

Viene dado por ajustarse al resto de principios. Sin la progresión, aplicación de cargas, descansos, etc., apropiadas, no puede hablarse de un entrenamiento eficaz. La eficacia la entendemos como "la relación del gasto de energía con el ingreso de la misma" (Burke, citado por Álvarez del Villar, 1983). Por ejemplo, si queremos trabajar con eficacia en velocidad, tendremos que realizar estímulos máximos y descansos amplios.

Principio de Individualización

Está determinado por las características morfológicas y funcionales del deportista, ya que cada sujeto es un todo con características **distintas**: biotipológicas, fisiológicas y psicológicas. El tipo de respuesta que sucede a un determinado estímulo cambia según los individuos, y en el mismo individuo dentro del proceso de entrenamiento. La respuesta del deportista varía en función de la edad, años de entrenamiento, salud, experiencia, tipo somático, aspectos psíquicos, etc.

Principio de la Estimulación Voluntaria

Burke considera que las mejoras a través de la actividad física son más específicas cuando el deportista practica un adiestramiento dirigido por una estimulación nerviosa voluntaria, es decir, "disfruta" con la actividad, es consciente de sus beneficios.

Principio de Variedad

El entrenamiento repetitivo es aburrido, por tanto hay que darle variedad al entrenamiento, ya sea con nuevos ejercicios o cambiando el entorno. Por ejemplo, correr en un parque, en la cancha, en grupos pequeños, grandes, etc.

Por otra parte, León (2006), basándose en Navarro (2000), establece **dos grupos** de **enfoques** en los principios:

- **Principios biológicos**. Los vistos anteriormente, los agrupa en tres:

    - Los que inician los procesos de adaptación
    - Los que aseguran los procesos de periodización
    - Los que orientan los procesos de individualización y especialización.

- **Principios pedagógicos**, que resaltan la importancia de "enseñar a aprender". Tratan aspectos relacionados con la transmisión de la información, feedback, refuerzos, motivación, transferencia, etc. También con la participación activa y consciente en el entrenamiento, con la accesibilidad para todo el alumnado y con la satisfacción deportiva, entre otros.

Desde un **punto de vista psicológico**, podemos señalar dos "principios":

- **Ley de Yerkes Dodson**: El rendimiento físico está mediatizado por el nivel adecuado de motivación. Tener más o menos motivación de la necesaria es contraproducente.

- **Efecto Carpenter**: Basado en el entrenamiento "ideomotor". Se trata de visualizar mental y previamente la habilidad a realizar. Muy aplicado en situaciones cortas, como los lanzamientos y saltos atléticos.

Martin, Carl y Lehnertz (2001), establecen **tres ámbitos de principios**:

- P. Pedagógicos del entrenamiento.
- P. de la Elaboración y de la Organización del entrenamiento.
- P. de la Planificación del Contenido y Metodología del entrenamiento.

Arufe (2009), indica una serie de principios "pedagógicos-deportivos" adecuados al entrenamiento infantil, centrándose en aspectos relacionados con la aplicación de la resistencia.

2.1. PRINCIPIOS DEL ENTRENAMIENTO INFANTIL.

Ungerer (1977). Este autor, citado por Hahn, (1988) y por Vallejo (2002), recoge una serie aspectos metodológicos **a tener en cuenta** en la práctica deportiva y en el entrenamiento infantil:

- Aumentar, en las cargas elevadas, los tiempos de recuperación.
- Priorizar el desarrollo de la resistencia aeróbica en detrimento de la anaeróbica.
- Evitar las situaciones donde se fuerce la respiración.

- Eliminar las cargas elevadas en el desarrollo de la fuerza, sobre todo las que incidan sobre la columna vertebral.
- Potenciar el trabajo de flexibilidad dentro de las sesiones donde se desarrolle la fuerza.
- Tener en cuenta la limitación en el procesamiento de la información (ver Tema 8), sobre todo en tareas que exijan una alta coordinación de movimientos.
- Utilizar de forma prioritaria las habilidades "naturales" o cotidianas frente a los ejercicios excesivamente elaborados.
- Primar la variedad frente a estereotipos de gestos específicos.
- Remarcar el aspecto lúdico de ciertas actividades como apoyo a la motivación.
- Es preferible, por su mayor carga motivacional, el entrenamiento en grupo que el individual.

Pacheco (2003), establece una serie de "Principios Fundamentales" a modo de "pautas" para trabajar la condición física en Primaria. Como novedad, respecto a los vistos anteriormente, destaca el "Principio de Adaptación a la Evolución", donde señala que ésta no es lineal, y que tiene unas fases sensibles. También comenta otros principios, pero muy similares a los expresados por Álvarez del Villar, como los de Progresión, Continuidad, Alternancia y Variedad.

Independientemente de estas pautas didácticas, García, Navarro y Ruiz (1996), establecen el "Principio de la Accesibilidad", donde indican que con los jóvenes debemos ir de lo "*poco a lo mucho, de lo sencillo a lo complejo y de lo conocido a lo desconocido*".

3. ADECUACIÓN DEL ENTRENAMIENTO EN LA ACTIVIDAD FÍSICA EN LOS CICLOS DE EDUCACIÓN PRIMARIA.

Como ya hemos visto en otros temas, más que "entrenamiento" debemos decir "**desarrollo**" o educación de la actividad física en Educación Primaria. Además, debemos tender a la llamada "*condición física-salud*", huyendo de cualquier modelo deportivo (Delgado y Tercedor, 2002).

Es más, dadas las edades donde nos movemos, 6-11 años, en primer lugar debe primar lo **motor** (coordinación, equilibrio, espacialidad, temporalidad y corporalidad) sobre lo **físico** (velocidad, fuerza, etc.), debiendo tener esto último un tratamiento como **factores de ejecución** del movimiento (Rosillo, 2010). Por todo ello, la Educación Física en la Educación Obligatoria tiene como finalidad el desarrollo de la conducta motriz y la creación de hábitos saludables, nunca tendrá fines relacionados con el rendimiento físico (R. D. 126/2014).

El acondicionamiento físico en las edades de Primaria tiene por objeto asegurar un **desarrollo armónico** de la condición física es estas primeras edades aplicando sistemas los más objetivos posibles que garanticen el control de su tratamiento en las clases. Por ejemplo, dar estímulos suficientes con métodos globales y dinámicos, con descansos óptimos (Mora, 2009).

3.1. LA CONDICIÓN FÍSICA EN EL DISEÑO CURRICULAR.

Las capacidades físicas se diversifican con claridad en los currículos de la Educación Obligatoria. En Primaria se hace una presentación global de ellas dentro de un marco de práctica de las habilidades motrices. En edades posteriores, se limitan a objetivos muy influidos por el modelo condición física-salud, con esfuerzos moderados y evaluación criterial. La idea de la educación física-rendimiento dejó de existir oficialmente en la escuela (Navarro, 2007).

El **R. D. 126/2014** destaca para esta Etapa el binomio "condición física-salud creando hábitos saludables". Dentro de los elementos curriculares, apuntamos:

a) CC. CLAVE
Competencia sociales y cívicas. Las actividades dirigidas a la adquisición de las habilidades motrices requieren la capacidad de asumir las diferencias así como las posibilidades y las limitaciones propias y ajenas. El cumplimiento de las normas que rigen los juegos colabora con la aceptación de códigos de conducta para la convivencia. La Educación física ayuda a entender, desarrollar y poner en práctica la relevancia del ejercicio físico y el deporte como medios esenciales para fomentar un estilo de vida saludable que favorezca al propio alumno, su familia o su entorno social próximo. Se hace necesario desde el área el trabajo en hábitos contrarios al sedentarismo, consumo de alcohol y tabaco, etc. **Competencia digital** en la medida en que los medios informáticos y audiovisuales ofrecen recursos cada vez más actuales para analizar y presentar infinidad de datos que pueden ser extraídos de las actividades físicas, deportivas, competiciones, etc. El uso de herramientas digitales que permitan la grabación y edición de eventos (fotografías, vídeos, etc.) suponen recursos para el estudio de distintas acciones llevadas a cabo.

b) Objetivos de Etapa: El objetivo más relacionado es el "k": *"valorar la higiene y la salud, aceptar el propio cuerpo y el de los otros, respetar las diferencias y utilizar la educación física y el deporte como medios para favorecer el desarrollo personal y social"*, habida cuenta la condición física está presente en las prácticas de juegos motores en mayor o menor medida. Por ejemplo, velocidad en los juegos de relevos.

La **O. del 17/03/2015**, indica:

c) **Objetivos de Área**: Objetivo 2: *Reconocer y utilizar sus capacidades físicas, habilidades motrices y conocimiento de la estructura y funcionamiento del cuerpo para el desarrollo motor, mediante la adaptación del movimiento a nuevas situaciones de la vida cotidiana.*
Objetivo 4: *Adquirir hábitos de ejercicio físico orientados a una correcta ejecución motriz, a la salud y al bienestar personal, del mismo modo, apreciar y reconocer los efectos del ejercicio físico, la alimentación, el esfuerzo y hábitos posturales para adoptar actitud crítica ante prácticas perjudiciales para la salud.*
Objetivo 6: *Conocer y valorar la diversidad de actividades físicas, lúdicas, deportivas y artísticas como propuesta al tiempo de ocio y forma de mejorar las relaciones sociales y la capacidad física, teniendo en cuenta el cuidado del entorno natural donde se desarrollen dichas actividades.*

d) Bloques de contenidos. En el **bloque** nº 2 *"La Educación física como favorecedora de la salud"*, se especifican muchos aspectos relacionados con la condición física, como:

- Movilidad corporal orientada a la salud (1º C.)
- Mejora genérica de la condición física-salud (2º C.)
- Calentamiento y recuperación (3º C.)

El **R. D. 126/2014**, indica:

e) Criterios de evaluación. El nº 6 nos dice: 6. *"Mejorar el nivel de sus capacidades físicas, regulando y dosificando la intensidad y duración del esfuerzo, teniendo en cuenta sus posibilidades y su relación con la salud".*

f) Estándares de aprendizaje. Los correspondientes al 6º criterio, son:

6.1. *Muestra una mejora global con respecto a su nivel de partida de las capacidades físicas orientadas a la salud.*
6.2. *Identifica su frecuencia cardiaca y respiratoria, en distintas intensidades de esfuerzo.*
6.3. *Adapta la intensidad de su esfuerzo al tiempo de duración de la actividad.*
6.4. *Identifica su nivel comparando los resultados obtenidos en pruebas de valoración de las capacidades físicas y coordinativas con los valores correspondientes a su edad.*

3.2. MODELOS DE ADECUACIÓN DEL ENTRENAMIENTO EN LA ACTIVIDAD FÍSICA EN LOS CICLOS DE EDUCACIÓN PRIMARIA.

En la literatura especializada existen una serie de modelos de varios autores. La mayoría de ellos son muy similares y sus variaciones son meramente semánticas. Mencionamos a Pintor (1989), Sánchez-Bañuelos (1992) y Morente (2005).

- **Pintor**. (1989). Para las edades de Primaria establece dos Etapas:

    o Etapa previa de "formación motriz básica" (hasta 9-10 años). Se realizan tareas variadas de Educación Física Básica y juegos múltiples.

    o Primera etapa de la "iniciación: formación multideportiva básica", (de 9 a 12 años). Se practica con juegos muy diversos y múltiples prácticas deportivas.

    o Posteriormente continúan nuevos tramos que se corresponden con Secundaria.

- **Sánchez Bañuelos** (1992). Se basa en el establecimiento de "**Fases**" y subfases o "**Niveles**".

En estas tablas presentamos, en forma de esquema, una síntesis sobre las características (modificado por Cañizares y Carbonero, 2007).

FASE I (4 a 6 años) 2º Ciclo de la Etapa Infantil y 1º Ciclo de Primaria

Desarrollo de la habilidad motriz	Desarrollo de la condición física
NIVEL 1. 4 años • Exigencia principal sobre los aspectos perceptivos. • Ejecución sencilla y accesible. • Problemas de decisión muy fáciles.	Sin tratamiento específico.
NIVEL 2. 5 años • Exigencia principal sobre los aspectos perceptivos. • Ejecución de poca dificultad. • Problemas de decisión muy sencillos de tipo binario.	Énfasis en los aspectos cualitativos de la ejecución del movimiento.
NIVEL 3. 6 años • Transición a la siguiente fase, conexión gradual de los elementos de ambas.	

FASE II (1º y 2º Ciclo de Enseñanza Primaria)

Desarrollo de la habilidad motriz	Desarrollo de la condición física
NIVEL 1. 6-7 años • Atención a los aspectos perceptivos compartida con otros aspectos. • Ejecución de dificultad baja-media. • Problemas de decisión sencillos. **NIVEL 2. 7 años** • Exigencia principal sobre los aspectos perceptivos con otros aspectos. • Ejecución de dificultad baja-media. • Problemas de decisión sobre alternativas fáciles. **NIVEL 3. 8 años** • Mayor exigencia en la integración percepción-ejecución. • Ejecución de dificultad media. • Problemas de decisión de dificultad media-baja. **NIVEL 4. 9 años** • Transición a la siguiente fase, interconexión gradual de los elementos de ambas.	Sin tratamiento específico. Desarrollo de los aspectos cuantitativos de la ejecución a través de una adecuada dosificación del esfuerzo en las tareas propuestas.

FASE III (3º Ciclo E. Primaria y 1º Ciclo E.S.O.)

Desarrollo de la habilidad motriz	Desarrollo de la condición física
NIVEL 1. 10 años • Comprensión global de la actividad específica a realizar. • Familiarización perceptiva. • Aprendizaje de modelos técnicos básicos. **NIVEL 2. 11 años** • Fundamentos técnicos de las habilidades específicas. • Situaciones básicas de aplicación de estos fundamentos. **NIVEL 3. 12-13 años** • Mejora de los fundamentos técnicos. • Integración de los elementos de ejecución en el esquema global de la actividad.	Trabajo específico de la condición física en sus aspectos básicos generales.

- **Morente** (2005). Cita a Hahn (1988) y apunta un *"modelo genérico del desarrollo del rendimiento deportivo en relación al orden cronológico de los objetivos de entrenamiento"*.

    o 1º Objetivo: **Formación psicomotriz variada** (hasta 9 años). Basado en juegos para el aprendizaje motor y en formas rudimentarias de las técnicas básicas del deporte.

    o 2º Objetivo: **Inicio de la especialización en el deporte** (de 9 a 13 años). Se aprenden las técnicas del deporte, se practican las habilidades de deportes parecidos y se inicia la competición.

    o 3º Objetivo: **Profundización en el entrenamiento específico** (a partir de los 14 años). Se estabilizan las técnicas del deporte, se mejora la condición física con incremento de las cargas y se lleva a cabo una actividad competitiva regular. Al final de la etapa, 19 años, empieza la edad de máximo rendimiento deportivo.

- **Morente** (2005), refiriéndose al modelo de Delgado (1994), establece:

    o Fase de **Fundamentos**. Hasta los 10 años, a base de formación psicomotriz.

    o Fase de **Iniciación Deportiva**. De 10 a 13 años. El escolar se inicia en varios deportes a la vez.

    o Fase de **Especialización Deportiva**. De 13 a 16 años. Se profundiza en los elementos técnicos, tácticos y físicos de un deporte, dando importancia a la competición.

    o Fase de **Máximo Rendimiento**. A partir de los 16 años. Se progresa en todos los aspectos de la fase anterior.

CONCLUSIONES

Los desarrollos de la habilidad motriz y la capacidad física siempre deben ir unidos durante la Etapa Primaria, toda vez que debe primar lo motor o cualitativo, sobre lo físico o cuantitativo. Por lo tanto, el modelo educativo debe prevalecer sobre el modelo deportivo o de rendimiento. En todo caso, al final de la Etapa podría plantearse una introducción a la condición física como paso previo a Secundaria. El desarrollo de la habilidad motriz lleva parejo una mejora de la condición física como factor de ejecución. La "carrera motriz" del alumnado tiene que respetar una serie de etapas que reciben distintos apelativos según el autor que sigamos, pero que en el fondo vienen a decir lo mismo. Por otro lado, los principios del entrenamiento que más nos interesarían son los dedicados a la niñez, pero eso quedaría para escuelas deportivas específicas, no para el desarrollo curricular normal del Área de Educación Física.

BIBLIOGRAFÍA

- ALVAREZ DEL VILLAR, C. (1983). *La preparación física del futbolista basada en el atletismo*. Gymnos. Madrid.
- ANSELMI, H. (2015). *Preparación física: teoría y práctica*. Kinesis. Armenia (Colombia).
- AVELLA, R.; MALDONADO, C.; RAM, S. (2015). *Entrenamiento deportivo con niños*. Kinesis. Armenia (Colombia).
- ARRÁEZ, J. M.; LÓPEZ, J. M.; ORTIZ, Mª M. y TORRES, J. (1995). *Aspectos básicos de la Educación Física en Primaria. Manual para el Maestro*. Wanceulen. Sevilla.
- ARUFE, V.; MARTÍNEZ, Mª J.; y GARCÍA, J. L. (2009). *Entrenamiento en niños y jóvenes deportistas*. Wanceulen. Sevilla.
- BATALLA, A. (2000). *Habilidades Motrices*. INDE. Barcelona.
- BERNAL, J. A. (coord.) (2008). *El calentamiento y la adaptación del organismo al esfuerzo*. Wanceulen. Sevilla.
- CAÑIZARES, J. Mª. (1998). *200 Juegos y ejercicios por tríos*. Wanceulen. Sevilla.
- CAÑIZARES, J. Mª. (2004). *Entrenamiento Deportivo*. En VV. AA. "Técnico deportivo de Fútbol. Bloque Común. Nivel 1". C.E.D.I.F.A. Sevilla.
- CAÑIZARES, J. Mª y CARBONERO, C. (2007). *Temario de oposiciones de Educación Física para Primaria*. Wanceulen. Sevilla.
- CONDE, J. L. y VICIANA, V. (2001). *Fundamentos para el desarrollo de la motricidad en edades tempranas*. Aljibe. Málaga.
- CONTRERAS, O. (2004). *Didáctica de La Educación Física. Un enfoque constructivista*. INDE. Barcelona.
- DELGADO, M. (1994). *El entrenamiento de las cualidades físicas en los diseños curriculares de Educación Física en Educación Primaria*. Actas del I Congreso Nacional de Educación Física de Facultades de CC. de la Educación y XII de E. U. de Magisterio. Wanceulen. Sevilla.
- DELGADO, M. y TERCEDOR, P. (2002). *Estrategias de intervención en educación para la salud desde la Educación Física*. INDE. Barcelona.

- DÍAZ, J. (1999). *La enseñanza y aprendizaje de las habilidades y destrezas básicas.* INDE. Barcelona.
- FERNÁNDEZ GARCÍA, E. -coord.-. (2002). *Didáctica de la Educación Física en la Etapa Primaria.* Síntesis. Madrid.
- FORTEZA, A. y RAMÍREZ, E. (2005). "Teoría, metodología y planificación del entrenamiento deportivo". Wanceulen. Sevilla.
- GARCÍA, J. M.; NAVARRO, M. y RUIZ, J. A. (1996). *Bases teóricas del entrenamiento deportivo.* Gymnos. Madrid.
- GIL MADRONA, P. (2003). *Diseño y desarrollo curricular en educación física y educación infantil.* Wanceulen. Sevilla.
- GÓMEZ MORA, J. (2008). *Bases del Acondicionamiento Físico.* Wanceulen. Sevilla.
- GONZÁLEZ RAVÉ, J. Mª Y NAVARRO, F. (2010). *Fundamentos del entrenamiento deportivo.* Wanceulen. Sevilla.
- GONZÁLEZ, J. Mª; PABLOS, C.; NAVARRO, F. (2014). *Entrenamiento Deportivo. Teoría y práctica.* Panamericana. Madrid.
- GROSSER, M. (1992). *Entrenamiento de la velocidad. Fundamentos, métodos y programas.* Martínez Roca. Barcelona.
- GUILLÉN, M. y BENITEZ, J. D. (2009). *Principios del entrenamiento deportivo.* En GUILLÉN, M. y ARIZA. L. *Las Ciencias de la Actividad Física y el Deporte como fundamento para la práctica deportiva.* U. de Córdoba.
- GUTIÉRREZ, M. (2004). *Aprendizaje y desarrollo motor.* Fondo Editorial San Pablo Andalucía (CEU). Sevilla.
- GUZMÁN, L. A. (2013). *Entrenamiento Deportivo: La Carga.* Kinesis. Armenia (Colombia).
- HAHN, E. (1988). *Entrenamiento con niños.* Martínez Roca. Barcelona.
- JUNTA DE ANDALUCÍA (2007). *Ley 17/2007, de 10 de diciembre, de Educación en Andalucía.* (L. E. A.) B.O.J.A. nº 252, de 26/12/2007.
- JUNTA DE ANDALUCÍA (2010). *Decreto 328/2010, por el que se aprueba el Reglamento Orgánico de las escuelas infantiles de segundo grado, de los colegios de educación infantil y primaria, de los colegios de educación primaria, y de los centros públicos específicos de educación especial.* BOJA nº 139, de 16/07/2010.
- JUNTA DE ANDALUCÍA (2015). *Decreto 97/2015, de 3 de marzo, por el que se establece la ordenación y el currículo de la educación Primaria en la comunidad Autónoma de Andalucía.* BOJA nº 50 de 13/03/2015.
- JUNTA DE ANDALUCÍA (2015). *Orden de 17 de marzo de 2015, por la que se desarrolla el currículo correspondiente a la educación Primaria en Andalucía.* BOJA nº 60 de 27/03/2015.
- JUNTA DE ANDALUCÍA (2015). *Orden de 04 de noviembre de 2015, por la que se establece la ordenación de la evaluación del proceso de aprendizaje del alumnado de educación primaria en la Comunidad Autónoma de Andalucía.* B.O.J.A. nº 230, de 26/11/2015.
- LEGAZ, A. (2012). *Manual de entrenamiento deportivo.* Paidotribo. Barcelona.
- LEÓN, J. A. (2006). *Teoría y Práctica del Entrenamiento. Deportivo. Nivel 1 y 2.* Wanceulen. Sevilla.
- MARTÍN, D.; CARL, K. y LEHNERTZ, K. (2001). *Manual de metodología del entrenamiento deportivo.* Paidotribo. Barcelona.
- M. E. C. (2006). *Ley Orgánica de Educación (L.O.E.) 2/2006, de 3 de mayo, de Educación.* B. O. E. nº 106, de 04/05/2006, modificada en determinados artículos por la LOMCE/2013.
- M. E. C. (2013). *Ley Orgánica 8/2013, de 9 de diciembre, para la mejora de la calidad educativa.* (LOMCE). B. O. E. nº 295, de 10/12/2013.
- M. E. C. (2014). *Real Decreto 126/2014, de 28 de febrero, por el que se establece el currículo básico de la Educación Primaria.* B. O. E. nº 52, de 01/03/2014.
- M.E.C. (2015). *Orden ECD/65/2015, de 21 de enero, por la que se describen las relaciones entre las competencias, los contenidos y los criterios de evaluación de la educación primaria, la educación secundaria obligatoria y el bachillerato.* B.O.E. nº 25, de 29/01/2015.

- MORA, J. -Coord-. (1995). *Teoría del Entrenamiento y del Acondicionamiento Físico.* C.O.P.L.E.F.A. y Wanceulen.
- MORA, J. (2009). *Rendimiento deportivo en edad escolar.* En GUILLÉN, M. y ARIZA. L. *Las Ciencias de la Actividad Física y el Deporte como fundamento para la práctica deportiva.* U. de Córdoba.
- MORENTE, A. (2005). *Ejercicio físico en niños y jóvenes: programas de actividad física según niveles de condición biológica.* En GUILLÉN, M. -coord.- *El ejercicio físico como alternativa terapéutica para la salud.* Wanceulen. Sevilla.
- NAVARRO, F. (2000). *Principios del Entrenamiento y Estructuras de la planificación deportiva.* Master de Alto Rendimiento Deportivo. Centro Olímpico de Estudios Superiores. U. Autónoma de Madrid.
- OÑA, A. (2005). *Actividad física y desarrollo: ejercicio físico desde el nacimiento.* Wanceulen. Sevilla.
- PACHECO, Mª J. (2003). *Los contenidos referidos a la condición física y su orientación en la Educación Primaria.* En SÁNCHEZ BAÑUELOS, F. y FERNÁNDEZ, E. -coords.-. (2003). *Didáctica de la Educación Física.* Prentice Hall. Madrid.
- PÉREZ TURPIN, J. A. (2012) *Bases del análisis del rendimiento deportivo.* Wanceulen. Sevilla.
- PINTOR, D. (1989). *Objetivos y contenidos de la formación deportiva.* En VV. AA. *Entrenamiento Deportivo en edad escolar.* Unisport. Málaga.
- PIÑEIRO, R. (2006a). *La fuerza y el sistema muscular.* Wanceulen. Sevilla.
- PIÑEIRO, R. (2006b). *La resistencia y el sistema cardiorrespiratorio.* Wanceulen. Sevilla.
- PIÑEIRO, R. (2007). *La velocidad y el sistema nervioso.* Wanceulen. Sevilla.
- REINA, L. y MARTÍNEZ, V. (2003) *Manual de teoría y práctica de acondicionamiento físico.* CV Ciencias del Deporte. Madrid.
- ROSILLO, S. (2010). *Cualidades físicas. Plan educativo de hábitos de vida saludable en la educación.* Procompal. Almería.
- RUIZ PÉREZ, L. M. (2000). *Deporte y aprendizaje. Procesos de adquisición y desarrollo de habilidades.* Visor. Madrid.
- SÁNCHEZ BAÑUELOS, F. (1992). *Bases para una Didáctica de la Educación Física y el Deporte.* Gymnos. Madrid.
- SÁNCHEZ BAÑUELOS, F. y FERNÁNDEZ, E. -coords.-. (2003). *Didáctica de la Educación Física.* Prentice Hall. Madrid.
- SERRA, E. (1987). *Habilidades desde la base al alto rendimiento.* Actas del Congreso de Educación Física y Deporte de Base. F.C.C.A.F.D. Granada.
- SERRA, E. (1994). *Documento del "Curso sobre Habilidad y Destreza".* Apuntes del curso. CEP. de Sevilla.
- TORRES, M. A. (2005). *Enciclopedia de la Educación Física y el Deporte.* Ediciones del Serbal. Barcelona.
- TRIGUEROS, C. y RIVERA, E. (1991). *La Educación Física de Base en la Enseñanza Primaria.* C. E. P. Granada.
- VALLEJO, C. L. (2002). *Desarrollo de la condición física y sus efectos sobre el rendimiento físico y la composición corporal de niños futbolistas.* Tesis Doctoral. Universidad Autónoma. Barcelona.
- WEINECK (1988). *Entrenamiento óptimo.* Hispano Europea. Barcelona.

WEBGRAFÍA (Consulta en septiembre de 2016).

http://www.aulamedica.es/nh/pdf/8074.pdf
http://recursos.cnice.mec.es/edfisica/
http://www.ite.educacion.es/es/recursos
http://www.adideandalucia.es
http://www.guiaderecursos.com/webseducativas.php
www.juntadeandalucia.es/educacion/descargasrecursos/curriculo-primaria/index.html
http://recursostic.educacion.es/primaria/ludos/web/index.html

TEMA 19

RECURSOS Y MATERIALES DIDÁCTICOS ESPECÍFICOS DEL ÁREA DE EDUCACIÓN FÍSICA: CLASIFICACIÓN Y CARACTERÍSTICAS QUE HAN DE TENER EN FUNCIÓN DE LA ACTIVIDAD FÍSICA PARA LAS QUE SE HAN DE UTILIZAR. UTILIZACIÓN DE LOS RECURSOS DE LA COMUNIDAD.

ÍNDICE

INTRODUCCIÓN

1. RECURSOS Y MATERIALES DIDÁCTICOS ESPECÍFICOS DEL ÁREA DE EDUCACIÓN FÍSICA: CLASIFICACIÓN Y CARACTERÍSTICAS QUE HAN DE TENER EN FUNCIÓN DE LA ACTIVIDAD FÍSICA PARA LAS QUE SE HAN DE UTILIZAR.

    1.1. Breve historia de los recursos materiales.

    1.2. Clasificación.

    1.3. Características que han de tener en función de las actividades físicas para las que se han de utilizar.

2. UTILIZACIÓN DE LOS RECURSOS DE LA COMUNIDAD.

CONCLUSIONES

BIBLIOGRAFÍA

WEBGRAFÍA

INTRODUCCIÓN

La metodología constituye el conjunto de criterios y decisiones que organizan, de forma global, la acción didáctica en el aula: papel que juegan alumnado y profesorado, utilización de **medios** y **recursos**, tipos de actividades, organización de los tiempos y espacios, agrupamientos, secuenciación y tipo de tareas, etc. Su concreción en un **ambiente de aula** tiene como objetivo más general facilitar el desarrollo de los procesos de enseñanza-aprendizaje expresados en las intenciones educativas.

Los **medios** didácticos que se pongan al servicio para la consecución de las **intenciones** educativas, pueden ser otro de los factores claves para configurar un planteamiento metodológico eficaz y moderno. La diversificación en la utilización de medios, más acorde con el progreso tecnológico de la sociedad en que vivimos, no debe quedarse fuera de la escuela. Debe aprovechar las variadas y atractivas posibilidades que los medios didácticos nos ofrecen para favorecer, enriquecer y motivar el desarrollo de aprendizajes en distintas áreas y ámbitos de conocimiento y, también, debe convertirse en un espacio idóneo para realizar un análisis y valoración crítica de los mismos medios, mediante su gestión y uso por parte de alumnos y docentes en el transcurso de la acción didáctica.

Esta diversidad de recursos debe adaptarse a las intenciones que persigamos, -fruto de una reflexión acerca del tipo de información que suministra el medio-, al grado de actividad que concede al participante, su contenido más o menos cerrado, la posibilidad de uso y gestión por parte de los alumnos..., y el tipo de tarea, actividad o función para la que se le requiera. Son los **medios** quienes han de estar al servicio del proyecto educativo personal que desarrollemos y no al revés.

La seguridad en el uso de los recursos debe ser prioritaria para nosotros. Roldán (2002), coordina la publicación "**Manual de seguridad en los centros educativos**", editada por la C.E.J.A. Indica una serie de pautas a seguir tendente a la protección en las instalaciones escolares.

Por otro lado, estamos ya inmersos en un mundo donde el continuo contacto con la Tecnologías de la Información y Comunicación se ha convertido en una constante cada vez más importante, lo que implica nuevos recursos a la disposición de la comunidad educativa, como el programa de gestión "Séneca" o el programa de comunicación con las familias, como es el programa PASEN.

Nuestra región ofrece multitud de posibilidades didácticas tanto en su entorno próximo como lejano que no debemos desaprovechar.

1. RECURSOS Y MATERIALES DIDÁCTICOS ESPECÍFICOS DEL ÁREA DE EDUCACIÓN FÍSICA: CLASIFICACIÓN Y CARACTERÍSTICAS QUE HAN DE TENER EN FUNCIÓN DE LA ACTIVIDAD FÍSICA PARA LAS QUE SE HAN DE UTILIZAR.

Está aceptado que los recursos didácticos son todos los **elementos** que median para lograr los **objetivos** de aprendizaje propuestos en un plan de enseñanza. Por tanto, el concepto de recurso es sumamente extenso y muy abierto a nuevas propuestas, sobre todo las de tipo **multimedia**. Esto se debe a que continuamente crece el número de estímulos del entorno socio-cultural y de aportaciones de la técnica. Dentro de la extensión del concepto cabe también el de "*material didáctico*" (Gil, 2007).

Sicilia y Delgado (2002), definen el término recurso como "el artificio que se utiliza de forma puntual en la enseñanza para facilitar el cumplimiento de los objetivos, adaptándose a las circunstancias, edad, etc.". Así pues, nos facilitan el desarrollo del currículum, sobre todo por su potencial de estimulación y motivación. No obstante, entendemos, estos autores se centran en los puramente materiales.

Podemos afirmar que los recursos didácticos son todos aquellos **medios** empleados por el docente para enseñar, apoyar, complementar, acompañar o evaluar el proceso educativo que dirige u orienta. Si bien en cualquier área son abundantes en cuanto a sus posibilidades, en Educación Física las posibilidades son amplísimas y con una significativa variedad: **espacios** de enseñanza: patio, S.U.M., medio natural, etc.; **personas** a las que recurrimos: monitor de natación, de patinaje sobre hielo, de esquí, nutricionista, etc.; instrumentos **materiales**: pelotas, cuadernos, colchonetas, PDI, aros, picas, y así hasta casi el infinito ya que la industria crea cada año nuevas posibilidades. Por ejemplo, programas multimedia interactivos o pista de patinaje sobre hielo "sintético", por poner dos ejemplos recientes.

La importancia no está en la cantidad y variedad de los recursos (tamaños, formas, etc.), sino en el grado de noción que tengamos los docentes de ellos. En cualquier caso, todos los recursos nos **condicionan** la realización de las actividades. Ello nos lleva a **buscar nuevas formas** para enriquecer nuestra acción didáctica (Zagalaz, Cachón y Lara, 2014).

Debemos destacar una serie de **aspectos** en cuanto a espacios y materiales. Por ejemplo:

- Ausencia de peligros y potenciar hábitos de cuidado, mantenimiento y limpieza.
- Multifuncionales y sin sofisticación.
- Adaptable al alumnado y a su número, que integren y no sean sexistas.
- Huir de ambientes contaminados, adecuándose la práctica al entorno y aprovechar las posibilidades que ofrecen los espacios exteriores.

A principios de curso, maestras y maestros deberemos revisar los materiales existentes elaborando un inventario y, en cualquier caso, la familia debe "recibir información sobre los materiales y libros de texto adoptados por el centro" (D. 328/2010).

1.1. BREVE HISTORIA DE LOS RECURSOS MATERIALES.

Históricamente, los materiales han sido una constante en todos los ejercicios físicos desde que el ser humano los practica, tanto como elementos de utilidad como en juegos y recreaciones.

Para este punto nos basamos en Zapico (1993) y Fernández Truán (1997).

ASPECTOS HISTÓRICOS	
PRIMERAS CULTURAS	ÚLTIMOS SIGLOS
EGIPTO. Esgrima con bastones, pelotas, juegos con aros, sticks, tiro con arco, etc.	M. TRADICIONALES. Los inventados y usados por las escuelas sueca, francesa, alemana: banco, pórtico, cuerdas, etc.
GRECIA. Caballitos de madera, barras de lanzamiento, bolas de barro, aros, columpios, zancos y diábolos. Los propios de las olimpiadas.	M. ALTERNATIVOS. A partir de 1980. Móviles novedosos, motivadores y multi funcionales: frisbee, floorball, pelotas auto hinchables, etc.
ROMA. Pelota (pila)	M. MULTIMEDIA. A finales siglo XX. Los PC, sus periféricos, programas, plataformas, "wikis", etc.

- **Primeras Culturas.**

    o **Egipto.** Dispusieron de muchos recursos materiales para el cultivo del cuerpo. Por ejemplo, esgrima con bastones. También pequeñas pelotas y varitas eran usuales, como lo demuestran las pinturas de la tumba de Beni Hassan. El tiro de cuerda, los juegos con aros, sticks, (especie de hockey), el tiro con arco, etc. nos muestran todo un repertorio de materiales que nos hablan de la importancia que la Educación Física tenía para este pueblo.

- **Grecia**. Entre otros móviles aplicables a la gimnasia infantil destacamos a caballitos de madera, sacos, barras de lanzamiento, bolas de barro, aros, columpios, zancos y hasta diábolos. Ya en la adolescencia practicaban deportes parecidos al balonmano y hockey, así como juegos de carreras de relevos, lanzamientos de jabalina y disco, saltos, etc. y poco a poco se integraban en las prácticas olímpicas con todo su esplendor.
- **Roma**. Le dieron un gran impulso a los juegos de pelota donde había gran variedad y tamaño, jugándose a la "pila" (balón grande y macizo), al "datatim lúdera", (golpes alternativos), "raptin lúdere", (luchar por la pelota), etc.

- **Últimos tiempos (siglos XIX, XX y XXI).**

    Destacamos tres periodos:

    - **Materiales tradicionales**. A lo largo del siglo XIX se consolidan de manera práctica la filosofía que sobre educación exponen tanto Rousseau como Kant. Aparecen con las "escuelas tradicionales" de Educación Física: sueca, francesa y alemana. En la **sueca** destacan materiales relativamente grandes y pesados (espalderas, bancos, cuadros suecos, etc.). En la **francesa** sobresale Amorós, que crea aparatos grandes como los pórticos y pequeños como los trapecios. (Fernández Truán, 1997). Estos recursos fueron los habituales en España hasta la década de los 80-90 del pasado siglo y sirvieron de soporte a la llamada "Gimnasia Educativa", de hecho entraban en las equipamientos habituales los gimnasios escolares. En la **alemana**, Bode incluye en sus trabajos a pelotas, tambores para el ritmo, bastón, etc. Medau añade a la obra de Bode más aparatos y regula alguno de los ya existentes. Por ejemplo, pelotas de goma, mazas y aros, que los retoma de épocas anteriores. Estos elementos tienen las características de ser individuales, portátiles y de pequeño tamaño, con lo cual hace un cambio en el concepto gimnástico que hasta entonces existía (Fernández Truán, 1997).
    - **Materiales Alternativos**. Su principal promotor fue el profesor Manuel Hernández Vázquez, del INEF de Madrid, a partir de la década de los 80 del pasado siglo. Agrupa a numerosos móviles novedosos que provocaron nuevos juegos de grupo, como el "ultimate", de procedencia norteamericana jugado con un frisbee; el "unihoc o floorball" de procedencia sueca jugado con sticks y bola de plástico; etc. Trajeron como consecuencia nuevas perspectivas a las clases infundiéndoles motivación, dinamismo, creatividad y originalidad (Hernández, 1994). Aunque hoy día se ven como algo "normal", en su momento supusieron un cambio radical en la didáctica de la educación física acostumbrada al formalismo y seriedad de la "gimnasia educativa", donde un alumno saltaba el potro mientras que los treinta compañeros restantes miraban. Se llamaron alternativos porque tradicionalmente no eran habituales en las clases, ni en el juego, ni como materiales de apoyo a los deportes tradicionales (Ortí, 2004). Hoy día están en continua evolución habida cuenta de las numerosas empresas que se dedican a diseñar y fabricar recursos, normalmente móviles, a partir de materias plásticas. En muchas ocasiones, dado el precio de los mismos y lo relativamente fácil que es su fabricación, el propio alumnado lo puede manufacturar, como las indíacas (Velázquez y Martínez, 2005). Otros ejemplos son los, conos, boomerang, pelotas auto hinchables, ciertas adaptaciones de materiales deportivos tales como bates, paracaídas, sogas gigantes, tamburello, pelotas lastradas que son capaces de

botar, vallas de plástico en múltiples tamaños, etc. (Jardí y Rius, 2004).

- **Materiales Multimedia**. Podemos afirmar que en los tres últimos quinquenios del S. XX surgieron con mucha fuerza los recursos propios de lo que se denominó "Nuevas Tecnologías (NN. TT.)". Empiezan a alcanzar su pleno desarrollo en el S. XXI aunque ya sin el apelativo de "nuevas", conociéndose como TIC (tecnologías de la información y comunicación): ordenadores y sus periféricos, pizarras digitales, las "tablets", además del hardware y software correspondiente, etc., aunque también son conocidos como TAC (tecnologías del aprendizaje y conocimiento) a partir de la LOMCE/2013.

1.2. CLASIFICACIÓN.

Basándonos en Zapico (1993), , Díaz (1996), VV. AA. (1993 a), VV. AA. (1993 b), VV. AA. (1996), Fernández (1997), Chinchilla y Moreno (2000), Sáenz-López (2002), Rivadeneyra (2003), Blández (2005) y Gil (2007), creamos cuatro grupos de recursos necesarios para la didáctica de la educación física: **Humanos**, **Espaciales**, **Materiales** y **Ambientales**.

CLASIFICACIÓN DE LOS RECURSOS
HUMANOS. Las personas intervinientes: maestro, alumnos, monitor… Incluye los recursos personales: equipación, útiles de aseo, etc.
ESPACIALES. Los sitios donde enseñamos: propios como la SUM; ajenos como piscina municipal; cedido, como un pabellón; etc. En una sesión hay espacios total; de actividad; de tránsito; neutro.

MATERIALES. Con los que impartimos nuestra didáctica. Son:
• Convencional o tradicional: colchoneta, cuerdas, aros, etc.
• Alternativo, que se dividen en:
   o Comprado en tiendas o catálogos: frisbee
   o De desecho: cubiertas de scooters
   o De uso distinto al habitual: gomas o "pulpos"
   o Del entorno: barandas, bancos, gradas, etc.
• Según la habilidad a desarrollar: deben ser multifacético, como el cono
• De los objetivos planteados: prescindible o imprescindible
• De los objetivos para lo que han sido fabricados: exclusivos o no
• De su movilidad: muy movible, poco…
• De su volumen: poco (bola de tenis) o muy voluminoso (colchoneta de saltos)
• De su proceso de fabricación: comercial o hecho por alumnos (bolas malabares)
• Para atender al alumnado con n. e. a. e., como pelotas con cascabeles
• Impreso, audio visual, multimedia e informático: libro, cuaderno, P.C., etc.
   o Webquest
   o Wikis
   o Blogs
   o La caza del tesoro
   o Hot potatoes
   o Etc.

AMBIENTALES. Los elementos que conforman el propio centro con sus instalaciones y su entorno, el ambiente físico (tipo de suelo, luz adecuada, contaminación acústica y sonoridad, calidez, etc.). También engloba a las posibilidades que nos ofrecen los contextos de los escenarios naturales y los correspondientes a los socio-culturales: natural (parques) y entorno socio cultural: estadios, exposiciones, competiciones, etc.

- **Humanos**.

En el concepto genérico de recursos humanos, que hace referencia a las **personas** que intervienen implícita o explícitamente en el proceso didáctico, incluimos dos vertientes. Por un lado destacamos la participación del **alumnado**, sobre todo si utilizamos una metodología de búsqueda, donde el niño y la niña es el protagonista directo de su propio aprendizaje.

En el otro está el docente que, en algunas ocasiones, se auxilia de monitores (curso de natación o de esquí), de otros docentes (organización de actividades complementarias), de padres (cursillo de primeros auxilios) o de maestros en fase de prácticas, etc.

Obviamente en el Área de Educación Física las personas debemos disponer de unas equipaciones, calzados, etc. que algunos autores lo suman a los humanos y otros lo contemplan como un apartado clasificatorio más: "**recursos personales**". Aludimos a la equipación deportiva que todo docente debe llevar. También a la sudadera, zapatillas deportivas, mallas, bañador, útiles de aseo, etc. que no es responsabilidad del centro sino de cada individuo y debe ser aportado por él (Gil, 2007).

- **Espaciales**.

Se trata de los sitios o emplazamientos disponibles y aquellos de los que, seguramente, podemos disponer. Debemos analizar sus condiciones en función del desarrollo del currículum.

El término espacio incluye todo tipo de **lugares** donde llevamos a cabo el proceso de enseñanza-aprendizaje del alumnado, sea propiedad o no del centro. No olvidemos que la especificidad del Área exige un **aula diferente** y que cada contenido requiere un espacio que se **ajuste** a las condiciones de las tareas programadas. Por ejemplo, en una sesión de coordinación óculo segmentaria usando globos y terminándola con una práctica de relajación, requiere una sala amplia cubierta, con suelo tipo tatami o parquet.

Los espacios que normalmente usamos son de dos tipos: **propios** y **ajenos**. Ambos pueden ser **cubiertos**, **descubiertos** o **mixtos**.

- **Propios**. El centro educativo tiene unos espacios **privativos**. Por ejemplo, gimnasio cubierto, S. U. M., sala de danza, pistas deportivas, patio cubierto (porche), vestuarios, almacén de material, despacho o departamento, aula, etc. Hay otras zonas, en muchas ocasiones "desconocidas", a las que hay que descubrir y aprovechar.

- **Ajenos**. Destacamos, a:
    - De **libre utilización**, como playa, parque natural, bosque, etc.
    - **De utilización por convenio a coste bajo o nulo**. En general son instalaciones dependientes de alguna administración pública (ayuntamientos, diputaciones, comunidades autónomas,...) o de alguna entidad privada sin ánimo de lucro que, mediante un convenio de cesión, de cuota de mantenimiento o de intercambio de servicios, pueda lograrse su acceso. Por ejemplo, pabellón deportivo, pistas polideportivas, piscinas, etc.
    - **De utilización mediante contratación a precios de mercado**. Se trata de instalaciones de propiedad privada. En este caso, además de calcular los costes, hemos de prever su financiación. Por ejemplo, piscinas, pistas de esquí, pistas de patinaje, entre otras.
    - Hay veces que se establece un acuerdo de **intercambio de usos** de instalaciones entre el centro y el ayuntamiento. Para ello hay que tener en cuenta la Orden de 03 agosto de 2010, *por la que se regulan los servicios complementarios de la enseñanza de aula matinal, comedor escolar y actividades extraescolares en los centros docentes públicos, así como la ampliación de horario*. BOJA núm. 158 de 12/08/2010, que derogó a la Orden de 26/06/1998.

Independientemente de lo anterior y, refiriéndonos a los **espacios utilizados en la sesión**, podemos distinguir:

- **Espacio total**. Comprende a todo el espacio donde se desarrolla la sesión. Por ejemplo, la pista de fútbol sala.
- **Espacios de actividad**. Son las áreas donde se centran las tareas de la sesión. Por ejemplo, media cancha de Mini-Basket.
- **Espacios de tránsito**. Son zonas de desplazamiento que se producen cuando alumnos y alumnas se dirigen de un ambiente a otro. Por ejemplo, los caminos entre el edificio y las pistas externas.
- **Espacios neutros**. Son aquellos vacíos que quedan sin utilizar. Por ejemplo, muchas veces las esquinas del espacio de actividad apenas si se usan.

- **Materiales o didácticos específicos**.

Es todo aquel que, no estando construido de obra, ha sido añadido a una instalación para complementarla y equiparla para la práctica de actividad física (Galera, 1996). Aquí se incluyen los grandes aparatos o "equipamiento deportivo", como el cuadro sueco y el material convencional y no convencional que se puede utilizar para la práctica escolar y deportiva. Por ejemplo, desde colchonetas de seguridad para trabajos de equilibrio a las hojas de un periódico para hacer bolitas y practicar la coordinación óculo-manual.

El material es un medio más en toda tarea educativa. Permite, partiendo de la propia experiencia del niño y de su capacidad de manipulación de objetos, la educación de los sentidos, así como una serie de **relaciones perceptivas** y de **aprendizaje** que le lleva de forma progresiva al **descubrimiento** e interiorización de los conceptos. Para mejorar su desarrollo y aprendizaje, el alumnado ha de tener a su alcance los objetos indispensables que le permitan efectuar experiencias, puesto que "**manipular es aprender**" (Rivadeneyra, 2004).

En este sentido, la O. ECD/65/2015, indica que el uso del **portfolio**[2] aporta información sobre el aprendizaje, refuerza la evaluación continua y mejora el pensamiento crítico y reflexivo en el alumnado.

Históricamente son Decroly y Montessori los que, con sus métodos y materiales específicos, resaltan la importancia y oportunismo en su corriente educativa.

Los elementos móviles que empleamos sirven para motivar, establecer relaciones con los alumnos y alumnas, incidir en la elaboración de la situación, etc., Posibilitarán a niñas y niños **independizarse** de nuestra tutela continua y nos permitirán actuar indirectamente, **observando** sus decisiones y cómo las concretan.

Existen numerosas **clasificaciones**. Exponemos las más conocidas:

- **Convencional**. Es el habitual o tradicional, el "de siempre" y que procedía de las escuelas gimnásticas europeas del S. XIX, como equipamiento de gimnasios, salas, etc., y puede ser utilizado en cualquier actividad física, ya sea de entrenamiento o de enseñanza. Por ejemplo, colchonetas, espalderas, bancos suecos, sogas de trepa, etc.

- **Alternativo**. Son "*una serie de recursos novedosos que son una alternativa a*

---

[2] Un portfolio (o portafolio), es una recopilación de trabajos elaborados por el alumnado, que se relacionan de una manera directa o indirecta con actividades referidas a contenidos curriculares: fichas, láminas, pequeño material fabricado, como pompón, raqueta, etc.

*los tradicionales en nuestras escuela*s" (Hernández Vázquez, 1994). Posteriormente se fueron incluyendo "añadidos". Por ejemplo el uso "alternativo" de los recursos tradicionales -como el plinto que siempre se utilizaba para saltar con o sin volteo, la alternativa era desencajarlo y saltar o transportar los elementos que lo componen- (Jardí y Rius, 2004). Podemos **clasificar** el material alternativo para el ámbito de la actividad física general en cuatro grandes grupos:

- **Material procedente de desecho o en desuso**. No utilizable, por la razón que sea, para el fin que, originariamente, había sido fabricado, aunque sí para actividades físico-deportivas, por lo cual nosotros lo **reciclamos** para darle uso en nuestras sesiones. Tal es el caso de las cubiertas de scooter, los conos balizadores del tráfico o los envases de suavizante (Velázquez Callado, 1996).

- **Material al que se le da un uso distinto para el que originariamente fue fabricado**. Objetos fabricados para un objetivo, pero le damos otra finalidad. Por ejemplo, las gomas o "pulpos" que son fabricados para sujetar paquetes en coches y motos, se usan para fortalecimiento muscular. Escaleras, gradas, bancos de los parques, etc. que usamos para saltarlos son otros ejemplos.

- **Materiales existentes en el entorno**. El medio en el que nos encontramos suele presentar numerosos elementos aprovechables. Por ejemplo, escaleras para hacer multisaltos, los bancos del parque para hacer flexiones de brazos o las barandas que circundan a las canchas para hacer ejercicios de agilidad, flexibilidad o potencia.

- **Material comercial**. Se compra en establecimientos especializados en artículos escolares, aunque también por catálogos que las distribuidoras envían a las escuelas: bolsitas de granos, conos, zancos, losetas de sensaciones, etc. son algunos ejemplos.

o **Según el tipo de habilidad a desarrollar**. Normalmente usamos recursos polifacéticos. Por ejemplo, un cono sirve para saltar, transportarlo, para hacer puntería con una pelota, señalizar, etc. En cambio, otros sólo sirven para un único aprendizaje, por ejemplo las anillas o la barra de equilibrio.

o **De los objetivos planteados por el docente**. Se trata de saber si determinados recursos son o no indispensables para lograr un aprendizaje. Por ejemplo, las colchonetas son imprescindibles para realizar los volteos y equilibrios. Lo mismo ocurre con las canastas para aprender a encestar. No obstante, hay otros elementos que podemos prescindir de ellos, aunque son conveniente tenerlos para motivar, para apoyar el aprendizaje, etc. Por ejemplo, los conos señalizadores del tráfico en el caso del bote en zig-zag.

o **De los objetivos para los que se han construido los aparatos**. Hay recursos específicos, por ejemplo las barras paralelas de uso exclusivo en gimnasia artística, y otros inespecíficos, por ejemplo los bancos suecos que sirven para saltar, hacer cuadrupedias, transportarlos, etc.

o **De su movilidad**. Hay un material fijo que no podemos trasladarlo, por ejemplo las espalderas. En el otro extremo están los de tipo móvil, como pelotas y picas. También observamos a los semi-móviles, como los postes de voleibol.

- **Volumen**. Destacamos a los grandes y pesados, como las colchonetas "quitamiedos", y a los pequeños y ligeros como las pelotas.

- **Del proceso de fabricación**. Aunque lo normal es adquirirlo en los circuitos comerciales (en tiendas especializadas o a través de catálogos que envían a los centros), cada vez hay más tendencia a la fabricación de los recursos propios por parte del alumnado (Timón y Hormigo, 2010). Así trabajamos otras áreas, como plástica, mejorando la destreza manual y la creatividad. Muchos materiales "de casa" nos brindan la posibilidad de potenciar juegos y reutilizar el material sobrante (Gutiérrez Toca, 2010). Algunos ejemplos son los paracaídas gigantes hechos con sábanas viejas o plásticos de pintor, las "cestas" de cesta-punta fabricadas a partir de los botes de suavizante cortados, las bolas para malabares hechas con globos rellenos de mijo, los bolos fabricados a partir de botellas de refresco de dos litros convenientemente lastradas con arena, o los ladrillos de psicomotricidad elaborados con bloques de madera pintados de colores (Bernal, 2007). El alumnado trabaja en un proyecto que controla desde el principio, realiza aprendizajes significativos por sí mismo, le produce gran motivación por "fabricar" y crear algo útil para su juego, permite un trabajo cooperativo y avanzar a un ritmo individualizado... (Ponce y Gargallo, 2003)

- **Específicos para niñas y niños con N. E. E.** Nos referimos a los que debemos disponer en caso de tener algún alumno con discapacidad. Por ejemplo, pelotas con cascabeles, aros fluorescentes, cartulinas con indicaciones específicas, etc.

- **De apoyo impreso, audiovisual y multimedia o tecnológico**. Nos referimos a la documentación oficial (R.O.F., P.E., P. G., etc.), libros, cuadernos, fichas, transparencias, películas en diversos soportes, C. D. musicales, etc. así como todo el material de multimedia que nos llega continuamente, como los MP-4 para ver vídeos de iniciación deportiva, coreografías, etc. En muchos centros es habitual disponer de una página web que sirve de comunicación tanto al alumnado como al resto de la comunidad educativa. También debemos destacar lo expresado por el D. 97/2015, art. 5, f: *"la utilización adecuada de las herramientas tecnológicas de la sociedad del conocimiento"*, es una de las **capacidades prioritarias** a adquirir durante la etapa.

Un recurso que a partir de enero de 2007 toma gran importancia en nuestras escuelas públicas son las **Bibliotecas**. Citamos al Acuerdo de 23/01/2007, del Consejo de Gobierno por el que se aprueba el **Plan** de Lecturas y Bibliotecas Escolares (**LYB**) en los Centros Educativos Públicos de Andalucía. En él se recoge que en estos espacios habrá desde el libro tradicional hasta textos informativos en formato audiovisual o multimedia, para la adquisición del hábito lector. En nuestra Área podemos incidir en la habilidad lectora a través de los innumerables textos existentes relacionados con los núcleos curriculares: juego, salud, deporte, relatos relacionados con los JJ. OO., etc. No olvidemos que la L.O.E. y la L.E.A. señalan a la **comprensión lectora** como una competencia básica fundamental, por lo que estamos obligados a trabajarla desde nuestra Área.

Posada (2000) señala la importancia que los medios multimedia están teniendo en los últimos años, sobre todo a nivel escolar. Con tal motivo reseña una serie de **Webs** especializadas en actividades en la naturaleza, asociaciones deportivas, facultades y departamentos de éstas, bibliotecas, centros de investigación, distribuidoras de materiales, así como un sinfín de instituciones públicas y privadas. Como herramientas muy útiles, Posada (2000), reseña a

Efos: programa para la gestión de la evaluación; **Ludos:** programa para la confección de un catálogo de juegos; **Cronos:** calculadora que acepta marcas del alumno/a en una batería de test y que genera automáticamente el percentil. Todos estos recursos suponen una instrumento de última generación para los docentes y los alumnos (Sancho, 2006). Citamos a la Resolución de 10/04/2007, de la D. G. de Innovación Educativa y Formación del Profesorado, por la que se aprueban Proyectos de Investigación Educativa y se conceden subvenciones, B. O. J. A. nº 87 de 04/05/2007.

Por otro lado, es obligado citar los paquetes ofimáticos, como OpenOffice, presente en todos los centros de Andalucía.
Podemos recurrir a las **wiki**[3] y así facilitar los grupos de trabajo y que éste sea colaborativo y participativo.

"EDUSPORT". Es una plataforma del M. E. C. D. que pone a disposición del profesorado numerosos recursos, incluidos los prácticos en formato video digital. Propone el desarrollo pedagógico para el área de educación física de los contenidos básicos para la educación.

"Constructor". Es una herramienta para crear contenidos educativos digitales, que gestiona la C. de E. de la Junta de Extremadura. Incluye una base de datos con trabajos y experiencias realizadas.

"LIM". El sistema Lim es un entorno para la creación de materiales educativos, formado por un editor de actividades (EdiLim), un visualizador (LIM) y un archivo en formato XML (libro) que define las propiedades del libro y las páginas que lo componen.

Díaz (2005), expresa que la incorporación de las T.I.C (Tecnología de la Información y Comunicación) en la escuela es una exigencia social debido a la revolución tecnológica en la que estamos inmersos.

La utilización de las T.I.C.es un **recurso** más e **imprescindible** en el proceso de enseñanza y aprendizaje que se empieza a conocer como las "**nuevas didácticas**". Muchos de los contenidos conceptuales pueden ser aprendidos y evaluados a través de la utilización didáctica de las T.I.C (Cabero y Román - coords.-, 2008).

En el caso de la evaluación de la Educación Física, las T.I.C son usadas para gestionar estadísticamente datos del alumnado, búsqueda de información, emisión de informes y opiniones, etc. (Cebrián -coord.-, 2009) Por ello es normal el uso de hojas de cálculo, procesadores de texto, y otros programas diseñados expresamente como apoyo a la evaluación del área, como el "Programa Séneca", regulado por el Decreto 285/2010, de 11 de mayo.

Hoy día tienen cada vez más importancia las llamadas "**redes sociales**", que las emplean de forma mayoritaria nuestro alumnado: "Tuenti"; "Facebook"; "Twiter", "Gmail"; "Messenger", "Yahoo", etc.

Dentro de este amplio conjunto mencionamos algunas posibilidades de uso de las T.I.C como **recurso educativo** para el aprendizaje como instrumento y medio de evaluación (Blázquez y otros, 2010).

---

[3] Una wiki es un sitio web cuyas páginas pueden ser editadas por múltiples alumnos a través del navegador web. Permite crear, modificar o borrar un mismo texto que comparten.

- **Las Webquest**.- Son actividades búsqueda guiada de informaciones relativas a un tema o contenido que se encuentra en Internet y que los alumnos tienen que concretar y resolver con el soporte de un documento virtual previamente preparado por el maestro o maestra. Pueden tener también un carácter interdisciplinar. Su diseño es parecido a una unidad didáctica (Lerma, 2006). También debemos citar a las Mini Webquest.

- **Los Blogs** (abreviatura de Weblog).- Es un tipo de web con una serie de artículos ordenados cronológicamente desde el más reciente, situados al principio de la página, al más antiguo situado al final. Es una publicación virtual en la que se tratan temas personales o de interés general, actualizados periódicamente, en el que se pueden incluir enlaces y en el que pueden participar otros alumnos/as.

- **Los deberes Web**.- Sirven para poner trabajos a modo de actividades complementarias y que sirvan para evaluar determinados contenidos.

- **Las aulas virtuales**. Se usan en la modalidad de **educación a distancia**, constituyendo un nuevo entorno de aprendizaje al convertirse en un poderoso dispositivo de comunicación y de distribución de saberes que, además, ofrece un "espacio" para atender, orientar y evaluar a los participantes. El aula virtual está, disponible en Internet las 24 horas del día, ofrece los servicios y funcionalidades necesarias para el aprendizaje a distancia y responde a la necesidad de los docentes y alumnos de una comunicación directa y atención personalizada inmediata o diferida. No obstante, también se usa para "colgar" apuntes, trabajos, etc. del **aula tradicional**.

- **Actividades de colaboración en la red**.- Aprovechamos los espacios compartidos para realizar actividades cooperativas entre alumnos con separación geográfica para resolver una determinada tarea. El maestro orienta y motiva, para al final evaluar el trabajo. **Kahoot!** es una plataforma de aprendizaje mixto basado en el juego, muy popular a partir de 2014, permitiendo a docentes y alumnos/as investigar, crear, colaborar y compartir conocimientos en red. Este intercambio debe ocurrir dentro del mismo Kahoot! o en las redes sociales como Facebook, Twitter y Pinterest.

- **Los "Plan Lesson"**.- Actividades de aprendizaje de corta duración a resolver por el alumnado mediante el uso de Internet o de cualquier otro recurso que ofrecen las T.I.C.

- **La caza del tesoro**.- Es una actividad didáctica que usa varias direcciones de Internet para resolver un conjunto de preguntas. Incluye una gran pregunta que requiere que los alumnos integren los conocimientos adquiridos durante el proceso.

- **Aplicaciones educativas con "Hot Potatoes"**. Son herramientas interactivas muy útiles que diseña cada maestro/a, en las cuales se mezclan contenidos del área con otras a base de test, asociación de ideas, "sopas de letras", "crucigramas", etc. Hot Potatoes reúne a seis herramientas de autor, desarrollado por el equipo del University of Victoria CALL Laboratory Research and Development, que nos permiten elaborar ejercicios interactivos basados en páginas Web con seis tipos de herramientas básicas: JQUIZ, JBC, JMIX, JMATCH, JCROSS y JCLOZE.

- **"JCLIC"**. Es un conjunto de aplicaciones de software libre. Con ellas se pueden realizar diversos tipos de actividades educativas: rompecabezas, asociaciones, ejercicios de texto, palabras cruzadas... Las actividades no se acostumbran a presentar solas, sino empaquetadas en proyectos. Un proyecto está formado por un conjunto de actividades y una o más secuencias, que indican el orden en que se han de mostrar (CNICE).

- **"Wikis"**. Las "wikis" son una de las múltiples posibilidades que nos ofrece Internet. Resultan muy operativas a la hora de hacer trabajos en grupo, recopilación de datos, compartir resultados de una investigación, etc. También tenemos cada vez más experiencias en el sentido de usarlas conjuntamente con las familias para su atención personalizada.

En el curso 2006-07, la C. E. J. A. pone en funcionamiento nuevas herramientas para el sistema educativo andaluz. Se trata de la Plataforma Educativa "**Helvia**", el sitio Web "**Averroes**", la "Base Andaluza de Recursos Digitales" (BARTIC), Centro de Atención a Usuarios "**Pasen**" y "**And@red**".

La P. E. "**Helvia**" permite gestionar las noticias que el centro desee anunciar a la comunidad, agrupándolas y organizándolas. Por ejemplo, a la hora de dar a conocer los talleres deportivos, horarios, etc. Nos posibilita, igualmente, las llamadas "**tutorías electrónicas**" (O. 20/08/2010).

Averroes es de gran ayuda al profesorado porque permite actividades de tele formación, base de datos, foros, creación de redes virtuales de docentes, innovación educativa, etc.

La base **BARTIC** está compuesta por recursos educativos digitales, con objeto de disponer rápidamente de información sobre los procesos de enseñanza y aprendizaje. Es como un "banco" de materiales digitales accesible a cualquier ciudadano que desee descargarse experiencias educativas, juegos, contenidos, etc.

"**Pasen**" permite, a través de Internet, que las familias puedan conocer la evolución de sus hijas e hijos y comunicarse con el profesorado ("Tutorías electrónicas"). También se accede a la realización de trámites administrativos mediante la Secretaría Virtual.

"**And@red**" es el plan educativo para el impulso de la Sociedad del Conocimiento en Andalucía.

Todo ello viene gestionado por el Centro de Gestión Avanzado (C. G. A.), donde un equipo de profesionales que proporcionan asistencia técnica a los centros T.I.C.,
permite que el profesorado se dedique al desarrollo del proyecto educativo.

Igualmente hay otras iniciativas relacionadas con Internet y la escuela. Por ejemplo, la Base Andaluza de Recursos de Innovación Educativa (BARIE) o la plataforma Educanix.

No olvidemos que los medios de comunicación tradicional y multimedia tienen un enorme potencial como agentes de formación y socialización en el alumnado y comunidad educativa e inciden sobre la manera de percibir la realidad y de interactuar sobre ella (Cabero y Román -coords.-, 2006).

Hay que citar la O. de 02/09/2005, por la que se establecen los criterios y normas sobre homologación de materiales curriculares para uso en los Centros docentes de Andalucía. Deroga la O. de 21/03/1994. Sobre todo se refiere a material de tipo impreso. También al Decreto 72/2003, de 18 de marzo, sobre medidas de impulso de la sociedad del conocimiento.

Pero no sólo debemos comentar aquí lo relacionado con los ordenadores. Otro tipo de material multimedia también está accediendo a nuestras escuelas durante la primera década del siglo XXI. Por ejemplo, las PDA que nos permiten llevar la evaluación en el patio, las **pizarras** de pantalla táctil o las **tabletas** digitales que están revolucionando nuestra didáctica ya que se basan en el uso del **libro de texto electrónico** en sustitución del tradicional en papel.

Citamos ahora una serie de "**plataformas virtuales de aprendizaje**" muy actuales y que incluso permiten el aprendizaje de tipo cooperativo: Brainly; Moodle; Docsity; Educanetwork; Edmodo; Eduredes; Eduskopia; Misdeberes.es; Otra Educación; RedAlumnos; The Capsuled; etc.

Debemos destacar el Decreto 25/2007, de 6 de febrero, por el que se establecen medidas para el fomento, prevención de riesgos y la **seguridad** en el **uso de Internet** y las TIC por menores de edad.

Igualmente, el D. 328/2010, de 13 de julio, por el que se aprueba el Reglamento Orgánico de las escuelas infantiles de segundo grado, de los colegios de educación primaria, de los colegios de educación infantil y primaria, y de los centros públicos específicos de educación especial, BOJA nº 139, de 16/07/2010, recoge en su artículo 7, sobre las funciones y deberes del profesorado "*el conocimiento y la utilización de las tecnologías de la información y comunicación como herramienta habitual de trabajo en el aula*".

- **Ambientales**.

Nos referirnos al término **ambiental** como los elementos que **conforman** el propio **centro** con sus instalaciones y su **entorno**, que puede contener elementos naturales tales como agua, césped, arena o artificiales, como barandas, columnas, gradas, vigas, etc., así como las propias variables físicas: sol, viento, etc. de las que nos podemos **aprovechar o no** en función del aprendizaje a tratar. Por ejemplo, el sol o el viento son **enemigos** de la iniciación a algunos deportes, como el voleibol o el bádminton. En cambio, el viento es imprescindible para la vela y el sol para juegos de "pisa-sombra".

Blández (2005), entre otros, nombran el "*ambiente de aprendizaje*", es decir, el **entorno físico** como lugar del mismo. Concretamente, esta autora indica que los "*ambientes de aprendizaje*" son unos recursos didácticos consistentes en **acondicionar** determinados espacios con el único fin de propiciar situaciones en las que el **aprendizaje surja** de manera **instintiva** o espontánea. Es un planteamiento no directivo y que favorece la **creatividad** del alumnado al interaccionar libremente con el entorno, que será sugerente y **motivador** para que atraiga la atención.

Desde la perspectiva de la pedagogía no directiva, la **riqueza** del ambiente se convierte en el factor fundamental para **motivar** al alumnado y **guiarle** en el proceso de aprendizaje.

Cada espacio o cada equipamiento ayuda a determinadas tareas, por lo que el docente puede ir orientando el aprendizaje, centrando su atención en la organización del espacio y los materiales, encajando en lo que Denis (1980), citado por Blández (2005), denomina como "*pedagogía del ambiente*". Éste nos viene determinado por la instalación arquitectónica, las condiciones básicas de luz, sonido y temperatura, así como la inclusión o separación entre grupos y personas. Por ejemplo, unas veces **facilita** las prácticas de relajación, pero otras **limita** la enseñanza de ciertas habilidades, por ejemplo un techo con tres metros de altura impide la correcta iniciación al voleibol o ventanas con cristales convencionales el uso de balones de cuero.

Para **construir** un área de juego o ambiente de aprendizaje, tendremos que organizar un espacio y unos materiales que inviten a ser utilizados para un fin concreto. Por ejemplo, si queremos provocar tareas de equilibrio, hay que presentar los elementos oportunos que la estimulen: zancos, caminos estrechos y elevados construidos con bancos suecos, etc.

A todos los recursos que hemos visto debemos sacarles el máximo **provecho**, por lo que nuestra intervención debe ser muy **funcional**, es decir, que los docentes del área estemos organizados de tal manera que no se dé el caso de necesitar los mismos recursos espaciales o materiales a la vez. La programación de aula de todos los grupos debe estar muy bien coordinada para evitar este tipo de hechos.

1.3. CARACTERÍSTICAS QUE HAN DE TENER EN FUNCIÓN DE LAS ACTIVIDADES FÍSICAS PARA LAS QUE SE HAN DE UTILIZAR.

Además de la O. de 02/09/05 antes citada, debemos señalar al R. D. 1537/2003, de 5 de diciembre, B.O.E. nº 295, de 10/12/2003, por el que se establecen los requisitos mínimos de los centros que imparten enseñanzas escolares de régimen general. Por su parte, nombramos al Acuerdo de 11 de octubre de 2005, del Consejo de Gobierno de la Junta de Andalucía, por el que se aprueba el Plan «Mejor Escuela». Incluye a infraestructuras y equipamientos deportivos

El R. D. 132/2010, de 12 de febrero, por el que se establecen los requisitos mínimos de los centros que impartan las enseñanzas del segundo ciclo de la educación infantil, la educación primaria y la educación secundaria, B.O.E. nº 62, de 12/03/2010. Para Primaria, indica que deberán contar con:

- Un **patio de recreo**, parcialmente cubierto, susceptible de **ser utilizado como pista polideportiva**, con una superficie adecuada al número de puestos escolares. En ningún caso será inferior 900 metros cuadrados.
- **Biblioteca**, con una superficie, como mínimo, de 45 metros cuadrados
- Un **gimnasio** con una superficie adecuada al número de puestos escolares.
- Todos los espacios en los que se desarrollen acciones docentes, así como la biblioteca, contarán con **acceso a las tecnologías de la información** y la comunicación en cantidad y calidad adecuadas al número de puestos escolares, garantizando la **accesibilidad**.
- Una **sala polivalente**, con una superficie adecuada al número de puestos escolares autorizados, que podrá compartimentarse con mamparas móviles.

Por otro lado tenemos que contemplar dos apartados muy ligados entre sí: la **organización** del material y los **criterios didácticos** a emplear.

a) **Organización del material.**

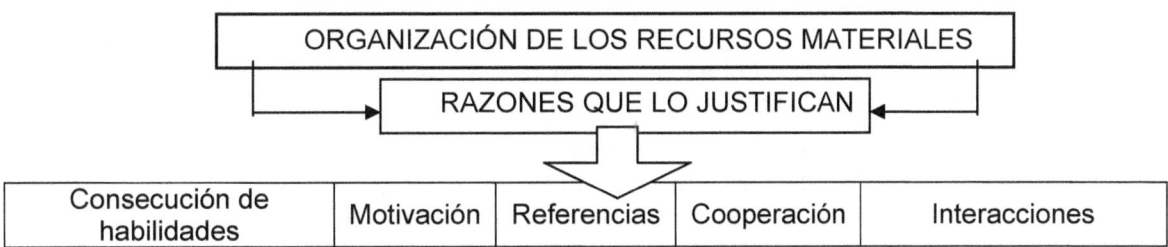

Como todos sabemos, la utilización y distribución del material, íntimamente relacionada con los otros factores, va a **condicionar** que la organización de la sesiones favorezca o dificulte el proceso de acondicionamiento-aprendizaje motor. Hay diversas razones que justifican la importancia de una buena y adecuada organización del material, entre otras destacamos a:

- Permite la **consecución de habilidades**, objetivos concretos, de cada actividad física o motriz en particular.

- Favorece la **motivación** en la realización de las tareas. Tanto si ésta exige o no el manejo de un móvil o la superación de algún obstáculo, es conveniente introducir material variado que incite a la acción. Formas originales, colores llamativos, funcionalidad, etc. favorecen el movimiento continuado y variado en niñas y niños.

- Establece **referencias** claras para la buena marcha de la sesión. Si se hace una distribución estable del material aprovechando el máximo de espacio disponible, el maestro o maestra puede controlar mejor la formación de los sub-grupos y su evolución por las distintas zonas de trabajo.

- Los diversos elementos nos permiten establecer estrategias metodológicas basadas en la **cooperación**, además de la ayuda entre todos para los traslados de los móviles.

- Favorece la **interacción entre el profesor y el alumnado**, así como de los alumnos entre sí:
  - La colocación del material pesado es una labor conjunta que potencia la colaboración entre todos.
  - En tareas de conjunto en que el centro de atención es un objeto (por ejemplo un balón) la compenetración de los jugadores es fundamental.
  - En tareas individuales de cierta complejidad, es necesaria la ayuda de otros compañeros.
  - El buen trato y cuidado de todo material disponible es una labor de todos los participantes y expresa una valoración positiva del mismo (D. 328/2010).

b) **Criterios Didácticos**

Las características de los recursos están íntimamente ligadas a los criterios didácticos que debemos tener en cuenta a la hora de seleccionar el material. Ahora exponemos los más significativos, si bien tenemos que ser conscientes que en algunos centros será fundamental dar prioridad a unos para tener, incluso, que descartar a otros:

- **Adecuación a la sesión. Momento evolutivo del alumnado.** Es necesario que esté acorde con los objetivos que tengamos planteados para la sesión. También deberá adaptarse a las características del alumnado, incluso al que tenga algún tipo de discapacidad, en todos los ámbitos: social, cognitivo, afectivo y motor, por lo tanto deberá ser **adaptable**. El material tendrá en cuenta su percepción de globalidad, posibilitándole desarrollar la imaginación y creatividad a través de la actividad simbólica. Igualmente se debe adaptar a la característica de inestabilidad emocional de la Etapa, proporcionando una fuente de motivación, diversión y placer. Hay veces que los recursos didácticos se convierten en objetivos por sí mismos (una sesión con bancos suecos), cuando deben ser únicamente un medio al servicio de la consecución de los objetivos (Chinchilla y Zagalaz 2002).

- **Utilidad**. Nos referimos a unos recursos polivalentes, que sirvan para ayudarnos a desarrollar varias habilidades y no específico, que valga para una sola. Por ejemplo, los conos se prestan a saltarlos, transportarlos, construir caminos y obstáculos, etc.

- **Manejabilidad**. Debe ser un material ligero para que pueda ser manipulado sin trabas por niños y niñas de Primaria. Unas de las características que debe reunir es que sea móvil antes que fijo y desmontable antes que de una pieza, como las mini porterías de plástico.

- **Seguridad**. Todos los recursos materiales deben estar exentos de aristas, bordes cortantes, puntas, etc. También tendrán protectores, como los mini-tramp, y gomas en las patas, como los bancos suecos. De esta forma la manipulación no tendrá peligro. La "seguridad incorporada" indica que no es imprescindible la acción del docente para evitar accidentes asociados al recurso. Viene garantizada por los procesos de diseño y construcción del producto (AENOR, 1999). Por lo tanto, debemos prescindir radicalmente de aquellos materiales que puedan entrañar riesgo (Sierra, 2003).

  Delgado y Tercedor (2002), por su parte, indican de forma muy detallada una serie de factores de seguridad e higiene a tener en cuenta. Por ejemplo, la ubicación de los espacios en entornos saludables, referente a la idoneidad de la superficie de los suelos (lisa, sin desniveles, con buen drenaje, etc.), relativo a las bandas de seguridad exteriores, sobre los anclajes de los equipamientos, en relación al acabado interior de paredes, radiadores y puertas, sobre iluminación, ventilación y altura de los techos, entre otros factores preventivos.

  Estapé (2003), señala la seguridad activa (diseño y ubicación del recurso) y pasiva (el docente debe controlar la conservación de los recursos).

  Roldán (2002), coordina la publicación "**Manual de seguridad en los centros educativos**", editada por la C.E.J.A. Indica una serie de pautas a seguir tendente a la protección en las instalaciones escolares. Por ejemplo, los anclajes de las porterías, la posible corrosión de los componentes metálicos, la comprobación del estado de las instalaciones a principios de curso, la homologación en todos los materiales por la normativa europea, la recogida de aguas en los pavimentos, etc.

- **Mantenimiento**. La conservación de los materiales a lo largo de un periodo de tiempo va a ser fundamental ya que, generalmente, los recursos económicos del centro para la adquisición de nuevos suelen ser bastantes limitados. Debemos procurarnos materiales que apenas necesiten mantenimiento. Por ejemplo, las colchonetas deber ser plastificadas y no de lona porque, además, son antihigiénicas. El D. 328/2010, de 13 de julio, por el que se aprueba el Reglamento Orgánico de los colegios de educación primaria, de los colegios de educación infantil y primaria, y de los centros públicos específicos de educación especial, BOJA nº 139, de 16/07/2010, indica en su artículo 2, "utilizar adecuadamente las instalaciones y el material didáctico, contribuyendo a su conservación y tratamiento".

- **Economía**. Dentro de unos límites de calidad, debemos adquirir material económico, teniendo en cuenta que muchas veces "lo barato resulta caro".

- **Calidad**. Ligado a la característica anterior. Siempre que sea posible, es mejor seleccionar un material de calidad contrastada, aunque sea más caro. Atención a los materiales nuevos sin experimentar, que en muchas ocasiones son conflictivos.

- **Estética**. Unos recursos de diseño agradable favorece su manejo y motivación, por ejemplo el globo-balón.
- **Almacenamiento**. Deben tener fácil recogida y almacenaje, por ejemplo, usar contenedores ("jaulas") para balones, aros portamacetas para colgar las cuerdas, etc.
- **Que no favorezca las actitudes sexistas**. El material debe proporcionar una mayor interrelación entre todos los aspectos formativos de niñas y niños y no reproducir y perpetuar rasgos sexistas en educación. Por ejemplo, huir de los tópicos del balón de fútbol para niños y cuerdas y elásticos para juegos de niñas.

Por su parte, Díaz (1996), indica que el tipo y cantidad de material que se **adquiera** para el centro debe permitir:

- La realización de todas las habilidades básicas y genéricas
- La delimitación del espacio, por ejemplo conos.
- La realización de ayudas, como cinturones, arneses, planos inclinados...
- La protección de los practicantes, por ejemplo cascos o rodilleras.
- La evaluación, como cronómetro o cinta métrica.

También Galera (1996), señala una serie de criterios para seleccionar los recursos materiales, de los que destacamos a:

- Polivalente, adaptable, manejable y seguro
- De bajo mantenimiento y coste, así como de calidad y estético

2. UTILIZACIÓN DE LOS RECURSOS DE LA COMUNIDAD.

Suele existir en muchas escuelas un problema con la falta de instalaciones deportivas adecuadas y que en otras ocasiones tienen uso limitado (Chinchilla y Zagalaz 2002). Por ejemplo, el ruido propio de la actividad motriz que molesta al resto del alumnado es un freno para realizar numerosos juegos. Una solución, si es **operativa**, pasa por el uso de los *"recursos de la comunidad"*.

Entendemos a éstos como los medios que la **administración local** u otras ponen a disposición de los ciudadanos para su disfrute. Por ejemplo, parques, instalaciones recreativas y deportivas, espacios naturales, etc. y que en muchas ocasiones no usamos por falta de información. Pero no podemos dejar de mencionar a **otros recursos** que, no siendo espaciales como los ejemplos anteriores, son de gran importancia para nosotros. Por ejemplo, publicaciones y folletos sobre salud, actividades en el medio natural, cuadernos, manuales, Webs, etc. También debemos mencionar a recursos móviles con el "sello" del municipio o región autónoma y que suelen regalar a los centros docentes: balones, discos voladores, etc.

Distinguimos a dos grandes grupos según su origen:

- **Naturales**. Son los sistemas ecológicos, los organismos vivos, materiales geológicos, etc. En el área de Educación Física es muy corriente el uso del parque natural (no modificado aún por el humano) y natural-artificial (modificado).
- **Entorno socio-cultural**. Nos referimos a museos, monumentos, centros culturales, espectáculos deportivos, centros deportivos, estadios y polideportivos, exposiciones, encuentros deportivos, competiciones, carreras

populares, concursos diversos, cursillos escolares de iniciación a la natación, al esquí, campañas tales como "bautismo náutico" o "jugueteando", etc., son elementos del entorno socio-cultural que los consideramos recursos didácticos.

Ahora señalamos otros dos grupos en función de su distancia desde nuestro centro:

- Recursos de la comunidad en el entorno **próximo** y **medio**.
- Recursos de la comunidad en el entorno **lejano**.

Dentro del **entorno próximo** tenemos que considerar las instalaciones propias de la escuela: S.U.M., patio, gimnasio, aula, etc. En ellas podemos, normalmente, realizar las actividades propias de nuestra Área: habilidad motriz, iniciación deportiva, expresión corporal, etc., aunque algunas veces resultan limitadas para dar respuesta a un diseño curricular óptimo.

En muchas ciudades y pueblos están, a una distancia prudencial, los polideportivos municipales, parques, piscinas, etc. que nos ofrecen multiplicar nuestra intervención didáctica, aunque tienen la desventaja del tiempo invertido en llegar, la incomodidad -y a veces el peligro- de la calle, entre otros aspectos. Por ello en numerosas ocasiones lo desechamos por falta de operatividad. En las grandes ciudades existen parques con varios itinerarios educativos.

Los **ayuntamientos** y **diputaciones** suelen tener **programas escolares**: semana cultural, salón del estudiante de primaria, semana del teatro y títere, escuela de salud, etc. También tienen programas concretos: acampadas, encuentros deportivos, etc. En otras ocasiones es la propia Consejería de Educación, sola o junto a otras, la que nos ofrece programas y actuaciones a las que nos podemos acoger, como "Aulas Viajeras", el Programa Educativo "El campo y el mar en la escuela andaluza. Lujita y los Calicertis"

No obstante, otras veces podemos organizar una visita y sacarle el máximo provecho a toda una mañana. Por ejemplo, acudir a una fábrica de aceite de oliva para saber su proceso de elaboración, los beneficios para la salud, su aportación a la dieta mediterránea en contraposición a las grasas animales, (bloque de Salud). Por lo tanto, las posibilidades son muchísimas dependiendo de lo que **ofrezca** nuestro entorno más **inmediato.**

Dentro del **entorno lejano** encuadramos a todo lo referente a la Naturaleza y sus posibilidades. En Andalucía destacamos las visitas al Parque Nacional de Doñana en Huelva y a los siguientes Parques Naturales:

- SEVILLA: Sierra Norte.
- CÁDIZ: Alcornocales; Bahía de Cádiz; Sierra de Grazalema; Acantilado y Pinar de Barbate; Parque Metropolitano Marisma de los Toruños y Pinar de la Algaida.
- HUELVA: Sierra de Aracena.
- CÓRDOBA: Sierra de Hornachuelos; Sub-Bética. Parque de Los Villares.
- GRANADA: Sierra Nevada; Sierra de Baza.
- MÁLAGA: Fuente de Piedra; El Torcal; Sierra de las Nieves y Montes de Málaga.
- JAÉN: Sierras de Cazorla-Segura-Las Villas.
- ALMERÍA: Cabo de Gata.

También hay que reconocer zonas protegidas y reservas naturales de gestión privada en Estepona y Benalmádena (Málaga), el C.R.A. en El Puerto de Santa María (Cádiz) y la

Reserva de El Castillo de las Guardas (Sevilla), entre otros. Estas visitas lejanas, sobre todo para el alumnado de Primaria, requieren unos "extras" de tipo:

- Organizativo y económico, colaboración de la A.M.P.A. e, incluso, de otras entidades.
- Cubrir las sustituciones del profesorado que se desplace, las responsabilidades...

En los enclaves naturales existen diferentes programas que pueden adaptarse a nuestras necesidades: centros de visitantes, centros de recepción, aulas de la naturaleza, jardines botánicos, etc.

No obstante, cada año existen más ofertas de **empresas de servicios** extra-escolares", que nos ofertan huertos escolares, colonias de vacaciones, aulas de la naturaleza, "semana blanca", etc. que organizan y se responsabilizan de todo.

Por otro lado, las visitas a los recursos de la comunidad son muy apropiadas para adquirir conocimientos de índole teórica-práctica-actitudinal de varias Áreas.

CONCLUSIONES

A lo largo del Tema hemos visto la importancia que tienen los recursos, o mediadores del proceso de enseñanza-aprendizaje en nuestra intervención educativa. Tanta es la variedad existente que se estudian a través de numerosas clasificaciones y sub-clasificaciones. Debemos destacar la importancia que tienen en los últimos años los llamados recursos alternativos. Raro es el curso que no surgen nuevas presentaciones y novedades, sobre todo en materiales plásticos. El poder motivador que tienen los recursos materiales, sobre todo los móviles, los hacen imprescindibles en nuestra acción educativa. No podemos olvidar los recursos espaciales propios, alquilados o cedidos, así como otras personas que en determinados momentos nos ayudan, como los monitores en el medio natural, entre otros muchos. También debemos mencionar la gran cantidad de recursos que nos ofrece la comunidad en el entorno mediato e inmediato.

BIBLIOGRAFÍA

- AENOR (1999). *Equipamiento deportivo.* AENOR N. A. Madrid.
- BERNAL, J. L. (2007). *Reducir, reciclar y Reutilizar.* Wanceulen. Sevilla.
- BLÁNDEZ, J. (2005). *La utilización del material y del espacio en Educación Física.* INDE. Barcelona.
- BLÁZQUEZ, D.; CAPLLONCH, M.; GONZÁLEZ, C.; LLEIXÁ, T.; (2010). *Didáctica de la Educación Física. Formación del profesorado.* Graó. Barcelona.
- CABERO, J. y ROMÁN, P. -coords.- (2006). *E-actividades.* MAD. Sevilla.
- CEBRIÁN, M. -coord.- (2009). *El impacto de las T.I.C.s en los centros educativos.* Síntesis. Madrid.
- CHINCHILLA, J. L. y MORENO, J. I. (2000). *Desarrollo curricular de la Educación Física en Primaria (2º Ciclo).* Wanceulen. Sevilla.
- CHINCHILLA, J. L. y ZAGALAZ Mª L. (2002). *Didáctica de la Educación Física.* CCS. Madrid.
- DELGADO, M. y TERCEDOR, P. (2002). *Estrategias de intervención en educación para la salud desde la Educación Física.* INDE. Barcelona.
- DÍAZ, J. (1996). *Los recursos y materiales didácticos en Educación Física.* Apunts: Educación Física y Deportes, 43, 42-52. Barcelona.
- DÍAZ, J. (2005). *La evaluación formativa como instrumento de aprendizaje en Educación Física.* INDE. Barcelona.
- ESTAPÉ, E. (2003). *Aspectos preventivos y de seguridad en los espacios deportivos y el material.* En: Dimensión europea de la Educación Física y el Deporte en la edad escolar: Hacia un espacio europeo de la educación superior. AVAEF. Valladolid.

- FERNÁNDEZ TRUÁN, J. C. (1997). *Los Materiales Didácticos en Educación Física*. Wanceulen. Sevilla.
- GALERA, A. (1996). *Gestión del material en las instalaciones deportivas*. En *Gestión del Material y Mantenimiento de las instalaciones deportivas*. I.A. Deporte. Málaga.
- GIL, P. A. (2007). *Metodología didáctica de las actividades físicas y deportivas*. Wanceulen. Sevilla.
- GUTIÉRREZ-TOCA, M. (2004). *Juegos ecológicos con piedras y palos*. INDE. Barcelona.
- GUTIÉRREZ TOCA, M. (2010). *Juegos ecológicos con material alternativo... Recursos domésticos y del entorno escolar*. INDE. Barcelona.
- HERNÁNDEZ, M. (1994). *Colección Juegos y Deportes Alternativos*. Autoedición. Madrid.
- JARDÍ, C. y RIUS, J. (2004). *Mil ejercicios y juegos con material alternativo*. Paidotribo. Barcelona.
- JUNTA DE ANDALUCÍA (2007). Ley 17/2007, de 10 de diciembre, de Educación de Andalucía (L. E. A.). B. O. J. A. nº 252, de 26/12/07.
- JUNTA DE ANDALUCÍA (2007). Ley 17/2007, de 10 de diciembre, de Educación de Andalucía (L. E. A.). B. O. J. A. nº 252, de 26/12/07.
- JUNTA DE ANDALUCÍA (2015). *Decreto 97/2015, de 3 de marzo, por el que se establece la ordenación y las enseñanzas correspondientes a la Educación primaria en Andalucía*. B. O. J. A. nº 50, de 13/03/2015.
- JUNTA DE ANDALUCÍA. (2015). *Orden de 17 de marzo de 20015, por la que se desarrolla el currículo correspondiente a la Educación Primaria en Andalucía*. B. O. J. A. nº 60, de 27/03/2015.
- JUNTA DE ANDALUCÍA (1998). *Orden de 26 de junio de 1998, por la que se regula la utilización de las instalaciones de los Centros Docentes públicos no Universitarios por los municipios y otras entidades públicas o privadas*. (BOJA nº 80, de 18/07/98).
- JUNTA DE ANDALUCÍA (1998). *Orden de 14 de julio de 1998, por la que se regulan las actividades complementarias y extraescolares y los servicios prestados por los Centros docentes públicos no universitarios*. B.O.J.A. nº 86, de 01/08/98.
- JUNTA DE ANDALUCÍA (1999). *Orden del 17 de febrero de 1999, por la que se regulan las ayudas a la realización de actividades complementarias y extraescolares en los Centros docentes públicos, a excepción de los de Adultos y Universitarios*. B.O.J.A. nº 33, de 18/03/99.
- JUNTA DE ANDALUCÍA (2003). *Decreto 72/2003, de 18 de marzo, sobre medidas de impulso de la sociedad del conocimiento*. B. O. J. A. nº 25, de 21 de marzo de 2003.
- JUNTA DE ANDALUCÍA (2005). *Orden de 2 de septiembre de 2005, por la que se establecen los criterios y normas sobre homologación de materiales curriculares para uso en los Centros docentes de Andalucía*. B. O. J. A. nº 193, de 03 de octubre de 2005. Deroga la Orden de 21 de marzo de 1994.
- JUNTA DE ANDALUCÍA (2005). *Orden de 28 de octubre de 2005, por la que se convocan proyectos educativos de centro para la incorporación de las tecnologías de la información y la comunicación a la educación (centros T.I.C.)*.
- JUNTA DE ANDALUCÍA (2005). *Acuerdo de 11 de octubre de 2005, del Consejo de Gobierno, por el que se aprueba el Plan «Mejor Escuela»*. B. O. J. A. nº 213, de 02/11/2005.
- JUNTA DE ANDALUCÍA (2007). *Acuerdo de 23/01/2007, del Consejo de Gobierno, por el que se aprueba el Plan de Lectura y de Bibliotecas Escolares en los Centros Educativos Públicos de Andalucía (Plan LYB)*. B. O. J. A. nº 29 de 08/02/07.
- JUNTA DE ANDALUCÍA (2007). *Resolución de 10/04/2007, de la D. G. de Innovación Educativa y Formación del Profesorado, por la que se aprueban Proyectos de Investigación Educativa y se conceden subvenciones*. B. O. J. A. nº 87 de 04/05/2007.
- JUNTA DE ANDALUCÍA (2007). *Orden de 23 de octubre de 2007, por la que se modifica la de 20 de junio de 2007, por la que se establecen las bases reguladoras de las ayudas para la elaboración de materiales curriculares y para el desarrollo de actividades de formación y de investigación educativa dirigidas al profesorado de los*

centros docentes sostenidos con fondos públicos, a excepción de los universitarios. B. O. J. A. nº 223, de 13/11/2007.
- JUNTA DE ANDALUCÍA (2007). *Decreto 25/2007, de 6 de febrero, por el que se establecen medidas para el fomento, la prevención de riesgos y la seguridad en el uso de Internet y las tecnologías de la información y la comunicación (TIC) por parte de las personas menores de edad*. BOJA nº 39, de 27/02/2007.
- JUNTA DE ANDALUCÍA (2008). *Orden de 25 de Julio de 2008, por la que se regula la atención a la diversidad del alumnado que cursa la educación básica en centros docentes públicos de Andalucía*. BOJA nº 167, de 22/08/2008.
- JUNTA DE ANDALUCÍA. (2010). *Decreto 285/2010, de 11 de mayo, por el que se regula el Sistema de Información Séneca y se establece su utilización para la gestión del sistema educativo andaluz*. BOJA nº 101 de 26/05/2010.
- JUNTA DE ANDALUCÍA (2010). *Orden de 03 agosto de 2010, por la que se regulan los servicios complementarios de la enseñanza de aula matinal, comedor escolar y actividades extraescolares en los centros docentes públicos, así como la ampliación de horario*. BOJA núm. 158 de 12/08/2010.
- JUNTA DE ANDALUCÍA (2010). *Decreto 328/2010, de 13 de julio, por el que se aprueba el Reglamento Orgánico de las escuelas infantiles de segundo grado, de los colegios de educación primaria, de los colegios de educación infantil y primaria, y de los centros públicos específicos de educación especial*. BOJA nº 139, de 16/07/2010.
- JUNTA DE ANDALUCÍA (2010). *Orden de 20 de agosto de 2010, por la que se regula la organización y el funcionamiento de las escuelas infantiles de segundo ciclo, de los colegios de educación primaria, de los colegios de educación infantil y primaria, y de los centros públicos específicos de educación especial, así como el horario de los centros, del alumnado y del profesorado*. BOJA nº 169, de 30/08/2010.
- LERMA, I. (2006). *Conoce tu localidad. Aplicación de una Webquest*. Andalucía Educativa, nº 56, pp. 43-45. Junta de Andalucía. Sevilla.
- M. E. C. (2003). *R. D. 1.537/2003, de 5 de diciembre, por el que se establecen los requisitos mínimos de los centros que impartan enseñanzas escolares de régimen general*. B.O.E. nº 295, de 10-12-2003.
- M. E. C. (2006). *Ley Orgánica 2/2006, de 3 de mayo, de Educación (L. O. E.)*. B. O. E. nº 106, de 04/05/2006, modificada por la LOMCE/2013.
- M. E. C. (2010). *Real Decreto 132/2010, de 12 de febrero, por el que se establecen los requisitos mínimos de los centros que impartan las enseñanzas del segundo ciclo de la educación infantil, la educación primaria y la educación secundaria*. B.O.E. nº 62, de 12/03/2010.
- M. E. C. (2013). *Ley Orgánica 8/2013, de 9 de diciembre, para la mejora de la calidad educativa. (LOMCE)*. B. O. E. nº 295, de 10/12/2013.
- M. E. C. (2014). *Real Decreto 126/2014, de 28 de febrero, por el que se establece el currículo básico de la Educación Primaria*. B. O. E. nº 52, de 01/03/2014.
- M.E.C. (2015). *Orden ECD/65/2015, de 21 de enero, por la que se describen las relaciones entre las competencias, los contenidos y los criterios de evaluación de la educación primaria, la educación secundaria obligatoria y el bachillerato*. B.O.E. nº 25, de 29/01/2015.
- ORTÍ, J. (2004). *La animación deportiva, el juego y los deportes alternativos*. INDE. Barcelona.
- PONCE, A. y GARGALLO, E. -coords.- (2003). *Reciclo, construyo, juego y me divierto*. CCS. Madrid.
- POSADA, F. (2000). *Ideas prácticas para la enseñanza de la Educación Física*. Agonos. Lérida.
- RIVADENEYRA, M. L. -Coord.- (2004). *Desarrollo de la motricidad*. Wanceulen. Sevilla.
- ROLDÁN, C. (2002) (Coord.). *Manual de seguridad en los centros educativos*. C. E. J. A. Sevilla.
- SÁENZ-LÓPEZ, P. (2002). *La Educación Física y su Didáctica*. Wanceulen. Sevilla.
- SANCHO, J. Mª. (2006). *Tecnologías para transformar la educación*. Akal. Madrid.

- SICILIA, A. y DELGADO, M. A. (2002). *Educación Física y estilos de enseñanza.* INDE. Barcelona.
- SIERRA, A. (2003). *Actividad física y salud en Primaria.* Wanceulen. Sevilla.
- TIMÓN, L. M. y HORMIGO, F. (2010). *La construcción de materiales en Educación Física.* Wanceulen. Sevilla.
- VELÁZQUEZ, A. y MARTÍNEZ, A. (2005). *Desarrollo de habilidades a través de materiales alternativos.* Wanceulen. Sevilla.
- VELÁZQUEZ CALLADO, C. (1996). *Actividades prácticas en Educación Física. Cómo utilizar materiales de desecho.* Escuela Española. Madrid.
- VV.AA. (1993 a). *La Educación Física en Primaria. Reforma.* Paidotribo. Barcelona.
- VV.AA. (1993 b). *Fundamentos de Educación Física para Enseñanza Primaria.* INDE. Barcelona.
- VV.AA. (1996). *Construcción de Material Didáctico en Educación Física.* Dpto. de Expresión Musical, Plástica, Corporal y sus Didácticas. U. de Huelva.
- ZAPICO, J. (1993). *Recursos didácticos de la Educación Física en la Educación Primaria.* Jornadas de Actualización. U. de Huelva.
- ZAGALAZ, Mª L.; CACHÓN, J.; LARA, A. (2014). *Fundamentos de la programación de Educación Física en Primaria.* Síntesis. Madrid.

WEBGRAFÍA (Consulta en septiembre de 2016).

http://blog.tiching.com/15-recursos-educativos-para-la-clase-de-educacion-fisica/
http://www.agrega2.es
http://recursos.cnice.mec.es/edfisica/
http://www.ite.educacion.es/es/recursos
http://www.educarm.es/admin/recursosEducativos#nogo
http://www.gobiernodecanarias.org/educacion/webdgoie/
http://www.educarex.es/web/guest/apoyo-a-la-docencia
http://www.catedu.es/webcatedu/index.php/recursosdidacticos
http://www.educa2.madrid.org/educamadrid/servicios
http://www.educa.jccm.es/educa-jccm/cm/recursos
http://www.educa.jcyl.es/profesorado/es/recursos-aula
www.juntadeandalucia.es/educacion/descargasrecursos/curriculo-primaria/index.html
http://www.educastur.es
http://www.guiaderecursos.com/webseducativas.php
http://www.adideandalucia.es
http://recursostic.educacion.es/primaria/ludos/web/index.html

TEMA 20

ORGANIZACIÓN DE GRUPOS Y TAREAS. LA PLANIFICACIÓN DE ACTIVIDADES DE ENSEÑANZA Y APRENDIZAJE EN EL ÁREA DE EDUCACIÓN FÍSICA: MODELOS DE SESIÓN.

ÍNDICE

INTRODUCCIÓN

1. ORGANIZACIÓN DE GRUPOS Y TAREAS.

    1.1. Organización del grupo de clase. Sus componentes.

        1.1.1. El grupo clase como sistema.

        1.1.2. Organización y docente.

        1.1.3. Organización y tiempo.

        1.1.4. Organización y recursos espaciales.

        1.1.5. Organización y recursos materiales.

        1.1.6. Organización y seguridad.

2. LA PLANIFICACIÓN DE ACTIVIDADES DE ENSEÑANZA Y APRENDIZAJE EN EL ÁREA DE EDUCACIÓN FÍSICA: MODELOS DE SESIÓN.

    2.1. Fases del proceso programador.

    2.2. Modelos de sesión. Evolución histórica.

    2.3. Situación actual.

    2.4. Estrategias a tener en cuenta a la hora de programar la sesión.

        2.4.1. Importancia del control de la clase.

        2.4.2. Conductas no previstas.

        2.4.3. Otros problemas.

CONCLUSIONES

BIBLIOGRAFÍA

WEBGRAFÍA

INTRODUCCIÓN

La organización es un recurso metodológico que nos **facilita** el proceso de enseñanza-aprendizaje, mejorando la operatividad, seguridad, participación, uso de materiales y espacios y disposición del alumnado en él, entre otros aspectos.

Por medio de la programación de diferentes objetivos, contenidos, y estrategias, el docente de Educación Física **diseña** el aprendizaje del alumnado, aunque esta relación de enseñanza-aprendizaje se **materializa** en la sesión.

Las relaciones de enseñanza y aprendizaje, las que aparecen entre el profesor y el alumno o entre los mismos alumnos, **forman un sistema**. Así pues, el modelo -representación de la realidad- que mostrará las relaciones entre el docente y discente se, ubica entre los modelos sistemáticos de enseñanza.

Muchas veces el factor **organización** se hace tan importante que es el que **decide** si **es posible** o no cumplir los objetivos propuestos en la programación. Las clases de educación física se desarrollan en unas condiciones negativas como son las condiciones ambientales, pavimentos, recursos móviles, desigualdad de aprendizajes previos e, incluso, la creencia que la clase es como un "recreo vigilado".

Debemos tener una organización flexible, variada e individualizada de la enseñanza, facilitando la atención a la diversidad como pauta ordinaria de la acción educativa, así como **distribuir** al grupo clase en **sub grupos** que permitan la **cooperación/comunicación** de sus componentes.

La **diversificación** de niveles de enseñanza, por ejemplo, nos permite **aprovechar** mejor los **recursos** que dispongamos, mejorar el tiempo de compromiso motor e individualizar el ritmo de aprendizaje.

Por todo ello, la organización tiene un **valor** fundamental de cara a cumplir con garantías la secuenciación de objetivos y contenidos, la adecuación de las actividades, la prevención de conflictos, etc. dentro del **modelo** de sesión que sigamos.

1. ORGANIZACIÓN DE GRUPOS Y TAREAS.

Organización es "*un recurso que nos permite distribuir adecuadamente todos los elementos que configuran nuestra acción*" (Sánchez Bañuelos, 2003). Por lo tanto, son una serie de **medidas** que usamos para articular los elementos que intervienen en el proceso de enseñanza y de aprendizaje.

"*Un grupo es un conjunto estructurado de personas que entran en interacción y viene definido por sus fines, su estructura interna y su sistema de comunicación*" (Gil, 2007).

Cañizares y Carbonero (2007), citando a Garrote y otros (2003), indican que "***Tarea Motriz** es aquello que se va a realizar, el planteamiento: << tienes que hacer esto...>>*". "*Actividad Motriz es lo que se realiza, los movimientos y acciones lúdicas que hace el alumnado*". Es decir, "*las tareas motrices de aprendizaje son propuestas que hace el profesor entorno a un contenido*".

El grupo de clase constituye el factor último y más **básico** de la programación, pues de él depende la mayor parte de las **decisiones** que debemos tomar a la hora de programar. Una buena organización significa que lo programado sea un éxito en la práctica.

La organización de la clase es uno de los elementos de intervención docente que debe ser **planificado** y posteriormente llevado a la práctica teniendo en cuenta, entre otros, los aspectos de:

- Los aprendizajes a realizar y las características del grupo-clase
- Recursos disponibles para la práctica
- Metodología de trabajo seleccionada

La LOMCE/2013, nos indica que la "*metodología didáctica comprende tanto la descripción de las prácticas docentes como la **organización de su trabajo***".

La **ausencia** de organización son causas de **conflictos** que dificultan el proceso de enseñanza-aprendizaje (Sánchez Bañuelos, 2003). En cualquier caso, la organización de grupos y tareas es un "**plus**" de nuestra área.

Si establecemos **comparaciones** entre organizaciones en la clase de Educación Física y las correspondientes al aula tradicional observamos una serie de **diferencias** muy características. Por ejemplo, la forma de vestir, el continuo movimiento y ruido, recursos diferentes, etc. (Gil, 2007).

Así pues, la organización de los grupos, en función de las tareas a realizar, cobra gran **importancia** en el área de Educación Física debido a las múltiples variables que se pueden dar.

1.1. ORGANIZACIÓN DEL GRUPO DE CLASE. SUS COMPONENTES.

La clase, como **unidad temporal**, supone el "**enfrentamiento directo**" con el alumno. Es el único momento que podemos hacer efectiva la **acción didáctica**.

Una **organización eficaz nos** permite mejor **utilización** del **grupo**, de **espacios**, **tiempos** y **recursos**. En suma, con una buena gestión de los **componentes** de la organización grupal, optimizamos el proceso de enseñanza/aprendizaje (Sáenz-López, 2002; Pacheco, 2003; Viejo, 2004).

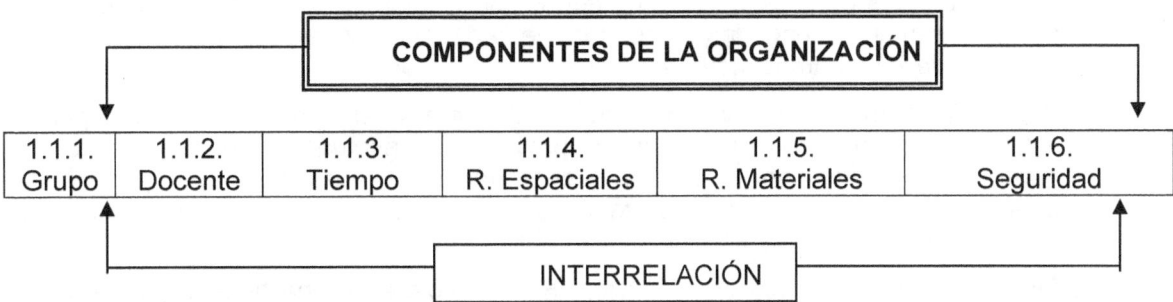

La legislación nos indica que debemos interrelacionar todos sus componentes de forma que la organización, como recurso metodológico, debemos estructurarla teniendo en cuenta a competencias, objetivos, contenidos, actividades y evaluación a tratar en la sesión (Sánchez Bañuelos, 2003).

1.1.1. EL GRUPO CLASE COMO SISTEMA.

Según la Teoría General de Sistemas, un sistema (grupo-clase) es entendido como un **todo** y no como la suma de los elementos que lo componen. Por lo tanto, en un grupo-clase, además de docentes y alumnado, hay que considerar los **procesos relacionales internos** de afectividad, cooperación, ayuda mutua, compromiso, hostilidad... que en nuestro caso puede estabilizar o desestabilizar al grupo. Todos los grupos-clase **interaccionan** con los demás y conforman el sistema organizativo del centro.

Diversos autores Piéron (1988), Sánchez (1996) y otros, identifican varias conexiones muy interrelacionadas en el seno del grupo clase, si bien reconocen que están afectadas por el **entorno**: afectividad, poder/autoridad, organización/sistema de roles y trabajo/actuación.

La forma de **estructurar** el grupo de clase es uno de los factores más importantes de la organización, dependiendo del **trasfondo** educativo que tenga nuestra docencia. Las clases de Educación Física se han estructurado tradicionalmente de forma **masiva**, considerando el grupo como un todo homogéneo. Sin embargo, la experiencia nos dice que los grupos no son así, por lo que surge la **alternativa didáctica** de dividir al grupo-clase estructurándolo en **subgrupos**, porque así podemos cubrir mejor sus necesidades (Sánchez Bañuelos, 2003).

El trabajo en sub-grupo es más **productivo** que el aislado. No olvidemos que el aprendizaje del alumnado se escenifica en un marco social y supone unas relaciones socioafectivas entre alumnado y docente y el alumnado entre sí (Blázquez, 2001). **Algunas causas**, son:

- Para **realizar** la propia actividad. Por ejemplo, para jugar un partido de Mini-Basket, debemos disponer dos equipos o sub-grupos con una **misma tarea**. En caso de realizar al mismo tiempo otros mini-deportes, haremos cuatro, seis... sub-grupos pero con **distintas** tareas.

- Por ser aconsejable para **aumentar** el tiempo de actividad del alumnado. Por ejemplo, la entrada a canasta, como tarea individual, puede ser ejercitada por todo el grupo en un único aro, si bien cada niño apenas participará. En cambio, si repartimos a los alumnos en diferentes grupos y a cada uno de ellos le asignamos una canasta y un balón, existe mayor posibilidad de experiencia motriz. Ahora existe una **misma tarea** para todo el grupo pero éste está organizado en **varios sub-grupos**.

- Por razones de **afectividad** entre los miembros del grupo. Por ejemplo, en un circuito debemos buscar la cohesión entre los pequeños grupos, así como la tolerancia y permeabilidad para la entrada de nuevos miembros al grupo.

- Por **estrategias** de organización. Podemos dividir a los grupos según las tareas que éstos tengan encomendadas antes, durante, y después de la sesión. Por ejemplo, la recogida de los recursos móviles.

- Porque **facilitan** los **objetivos** del aprendizaje y entran en concordancia con algunos estilos de enseñanza. Por ejemplo, si prevemos la evaluación de la actividad por parte de un observador y anotador, será necesario que dividamos la clase en pequeños grupos para así poder realizar el estilo de "Grupo Reducido" (Delgado Noguera, 1993).

- Por hacer varios **niveles** de ejecución. Por ejemplo ante una tarea de salto, cada sub-grupo se ubica en la línea de vallas más acorde a su capacidad.

- Por necesidades de la **instalación**. Según la capacidad de ésta, dividiremos la clase en diferentes sub-grupos. Por ejemplo, uno hace carrera, otro coordinación óculo-pie, etc.

¿Qué debemos considerar a la hora de **organizar** el grupo clase de tal manera que cada sub grupo tenga las mismas oportunidades? Zagalaz, Cachón y Lara (2014), indican las siguientes **pautas**:

- Tiempo de duración de las agrupaciones
- Quién toma la decisión de los agrupamientos

- Su composición numérica
- Criterios para su distribución: aspectos sociales, de aprendizaje, etc.
- Disposición y desplazamientos del alumnado: formales o geométricas, informales y mixtas.

A partir de lo expuesto, podemos **concretar numéricamente** estas posibilidades organizativas (Trigueros, 2002):

- **Organización individual**. Cada alumno realiza la actividad sin ayuda de otro. Correr o estirar los gemelos, por ejemplo.

- **Organización en parejas**. La tarea necesita la colaboración de dos, como pases.

- **Organización en grupos pequeños**. De cuatro a seis para, por ejemplo, hacer juegos de relevos o constituir los grupos de un circuito coordinativo. Es muy usada en el "**aprendizaje cooperativo**" (ver Tema 8), caracterizado porque en cada equipo hay alumnas y alumnos con diferente nivel, donde todos son co-responsables de su propio aprendizaje y del de los demás componentes.

- **Organización en sub-grupos (grupos coloquiales)**. Alrededor de ocho componentes. Por ejemplo, manejo de paracaídas en juegos cooperativos que son muy socializadores porque tienen que compartir el móvil. Es muy usada en los "recreos inteligentes" o "saludables".

- **Organización global del grupo**. Ya son todas y todos quienes trabajan al unísono, por ejemplo al hacer una coreografía.

Estas agrupaciones pueden **durar** desde una sesión, o parte de ella, hasta un curso completo. Lo mismo podemos decir sobre los **criterios** para su formación y **quién** los distribuye. Todo tiene su lado positivo y negativo.

1.1.2. ORGANIZACIÓN Y DOCENTE.

En el profesorado concurren una serie de circunstancias que van a determinar el **éxito o no** de su acción didáctica. Participará en las sesiones, tendrá una actitud relajada y un buen nivel de comunicación con el grupo, porque ello influye en las conductas del alumnado y su motivación. Las diferencias individuales no han de suponer planteamientos discriminatorios, sino estrategias para el progreso individual. En cualquier caso, nunca abandonará el espacio donde esté dando la clase (Zagalaz, Cachón y Lara, 2014).

Destacamos algunos rasgos del perfil docente (Seners, 2001):

- **Autoridad**. Debemos tener y hacer cumplir una serie de normas y que estén muy claras desde el principio. Aunque depende del contexto socio-cultural, deben respetarse unos códigos de comportamiento en vestuarios y canchas, puntualidad, etc. Es preciso en muchas ocasiones explicar el por qué de las normas y de esta forma no imponer por imponer.

- **Dinamismo**. A la hora de organizar y controlar al grupo influyen determinados detalles personales: participación activa, interés por lo que hacemos, estado de ánimo y estimulación, saber posicionarse estratégicamente ante el grupo, entre otros.

- **Aspecto**. Debemos radiar un perfil deportivo, con equipación adecuada, transmitir seguridad, hacerse respetar, etc.

- **Soltura**. Seguridad en el manejo de grupos porque favorece la creación de "clima" positivo en clase.

Nosotros, como docentes, podemos **presentar las tareas** bajo diversas formas organizativas. Por ejemplo, estas suelen ser las más habituales:

- Tareas **iguales** y al mismo ritmo para todo el grupo, relacionada con la I. Directa.
- Ídem, pero con intensidades distintas, realizando un estilo de enseñanza de "Asignación de Tares" o de "Grupos de Nivel".
- Tareas **distintas**, realizadas al mismo tiempo, y todos pasan por todas (circuito).
- **Recorrido** de todos los componentes del grupo por los obstáculos puestos.

Por otro lado, maestras y maestros acudirán a uno o varios "**modelos docentes**" a la hora del acto didáctico (Chinchilla y Zagalaz 2002):

- Modelo **Logocéntrico**. El docente toma la mayoría de las decisiones y da mayoritariamente la información. Relacionado con la metodología directiva. No va acorde con los principios metodológicos actuales.
- Modelo **Psicocéntrico**. Se basa en un aprendizaje centrado en el alumnado. Es una vía de aprendizaje flexible y respeta la autonomía individual. Está muy vigente.
- Modelo **Interaccionista**. Está entre los dos modelos anteriores. Se centra tanto en el "proceso" como en el "producto" de la enseñanza. En muchas ocasiones es apropiado.

El docente tiene que saber **situarse** y **desplazarse** a lo largo de toda la sesión de un modo adecuado para poder desarrollar la actividad y atender a las necesidades individuales del alumnado, siendo una de ellas el **feedback** y sus numerosas **variantes**. Las alternativas son tres (Bernal -coord.-, 2005):

- **Posición externa al grupo o focal**. Permite que todo el grupo pueda ver y atender nuestras explicaciones. Desde esta posición visualizamos la actividad del grupo en conjunto. Es adecuada para organizar la actividad y dar información e instrucciones.
- **Posición interna, dentro del grupo**. Somos uno más del grupo. Es primordial para atender individualidades, correcciones particulares, dar retroalimentación, etc.
- **Posición tangencial**. Se suele dar en posiciones grupales circulares, como cuando jugamos con paracaídas. El maestro se coloca en una posición tangente al grupo.

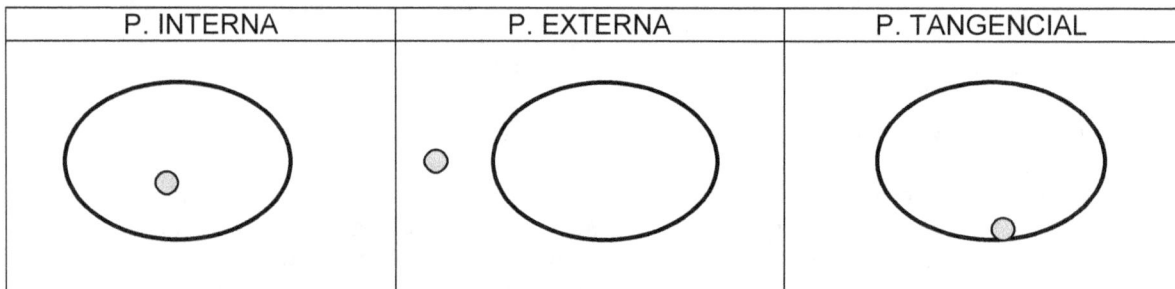

Si el docente ocupa una situación óptima en el espacio, podrá solucionar eficazmente cualquier contingencia (Pacheco, 2003).

También debemos mencionar a Sierra (2003), quien se refiere al término **proxémica**, empleado por Ortiz (1999), el cual nos indica "*las distancias interpersonales que hace el docente en los procesos de enseñanza aprendizaje de la educación física*". Establece una proxémica media y amplia según estemos fuera (de dos a cuatro metros) o muy fuera del grupo (a más de cuatro metros). La estrecha alude a una distancia inferior a dos metros entre docente y discentes.

1.1.3. ORGANIZACIÓN Y TIEMPO.

Por un lado vemos que los módulos establecidos para cada área son de 45 minutos. Excepcionalmente, el centro podrá combinar sesiones de clase entre 30 y 60 minutos, pero sin modificar el tiempo semanal mínimo establecido en el Anexo II de la O. 17/03/2015. Para nuestro área queda establecido en **dos módulos de 45 minutos** cada uno a la **semana** en cada uno de los seis **cursos** de la Etapa. Ahora bien, podemos "añadir" la media hora de recreo si hacemos los llamados "**recreos inteligentes**", amén de las horas de extraescolares.

Por otro lado, Cuéllar y Carreiro (2001) y Sáenz-López (2002), entre otros, citan a Piéron (1988), y exponen una serie de **tiempos** que se dan en **educación física**:

- **Tiempo de programa**. El determinado legalmente para el área (horas/semana).
- **Tiempo útil o funcional**. Es el neto que queda tras descontar al tiempo total los gastados en desplazamientos y vestuarios.
- **Tiempo disponible para la práctica**. Al tiempo útil hay que añadir el dedicado a la organización y explicación de las actividades. Así pues, el tiempo que resta es la suma de lo que dura cada actividad.
- **Tiempo de compromiso motor**. Es aquel que el alumno o la alumna dedica de forma neta a la práctica de la actividad. Viene dado, en gran parte, por la relación trabajo-pausa.
- **Tiempo empleado en la tarea**. Dentro del tiempo de compromiso motor, es aquel que el alumno dedica exclusivamente a la práctica de la tarea relacionada con los objetivos de la sesión.

Viciana (2002), señala **otros tiempos** a tener en cuenta:

- Información inicial general de la tarea.
- Organización de la clase, preparación y recogida de los recursos materiales.
- Debates y preguntas finales.
- Imprevistos

En cualquier caso el **dinamismo** que empleemos deberá ir **aumentando** progresivamente en función de una mayor capacidad de concentración del alumno, dosificación del esfuerzo y nivel de desarrollo alcanzado. El tiempo de actuación del alumno debe **adecuarse** a la tarea que se realiza y a su duración, intercalando períodos de trabajo y descanso proporcionados.

Los componentes de un grupo de primaria no pueden estar toda la hora ni a un ritmo medio ni fuerte, por lo que es preciso que les fraccionemos el tiempo destinado al trabajo y al descanso. Ambos deben ir muy bien coordinados en función de la **intensidad** de la tarea. Por ejemplo, tras una carrera de relevos, el ejecutante necesita un tiempo amplio para recuperarse. En cambio, puede estar varios minutos practicando juegos diversos de índole estática relacionados con la coordinación óculo-manual sin mostrar signos de fatiga. Ante este panorama, Sáenz-López (2002) y Sierra (2003), entre otros, establecen **tres** relaciones temporales **trabajo-pausa** en las actividades prácticas:

- **Práctica simultánea**. Todo el grupo hace al mismo tiempo la tarea, nadie está quieto, por ejemplo el juego del "pillar".
- **Práctica alternativa**. Se produce cuando dividimos al grupo en sub-grupos de parejas. Uno realiza la tarea, por ejemplo flexiones de tronco, y el otro "descansa" o tiene una participación muy relajada, por ejemplo sujetarle los pies al compañero.
- **Práctica sucesiva**. Tiene lugar cuando estructuramos al grupo-clase en sub-grupos de

cinco, seis... componentes. Uno realiza la acción, por ejemplo botar a lo largo de un espacio marcado, y los demás esperan turno. Es el típico caso del juego de relevos.

1.1.4. ORGANIZACIÓN Y RECURSOS ESPACIALES.

Nos referimos a las **instalaciones** de tipo "**auxiliar**" (vestuarios, almacenes, etc.) o de uso estrictamente didáctico o "**deportivo**". También si éstos son para uso **exclusivo** o tenemos que compartirlo con otros grupos, su estado de conservación, humedades, etc. (Pacheco, 2003).

Siguiendo a Sáenz-López (2002), entre otros, la **organización espacial** del **grupo** en una actividad puede hacerse de tres maneras, en cuanto al **control** que tiene el maestro sobre el mismo:

- **Formal**. Se corresponde con las disposiciones geométricas tradicionales que están hoy día en desuso, salvo excepciones. Tuvieron mucha importancia hace años porque se partía de la base que las agrupaciones simétricas y rigurosas facilitaban el binomio enseñanza-aprendizaje, pero el empleo de modelos de aprendizaje basados en el descubrimiento las han hecho caducas. El docente tiene todo predeterminado y las organizaciones son rígidas. Es muy usada en coreografías, danza, catas de artes marciales, etc. Por ejemplo, líneas, círculos, despliegue, damero, cuadrados, rombos, estrellas, en escuadra simple o doble, etc.

- **Semiformal**. Cuando el profesor controla una parte y las disposiciones no son excesivamente rígidas. Es la más utilizada y se consigue un clima favorable, permitiendo la intervención pedagógica del docente asegurando una buena participación. Por ejemplo, los circuitos, o los recorridos.

- **Informal**. Cuando el alumno goza de mayor libertad. Se usa cuando hay mucha confianza con el grupo o cuando utilizamos estilos de índole indagatoria. Por ejemplo, dispersa y libre.

En cualquier caso, todos los espacios deben cumplir con lo expresado por el R. D. 132/2010 sobre los requisitos mínimos de los centros. El art. 3.3, indica que deben contar, entre otros espacios e instalaciones, con un patio de recreo, parcialmente cubierto, susceptible de ser utilizado como pista polideportiva, con una superficie adecuada al número de puestos escolares. En ningún caso será inferior 900 metros cuadrados; un gimnasio con una superficie adecuada al número de puestos escolares.

1.1.5. ORGANIZACIÓN Y RECURSOS MATERIALES.

La estructura de los recursos materiales de todo tipo, incluyendo las medidas de **seguridad** a tener en cuenta, va a condicionar en gran parte la organización del grupo y de la enseñanza (Roldán -coord.-, 2002). **Didácticamente** tendremos en cuenta:

- Tenerlos **previstos** y comprobar su eficiencia y **seguridad** antes de su uso, sobre todo lo referente a la peligrosidad. Valorar su cantidad y calidad con respecto al grupo y su adecuación a los objetivos (Pacheco 2003).

- Dar **normas** claras sobre su utilización, transporte, recogida, itinerarios y ayudas. Darlos o autorizar su uso en el momento oportuno y no antes.

- Tener previsto varias **gradaciones** para respetar la individualización de la enseñanza, así como su **polivalencia**.

- **No cambiar** injustificada ni frecuentemente de material durante la sesión para evitar pérdida de concentración y tener buen **control** sobre los mismos y su uso.

1.1.6. ORGANIZACIÓN Y SEGURIDAD.

Otro componente de la organización de los grupos en función de las tareas a realizar es la seguridad en clase. Al trabajar el movimiento en grupos numerosos -a veces con mal pavimento, ambiente-, etc., mantener la **máxima seguridad** en las sesiones prácticas se convierte en un objetivo fundamental para el docente, habida cuenta su **responsabilidad** ante cualquier incidencia (Zagalaz, Cachón y Lara, 2014):

- Adopción y práctica de medidas de seguridad.
- Prevenir y controlar contingencias indeseables. Prevenir con "barridos visuales" y visión periférica.
- Adaptar la actividad los espacios.
- Comprensión y adopción de medidas y normas básicas de seguridad en el conocimiento y uso de materiales y espacios.
- Adaptar los materiales a las características del alumnado.
- Dar información suficiente y que el alumnado esté atento.
- Tener en cuenta las características del alumnado a la hora de diseñar las tareas (sobrecargas).
- Indicar las posiciones correctas de ejecución.
- Controlar la equipación y calzado.
- Advertir y exigir sobre el uso correcto de instalaciones y materiales.
- Evitar aglomeraciones, sobre todo en espacios cerrados.
- Proteger las zonas de paso y de posibles caídas.
- Realizar las ayudas suficientes en las tareas.

También, es preciso organizar al grupo en pequeños **sub-grupos** para controlar al "**alumno conflictivo**" que, en muchas ocasiones, quiere ser protagonista a toda costa, incluso dando codazos a los demás para ser el "primero de la fila". Hay otros con unos niveles de valores (respeto a los demás, a las reglas, cooperación, etc.) mínimos, que también pueden provocar conflictos.

2. LA PLANIFICACIÓN DE ACTIVIDADES DE ENSEÑANZA Y APRENDIZAJE EN EL ÁREA DE EDUCACIÓN FÍSICA: MODELOS DE SESIÓN.

Enseñar Educación física con éxito supone diseñar una programación didáctica coherente con el contexto, disponer de un amplio abanico de estrategias didácticas, generar un clima de clase que invite al aprendizaje, utilizar adecuadamente los recursos materiales y tecnológicos e integrar la evaluación en el proceso de aprendizaje (Blázquez y otros, 2010).

A) PLANIFICACIÓN.

Es habitual entender los términos **programación y planificación** como análogos a la hora de guiarnos en una práctica docente.

Viciana (2002), citando a Gimeno y Pérez (1989), entre otros, indica sus **diferencias**:

- **Planificación**. Es una función, un procedimiento de selección y organización, es decir, un concepto más genérico que se rige por leyes más generales de ordenación de objetivos y contenidos (de lo general a lo concreto y de lo sencillo a lo complejo). Engloba a varias programaciones.

- **Programación**. Es una labor especifica del docente que la realiza para un **grupo** determinado. Está adaptada al contexto y se rige por decisiones y actuaciones concretas. Por ejemplo, Programación Didáctica, que es el trabajo a realizar por un docente con un grupo durante un curso.

Sáenz-López (2002) y Camacho (2003), basándose en Piéron (1988), **distinguen** a:

- Programa a largo plazo o durante **un curso**. Depende de multitud de factores como la edad, objetivos y contenidos, metodología y recursos disponibles, así como las actividades extraescolares.
- Programa a medio plazo o **unidad didáctica**. Se trata de intentar lograr un aprendizaje concreto durante varias sesiones. Contreras, (2004), la define como "*proyecto didáctico específico desarrollado por un docente para un grupo, disciplina y situación concretas*". Podemos establecer un "centro de interés", también llamado U. D. "abierta o globalizada", o bien la tradicional o "cerrada". Esto es importante en el 1º ciclo ya que en estas edades el alumnado conoce globalidades y, por tanto, tiene muchas dificultades para analizar por partes la realidad percibida del exterior. Podemos aplicar, por ejemplo, centros tales como "nuestro cuerpo", "nos movemos", etc. (Gallardo y Camacho, 2008).
- Programa a corto plazo o **sesión**. En ella presentamos al alumnado una serie de **tareas** que obedecen a unos **objetivos** didácticos preparados con antelación y que provienen de una U. D. encuadrada en el Programa de Aula. Estas tareas las desarrollamos en un **entorno** con unas estrategias metodológicas que hemos elegido con antelación, si bien cobran significado al aplicarlas en la sesión.

B) ACTIVIDADES.

Las tareas que hemos diseñado para conseguir los objetivos, las llevamos a cabo a través de las actividades motrices.

Sobre sus tipos y características (lúdicas, innovadoras, significativas, sin peligros, adaptables, no sexistas, etc.) hay mucho escrito en la bibliografía especializada. Zagalaz, Cachón y Lara (2014), indican una serie de "criterios para las actividades de Educación Física en la segunda década del **S. XXI**":

- Incidir en el gasto energético y el trabajo físico
- Trabajar para conseguir la mejora motriz
- Integrar el esfuerzo y los buenos resultados
- Reconocer el valor de la práctica disfrutando del trabajo en equipo
- Respetar al profesorado y las capacidades de los demás
- Disfrutar con el éxito, aunque solo sea por el trabajo bien hecho y no se haya ganado
- Respetar a los compañeros, contrarios y reglas de los juegos
- Aportar ideas innovadoras bajo la dirección del profesorado para realizar tareas que requieran ejercicio físico y reconocimiento escolar y social

Independientemente de ello, debemos señalar que cuando **trabajemos por competencias** tendremos en consideración a:

- **Tareas**. Acción o conjunto de acciones orientadas a la resolución de una situación problema, dentro de un contexto definido, por medio de la combinación de todos los saberes (saber, saber hacer, saber ser) disponibles que permiten la elaboración de un producto relevante y la participación en una práctica social para facilitar la socialización buscando ser más competente en su trabajo diario. Suponen varias

actividades interdisciplinares contextualizadas que permiten la transferencia de saberes a la vida cotidiana.
- **Actividades**. Acción o conjunto de acciones orientadas a la adquisición de un conocimiento nuevo o a la utilización de algún conocimiento de forma diferente. Se trata de comportamientos que producen una respuesta diferenciada de gran variedad, que posteriormente aplicarán en las tareas para adquirir las competencias.
- **Ejercicios**. Acción o conjunto de acciones orientadas a la comprobación del dominio adquirido en el manejo de un determinado conocimiento. Supone una conducta que produce una respuesta prefijada que se da repetidamente.

2.1. FASES DEL PROCESO PROGRAMADOR.

Viciana (2002), destaca una serie de fases a tener en cuenta a la hora de **programar** las actividades de enseñanza-aprendizaje en nuestra área:

- Fase de **diagnóstico**. Determinar el punto de partida del diseño, evaluando la competencia curricular previa de cada alumno. Conocer el contexto, características del alumnado y del centro, recursos disponibles, etc.
- Fase de **diseño**. Se elabora el plan de trabajo con las competencias clave, los objetivos, selección de contenidos y actividades, temporalización, metodología y evaluación.
- Fase de **intervención**. Se implementa el plan según las unidades previstas anteriormente.
- Fase de **evaluación**. Se refiere a las adaptaciones y modificaciones a realizar durante y al final del proceso en relación a las partes que intervienen. Balance de resultados.

2.2. MODELOS DE SESIÓN. EVOLUCIÓN HISTÓRICA.

La sesión es *"la unidad mínima de programación que estructura y organiza el currículo, y precisa de un marco de referencia (unidad didáctica) para, conjuntamente a otras sesiones, cobrar un sentido en los aprendizajes de los alumnos"* (Viciana, 2002). En la sesión se concretan todos los elementos del currículo y el factor básico de la programación (Zagalaz, Cachón y Lara, 2014).

En un principio el esquema respondía exclusivamente a la relación y ordenamiento de los ejercicios físicos. Elli Björkstén, de la **corriente neo-sueca**, estableció tres partes:

- Ejercicios **preparatorios**; de orden y de movilidad.
- Ejercicios **morfológicos**; los de mayor intensidad (flexiones-extensiones, suspensiones, abdominales, equilibrios, marchas, carreras y saltos con aparatos).
- Ejercicios **calmantes** o finales; marchas suaves y ejercicios respiratorios.

La **Gimnasia Natural Escolar Austriaca** estableció el siguiente esquema:

- Animación.
- Escuela de la Postura y de los Movimientos.
- Perfomance Deportiva y Destrezas. Juegos y Bailes.
- Vuelta a la Calma.

Costes (1991), estudia la evolución del modelo de sesión en función de las **corrientes** de Educación Física, diferenciando entre:

- Las **estructurales**, que dividen la sesión en función de las zonas del cuerpo a trabajar.

- Las **orgánico-funcionales**, que las organizan en función de la intensidad del ejercicio.

- Las que se organizan por **contenidos**.

- Las **pedagógicas**, que se establecen en función del logro de los objetivos educativos previstos en la parte principal.

El modelo que se sigue normalmente en una sesión de **Expresión Corporal** cambia los apelativos habituales por:

- Comienzo
- Desarrollo
- Final, Síntesis o Cierre

Le Boulch (1976), en el método Psicocinético, distingue tres tipos:

Tipo 1	Tipo 2	Tipo 3
a) Calentamiento. b) Ejercicios de percepción: Orientación y Apreciación de distancias. c) Ejercicios de coordinación dinámica general. d) Recuperación.	a) Calentamiento. b) Ejercicios de percepción: Orientación y Trayectorias. c) Juego de organización del espacio cercano.	a) Calentamiento. b) Ejercicios de percepción corporal y de velocidades. c) Ejercicios de coordinación dinámica general. d) Recuperación, respiración.

Viciana (2002), establece una **clasificación de sesiones** según sus **tipos**. Algunos ejemplos son las de **aprendizaje** y de **recreo**; las de **instrucción** y las de **búsqueda**; las **teóricas**, las **prácticas** y las **teórico-prácticas**; las sesiones **tradicionales** y las **innovadoras**; etc.

No obstante, podemos reconocer la sesión en función de los **contenidos** que tratemos. Nos referimos a sesiones "**monotemáticas**", donde manejamos un único contenido, por ejemplo, expresión corporal; sesiones "**multitemáticas**", cuando combinamos varios bloques, como salud-juego-percepción y sesiones "**integradoras**", si trabajamos globalizadamente aspectos de varias áreas, por ejemplo un "núcleo de contenidos" sobre las olimpiadas.

2.3. SITUACIÓN ACTUAL.

Si nos basamos, entre otros autores, en Del Villar (1993), Chinchilla y otros (1994), Cañizares (1996), Campo (2000), Contreras (2000), Seners (2001), Sáenz-López (2002), Fernández -coord.- (2002), Viciana (2002), Camacho (2003), Sánchez-Bañuelos y Fernández -coords.- (2003) y Bernal -coord.- (2008), podemos establecer las siguientes partes como las "*actuales*" que se siguen en la mayoría de nuestras escuelas y que deben cumplir un **protocolo** a la hora de su realización:

- **Parte Inicial o "Animación"**. Es el conjunto de actividades y ejercicios de carácter general y luego específico -aunque hasta los 11-12 años no es necesario realizar un calentamiento analítico y específico- que se realizan previamente a toda actividad física, en la que la exigencia del esfuerzo sea superior a lo normal, con el fin de poner en marcha todos los sistemas del organismo y disponerlo para un mejor aprovechamiento del trabajo. Tras organizar los materiales, hay una parte de tipo

psicológico caracterizada por la captación de la atención, motivación y disposición al esfuerzo, dando normas sobre lo que vamos a hacer. También destacamos otra parte destinada a la **adaptación fisiológica**, concretamente al sistema cardio-respiratorio y aparato locomotor. Ponemos en práctica formas jugadas muy dinámicas y motivadoras, pero globales y variadas. Como ejemplo citamos a juegos simples y/o populares de persecuciones, atrapes, saltos, etc. Viene a durar sobre cinco minutos.

- **Parte Central**. Es la de más duración de las tres, entre veinticinco y treinta y cinco minutos, y tratamos los contenidos previstos para alcanzar las competencias y los objetivos de la sesión. Esta fase conlleva unos enriquecimientos de tipo cognitivo, fisiológico, motor y sociológico. Debemos tener en cuenta, entre otros aspectos, las actividades de iniciación-motivación, de desarrollo, ampliación/refuerzo, lectura, escritura y expresión verbal, las relacionadas con las TIC, evaluación y las adaptadas para quienes tengan algún tipo de discapacidad; la organización del grupo, preferiblemente en **sub grupos cooperativos** y de los recursos, su distribución espacial, los desplazamientos, los estilos de enseñanza utilizados y los tipos de conocimiento de resultados. Como ejemplos de contenidos citamos a las habilidades motrices y todas sus variantes, expresión corporal, salud, etc.

- **Parte Final o vuelta a la normalidad**. La sesión de clase debe finalizar con una parte práctica calmante y otra organizativa consistente en retirar los materiales, que viene a durar entre cinco y ocho minutos. Hay una fase **fisiológica**, cuyo objetivo es reducir la frecuencia cardiaca y respiratoria a través de ejercicios y juegos relajatorios. Otro momento es el **psicológico**, que tiene por finalidad liberar al grupo de las tensiones habidas, al mismo tiempo que se les motiva para la siguiente sesión. Puede incluir juegos "motivadores", pero éstos no deben suponer un esfuerzo físico toda vez que incumpliría los objetivos de la "Vuelta a la Calma". Algunos ejemplos son los juegos sensoriales, de relajación, atención, respiración, expresión y verbalización de las experiencias. En la vuelta a la calma incluimos la "**evaluación**". Se trata de analizar en qué medida hemos logrado los objetivos previstos, si la metodología ha sido la adecuada, etc.

Independientemente de estas tres partes, tenemos que considerar los llamados "tiempos previos y posteriores" señalados por Cañizares (1996). Significa contar con unos minutos previos a la "Animación" para hacer los traslados desde el aula ordinaria, así como el cambio de ropa en vestuarios. Tras el término de la sesión en sí, debemos contar con otros minutos para repetir esta rutina, incluyendo el aseo personal. No olvidemos que los contenidos de higiene están señalados en el bloque relacionado con la "Salud".

2.4. ESTRATEGIAS A TENER EN CUENTA A LA HORA DE PROGRAMAR LA SESIÓN.

Seners (2001), López-Pastor -coord.- (2001), Sáenz-López (2002), Viciana (2002), Calzado (2006), Contreras y García (2011) y Zagalaz, Cachón y Lara (2014), entre otros, aportan una serie de aspectos a tener en cuenta para su buen diseño. En resumen, son:

- **Preparar** todo con la suficiente **antelación**.
- Considerar la importancia del **tiempo útil** de participación motriz del alumnado en las tareas.
- Adecuar los tiempos a las **partes** de la sesión.
- Organización en subgrupos **coherentes**.
- **Progresar** en la complejidad cognitiva y motriz de la tarea.
- Tener previstas las **adaptaciones** de las actividades, incluidos los recursos materiales.
- **No variar** continuamente los objetivos, las organizaciones y los recursos y que

aquéllos se correspondan coherentemente con la programación.

- Que las actividades, efectivamente, vayan destinadas a la consecución de los objetivos.

No obstante, en muchas ocasiones, y cada año más, las sesiones de clase tradicional ya vienen mediatizadas por un **trabajo previo**, que el docente ha **enviado** por **redes sociales** o a través de **plataformas virtuales de enseñanza**, como Moodle, y **aplicaciones** para tabletas y móviles, tales como:

1) **Assessmate**: una App que ayuda a construir rúbricas. Puede servir también como herramienta para involucrar al alumnado en su auto evaluación.
2) **Gradekeeper**: una herramienta que sirve para evaluar, pasar lista, hacer un diagrama con los sitios físicos que ocupa cada uno en el aula, crear categorías de tareas y asignar diferentes pesos a cada tipo de categoría.
3) **Markup**: los alumnos envían su trabajo a un correo asignado por esta App y, con nuestra tablet, recibirlos y calificarlos, poder comentarios, tachar, etc.
4) **Estiramientos**: aplicación que enseña a estirar los grupos musculares concretos.

Por otro lado, Viciana (2002), indica una serie **pautas metodológicas** para que podamos **optimizar** nuestras sesiones. En resumen, son:

- o Coherencia general con la programación y unidad didáctica.
- o Tiempo motor útil significativo.
- o Distribución adecuada de las partes de la sesión.
- o Progresión en complejidad de la tarea y en organización grupal.
- o Prever posibles adaptaciones.
- o Aprendizajes funcionales y significativos.
- o No variar objetivos, organización o recursos para que el alumno no se descentre.
- o Preparar espacios y móviles con anticipación.

2.4.1. IMPORTANCIA DEL CONTROL DE LA CLASE.

"La prevención y resolución pacífica de conflictos, así como los valores que preparan al alumnado para asumir una vida responsable en una sociedad libre y democrática", es una de las capacidades prioritarias a alcanzar en la etapa (D. 97/2015, art. 5, a).

"Aspectos medulares del control de clase son la disciplina y la actuación del docente para dirigir la clase con los niveles de disciplina deseados y siempre asociados a la conducta del alumno" (Chinchilla y Zagalaz, 2002).

Estos autores indican que todo profesor aspira a que la clase "funcione" sin gastar mucho tiempo en su control, con objeto de dedicarse a enseñar. Destacan **tres** tipos de **contextos**:

- Clases de tipo "**caótico**", que hacen muy difícil el proceso didáctico.
- Grupos de tipo "**ruidoso**", donde es difícil emitir mensajes.
- Clases "**disciplinadas**", regidas por normas establecidas con anterioridad, donde el docente las mantiene con celo, lo que le hace invertir más tiempo del necesario en ello.

No olvidemos que la disciplina en clase es un elemento importante en la relación pedagógica. Quizás para muchas maestras y maestros el término "*disciplina*" no les parezca adecuado y se inclinan por el de "*orden*". Las peculiaridades de nuestra área hacen necesario un control más o menos exhaustivo del grupo. Los ruidos propios de la actividad y del roce de los móviles con el pavimento, los gritos de ánimo de los compañeros hacia quienes actúan, el murmullo ambiental externo, las disputas, etc. hacen muy necesario el control del docente.

El D. 19/2007 sobre la promoción de la Cultura de Paz y Mejora de la Convivencia en los centros públicos de Andalucía, (BOJA 02/02/2007), establece una serie de **medidas** a tener en cuenta en casos de conductas contrarias a la convivencia, si bien apunta antes que nada a prevenir situaciones no deseables.

El D. 328, de 13 de julio, sobre el R.O.F. para centros de primaria, BOJA nº 139, de 16/07/2010, indica en su artículo 2, que es deber del alumnado "respetar las normas de organización, convivencia y disciplina del centro docente y contribuir al desarrollo del proyecto educativo del mismo y de sus actividades". También señala en su capítulo III las "**Normas de Convivencia**", que deben regular y garantizar tanto el ejercicio de los derechos del alumnado como el cumplimiento de sus deberes.

Chinchilla y Zagalaz (2002), Blázquez y otros (2010), Contreras y García (2011) y Fraile y otros (2008), establecen una serie de **puntos** para **prevenir** posibles **desviaciones** en los comportamientos. Algunos ejemplos, son:

- Creación de condiciones para tener la **máxima participación** activa por medio de una adecuada y eficaz organización. Por ejemplo, definir los objetivos y contenidos de la sesión, conocer los espacios, recursos, etc.

- Despertar y mantener la **concentración** del grupo en el docente y en la actividad. Deben generar motivación e interés.

- Crear un **clima** de clase propicio para los procesos de enseñanza-aprendizaje, que pasa por el interés del docente hacia la materia y sus alumnos.

- Utilizar **recursos** metodológicos como exposiciones claras y breves desde una ubicación adecuada para observar y ser observado. También ayuda el uso de un código de señales fácilmente identificable.

Del Villar (1993), citado por Sáenz-López (2002), indica que para conseguir una organización eficaz es imprescindible **controlar** al grupo, ser capaces de que respeten las normas y realicen lo que se les diga. Sólo así conseguiremos los aprendizajes.

CONTROL→ ORGANIZACIÓN→ PARTICIPACIÓN→ MOTIVACIÓN→ **APRENDIZAJE**

Este autor entiende que el principal problema en Primaria es que alumnas y alumnos tienen una gran **motivación** hacia las actividades físicas, debido a su necesidad vital de movimiento, por lo que se hace complicado canalizar esta excesiva demanda en una estructura organizativa eficaz. El alumnado no suele diferenciar la clase de Educación Física con el recreo, y esto provoca que les resulte difícil admitir normas disciplinarias. Los docentes debemos asumir que el **control** es un requisito previo a cualquier otro, para poder avanzar. Sólo cuando se consigue el control del grupo es posible diseñar organizaciones eficaces consiguiendo, de esta forma, más participación de ellas y ellos y, por tanto, mayor motivación.

2.4.2. CONDUCTAS NO PREVISTAS.

Los conflictos grupales son aquellas situaciones en las que se evidencia la existencia de problemas de comunicación o de entendimiento entre los componentes del grupo y que afectan a la práctica, produciendo un deterioro de la misma (Gil, 2003).

Un clima de convivencia positivo entre quienes integran la comunidad educativa contribuye al bienestar y al progreso personal de todos (Boqué, 2006).

Podríamos hacer un listado interminable de **causas** que provocan conductas no previstas. Para resumirlas las dividimos en dos grupos:

- **Internas**. Las que se producen por la interacción en la clase. Estos problemas suelen depender del profesorado y, por tanto, podemos intervenir para solucionarlos. Algunas pueden ser la falta de adecuación de la enseñanza, nula o escasa motivación del alumnado, sus conflictos internos y la inseguridad en el docente.
- **Externas**. Cuando la causa no tiene nada que ver con la dinámica de la clase. Tienen soluciones que se escapan al propio profesorado y requiere un trabajo de equipo para solucionarlos con otros profesores, padres, etc. Las causas suelen estar relacionadas con un ambiente social irregular, problemas afectivos y manejar grupos numerosos, entre otras.

En cuanto a los **tipos** y **soluciones** podemos destacar a:

- Conductas desviadas **leves**. Normalmente son alumnos que "buscan público" para su escenario y **protagonismo**. Por ejemplo, hablar cuando el docente explica o no hacer exactamente la tarea propuesta. La solución puede ser adoptar la tolerancia estratégica, es decir, ignorar el comportamiento inapropiado si no es disruptivo para extinguir la conducta no deseada. Si lo que busca es llamar la atención, lo mejor es no hacer caso. Otras veces una mirada cruzada, un gesto o proximidad física es suficiente.
- Conductas desviadas **graves**. Suceden cuando hay bromas peligrosas, conductas incorrectas graves, no realizar la ayuda a un compañero, faltas al respeto, agresión verbal o física, etc. Las posibles soluciones pueden estar en llamar al alumno o alumna con su nombre y apellidos, corrigiendo el comportamiento o exigiendo que cese. También, recordar a todas y todos las reglas y mantener una entrevista personal. Nunca debemos lanzar amenazas, ataque personal, ridiculizar, etc. ya que todo se nos puede venir en contra por la tan cacareada "violencia verbal" del profesorado hacia el alumnado "difícil". Cada situación es muy particular y su contexto casi irrepetible.

El "**castigo**" puede ser dañino o útil, según cuando, con quién y cómo se empleen. Tiene efecto a corto plazo, pero a medio y largo suelen producir más daños que beneficios. En cualquier caso, no abusar ya que pierden eficacia. Todo, en gran parte, depende del contexto de ese centro.

En todo caso tendremos en cuenta:
- No castigar a la persona, sino su comportamiento y que aquél sea proporcional a la falta.
- No emplear el ejercicio físico como castigo pues pensarían que la actividad física es algo negativo.
- La supresión de algún privilegio puede ser buena estrategia, como por ejemplo no dejarles jugar un partido.
- Es importante relacionar el castigo con la falta, por ejemplo si la falta es por maltrato del material, puede recogerlo al final de la clase y si es por estropear un juego, se le deja sin poder participar.

La "**exclusión de clase**" puede ser entendida como el reconocimiento de la **impotencia** del docente con respecto a la capacidad para controlar al grupo, por lo tanto debe ser muy limitada, y tan sólo para casos extremos.

Como último recurso podemos utilizar el "time-out", pero teniendo controlado al alumno excluido del grupo, con objeto de que no se beneficie de elementos distractores alternativos a la permanencia obligada en el aula. Ha de experimentar verdadero aburrimiento de tal modo que prefiera estar en el aula a permanecer aislado, de lo contrario le estaríamos reforzando. Esta técnica ofrece mayor ventaja que el castigo, puesto que no se le ofrece al alumno un modelo negativo de agresión para que pueda constituir una fuente de imitación.

2.4.3. OTROS PROBLEMAS.

Otras conductas no previstas son citadas por Piéron (1988), siendo convenientes conocerlas para que cuando aparezcan realizar alguna estrategia.

- o **Interrupción de la clase**. Puede venir un profesor, conserje o algún padre. Es recomendable limitarla, atendiendo a esta persona sin perder de vista el grupo.
- o **Alumno/a nuevo a mitad de curso**. Suele ser una situación conflictiva. Se debe hablar personalmente para explicarle las reglas y funcionamiento del curso para que entre progresivamente. En caso de falta de integración se puede comentar con algunos alumnos o alumnas con más madurez para que le ayuden.
- o **Retraso**. Preguntar las causas y anotarlo.
- o **Lesión**. Atender al alumno/a intentando que el grupo siga trabajando. Excepto en casos de urgencia, no es recomendable dejar solos ni al alumno ni al grupo. Para evitarlo, dar aviso a otro maestro o maestra para que se haga cargo y también notificarlo a la familia. En casos graves, debemos trasladar al alumno a Urgencias, sin menoscabo de lo anterior y respetando las normas existentes en los centros.
- o **No traer la equipación**. Debemos tener normas precisas para estos casos.

CONCLUSIONES

En este Tema hemos visto uno de los aspectos más significativos en la metodología práctica de nuestra intervención educativa: la organización del alumnado. Ésta, en nuestra Área, es más difícil debido a las especiales características de la misma. Hemos ido desglosando sus componentes, las ventajas e inconvenientes de los sub-grupos, sus relaciones, etc. En la segunda parte hemos tratado los distintos modelos de sesión y, dentro de ellos, la importancia de las estrategias para mejorar la intervención.

BIBLIOGRAFÍA

- ADAME, Z. y GUTIÉRREZ DELGADO, M. (2009). *Educación Física y su Didáctica. Manual de Programación*. Fondo Editorial de la Fundación San Pablo Andalucía CEU. Sevilla.
- BERNAL, J. A. (2005). *Prevención de lesiones y primeros auxilios en la Educación Física y el Deporte*. Wanceulen. Sevilla.
- BERNAL, J. A. (coord.) (2008). *El calentamiento y la adaptación del organismo al esfuerzo*. Wanceulen. Sevilla.
- BLÁZQUEZ, D. (2001) *La Educación Física*. INDE. Barcelona.
- BLÁZQUEZ, D.; CAPLLONCH, M.; GONZÁLEZ, C.; LLEIXÁ, T.; (2010). *Didáctica de la Educación Física. Formación del profesorado*. Graó. Barcelona.
- BOQUÉ, M. C. (2006). *Doce propuestas para la transformación positiva de los conflictos*. Andalucía Educativa, nº 53. C. E. de la J. de Andalucía. Sevilla.
- CALZADO, M. A. (2006). *Veintiuna estrategias para organizar las sesiones de educación física de manera que favorezcan la creación de un clima favorable*. Comunicación al IV Congreso Nacional de Deporte en Edad Escolar. Dos Hermanas (Sevilla).
- CAMACHO, H. (2003). *Pedagogía y Didáctica de la Educación Física*. Kinesis. Armenia (Colombia).

- CAMPO, G. E. (2000). *El Juego en la Educación Física Básica.* Kinesis. Armenia. Colombia.
- CAÑIZARES, J. Mª. (1996). *400 Juegos y ejercicios por parejas.* Wanceulen. Sevilla.
- CHINCHILLA, J. L.; CÓRDOBA, E. R. y RIAÑO, M. A. (1994). *Bases para la aplicación del juego en las clases de educación física.* Autoedición.
- CHINCHILLA, J. L. y ZAGALAZ, Mª L. (2002). *Didáctica de la Educación Física.* CCS. Madrid.
- CONTRERAS, O. R. (2000). *Hacia una educación Física que tenga en cuenta la diversidad.* En RIVERA, E. y otros, *La Educación Física ante los retos del nuevo milenio.* Adhara. Granada.
- CONTRERAS, O. R. (2004). *Didáctica de la Educación Física. Un enfoque constructivista.* INDE. Barcelona.
- CONTRERAS, O. R. y GARCÍA, L. M. (2011). *Didáctica de la Educación Física. Enseñanza de los contenidos desde el constructivismo.* Síntesis. Madrid.
- COSTES, A. (1991). *La clase de Educación Física.* En VV. AA. *Fundamentos de Educación Física para enseñanza primaria.* (Vol. II). INDE. Barcelona.
- CUÉLLAR, Mª J. y CARREIRO, F. (2001). *Estudio de las variables de participación del alumnado durante el proceso de enseñanza-aprendizaje.* Revista Digital Año 7 - N° 41. Buenos Aires.
- DEL VILLAR, F. (1993). *El desarrollo del conocimiento práctico de los profesores de Educación Física a través de un programa de análisis de la práctica docente. Un estudio de caso inicial.* Tesis doctoral. F.C.C.A.F.D. Granada.
- DELGADO NOGUERA (1993). *Metodología.* En VV. AA. (1993) *Fundamentos de Educación Física para Enseñanza Primaria.* INDE. Barcelona.
- FERNÁNDEZ GARCÍA, E. -coord.- (2003). *Didáctica de la Educación Física en Educación Primaria.* Síntesis. Madrid.
- FRAILE, A. y otros -coord.- (2008). *La resolución de los conflictos en y a través de la educación física.* Graó. Barcelona.
- GALLARDO, P. y CAMACHO, J. M. (2008). *Teorías del aprendizaje y práctica docente.* Wanceulen Educación. Sevilla.
- GIL, P. A. (2007). *Metodología didáctica de las actividades físicas y deportivas.* Wanceulen. Sevilla.
- GIL, P. (2003). *Animación y dinámica de grupos deportivos.* Wanceulen. Sevilla.
- GIMENO, J. y PÉREZ. A. (1989). *La Enseñanza: su teoría y su práctica.* Akal. Madrid.
- JUNTA DE ANDALUCÍA (2007). Ley 17/2007, de 10 de diciembre, de Educación de Andalucía (L. E. A.). B. O. J. A. nº 252, de 26/12/07.
- JUNTA DE ANDALUCÍA (2015). *Decreto 97/2015, de 3 de marzo, por el que se establece la ordenación y las enseñanzas correspondientes a la Educación primaria en Andalucía.* B. O. J. A. nº 50, de 13/03/2015.
- JUNTA DE ANDALUCÍA. (2015). *Orden de 17 de marzo de 2015, por la que se desarrolla el currículo correspondiente a la Educación Primaria en Andalucía.* B. O. J. A. nº 60, de 27/03/2015.
- JUNTA DE ANDALUCÍA (2007). *Decreto 19/2007 por el que se adoptan medidas para la promoción de la Cultura de Paz y Mejora de la Convivencia en los centros educativos sostenidos con fondos públicos.* B.O.J.A. nº 25, de 02/02/2007.
- JUNTA DE ANDALUCÍA (2010). *Decreto 328/2010, de 13 de julio, por el que se aprueba el Reglamento Orgánico de las escuelas infantiles de segundo grado, de los colegios de educación primaria, de los colegios de educación infantil y primaria, y de los centros públicos específicos de educación especial.* BOJA nº 139, de 16/07/2010.
- LE BOULCH, J. (1976). *La educación por el movimiento en la edad escolar.* Paidós. Buenos Aires.
- LÓPEZ-PASTOR, V. M. -Coord.- (2001). *La sesión en Educación Física: los diferentes modelos y los planteamientos educativos que subyacen.* Educación Física y Deportes. Revista Digital, nº 43.
- M. E. C. (2006). Ley Orgánica 2/2006, de 3 de mayo, de Educación (L. O. E.). B. O. E. nº 106, de 04/05/2006, modificada por la LOMCE/2013.

- M. E. C. (2010). *Real Decreto 132/2010, de 12 de febrero, por el que se establecen los requisitos mínimos de los centros que impartan las enseñanzas del segundo ciclo de la educación infantil, la educación primaria y la educación secundaria.* B.O.E. nº 62, de 12/03/2010.
- M. E. C. (2015). ECD/65/2015, O. *de 21 de enero, por la que se describen las relaciones entre las competencias, los contenidos y los criterios de evaluación de la educación primaria, la educación secundaria obligatoria y el bachillerato.* B.O.E. nº 25, de 29/01/2015.
- MOSSTON, M. (1988). *La enseñanza de la Educación Física,* Paidós. Barcelona.
- ORTIZ, Mª M. (1999). *La distancia interpersonal como elemento de de comunicación y su utilización en las clases de educación física.* En MARTÍN, M. L. y NARGANES, J. C. -coord.- *La Educación Física en el siglo XXI.* Actas del Primer Congreso Internacional de Educación Física. Jerez de la Frontera (Cádiz). Fondo Editorial de Enseñanza.
- PACHECO, M. (2003). *La organización en clase de Educación Física.* En SÁNCHEZ BAÑUELOS, F. y FERNÁNDEZ, E. -coords.-. *Didáctica de la Educación Física.* Prentice Hall. Madrid.
- PIÉRON, M. (1988). *Didáctica de las actividades físicas.* Gymnos. Madrid.
- PIÉRON, M. (1999). *Para una enseñanza eficaz de las actividades físico-deportivas.* INDE. Barcelona.
- ROLDÁN, C. (2002) (Coord.). *Manual de seguridad en los centros educativos.* C. E. J. A. Sevilla.
- SÁENZ-LÓPEZ, P. (2002). *La Educación Física y su Didáctica.* Wanceulen. Sevilla.
- SÁNCHEZ BAÑUELOS, F. (1996). *Bases para una didáctica de la Educación Física y el Deporte.* Gymnos.
- SÁNCHEZ BAÑUELOS, F. y FERNÁNDEZ, E. -coords.- (2003). *Didáctica de la Educación Física.* Prentice Hall. Madrid.
- SENERS, P. (2001). *La lección de Educación Física.* INDE. Barcelona.
- SIERRA, A. (2003). *Actividad física y salud en Primaria.* Wanceulen. Sevilla.
- TRIGUEROS, C. (2002). Programa de metodología y Didáctica. En TORRES, J. (director). *Manual del Preparador de Voleibol. Nivel 1.* F. A. de Voleibol. Cádiz.
- VICIANA, J. (2002). *Planificar en Educación Física.* INDE. Barcelona.
- VIEJO, I. (2004). *Metodología Didáctica de la Educación Física.* Grupo Editorial Universitario. Granada.
- ZAGALAZ, Mª L.; CACHÓN, J.; LARA, A. (2014). *Fundamentos de la programación de Educación Física en Primaria.* Síntesis. Madrid.

WEBGRAFÍA (Consulta en septiembre de 2016).

- www.juntadeandalucia.es/educacion/descargasrecursos/curriculo-primaria/index.html
- http://recursos.cnice.mec.es/edfisica/
- http://www.ite.educacion.es/es/recursos
- http://www.agrega2.es

TEMA 21

ALUMNOS CON NECESIDADES EDUCATIVAS ESPECIALES. CARACTERÍSTICAS GENERALES DE LOS TIPOS Y GRADOS DE MINUSVALÍAS: MOTORAS, PSÍQUICAS, SENSORIALES, EN RELACIÓN CON LA ACTIVIDAD FÍSICA.

ÍNDICE

INTRODUCCIÓN

1. ALUMNOS CON NECESIDADES EDUCATIVAS ESPECIALES.

    1.1. Normativa que regula las necesidades educativas especiales.

    1.2. Las adaptaciones curriculares en el alumnado con N.E.E.

        1.2.1.- Los programas de adaptación curricular.

2. CARACTERÍSTICAS GENERALES DE LOS TIPOS Y GRADOS DE MINUSVALÍAS MOTORAS, PSÍQUICAS, SENSORIALES EN RELACIÓN CON LA ACTIVIDAD FÍSICA.

    2.1. Motoras.

    2.2. Psíquicas.

    2.3. Sensoriales.

CONCLUSIONES

BIBLIOGRAFÍA

WEBGRAFÍA

INTRODUCCIÓN

Los temas 21 y 22 tratan sobre los **tres** grandes grupos de **discapacidades** y su grado de implicación en nuestra Área. El primero tiene una visión teórica y el segundo práctica.

La inclusión del alumnado con "necesidades educativas especiales" -hoy día dentro de la denominación genérica de "A. N. E. A. E.", junto a otros grupos de alumnos que también presentan "necesidades específicas de apoyo educativo" (L. O. E., 2006; R.D. 126/2014; Ley 17/2007 de Educación de Andalucía, art. 48.3; D. 97/2015; Orden de 25 de julio de 2008, por la que se regula la atención a la diversidad del alumnado que cursa la educación básica en centros docentes públicos de Andalucía)-, ha entrado a formar parte de las preocupaciones del sistema educativo y, por ello, la Actividad Física Adaptada es un aspecto importante que debe ser asumido por todos los maestros y maestras en el diseño de los Proyectos Curriculares de cada centro (Cumellas y Estrany, 2006).

La educación especial tiene sus orígenes en 1978, con el Informe Warnock, llamado así en honor a la británica Mary Warnock que presidió el "Comité de Investigación sobre la Educación Especial" (Romero y Lavigne, 2005). Es una declaración de los principios que deben regir la Educación Especial: *"todos los niños tienen derecho a asistir a la escuela ordinaria de su localidad, sin posible exclusión"*. Este estudio influye en diferentes leyes europeas sobre educación (Ríos, 2003). A este cambio conceptual han ayudado numerosos elementos, pero es a este documento al que le debemos el concepto de *necesidades educativas especiales*. (Contreras, 2004).

La atención educativa a esta población ha experimentado una gran evolución en las últimas décadas, siendo por tanto muy dinámica. La publicación de los últimos decretos y órdenes, así como la divulgación editorial y congresual de investigaciones y experiencias lo prueban (Junta de Andalucía, 2001). En esta línea citamos al Plan Mejor Escuela de Infraestructuras Educativas (Acuerdo 11/10/2005), por el que todos los centros deberán disponer de todos los elementos para facilitar la entrada y tránsito por sus instalaciones.

Niños y niñas con necesidades educativas especiales tienen en **nuestra área** una importante faceta educativa ya que con la educación física adaptada consiguen el máximo desarrollo de su personalidad, si tenemos en cuenta sus posibilidades y limitaciones (Simard, Caron y Skrotzky, 2003)

En este sentido, la LOMCE/2013 nos dice que *"en esta etapa se pondrá especial énfasis en la atención a la diversidad del alumnado, en la atención individualizada, en la prevención de las dificultades de aprendizaje y en la puesta en práctica de mecanismos de refuerzo tan pronto como se detecten estas dificultades"*.

A lo largo de este Tema veremos cómo son las características generales de los tipos y grados de discapacidades: motoras, psíquicas, sensoriales, en relación con la actividad física, así como otras deficiencias que nos encontramos en nuestras escuelas: alumnado procedente de la inmigración y a los que padecen deprivación social.

1. ALUMNOS CON NECESIDADES EDUCATIVAS ESPECIALES.

Se entiende por alumnado que presenta necesidades educativas especiales, aquel que requiere, por un periodo de su escolarización o a lo largo de toda ella, determinados apoyos y atenciones educativas específicas derivadas de discapacidad o trastornos graves de conducta (L. O. E., 2006).

Se concretan en **apoyos** complementarios a la atención educativa habitual que les permitan desarrollar las capacidades, conocimientos, habilidades y destrezas que constituyen los objetivos del currículo, con independencia del origen de esas necesidades (Junta de Andalucía, 2001 y O. 25/07/2008).

Existen determinadas diferencias terminológicas entre la LOE/2006 y la LEA/2007. La aprobación de la primera trajo consigo, entre otros cambios, modificaciones en la organización de la atención a la diversidad. Una de estas concierne al concepto de Necesidades Educativas Especiales, redefinido en el Título III: Equidad en la Educación, de la citada ley y ratificado, aunque aceptando un enfoque más amplio del concepto, en la Ley 17/2007 (LEA 2007). Modificaciones que se deben, por un lado, a la aparición de un nuevo concepto más general (Necesidades Específicas de Apoyo Educativo) y, por otro, a las modificaciones intrínsecas del mismo.

A groso modo podemos decir, que este nuevo "gran" concepto: Necesidades Específicas de Apoyo Educativo (NEAE) engloba, desde el punto de vista de la LOE 2006, al alumnado con necesidades educativas especiales (NEE) derivadas de discapacidad o trastornos graves de conducta, al alumnado con altas capacidades intelectuales, al alumnado con incorporación tardía en el Sistema Educativo Español, al alumnado con dificultades específicas de aprendizaje o al alumnado con condiciones personales o de historia escolar compleja. La LEA 2007, sin embargo, amplia dicho concepto, incluyendo, además de lo referido en la LOE 2006, la compensación de desigualdades sociales. En relación con las necesidades educativas especiales, tanto la LEA como la LOE coinciden en articular que el alumnado con necesidades educativas especiales es aquel que requiere, por un período de su escolarización o a lo largo de toda ella, determinados apoyos y atenciones educativas específicas derivadas de discapacidad o trastornos graves de conducta (VV. AA., 2008).

Marchesi y Martín (2002), indican que los alumnos con necesidades educativas especiales son aquellos que *"requieren unos esfuerzos y recursos específicos para conseguir que lleguen a lograr las finalidades previstas para el grupo"*.

En todo caso, no debemos entender esta circunstancia como algo estático, sino mejorable por nuestra mediación (Macarulla y Saiz -coords.-, 2009). Algunas causas, son:

- Enfermedades que les han impedido una escolarización óptima.
- Problemas familiares o sociales que le han imposibilitado concentrarse en los aprendizajes.
- Problemas de aprendizaje de diversa índole y que requieren una atención más selectiva.
- Discapacidad sensorial, psíquica, motriz... que les dificulta el uso de los recursos ordinarios.

Así pues, en la escuela se encuentran alumnas y alumnos con déficit intelectual de diversos grados, con trastornos sensoriales en la vista u oído, con irregularidades motóricas, aunque con sus capacidades intelectuales plenas. También escolares con alteraciones graves de la personalidad y de la conducta, con carácter más o menos transitorio (O. 25/07/2008).

González Manjón (1995), indica que la escuela tiene prevista su respuesta educativa con una serie de **adaptaciones** de diversa índole, que recogemos especialmente en la segunda y tercera parte del Tema 22, toda vez viene así recogido en su título.

Específicamente, el Área de Educación Física tiene en la Educación y Reeducación Psicomotriz (esquema corporal, percepción, coordinación, etc.) sus grandes recursos para poner en acción las técnicas educativas y conseguir una mejor integración escolar y social

(Ruiz Pérez, 2005). Por otro lado, los docentes especialistas nos encontramos con la tarea de compatibilizar los intereses generales del grupo clase con la del alumnado que presenta déficit, atendiendo a sus características individuales (Asún y otros, 2003).

1.1. NORMATIVA QUE REGULA LAS NECESIDADES EDUCATIVAS ESPECIALES.

La Constitución española (1978) reconoce, en su artículo 49, los derechos que tienen las personas con minusvalías.

El R. D. 126/2014, por el que se establece el currículo básico de la Educación Primaria, en su artículo 10, indica que "*las administraciones educativas fomentarán la calidad, equidad e inclusión educativa de las personas con discapacidad, la igualdad de oportunidades y no discriminación por razón de discapacidad, medidas de flexibilización y alternativas metodológicas, adaptaciones curriculares, accesibilidad universal, diseño para todos, atención a la diversidad y todas aquellas medidas que sean necesarias para conseguir que el alumnado con discapacidad pueda acceder a una educación educativa de calidad en igualdad de oportunidades*".

La L.O.E. (2006), en su artículo 4, indica que la atención a la diversidad es un **principio fundamental**. En el Título II "*Equidad en la Educación*", capítulo I, señala al "*alumnado con necesidad específica de apoyo educativo*". En el artículo 71 especifica que este grupo engloba a quienes tienen "*necesidades educativas especiales, quienes padecen dificultades específicas de aprendizaje; el alumnado con altas capacidades intelectuales; quienes se hayan incorporado tarde al sistema educativo y aquellos afectados por condiciones personales o de historia escolar*". En el artículo 73 establece que el alumnado con necesidades educativas especiales es el que padece discapacidad (sensorial, psíquica o motóricas) y trastornos graves de conducta. Ya en el Capítulo II trata la "*Compensación de las desigualdades en educación*" (determinados alumnos que se "*encuentren en situaciones desfavorables*").

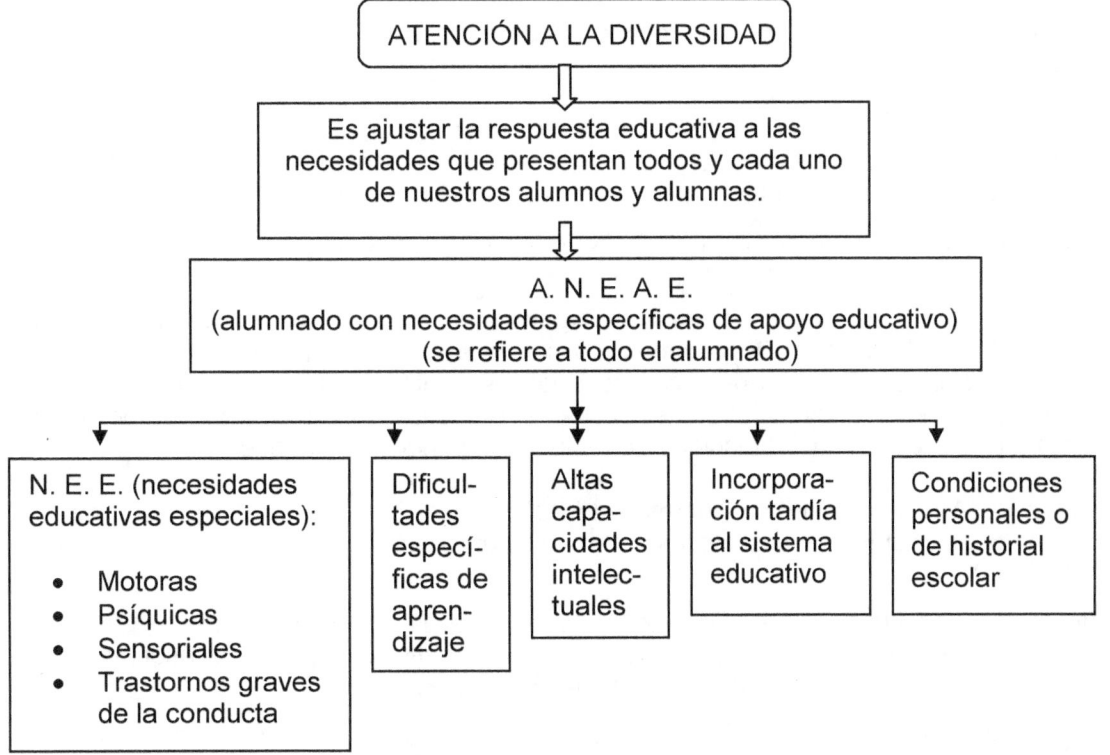

La LOMCE/2013, modifica algunos artículos de la LOE/2006. Concretamente, el artículo 1, párrafos b; k; l. Además, de añaden nuevos párrafos h bis; q, en los siguientes términos:

"b) La equidad, que garantice la igualdad de oportunidades para el pleno desarrollo de la personalidad a través de la educación, la inclusión educativa, la igualdad de derechos y oportunidades que ayuden a superar cualquier discriminación y la accesibilidad universal a la educación, y que actúe como elemento compensador de las desigualdades personales, culturales, económicas y sociales, con especial atención a las que se deriven de cualquier tipo de discapacidad.

h bis) El reconocimiento del papel que corresponde a los padres, madres y tutores legales como primeros responsables de la educación de sus hijos.

k) La educación para la prevención de conflictos y la resolución pacífica de los mismos, así como para la no violencia en todos los ámbitos de la vida personal, familiar y social, y en especial en el del acoso escolar.

l) El desarrollo, en la escuela, de los valores que fomenten la igualdad efectiva entre hombres y mujeres, así como la prevención de la violencia de género.

q) La libertad de enseñanza, que reconozca el derecho de los padres, madres y tutores legales a elegir el tipo de educación y el centro para sus hijos, en el marco de los principios constitucionales."

Por su parte, la L. E. A. /2007, artículo 113, establece que *"se considera alumnado con necesidades específicas de apoyo educativo aquel que presenta necesidades educativas especiales debidas a diferentes grados y tipos de capacidades personales de orden físico, psíquico, cognitivo o sensorial; el que, por proceder de otros países o por cualquier otro motivo, se incorpore de forma tardía al sistema educativo, así como el alumnado que precise de acciones de carácter compensatorio y al que presenta altas capacidades intelectuales"*.

En nuestra **Comunidad** destacamos específicamente la siguiente legislación más significativa:

- Junta de Andalucía. Ley 1/1999, de 31 de marzo. Atención a las personas con discapacidad en Andalucía. Consejería de Asuntos Sociales. BOJA nº 45, de 17/05/1999. Junta de Andalucía.
- Ley 9/1999, de 18 de noviembre. Solidaridad en la Educación. BOJA nº 140, de 02/12/1999.

En 1999, Andalucía se incorporó a la **Agencia Europea para el Desarrollo en Necesidades Educativas Especiales**. La participación se canaliza a través de la C. de Educación. La finalidad de está actuación es contribuir al logro de los objetivos establecidos en la Ley 9/1999, de Solidaridad en la Educación, especialmente la mejora de la calidad de la atención que recibe el alumnado con n. e. e.

- Junta de Andalucía (2002). Decreto 147/2002, de 14 de mayo. Ordenación de la atención de alumnado con necesidades educativas especiales. BOJA nº 58, de 18/05/2002.
- Junta de Andalucía (2003). Decreto 167/2003, de 17 de junio. Sobre la atención educativa a los alumnos con necesidades educativas especiales asociados a condiciones sociales desfavorecidas. BOJA nº 118, de 23/06/2003.
- Junta de Andalucía (2008). Orden de 25 de julio de 2008, por la que se regula la atención a la diversidad del alumnado que cursa la educación básica en centros docentes públicos de Andalucía. BOJA nº 167, de 22/08/2008.
- Junta de Andalucía (2011). Acuerdo de 4 de octubre de 2011, del Consejo de

Gobierno, por el que se aprueba el Plan de Actuación para la atención educativa al alumnado con necesidades específicas de apoyo educativo por presentar altas capacidades intelectuales en Andalucía 2011-2013 (BOJA 17-10-2011).
- Junta de Andalucía (2013). Instrucciones de 28 de mayo de 2013 de la Dirección General de Participación y Equidad por las que se regula el procedimiento para la aplicación del protocolo para la detección y evaluación del alumnado con necesidades específicas de apoyo educativo por presentar altas capacidades intelectuales.

1.2. LAS ADAPTACIONES CURRICULARES COMO MEDIDAS A TOMAR ANTE EL ALUMNADO CON NECESIDADES EDUCATIVAS ESPECIALES.

La **educación inclusiva** se sustenta en un desarrollo social de los derechos humanos que promueven la justicia social y la igualdad de oportunidades. Por ello debemos conocer modelos de prácticas que faciliten estrategias y recursos para implementar la inclusión de las personas con discapacidad en los programas de Educación Física en las **etapas** educativas, así como en las actividades desarrolladas en los centros deportivos y clubes (Comité Paraolímpico Español, 2014).

La adaptación curricular es un logro que empieza con la Reforma y la LOGSE, hoy derogada por la L. O. E., y al que la Educación Física ha contribuido de manera muy importante, de tal forma que el desarrollo de nuestra Área y materia ha crecido análogamente a este proceso (Navarro, 2007).

Precisamente la L. O. E. (2006), en su artículo 4, punto 3, indica que "*sin perjuicio de que a lo largo de la enseñanza básica se garantice una educación común para los alumnos, se adoptará la atención a la diversidad como principio fundamental. Cuando tal diversidad lo requiera, se adoptarán las medidas organizativas y curriculares pertinentes, según lo dispuesto en la presente Ley*".

El Título II, capítulo I, trata sobre el "alumnado con necesidad específica de apoyo educativo", destacando los grupos que hemos citado anteriormente: necesidades educativas especiales (discapacidades); dificultades específicas de aprendizaje; altas capacidades; incorporación tardía; condiciones personales o de historia escolar.

Entre las medidas contempladas en la L. O. E. (2006) destacamos a "*las adaptaciones del currículo, la integración de materias en ámbitos, los agrupamientos flexibles, los desdoblamientos de grupos, la oferta de materias optativas, programas de refuerzo y programas de tratamiento personalizado para el alumnado con necesidad específica de apoyo educativo*". En **resumen**, el sistema educativo utiliza la **flexibilidad curricular y la individualización** como sus principales **ejes de actuación** (Bravo, 2008).

Las diversas comunidades autónomas españolas tienen legislada específicamente la "Atención a la Diversidad". Por ejemplo, la Orden de 25 de julio de 2008, por la que se regula la atención a la diversidad del alumnado que cursa la educación básica en los centros docentes públicos de Andalucía, que a continuación tomamos como referencia.

Debemos **evaluar** para **identificar** las posibles **ayudas** que pueda necesitar un alumno lo antes posible y por personal cualificado (LOE, art. 71):

a) ¿Qué evaluar?: variables relativas al alumno: competencia curricular previa, entorno social, familiar, etc.
b) ¿Cómo evaluar?: entrevista con familia, alumno, médico, etc. Estudiar el expediente que tenga y realizar pruebas de rendimiento sobre inteligencia, destrezas, etc.
c) ¿Quién evalúa?: E.O.E. (D. 213/1995; O. 23/07/2003), como personal cualificado para pasar pruebas psicotécnicas. Debe, posteriormente, asesorar al profesorado para

adecuar el currículum. Maestro de P. T. (O. 25/07/2008). El propio tutor ya que tiene información continua y puede introducir cambios curriculares.

1.2.1.- LOS PROGRAMAS DE ADAPTACIÓN CURRICULAR.

Resumimos lo publicado en la O. de 25 de Julio de 2008, por la que se **regula la atención a la diversidad** del alumnado que cursa la educación básica en centros docentes públicos de Andalucía, BOJA nº 167, de 22/08/2008.

La adaptación curricular es una medida de **modificación** de los elementos del currículo, a fin de dar **respuesta** al alumnado con necesidades específicas de apoyo educativo (A. N. E. A. E.)

Los **programas** van dirigidos al alumnado de educación primaria y secundaria que se encuentre en alguna de estas situaciones (VV. AA., 2008):

a) Alumnado con necesidades educativas especiales.
b) Alumnado que se incorpora tardíamente al sistema educativo.
c) Alumnado con dificultades graves de aprendizaje.
d) Alumnado con necesidades de compensación educativa.
e) Alumnado con altas capacidades intelectuales.

En cualquier caso, la **escolarización** del alumnado que sigue programas de adaptación curricular se regirá por los **principios** de normalización, inclusión escolar y social, flexibilización y personalización de la enseñanza.

La escolarización del alumnado que se incorpora tardíamente al sistema educativo se realizará atendiendo a sus circunstancias, conocimientos, edad e historial académico. Cuando presenten graves carencias en la lengua española, recibirán una atención específica que será, en todo caso, simultánea a su escolarización en los grupos ordinarios. En este caso, el área de Educación Física contribuye especialmente debido a la relación sociomotriz que suponen los juegos motores.

Todos los centros dispondrán de recursos específicos que permitan garantizar la escolarización en condiciones adecuadas. Asimismo, recibirán una atención preferente de los servicios de apoyo a la educación.

Los programas de adaptación curricular en su concepción y elaboración podrán ser de **tres tipos** (VV. AA., 2008):

a) Adaptaciones curriculares no significativas, cuando el desfase curricular con respecto al grupo de edad del alumnado es **poco** importante. Afectará a los elementos del currículo que se consideren necesarios, metodología y contenidos, pero **sin modificar** los objetivos de la etapa educativa ni los criterios de evaluación. Son las más habituales.

b) Adaptaciones curriculares significativas, cuando el desfase curricular con respecto al grupo de edad del alumnado haga necesaria la modificación de los elementos del currículo, incluidos los objetivos de la etapa y los criterios de evaluación.

c) Adaptaciones curriculares para el alumnado con altas capacidades intelectuales. No nos afectan directamente. En cualquier caso, se nos pueden presentar chicas o chicos que hacen deporte en escuelas o en clubes. Su mayor nivel de habilidad nos hará que aumentemos la dificultad de la tarea o la velocidad de ejecución de la misma.

NOTAS:

a) Ver este punto más detallado en el Tema 22.
b) Esta terminología puede variar en función nos situemos en una u otra comunidad autónoma.

2. CARACTERÍSTICAS GENERALES DE LOS TIPOS Y GRADOS DE MINUSVALÍAS: MOTORAS, PSÍQUICAS Y SENSORIALES EN RELACIÓN CON LA ACTIVIDAD FÍSICA.

En la bibliografía especializada existen diversas clasificaciones sobre las minusvalías (Pérez Turpin y Suárez, 2006). Seguiremos, por razones obvias, la expresada en el **título** del **Tema** y siempre referida a su implicación con la actividad física.

2.1. MOTORAS.

Son las deficiencias y alteraciones del aparato **locomotor** y de su funcionamiento, es decir, las que afectan a las funciones **motrices**: paresias, parálisis, alteraciones de equilibrio y coordinación, etc. Inciden en los sistemas óseo, muscular, articular y nervioso (Cumellas y Estrany, 2006). Estas modificaciones debidas al funcionamiento incorrecto del sistema nervioso y óseo/muscular que les impiden ejecutar determinados movimientos como los demás pueden ser **transitorias o permanentes** (Bravo, 2008).

Los chicos y las chicas que las padecen se **caracterizan** porque están en una situación de partida inferior a los demás debido a esa movilidad reducida (Hernández -coord.-, 2015). Los defectos pueden ser: posturales, de desplazamiento, en la coordinación motriz, en las manipulaciones gruesas o finas, problemas de equilibrio, incapacidad para seguir ritmos, entre otras (Ruiz Pérez, 2005).

Además, estas discapacidades pueden estar **aisladas** o bien **ligadas** a otras de tipo sensorial, de expresión verbal, etc. En este campo se da una mayor variabilidad en cuanto a tipos y grados, lo que hace compleja la toma de decisiones por el docente (Arráez, 1998). Estamos hablando de "*plurideficiencias*" (López Franco, 2004).

Por otro lado, presentan una **disarmonía** en el desarrollo evolutivo, más acusada conforme mayor es la afectación motriz, sensorial o cognitiva; una limitación para la comunicación vocal, necesitando en ocasiones el empleo de sistemas de comunicación no verbal; y un potencial cognitivo diferente, que oscila desde la inteligencia conservada, al retraso mental en sus diversos grados (Serrano y Benavides, 2016).

El alumnado con esta discapacidad se enfrenta a los siguientes retos:

- Alcanzar la máxima movilidad en su entorno
- Conseguir la mayor capacidad de comunicación

La discapacidad motórica representa un 10% del alumnado con necesidades educativas especiales por razón de discapacidad. De ellos, un 50% se debe a parálisis cerebral, un 12% a problemas de espina bífida y el 38% restante lo componen otras dificultades motrices de diversas causas, sobre todo las distrofias y los síndromes (J. de Andalucía, 2001). Englobadas en este concepto, existen **numerosas patologías** que inciden en la discapacidad motriz o física (Bravo, 2008).

Las **clasificamos** en:

| a) Parálisis cerebral | b) Lesiones medulares | c) Enfermedades fisiológicas y físico-orgánicas |

a) Parálisis cerebral.

Es una anomalía neuromotriz provocada por el desarrollo defectuoso o por lesión del cerebro durante el periodo pre-natal, peri-natal o postnatal (Rigal, 2006). Es una secuela directa de una agresión encefálica no evolutiva, que se caracteriza básicamente por un desorden persistente, variable, del tono muscular, la postura y el movimiento y que aparece durante la primera infancia, limitando sus actos motores (Simard, Caron y Strotzky, 2003). Los problemas de movilidad pueden ir asociados a otros como clínicos, sensoriales, perceptivo, comunicativos... (Bravo, 2008).

La **clasificación** de la Parálisis Cerebral se puede hacer atendiendo a varios criterios: topografía, tipo de alteración del tono y su intensidad.

- Según la **topografía** de la afectación:

  Monoparesia: un solo miembro

  Hemiparesia: de un lado

  Parapesia: en los dos miembros inferiores

  Tetraparesia: en los cuatro miembros

- Según el tipo de **alteración del tono** muscular y el control del movimiento. Se manifiesta por sus síntomas observables (Simard, Caron y Strotzky, 2003):

  Hipotónico: el tono muscular está disminuido.

  Espástica: el tono muscular está muy aumentado.

  Atetósica: el tono muscular es fluctuante, varía de la hipotonía a la hipertonía según la actividad y el momento emocional.

  Atáxica: el tono muscular suele estar disminuido. Están comprometidos el equilibrio dinámico y estático, así como la estabilidad postural y la coordinación de habilidades y precisión de movimientos.

  Formas mixtas: los casos más habituales son una mezcla de espasticidad y atetosis, aunque también se dan casos de atetosis con ataxia y espasticidad, y hasta de las tres formas a la vez. Los efectos son diversos según el predominio de una sobre otra.

- Según la **intensidad** de la lesión:

  Leves: cuando los movimientos están mal dirigidos pero permiten caminar y hablar.

  Moderadas: cuando se presentan dificultades para caminar y hablar.

  Severas: no permiten caminar y el lenguaje está muy afectado.

En la problemática de las actividades motrices de la parálisis cerebral, destacamos que el desarrollo del niño afectado es más lento que en el normal y tiene los reflejos arcaicos durante más tiempo. Durante la práctica de la educación física tendremos en cuenta una serie de pautas porque su sistema sensomotor está muy afectado (Sánchez Rodríguez y Llorca, 2004):

- Problemas perceptivos-motores: dificultades en configurar el esquema corporal.

- Dificultades en el tono muscular: alteraciones del control postural y equilibrio.
- Conflictos con su lateralidad y en la orientación témporo-espacial.

No deben hacerse actividades complejas ni continuadas. En todos los casos es necesario un conocimiento concreto de las deficiencias y las causas de las mismas, pues sólo de esta forma se podrán tratar con el correspondiente programa de desarrollo individual.

Nota: La actuación didáctica específica, pautas de actuación, etc. es propio del Tema 22

b) Lesiones medulares.

Se refiere a la pérdida parcial de las fibras del cordón lateral del haz córticoespinal, sobre todo en la zona dorsal y lumbar, y menos en la cervical. La mayoría tienen su etiología en accidentes y traumatismos directos.

- La **espina bífida** es una malformación congénita de la columna y de la médula espinal en sus envolturas, la cual no se ha desarrollado en su totalidad, teniendo una bifurcación en la parte terminal que imposibilita la protección del paquete nervioso (Bravo, 2008). Puede tener varios niveles de gravedad y acumular complicaciones, por ejemplo, exceso de líquido céfalo-raquídeo en el interior de la cabeza -hidrocefalia- (Ríos, 1998).

  La deformación de la médula y de las raíces raquídeas causará el déficit neurológico, en el equilibrio y sobre todo en sus miembros inferiores, que les dificulta o impide la **deambulación**. Puede ser "*oculta*" o "*quística*", y ésta se subdivide en "Meningocele" y "Mielomeningocele" (Simard, Caron y Strotzky, 2003).

- Entre los **síndromes** adquiridos por procesos **traumáticos** (accidentes) o **infecciosos** como la poliomielitis, que es una virasis del asta anterior de la médula espinal, donde se localizan las neuronas motrices (López Franco, 2004), destacamos a:
  - Monoplejía: sólo está afectada una extremidad.
  - Hemiplejía: está perjudicada la pierna y el brazo del mismo lado.
  - Doble hemiplejía: afectación en ambos lados.
  - Paraplejia: daños en los dos miembros inferiores.
  - Diplejía: mayor daño en los miembros inferiores que en los superiores.
  - Tetraplejia: afectación de los miembros superiores e inferiores por igual.
  - Triplejía: inmovilidad de tres miembros.

c) Enfermedades fisiológicas o físico-orgánicas.

De las muchas existentes nombramos a **varias**, que tienen diversas etiologías:

- Amputaciones traumáticas debidas a accidentes o las obligadas por procesos infecciosos. Hay pérdida total o parcial de una o varias extremidades (López Franco, 2004)
- Malformaciones congénitas, por ejemplo, en los pies, brazos, raquis, etc.
- Miopatías. También se llaman **distrofias musculares**. Hay una degradación en el funcionamiento muscular con independencia de su inervación. Suelen ser hereditarias y progresivamente va aumentando el deterioro del músculo esquelético, siendo la "Distrofia Muscular de Duchene" una de las más conocidas (Bravo, 2008). Existen varios niveles de afectación y se manifiestan por la lentitud, falta de fuerza, sincinesias, etc. (Gomendio, 2000).
- Diabetes. Es un desequilibrio en la capacidad normal del cuerpo para metabolizar o

aprovechar los alimentos, describiéndose un estado de aumento de glucosa en sangre.
- Hemofilia. Es una enfermedad hereditaria que afecta al mecanismo de coagulación sanguínea, apareciendo los problemas clínicos como consecuencia de una coagulación anormal después de una herida o contusión.
- Obesidad. Es un aumento patológico de la grasa corporal produciendo un peso superior al normal. La movilidad se ve muy reducida (Martínez, 2006).
- Cardiopatías. Son las enfermedades del corazón. Las más usuales son.
    - Congénita. Adquirida durante el desarrollo embrionario.
    - Insuficiencia cardiaca. Enfermedades de las arterias coronarias.
    - Miocardiopatía. Debilidad muscular cardiaca con aumento patológico del volumen cardíaco.
    - Arritmia. Frecuencia cardiaca alta o lenta que producen, entre otras cosas mareos e inestabilidad.
    - Aparte están las lesiones valvulares, endocarditis, palpitaciones y las malformaciones cardiacas. Éstas afectan a un elevado porcentaje de niñas y niños con el Síndrome de Down (Escribá, 2002).
- Asma. Es un problema de las vías respiratorias con estrechamiento de los bronquios. Es más frecuente en niños que en niñas y suele desaparecer hacia la pubertad (Naranjo, 2006).
- Alergias. Es una sensibilidad especial que tienen las personas de todas las edades antes ciertas sustancias, como pólenes y polvo, que les provocan alteraciones cutáneas, respiratorias, oculares, etc.
- Epilepsias. Es un síntoma de trastorno repetido en la actividad eléctrica normal del cerebro.
- Tuberculosis. Es una enfermedad infecciosa que suele atacar al pulmón.
- Poliomielitis. Es una enfermedad infecciosa aguda. El "poliovirus" ataca el sistema nervioso y destruye las células encargadas del control muscular.
- Otras. Desnutrición, enfermedades de la piel, etc.

Nota: La actuación didáctica, pautas de actuación, etc. se corresponde con el Tema 22.

2.2. PSÍQUICAS.

Bonany (1998), citando la definición de la O. M. S. (1983), indica que la discapacidad mental es "*un funcionamiento inferior al término medio, con perturbaciones en el aprendizaje, maduración y ajuste social, constituyendo un estado en el cual el desarrollo mental es incompleto o se detiene.*" En un principio, toda **afectación** del sistema nervioso central, cualquiera que sea su causa, es susceptible de ocasionar una disminución de la capacidad intelectual (Bravo, 2008).

El grupo más numeroso (60%), dentro del alumnado con discapacidad, lo constituye el que padece retraso mental en sus diversos estadios: leve, moderado, grave y profundo. De ellos, el 63% tiene retraso mental leve, el 25% moderado, el 7% grave y el 5% profundo.

Las perspectivas educativas y sociolaborales **características** de este grupo son muy diversas y están condicionadas por el grado de afectación y por las posibles deficiencias asociadas (Gallardo, 2008). Pero, sobre todo, va a depender de la capacidad de la escuela para ajustar la intervención educativa a las necesidades que este colectivo presente y del compromiso de la sociedad, en su conjunto, por la promoción e inserción laboral, real y efectiva de ellas y de ellos (J. de Andalucía, 2001).

Es necesario que estos individuos asimilen lo antes posible los conceptos témporo-espaciales, que les plantean una gran dificultad, para que comprendan el espacio y se adapten a multitud de situaciones cotidianas (Arráez, 1998).

Seguimos la **clasificación** que, en dos grandes grupos, propone la J. de Andalucía (2000), quien en las "Novedades para la actualización del censo de alumnos con N. E. E. en nuestra Comunidad", Anexo I, especifica las siguientes discapacidades relacionadas con los déficits psíquicos:

a) **Retraso mental**:

Se refiere a personas que tienen un coeficiente intelectual (C. I.) inferior a 70. Comúnmente se clasifican en función a esta medida de nivel del intelecto (Bonany, 1998).

El retraso es de etiología **genética**, como las alteraciones metabólicas, o **adquirida**, como las cromosopatías o alteraciones en los cromosomas a causa de radiaciones, virasis, edad avanzada en los padres, etc. Por ejemplo, Síndrome de Down, de Edwards, y otros.

También puede estar causado por síndromes **prenatales** (alteraciones patológicas de la madre, como la rubéola), **perinatales** (a causa de una lesión en el parto) y **postnatales**, como infecciones, malnutrición y traumatismos, entre otras causas (Gomendio, 2000).

- Inteligente Bordeline: Grupo constituido por quienes poseen un C. I. Entre 70 y 85. Asimilan con esfuerzo los conocimientos escolares (Bravo, 2008).

- Retraso leve: Coeficiente intelectual (C. I.) entre 50-55 y 70. La mayoría no presenta etiología física identificable, por lo que se les denomina discapacitados mentales de tipo "cultural-familiar" y también "sujetos medianamente en desventaja" o "alumnado con disfunción cerebral mínima". Se caracterizan por tener equilibrio insuficiente; dificultad al realizar ejercicios de lateralidad; tener menos precisión y rapidez; dificultad en la orientación espacial y pocas diferencias en los aspectos coordinativos en comparación a los niños normales. Tienen diferencias entre su edad cronológica y edad real, con retrasos académicos. En este grupo se encuadran a otros sujetos con otros problemas de aprendizaje y perturbaciones emocionales.

- Retraso moderado: C. I. entre 35-40 y 50-55. Con dedicación pueden llegar a alcanzar un nivel similar al de primer ciclo de Primaria en lecto-escritura y matemáticas. Muestran una coordinación motriz "aceptable" y habilidades para desarrollar un oficio simple. Una gran parte posee etiología física como causa de su retraso.

- Retraso grave: C. I. entre 20-25 y 35-40. Pueden llegar a los 3-5 años de edad mental. Algunos son capaces de adquirir unas mínimas destrezas para su vida diaria, aunque no llegan a ser semi-independientes. Pueden lograr comunicarse muy básicamente, así como tener cotas mínimas de higiene personal.

- Retraso profundo: C. I. inferior a 20-25. No alcanzan una edad mental superior a los 3 años y no están normalmente escolarizados en colegios estándar. Algunos pueden aprender a caminar, aunque tienen poca conciencia de su entorno, pero entre ellos hay mayor incidencia de déficit motor, sensorial y físico y mayor propensión a una muerte temprana. Nula autonomía y expresión por lo que requieren atenciones continuas.

b) **Trastornos generales del desarrollo**:

- Trastornos del desarrollo y de la personalidad. Engloba a los trastornos psíquicos sobre el control de los impulsos, esquizofrenia y otros desórdenes psicóticos.
  Se pueden diferenciar los que padecen "neurosis" de los que padecen "psicosis", de acuerdo a sus características y etiología.
  Los neuróticos tienen contactos con la realidad, saben "donde están", tienen problemas emocionales. Los psicóticos, en cambio, pierden el contacto con la realidad. Por ejemplo, los autistas son los más conocidos, pero también citamos a quienes padecen el trastorno de Rett, o el síndrome de Asperger.

- Autismo. Es un trastorno profundo del desarrollo que se manifiesta como una incapacidad para relacionarse con normalidad con las personas y las situaciones. En este grupo hay diferencias individuales dependiendo del nivel intelectual, las condiciones del entorno familiar, la presencia o no de otras discapacidades y la respuesta educativa y de estimulación dadas. Se caracterizan por (J. de Andalucía, 2001):

  o Falta de comunicación e interacción social
  o Retraso en el uso del habla y comunicación
  o Insistencia en mantener un ambiente sin cambios
  o Retraso mental asociado, en un alto porcentaje
  o Alteraciones en el ritmo de desarrollo
  o Respuestas anormales a estímulos visuales
  o Desarrollo de patrones estereotipados

Otra clasificación sobre la discapacidad psíquica es la presentada por López Franco (2004), quien establece tres grupos:

- Por el cociente intelectual
- Según el nivel de desarrollo y de eficiencia social
- Por la intensidad de los apoyos requeridos para ejecutar eficazmente una tarea

Nota: La actuación didáctica, pautas de actuación, etc. se corresponde con el Tema 22.

2.3. SENSORIALES.

La discapacidad sensorial es una pérdida total o parcial de la **función** de uno o varios sentidos que conlleva la captación de estímulos visuales o sonoros (Barcala, 2009). Las deficiencias sensoriales pueden tener su **origen** en alteraciones en el Sistema Nervioso Central, en el Periférico, o de ambos a la vez. Por lo general, cuando hablamos de deficiencias sensoriales, nos vamos a referir a las de **visión** o las de **audición** (Cumellas y Estrany, 2006).

Seguimos la **clasificación** dada en el Anexo I de "Novedades para la actualización del censo de alumnos con N. E. E. en nuestra Comunidad" (J. de Andalucía, 2000):

a) **Discapacidad auditiva y trastornos graves del lenguaje**:

Los sonidos tienen varias características, como intensidad, frecuencia, etc. La intensidad se mide en decibelios (dB) (Barcala, 2009).

Las sorderas pueden ser **pre-locutivas** o acontecida antes de la adquisición del habla o **post-locutivas**, que se producen a partir de los tres años de edad, o más exactamente cuando el niño o la niña ya tiene el habla adquirida (Hernández -coord.-, 2015).

Se **caracteriza** por la falta de comprensión de los mensajes dados vía oral exclusivamente. Se debe a que la discapacidad auditiva repercute directamente sobre el proceso de adquisición y desarrollo del lenguaje. Su impacto varía según la edad de aparición, tipo y grado de sordera, la estimulación auditiva y del lenguaje recibido desde que se produce, el tipo de escolarización y las competencias cognitivas y contexto sociocultural en el que está (J. de Andalucía, 2001).

Por otro lado, la sordera suele ir emparejada con un trastorno vestibular (equilibrio) pudiendo retrasar, en ocasiones, la marcha y otras habilidades básicas. Hay escolares que presentan, además de la pérdida auditiva, problemas de adaptación y aprendizaje, así como otras alteraciones de tipo psicológico.

Las **clasificamos** en:

- **Déficit auditivo**. No puede aliviarse con prótesis que le permita una eficacia auditiva suficiente como para seguir una escolarización normal. Diferenciamos a:
    - Hipoacusia: pérdida hasta 40-60 dB. Tienen mayores posibilidades de adquirir el lenguaje oral con apoyo protésico, prácticas en discriminación auditiva y apoyo logopédico.
    - Sordera profunda: pérdida superior a 60 dB. Esta población, aún con prótesis, carecen de audición funcional para la vida diaria y no pueden adquirir el lenguaje por vía auditiva. Por lo general hay que recurrir al lenguaje de signos para desarrollar el pensamiento y el lenguaje y evitar los graves desfases cognitivos y comunicativos que, de no ser así, padecerían (J. de Andalucía, 2001).

- Grave **retraso** generalizado del **lenguaje**:
    - Disfasia: es la pérdida parcial del habla.
    - Afasia: es la pérdida total del habla debida a una lesión cortical en las áreas específicas del lenguaje.
    - Otras alteraciones graves del lenguaje.

Lo más fundamental para esta población es una **detección temprana** y ofrecerles un "código de comunicación" desde la Etapa Infantil para que vayan estructurando el pensamiento, representando la realidad, comunicándose, socializándose y adquiriendo el conocimiento (Mendoza, 2009). No olvidemos que el individuo oyente tiene acceso a un código socialmente mayoritario, que es el lenguaje oral, pero quienes tienen sordera no pueden llegar a él. El lenguaje moldea el pensamiento, representa la realidad y los individuos se socializan. En cambio, las personas con sordera, al carecer de lenguaje, tendrán problemas al conocer las cosas que se transmiten por la voz, pero tienen la capacidad de abstraer los conocimientos a través del lenguaje de signos, relacionando un gesto con un objeto, acción, adjetivo, etc. (Bernal, 2002).

En cuanto al código de comunicación a trabajar depende de las características de los individuos. Hoy día hay dos grandes tendencias que podemos aplicar en nuestras clases de educación física:

- Métodos **oralistas** (labial). Adquirir el lenguaje oral a través de leer en los labios y de la reeducación auditiva.
- Métodos **gestuales**. Es el lenguaje por signos, por las manos.

No obstante, podemos señalar a otra tendencia que combina a las anteriores. Nos referimos al método **mixto** o **bimodal**. Es hablar y gesticular al unísono. De ahí la **importancia** de nuestra **Área** para dominar el Esquema Corporal y aprender a expresar corporalmente.

Alegre (2008), indica los beneficios de potenciar la comunicación oral a través de la **lectura labial** y el método **verbotonal**, y también la comunicación gestual: a través de la **dactilología**, **mímica** o la **palabra complementada** o el sistema **bimodal** o el **lenguaje de signos** de la comunidad con sordera.

Pérez Turpin y Suárez (2004) citan a Lloyd y Karlan (1984), quienes dividen en dos grupos a los sistemas alternativos de comunicación:

- **No asistidos o sin ayuda**. A través de gestos, la mímica, en suma, signos manuales.
- **Asistidos o con ayuda**. A través de algún tipo de representación gráfico-visual.

b) **Discapacidad visual**:

Es la pérdida total o parcial del sentido de la vista. Como existen varias gradaciones, lo ideal es conocer cuento antes el diagnóstico del médico especialista para realizar una correcta intervención educativa (Bravo, 2008). Diferenciamos entre:

- **Ceguera**. Ausencia total o casi total de visión, que no es aprovechable ni funcional e impide la discriminación de formas gráficas, aunque en algunos casos puedan percibir los cambios de luminosidad. Hay diversos métodos de medida, como el Optograma de Snelle. Precisan del código Braille para la adquisición de la lecto-escritura.
- **Ambliopía o Hipovisión**. Hay restos de visión útiles, pero con prácticas en discriminación visual, con el empleo de ayudas ópticas, iluminación especial y macrotipos o caracteres gráficos ampliados, se consiguen éxitos (J. de Andalucía, 2001).

Las **patologías** más frecuentes causantes de la **baja visión**, son (Vidal, 1998) y Bravo, 2008):

- Daños en el globo ocular. Patología corneal, distrofias o alteraciones en las capas de la córnea, etc.
- Cataratas o cristalino opaco.
- Glaucoma, que es el aumento de la presión intraocular.
- Miopía degenerativa o adelgazamiento de la retina.
- Atrofia del nervio óptico. Degeneración o desprendimiento de retina.

- Renitopatías varias. Síndromes varios: Marfan, Albinismo, Marchesani...

- Daños cerebrales. El globo ocular es normal y los problemas visuales son secundarios a la disfunción cerebral, como meningitis, y suele ir acompañada de otros problemas.

Entre las **características** generales que afectan a esta población con relación a la Educación Física, destacan las deficiencias en la orientación y estructuración espacial; mala lateralidad; deficiencias senso-motrices; mala relación con el mundo exterior, con los demás e inestabilidad emocional (Miñambres, 2004).

Si en todas las áreas del currículo colaboramos para su integración, **evitaremos** una serie de aspectos negativos que se han sucedido años atrás (Gómez, Puig y Maza, 2009).

Nota: Las pautas de actuación específicas se corresponden con el enunciado del Tema 22.

CONCLUSIONES

Hemos estudiado al alumnado que tiene necesidades educativas especiales, sus tipos clásicos (motoras, sensoriales y psíquicas), y sus grados, relacionándolos con la actividad física. En cada punto hemos visto las clasificaciones y peculiaridades de cada clase. El principio subyacente es integrar a este alumnado con el resto del grupo, adaptándole el currículo con una metodología individualizada. Es misión de la escuela ordinaria proporcionar ayudas pedagógicas para satisfacer las necesidades educativas de todos. En la mayoría de ocasiones bastará con un poco de apoyo de los compañeros o bien adaptar alguno de los factores, aunque quienes tengan dificultades más serias, ni con las más profundas adaptaciones se podrá conseguir una participación integrada.

BIBLIOGRAFÍA

- ALEGRE, O. M. (2008). *Los gestos y movimientos de la diversidad*. En CUÉLLAR, Mª J. y FRANCOS, Mª C. *Expresión y comunicación corporal*. Wanceulen. Sevilla.
- ARRÁEZ, J. M. (1997). *¿Puedo jugar yo?* Proyecto Sur. Granada.
- ARRÁEZ, J. M. (1998). *Teoría y praxis de las adaptaciones curriculares en la Educación Física*. Aljibe. Málaga.
- ASÚN, S. y otros (2003). *Educación física adaptada para Primaria*. INDE. Barcelona.
- BARCALA, R. (2009). *Estrategias para la integración del alumnado con necesidades educativas especiales*. En GUILLÉN, M. y ARIZA. L. *Las Ciencias de la Actividad Física y el Deporte como fundamento para la práctica deportiva*. U. de Córdoba.
- BERNAL, J. A. (2002). *El profesor de educación física y el alumno sordo*. Wanceulen. Sevilla.
- BONANY, T. (1998). *Descripción y análisis de la discapacidad psíquica*. En RÍOS, M. y otros. *El juego y los alumnos con discapacidad*. Paidotribo. Barcelona.
- BRAVO, J. (2008). *Atención a la diversidad y su tratamiento dentro del mundo de la educación física*. CEP. Madrid.
- CENTRO N. DE RECURSOS EN ED. ESPECIAL (1992). *Alumnos con necesidades educativas especiales y adaptaciones curriculares*. M. E. y C. Madrid.
- COMITÉ PARALÍMPICO ESPAÑOL (2014). *La inclusión en la actividad física y deportiva*. Paidotribo. Barcelona.
- CONTRERAS, O. (2004). *Didáctica de la Educación Física. Un enfoque constructivista*. INDE. Barcelona.
- CUMELLAS, M. y ESTRANY, C. (2006). *Discapacidades motoras y sensoriales en Primaria*. INDE. Barcelona.
- ESCRIBÁ, A. (2002). *Síndrome de Down. Propuestas para la intervención*. Gymnos. Madrid.

- GALLEGO, J. (1997). *Atención a la diversidad educativa: Adaptaciones curriculares.* En DELGADO, M. A. -coord.-. *Formación y Actualización del profesorado de Educación Física y del Entrenamiento Deportivo.* Wanceulen. Sevilla.
- GALLARDO, P. (2008). *La atención educativa a las personas con deficiencia mental.* Wanceulen. Sevilla.
- GARCÍA VIDAL, J. (1993). *Guía para realizar adaptaciones curriculares.* E.O.S. Madrid.
- GOMENDIO, M. (2000). *Educación Física para la integración de niños con necesidades educativas especiales.* Gymnos. Madrid.
- GÓMEZ, C.; PUIG, N. y MAZA, G. (2009). *Deporte e integración social.* INDE. Barcelona.
- HERNÁNDEZ, F. J. -Coord.- (2015). *El deporte para las personas con discapacidad.* Edittec. Barcelona.
- GONZÁLEZ MANJÓN, D. (1995). *Adaptaciones Curriculares.* Aljibe. Málaga.
- JUNTA DE ANDALUCÍA. C.E.J.A. (1994). *La atención educativa de la diversidad de los alumnos en el nuevo modelo educativo.* Sevilla.
- JUNTA DE ANDALUCÍA. C.E.J.A. (2000). *Novedades para la actualización del censo de alumnos con N.E.E. en nuestra Comunidad. Anexo I".*
- JUNTA DE ANDALUCÍA. C.E.J.A. (2001). Revista *Andalucía Educativa.* Nº 26, agosto de 2001. Pág. 22 a 36.
- JUNTA DE ANDALUCÍA. C.E.J.A. (2003). *Plan Andaluz para la Inclusión Social.* Sevilla. Aprobado en Consejo de Gobierno de 11 de noviembre de 2003. B. O. J. A. nº 227, de 25/11/2003.
- JUNTA DE ANDALUCÍA (2005). *Acuerdo de 11 de octubre de 2005, del Consejo de Gobierno, por el que se aprueba el Plan «Mejor Escuela».* BOJA nº 213, de 02/11/2005.
- JUNTA DE ANDALUCÍA (2015). *Orden de 17 de marzo de 2015, por la que se desarrolla el currículo correspondiente a la educación Primaria en Andalucía.* BOJA nº 60 de 27/03/2015.
- JUNTA DE ANDALUCÍA (2015). *Decreto 97/2015, de 3 de marzo, por el que se establece la ordenación y el currículo de la educación Primaria en la comunidad Autónoma de Andalucía.* BOJA nº 50 de 13/03/2015.
- JUNTA DE ANDALUCÍA (2007). *Ley 17/2007, de 10 de diciembre, de Educación de Andalucía (L. E. A.).* B. O. J. A. nº 252, de 26/12/2007.
- JUNTA DE ANDALUCÍA (2008). *Orden de 14 de julio de 2008, por la que se regula la orientación y acción tutorial en los centros públicos que imparten la enseñanza de Educación Infantil y primaria.* BOJA nº 157, de 07/08/2008.
- JUNTA DE ANDALUCÍA (2008). *Orden de 25 de julio de 2008, por la que se regula la atención a la diversidad del alumnado que cursa la educación básica en centros docentes públicos de Andalucía.* BOJA nº 167, de 22/08/2008.
- JUNTA DE ANDALUCÍA (2010). *Decreto 328/2010, de 13 de julio, por el que se aprueba el Reglamento Orgánico de los colegios de educación primaria, de los colegios de educación infantil y primaria, y de los centros públicos específicos de educación especial.* BOJA nº 139, de 16/07/2010.
- JUNTA DE ANDALUCÍA (2010). *Orden de 20 de agosto de 2010, por la que se regula la organización y el funcionamiento de las escuelas infantiles de segundo ciclo, de los colegios de educación primaria, de los colegios de educación infantil y primaria, y de los centros públicos específicos de educación especial, así como el horario de los centros, del alumnado y del profesorado.* BOJA nº 169, de 30/08/2010.
- LÓPEZ FRANCO, A. (2004). *Actividades físico-deportivas con colectivos especiales.* Wanceulen. Sevilla.
- MACARULLA, I. y SAIZ, M. (2009). *Buenas prácticas de escuela inclusiva.* Graó. Barcelona.
- MARCHESI, A. y MARTÍN, F. (2002). *Una escuela y una sociedad desde la diversidad.* Revista Digital. Buenos Aires. Año 8, nº 47. abril 2002. http//www.efdeportes.com

- MARTÍNEZ PIÉDROLA, E. (2006). *Hábitos saludables en la prevención de la obesidad infantil: "Dieta y Ejercicio".* En *Deportes para todos.* P. M. D. del Ayuntamiento de Dos Hermanas.
- M.E.C. (2013). *Ley Orgánica 8/2013, de 9 de diciembre, para la mejora de la calidad educativa.* BOE Nº 295, de 10/12/2013.
- M.E.C. (2014). *R. D. 126/2014, de 28 de febrero, por el que se establece el currículo básico de la Educación Primaria.* B.O.E. nº 52, de 01/03/2014.
- M. E. C. (2006). Ley Orgánica 2/2006, de 3 de mayo, de Educación (L. O. E.). B. O. E. nº 106, de 04/05/2006, modificada en algunos artículos por la LOMCE/2013.
- M. E. C. (2015). *ECD/65/2015, O. de 21 de enero, por la que se describen las relaciones entre las competencias, los contenidos y los criterios de evaluación de la educación primaria, la educación secundaria obligatoria y el bachillerato.* B.O.E. nº 25, de 29/01/2015.
- MENDOZA, N. (2009). *Propuestas prácticas de Educación Física inclusiva para la etapa Secundaria.* INDE. Barcelona.
- MIÑANBRES, A. (2004). *Atención educativa al alumnado con dificultades de visión.* Aljibe. Málaga.
- MIRÓ, J. (1998). *El déficit auditivo.* En RÍOS y otros, *El juego y los alumnos con discapacidad.* Paidotribo. Barcelona.
- NAVARRO, V. (2007). *Tendencias actuales de la Educación Física en España. Razones para un cambio.* (1ª y 2ª parte). Revista electrónica INDEREF. Editorial INDE. Barcelona. http://www.inderef.com
- NARANJO, J. (2006). *Asma y actividad física en la edad escolar.* En *Deportes para todos.* P. M. D. del Ayuntamiento de Dos Hermanas.
- PÉREZ TURPIN, J. A. y SUÁREZ, C. (2004). *Educación Física y alumnos con necesidades educativas especiales por causas motrices.* Wanceulen. Sevilla.
- PÉREZ BRUNICARDI, D.; LÓPEZ PASTOR, V. M.; IGLESIAS, P. (2004). *La atención a la diversidad en Educación Física.* Wanceulen. Sevilla.
- POSADA, F. (2000). *Ideas prácticas para la enseñanza de la Educación Física.* Agonos. Lérida.
- RIGAL, R. (2006). *Educación motriz y educación psicomotriz en Preescolar y Primaria.* INDE. Barcelona.
- RÍOS, M. y colls. (1998). *El juego y los alumnos con discapacidad.* Paidotribo. Barcelona.
- RÍOS, M. (2003). *Manual de Educación Física Adaptada.* Paidotribo. Barcelona.
- ROMERO, J. F. y LAVIGNE, R. (2005). *Dificultades en el Aprendizaje: unificación de criterios diagnósticos.* C.E.J.A., D. G. de Participación y Solidaridad Educativa. Sevilla.
- RUIZ PÉREZ, L. M. (2005). *Moverse con dificultad en la escuela.* Wanceulen. Sevilla.
- SÁNCHEZ RODRÍGUEZ, J. y LLORCA, M. (2004). *Atención educativa al alumnado con parálisis cerebral.* Aljibe. Málaga.
- SERRANO, A y BENAVIDES, A. (2016). *Educación Física para alumnos con discapacidad motora.* CCS. Madrid.
- SEVILLANO, G. (2003). *Contextos espaciales y materiales para la Educación Física Adaptada.* En RIVADENEYRA, Mª. L. y GÓMEZ, E. Mª. *Desarrollo de la Motricidad.* Wanceulen. Sevilla.
- SIMARD, D.; CARON, F. y SKROTZKY, K. (2003). *Actividad física adaptada.* INDE. Barcelona.
- SKROTZKY, K. (2003). *La espina bífida.* En SIMARD, D.; CARON, F. y SKROTZKY, K. *Actividad física adaptada.* INDE. Barcelona.
- TORO, S. y ZARCO, J. (1995). *Educación para niños y niñas con necesidades educativas especiales.* Aljibe. Málaga.
- VIDAL, M. (1998). *Descripción y Análisis de la discapacidad visual.* En RÍOS, M. y otros, *El juego y los alumnos con discapacidad.* Paidotribo. Barcelona.
- VV. AA. (2008). *Colección de manuales de atención al alumnado con necesidades específicas de apoyo educativo.* (10 volúmenes). C. E. J. A. Sevilla

WEBGRAFÍA (Consulta en septiembre de 2016).
http://www.agrega2.es
http://www.juntadeandalucia.es/averroes/
http://www.adideandalucia.es
http://recursostic.educacion.es/primaria/ludos/web/index.html
www.juntadeandalucia.es/educacion/descargasrecursos/curriculo-primaria/index.html

TEMA 22

EL DESARROLLO MOTOR Y PERCEPTIVO DEL NIÑO DISCAPACITADO. LA INTEGRACIÓN ESCOLAR COMO RESPUESTA EDUCATIVA. IMPLICACIONES EN EL ÁREA DE EDUCACIÓN FÍSICA.

ÍNDICE

INTRODUCCIÓN

1. EL DESARROLLO MOTOR Y PERCEPTIVO DEL NIÑO DISCAPACITADO.

    1.1. Desarrollo motor y perceptivo de los discapacitados psíquicos.
        1.1.1. Características físicas y rendimiento motor de los discapacitados psíquicos.
        1.1.2. La conducta perceptivo-motriz de los discapacitados psíquicos.

    1.2. Desarrollo motor y perceptivo de los discapacitados sensoriales.
        1.2.1. Características físicas y rendimiento motor.
        1.2.2. La conducta perceptivo-motriz de los discapacitados sensoriales.

    1.3. Desarrollo motor y perceptivo de los discapacitados motóricos.
        1.3.1. Características físicas y rendimiento motor.
        1.3.2. La conducta perceptivo-motriz de los discapacitados motóricos.

2. LA INTEGRACIÓN ESCOLAR COMO RESPUESTA EDUCATIVA.

3. IMPLICACIONES EN EL ÁREA DE EDUCACIÓN FÍSICA.

    3.1. Implicaciones en el área de Educación Física del alumnado afectado de discapacidad psíquica.

    3.2. Implicaciones en el área de Educación Física del alumnado afectado de discapacidad sensorial.

    3.3. Implicaciones en el área de Educación Física del alumnado afectado de discapacidad motórica.
        3.3.1. Implicaciones en el área de educación física del alumnado afectado de discapacidad motórica por parálisis cerebral.

    3.4. Las adaptaciones curriculares en educación física. Los programas de adaptación curricular. Evaluación.

    3.5. El E. O. E. como ayuda en el área de Educación Física.

CONCLUSIONES
BIBLIOGRAFÍA
WEBGRAFÍA

INTRODUCCIÓN

Los temas 21 y 22 tratan sobre los **tres** grandes grupos de **discapacidades** y su grado de implicación en nuestra Área. El primero tiene una visión teórica y el segundo práctica.

La inclusión del alumnado con "necesidades educativas especiales" -hoy día dentro de la denominación genérica de "A. N. E. A. E.", junto a otros grupos de alumnos que también presentan "necesidades específicas de apoyo educativo" (L. O. E., 2006; R.D. 126/2014; Ley 17/2007 de Educación de Andalucía, art. 48.3; D. 97/2017; Orden de 25 de julio de 2008, por la que se regula la atención a la diversidad del alumnado que cursa la educación básica en centros docentes públicos de Andalucía)-, ha entrado a formar parte de las preocupaciones del sistema educativo y, por ello, la Actividad Física Adaptada es un aspecto importante que debe ser asumido por todos los maestros y maestras en el diseño de los Proyectos Curriculares de cada centro (Cumellas y Estrany, 2006).

La educación especial tiene sus orígenes en 1978, con el Informe Warnock, llamado así en honor a la británica Mary Warnock que presidió el "Comité de Investigación sobre la Educación Especial" (Romero y Lavigne, 2005). Es una declaración de los principios que deben regir la Educación Especial: "*todos los niños tienen derecho a asistir a la escuela ordinaria de su localidad, sin posible exclusión*". Este estudio influye en diferentes leyes europeas sobre educación (Ríos, 2003). A este cambio conceptual han ayudado numerosos elementos, pero es a este documento al que le debemos el concepto de *necesidades educativas especiales*. (Contreras, 2004).

La atención educativa a esta población ha experimentado una gran evolución en las últimas décadas, siendo por tanto muy dinámica. La publicación de los últimos decretos y órdenes, así como la divulgación editorial y congresual de investigaciones y experiencias lo prueban (Junta de Andalucía, 2001). En esta línea citamos al Plan Mejor Escuela de Infraestructuras Educativas (Acuerdo 11/10/2005), por el que todos los centros deberán disponer de todos los elementos para facilitar la entrada y tránsito por sus instalaciones.

Niños y niñas con necesidades educativas especiales tienen en **nuestra área** una importante faceta educativa ya que con la educación física adaptada consiguen el máximo desarrollo de su personalidad, si tenemos en cuenta sus posibilidades y limitaciones (Simard, Caron y Skrotzky, 2003).

En este sentido, la LOMCE/2013 nos dice que "*en esta etapa se pondrá especial énfasis en la atención a la diversidad del alumnado, en la atención individualizada, en la prevención de las dificultades de aprendizaje y en la puesta en práctica de mecanismos de refuerzo tan pronto como se detecten estas dificultades*".

A lo largo de este Tema veremos cómo es el desarrollo perceptivo-motor del alumnado afecto de discapacidad psíquica, sensorial y motórica y de qué forma se integra, así como las posibilidades de actuación que tiene la Educación Física a través de las **adaptaciones curriculares individualizadas**.

1. EL DESARROLLO MOTOR Y PERCEPTIVO DEL NIÑO DISCAPACITADO.

Desarrollo. Indica la diferenciación progresiva de órganos y tejidos con adquisición y perfeccionamiento de sus funciones (Zarco, 1992). A través de esta evolución que sufrimos durante nuestra existencia llegamos a la **madurez** intelectual, social y física.

Motor alude a la capacidad de movimiento, gracias a la cual niñas y niños exploran y conocen el medio, que es fundamental para su desarrollo.

Perceptivo. La percepción "*es un proceso integrador que sigue a la sensación y se encarga de originar formas mentales en el cerebro que suponen las representaciones internas del mundo exterior que hacen posible el conocimiento*" (Contreras, 2004).

La **discapacidad** manifiesta que una persona es menos capaz, que tiene determinadas limitaciones o restricciones para realizar tareas que normalmente son habituales en el resto de la población (Bravo, 2008). Niñas y niños con algún tipo de discapacidad tienden, por regla general, a tener algún tipo de **complicación** psicomotriz debido a dificultades en la percepción de información, en su elaboración mental y/o en su ejecución. Además, el contexto social no siempre le ayuda, por lo que su integración se ve afectada.

Nos referiremos ahora a los tres **grupos** de discapacidades que nos indica el título del Tema: Psíquicas, Sensoriales y Motóricas.

1.1. DESARROLLO MOTOR Y PERCEPTIVO DE LOS DISCAPACITADOS PSÍQUICOS.

Una de las características que algunos de estos sujetos presentan es cierta **torpeza** para moverse, para adaptarse a nuevas y más complejas circunstancias. A esto se le suelen añadir consideraciones en torno a sus características **físicas** cuando se les compara con sujetos catalogados como "normales". Estos rasgos físicos se **agudizan** más cuanto mayor es el grado de discapacidad.

1.1.1. CARACTERÍSTICAS FÍSICAS Y RENDIMIENTO MOTOR DE LOS DISCAPACITADOS PSÍQUICOS.

Las alteraciones anatómico-funcionales son más marcadas conforme el grado de discapacidad es mayor (discapacidad severa y profunda). En algunos casos es la extrema delgadez y en otros cierto sobrepeso. Los problemas cardio-respiratorios son más abundantes que en la población normal, así como la posibilidad de un funcionamiento inadecuado de los órganos internos. Suelen tener respiración deficiente y mala relajación, por lo que el nivel de condición física es endeble (Ríos, 2003). En resumen, presentan mayor fragilidad física, más torpeza motriz, menor estatura y peso inadecuado, bien por defecto o por exceso (Bravo, 2008).

El equilibrio es escaso, la deambulación deficitaria, así como las coordinaciones generales y las destrezas manipulativas (Bautista y Paradas, 2002).

El rendimiento físico y motor es **inferior** al de la población normal de la misma edad, estando aproximadamente de dos a cuatro años por detrás (Gallardo, 2008).

Todas estas peculiaridades **condicionan** nuestra intervención y necesitaremos, pues, recurrir a materiales muy específicos (Bravo, 2008).

1.1.2. LA CONDUCTA PERCEPTIVO-MOTRIZ DE LOS DISCAPACITADOS PSÍQUICOS.

Seguimos a Ríos y otros (2004), Ruiz Pérez (2005) y Bravo (2008).

La gran mayoría de ellos manifiestan una **inferioridad** con respecto a los sujetos normales en tareas de equilibrio, coordinación, fuerza, velocidad, resistencia, organización espacio-temporal y relajación. Sus movimientos **básicos** se muestran también **retrasados** con respecto a la población normal. Podemos decir que tanto la motricidad global como la fina están afectadas en los discapacitados psíquicos, si bien sus rendimientos pueden mejorar y acercarse a la normalidad si se les da la suficiente práctica.

Además, tienen frecuentes episodios de paratonías, sincinesias y alteraciones en su lateralidad, problemas en la relajación y mala excitabilidad en las motoneuronas, por lo que suelen tener **poca motivación** para el movimiento.

El tiempo de **reacción** se manifiesta menos rápido que el resto de los individuos, mostrando problemas de integración de los estímulos, de comienzo de la respuesta y de selección de la misma.

Tienen dificultades para **mantener la atención**, anticipar y seleccionar estímulos y respuestas. Su conducta perceptivo-motriz a los 9/10 años es semejante a la de niños normales de 5/6 años, si bien la pérdida de lo aprendido o su olvido no manifiesta diferencias significativas en relación a los sujetos normales.

La mayor parte de su actividad motriz está compuesta por movimientos simples, aunque la investigación ha demostrado que los discapacitados psíquicos son mucho más inactivos que el resto, lo que contribuye a su deficitario desarrollo motor y escasas conductas lúdicas cuando éstas constituyen un elemento imprescindible del desarrollo infantil.

Como dato final, los discapacitados psíquicos son más **eficientes** cuando la tarea a realizar es predominantemente **motriz**, mostrando más dificultades cuando el componente **perceptivo** es mayor. Estas son razones suficientes para recomendar imperiosamente que se les dote desde su nacimiento de una **amplia gama** de experiencias perceptivas y motrices.

1.2. DESARROLLO MOTOR Y PERCEPTIVO DE LOS DISCAPACITADOS SENSORIALES.

Nos referimos a los de tipo **visual** y **auditivo**. En ambos existe una **disminución** en el volumen de **información ambiental** que capta el individuo. La vista nos proporciona el sentido espacial, el oído el temporal, mientras que gusto, tacto y olfato son los sentidos de "contacto" en cuanto a darnos información (Bravo, 2008).

1.2.1. CARACTERÍSTICAS FÍSICAS Y RENDIMIENTO MOTOR.

- **Visuales**. El desarrollo motor sigue las mismas etapas y secuencias que los no afectados, aunque a un ritmo más lento debido a que tienen menores experiencias, de ahí que debamos paliar este déficit. Desde las edades más tempranas se notan marcadas **diferencias**, sobre todo en la percepción y en trabajos motores que necesitan desplazamiento, aunque con la práctica adecuada se han conseguido excelentes resultados. Por ello, el movimiento debe ser el principal apoyo o sustituto de la visión para conseguir el conocimiento del mundo que les rodea (Bueno y Toro, 2002). La falta de movimiento suele traer como consecuencia un aumento de peso, de ahí que debamos vigilarlo y proponer alternativas.

- **Auditivos**. El desarrollo físico, por regla general, es el **mismo** que el de la población normal, no apreciándose alteraciones anatomo-funcionales marcadas. El rendimiento físico y motor podrá llegar a ser muy parecido al estándar, si la educación recibida desde muy temprano se adapta a la discapacidad. La condición física suele ser baja debido a que es propenso a tener **hábitos sedentarios** y a que emplean parte de sus energías para la comunicación. Tienden a estar **solos** y aislados porque tienen escasas posibilidades de relacionarse con los demás, por lo que debemos plantear actividades de interacción social.

1.2.2. LA CONDUCTA PERCEPTIVO-MOTRIZ DE LOS DISCAPACITADOS SENSORIALES.

De modo general podemos afirmar que presentan, en relación a la población normal, **inferioridad** en tareas de organización espacio-temporal, equilibrio y coordinación.

- **Visuales**. En los movimientos básicos se muestran **lentos** y **torpes**. Tienen retraso en la orientación y dirección hacia objetos y, lógicamente, en el inicio de los movimientos, de ahí la importancia del juego motor desde las primeras edades, con refuerzos continuos que les animen a realizar habilidades básicas más gruesas: gateo, reptación, etc. El conocimiento del esquema corporal, obviamente, será más tardío, no olvidemos que padecen la ausencia de **feedback** externo (vista). Los problemas de integración de comienzo de respuesta y selección de la misma son, incluso, más rápidos que en la población normo vidente.

La capacidad de **atención** está más desarrollada de lo habitual. Se muestran más inactivos que los normales debido, fundamentalmente, a la falta de percepción espacial, con lo cual su desarrollo motor y la habilidad en las actividades lúdicas son inferiores.

- **Auditivos**. Las alteraciones están focalizadas a nivel **vestibular**, por lo que las habilidades motrices básicas, así como el equilibrio, alineación de los segmentos y la orientación espacio-temporal, se ven afectados, si bien a los cuatro años suele desaparecer.

En todo caso, el retraso es **proporcional** al grado de discapacidad, edad en que ocurrió y tratamiento recibido (Trigueros y Rivera, 1990).

1.3. DESARROLLO MOTOR Y PERCEPTIVO DE LOS DISCAPACITADOS MOTÓRICOS.

1.3.1. CARACTERÍSTICAS FÍSICAS Y RENDIMIENTO MOTOR.

El desarrollo físico **variará** en función de la discapacidad existente, siendo diferente para cada uno de los casos y cada una de las discapacidades mostradas: parálisis cerebral, espina bífida, distrofia muscular progresiva, ausencia de miembros, etc. (Serrano y Benavides, 2016).

En la ausencia de miembros el desarrollo físico del resto del cuerpo es igual al de la población normal. En cuanto al rendimiento motor también varía en función de la discapacidad, necesitando la ayuda, en la mayoría de los casos, de unos elementos auxiliares: muletas, prótesis, etc.

1.3.2. LA CONDUCTA PERCEPTIVO-MOTRIZ DE LOS DISCAPACITADOS MOTÓRICOS.

Aunque la conducta de todos los discapacitados motóricos se refiere exclusivamente a la motriz, no obstante, y como consecuencia, se pueden derivar otros trastornos que se manifiestan en mayor o menor grado. Los más significativos los podemos sintetizar en:

- Problemas de **movilidad**: desplazamiento, alteración de los patrones de movimiento voluntario, problemas de fuerza y coordinación en la manipulación.
- Problemas de **lenguaje**: alteraciones de articulación y expresión.
- Problemas **perceptivos**: trastornos visuales y auditivos.

El alumnado con problema motórico no va a poder realizar los **desplazamientos** de la misma forma que sus compañeros, por lo que debemos estimularlo para que deambule como le resulte más operativo.

2. LA INTEGRACIÓN ESCOLAR COMO RESPUESTA EDUCATIVA.

"Integrar es un proceso mediante el cual la niña o el niño con discapacidad es recibido en la escuela ordinaria y desarrolla en la misma una vida escolar como ser social" (Fortes, 1998).

La escuela debe dotarse de los medios y condiciones adecuadas para que estos alumnos **participen** en el conjunto de las actividades educativas junto a la población escolar normal (Gómez, Puig y Maza, 2009).

La escolarización del alumnado que presenta necesidades educativas especiales se regirá por los principios de **normalización** e **inclusión** y asegurará su no discriminación y la igualdad efectiva en el acceso y la permanencia en el sistema educativo, pudiendo introducirse medidas de flexibilización de las distintas etapas educativas, cuando se considere necesario. La escolarización de este alumnado en unidades o centros de educación especial, que podrá extenderse hasta los veintiún años, sólo se llevará a cabo cuando sus necesidades no puedan ser atendidas en el marco de las medidas de atención a la diversidad de los centros ordinarios (L. O. E., 2006).

a) **Centros Ordinarios:**

Dentro de la escuela ordinaria, todos los escolares con n. e. e. no requieren las mismas atenciones y apoyos, por lo cual existen tres **opciones** (VV. AA., 2008):

- **Integración en el aula ordinaria**. La niña o el niño con discapacidad se encuentran en el aula ordinaria permanentemente, junto al resto del grupo, donde recibe todos los apoyos y esfuerzos específicos proporcionados por su docente o el de educación especial. La responsabilidad del aprendizaje recae en el docente de aula. El de especial es un "auxiliar", administrador de recursos especiales y de orientaciones individualizadas. Prácticamente, el 100% de los casos de niñas y niños con discapacidad que pueden asistir a un centro educativo normal, se integra en la clase de Educación Física correspondiente con adaptaciones más o menos complejas.

- **Aulas de Apoyo e Integración**. El alumnado con discapacidad está normalmente en su aula, pero asiste a la de apoyo en ciertos momentos para recibir, prioritariamente, contenidos de materias instrumentales y reforzar los mismos, ya que por su naturaleza, no los puede recibir en su aula porque sigue un ritmo de aprendizaje distinto. Ahora la responsabilidad está compartida por ambos docentes, por lo que debe existir una excelente coordinación entre ambos. No suele darse en nuestra Área.

- **Integración parcial en aulas especiales a tiempo completo**. Se trata del uso de aulas de Educación Especial, como un Centro Especial, pero dentro de un Centro Ordinario. El recreo y las actividades extraescolares son los momentos facilitadores de la integración. Tiene muchos **detractores** por entender que es una enseñanza segregadora, etiquetadora y estigmatizadora y que repercute negativamente en la socialización del niño o niña.

b) **Centros Especiales:**

Asiste el alumnado que, debido a su gran déficit, no le es posible integrarse con los demás. Necesitan una atención tan individualizada y constante que es **imposible** darla en los centros habituales. Por ejemplo, parálisis cerebral severa, ciegos totales, etc.

En la **Ley Orgánica de Educación** (2006), el Título II *"Equidad en la Educación"*, engloba bajo el epígrafe *"alumnado con necesidad específica de apoyo educativo (A.N.E.A.E.)"* incluye a los de "necesidades educativas especiales (n.e.e.)", rigiéndose su escolarización por los *"principios de **normalización** e **inclusión** y asegurará su no discriminación y la igualdad efectiva en el acceso y permanencia en el sistema educativo"* (M.E.C. 2006).

El concepto de **inclusión** es más abierto, extenso y ambicioso que el de **integración**. Como lema general parte de la premisa *"una escuela común para niños diferentes"*, porque entiende como diferentes a todos y cada uno de los alumnos. Contempla a la escuela como equitativa e integradora de todo el alumnado, asume las diferencias individuales y se las valora como riqueza, dando a los alumnos una educación de calidad similar adaptada a sus necesidades de aprendizaje. Autores esenciales de la escuela inclusiva, son Bartolomé (2000), Ainscow (2002) y Cardona (2003), entre otros.

No es lo mismo "**integración**", que "**inclusión**"; la integración se refiere al proceso de enseñar juntos a niños con y sin necesidades educativas especiales. En cambio, la inclusión es una concepción mucho más profunda porque enfatiza el sentido de comunidad, para que todos tengan la sensación de pertenencia, apoyen y sean apoyados por sus padres y demás miembros de la comunidad escolar, al tiempo que se encuentran respuestas adecuadas a sus necesidades educativas especiales. Incluir no es borrar las diferencias, sino permitir a todos los alumnos pertenecer a una comunidad educativa que valore su individualidad.

Si la **tendencia psicopedagógica** hacia la inclusión que se viene observando en los últimos años fructifica, la eliminación de los centros "especiales o específicos" y que la totalidad del alumnado esté escolarizado en los centros "ordinarios" será una realidad.

Sólo la posibilidad de diferenciar reconociendo la diversidad, nos permitirá conocer en la sociedad y en la escuela la complejidad de esa diversidad y ésta no se refiere a la capacidad para aprender, sino a los distintos modos y ritmos de aprendizaje.

No olvidemos que cuando se trata de educación en la diversidad se debe hacer hincapié en las diferencias y, a partir de aquí, valorar la individualidad. A la hora de trabajar los contenidos se hacen **agrupamientos flexibles**, donde el docente incorpora alumnos de distintas capacidades y todos aprenden conjuntamente, porque el "grupo aprende sólo si todos y cada uno de sus componentes aprende".

A finales del siglo XX empiezan a desarrollarse con gran intensidad **otras líneas pedagógicas** parejas a la **inclusión** y que en el siglo XXI continúan extendiéndose, sobre todo, en escuelas ubicadas en zonas desfavorecidas. Así, toman auge las "**Comunidades de Aprendizaje**" (Flecha y Puigvert, 2002; Elboj y otros, 2002), inspirada entre otras, en las "**Escuelas Aceleradas**" (Levin, 2000) y "**Éxito para Todos**" (Aubert y otros, 2004), que comparten como idea central la educación inclusiva. En este mismo sentido, también podemos mencionar a los movimientos "**Educación y Entorno**" (Subirats, 2006) y "**Escuelas Eficaces**" (Davis y Thomas, 1999), junto a toda una corriente de **investigación** e **innovación** educativa.

Nuestra área/materia tiene un rol muy importante, y así lo han demostrado numerosas experiencias (Ríos, 2006). Uno de los motivos es que el **juego motor** lo podemos adaptar en función de nuestros intereses concretos:

- Contenidos motrices, sociales, etc.
- Tiempos
- Espacios
- Normas
- Recursos móviles
- Agrupaciones

3. IMPLICACIONES EN EL ÁREA DE EDUCACIÓN FÍSICA.

La **educación inclusiva** se sustenta en un desarrollo social de los derechos humanos que promueven la justicia social y la igualdad de oportunidades. Por ello debemos conocer modelos de prácticas que faciliten estrategias y recursos para implementar la inclusión de las personas con discapacidad en los programas de Educación Física en las **etapas** educativas, así como en las actividades desarrolladas en los centros deportivos y clubes (Comité Paraolímpico Español, 2014).

Ahora, tras ver algunos aspectos generales a tener en cuenta, nos centraremos en tratar las implicaciones concretas en cada grupo de discapacidad. Posteriormente expondremos cómo es la adaptación usual del currículo siguiendo la O. de 25/07/2008 y otros autores que la comentan.

En un sentido amplio, se puede decir que la Educación Física **Adaptada** consiste en un variado programa de desarrollo de actividades, ejercicios, juegos, ritmos y deportes destinados a luchar contra los diferentes tipos de discapacidades de los individuos (Winnick l993).

Pretende, como parte de la Educación Física, desarrollar planes individualizados que den respuesta a las necesidades especiales que tienen determinados sujetos, que requieren adaptaciones en Educación Física, cara a su participación satisfactoria y con éxito en las actividades físico-deportivas (Mendoza, 2009).

En las intervenciones para cada grupo de discapacidad, tomamos como **referencia**:

- Las características psicoevolutivas de los diferentes sujetos con necesidades especiales.
- La incidencia que las mismas tienen en su evolución.

El área de Educación Física, dado los contenidos que trabaja, es imprescindible para lograr unas mejoras significativas en esta población (Macarulla y Saiz -coords.-, 2009). Podemos actuar desde varias líneas: objetivos, organización, metodología, juego en grupo, habilidades perceptivas y básicas, aspectos psico-sociales, aspectos relacionados con la cognición, el procesamiento de la información, etc.

Pérez Turpin y Suárez (2004), citando a Linares (1994), apuntan una serie de objetivos complementarios a considerar en general con el alumnado con discapacidad:

- Superar las deficiencias que provocan un desequilibrio en la personalidad.
- Adquirir la utilización funcional de hábitos de comportamientos para tener autonomía e independencia.
- Lograr una adaptación progresiva a la realidad.
- Fortalecer las relaciones con personas que tienen problemas similares.
- Desarrollar actitudes y conductas que faciliten la integración social.

Arráez (1998), indica unas sugerencias **metodológicas generales**:

- *"Se debe crear cuanto antes un clima adecuado de aceptación normal, de agradable y amistosa convivencia.*

- *Es fundamental hacerles adquirir una percepción lo más fiel posible de sí mismos. Partiendo de este conocimiento tendrán más fácil elaborar una representación correcta del mundo que les rodea.*
- *Se tratará de lograr la aceptación de sí mismo como condición previa para adquirir un equilibrio emocional, afectivo y social adecuado.*
- *Conviene desarrollar actitudes positivas hacia la relajación ya que acumulan habitualmente más tensión y conflictos que el resto del alumnado.*
- *Es necesario insistir en que cada uno y una, dentro de sus limitaciones, consiga el mayor grado de independencia y autonomía posible, por la transferencia que esto puede suponer para su vida diaria.*
- *Aunque existan grandes dificultades para la intervención plena en las tareas lúdicas que se les propongan, siempre se podrá conseguir actitudes positivas como la cooperación, aceptación de normas, etc."*

Gómez Baldazo (2009), comenta que debemos **educar sin excluir**, haciendo de las clases de educación física un espacio para la cooperación, tolerancia e igualdad, sin tener por ello que dejar de lado los aprendizajes significativos, deseables en cualquier área escolar.

3.1. IMPLICACIONES EN EL ÁREA DE EDUCACIÓN FÍSICA DEL ALUMNADO AFECTADO DE DISCAPACIDAD PSÍQUICA.

La amplitud de diferencias individuales dentro de este grupo se manifiesta también en la diversidad de sus necesidades educativas especiales que, en mayor o menor grado, están presentes en cada una o uno (J. de Andalucía, 2001).

En los estados de discapacidad psíquica hay un proceso de **lentificación** y posterior detención de la evolución progresiva del desarrollo de la inteligencia, en un nivel más o menos deficitario. Así, distinguimos diversos **grados** de discapacidad psíquica: leve, media y severa.

También, dada la **interrelación** entre motricidad e inteligencia, y estando esta última alterada en su potencialidad, podemos deducir la **torpeza motriz** general que se manifiesta tanto a nivel grueso como fino; eso sí, estas alteraciones se atenúan y son más tratables conforme más leve es la discapacidad.

De una forma específica, Sevillano (2003), indica las siguientes adaptaciones:

a) **Adaptaciones del espacio**.

- Los espacios deben ser indefinidos, en todo caso, las limitaciones deben ser flexibles.

b) **Adaptaciones de los recursos materiales**.

- Utilizar pocos objetos a la vez para no distraer. Éstos deben ser lentos y fáciles de manipular. Pero al ir progresando, debemos sustituirlos por otros de menos tamaño y más velocidad. Un ejemplo son los balones hinchables.
- Debemos dejar que los manipulen y experimenten a partir de las propuestas de actividades presentadas.

c) **Adaptaciones de las habilidades**.

- La progresión debe ser nuestra norma, desde las más sencillas a otras de mayor nivel y siempre ajustándolas al nivel de realización.

- Alegre (2008), basándose en experiencias de Kaplan y Steele (2005), indica que está demostrada la eficacia de la terapia musical y corporal en personas con autismo, siendo extrapolables estos éxitos a otras áreas y materias. También propone tareas que impliquen la manipulación de objetos, con actividades cortas, estructuradas, simples y claras para conseguir que se vayan centrando en las mismas de forma paulatina, aunque partiendo de cosas que ya conozcan.

- Garrido (1994) propone, como ejemplo, la siguiente sucesión graduada:
    - Conceptos **espaciales**: dentro-fuera, grande-pequeño-mediano, arriba-abajo, lleno-vacío, gordo-delgado, etc.
    - Conceptos **temporales**: día-noche, ahora-antes-después, mañana-mediodía-tarde-noche, hoy-mañana-ayer, etc.

d) Presencia del monitor de soporte.

- Según el grado de afectación, podremos o no disponer de un monitor de soporte.
- Si no lo tenemos, propondríamos a un alumno-colaborador que rotaría en cada sesión. Para niñas o niños muy pequeños debemos utilizar la ayuda del docente de apoyo.

e) Consideraciones metodológicas. (Ríos y otros, 2004)

- Crear tareas nuevas a través de conductas que se observan en el alumno.
- Motivar a la actividad física a través de juegos y de pequeños éxitos del alumnado.
- Crear relaciones entre los alumnos a través de tareas colectivas de corta duración.
- Proporcionar informaciones concretas, claras, sencillas, comprensibles y breves. En su inicio, daremos pocas explicaciones y muy generales. Durante su desarrollo iremos recordándolas al afectado de discapacidad.
- Reforzar al alumno en todo momento dando información por varios canales.
- Prever pocas decisiones a tomar y con tiempo suficiente para dar la respuesta. Los sistemas de puntuación serán fáciles de seguir.
- Es necesario que estos alumnos asimilen, según sus posibilidades, el conocimiento de los aspectos espaciales y temporales que para ellos representan una especial dificultad.

Con todo, el maestro especialista deberá tener mucha **paciencia** en el proceso de aprendizaje de este alumnado y no esperar grandes cambios en periodos cortos de tiempo, debido a que los progresos se producirán de una forma gradual y lenta (Barcala, 2009). Daremos importancia a los pequeños cambios que vamos observando en el alumnado, muchas veces de tipo conductual (Bautista y Paradas, 2002).

3.2. IMPLICACIONES EN EL ÁREA DE EDUCACIÓN FÍSICA DEL ALUMNADO AFECTADO DE DISCAPACIDAD SENSORIAL.

a) Auditivos.

Este alumnado, por lo general, está escolarizado en centros ordinarios con el apoyo de docentes especialistas en audición y lenguaje. La oferta educativa es mayoritariamente integradora, dada sus grandes posibilidades de normalización social y académica (J. de Andalucía, 2001).

Distinguimos el grado extremo (**sordera**) de otros, donde los sujetos afectados conservan restos auditivos (**hipoacusia**).

Si el déficit auditivo proviene de una alteración en el oído interno, la **falta de equilibrio** será patente, y ello ocasionará desajustes en el control postural y más tarde en las actividades de desarrollo en el espacio que rodea al sujeto afectado: correr, saltar, agacharse... Si la alteración no radica en el oído interno, la motricidad no tiene por qué diferir respecto a la población normo-oyente, quizás más tiempo de respuesta motriz y peor velocidad gestual. Además, se puede reforzar la comunicación acentuando su expresividad corporal.

Así, en cuanto a la actividad física, los discapacitados auditivos pueden tener problemas en la **percepción** de órdenes **orales**; no obstante, el uso de prótesis adaptada, el empleo de gestos naturales, la verbalización con adecuada vocalización lenta por parte del maestro y hacerla cara a cara (para la lectura labial), eliminaría el problema (Real y otros 2002).

El uso de **estrategias visuales** es fundamental porque su vía de comunicación preferente es a través de la percepción visual. Por ello, en función de los contenidos que impartamos, nos serán de gran auxilio escritos, dibujos, etc. Las ayudas técnicas, y entre ellas las prótesis auditivas (cajita, retroarticular, intraarticular, intracanal) suelen ser muy útiles (Alegre, 2008).

Hemos de comenzar las explicaciones sobre las actividades a realizar con una demostración. La pronunciación de muchos fonemas y palabras no son visibles a través de los labios, por lo que debemos ayudarnos de gestos expresivos significativos. En muchas ocasiones tenemos que dar información complementaria para explicar determinados hechos (Alegre, 2008).

Por otra parte, vigilaremos el equilibrio:

- Con actividades más elementales respecto a las del grupo (si las programadas para éste aún no son alcanzables).
- Con actividades previas a las previstas para el grupo, que le hagan entrar en situación de guardar el equilibrio.

El efecto que posee la música sobre las acciones motrices reiterativas es ante todo rítmico, ya que el ritmo está arraigado en el cuerpo: respiración, caminar, etc. Hemos de ponerles en contacto con algunos elementos del mundo sonoro como son los contrastes y matices de duración, la intensidad y la altura; y con algunos de los elementos del fenómeno musical como el ritmo y la melodía. Es bueno usar instrumentos musicales para producir sonidos de contrastes, para lograr una discriminación auditiva más clara. El uso de panderos y otros instrumentos de percusión que puedan portar en sus manos y colocar en cualquier parte del cuerpo para sentir las vibraciones, es muy recomendable. Lo mismo podemos afirmar de la expresión corporal, que supone un importante recurso de apoyo para el desarrollo general de sus capacidades (Alegre, 2008).

Así pues, a escala física, la persona con sordera tiene las mismas capacidades físicas que el resto de la población, pero para desarrollarlas requiere las **adaptaciones visuales** correspondientes, porque a cada momento utiliza la vista para recabar información. No olvidemos que el alumno con sordera debe hacer un gran esfuerzo para poder comprender lo que el docente dice.

La práctica de deportes para el alumnado con discapacidad auditiva tiene multitud de beneficios, no sólo físicos, sino también para su **personalidad**, haciéndoles más tratables desde el punto de vista social y eliminando barreras de su entorno (Hernández -coord.-, 2015).

Los sordos y las sordas pueden hacer cualquier tipo de especialidad deportiva si se modifican mínimos detalles del reglamento a base de leves adaptaciones visuales (Bernal, 2002).

b) **Visuales**.

Las personas con déficit visual tienen reducida la cantidad y calidad de información que les llega del ambiente, reduciendo gran cantidad de claves que éste les ofrece y que son de gran importancia en la construcción del conocimiento sobre el mundo exterior (Bueno y Toro, 2002).

En los **ciegos**, el desarrollo del esquema corporal tiene, desde sus inicios, características diferenciales, siendo los estímulos auditivos y táctiles los únicos capaces de provocar una organización espacial respecto a sí mismo y al universo circundante. Pese a un desarrollo normal del esqueleto, se verán retardados en las etapas de posición sedente, gateo y locomoción (Martínez Abellán y otros, 2005).

En los **ambliopes**, su movilidad tendrá menos dificultades, por lo que serán capaces de asir objetos y evitar grandes obstáculos.

De una forma específica, Sevillano (2003), indica las siguientes adaptaciones:

b 1) **Adaptaciones del espacio**.

- Debemos verbalizar las características del juego, espacio y recursos que usemos, dándoles a conocer aquellos aspectos del ámbito sonoro del espacio que sean relevantes y propios del mismo (eco, sonido de la pelota al botar, pisadas, etc.)
- Igualmente les debemos proporcionar información sobre aspectos táctiles del espacio, por ejemplo textura de paredes y pavimentos.
- También son significativos, sobre todo para quienes tienen restos de visión, datos sobre los colores de las paredes, ubicación de las fuentes de luz, etc.
- Cualquier cambio físico en el aula, gimnasio, sala de psicomotricidad, etc. debemos explicarlo.
- Cuando estemos en el aula habitual, procuraremos que tengan espacio suficiente para los materiales específicos que usemos (iluminación o contraste, ampliadores como lupas, etc.); libro hablado o Braille hablado; materiales para la orientación y movilidad (bastones, planos, etc.); material de lectoescritura Braille; materiales para el dibujo (plantillas de dibujo positivo, tableros, etc.) y otros materiales tiflotécnicos.

b 2) **Adaptaciones de los recursos materiales**.

- Móviles con colores distintos a los de pavimentos y paredes para posibilitar su localización. También, si es posible, que sean sonoros, grandes y de tacto agradable.
- Los móviles ofrecerán seguridad, por ejemplo pelotas auto hinchables (Paramio y otros, 2010).
- Los elementos fijos, por ejemplo espalderas, no tendrán aristas.
- En los juegos de precisión es conveniente que coloquemos una cinta adhesiva de contraste. En los de persecución, es preciso que los concienciemos del color de la camiseta del perseguido y que ésta sea de tono fuerte.

- Cuando hagamos tareas con cuadernos, como colorear las canchas deportivas, si es necesario, proporcionaremos un atril para que acerque el papel a sus ojos, evitando su fatiga.
- Los anuncios deberán ser fácilmente accesibles, sobre todo si disponen de avisos en Braille o en caracteres grandes.
- Las notas que entreguemos deberán estar redactadas con tinta negra y con caracteres grandes o en Braille.
- En los juegos de precisión es conveniente que coloquemos una cinta adhesiva de contraste. En los de persecución, es preciso que los concienciemos del color de la camiseta del perseguido y que ésta sea de tono fuerte.
- Los móviles deben ser fácilmente analizados por el tacto.
- El material debemos almacenarlo siempre con el mismo orden, de esta manera el alumno ciego podrá ser autónomo, pudiendo cogerlo, utilizarlo y luego guardarlo. A su vez, este orden le evitará malas experiencias, como tropezar con elementos que estén fuera de su lugar y que le provocarían inseguridad al moverse en el espacio (Rivadeneyra, 2003).

b 3) **Adaptaciones de las normas**.

- Con frecuencia hay que recurrir a las llamadas de localización con voz o sonidos prefijados.
- Puede usarse la figura del ayudante o cooperante
- Aumentar los tiempos de decisión si es necesario
- Adaptar el reglamento cuando sea necesario

b 4) **Adaptaciones de la táctica**.

- Defensas de tipo zonal permiten mayor movilidad a los discapacitados visuales
- Los compañeros que estén más cerca deben ayudarle

b 5) **Adaptaciones en el lenguaje**.

- El lenguaje lo debemos adaptar al conocimiento previo de estos alumnos sobre su propia realidad y posibilidades de movimiento
- Explicar verbalmente todos los aspectos de la actividad, pero también sobre el espacio, móviles, compañeros, etc. Durante el transcurso del juego, insistir en la información oral

b 6) **Adaptaciones en las habilidades**.

- Variar la forma de desplazamiento de los demás para igualar la desventaja. Por ejemplo, saltar o gatear
- Que los gestos a realizar por el discapacitado sean más sencillos que los de los demás
- Ríos y otros (2004), establecen, además, pasar de tareas más simples a otras más complejas y variar las situaciones de enseñanza

3.3. IMPLICACIONES EN EL ÁREA DE EDUCACIÓN FÍSICA DEL ALUMNADO AFECTADO DE DISCAPACIDAD MOTÓRICA.

Las necesidades de este colectivo son muy **variadas** pues con este tipo de discapacidad se encuentran desde individuos que no poseen una extremidad, o quienes sufren enfermedades cardiacas, neuromusculares, etc. a quienes tienen parálisis (J. de Andalucía, 2001). Ahora vemos a los primeros y en un punto aparte a los afectados de Parálisis Cerebral (P. C.)

De una forma específica, Sevillano (2003), indica las siguientes adaptaciones:

a) **Adaptaciones del espacio**.

- Delimitarlo para compensar las dificultades de movilidad existentes
- Utilizar un pavimento adecuado, llano, sin gravilla, humedades, etc.
- Alternar las distancias para que los que tienen dificultad recorran menos espacio
- Reservar varias zonas como "espacio de seguridad" para que descansen

b) **Adaptaciones de los recursos materiales**.

- Utilizar móviles blandos para quienes tienen déficit en la prensión manual. Por ejemplo, pelotas auto hinchables
- Las sillas de ruedas deben estar adaptadas al movimiento y que los reposapiés estén recubiertos con goma espuma para evitar lesiones a los demás
- Podemos optar por andadores para quienes por sus lesiones lo necesiten
- Quienes, además, tengan problemas en la verbalización, debemos usar material auxiliar, como tablero silábico, de comunicación, tablilla con fotos, etc.
- Quienes tengan problemas de equilibrio, deben usar protecciones: coderas, rodilleras, etc. De todas maneras, el docente estará a la "sombra" de quien tenga esta dificultad

c) **Adaptaciones de las normas**.

- Modificar las reglas de los juegos en función de las necesidades. Recordarlo durante su realización
- Variar los sistemas de puntuación para equilibrar los equipos
- Los docentes ayudaremos con estímulos y feedback a quien, por ejemplo, no puedan girarse para ver lo que hay a su alrededor

d) **Adaptaciones de las habilidades**.

- Alterar las formas de desplazarse y modificar la habilidad para que sea posible su realización.

e) **Presencia del monitor de soporte**.

- En edades tempranas es mejor auxiliarse de un monitor o docente de apoyo para que nos ayude. En todo caso, que un compañero colabore y que éste rote en cada sesión

Bernal -coord.- (2005), basándose en Cano y otros (1997), nos presenta una serie de tablas-resumen para la realización de adaptaciones concretas en casos de discapacidad física.

3.3.1. IMPLICACIONES EN EL ÁREA DE EDUCACIÓN FÍSICA DEL ALUMNADO AFECTADO DE DISCAPACIDAD MOTÓRICA POR PARÁLISIS CEREBRAL (P. C.)

Seguimos a Gomendio (2000), Simard, Caron y Skrotzky, (2003), Sevillano (2003), López Franco (2004), Pérez Brunicardi -coord.- (2004), Pérez Turpin y Suárez (2004), Ruiz Pérez (2005), Cumellas y Estrany (2006), Alegre (2008), Timón y Hormigo -coords.- (2009) y Serrano y Benavides (2016).

La Parálisis Cerebral se asocia a una disminución o **abolición** de la motricidad. Son discapacitados motóricos, pero pueden tener otras disfunciones neurológicas que agrava el problema.

En general, la actividad física salva las deficiencias **circulatorias** debidas a las posturas viciadas, además de evitar la descalcificación, ya que potencia el flujo sanguíneo. Por otro lado, permite corregir la artrosis precoz, debida a las deformidades óseas, desviaciones de los ejes articulares y de las líneas de fuerza asimétricas.

Bajo esta perspectiva, debemos concebir la Educación Física como un área educativa y no le daremos el sentido rehabilitador propio de la fisioterapia, pues además de las clases de educación física, la rehabilitación se desarrollará durante varias horas al día.

Algunos ejemplos de **objetivos** a marcarnos, son:

- Estimular la expresión corporal, explorando las posibilidades comunicativas del propio cuerpo, promoviendo la aceptación y comunicación entre compañeros.
- Ayudar a que el alumno conozca bien su cuerpo y pueda sacar provecho de sus capacidades.
- Enseñar técnicas para dominar la silla de ruedas, muletas o cinturones con seguridad, que permitan salvar las barreras arquitectónicas que encontramos en la calle.
- Potenciar el hecho de pedir ayuda y de saber explicar a los demás como otorgarla.

Algunos aspectos **metodológicos** concretos a tener en cuenta, son:

- La frecuencia cardiaca suele ser más elevada de lo normal.
- La fatiga y la tetania muscular aparece más rápidamente, por lo que el tiempo de recuperación debe ser más largo.
- Frente a problemas de comunicación graves utilizar un sistema de comunicación aumentativa, si él o ella están de acuerdo, además de dar más tiempo en la elaboración de la respuesta.
- A veces, el alumnado en silla de ruedas no puede percibir lo que ocurre detrás. En este caso el docente deberá ayudarles narrando la situación.
- Existe una disminución de la elasticidad muscular, tendinosa y de las cápsulas articulares, que provoca retracciones.
- Podemos observar deformaciones óseas, atrofias musculares y alergias.
- Adaptar el material y normas de los juegos que utilizaremos en clase para que puedan ser jugados por todos.
- Quizá sea necesario prever alguna ayuda para cambiarse de ropa después de hacer la actividad física. Su discapacidad no ha de ser una excusa que interfiera en la adquisición de hábitos higiénicos.

3.4. LAS ADAPTACIONES CURRICULARES EN EDUCACIÓN FÍSICA. LOS PROGRAMAS DE ADAPTACIÓN CURRICULAR. EVALUACIÓN.

Resumimos lo publicado en la O. de 25 de julio de 2008, por la que se **regula la atención a la diversidad** del alumnado que cursa la educación básica en centros docentes públicos de Andalucía, BOJA nº 167, de 22/08/2008.

La adaptación curricular es una medida de **modificación** de los elementos del currículo, a fin de dar **respuesta** al alumnado con necesidades específicas de apoyo educativo (A. N. E. A. E.)

Los **programas** van dirigidos al alumnado de educación primaria y secundaria que se encuentre en alguna de estas situaciones:

a) Alumnado con necesidades educativas especiales.
b) Alumnado que se incorpora tardíamente al sistema educativo.
c) Alumnado con dificultades graves de aprendizaje.
d) Alumnado con necesidades de compensación educativa.
e) Alumnado con altas capacidades intelectuales.

En cualquier caso, la **escolarización** del alumnado que sigue programas de adaptación curricular se regirá por los **principios** de normalización, inclusión escolar y social, flexibilización y personalización de la enseñanza.

La escolarización del alumnado que se incorpora tardíamente al sistema educativo se realizará atendiendo a sus circunstancias, conocimientos, edad e historial académico. Cuando presenten graves carencias en la lengua española, recibirán una atención específica que será, en todo caso, simultánea a su escolarización en los grupos ordinarios. En este caso, el área de Educación Física contribuye especialmente debido a la relación sociomotriz que suponen los juegos motores.

Los centros que atiendan al A. N. E. A. E. dispondrán de recursos específicos que permitan garantizar la escolarización en condiciones adecuadas. Asimismo, recibirán una atención preferente de los servicios de apoyo a la educación.

Los programas de adaptación curricular en su concepción y elaboración podrán ser de **tres tipos** (VV. AA., 2008).

a) <u>Adaptaciones curriculares no significativas</u>, cuando el desfase curricular con respecto al grupo de edad del alumnado es **poco** importante. Afectará a los elementos del currículo que se consideren necesarios, metodología y contenidos, pero **sin modificar** los objetivos de la etapa educativa ni los criterios de evaluación. Son las más habituales.

Irán dirigidas al alumnado que presente **desfase** en su nivel de competencia curricular respecto del grupo en el que está escolarizado, por presentar dificultades graves de aprendizaje o de acceso al currículo asociadas a discapacidad o trastornos graves de conducta, por encontrarse en situación social desfavorecida o por haberse incorporado tardíamente al sistema educativo.

Serán adaptaciones **grupales**, cuando estén dirigidas a un grupo de alumnado que tenga un nivel de competencia curricular relativamente homogéneo, o individuales.

Estarán propuestas y elaboradas por el **equipo docente**, bajo la coordinación del profesor o profesora tutor y con el asesoramiento del equipo o departamento de orientación. En dichas adaptaciones constarán las áreas o materias en las que se va a aplicar, la metodología, la organización de los contenidos, los criterios de evaluación y la organización de tiempos y espacios.

En ningún caso, las adaptaciones curriculares grupales podrán suponer **agrupamientos discriminatorios** para el alumnado.

Las adaptaciones curriculares individuales podrán ser propuestas, asimismo, por el profesor o profesora del **área** o materia en la que el alumnado tenga el desfase curricular que será responsable de su elaboración y aplicación, con el asesoramiento del equipo o departamento de orientación.

b) Adaptaciones curriculares significativas, cuando el desfase curricular con respecto al grupo de edad del alumnado haga necesaria la modificación de los elementos del currículo, incluidos los objetivos de la etapa y los criterios de evaluación.

Irán dirigidas al alumnado con **necesidades educativas especiales**, a fin de facilitar la **accesibilidad** de los mismos al currículo. Se realizarán buscando el máximo desarrollo posible de las competencias clave; la evaluación y la promoción tomarán como referente los criterios de evaluación fijados en dichas adaptaciones. Requerirán una **evaluación psicopedagógica previa**, realizada por los equipos de orientación, con la colaboración del profesorado que atiende al alumnado. De dicha evaluación se emitirá un **informe** de evaluación psicopedagógica que incluirá, al menos, los siguientes apartados:

a) Datos personales y escolares.
b) Diagnóstico de la discapacidad o trastorno grave de conducta.
c) Entorno familiar y social del alumnado.
d) Determinación, en su caso, de las necesidades educativas especiales.
e) Valoración del nivel de competencia curricular.
f) Orientaciones al profesorado y a los representantes legales del alumnado.

El **responsable** de la elaboración de las adaptaciones curriculares significativas será el profesorado especialista en educación especial, con la colaboración del profesorado del área o materia encargado de impartirla y contará con el asesoramiento de los equipos o departamentos de orientación.

Sin perjuicio de su inclusión en el proyecto educativo del centro, las adaptaciones curriculares significativas quedarán recogidas en un **documento**, que estará disponible en la aplicación informática «Séneca» (regulado por el Decreto 285/2010, de 11 de mayo) y que contendrá, al menos, los siguientes apartados:

a) Informe de evaluación psicopedagógica al que se refiere el apartado 3 de este artículo.
b) Propuesta curricular por áreas o materias, en la que se recoja la modificación de las competencias y objetivos, metodología, contenidos, criterios de evaluación y organización del espacio y del tiempo.
c) Adaptación de los criterios de promoción y titulación, de acuerdo con los objetivos de la propuesta curricular.
d) Organización de los apoyos educativos.
e) Seguimiento y valoración de los progresos realizados por el alumnado, con información al mismo y a la familia.

La **aplicación** de las adaptaciones curriculares significativas será responsabilidad del profesor o profesora del área o materia correspondiente, con la colaboración del profesorado de educación especial y el asesoramiento del equipo o departamento de orientación.

La **evaluación** del alumnado con N. E. E. que tenga **adaptaciones curriculares** será competencia del tutor o tutora, con el asesoramiento del equipo de orientación educativa. Los criterios de evaluación establecidos en dichas adaptaciones serán el referente fundamental para valorar el grado de adquisición de las competencias (O. 10/08/2007, art. 7).

Independientemente de ello, la O. de 04/11/2015, sobre evaluación de Primaria en Andalucía, establece en su art. 15 la correspondiente al alumnado con N.E.A.E. Los puntos que más nos interesan dado el contenido de este tema, son:

1. La evaluación del alumnado con necesidades específicas de apoyo educativo se regirá por el principio de inclusión y asegurará su no discriminación y la igualdad efectiva en el acceso y la permanencia en el sistema educativo.
2. El equipo docente deberá adaptar los instrumentos para la evaluación del alumnado teniendo en cuenta las necesidades específicas de apoyo educativo que presente.
3. La evaluación y promoción del alumnado con necesidades específicas de apoyo educativo con adaptaciones curriculares, será competencia del equipo docente, con el asesoramiento del equipo de orientación del centro y bajo la coordinación de la persona que ejerza la tutoría. Los documentos oficiales de evaluación, así como las comunicaciones que se realicen con las familias del alumnado con necesidades específicas de apoyo educativo con adaptación curricular, recogerán información sobre las áreas adaptadas.
4. Se podrá realizar una adaptación curricular significativa al alumnado con necesidades educativas especiales cuyo nivel de competencia curricular sea inferior, al menos en dos cursos respecto al curso académico en el que esté escolarizado. Esta adaptación requerirá que el informe de evaluación psicopedagógico del alumno o alumna recoja la propuesta de aplicación de esta medida.
5. Cuando la adaptación curricular sea significativa, la evaluación se realizará tomando como referente los objetivos y criterios de evaluación fijados en dichas adaptaciones, conforme a lo establecido en el artículo 18.3 del D. 97/2015. Se especificará que la calificación positiva en las áreas adaptadas hace referencia a la superación de los criterios de evaluación recogidos en su adaptación y no a los específicos del curso académico en el que esté escolarizado el alumno o alumna.
6. El profesorado especialista participará en la evaluación del alumnado con necesidades educativas especiales, conforme a la normativa aplicable relativa a la atención a la diversidad. Así mismo, se tendrá en cuenta para este alumnado la tutoría compartida a la que se refiere la normativa vigente por la que se regula la atención a la diversidad.

Las **decisiones** sobre la evaluación de las adaptaciones curriculares y la promoción y titulación del alumnado se realizarán de acuerdo a los objetivos fijados en la adaptación curricular significativa y será realizada por el equipo docente, oído el equipo o departamento de orientación.

c) <u>Adaptaciones curriculares para el alumnado con altas capacidades intelectuales</u>. No nos afectan directamente. En cualquier caso, se nos pueden presentar chicas o chicos que hacen deporte en escuelas o en clubes. Su mayor nivel de habilidad nos hará que aumentemos la dificultad de la tarea o la velocidad de ejecución de la misma.

3.5. EL E.O.E. COMO AYUDA EN EL ÁREA DE EDUCACIÓN FÍSICA.

Además de los docentes de apoyo, en los centros educativos ordinarios, la evaluación psicopedagógica, el dictamen de escolarización, la orientación educativa y el asesoramiento al profesorado para la atención a este alumnado y la intervención directa, corresponde en Primaria a los Equipos de Orientación Educativa. Están compuestos por:
- Trabajador/a social
- Médico/a
- Psicopedagogo/a
- Logopeda.

Este equipo multiprofesional itinerante **se rige en Andalucía** por la Orden de 23/07/2003, por la que se *regulan determinados aspectos sobre la organización y el funcionamiento de los Equipos de Orientación Educativa*, BOJA nº 155, de 13/08/2003; la Orden de 25 de julio de 2008, *por la que se regula la atención a la diversidad del alumnado que cursa la educación básica en los centros docentes públicos de Andalucía*, BOJA nº 167, de 22/08/2008; por el Decreto 328/2010, de 13 de julio, por el que se aprueba el Reglamento Orgánico de las escuelas infantiles de segundo grado, de los colegios de educación primaria, de los colegios de educación infantil y primaria, y de los centros públicos específicos de educación especial, BOJA nº 139, de 16/07/2010 y por el Decreto 213/1995, de 12 de septiembre, por el que *se regulan los Equipos de Orientación Educativa*, BOJA nº 153, de 29/11/1995.

CONCLUSIONES

Hemos visto cómo es el desarrollo motor y perceptivo de niñas y niños con discapacidad atendiendo a los tipos de psíquicos, sensoriales y motóricos. La escuela tiene el deber de integrarlos, siempre que el nivel de discapacidad lo permita, y darles soluciones a su problemática. Diversos decretos y órdenes lo avalan. El Área de Educación Física tiene la llave para esta integración debido a las especiales características del juego y del tratamiento de las percepciones corporales, espaciales y temporales que permiten la inclusión de este alumnado en el aula con más facilidad que en otras áreas.

BIBLIOGRAFÍA

- ALEGRE, O. M. (2008). *Los gestos y movimientos de la diversidad*. En CUÉLLAR, Mª J. y FRANCOS, Mª C. *Expresión y comunicación corporal*. Wanceulen. Sevilla.
- ARRÁEZ, J. M. (1997). *¿Puedo jugar yo?* Proyecto Sur. Granada.
- ARRÁEZ, J. M. (1998). *Teoría y praxis de las adaptaciones curriculares en la Educación Física*. Aljibe. Málaga.
- ASÚN, S. y otros (2003). *Educación física adaptada para Primaria*. INDE. Barcelona.
- BARCALA, R. (2009). *Estrategias para la integración del alumnado con necesidades educativas especiales*. En GUILLÉN, M. y ARIZA. L. *Las Ciencias de la Actividad Física y el Deporte como fundamento para la práctica deportiva*. U. de Córdoba.
- BERNAL, J. A. (2002). *El profesor de educación física y el alumno sordo*. Wanceulen. Sevilla.
- BONANY, T. (1998). *Descripción y análisis de la discapacidad psíquica*. En RÍOS, M. y otros. *El juego y los alumnos con discapacidad*. Paidotribo. Barcelona.
- BRAVO, J. (2008). *Atención a la diversidad y su tratamiento dentro del mundo de la educación física*. CEP. Madrid.
- CENTRO NACIONAL DE RECURSOS EN EDUCACIÓN ESPECIAL (1992). *Alumnos con necesidades educativas especiales y adaptaciones curriculares*. M. E. y C. Madrid.
- COMITÉ PARALÍMPICO ESPAÑOL (2014). *La inclusión en la actividad física y deportiva*. Paidotribo. Barcelona.
- CONTRERAS, O. (2004). *Didáctica de la Educación Física. Un enfoque constructivista*. INDE. Barcelona.
- CUMELLAS, M. y ESTRANY, C. (2006). *Discapacidades motoras y sensoriales en Primaria*. INDE. Barcelona.
- ESCRIBÁ, A. (2002). *Síndrome de Down. Propuestas para la intervención*. Gymnos. Madrid.
- GALLEGO, J. (1997). *Atención a la diversidad educativa: Adaptaciones curriculares*. En DELGADO, M. A. -coord.-. *Formación y Actualización del profesorado de Educación Física y del Entrenamiento Deportivo*. Wanceulen. Sevilla.
- GALLARDO, P. (2008). *La atención educativa a las personas con deficiencia mental*. Wanceulen. Sevilla.
- GARCÍA, J. (1993). *Guía para realizar adaptaciones curriculares*. E.O.S. Madrid.

- GOMENDIO, M. (2000). *Educación Física para la integración de niños con necesidades educativas especiales*. Gymnos. Madrid.
- GÓMEZ, C.; PUIG, N. y MAZA, G. (2009). *Deporte e integración social*. INDE. Barcelona.
- HERNÁNDEZ, F. J. -Coord.- (2015). *El deporte para las personas con discapacidad*. Edittec. Barcelona.
- GONZÁLEZ MANJÓN, D. (1995). *Adaptaciones Curriculares*. Aljibe. Málaga.
- JUNTA DE ANDALUCÍA. C.E.J.A. (1994). *La atención educativa de la diversidad de los alumnos en el nuevo modelo educativo*. Sevilla.
- JUNTA DE ANDALUCÍA. C.E.J.A. (2000). *Novedades para la actualización del censo de alumnos con N.E.E. en nuestra Comunidad. Anexo I*".
- JUNTA DE ANDALUCÍA. C.E.J.A. (2001). Revista *Andalucía Educativa*. Nº 26, agosto de 2001. Pág. 22 a 36.
- JUNTA DE ANDALUCÍA. C.E.J.A. (2003). *Plan Andaluz para la Inclusión Social*. Sevilla. Aprobado en Consejo de Gobierno de 11 de noviembre de 2003. B. O. J. A. nº 227, de 25/11/2003.
- JUNTA DE ANDALUCÍA (2005). *Acuerdo de 11 de octubre de 2005, del Consejo de Gobierno, por el que se aprueba el Plan «Mejor Escuela»*. BOJA nº 213, de 02/11/2005.
- JUNTA DE ANDALUCÍA (2015). *Orden de 17 de marzo de 2015, por la que se desarrolla el currículo correspondiente a la educación Primaria en Andalucía*. BOJA nº 60 de 27/03/2015.
- JUNTA DE ANDALUCÍA (2015). *Decreto 97/2015, de 3 de marzo, por el que se establece la ordenación y el currículo de la educación Primaria en la comunidad Autónoma de Andalucía*. BOJA nº 50 de 13/03/2015.
- JUNTA DE ANDALUCÍA (2007). *Ley 17/2007, de 10 de diciembre, de Educación de Andalucía (L. E. A.)*. B. O. J. A. nº 252, de 26/12/2007.
- JUNTA DE ANDALUCÍA (2008). *Orden de 14 de julio de 2008, por la que se regula la orientación y acción tutorial en los centros públicos que imparten la enseñanza de Educación Infantil y primaria*. BOJA nº 157, de 07/08/2008.
- JUNTA DE ANDALUCÍA (2008). *Orden de 25 de julio de 2008, por la que se regula la atención a la diversidad del alumnado que cursa la educación básica en centros docentes públicos de Andalucía*. BOJA nº 167, de 22/08/2008.
- JUNTA DE ANDALUCÍA (2010). *Decreto 328/2010, de 13 de julio, por el que se aprueba el Reglamento Orgánico de las escuelas infantiles de segundo grado, de los colegios de educación primaria, de los colegios de educación infantil y primaria, y de los centros públicos específicos de educación especial*. BOJA nº 139, de 16/07/2010.
- JUNTA DE ANDALUCÍA (2010). *Orden de 20 de agosto de 2010, por la que se regula la organización y el funcionamiento de las escuelas infantiles de segundo ciclo, de los colegios de educación primaria, de los colegios de educación infantil y primaria, y de los centros públicos específicos de educación especial, así como el horario de los centros, del alumnado y del profesorado*. BOJA nº 169, de 30/08/2010.
- LÓPEZ FRANCO, A. (2004). *Actividades físico-deportivas con colectivos especiales*. Wanceulen. Sevilla.
- MACARULLA, I. y SAIZ, M. (2009). *Buenas prácticas de escuela inclusiva*. Graó. Barcelona.
- MARCHESI, A. y MARTÍN, F. (2002). *Una escuela y una sociedad desde la diversidad*. Revista Digital. Buenos Aires. Año 8, nº 47. abril 2002. http//www.efdeportes.com
- MARTÍNEZ PIÉDROLA, E. (2006). *Hábitos saludables en la prevención de la obesidad infantil: "Dieta y Ejercicio"*. En *Deportes para todos*. P. M. D. del Ayuntamiento de Dos Hermanas.
- M.E.C. (2013). *Ley Orgánica 8/2013, de 9 de diciembre, para la mejora de la calidad educativa*. BOE Nº 295, de 10/12/2013.
- M.E.C. (2014). *R. D. 126/2014, de 28 de febrero, por el que se establece el currículo básico de la Educación Primaria*. B.O.E. nº 52, de 01/03/2014.

- M. E. C. (2006). *Ley Orgánica 2/2006, de 3 de mayo, de Educación (L. O. E.)*. B. O. E. nº 106, de 04/05/2006, modificada en algunos artículos por la LOMCE/2013.
- M. E. C. (2015). *ECD/65/2015, O. de 21 de enero, por la que se describen las relaciones entre las competencias, los contenidos y los criterios de evaluación de la educación primaria, la educación secundaria obligatoria y el bachillerato*. B.O.E. nº 25, de 29/01/2015.
- MENDOZA, N. (2009). *Propuestas prácticas de Educación Física inclusiva para la etapa Secundaria*. INDE. Barcelona.
- MIÑANBRES, A. (2004). *Atención educativa al alumnado con dificultades de visión*. Aljibe. Málaga.
- MIRÓ, J. (1998). *El déficit auditivo*. En RÍOS y otros, *El juego y los alumnos con discapacidad*. Paidotribo. Barcelona.
- NAVARRO, V. (2007). *Tendencias actuales de la Educación Física en España. Razones para un cambio*. (1ª y 2ª parte). Revista electrónica INDEREF. Editorial INDE. Barcelona. http://www.inderef.com
- NARANJO, J. (2006). *Asma y actividad física en la edad escolar*. En *Deportes para todos*. P. M. D. del Ayuntamiento de Dos Hermanas.
- PÉREZ TURPIN, J. A. y SUÁREZ, C. (2004). *Educación Física y alumnos con necesidades educativas especiales por causas motrices*. Wanceulen. Sevilla.
- PÉREZ BRUNICARDI, D.; LÓPEZ PASTOR, V. M.; IGLESIAS, P. (2004). *La atención a la diversidad en Educación Física*. Wanceulen. Sevilla.
- POSADA, F. (2000). *Ideas prácticas para la enseñanza de la Educación Física*. Agonos. Lérida.
- RIGAL, R. (2006). *Educación motriz y educación psicomotriz en Preescolar y Primaria*. INDE. Barcelona.
- RÍOS, M. y colls. (1998). *El juego y los alumnos con discapacidad*. Paidotribo. Barcelona.
- RÍOS, M. (2003). *Manual de Educación Física Adaptada*. Paidotribo. Barcelona.
- ROMERO, J. F. y LAVIGNE, R. (2005). *Dificultades en el Aprendizaje: unificación de criterios diagnósticos*. C.E.J.A., D. G. de Participación y Solidaridad Educativa. Sevilla.
- RUIZ PÉREZ, L. M. (2005). *Moverse con dificultad en la escuela*. Wanceulen. Sevilla.
- SÁNCHEZ RODRÍGUEZ, J. y LLORCA, M. (2004). *Atención educativa al alumnado con parálisis cerebral*. Aljibe. Málaga.
- SERRANO, A y BENAVIDES, A. (2016). *Educación Física para alumnos con discapacidad motora*. CCS. Madrid.
- SEVILLANO, G. (2003). *Contextos espaciales y materiales para la Educación Física Adaptada*. En RIVADENEYRA, Mª. L. y GÓMEZ, E. Mª. *Desarrollo de la Motricidad*. Wanceulen. Sevilla.
- SIMARD, D.; CARON, F. y SKROTZKY, K. (2003). *Actividad física adaptada*. INDE. Barcelona.
- SKROTZKY, K. (2003). *La espina bífida*. En SIMARD, D.; CARON, F. y SKROTZKY, K. *Actividad física adaptada*. INDE. Barcelona.
- TORO, S. y ZARCO, J. (1995). *Educación para niños y niñas con necesidades educativas especiales*. Aljibe. Málaga.
- VIDAL, M. (1998). *Descripción y Análisis de la discapacidad visual*. En RÍOS, M. y otros, *El juego y los alumnos con discapacidad*. Paidotribo. Barcelona.
- VV. AA. (2008). *Colección de manuales de atención al alumnado con necesidades específicas de apoyo educativo*. (10 volúmenes). C. E. J. A. Sevilla

WEBGRAFÍA (Consulta en septiembre de 2016).
http://www.adideandalucia.es
http://recursostic.educacion.es/primaria/ludos/web/index.html
www.juntadeandalucia.es/educacion/descargasrecursos/curriculo-primaria/index.html

TEMA 23

MÉTODOS DE ENSEÑANZA EN EDUCACIÓN FÍSICA. ADECUACIÓN A LOS PRINCIPIOS METODOLÓGICOS DE LA EDUCACIÓN PRIMARIA.

ÍNDICE

INTRODUCCIÓN

1. MÉTODOS DE ENSEÑANZA EN EDUCACIÓN FÍSICA.

    1.1. Concepto.

    1.2. Términos relacionados con método.

        1.2.1. El Método como Intervención Didáctica.

        1.2.2. El Método como Procedimiento de Enseñanza.

        1.2.3. El Método como Estilo de Enseñanza.

            1.2.3.1. Estilos de Enseñanza y comunicación-organización del grupo.

            1.2.3.2. Estilos de Enseñanza y tiempo de compromiso motor.

            1.2.3.3. Estilos de Enseñanza y posición del docente.

        1.2.4. El Método como Técnica de enseñanza.

        1.2.5. El Método como Estrategia en la Práctica.

        1.2.6. El Método como Recurso de Enseñanza.

2. ADECUACIÓN A LOS PRINCIPIOS METODOLÓGICOS DE LA EDUCACIÓN PRIMARIA.

CONCLUSIONES

BIBLIOGRAFÍA

WEBGRAFÍA

INTRODUCCIÓN

De forma genérica podemos afirmar que la metodología constituye el conjunto de criterios y decisiones que organizan, de forma global, la acción didáctica en el aula.

Centra su interés en cómo enseñar la materia a una persona concreta, de una edad fijada, en un determinado contexto y logrando que aprenda los contenidos (Gil, 2004). A esto debemos añadir que se trata de un individuo con unas características singulares y ritmos de aprendizaje diferenciados de los demás.

La ley 17/2007, de 10 de diciembre, de Educación en Andalucía (L. E. A.), indica que la metodología que empleemos "*será fundamentalmente activa y participativa, favoreciendo el trabajo individual y cooperativo del alumnado en el aula*". Esto significa una metodología activa, no directiva, basada en la actividad **exploratoria**, de descubrimiento del propio alumno y alumna, y en una intervención docente de ayuda y **guía**, en función de las respuestas del alumnado y de las dificultades que vayan encontrando en la realización de las diferentes experiencias.

Niñas y niños encuentran en el medio que les rodea un cúmulo de problemas de todo tipo, incluido los motores, que deben superar, lo que les va a dotar de un gran bagaje experimental, capaz de ir modificando y desarrollando sus capacidades cognitivas, perceptivo-motrices y socioafectivas. Esto significa que es la actividad libre y espontánea la que en un primer momento responde a un modelo de enseñanza **globalizada**, donde los centros de interés son los propios alumnos, alumnas y sus vivencias motrices, donde conseguimos que participen, se motiven, autodescubran, imaginen, decidan y comuniquen, entre otros aspectos.

Un enfoque metodológico basado en las competencias clave y en los resultados de aprendizaje conlleva importantes cambios en la concepción del proceso de enseñanza-aprendizaje, cambios en la organización y en la cultura escolar; requiere la estrecha colaboración entre los docentes en el desarrollo curricular y en la transmisión de información sobre el aprendizaje de los alumnos y alumnas, así como cambios en las prácticas de trabajo y en los métodos de enseñanza (O. ECD/65/2015).

1. MÉTODOS DE ENSEÑANZA EN EDUCACIÓN FÍSICA.

La totalidad de este punto lo extractamos, fundamentalmente, de Delgado Noguera (1992, 1993, y 1996), aunque también nos apoyamos en Mosston (1978), Sánchez Bañuelos (1996), Posada (2000), Gil Morales (2001), Galera (2001), Sicilia (2001), Chinchilla y Zagalaz (2002), Fernández -coord.- (2002), Sicilia y Delgado Noguera (2002), Sáenz-López (2002), Joyce y otros (2002), Sánchez Bañuelos y Fernández, -coords.- (2003), Gil Madrona (2004), Annicchiarico, (2005), Román (2006), Calderón (2009) y Blázquez y otros (2010).

1.1. CONCEPTO.

Un **método** de enseñanza "*es un conjunto de momentos y técnicas, lógicamente coordinados, para dirigir el aprendizaje del alumno hacia determinados objetivos*" (Delgado, 1992). El método **media** entre maestro, alumno y lo que se quiere enseñar. En este sentido amplio, podemos comprobar que el término "método" es empleado como **sinónimo** de todas aquellas expresiones que en didáctica conducen, dirigen, el aprendizaje del alumnado. Lo mismo ocurre con "**Intervención Didáctica**" y "**Procedimiento de Enseñanza**", que se entienden como muy generales.

La LOMCE/2013, nos indica que la "*metodología didáctica comprende tanto la descripción de las prácticas docentes como la organización de su trabajo*". Por su parte, el

R.D. 126/2014 **define** a la metodología didáctica como *"conjunto de estrategias, procedimientos y acciones organizadas y planificadas por el profesorado para el aprendizaje del alumnado y el logro de los objetivos planteados"*.

En España existen **dos** grandes **corrientes** de opinión, una de influencia **francesa** (Famose, Blázquez, etc.) y la otra de influencia **americana** (Mosston, Sánchez Bañuelos, Delgado, Sicilia y otros).

CORRIENTE	INTERVENCIÓN DIDÁCTICA	CATEGORÍAS
Francesa	Estrategias pedagógicas	Tareas definidas; semi definidas; no definidas
Americana	Estilos de enseñanza	Tradicionales; Individualizadores; Participativos, etc.

Zagalaz, Cachón y Lara (2014), establecen dos grandes grupos metodológicos:

a) Metodología basada en el **alumno/a**, haciéndolo partícipe de su propia educación: metodología **constructivista** o deductiva.
b) Metodología basada en el **docente**, el alumno/a se limita a obedecer y repetir: metodología **conductista** o inductiva.

Así pues, existen tantos criterios para definirlo y tantas utilidades diferentes, que *"lo más preciso es utilizar el término específico para cada función"*. (Delgado, 1992).

1.2. TÉRMINOS RELACIONADOS CON MÉTODO.

Los **términos** que analizamos, relacionados con el ámbito de lo que se entiende como método, son los siguientes, de modo resumido:

PUNTO	TÉRMINO	SIGNIFICADO
1.2.1.	Intervención Didáctica	Todas las acciones que el profesor realiza en el proceso de enseñanza-aprendizaje. Término **genérico**.
1.2.2.	Procedimiento de enseñanza	La forma general de conducir la enseñanza. Término **genérico**.
1.2.3.	Estilos de enseñanza	Especificación, concreción de la intervención educativa, por lo que **engloba** a numerosos aspectos: comunicación y organización grupal, tiempo de compromiso motor y la posición del docente con respecto al grupo. Término **específico**.
1.2.4.	Técnica de enseñanza	Cantidad de información a transmitir por el docente sobre lo que quiere enseñar. Término **específico**.
1.2.5.	Estrategia en la práctica	La progresión empleada en el aprendizaje de la habilidad. Término **específico**.
1.2.6.	Recursos	Los mediadores que se utiliza de forma concreta en la enseñanza: espacio, material, personas... Término **específico**.

1.2.1. EL MÉTODO COMO INTERVENCIÓN DIDÁCTICA.

La intervención didáctica constituye un concepto más **amplio** que engloba al método, porque se refiere a la actuación docente en el aula con sus diferentes manifestaciones:

- En la **planificación** y diseño de la clase, y sus correspondientes decisiones **preactivas**.
- En la acción organizativa, ejecutiva, etc. durante la sesión o fase **interactiva**
- En la **evaluación** y **control** del proceso de enseñanza-aprendizaje, lo cual comporta reflexionar sobre lo hecho y la adopción de unas medidas posteriores o **postactivas**.

Es, por tanto, un término **global** con que el que se quiere señalar toda actuación del profesor con la intención de enseñar y educar.

La intervención didáctica se concreta en el aula con una serie de interacciones didácticas:

- Interacción de tipo **técnico**. Técnica de enseñanza (comunicación).
- Interacción de tipo **organizativo**. Control de la actividad (distribución y evolución de los alumnos durante la clase: masiva, grupos, recorridos, distribución trabajo-pausa, etc.).
- Interacción de tipo **socio-afectivo**. Relaciones interpersonales (clima en el aula).

1.2.2. El MÉTODO COMO PROCEDIMIENTO DE ENSEÑANZA

El D.R.A.E. define el procedimiento como la acción de proceder, esto es, el modo, forma, y orden de comportarse y gobernar uno sus acciones, bien o mal. También como el método de ejecutar algunas cosas, por lo que es un término genérico que no especifica ninguna conducta docente.

1.2.3. EL MÉTODO COMO ESTILO.

Los estilos de enseñanza muestran cómo se desarrolla la **interacción** profesor-alumno en el proceso de adopción de decisiones y para definir el rol de cada uno en ese proceso. Pueden ser definidos como *"los modos o formas concretas que adoptan las relaciones entre los elementos personales del proceso educativo, y que se manifiestan, precisamente, en la presentación que el profesor hace de la materia o de los aspectos de la enseñanza"* (Sánchez Bañuelos, 1996). Fernández y Sarramona, citados por Delgado (1992) y Sicilia y Delgado (2002), lo entienden como *"la forma peculiar que tiene cada profesor de elaborar el programa, aplicar el método, organizar la clase y relacionarse con los alumnos; es decir, el modo de conducir la clase"*.

En definitiva, el estilo de enseñanza es una forma peculiar de interacción con los alumnos que se manifiesta antes, durante y después de la sesión. Especifica a varios parámetros: técnica de enseñanza, estrategia, recursos, organización, etc.

El estilo de enseñanza manifiesta la personalidad del maestro o maestra y ha de adaptarse al alumnado, a la materia enseñada, a los objetivos pretendidos, al contexto de la clase, a las interacciones, etc.

El docente eficaz deberá dominar diferentes estilos de enseñanza, que aplicará según un análisis previo de la situación, los combinará adecuadamente según los objetivos y los transformará para crear otros nuevos, como un proceso abierto de **investigación** en el aula, que no ha de considerarse cerrado.

La **propuesta** de **clasificación** de los estilos de enseñanza que hacemos es la de Delgado (1992), basándose en otros autores, como Mosston, (1978):

RESUMEN DE LOS ESTILOS DE ENSEÑANZA (Delgado, 1992)		
TRADICIONALES - M. Directo - M. D. Modificado - A. Tareas	INDIVIDUALIZADOS - Grupos Nivel - E. Modular - Prog. Individual	PARTICIPATIVOS - E. Recíproca - Gr. Reducido - Microenseñanza
SOCIALIZADORES - A. Cooperativo (grupos). - Juego de Roles - Simulación social - Análisis Tema Público	COGNITIVOS - Descubrimiento Guiado - Resolución Problemas	CREATIVOS - Libre Exploración - Sinéctica Corporal - Tormenta Ideas Motrices

No obstante, Navarro (2007), "asimila" estos grupos de estilos a tres grandes conjuntos de "**estrategias de enseñanza-aprendizaje**". Son orientadoras del proceso habida cuenta que dirigen todo planteamiento didáctico con arreglo a un paradigma funcional y emancipador:

- **Estrategia Instructiva**. El maestro toma la mayor parte de las decisiones. Hay una información general masiva y un conocimiento de resultados de índole individualizado. Como ejemplo citamos al Mando Directo, Asignación de Tareas, Grupos de Nivel, Programas Individualizados, etc.
- **Estrategia Participativa**. Fomentamos la participación del alumnado en tareas docentes: observa y corrige, toma decisiones sobre contenidos etc., por lo que se trata de compartir las tomas de decisiones entre maestro y alumno. Como ejemplo tenemos al estilo de Enseñanza Recíproca, Micro enseñanza y Grupos Reducidos.
- **Estrategia Emancipadora**. El alumnado toma decisiones sobre su propia motricidad, sobre cómo resolver las actividades, etc. Los estilos de Descubrimiento Guiado y Resolución de problemas son dos ejemplos.

No obstante, Delgado (2015) afirma que los estilos de enseñanza están en continuo proceso de cambio, adaptándose a los nuevos ámbitos y tendencias educativas, por ejemplo el uso de las PDI. Por ello cabe pensar que en unos años habría que destacar a los estilos de enseñanza que usan las TIC , es decir, "**estilos de enseñanza tecnológicos**".

En esta línea, Contreras (2009) indica que "se podría considerar que los estilos de enseñanza tecnológicos **no** tienen que tener una **categoría aparte** ya que los todos los estilos de enseñanza se pueden **aplicar** las nuevas tecnologías. No obstante, la relación que se establece en la comunicación, la organización y las relaciones socio afectivas son muy peculiares con el uso de las nuevas tecnologías".

Nosotros nos decantamos por establecer el/los estilo/s tecnológico/s dentro de los llamados "productivos", es decir, el alumno es quien "produce" la respuesta a través de los datos y orientaciones que le facilitamos. Por ejemplo:

- Aplicar una búsqueda guiada de información en Internet a través de la herramienta de la Webquest, o a través de plataformas, como Kahoot!
- Realizar un trabajo a partir de una presentación para intercambiar ideas usando Prezi, Power Point, Impress, etc.
- Desarrollo de actividades interactivas con otras herramientas, como Hot Potatoes, etc.
- Ídem, pero dentro de webs como la del "Proyecto Ludos" a través de la PDI del aula.

- Juegos con el uso de la consola de videojuegos que implican movimientos coordinativos, por ejemplo la "Eye Toy" o la Wii "Fit".
- Aplicaciones (App) educativas usadas en tabletas y móviles:
    - **Teacher Kit**: permite controlar la asistencia, comportamientos, incidencias (registro anecdótico), las calificaciones, la colocación de los alumnos en el aula, importar y exportar datos, y además permite la sincronización con Dropbox.
    - **ITeacher book**: nos permite tener todo organizado: agenda, aula/gimnasio, horario, alumnos (con su fotografía y correo), tareas, enviarles correo, calificar, generar reportes, etc.

Todavía las "**redes sociales**" no están reconocidas como una técnica, estrategia o método de enseñanza, pero están generando profundos **cambios** en la forma de **comunicarnos** y **relacionarnos** Hay redes sociales del deporte, como **Quendda**, **Amatteur**, Sporttia, Sportyguest, etc. También debemos destacar las "**comunidades de aprendizaje virtuales**", usadas por docentes para comunicación e intercambio de información (Zagalaz, Cachón y Lara, 2014).

En cualquier caso, debemos regirnos por lo expresado en el DCB, es decir, hacer un tratamiento **global** de la enseñanza, acorde a cómo lo **percibe** el alumnado de estas **edades**, y por el uso de técnicas y estilos favorecedores del desarrollo de las habilidades comunicativas y sociales, de autonomía en el trabajo, el aprender a aprender, la afectividad y creatividad, tal y como nos indican las CC. CLAVE en sus definiciones, así como en las finalidades de la E. Primaria (MEC, 2006) y J. de Andalucía (2007).

A) ESTILOS TRADICIONALES.

Han sido fundamentalmente transmisores con los principios y características de la Didáctica Tradicional y se han relacionado con épocas en que la jerarquización social y política ha estado vigente. Todos ellos se centran en el orden y la tarea de enseñanza, siendo ésta eminentemente **transmisora**. En tiempos pasados fue muy exclusivo por ser extrapolado del mundo deportivo, a la búsqueda de la eficiencia motriz.

Se trata de repetir ejercicios físicos creados por el maestro. Éste transmite el modelo de lo que hay que hacer, el alumno atiende, obedece y responde; no hay enseñanza activa por su parte. Distinguimos, a:

- **Mando directo.**

El docente lo decide todo, el esquema de planificación es lineal, clásico, y el trabajo es masivo. Los alumnos están organizados en el espacio en "formaciones". Hay una explicación y demostración, repetición total y masiva del ejercicio siguiendo voces de mando y ritmo-repeticiones, etc. El docente da una valoración global sobre lo ejecutado y su posición es destacada.

- **Mando directo modificado.**

Respecto al anterior no es tan formal, hay un control menos estricto del alumnado. Éste puede cambiar su posición estática. La "modificación" es una "**rebaja**" en alguna de sus características.

- **Asignación de tareas.**

La planificación es más flexible, el maestro puede hacer otras cosas, y no tiene que estar pendiente del conteo rítmico. La atención se centra más en la tarea, tanto por el docente como por el alumnado. El maestro da la información inicial, el conocimiento de resultados, la instrucción directa por modelos y el inicio y cese de la actividad por señales. El **ritmo de ejecución es variable** ya que cada alumno actúa en función de su capacidad, por lo que algunos lo entienden también como un estilo de enseñanza individualizado (Cañizares y Carbonero, 2007). Su posición para explicar es fuera del grupo y destacada.

La organización es flexible, la posición del docente depende de la tarea que se ejecute y la disciplina y control es menos dependiente. Hay varias opciones de organización: Masiva, Grupos; Individual, etc. Si bien se suele asimilar este estilo a los **circuitos**, no siempre es necesario este tipo de organización grupal al usar la asignación de tareas.

La relación entre profesor y alumno se mejora recíprocamente, hay un cambio motivacional y afectivo. El docente ya no tiene toda la responsabilidad, y el alumno tiene más.

B) ENSEÑANZA INDIVIDUALIZADA.

Consiste en contemplar distintos niveles de ejecución de la tarea porque traspasa al alumnado una decisión más: ¿En qué nivel de ejecución de la tarea debo comenzar? Es un estilo que viene muy marcado por el D.C.B. y consiste en adaptar al individuo el aprendizaje según su ritmo personal, madurez motriz, capacidad de rendimiento, interés, etc.

Distinguimos a:

- **Trabajo por grupos: "Grupos de nivel" o individualización por niveles**.

Hay que hacer una **evaluación inicial** por parte del docente o también con la ayuda de los alumnos (éstos se auto evalúan y se sitúan en el nivel que creen tener, para ubicar a chicas o chicos en dos o tres sub-grupos con distintas intensidades). Se necesita mayor madurez del grupo individualmente, que sepan trabajar por sí mismos aunque no esté el profesor delante. Puede haber un calentamiento común para todos y específico por sub-grupo. Cada uno debe tener un área delimitada de trabajo para no crear interferencias. Por ejemplo, establecer tres líneas de obstáculos para practicar la habilidad del salto o tres kilajes distintos para el uso del balón medicinal.

Se intensifican las interacciones intra grupos y desciende en inter grupos. Maestras y maestros se centran en la tarea a enseñar y el alumno en lo que tiene que realizar a su **propio ritmo** de aprendizaje.

- **Enseñanza modular**.

Tiene todas las características del anterior, pero en este caso al alumnado se le ofertan diferentes actividades a practicar y él elige según sus intereses. Requiere mayor responsabilidad y compromiso para trabajar. Es efectivo aplicarlo cuando hay compatibilidad en el horario entre profesores y coinciden en el patio, para repartirse mejor las actividades. Por ejemplo, un docente enseña a cada sub-grupo Mini-Basket, otro Expresión y otro Fútbol-7. En muchas ocasiones, los módulos ofertados son "obligatorios", por lo que se establece una circulación entre ellos.

- **Programas individuales.**

Se trata de planes personalizados para cada alumna o alumno en función de sus necesidades. En ocasiones es el maestro de apoyo o en prácticas quien lo realiza.

  - <u>Lista de Comprobación</u>. Utilizando unas hojas de observación y descripción de la tarea a realizar, el alumno anotará en ella el trabajo que realice.

- Programa Individual Cuantitativo. Es como el anterior, pero el tipo de trabajo que hay que señalar es sólo cuantitativo respecto a lo que se está haciendo: repeticiones, series, etc.
- Programa Individual Cualitativo. El alumno debe se capaz de observar criterios cualitativos de la ejecución, tanto con respecto a sí mismo como de los demás. En la hoja de registro deben estar claros los criterios de ejecución, la escala de valoración, y cómo se efectuará el registro.
- Programa Individual Mixto. Es una combinación de los anteriores, para llevarlo a cabo es preciso haber trabajado los precedentes.

C) ESTILOS PARTICIPATIVOS.

Tratan de implicar más al alumnado en el aprendizaje, dándoles libertad y autonomía. La mejor solución es que los alumnos puedan observarse unos a otros El propio escolar aprenderá más ya que, al observar al compañero, le servirá para mejorar su propia ejecución. Tienen muchos rasgos de la enseñanza **cooperativa**.

Destacamos a:

- **Enseñanza recíproca**

Tras las explicaciones del maestro, se agrupan en parejas. A partir de aquí uno observa al otro para darle conocimiento de resultados que, incluso, anota en una hoja de observación sus aspectos más relevantes. Se fomentará la atención selectiva en el alumnado para que sea capaz de analizar y emitir juicios sobre la habilidad. Por ejemplo, botar prestando atención a determinados aspectos, como la posición de caderas.

- **Grupo reducido**

Para grupos de 3 a 5 componentes. Cada uno tiene un rol y va rotando cada cierto tiempo. Por ejemplo, realizar un test. A la labor de ejecutante y observador se añade la de un anotador. El conocimiento de resultados se da por parte del observador y anotador. Los medios multimedia nos permiten organizar los subgrupos cuando estamos planificando la U. Didáctica y enviar al alumnado nuestra propuesta por la plataforma de enseñanza virtual habitual, como Moodle. De esta manera ganamos tiempo y evitamos que se formen grupos no deseados. Podemos incluir la ficha de recogida de datos, instrucciones, etc., así como la manera de enviar, telemáticamente también, los resultados.

- **Micro enseñanza**

Alrededor del maestro o maestra hay un núcleo central de 5 ó 6 alumnos-monitores. El docente trasmite la información a éstos que, a su vez, la pasarán al resto de los alumnos. Este núcleo puede participar en el diseño de las tareas si está preparado para ello, aportar variantes de los ejercicios en la sesión, e incluso en la evaluación, hacer comentarios críticos sobre la clase y evaluación del propio compañero. Las relaciones que se crean son del profesor al núcleo central, y de éste con el resto del alumnado.

D) ESTILOS SOCIALIZADORES.

Socialización es el proceso que transforma al individuo biológico en uno **social** por medio de la transmisión y el aprendizaje de la cultura de su sociedad. Es aprender a ser buen ciudadano por medio de la transmisión de valores sociales en un sistema de convivencia democrática como es el aula. Los estilos socializadores son aquellos donde el aprendizaje es compartido, **cooperativo**, entre iguales, donde se "aparcan" los objetivos del aprendizaje motor insistiendo en la colaboración social.

La mejor forma de trabajar la socialización es con la formación de grupos y el trabajo en **grupos**, con el objetivo de desarrollarla. Existen otros estilos de enseñanza que utilizan al trabajo en grupo, pero su objetivo no es de manera especial el fomento de la socialización, sino una forma de agrupación del alumnado (Delgado, 1992).

Precisamente, el Área de Educación Física tiene una especial disposición para desarrollar todos los factores de la socialización, como la formación de equipos para jugar o para el fomento de actitudes cooperativas (Orlick, 2001). En la socialización podemos **destacar** los siguientes aspectos a educar: **convivencia**, **cooperación**, **cohesión**, **respeto**, **trabajo en equipo** y **sensibilidad** hacia los demás, afán de **superación** y **esfuerzo**.

Entre los estilos de enseñanza que están dentro de la categoría de "socializadores", podemos subrayar, por su interés y aplicación en la enseñanza de la Educación Física, al aprendizaje cooperativo:

- **Aprendizaje cooperativo (grupos).**

En los últimos años raros son los foros sobre metodología que no se comente sobre el aprendizaje cooperativo. Es de las formas de enseñanza más usadas desde finales del siglo XX como **alternativa** a las prácticas meramente transmisoras e individualistas. Cada vez cobra más valor el hecho de contemplar el desarrollo de las actitudes de cooperación (Curto y otros, 2009).

El aprendizaje cooperativo, en resumen, es el uso de la educación de pequeños grupos heterogéneos, en los que el alumnado trabaja conjuntamente para aumentar su aprendizaje y el del resto del grupo (Velázquez, -coord.- 2010).

Es una forma sistemática de organizar la realización de tareas en pequeños grupos/equipos heterogéneos, para cumplir unos objetivos propuestos de tipo social, personal y didáctico. Por ello, sus componentes se ayudan mutuamente, resuelven dudas y se preguntan entre sí y lo que haga cualquier miembro repercute en los demás. Aprenden más por la interacción que se produce que por los conocimientos que les dé el maestro o maestra. Cultivan, en suma, lo que es trabajar juntos como un contenido más (Baz, 2006).

Cada alumno únicamente logra sus objetivos si el resto de sus compañeros del grupo también los consigue, con lo que o todos ganan o todos pierden. Existe una interrelación positiva entre las acciones del alumnado que se proviene de la interdependencia positiva entre sus logros. Nos basamos en que el hecho de compartir objetivos hará que ellas y ellos se esfuercen y trabajen juntos para acrecentar su aprendizaje y el de los demás (Velázquez, -coord.- 2010).

No obstante, podemos encontrarnos con el "**efecto polizón**", es decir, un miembro del grupo menos capaz o desmotivado, dejan que los demás completen sus tareas, por lo que debemos estar muy atentos para actuar según el caso (Velázquez, -coord.- 2010).

Abarca una extensa gama de denominaciones y tipologías: Método de Investigación de Dewey, Método de Proyectos de Kilpatrick y Centros de Interés de Decroly, entre otros (Gallardo y Camacho, 2008). Todos ellos son susceptibles de realizarse grupalmente.

Lo más significativo en su aplicación didáctica, es:

- El **maestro** realiza la parte informativa: explicar el trabajo y los objetivos que se pretenden. Por otro lado controla la organización de los sub-grupos y propone las actividades, que estarán relacionadas con el ejercicio físico o con temas de interés social; orienta el trabajo y realiza el informe final. Puede tener un rol secundario.

- El **grupo**, que votará a un representante, trabaja con independencia, genera y elige normas democráticamente. En caso de trabajos teóricos se establecen reuniones periódicas.

- La **evaluación** se hará de forma grupal, siendo ellos los responsables de establecer la forma de actuación. El docente deberá conocer el nivel de participación y asignación de tareas de cada uno y la división técnica del trabajo realizado.

Con una metodología cooperativa obtenemos mayores rendimientos y resulta más eficaz que otra de tipo individual o competitiva ya que favorece la integración con al alumnado con n. e. a. e., la interacción con grupos heterogéneos, etc. (Johnson y Jonhson, 1999).

Además, **Internet** nos ofrece herramientas para trabajar de forma **cooperativa en red**. Algunas **plataformas** educativas muy actuales, son: Brainly; Docsity; Educanetwork; Edmodo; Eduredes; Eduskopia; Misdeberes.es; Otra Educación; RedAlumnos; The Capsuled; etc.

No es lo mismo aprendizaje en grupo que cooperativo. El primero implica al segundo, pero no al contrario. Para trabajar cooperativamente necesitamos tener en cuenta una serie de características (Velázquez -coord.-, 2010):

- Formación de grupos.- Pueden formarlos los propios alumnos, pero deben ser **heterogéneos** en sexo, procedencia social, actitudes de colaboración, interacción positiva, etc.

- Interdependencia positiva.- Existe cuando el aprendizaje exige conectar el logro de un alumno al del otro. Cada miembro tendrá una función que complementará la de los demás, es decir, el éxito de cada alumno es contingente al del resto porque si uno falla los demás no podrán conseguir sus objetivos.

- Responsabilidad individual.- El alumnado debe entender que son responsables de su aprendizaje y del de sus compañeros. Todos tendrán en cuenta que cada uno acepte, comparta, atienda y apoye a los demás.

- Habilidades de colaboración.- El alumnado las aprende cuando las aplica en situaciones de aprendizaje de las diversas áreas. Algunos ejemplos son animar y apoyar a los demás, saber escuchar, criticar positivamente las ideas pero no las personas, expresar satisfacción por el éxito de otros, etc.

Otros estilos socializadores, son:

- **El juego de roles**. Estudio de la conducta y valores sociales. Cada uno asume un papel dentro del grupo (Zagalaz, Cachón y Lara, 2014).

- **El método de simulación social**. Juegos interactivos. Representar, por ejemplo, un juicio.

- **Análisis de temas públicos**. Hechos de actualidad como el doping o la violencia en el deporte, se investigan por el alumnado en clase.

E) ESTILOS COGNOSCITIVOS.

Corroboran el valor de la Educación Física en la implicación cognitiva del alumnado, favoreciendo la toma de decisiones. Se aplica a situaciones tácticas, tareas abiertas en las habilidades básicas y genéricas, expresión corporal, etc.

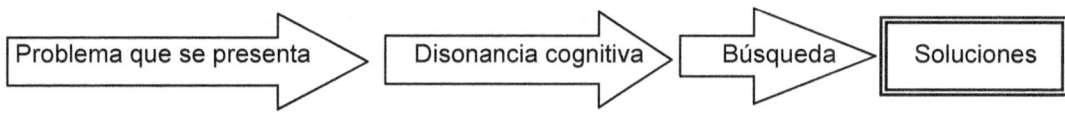

Destacamos a:

- **Descubrimiento guiado**.

El maestro conduce al alumnado hacia el hallazgo de **una única idea** mediante una secuencia elaborada de preguntas a las que va respondiendo el alumno ("proceso convergente de descubrimiento"). Mediante este estilo niñas y niños pueden descubrir conceptos, reglas, etc.

Su esencia es la dependencia que existe entre la respuesta que se espera del alumno y los indicios que le proporciona el maestro. Este estilo requiere estar muy pendiente del proceso y tener un gran conocimiento de la materia. Es más indicado en tareas de tipo individual que en colectivas.

- **Resolución de problemas**.

A diferencia del anterior, el alumno llega a descubrir **varias alternativas** distintas a una situación problema que se plantea. Por ejemplo, ¿cómo podemos driblar al contrario en Mini Basket? El alumno debe **encontrar** las respuestas con total **independencia**, produciendo sus propios movimientos y analizando su validez con respecto al problema.

Fomenta el pensamiento divergente porque hay mayor número de respuestas cognitivas y provoca la realización experimental de más respuestas. Hay más libertad, participación individual y alternativas.

F) ESTILOS CREATIVOS.

Forma un estilo independiente. La creatividad se considera como un **paso superior** a la Resolución de Problemas. Se utiliza en expresión, en la investigación de nuevos recursos materiales, etc. Tiene carácter abierto y fomenta el pensamiento divergente y la libre expresión del individuo, creando nuevos movimientos.

Destacamos a:

- **Diseño previo-Libre exploración**.

El docente presenta la idea y posibilita el material o medios que necesiten, dejando actuar al alumnado. Ellas y ellos muestran sus propuestas.

Se aplica a contenidos relacionados con expresión corporal, mimodrama, teatro, actividades interdisciplinares, planteamientos de juegos creativos, etc.

- **Sinéctica Corporal**.

La sinéctica educativa intenta desarrollar la creatividad a través de la utilización de formas metafóricas, analogías, símiles, etc. con el fin de construir nuevas visiones de la realidad (Gil, 2003). Muy aplicable en **expresión, cuento-motor**, etc. (Conde, 2001). Por ejemplo, construir una figura a partir de los recursos móviles del gimnasio: picas, conos, pelotas, etc. (Hidalgo, 1997).

- **Lluvia de Ideas Motrices**.

A partir del planteamiento de un problema por el docente, el grupo expresa en voz alta una serie de ideas de forma desinhibida. Todas se anotan y se seleccionan las más **idóneas** para su aplicación como solución al problema o situación de partida. Por ejemplo, si el docente desea que el alumnado "invente" unas reglas para un juego nuevo, o cómo llevar a cabo una actividad de expresión, etc. (Gil, 2003).

1.2.3.1. ESTILOS DE ENSEÑANZA Y COMUNICACIÓN/ORGANIZACIÓN DEL GRUPO.

Íntimamente **unido** a los Estilos de Enseñanza están los parámetros de: **comunicación** y **organización** del grupo.

a) **La comunicación al grupo y entre el grupo.**

Comunicación es el intercambio de significado entre personas. En cualquier estilo de enseñanza hay que manejar una información que es comunicada por el docente al alumnado, así como la que se da entre ellos. Los canales que se utilizan, son:

- **Visuales**.

Consiste en exponer la tarea de enseñanza a realizar en su totalidad o por partes. Puede mostrarla el profesor (modelo docente), alumno auxiliar, gráficos de un libro o cuaderno, etc.

En los últimos años tiene mucha importancia la información visual transmitida por vídeo, transparencias, diapositivas, programas informáticos, Internet, etc., por lo que está más relacionada con estilos de índole cognitiva, creativa...

Las autoscopias (verse en una grabación realizada con anterioridad), son muy convenientes en el aprendizaje de ciertas habilidades específicas, aunque normalmente en nuestro ámbito no están muy arraigadas y son más propia del ámbito deportivo. En cualquier caso, en los últimos tiempos el tema de la grabación de imágenes con menores se ha vuelto muy sensible en la sociedad.

- **Auditivos**.

Es la expresión verbal detallada de un movimiento global o analítico mediante el cual el alumno debe formarse una imagen mental. Es buena para tareas sencillas y grupos numerosos. El docente debe hablar pausadamente, con lenguaje comprensible, poniendo énfasis en los aspectos fundamentales. El **silencio** mejora la percepción. Es propia de estilos tradicionales, individualizadores, etc., aunque también en los cognitivos, sobre todo en el "descubrimiento guiado". Es muy usada en el conocimiento de resultados.

También contemplamos en este apartado a las "ayudas sonoras", por ejemplo, escuchar el ruido que produce el balón en el toque de dedos de voleibol, el "beep" de la señal acústica del test de la "Course Navette", las grabaciones en MP3 que usamos en determinadas técnicas de relajación, etc.

- **Kinestésico-táctiles**.

Es la manipulación que hacemos al alumno para que realice bien una habilidad. Distinguimos a dos:

- <u>Ayuda manual</u>. Es la acción del profesor sobre el alumno, de tal forma que le conduce a obtener sensaciones de un movimiento bien hecho. Por ejemplo, la corrección cervical en la voltereta o la posición de manos y dedos en el toque alto de voleibol.

- Ayuda automática. Es la información sensorial de un movimiento, alterando las condiciones de ejecución, proporcionando seguridad al alumnado y manteniendo el gesto durante más tiempo. Por ejemplo, la utilización de las tablas de corcho sintético para las propulsiones en natación.

- **Multimedia**.

Independientemente de estas formas "tradicionales de comunicación", en los últimos años ha irrumpido con fuerza la "**comunicación virtual**", a través de programas de ordenadores y App para tabletas y móviles (Blázquez -coord.-, 2016). Por ejemplo, la Plataforma de Aprendizaje Virtual Moodle, donde el docente comunica al grupo y éste entre sus componentes, determinados aspectos previos a tener en cuenta para las sesiones de clase o posteriores, relacionados con la **enseñanza y/o evaluación**. Otros ejemplos, son:

1) **Assessmate**: una App que ayuda a construir rúbricas. Puede servir también como herramienta para involucrar al alumnado en su auto evaluación.
2) **Gradekeeper**: una herramienta que sirve para evaluar, pasar lista, hacer un diagrama con los sitios físicos que ocupa cada uno en el aula, crear categorías de tareas y asignar diferentes pesos a cada tipo de categoría.
3) **Markup**: los alumnos envían su trabajo a un correo asignado por esta App y, con nuestra tablet, recibirlos y calificarlos, poder comentarios, tachar, etc.
4) **Estiramientos**: aplicación que enseña a estirar los grupos musculares concretos.
5) **CoRubrics**: Sirve para que el profesor evalúe a su alumnado con una rúbrica y también para que los alumnos se evalúen entre ellos con una rúbrica. NOTA: Una **rúbrica** es un conjunto de criterios, habitualmente relacionados con objetivos de aprendizaje, que se usan para evaluar el nivel conseguido en una tarea. Se trata de una herramienta de calificación utilizada para realizar evaluaciones objetivas; un conjunto de criterios y estándares ligados a los objetivos de aprendizaje usados para evaluar la actuación de alumnos en la creación de artículos, proyectos, ensayos y otras tareas. Las rúbricas permiten estandarizar la evaluación de acuerdo con criterios específicos, haciendo la calificación más simple y transparente.
6) **Symphonical**: responde a la aplicación de metodologías docentes activas para mejorar el proceso de aprendizaje de nuestros alumnos, máxime si próximamente debemos evaluar por competencias. Es como una "pizarra digital", donde cada uno cuelga sus trabajos colaborativos.

b) **La organización del grupo**.

Organización es "*un recurso que nos permite distribuir adecuadamente todos los elementos que configuran nuestra acción*" (Sánchez Bañuelos, 2003). Por lo tanto, son una serie de **medidas** que usamos para articular los elementos que intervienen en el proceso de enseñanza y de aprendizaje.

"*Un **grupo** es un conjunto estructurado de personas que entran en interacción y viene definido por sus fines, su estructura interna y su sistema de comunicación*" (Gil, 2007).

Viene determinada en gran medida por el estilo utilizado. Las formas organizativas son un elemento esencial que permiten una intervención pedagógica **eficaz**, ya sea en función del ahorro de tiempo -lo que supone una optimización de éste-, ya sea en aspectos de seguridad referentes a colocación y manipulación del material, ganar tiempo o, simplemente, mejor visibilidad de los alumnos para permitir una buena corrección (Blázquez y otros, 2010).

Destacamos los siguientes tipos de organización, según el mayor o menor grado de **control** del docente sobre el grupo:

- De tipo "**formal**". Se suele corresponder con organizaciones de tipo "frontales", propia de los estilos tradicionales.
- De tipo "**informal**". Encaja con distribuciones de tipo "dispersa", como la usada en estilos participativos y cognitivos.
- De tipo "**semi-formal**". Es la habitual en los sub-grupos de nivel y en los "circuitos".

A partir de ello podemos concretar estas posibilidades desde un punto de vista **numérico** (Trigueros, 2002):

- **Organización individual**. Cada alumno realiza la actividad sin ayuda de otro, tiene un ritmo autónomo. Correr o estirar los gemelos, por ejemplo. También es el caso de un alumno que, por cualquier motivo, no puede hacer lo mismo que el resto.
- **Organización en parejas**. La tarea necesita la colaboración de dos, como pases.
- **Organización en grupos pequeños**. De tres o cuatro para, por ejemplo, hacer juegos de relevos o constituir los grupos de un circuito coordinativo.
- **Organización en grupos coloquiales**. Alrededor de ocho componentes. Por ejemplo, manejo de paracaídas en juegos cooperativos o hacer grupos de nivel.
- **Organización global del grupo**. Ya son todas y todos quienes trabajan al unísono, en gran grupo. Por ejemplo, al hacer una coreografía.

1.2.3.2. ESTILOS DE ENSEÑANZA Y TIEMPO DE COMPROMISO MOTOR.

El estilo empleado y, sobre todo, la organización marcan la **relación trabajo-pausa**, es decir, cuánto tiempo el alumno "se mueve" y cuánto descansa. Distinguimos a (Sáenz-López, 2004):

- **Práctica simultánea**. Todo el grupo hace al mismo tiempo la tarea, nadie está quieto, por ejemplo el juego del "pillar".
- **Práctica alternativa**. Se produce cuando dividimos al grupo en sub-grupos de parejas. Uno realiza la tarea, por ejemplo flexiones de tronco, y el otro "descansa" o tiene una participación muy relajada, por ejemplo sujetarle los pies al compañero que realiza flexiones de tronco.
- **Práctica sucesiva**. Se da en sub-grupos de cinco, seis... componentes. Uno realiza la acción, por ejemplo botar a lo largo de un espacio marcado, y los demás esperan turno. Es el típico caso del juego de relevos.

1.2.3.3. ESTILOS DE ENSEÑANZA Y POSICIÓN DEL DOCENTE.

Las organizaciones implican la **posición** del maestro con respecto al grupo. (Bernal -coord.-, 2005):

- **Posición interna, dentro del grupo**. Somos uno más del grupo. Es primordial para atender individualidades, correcciones particulares, dar retroalimentación, etc. Propia de estilos creativos, cognitivos, individualizadores...

- **Posición externa al grupo o focal**. Permite que todo el grupo pueda ver y atender nuestras explicaciones. Desde esta posición visualizamos la actividad del grupo en conjunto y es adecuada para organizar la actividad y dar información e instrucciones. Es más habitual cuando usamos estilos tradicionales ya que controlamos mejor al grupo.

- **Posición tangencial**. Se suele dar en posiciones grupales circulares, como es el caso de jugar con un paracaídas o soga circular gigante. El maestro se coloca en una posición tangente al grupo.

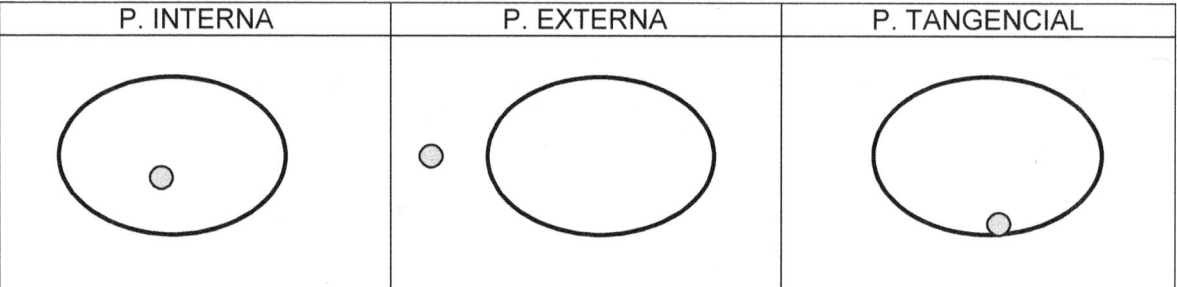

Depende del dinamismo del docente para estar en estas ubicaciones con una actitud más o menos estática.

1.2.4. EL MÉTODO COMO TÉCNICA DE ENSEÑANZA.

El D.R.A.E. define la técnica como el conjunto de procedimientos y recursos de los que se sirve una ciencia o un arte, y como la pericia o habilidad para usarlos. Técnica quiere decir saber hacer con conocimiento de causa.

La técnica de enseñanza tiene como objeto la **comunicación didáctica**, *los comportamientos del profesor relacionados con la forma de verter la información, la presentación de las tareas que han de realizar los alumnos y todas aquellas reacciones del profesor referidas a la actuación y ejecución de los alumnos* (Delgado, 1996).

Está constituida por la información inicial o instrucciones y el conocimiento de los resultados o ejecución (feed-back). Distinguimos a:

- Técnica de enseñanza por **instrucción directa**. Basada en el modelo del docente o deductivo. Es preciso seleccionar la información, que suele ser **abundante**, para que el alumnado no se equivoque y siga paso a paso las indicaciones para aprender mecánicamente la habilidad. Es más eficiente y rápida, pero el alumno tiene un rol más pasivo. Es una metodología de tipo **reproductiva**, por lo que está relacionada con los estilos tradicionales, individualizadores y participativos, entre otros.

- Técnica de enseñanza por **indagación**. Fundamentada en el modelo inductivo. Se aplica la resolución de problemas y el descubrimiento, para que el alumnado encuentre la solución. Hay que dar muy **poca** información, para que el alumno piense y produzca la respuesta (metodología **productora**), por lo que se aprende a aprender, aunque sea más lento. Es una metodología **investigadora** por parte del alumno. Dada sus características, se corresponde con los estilos creativos y cognitivos.

1.2.5. EL MÉTODO COMO ESTRATEGIA EN LA PRÁCTICA.

La estrategia en la práctica es la forma particular de abordar los diferentes ejercicios que componen la **progresión** de la **enseñanza** de una determinada habilidad motriz. Sigue alguna de las vías del proceso del pensamiento, como la **síntesis** y el **análisis**. En la didáctica han sido conocidas tradicionalmente como método sintético o global y método analítico.

La estrategia **analítica** (análisis) procede de la **descomposición** de los elementos; la síntesis va de lo específico (de cada parte) hacia lo global. Es más propia de tareas complejas y de alta organización, como ciertas destrezas gimnásticas, deportivas y atléticas (mortal, triple, etc.)

La estrategia **global** persigue la práctica del gesto en su **totalidad** debido, sobre todo, a la simplicidad del mismo. Supone el tratamiento del conjunto de la tarea encomendada. Es más apropiada para tareas simples y de baja organización. Por ejemplo, las habilidades básicas.

La estrategia **mixta** se genera por combinación de ambas.

a) **Global**. El modelo se realiza por completo. Sus posibilidades, son:

- **Planteamiento global puro**. La tarea motriz se enseña presentándola de forma global. Por ejemplo, se plantea la ejecución de una voltereta adelante y se le ofrece al alumno la gestoforma y se le insta a que la realice. Con este planteamiento se aprenden preferentemente tareas simples y de poca organización.

- **Global localizando la atención**. Práctica global poniendo énfasis en la ejecución de algún aspecto que interesa destacar. Por ejemplo, en la realización de la voltereta se hace hincapié en que el cuerpo debe estar muy bien agrupado.

- **Global modificando la situación real**. La tarea propuesta se ejecuta en la totalidad, pero las condiciones de realización se modifican para que la ejecución se vea facilitada. A medida que el alumno va dominando la ejecución, las condiciones se las iremos presentado cada vez más parecidas a las reales. Por ejemplo, la voltereta antes mencionada, pero ayudándose de un plano inclinado para favorecer el rodamiento.

b) **Analítica**. El "todo" se descompone en partes y se practica por separado. Sus variantes, son:

- **Analítica secuencial**. La tarea se divide en secuencias y se ejercitan aisladamente, pero de manera que antes de pasar a practicar una nueva habrá que dominar la anterior. Se comienza por la primera parte en orden temporal y al final se llega a la práctica global realizando la tarea completa. Por ejemplo, partes: A, B, C, D; analítica secuencial: A/B/C/D/A+B+C+D.

- **Analítico puro**. El maestro fracciona el gesto en partes y se practican por orden de importancia, pero de forma aislada. Cuando cada una de las partes ha sido asimilada, se realiza la gestoforma completa. En el caso del salto de altura (rodillo ventral), por ej. su técnica consta de cuatro fases sucesivas que por este orden son: "A" carrera de impulso; "B" batida; "C" paso o franqueo del listón; "D" caída. Puede enseñarse en este orden: "B", "C", "D", "A", para una vez aprendidas las partes terminar realizando A+B+C+D.

- **Analítico progresivo**. La práctica comienza con un solo elemento y una vez dominado éste se le van añadiendo progresivamente otros hasta la ejecución total de la tarea. Por ejemplo, partes: A, B, C, D; analítico progresivo: A / A+B / A+B+C / A+B+C+D.

- **Analítica progresiva inversa**. Es una variante de la progresiva, pero en lugar de comenzar por el principio, se inicia por la última parte y se van uniendo elementos en orden hasta completar el movimiento. Por ejemplo, partes: A, B, C, D; progresivo inverso: D / C+D / B+C+D / A+B+C+D.

- **Analítica progresiva pura**. Consiste en unir ambos tipos, es decir, empezar por la parte más importante de la tarea e ir uniendo progresivamente los demás elementos por orden de importancia. Por ejemplo, partes: A, B, C, D; analítica pura progresiva: C / C+D / B+C+D / A+B+C+D.

c) **Mixta**. Consiste en combinar ambas estrategias, tratando de sacar lo positivo de cada una. Se presenta la tarea siempre de forma global; después se practica una parte analíticamente para terminar volviendo a la estrategia global.

El ejercicio analítico puede desarrollarse, bien programándolo con antelación (por ser la parte más importante), o detectando un error específico y practicándolo a continuación. Por ejemplo el "salto de longitud":

1º.- Practicar el movimiento completo.

2º.- Ejercicios analíticos sobre el talonamiento de la carrera.

3º.- Movimiento completo. (Debe haberse mejorado la parte practicada analíticamente).

1.2.6. EL MÉTODO COMO RECURSO DE ENSEÑANZA.

Los recursos son todos los **elementos** que median para lograr **objetivos** de aprendizaje propuestos en un plan de enseñanza. Por tanto, el concepto de recurso es sumamente extenso y muy abierto a nuevas propuestas, sobre todo las de tipo **multimedia**. Esto se debe a que continuamente crece el número de estímulos del entorno socio-cultural y de aportaciones de la técnica (Cañizares y Carbonero, 2007).

De modo general, en Educación Física destacamos a **cuatro** grupos de recursos (Cañizares y Carbonero, 2007):

- **Espaciales**, que son los sitios necesarios para la acción didáctica: patio, gimnasio, instalaciones municipales, etc.

- **Materiales o didácticos específicos**. Es todo aquel que, no estando construido de obra, ha sido añadido a una instalación para complementarla y equiparla para la práctica de actividad física. Aquí se incluyen los grandes aparatos o "equipamiento deportivo", como el cuadro sueco o espalderas y el material convencional y no convencional que se puede utilizar para la práctica escolar y deportiva, desde colchonetas de seguridad para trabajos de equilibrio a las hojas de un periódico para hacer bolitas y practicar la coordinación óculo-manual, pasando por aros, picas, pelotas, cuadernos, libros y **material multimedia**, éste de manera muy significativa tiene un enorme **desarrollo potencial** desde los primeros años del **siglo XXI**.

- **Humanos**, constituidos por las personas que intervienen en el proceso de enseñanza-aprendizaje, por ejemplo el alumnado, profesorado habitual, de apoyo o de prácticas, monitores especialistas, etc. En nuestra área las personas debemos disponer de unas equipaciones, calzados, etc. que algunos autores lo suman a los humanos y otros los contemplan como otro apartado clasificatorio: "**recursos personales**". Por ejemplo, zapatillas deportivas, mallas, bañador, útiles de aseo, etc., que debe ser aportado por cada participante.

- **Ambientales**. Son los elementos que conforman el propio **centro** con sus instalaciones y su **medio**. Blández (2005), entre otros, nombra el *"ambiente de aprendizaje"*, es decir, el **entorno físico** como lugar del mismo y que debe estar acondicionado para **motivar** a la acción y aprender: calidez, colorido, etc.

El empleo de los recursos no supondrá peligro, serán higiénicos y evitaremos cualquier sesgo sexista. Debemos preverlos con antelación y en número suficiente, así como su limpieza, mantenimiento, distribución y traslado.

2. ADECUACIÓN A LOS PRINCIPIOS METODOLÓGICOS DE LA EDUCACIÓN PRIMARIA.

Hay una serie de aspectos que hacen a la metodología del Área de Educación Física **distinta** de las demás. Por ejemplo, la organización del grupo y de sus movimientos, los recursos, medidas de seguridad, etc. Por otro lado, el feedback es inmediato, el aprendizaje manifiesto, las interacciones muy significativas, etc.

La LOMCE/2013, indica que *"los centros docentes podrán diseñar e implantar métodos pedagógicos y didácticos propios*. Pero también, que *"los organismos educativos podrán "realizar recomendaciones metodología didáctica para los centros docentes de su competencia"*.

El anexo II de la O. ECD/65/2015, de 21 de enero, indica que las **metodologías** seleccionadas deben **asegurar** el desarrollo de las **competencias clave** a lo largo de la vida académica:

- Todo **proceso** de enseñanza-aprendizaje debe partir de una **planificación** rigurosa de lo que se pretende conseguir, teniendo claro cuáles son los objetivos, qué **recursos** son necesarios, qué **métodos didácticos** son los más adecuados y cómo se **evalúa** el aprendizaje y se **retroalimenta** el proceso.
- Los métodos didácticos han de elegirse en función de lo **que se sabe** que es óptimo para alcanzar las metas propuestas y según los **condicionantes** en los que tiene lugar la **enseñanza**.
- Las **características** de nuestra materia, el **contexto** sociocultural, los **recursos** que se deben **adaptar** al ritmo individual y las **tipologías** del alumnado, **condicionan** el proceso. El método se debe **ajustar** a estas **circunstancias** con el fin de propiciar un **aprendizaje competencial** en el alumnado.
- Los métodos deben partir de la perspectiva del **docente** como **orientador**, **promotor** y **facilitador** del desarrollo competencial en el alumnado, a través de **situaciones-problema**. Tendrán en cuenta la atención a la **diversidad** y el respeto por prácticas de **trabajo individual y cooperativo**.
- Las metodologías seleccionadas deben **ajustarse** al **nivel** competencial **inicial** de estos, partiendo de aprendizajes simples para avanzar gradualmente hacia otros más complejos.
- El papel del **alumno** debe ser **activo** y **autónomo**, consciente de ser el **responsable** de su aprendizaje.
- Los métodos deberán favorecer la **motivación** por aprender en alumnos y alumnas y que sean capaces de **usar lo aprendido** en distintos contextos dentro y fuera del aula.
- Debemos optar por metodologías **activas** y **contextualizadas**, que faciliten la **participación** e implicación del alumnado y la adquisición y uso de conocimientos en situaciones reales, serán las que generen aprendizajes más **transferibles** y duraderos.
- Las metodologías activas han de apoyarse en estructuras de aprendizaje **cooperativo**, de forma que, a través de la resolución conjunta de las tareas, los miembros del grupo conozcan las estrategias utilizadas por sus compañeros y puedan aplicarlas a situaciones similares.

- Las estrategias **interactivas** son las más adecuadas, al permitir compartir y construir el conocimiento y dinamizar la sesión de clase mediante el intercambio verbal y colectivo de ideas. Las metodologías que contextualizan el aprendizaje y permiten el **aprendizaje por proyectos**, los **centros de interés**, el estudio de casos o el **aprendizaje** basado en **problemas** favorecen la participación activa, la experimentación y un aprendizaje funcional que va a facilitar el desarrollo de las competencias, así como la motivación de los alumnos y alumnas al contribuir decisivamente a la transferibilidad de los aprendizajes.
- El **trabajo por proyectos**, especialmente relevante para el aprendizaje por competencias, se basa en la propuesta de un plan de acción con el que se busca conseguir un determinado resultado práctico. Se favorece un aprendizaje orientado el trabajo en el que se integran varias áreas o materias: los estudiantes ponen en juego un conjunto amplio de conocimientos, habilidades o destrezas y actitudes personales, es decir, los elementos que integran las distintas competencias. Por ejemplo, recopilar juegos populares de la zona preguntando a mayores.
- El uso del **portfolio** aporta información sobre el aprendizaje, refuerza la evaluación continua y mejora el pensamiento crítico y reflexivo en el alumnado.

La O. de 17/03/2015 sobre el desarrollo del currículo en Andalucía, añade además que las **TIC** formarán parte del uso habitual como instrumento facilitador del currículo. También que la **lectura** constituye un factor fundamental para el desarrollo de las competencias clave, por lo que todas las áreas deben incluir su práctica. En parecidos términos se pronuncia el art. 8 del D. 97/2015, por el que se establece la ordenación y el currículo en Andalucía.

El D. 328/2010, de 13 de julio, por el que se aprueba el Reglamento Orgánico de las escuelas infantiles de segundo grado, de los colegios de educación primaria, de los colegios de educación infantil y primaria, y de los centros públicos específicos de educación especial, BOJA nº 139, de 16/07/2010, en su artículo 8, recoge que uno de los derechos del profesorado es *"emplear los **métodos de enseñanza y aprendizaje** que considere más **adecuados** al nivel de desarrollo, aptitudes y capacidades del alumnado, de conformidad con lo establecido en el proyecto educativo del centro"*.

El **D. 97/2015**, indica en su artículo 8, sobre las "**orientaciones metodológicas**", lo siguiente:

1. La metodología tendrá un carácter fundamentalmente activo, motivador y participativo, partirá de los intereses del alumnado, favorecerá el trabajo individual, cooperativo y el aprendizaje entre iguales y la utilización de enfoques orientados desde una perspectiva de género, e integrará en todas las áreas referencias a la vida cotidiana y al entorno inmediato.
2. Permitirá la integración de los aprendizajes, poniéndolos en relación con distintos tipos de contenidos y utilizándolos de manera efectiva en diferentes situaciones y contextos.
3. Se orientará al desarrollo de competencias clave, a través de situaciones educativas que posibiliten, fomenten y desarrollen conexiones con las prácticas sociales y culturales de la comunidad.
4. Favorecerá el desarrollo de actividades y tareas relevantes, haciendo uso de recursos y materiales didácticos diversos.
5. Garantizará el funcionamiento de los equipos docentes, con objeto de proporcionar un enfoque interdisciplinar, integrador y holístico al proceso educativo.

La O. 04/11/2015, sobre evaluación, indica que *"las **metodologías** relacionadas con el desarrollo de las **competencias** son **múltiples** y variadas pero todas ellas comparten la necesidad de **apartarse** de la mera **transmisión** de **conocimientos aislados**. Estas metodologías integran los distintos elementos curriculares para hacer posible avanzar al mismo tiempo en el aprendizaje de las áreas y en la adquisición de las competencias"*.

Este punto lo abordamos a través de **cuatro epígrafes** que están **interrelacionados**:

a) **Principios básicos a tener en cuenta en la intervención didáctica en Primaria.**

Establecemos unos principios referidos a las formas de intervención educativa en la Etapa Primaria, que resumidos en estos cinco puntos:

- Partir del nivel de desarrollo **global** e **individualizado** del alumnado.
- Construir aprendizajes **significativos y funcionales**.
- Lograr un aprendizaje **autónomo** en un ambiente de **cooperación**.
- Desarrollar y **modificar** las capacidades y los **esquemas de conocimiento**.
- Lograr una actividad intensa **protagonizada** por el **alumnado** (participación).

Por otro lado, no debemos preocuparnos por la eficacia y rapidez en desarrollar las capacidades de niñas y niños de Primaria. Debemos buscar el **equilibrio** entre el proceso de enseñanza-aprendizaje y sus resultados, así como la educación en valores.

Por todo ello y en relación con la intervención didáctica, hay que significar que el profesorado actúa como **mediador**, como guía del proceso de enseñanza-aprendizaje.

La maestra y el maestro especialista en Educación Física, **dinamiza** estimulando, sugiriendo, orientando, valorando y proponiendo las actividades más acordes en función del alumnado.

También debe, entre sus tareas de enseñanza, conocer el punto de partida del alumnado para **individualizar** la enseñanza.

b) **Pautas metodológicas en educación física.**

Establecemos unas orientaciones básicas (Chinchilla y Zagalaz, 2002):

- El planteamiento de la Educación Primaria es integrado, a ello responde la Educación Física con una **interrelación** de contenidos propios con los de otras áreas.
- La progresión en las actividades irá en consonancia con las dificultades de asimilación y comprensión que encuentren los alumnos. **Evitar** alcanzar límites fisiológicos.
- Favorecer la actividad **reflexiva** y cognitiva sobre los conocimientos y las habilidades que se obtienen de la práctica, concediendo al alumnado la capacidad de toma de decisiones y niveles de responsabilidad.
- El alumno tiene una motivación intrínseca hacia el aprendizaje, por lo que debemos favorecerla y aumentarla, desde la actividad y la vivencia personal, y plantear nuevos **retos** que mantengan la predisposición para aprender, buscando la máxima participación.
- Aprovechar al máximo las posibilidades **espaciales** y de uso del **material** para hacer más rica la actividad. Esto favorece un mayor número y dominio de conductas motrices.
- Valorar continuamente el posible **riesgo** físico de algunas actividades para introducir factores de corrección sobre las mismas. Salud también es la mejora morfológica y funcional.
- Valorar y potenciar el **pensamiento creativo**, huyendo de las respuestas estereotipadas.
- Utilizar el juego de forma regular, introduciendo las **modificaciones** precisas según el uso. Para ello, determinar las reglas, los roles, los objetivos básicos del juego y las estrategias.

- Utilizar el elemento competitivo presente en el juego como medio educativo, no como fin primordial del mismo.
- **Motivar** por las consecuciones personales (afán de superación), no por el resultado (competitividad).

c) **Atención a la diversidad**.

"La atención a la diversidad se establece como principio fundamental que debe regir toda la enseñanza básica, con el objetivo de proporcionar a todo el alumnado una educación adecuada a sus características y necesidades." (L. O. E., 2006, modificada por la LOMCE, 2013).

Para dar una respuesta diferenciada a las necesidades individuales hemos de considerar las características, estilos, intereses, expectativas, culturas de origen, formas de resolución de algoritmos y ritmos de aprendizaje, entre otros aspectos que distinguen a todos y cada uno de nuestros alumnos y alumnas de una misma edad y nivel, realizando los oportunos ajustes que a nivel práctico se traducen en:

- **Flexibilización** en normas, tiempos, espacios y agrupamientos, cambios en la metodología, diversificación de las actividades, gradación de los criterios de evaluación, priorización de los contenidos, adaptación de los objetivos, etc. Siempre que sea posible evitaremos la modificación de objetivos (A.C.I. significativa), ya que la mayoría de las veces se pueden llegar a conseguir éstos cambiando otras variables, principalmente la metodología. En ocasiones es preciso diseñar **actividades de refuerzo** (apoyo) y de **ampliación** (desarrollo). Nuestra propuesta va dirigida a permitir al alumnado, en el mayor grado posible, organizar su propia actividad, participando en la selección de algunos contenidos y en la forma de desarrollarlos en la práctica (O. de 25 de julio de 2008, por la que se regula la atención a la diversidad del alumnado que cursa la educación básica en centros docentes públicos de Andalucía. BOJA nº 167, de 22/08/2008). En este contexto, la intervención docente irá dirigida en el sentido de:
    - Presentar **distintas opciones** y proporcionar al alumno la información necesaria, los recursos y materiales que necesite. Esta información debe ser clara, precisa y en conexión con los conocimientos que el alumno ya posee.
    - Diseñar situaciones de aprendizaje en las que los alumnos puedan organizar y llevar a la práctica su propia actividad física.
    - Supervisar y orientar el trabajo del alumno y de los grupos, proporcionando la ayuda que necesitan y dando un conocimiento de los resultados lo más inmediato posible sobre lo que sucede en el proceso de enseñanza-aprendizaje.
    - Crear un **clima de trabajo positivo** en el que las interrelaciones del maestro con los alumnos y de éstos entre sí, sean de colaboración y ayuda mutua, posibilitando que funcione la interdependencia positiva en el trabajo en grupo.
    - Conseguir la **máxima participación** motivando a los alumnos hacia el trabajo a realizar.
    - Fomentar la **responsabilidad**, tanto en lo que afecta a la realización de un trabajo efectivo, como en lo que respecta a la organización y desarrollo de las sesiones de clase y cuidado del material.
    - Potenciar la **reflexión crítica** sobre los factores que inciden en la práctica de actividades físicas, así como sobre las ventajas que les puede proporcionar la adquisición de hábitos perdurables del ejercicio físico.

Dentro del tratamiento a la diversidad nos encontramos cada vez más la "**diversidad de culturas**", que incluye el aspecto **religioso** (Pérez Brunicardi -coord.-, 2004). Todos conocemos que ciertas religiones **no permiten** los **juegos y deportes** donde hay **contacto físico**, por ejemplo el fútbol. Este tipo de diversidad está siendo en los primeros años del siglo XXI muy significativa en nuestro país debido a las personas que proceden de otros países: "*equidad pedagógica en relación a la diversidad*" (Contreras, 2009). El juego motor no entiende, por regla general, de idiomas ni de dogmas y es una fuente importantísima de integración (Gómez, Puig y Maza, 2009). Así pues, la metodología lúdica **integra** a alumnas y alumnos en nuestro contexto (VV. AA., 2001).

d) **Adecuación de los estilos de enseñanza a los contenidos del área.**

No todos los contenidos podemos impartirlos con cualquier estilo. Vemos, de manera resumida, los más adecuados:

- Mando directo modificado
    - Coreografías
- Asignación de tareas
    - Circuitos, actividades en la naturaleza, desarrollo global de las habilidades
- Programas individuales
    - Alumnado con n. e. e.
- Micro enseñanza
    - Iniciación deportiva
- Enseñanza recíproca
    - Iniciación deportiva
    - Condición física-salud
- Resolución de problemas
    - Iniciación deportiva
    - Juegos motores globales, gymkanas.
- Aprendizaje cooperativo
    - Juegos cooperativos
    - Trabajos en grupo: murales, expresión, juego dramático, elaboración de reglamentos, webquest, trabajos de colaboración en red, etc.
- Libre exploración
    - Nuevos materiales. ¿Qué puedes hacer con…?
    - Expresión corporal
    - Juego dramático
- Sinéctica corporal
    - Cuento motor
    - Cuento expresivo

En resumen, para Delgado (1992), los socializadores, individualizadores, participativos, cognitivos y creativos están muy **indicados** para esta etapa. Quizás los tradicionales son los menos recomendables ya que se trata de una enseñanza de tipo directivo, pero que en ocasiones son necesarios.

CONCLUSIONES

En este amplio Tema hemos tratado la metodología a emplear en Educación Física. Hemos podido observar que ésta no es exactamente igual a la del resto de las Áreas, debido a sus especiales características, de ahí que tengamos presente una serie de criterios a la hora de nuestra intervención educativa. También hemos tratado los componentes de la metodología: técnica de enseñanza, estrategia en la práctica, recursos, etc. Todos estos puntos, a su vez, constan de numerosas variantes que enriquecen aún más la metodología específica de nuestra Área. Nos hemos entretenido más en el tratamiento de los estilos de enseñanza debido a la riqueza didáctica existente. No siempre es necesario seguir el mismo estilo, incluso lo podemos combinar en función del cometido previsto.

BIBLIOGRAFÍA

- ANNICCHIARICO, R. (2005). *Manual de didáctica de la Educación Física.* Copy Nino. Santiago de Compostela.
- BAZ, C. (2006). *El aprendizaje cooperativo.* Revista Andalucía Educativa. Nº 57, pp. 27-30. C. E. de la Junta de Andalucía. Sevilla.
- BERNAL, J. A. (2005). *Prevención de lesiones y primeros auxilios en la Educación Física y el Deporte.* Wanceulen. Sevilla.
- BLÁNDEZ, J. (2005). *La utilización del material y del espacio en Educación Física.* INDE. Barcelona.
- BLÁZQUEZ, D.; CAPLLONCH, M.; GONZÁLEZ, C.; LLEIXÁ, T.; (2010). *Didáctica de la Educación Física. Formación del profesorado.* Graó. Barcelona.
- BLÁZQUEZ, D. (coord.) (2016). *Métodos de enseñanza en educación física. Enfoques innovadores para la enseñanza de competencias.* INDE. Barcelona.
- CALDERÓN, A. y otros. (2009). *Formas de organización en educación Física.* Diego Marín (D. M.) Murcia.
- CAÑIZARES, J. Mª y CARBONERO, C. (2007). *Temario de oposiciones de Educación Física para Primaria.* Wanceulen. Sevilla.
- CARRASCO, I. y RINCÓN, J. C. (2009). *60 Fichas de Cooperación.* Wanceulen. Sevilla.
- CHINCHILLA, J. L. y ZAGALAZ, Mª L. (2002). *Didáctica de la Educación Física.* CCS. Madrid.
- CONDE, J. L. (2001). *Cuentos Motores.* Paidotribo. Barcelona.
- CONTRERAS, O. R. (2009). *Intervención intercultural desde la Educación Física.* En ARUFE, V. y otros. (2009). *La Educación Física en la sociedad actual.* Wanceulen. Sevilla.
- CONTRERAS, R. O. (2009). *Los estilos de enseñanza en la recreación. De la teoría a la práctica o de práctica a la teoría.* VII Congreso Internacional Sobre la Enseñanza de la Educación Física y el Deporte Escolar. 3-6 de Noviembre de 2009. Ceuta.
- CURTO, C. y otros. (2009). *Experiencias con éxito de aprendizaje cooperativo en Educación Física.* INDE. Barcelona.
- DELGADO, M. (1992). *Estilos de enseñanza en la Educación Física. Propuestas para una Reforma de la Enseñanza.* I. C. E. de la Universidad de Granada. Granada.
- DELGADO, M. (1993). *Los métodos didácticos en educación física.* En VV.AA. *Fundamentos de Educación Física en Educación Primaria.* INDE. Barcelona.
- DELGADO, M. (1996). *Aplicaciones de los Estilos de Enseñanza a la Educación Física en la Educación Primaria.* En ROMERO, C. y Otros, *Estrategias metodológicas para el aprendizaje de los contenidos de la educación física escolar.* Prometo. Granada.
- DELGADO, M. (2009). *Los estilos de enseñanza en la recreación. De la teoría a la práctica o de la práctica a la teoría.* En J. F. Ruíz, J. J. Checa, y E. Ros (Coord.). *Centro escolar promotor de actividad físico-deportiva-recreativa saludable. Respuesta a problemas de sedentarismo y obesidad.* (pp.207-224). FEADEF y ADEFIS. Ceuta.

- DELGADO, M. A. (2015). *Los estilos de enseñanza de la Educación Física y el Deporte a través de 40 años de vida profesional.* Revista Retos: nuevas tendencias en educación física, deporte y recreación. ISSN 1579-1726, Nº 28, págs. 240-247.
- FERNÁNDEZ GARCÍA, E. -coord.- (2002). *Didáctica de la Educación Física en la Educación Primaria.* Síntesis. Madrid.
- GALLARDO, P. y CAMACHO, J. M. (2008). *Teorías del aprendizaje y práctica docente.* Wanceulen Educación. Sevilla.
- GALERA, A. D. (2001). *Manual de didáctica de la educación física. Una perspectiva constructivista moderada.* Vol. I y II. Paidós. Barcelona.
- GIL MADRONA, P. (2003). *Animación y dinámica de grupos deportivos.* Wanceulen. Sevilla.
- GIL MADRONA, P. (2004). *Metodología de la Educación Física en Educación Infantil.* Wanceulen. Sevilla.
- GIL MORALES, P. A. (2007). *Metodología didáctica de las actividades físicas y deportivas.* Wanceulen. Sevilla.
- GÓMEZ, C.; PUIG, N. y MAZA, G. (2009). *Deporte e integración social.* INDE. Barcelona.
- HIDALGO, P. P. (1997). *Sinéctica corporal.* En ARTEAGA, M., VICIANA, V. y CONDE, J. *Desarrollo de la expresividad corporal.* INDE. Barcelona.
- JONHSON, D.W. y JOHNSON, R.T. (1999). *Aprender juntos y solos. Aprendizaje cooperativo, competitivo e* individualista. Aique. Buenos Aires.
- JOYCE, B.; WEIL, M.; CALHOUN, E. (2002). *Modelos de enseñanza.* Gedisa. Barcelona.
- JUNTA DE ANDALUCÍA (2007). Ley 17/2007, de 10 de diciembre, de Educación de Andalucía (L. E. A.). B. O. J. A. nº 252, de 26/12/07.
- JUNTA DE ANDALUCÍA (2008). *Orden de 25 de julio de 2008, por la que se regula la atención a la diversidad del alumnado que cursa la educación básica en centros docentes públicos de Andalucía.* BOJA nº 167, de 22/08/2008.
- JUNTA DE ANDALUCÍA (2010). *Decreto 328/2010, de 13 de julio, por el que se aprueba el Reglamento Orgánico de las escuelas infantiles de segundo grado, de los colegios de educación primaria, de los colegios de educación infantil y primaria, y de los centros públicos específicos de educación especial.* BOJA nº 139, de 16/07/2010.
- JUNTA DE ANDALUCÍA (2015). *Decreto 97/2015, de 3 de marzo, por el que se establece la ordenación y las enseñanzas correspondientes a la Educación primaria en Andalucía.* B. O. J. A. nº 50, de 13/03/2015.
- JUNTA DE ANDALUCÍA. (2015). *Orden de 17 de marzo de 2015, por la que se desarrolla el currículo correspondiente a la Educación Primaria en Andalucía.* B. O. J. A. nº 60, de 27/03/2015.
- M. E. C. (2006). *Ley Orgánica 2/2006, de 3 de mayo, de Educación* (L. O. E.). B. O. E. nº 106, de 04/05/2006, modificada por la LOMCE/2013.
- M. E. C. (2015). *Orden ECD/65/2015, de 21 de enero, por la que se describen las relaciones entre las competencias, los contenidos y los criterios de evaluación de la educación primaria, la educación secundaria obligatoria y el bachillerato.* B. O. E. nº 25, de 29/01/2015.
- M. E. C. (2014). *R. D. 126/2014, de 28 de febrero, por el que se establece el currículo básico de la Educación Primaria.*

- MOSSTON, M. (1978). *La enseñanza de la Educación Física. Del comando al descubrimiento.* Paidós. Buenos Aires.
- NAVARRO, V. (2007). *Tendencias actuales de la Educación Física en España. Razones para un cambio.* (1ª y 2ª parte). Revista electrónica INDEREF. Editorial INDE. Barcelona. http://www.inderef.com
- ORLICK, T. (2001). *Libres para cooperar. Libres para crear.* Paidotribo. Barcelona.
- OVEJERO, A. (1990). *El aprendizaje cooperativo. Una alternativa eficaz a la enseñanza tradicional.* P. P. U. Barcelona.
- PÉREZ BRUNICARDI, D.; LÓPEZ PASTOR, V. M.; IGLESIAS, P. (2004). *La atención a la diversidad en Educación Física.* Wanceulen. Sevilla.
- POSADA, F. (2000). *Ideas prácticas para la enseñanza del la Educación Física.* Agonos. Lérida.
- ROMÁN, J. Mª. (2006). *Estrategias y métodos de enseñanza.* Monografías. Revista Tándem, nº 20, pp. 7-22. Graó. Barcelona.
- SÁENZ-LÓPEZ, P. (2002). *La Educación Física y su Didáctica.* Wanceulen. Sevilla.
- SÁNCHEZ BAÑUELOS, F. (1996) *Bases para una Didáctica de la Educación Física y los Deportes.* Gymnos. Madrid.
- SÁNCHEZ BAÑUELOS, F. y FERNÁNDEZ, E. -coords.- (2003). *Didáctica de la Educación Física para Primaria.* Prentice Hall.
- SICILIA, A. (2001). *La investigación de los estilos de enseñanza en la educación física. Un viejo tema para un nuevo siglo.* Wanceulen. Sevilla.
- SICILIA, A. y DELGADO, M. (2002). *Educación Física y Estilos de Enseñanza.* INDE. Barcelona.
- TRIGUEROS, C. (2002). Programa de metodología y Didáctica. En TORRES, J. (director). *Manual del Preparador de Voleibol. Nivel 1.* F. A. de Voleibol. Cádiz.
- VELÁZQUEZ, C. -coord.- (2010). *Aprendizaje cooperativo en Educación Física.* INDE. Barcelona.
- VV. AA. (2001). *Atención a la Diversidad.* Revista "Andalucía Educativa", nº 26, agosto. CEJA. Sevilla.
- ZAGALAZ, Mª L.; CACHÓN, J.; LARA, A. (2014). *Fundamentos de la programación de Educación Física en Primaria.* Síntesis. Madrid.

WEBGRAFÍA (Consulta en septiembre de 2016).
http://www.educaweb.com/noticia/2015/05/27/importancia-buena-metodologia-educacion-fisica-8863/
www.juntadeandalucia.es/educacion/descargasrecursos/curriculo-primaria/index.html
http://recursos.cnice.mec.es/edfisica/
http://www.ite.educacion.es/es/recursos
http://www.agrega2.es
http://www.educarm.es/admin/recursosEducativos#nogo
http://www.catedu.es/webcatedu/index.php/recursosdidacticos
http://www.educa2.madrid.org/educamadrid/servicios
http://www.educa.jccm.es/educa-jccm/cm/recursos
http://www.educa.jcyl.es/profesorado/es/recursos-aula
http://www.adideandalucia.es
http://recursostic.educacion.es/primaria/ludos/web/index.html

TEMA 24

LA EVALUACIÓN DE LA EDUCACIÓN FÍSICA EN LA EDUCACIÓN PRIMARIA. EVALUACIÓN DEL PROCESO DE APRENDIZAJE Y DEL PROCESO DE ENSEÑANZA: MECANISMOS E INSTRUMENTOS. FUNCIÓN DE LOS CRITERIOS DE EVALUACIÓN DE ETAPA.

ÍNDICE

INTRODUCCIÓN

1. LA EVALUACIÓN DE LA EDUCACIÓN FÍSICA EN LA EDUCACIÓN PRIMARIA.

    1.1. Concepto.

2. EVALUACIÓN DEL PROCESO DE APRENDIZAJE Y DEL PROCESO DE ENSEÑANZA: MECANISMOS E INSTRUMENTOS.

    2.1. Evaluación del proceso de aprendizaje.

        2.1.1. Criterios de evaluación de la etapa primaria, área de educación física.

        2.1.2. Evaluar por competencias.

        2.1.3. Técnicas de evaluación y formas de medición.

        2.1.4. Tipos de evaluación.

    2.2. Evaluación del proceso de enseñanza (la acción didáctica).

        2.2.1. Evaluación del profesorado.

    2.3. Mecanismos e instrumentos de evaluación.

        2.3.1. Técnicas de observación.

            2.3.1.1. Observación directa.

            2.3.1.2. Observación indirecta.

        2.3.2. Pruebas de experimentación.

    2.4.- Aplicación de las tecnologías de la información y de la comunicación (TIC) en la evaluación de educación física.

    2.5.- Evaluación al alumnado con N.E.A.E.

3. FUNCIÓN DE LOS CRITERIOS DE EVALUACIÓN DE ETAPA.

CONCLUSIONES

BIBLIOGRAFÍA

WEBGRAFÍA

INTRODUCCIÓN

Evaluar es, ante todo, valorar, recabando el mayor número de datos posibles respecto al proceso. Siempre que aparezca el concepto enseñanza-aprendizaje lo hará la evaluación como sinónimo de conocimiento de ese proceso y de los elementos que lo componen con la pretensión de mejorarlo (Delgado y Tercedor, 2002).

El proceso evaluador no sólo se refiere al aprendizaje del alumnado, sino también a la enseñanza que hace el docente y el programa que desarrolla (Chinchilla y Zagalaz, 2002).

Sanmartí (2007), entiende que enseñar, aprender y evaluar son tres procesos que no se pueden separar.

Aunque las reseñas válidas relativas a la evaluación son abundantes, conviene adoptar desde un principio una postura crítica y consecuente para analizar tanta información. En las páginas siguientes, haremos referencia a una serie de **autores** cuyas perspectivas no son siempre coincidentes, si bien, en muchos casos, pueden considerarse complementarias. La evaluación no es un hecho aislado, sino un proceso formado por varias fases, como veremos en el Tema (Zagalaz y otros 2014).

Dentro de la evaluación científica y sistemática se encuentra la educativa, que tiene unas características que hacen que tenga entidad propia y que esté presente desde siempre en nuestro ámbito (Díaz, 2005).

En evaluación nos encontramos con paradigmas **cualitativos** y **cuantitativos,** y evaluación por competencias que van estrechamente unidas a los objetivos (ECD/65/2015). También citamos la evaluación referida a la **norma** o evaluación referida al **criterio**, evaluación **continua**: diagnóstica, formativa y sumativa. Por otro lado, resulta igualmente amplio y heterogéneo lo referido a **técnicas** e **instrumentos**, sobre todo con la última tendencia sobre el uso de **Rúbricas o Matrices**.

Así pues, la evaluación constituye uno de los actos docentes que más repercusiones tiene en el alumnado. Las decisiones del maestro o maestra, referidas a la superación de las áreas del currículo por parte del alumnado, a la promoción de curso o nivel, a la verificación de los objetivos previstos... son consideradas en muchas ocasiones un difícil problema.

En Andalucía debemos significar la Orden de 04/11/2015, por la que se establece la ordenación de la evaluación del proceso de aprendizaje del alumnado de educación primaria en la Comunidad Autónoma de Andalucía, indica que la valoración del **nivel competencial** del alumnado debe estar **integrado** con la evaluación de los **contenidos** de las distintas **áreas**.

Por otro lado, no debemos desdeñar nuevas formas que nos ayudan en el proceso evaluador, como los **programas informáticos** (Martínez López, 2001) o el nuevo concepto de "evaluación por competencias" (Blázquez y Sebastiani, -coords.- 2009).

1. LA EVALUACIÓN DE LA EDUCACIÓN FÍSICA EN EDUCACIÓN PRIMARIA.

1.1. CONCEPTO.

Hasta la Ley General de Educación, de 1970, el término evaluación no se introduce en el lenguaje pedagógico de nuestro país (Zagalaz, 2003).

En nuestro contexto, sin necesidad de remontarnos muy atrás en el tiempo, era fácil encontrarse con la siguiente simplificación: **evaluar es igual a calificar** a los alumnos para dar respuestas a corto plazo a las presiones de éstos, de los padres y de la Administración (Díaz, 2005). Hoy día la preocupación por la evaluación del sistema educativo está muy extendida (Castillo, 2002).

Por ello, el concepto evaluación ha tenido **diferentes acepciones** según han ido evolucionando los modelos educativos y posee significaciones desiguales en función de la noción que se le asigne.

La evaluación se entiende como una actividad básicamente valorativa e investigadora -la nota es un dato más del proceso-. Facilitadora del cambio educativo -introduce modificaciones cuando se detectan errores- y potencia el desarrollo profesional docente (Blázquez y otros, 2010).

Contreras (2004), destaca su carácter procesual que la convierte en una actividad sistemática integrada en el binomio enseñanza-aprendizaje y que utiliza múltiples procedimientos en función de los individuos a los que va dirigida.

La evaluación se concibe como un mecanismo esencial de autorregulación de los sistemas educativos (Chinchilla y Zagalaz, 1997).

Evaluación, en términos generales, es la actividad que, en función de unos criterios, trata de obtener una determinada información de un sistema en su conjunto o de uno o de varios de los elementos que los componen, personas, programa, institución o centro, situación, etc., siendo su finalidad poder formular un juicio y tomar las decisiones pertinentes y más adecuadas respecto a aquello que ha sido evaluado (Stake, 2006).

González Halcones (1995) la define como *"la interpretación, mediante pruebas, medidas y criterios, de los resultados alcanzados por alumnado, profesorado y proceso de enseñanza/aprendizaje en la ejecución pormenorizada de la programación"*.

El **docente** ha de tener una especial preocupación por la evaluación, siendo la **persona** que maneja la información, que la enjuicia y, en función de esa valoración, inicia acciones y toma decisiones, es decir, **evalúa**.

El D. 97/2015 y la O. de 04/11/2015, indican que la evaluación del proceso de aprendizaje del alumnado:

- Será **continua** para detectar de inmediato una dificultad y poner remedio.

- Será **global**, porque se referirá a las competencias clave y a los objetivos generales de la etapa y tendrá como referente el progreso del alumnado, las características propias del mismo y el contexto sociocultural del centro docente.

- Tendrá un carácter **formativo y orientador** del proceso educativo y proporcionará una información constante que permita mejorar tanto los procesos como los resultados de la intervención educativa.

- Haremos una evaluación **criterial**, con **observación** continuada de la evolución del proceso de aprendizaje de cada alumno o alumna y de su maduración personal. Los **criterios** de evaluación y los **estándares de aprendizaje** de las áreas serán referente fundamental para valorar tanto el grado de adquisición de las competencias clave como el de consecución de los objetivos. Si el progreso del alumnado no fuese el adecuado, debemos establecer medidas de **refuerzo educativo** en cualquier momento del proceso.

- Los proyectos educativos de los centros docentes establecerán el sistema de **participación** del alumnado y de sus padres, madres o tutores legales en el desarrollo del proceso de evaluación.

- Los maestros y las maestras evaluaremos los **aprendizajes** y los **procesos** de enseñanza y nuestra propia **práctica** docente, para lo que **estableceremos indicadores de logro** (referentes de evaluación de las CC. Clave) **en las programaciones didácticas**.

Por otro lado, existen unas **características diferenciales** de la evaluación en educación física con respecto a las otras áreas. Zagalaz (2003) y Blázquez (2008), señalan a:

- El carácter **lúdico** de la Educación Física hace que la mayoría de objetivos planteados sean de satisfacción personal más que de búsqueda de aprendizajes utilitarios.

- La ausencia de un contenido estable. Mientras que áreas como matemáticas o lengua tienen un objeto de enseñanza identificable, la nuestra utiliza un variado abanico de conocimientos. Por ello, programar y evaluar es **más complejo** en Educación Física.

- El carácter funcional de la Educación Física hace que los progresos de algunos aprendizajes, como la condición física, puedan ser debidos más al **desarrollo evolutivo** que a las actividades realizadas en clase.

2. EVALUACIÓN DEL PROCESO DE APRENDIZAJE Y DEL PROCESO DE ENSEÑANZA: MECANISMOS E INSTRUMENTOS.

Por **proceso** entendemos la continuidad de una serie de **pasos** y cambios que se suceden para alcanzar el objetivo. Dentro del ámbito educativo, globalmente nos referimos al de **aprendizaje** (que hace el alumnado) y al de **enseñanza** (que hace el profesorado).

En este **punto iremos viendo** cómo evaluamos el proceso de aprendizaje que tiene el alumnado, así como los criterios de evaluación oficiales del Área. Después trataremos las técnicas de evaluación (objetivas y subjetivas); las formas de medir con las que se corresponden (cuantitativa y cualitativa) y los tipos de evaluación en función de diversas variables: sistematización, referencia, ámbito y participación del alumnado (Blázquez y otros, 2010).

En cualquier caso, debemos reseñar lo indicado por la O. 04/11/2015: *"la evaluación puede llegar a ser un elemento valioso para contribuir al **desarrollo de los centros** por lo que implica para la mejora continua de las **prácticas docentes** y por las posibilidades que ofrece para la **innovación y la investigación** educativa"*.

2.1. EVALUACIÓN DEL PROCESO DE APRENDIZAJE.

El currículo oficial determina las **capacidades** que el alumnado habrá debido desarrollar al finalizar la Educación Primaria y las competencias clave que debe alcanzar, como resultado de los aprendizajes realizados en el área de Educación Física. Vienen expresadas en los **objetivos generales del área** (O. 17/03/2015) y los **contenidos** (R.D. 126/2014 y O. 17/03/2015), tratados globalmente, son la referencia a partir de la cual maestras y maestros tenemos que implementar la enseñanza.

Debemos evaluar al alumnado de forma **personalizada**, por lo que es necesario partir de sus propias posibilidades, permitiendo su libre expresión y observar cuál ha sido su propia progresión, sin tener en cuenta al resto del grupo. *"La evaluación, como parte esencial del proceso de enseñanza-aprendizaje, **no puede limitarse** a la mera **comprobación** de que los* *conocimientos* han sido **memorizados**" (O. 04/10/2015).

Zagalaz (2003), señala que debemos valorar en el alumno tres ámbitos:

- **Cognitivo**. Por ejemplo, conocimiento del funcionamiento del cuerpo en movimiento, de los aspectos higiénicos, etc.
- **Afectivo**. Por ejemplo, aceptación de valores, cooperación, participación, etc.
- **Motor**. El grado de habilidad motriz.

De forma **general** debemos preguntarnos (Zagalaz, Cachón y Lara, 2014):

- **¿Qué evalúo?** Los **criterios** de evaluación programados, **individualizados**, que proceden de los del Área. ¿Alcanza o no el objetivo? Por ejemplo, objetivo: coordinar los saltos de obstáculos. Criterio o indicador: ¿coordina los saltos de obstáculos impulsando con el pie dominante? Comprende las áreas cognitiva, social-afectiva y motriz.

- **¿Cuándo evalúo?** Su **temporalidad**, la evaluación continua y sus tres fases: al inicio o diagnóstica, durante el proceso o formativa y final o sumativa.

- **¿Cómo evalúo?** Los **instrumentos**. Por ejemplo:

    - Ámbito cognitivo: cuaderno, cuestionarios, trabajos, murales, etc.
    - Ámbito motor: observación sobre la práctica, test, listas, escalas, pruebas, etc.
    - Ámbito socio-afectivo: lista de control, observaciones, etc.
    - También es instrumento cualquier tipo de "herramienta" que usemos para evaluar la práctica docente, la unidad, etc., como las **Apps** para móviles y tabletas, por ejemplo Idoceo.

- **¿Quién evalúa?** Los agentes o persona/s prevista/s: docente, alumnado... Esto da lugar a la heteroevaluación, autoevaluación, coevaluación...

2.1.1. CRITERIOS DE EVALUACIÓN DE ETAPA PRIMARIA, ÁREA DE EDUCACIÓN FÍSICA.

El currículo oficial nos ofrece unos **criterios** de evaluación, indicando los **aprendizajes** que se consideran **indispensables**, así como las **competencias clave** a **lograr** y que todos y cada uno de los alumnos tienen que adquirir para continuar con éxito su proceso de aprendizaje.

Los **criterios** de evaluación se **establecen** con respecto a los **objetivos** de área y en íntima relación con los bloques de **contenidos**, marcados al principio del proceso. Son las **líneas maestras** que van a dirigir el proceso de evaluación, son normas para medir el grado de consecución de los objetivos de aprendizaje. En el siguiente gráfico podemos comprobar un ejemplo que demuestra su **coherencia interna** a partir del <mapa de desempeño>, es decir, "*secuenciación de objetivos del área a través de los criterios de evaluación por ciclo y su relación con los de la etapa y los estándares de aprendizaje del R. D. 126/2014*" (O. 17/03/2015).

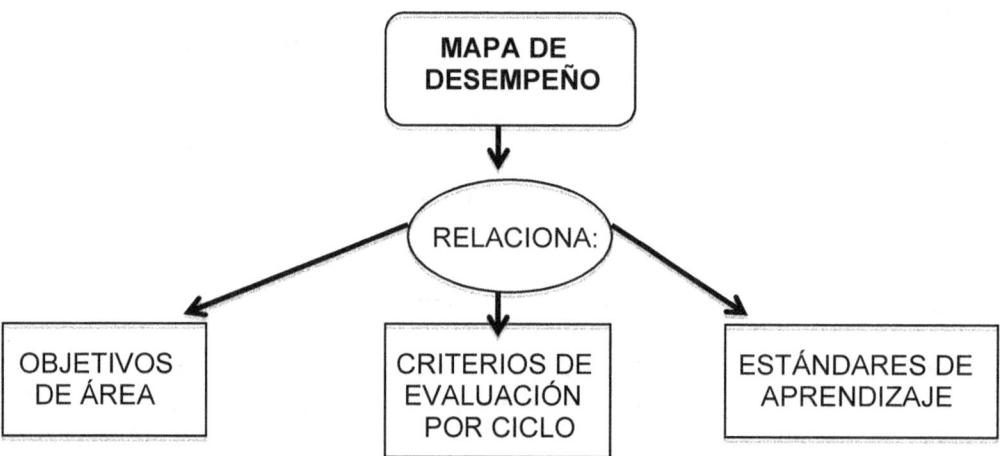

El R. D. 126/2014, nos indica:

a) **Estándares de aprendizaje evaluables**: son especificaciones de los criterios de evaluación que permiten definir los resultados de aprendizaje, y concretan lo que el alumno debe saber, comprender y saber hacer en cada asignatura; deben ser observables, medibles y evaluables y permitir graduar el rendimiento o logro alcanzado. Su diseño debe contribuir y facilitar el diseño de pruebas estandarizadas y comparables.

b) **Criterios de evaluación**: son el referente específico para evaluar el aprendizaje del alumnado. Describen aquello que se quiere valorar y que el alumnado debe lograr, tanto en conocimientos. *"Los criterios relacionan todos los elementos del currículo y se definen en Andalucía como el referente fundamental para la comprobación conjunta tanto del grado de adquisición de las competencias clave, como del logro de los objetivos de la etapa"* (O. 04/11/2015).

Para el área de Educación Física establece **13 criterios de evaluación**. Están **relacionados** con los niveles alcanzados de (R. D. 126/2014):

- Habilidades perceptivo-motrices y básicas
- Expresión y comunicación
- Ajustes tácticos en el juego
- Conceptos propios del área
- Salud, higiene, alimentación
- Condición física
- Actitudes
- Conocimiento de actividades física, lúdicas, deportivas y expresivas.
- Críticas a conflictos
- Juego en el medio natural
- Seguridad en el juego
- Uso de las TIC
- Respeto a sí mismo, a los demás y a las reglas

Algunos ejemplos de los **44 estándares** o concreciones de los criterios que indica el R.D. 126/2014, son:

1.1. Adapta los desplazamientos a diferentes tipos de entornos y de actividades físico deportivas y artístico expresivas ajustando su realización a los parámetros espacio-temporales y manteniendo el equilibrio postural.

2.2. Representa o expresa movimientos a partir de estímulos rítmicos o musicales, individualmente, en parejas o grupos.
4.1. Identifica la capacidad física básica implicada de forma más significativa en los ejercicios.

No confundir el "**mapa de desempeño**" con el "**desarrollo curricular del área**". En ambos apartados de la O. 17/03/2015 aparece la **evaluación**. El desarrollo curricular *"presenta los criterios de evaluación de cada uno de los ciclos y su relación con el resto de elementos curriculares. Partiendo de cada criterio de evaluación, que describe los aprendizajes imprescindibles y fundamentales que el alumnado tiene que alcanzar en cada área, se ofrecen orientaciones y ejemplificaciones de actividades y tareas y se concretan los contenidos necesarios. También se definen indicadores de evaluación como concreción y secuenciación de los estándares de aprendizaje evaluables de final de etapa, establecidos en los Anexos I y II del R.D. 126/2014, complementándolos con procesos y contextos de aplicación. La integración de estos elementos en diversas actividades y tareas genera competencias y contribuye al logro de los objetivos que se indican en cada uno de los criterios"* (O. 17/03/2015).

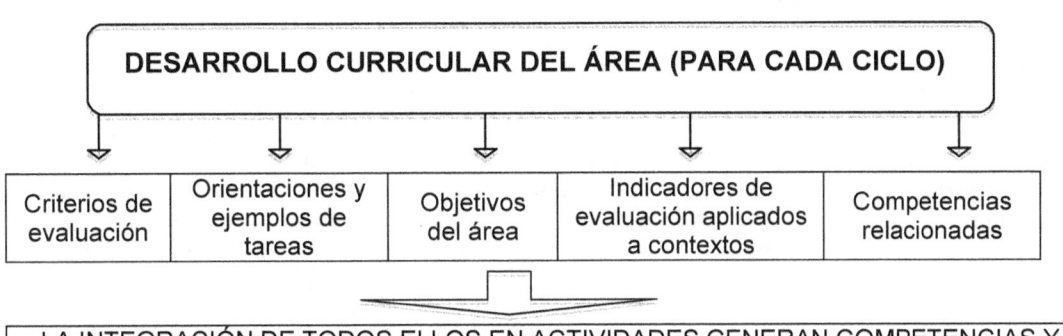

2.1.2. EVALUAR POR COMPETENCIAS.

La O. ECD/65/2015, sobre la evaluación de las CC. Clave, indica que *"las competencias clave deben estar estrechamente **vinculadas** a los objetivos para que la consecución de los mismos lleve implícito el desarrollo competencial del alumnado. Así mismo, establece que la **valoración del nivel competencial** adquirido por el alumnado debe estar **integrado** con la **evaluación de los contenidos** de las distintas **áreas**".* También manifiesta que:

- *Debemos tener en cuenta el grado de dominio de las competencias, a través de procedimientos e instrumentos de obtención de datos de acuerdo con sus desempeños en la resolución de problemas que simulen contextos reales, movilizando sus conocimientos, destrezas, valores y actitudes.*
- *Estableceremos las relaciones de los estándares de aprendizaje evaluables[4] con las competencias a las que contribuyen, para lograr la evaluación de los niveles de desempeño competenciales[5] alcanzados por el alumnado.*
- *La evaluación del grado de adquisición de las competencias debe estar integrada con la evaluación de los contenidos.*
- *Los niveles de desempeño de las competencias se podrán medir a través de*

---
[4] Estándares de aprendizaje evaluables. Son especificaciones de los criterios de evaluación que permiten definir los resultados de aprendizaje, y que concretan lo que el alumno debe saber, comprender y saber hacer en cada asignatura.
[5] Niveles de desempeño competenciales. Describen las competencias del alumnado en cuanto a lo que saben y saben hacer según la prueba en cada área y grado evaluado. Al evaluar desempeños o ejecuciones tenemos que decidir qué es lo que tendrá que hacer el estudiante para demostrar su desempeño en una tarea y que se pueda verificar. Al concluir la prueba, se evalúa también el producto final.

indicadores de logro⁶, tales como rúbricas⁷ o escalas de evaluación que tengan en cuenta el principio de atención a la diversidad, de no discriminación, accesibilidad y diseño universal.
- *Usaremos procedimientos de evaluación variados.*
- *Incorporaremos estrategias que permitan la participación del alumnado en la evaluación de sus logros, como la autoevaluación, la evaluación entre iguales o la coevaluación.*

En todo caso, los distintos procedimientos de evaluación utilizables, como la observación sistemática del trabajo de los alumnos, las pruebas orales y escritas, el portfolio, los protocolos de registro, o los trabajos de clase, permitirán la integración de todas las competencias en un marco de evaluación coherente".

Para valorar el desarrollo competencial del alumnado, serán estos estándares de aprendizaje evaluables, como elementos de mayor concreción, observables y medibles, los que, al ponerse en relación con las competencias clave, permitirán graduar el rendimiento o desempeño alcanzado en cada una de ellas.

El conjunto de estándares de aprendizaje evaluables de un área o materia determinada dará lugar a su perfil de área o materia.

Todas las áreas y materias deben contribuir al desarrollo competencial. El conjunto de estándares de aprendizaje evaluables de las diferentes áreas o materias que se relacionan con una misma competencia da lugar al perfil de esa competencia (perfil de competencia). La elaboración de este perfil facilitará la evaluación competencial del alumnado" (O. ECD/65/2015).

En la evaluación por competencias aparece el término "**indicadores de logro**", que se corresponden con un objetivo, están relacionados con el criterio ya que emanan del él, lo especifican y tienen la misión de demostrar lo que el alumno/a ha aprendido. Por ejemplo, para una U. D. relacionada con la afirmación de la lateralidad en 1º ciclo:

- **Objetivos didácticos**:
    - Afirmar la lateralidad
    - Desarrollar la imagen corporal
    - Aumentar el nivel de las habilidades perceptivo motrices relacionadas con la lateralidad
    - Usar convenientemente los segmentos corporales
    - Observar y mejorar el dominio lateral visual, auditivo, manual y pédico

Evidentemente, la consecución de estos objetivos hace que contribuyamos al desarrollo de varias **Competencias Clave**. Por ejemplo:

- Desarrollo de la *competencias sociales y cívicas*. Los juegos motores tienen unas reglas que es preciso respetar para el trabajo colectivo.
- Adquisición de la *conciencia y expresiones culturales*. Las actividades

---

[6] Indicadores de logro. Son los referentes de evaluación para valorar el desarrollo de las competencias. De cada competencia se identifican varios indicadores para saber si la está consiguiendo. Son enunciados que, respecto a una o varias competencias dadas, identifican un tipo de guía o patrón de conducta adecuado, eficaz, positivo. Proporcionan, al tiempo, una vía directa para determinar, de manera objetivable, el grado en que se alcanzan las competencias. Por ejemplo, "capta la idea global de las informaciones dadas sobre el calentamiento"; "diseña y elabora reglas de un nuevo juego cooperativo".

[7] Una rúbrica o matriz de valoración, es un recurso o herramienta para la evaluación y calificación del aprendizaje, de los conocimientos o del desempeño del alumnado en una actividad concreta (o en un módulo, bloque o materia) y que establece criterios o indicadores y una escala de valoración para cada uno de ellos (ver gráficos-ejemplos en punto 2.3.1.2.c).

propuestas en la U. D. los alumnos experimentan con los recursos expresivos corporales.
- Consecución del *Sentido de iniciativa y espíritu emprendedor,* en la medida que el alumnado mejora el esquema corporal y las habilidades perceptivo-motrices. Esto significa un incremento en su propia autonomía y autoconfianza.
- Adquisición de la *competencia en comunicación lingüística,* ya que las actividades que propongamos implican escuchar y comprender los mensajes orales.

- **Criterio de evaluación** nº 3: Realizar lanzamientos y recepciones y otras habilidades que impliquen manejo de objetos, con coordinación de los segmentos corporales y situando el cuerpo de forma apropiada.

- **Indicadores de logro**:
  - Distingue su mano dominante.
  - Discrimina la zona derecha de la izquierda en sí mismo.
  - Es capaz de lanzar-recepcionar una pelota entre sus manos.
  - Hace lanzamientos precisos con una pelota usando su mano dominante.
  - Puede guiñar un ojo independientemente del otro
  - Lanza y recepciona una pelota contra la pared con el pie dominante.

La LOMCE/2013 destaca la *necesidad de compromisos compartidos entre* **familias** *y profesorado* en diferentes momentos. En concreto, recoge que los padres o tutores deberán **participar** *y apoyar la evolución del proceso educativo* de sus hijos o tutelados, conocer las decisiones relativas a la evaluación y promoción y, finalmente, *colaborar en las medidas de apoyo o refuerzo* que adopten los centros para facilitar su progreso educativo.

2.1.3. TÉCNICAS DE EVALUACIÓN Y FORMAS DE MEDICIÓN.

La "técnica" de evaluación es la forma específica que tenemos para la **elaboración** o producción de los **datos** a observar. En Educación Física podemos hablar fundamentalmente de dos grandes **técnicas** de evaluación: **objetiva** y **subjetiva**, que se corresponden con dos formas de medición: **cuantitativa** y **cualitativa** (Contreras y García, 2011).

Evaluación **objetiva** es la que resulta de la utilización de **test** mensurables o cuantificables previamente elaborados. El juicio del maestro no puede alterar los resultados.

Evaluación **subjetiva** es la que depende prioritariamente del **juicio** del docente; basada por lo general en su experiencia personal e influenciada por factores emocionales.

En la actualidad se tiende a utilizar en lo posible la evaluación de tipo objetivo, pero, dada la diversidad de aprendizajes que tienen cabida en el currículo de Educación Física y las **dificultades** que ello entraña para evaluar algunos aspectos educativos, nos es imprescindible la utilización de ambos tipos.

Cuantitativa es toda medición que se asienta en una escala de **medida física** que permite cuantificar, de manera absoluta, una característica particular de la entidad evaluada. Por escala de medida se entiende el tiempo, la distancia, el peso, el número de repeticiones, etc. En consecuencia, una técnica de medición cuantitativa es considerada **objetiva** puesto que el examinador no ejerce ninguna influencia sobre la escala de medición ni sobre el resultado.

Cualitativa es aquella que se basa en una escala de **medición mental** dependiente del pensamiento del examinador. Por oposición a las técnicas cuantitativas, las cualitativas son generalmente asumidas como subjetivas, es decir, en función de juicios de valor y sus variaciones.

Las técnicas de medición cuantitativas conducen siempre a resultados cuantitativos; éstos pueden expresarse posteriormente mediante una **escala** cualitativa, como por ejemplo: "muy deficiente", "insuficiente", "suficiente", "bien" o "excelente". En cuanto a las técnicas cualitativas, éstas pueden conducir a resultados cuantitativos o cualitativos, pues la escala elegida no hace más que reflejar el pensamiento del examinador.

Chinchilla y Zagalaz (2002) aportan la "evaluación **mixta**", que está delimitada por aspectos de la objetiva y subjetiva.

2.1.4. TIPOS DE EVALUACIÓN.

Siguiendo a Blázquez y otros (2010) y a Sebastiani -coord.-, (2009), son varias las formas o maneras de hacerla, atendiendo a variables heterogéneas. Las hemos ordenado en categorías no excluyentes y suponen diversas posibilidades de actuación. El profesorado, según su criterio, el contexto del centro y el momento del proceso, deberá **decidirse** por uno o varios modos. En un cuadro las sintetizamos y posteriormente las explicamos brevemente:

TIPOS DE EVALUACIÓN ATENDIENDO A:	*CÓMO HACERLA*			
a) Según su sistematización y regularización	Evaluación Continua:			
	E. Inicial	E. Formativa		E. Sumativa
b) Según la referencia	Evaluación Normativa		Evaluación Criterial	
c) Según el ámbito de su aplicación	Evaluación Interna (profesorado y alumnado)		Evaluación Externa (Institucional o de la Administración)	
d) Según la participación del alumnado en el proceso evaluador	Heteroevaluación	Autoevaluación	Recíproca o co-evaluación	Del Proceso y Profesorado

- a) **Según su sistematización y regularización. Evaluación continua.** Condensado de Fernández -coord.- (2002), Delgado y Tercedor (2002), Zagalaz (2003) Díaz (2005), Blázquez (2008) y Sebastiani -coord.- (2009).

Se refiere a la **ordenación** y **periodicidad** con la que se produce. El conocimiento y la valoración de la consecución de los objetivos parciales (evaluación continua) nos permiten introducir **correcciones** que facilitan el logro de los objetivos intermedios de cada unidad didáctica y de cada nivel educativo y, como consecuencia, también el de los últimos fines de perfeccionamiento.

Los principales medios son la **observación** del maestro y la **valoración** de las actividades que el alumno desarrolla cotidianamente. La dificultad reside en que el docente ha de compaginar la atención al alumno y a los restantes compañeros.

La Evaluación Continua tiene **tres fases**:

- **Evaluación Inicial**. Nos permite conocer las bases, capacidades, estado físico, intereses, motivaciones y aprendizajes previos del alumnado, datos imprescindibles para determinar los objetivos a trabajar. Es la **competencia curricular previa**.

La O. de 04/11/2015, indica que es obligatoria hacerla al inicio de cada curso escolar, durante el primer mes. A partir de aquí se obtienen los datos para la toma de decisiones curriculares (apoyo, etc.).

- **Evaluación Formativa, Progresiva, o del Proceso**. Base fundamental del proceso de evaluación. Proporciona información válida y relevante tendente a mejorar el proceso de enseñanza-aprendizaje. ¿Cómo van aprendiendo? ¿Dónde están surgiendo las dificultades de aprendizaje y cómo las podemos subsanar, adoptando, de forma fundamentada, las decisiones necesarias? Se apoya en la **observación** que el docente lleva a cabo sobre el comportamiento del alumnado y en el análisis sistémico del trabajo escolar usando algunas pruebas específicas. Tan pronto como encontremos dificultades de aprendizajes tomaremos las medidas pertinentes.

- **Evaluación Final o Sumativa.** Constituye una **síntesis** de los resultados de la evaluación progresiva, teniendo en cuenta la evaluación inicial y los objetivos previstos, sean éstos los didácticos de cada unidad o, en última instancia, los objetivos generales de área. Así pues, pretende valorar, interpretar y juzgar los resultados obtenidos. Se realiza al final de una unidad de enseñanza-aprendizaje (unidad didáctica, curso, ciclo, etapa, etc.) y hay que informar a las familias regularmente e indicarle los criterios de evaluación, como indica el artículo 10 del D. 328/2010, de 13 de julio, por el que se aprueba el Reglamento Orgánico de las escuelas infantiles de segundo grado, de los colegios de educación primaria, de los colegios de educación infantil y primaria, y de los centros públicos específicos de educación especial, BOJA nº 139, de 16/07/2010.

b) **Según la referencia. Evaluación normativa o criterial.** Lo hemos extractado de Fernández -coord.- (2002), Delgado y Tercedor (2002), Hernández y Velázquez (2004) y Díaz (2005), Blázquez (2008) y Sebastiani -coord.- (2009).

Un segundo tipo de decisión es la referencia mediante la cual se otorga significado a las informaciones que, una vez contrastadas, permiten emitir un **juicio de valor**. Podemos considerar dos tipos de información. Una, en la que el individuo es valorado en relación con el rendimiento de un grupo: evaluación referida a la **norma** (comparación relativa). Y otra, en función al grado con el que el alumno ha alcanzado un nivel de actuación o desarrollo: evaluación en relación con un **criterio**, para la que se precisa la definición explícita del objetivo propuesto (comparación absoluta).

- **Evaluación referida a la Norma.** Corresponde a la intención de **comparar** el resultado de un individuo con un baremo previamente establecido. Es un modo de evaluar que **no** debemos realizar, porque no nos interesa tanto el **producto** resultante como el **proceso** de cambio. Se puntúa el resultado absoluto.

- **Evaluación referida al Criterio.** Ahora se trata, en cambio, de saber el punto de partida de cada cual, con objeto de conocer su progresión personal, valorándose ésta (Stake, 2006).

c) **Evaluación según el ámbito de aplicación.** Resumido de Sales (2001), Hernández y Velázquez (2004), Blázquez (2008) y Sebastiani -coord.- (2009).

Se señala si está efectuada por personas implicadas directamente en el proceso de enseñanza, o si existen intervenciones ajenas a este proceso. Destacamos a dos:

- **Evaluación Externa.**

    Realizada por una institución ajena al propio centro. Es exterior al acto pedagógico y su misión es evaluar la infraestructura docente y su adecuación a las exigencias sociales, aunque a menudo su influencia llega hasta la actuación final del maestro o maestra. La realiza la propia Delegación de Educación a través de una serie de profesionales que envía a los centros.
    La O. ECD65/2015, indica que "*las evaluaciones externas de fin de etapa previstas en la Ley Orgánica 8/2013, de 9 de diciembre, para la Mejora de Calidad Educativa (LOMCE), tendrán en cuenta, tanto en su diseño como en su evaluación los estándares de aprendizaje evaluable del currículo*".

- **Evaluación Interna**.

    Valora la adecuación del sistema a las posibilidades del sujeto. Ejercida directamente por la maestra o el maestro, está íntimamente vinculada a las diferentes fases o funciones de la evaluación (inicial, formativa, sumativa). Siguiendo las líneas del proceso educativo, confronta los objetivos con los resultados, concediendo a la evaluación el valor que le corresponde. Existe el riesgo de estar implicado en la propia situación.

    d) **Evaluación según la participación del alumnado en el proceso evaluador**. Lo hemos sintetizado de Sales (2001), Díaz (2005) y Blázquez (2008).

    Se refiere al **grado de responsabilidad** que se le otorga al **alumnado**, según sea objeto o sujeto-objeto de la evaluación. Distinguimos a:

- **Heteroevaluación**. Cuando es realizada por el docente y por todas las personas que mantienen relación con el alumno: orientador, tutor, otros profesores, etc.

- **Autoevaluación**. En línea con una concepción renovada de la enseñanza que responsabiliza al alumno de su desarrollo y resultado, se considera que la evaluación debe constituir una función que asume el propio alumno, ya que lo hace protagonista de su propio aprendizaje. Algunas de estas posibilidades, son:
    - El alumno anota, en una ficha puesta a su disposición, la valoración que él ha obtenido.
    - El alumno valora su trabajo en relación con el resultado previsto.
    - En el supuesto que el maestro o maestra haya proporcionado normas claras sobre la realización, el alumno ofrece un criterio de valoración de su propio trabajo.

- **Evaluación recíproca o co-evaluación**. El alumno evalúa a un compañero que, a su vez, es evaluado por éste. Este enfoque permite guardar una cierta distancia sobre sí mismo sin dejar de implicarse en el proceso de evaluación. Tiene un alto valor **afectivo**.

    En el caso de la utilización de procedimientos de observación, bastará con que el profesor tenga bien estructurada las rejillas y que sean fáciles de interpretar para que encuentre en los alumnos unos colaboradores perfectos.

- **Evaluación del proceso y del profesorado**. El alumno debe también intervenir en la evaluación de los restantes elementos que participan, como son el profesorado, el proceso que éste realiza, las condiciones en las que se desarrolla a la enseñanza, etc. Esta participación, si bien no es estrictamente una autoevaluación, permite al alumno apropiarse y sentirse responsable de la acción docente. Otorgar responsabilidades al alumnado es también ejercer la libertad y, por ende, el compromiso personal en el quehacer educativo y social.

2.2. EVALUACIÓN DEL PROCESO DE ENSEÑANZA (LA ACCIÓN DIDÁCTICA).

*"Los colegios de educación Primaria realizarán una **autoevaluación de su propio funcionamiento**, de los programas que desarrollan, de los procesos de enseñanza y aprendizaje y de los resultados del alumnado, así como de las medidas y actuaciones dirigidas a la prevención de las dificultades de aprendizaje, que será supervisada por la inspección educativa. El resultado de este proceso se plasmará en una **memoria de autoevaluación** que será aprobada e incluida en el Sistema de Información Séneca antes del*

30 de junio de cada año" (D. 328/2010, por el que se aprueba el Reglamento Orgánico de los colegios de educación primaria y la Orden 20/08/2010, que lo desarrolla).

La evaluación del proceso implica que todas las **fases** de la acción didáctica deben ser objeto de evaluación, es decir:

CC. Clave → Objetivos → Contenidos→ Actividades→ Metodología y Recursos→ Evaluación

---

a. Evaluación de las competencias clave.

- Se trata de averiguar el grado de consecución de las competencias clave (Sebastiani y Blázquez -coord.-, 2009). El enfoque basado en las competencias no resuelve el problema de cómo evaluarlas adecuadamente (Coll, 2007). Para evaluar las competencias es necesario disponer de alguna fuente de información y algunos criterios de evaluación o indicadores de logro (Sebastiani y Blázquez -coords., 2009).

b. Evaluación de los objetivos.

- La continuidad entre los objetivos de Etapa, Área, Ciclo... Se trata de saber si los objetivos más concretos son instrumentales en función de la consecución de los objetivos más generales.
- La pertinencia o actualidad de los objetivos: en qué medida los objetivos propuestos responden a las necesidades actuales.

c. Evaluación de los contenidos.

- La vinculación objetivo-contenido responde hasta qué punto éstos han sido apropiados para la consecución de aquéllos, bien por su relación directa, bien por transferencia. Su proporción vertical-horizontal.

d. Evaluación de las actividades.

- Surgen a partir de los contenidos. Es preciso reflexionar si son adecuadas para satisfacer a los contenidos y conseguir los objetivos formulados. También si son apropiadas al grupo según su madurez, intereses, aprendizajes previos, etc. de aquél. Igualmente si son seguras y no plantean riesgos. Incluimos en este apartado la propia estructura de las **sesiones**.

e. Evaluación de la metodología.

- Hay que considerar la organización grupal, técnica de enseñanza, estrategia en la práctica, relación trabajo/pausa, estilos de enseñanza utilizados, clima de aula, las diferencias individuales, etc.

f. Evaluación de los recursos.

- El aprovechamiento de los medios de todo tipo con que cuente el centro: materiales, personales, humanos, espaciales... y ambientales.
- Su idoneidad, seguridad, capacidad para motivar, su multifuncionalidad, etc.

g. Evaluación del sistema de evaluación. (Metaevaluación).

- Una vez que el profesorado evalúa todo lo anterior en el documento de evaluación, a través de técnicas de observación, se vuelve a comprobar-evaluar si los procesos que ha realizado se corresponden con la realidad del centro: alumnos, docentes, etc. y a través de esa "evaluación de la evaluación", el maestro y la maestra investigan y reflexionan sobre su propia **práctica**.

- Es, en cierto modo, un proceso de feedback ya que el docente obtiene una información de lo realizado y pone las medidas correctoras oportunas para mejorar la calidad de su enseñanza, que es en definitiva de lo que se trata.

También se puede evaluar la "fase **práctica o realización**" (Sales, 2001). Se trata de **comparar** las previsiones realizadas por el maestro o maestra antes de efectuar el acto educativo y la realidad surgida con el alumnado. Obviamente, la fase práctica la podemos **incluir** directamente en cada uno de los **puntos** anteriores.

Debemos evaluar los procesos de enseñanza y el Proyecto Educativo del Plan de Centro. Históricamente se había centrado en el control de los resultados del aprendizaje de alumnas y alumnos. En los últimos años hemos comprobado el gran potencial de la evaluación como **herramienta** para gestionar los mismos aprendizajes y garantizar su calidad Se establece definitivamente la importancia de asociar los procesos evaluadores a los de desarrollo y potenciación de nuestra capacidad para aprender (Blázquez y Sebastiani - coords.-, 2009).

En este sentido, el artículo 28 del D. 328/2010, indica que son competencias de los equipos de ciclo, además de la elaboración de las programaciones didácticas y las propuestas pedagógicas correspondientes al mismo, de acuerdo con el proyecto educativo, el **seguimiento** para controlar su **cumplimiento y proponer las medidas de mejora que se deriven del mismo**. También, que los equipos de ciclo deberán evaluar la práctica docente y los resultados del proceso de enseñanza-aprendizaje.

La evaluación de la enseñanza y de la práctica docente deberá abordar, al menos, los siguientes **aspectos**:

- La organización del aula y el aprovechamiento de los recursos del centro.
- El carácter de las relaciones entre el profesorado, entre éste y el alumnado, así como la convivencia entre alumnas y alumnos.
- La coordinación entre los órganos y personas responsables en el Centro de la planificación y desarrollo de la práctica docente: Equipo Directivo, Claustro de Profesores, Equipo Técnico de Coordinación Pedagógica, Tutores, Maestros especialistas y de apoyo.
- La regularidad y calidad de la relación con los padres, madres o tutores-as legales.

Además, se evaluarán aspectos del Plan de Centro, como:

- Adecuación de los objetivos a las características del alumnado.
- Distribución equilibrada y adecuada de los contenidos por ciclos.
- Efectividad de la metodología y recursos utilizados.
- Validez de los criterios de evaluación.
- Adecuación de las medidas adoptadas para la atención a la diversidad.

El Equipo Técnico de Coordinación Pedagógica será el encargado de proponer al claustro, para su aprobación, el plan de evaluación de la práctica docente y el Plan de Centro.

2.2.1.- EVALUACIÓN DEL PROFESORADO.

Que el profesorado sea también sometido a evaluación es una necesidad que debe ser asumida con criterios positivos. No se trata de una actuación de control o fiscalizadora; todo lo contrario, ha de ser una acción claramente orientadora, estimulante, y parte esencial del proceso de formación permanente del profesorado (Díaz, 2005). El docente debe buscar su mejora competencial (Blázquez, 2013). La evaluación del mismo reúne varias finalidades (Blázquez, 2008):

- Conseguir una auténtica calidad de la enseñanza.
- Mejorar la función docente y estimular el reconocimiento de su labor.
- Permitir que su trabajo-acción pueda ser sometido a un proceso de reflexión crítica que se convierta en uno de los elementos de su formación y perfeccionamiento.
- Podemos añadir que es un elemento favorecedor de su actualización profesional.

Sales (2001), propone varias líneas de evaluación del maestro: auto-observación, observador externo (compañero), opiniones del alumnado en asambleas o mediante la aplicación de cuestionarios y realizando grabaciones en formato vídeo (autoscopia).

Díaz Lucea (2005), por su parte, clasifica los ítems a observar del maestro/a en tres bloques o líneas:

a) Sus funciones pedagógicas: como educador, instructor, formador, tutorial, etc.
b) Las acciones derivadas de las funciones pedagógicas: planificador de su enseñanza, como diseñador de actividades, como animador en su proceso didáctico, como generador, conductor y creador de buen clima en clase, etc.
c) El perfil humano: tipo y nivel de formación, carácter, motivaciones, intereses, etc.

Debemos significar que el artículo 157 de la LEA, al CEJA tiene establecido un sistema de evaluación del profesorado y de esta forma acreditar méritos para su promoción profesional. El órgano responsable de su gestión es la Agencia Andaluza de Evaluación Educativa.

2.3. MECANISMOS E INSTRUMENTOS DE EVALUACIÓN.

Los **mecanismos** son, según el D.R.A.E., "*el conjunto de las partes o la estructura de un cuerpo natural o artificial y la combinación de sus partes constitutivas*". Por ello, entendemos, que los mecanismos de la evaluación son los "procedimientos, engranajes, o pasos" que seguimos a la hora de llevar a cabo la evaluación. No obstante, reconocemos que puede tener **múltiples interpretaciones**, ya que existen **numerosos estudios, autores y términos**. Por ejemplo, también es habitual llamar "***procedimiento***" al mecanismo. Distinguimos a los siguientes pasos o fases (Delgado y Tercedor, 2002) y (Zagalaz, 2003):

- **Definición de objetivos.** Es la preparación de lo que deseamos evaluar, por ejemplo la habilidad del salto, cuándo y mediante qué técnica e instrumento.
- **Medición.** Es la recogida de datos, por ejemplo, la forma de realizar la fase de batida, vuelo y caída en un salto.
- **Emisión de juicios de valor.** Es la interpretación de datos. Análisis de los mismos con los anteriores o con otras referencias.
- **Valoración de resultados.** Es la toma de decisiones al final del mecanismo seguido. Damos nuestro parecer, dictaminamos lo realizado, si ha progresado adecuadamente, etc. Por ejemplo, la fase de impulso ahora es mejor que en la observación anterior.

Los **instrumentos** de evaluación son los múltiples recursos específicos (herramientas) que disponemos para recoger información del proceso y que se plasma en algún documento para medir (Contreras y García, 2011). Por ejemplo, listas, escalas, registros diversos, fichas, cuestionarios, etc. En los últimos años, y cada vez más, debemos señalar las **Apps** (aplicaciones), para móviles y tabletas. Por ejemplo, **Idoceo**, que viene a sustituir al tradicional cuaderno de evaluación: nombres, datos familiares y académicos, faltas de asistencia, registro anecdótico, evaluaciones, adaptaciones, etc.

TABLAS: *Resumen de los instrumentos de evaluación.*

2.3.1. TÉCNICAS DE OBSERVACIÓN
2.3.1.1. Observación Directa
- Registro Anecdótico o Diario de Clase
- Registro de Incidentes Críticos

2.3.1.2. Observación Indirecta
a) Lista de Control
b) Escalas de Clasificación
   b.1) Ordinales o Cualitativas
   b.2) Numéricas
   b.3) Gráficas
   b.4) Descriptivas
c) Rúbricas o Matrices
d) Otros:
   c.1) Ludograma.
   c.2) Sociograma

2.3.2. PRUEBAS DE EXPERIMENTACIÓN

a) Pruebas de Ejecución

b) Test Motores

c) Pruebas Teóricas

d) Registro de Acontecimientos

e) Cuaderno de Trabajo/Portfolio

f) Grabaciones de Video

2.3.1.- TÉCNICAS DE OBSERVACIÓN.

Si bien en muchos casos los métodos cuantitativos pueden representar un aspecto motivador, no permiten extraer más conclusiones que los datos propios del fenómeno observado. En consecuencia, es necesario utilizar instrumentos que estén basados en **técnicas de observación** con los que informar al alumno del nivel conseguido y de los fallos cometidos en cualquier momento del acto didáctico. Con ellas el docente logra una información constante que posibilita el reajuste del proceso elegido o las modificaciones oportunas para los alumnos con problemas.

La observación realizada por el profesor debe ser (Blázquez, 2008):

- **Planificada**: realizada en función de un objetivo definido, buscando los hechos significativos en el trabajo y el comportamiento del alumno.

- **Sistemática**: los resultados son más fiables cuando han sido comprobados en días y situaciones diferentes.

- Lo más **completa** posible: ha de tender a abarcar todos los aspectos que inciden en el aprendizaje, tales como conceptos, procedimientos, actitudes, etc.

- **Registrable** y registrada: es una temeridad confiar a nuestra memoria lo observado y un juicio arriesgado el que emitimos fiándonos de nuestra memoria y experiencia.

2.3.1.1. OBSERVACIÓN DIRECTA.

Constituida principalmente por las **impresiones personales** del maestro respecto al alumno. Estudia al alumno/a como sujeto activo de su formación durante el proceso educativo.

- **Registro Anecdótico**. Es una breve **descripción** de algún **comportamiento** que consideramos importante para los propósitos de la evaluación. Con arreglo a estas "anécdotas" o hechos casuales, el evaluador realiza un juicio del individuo en relación con algún aspecto concreto del programa de evaluación previsto (Delgado y Tercedor, 2002).

- **Registro de incidentes críticos**. Consiste en anotar comportamientos o hechos en el aula no esperados. Por qué ha surgido, su desarrollo y la resolución del mismo.

2.3.1.2. OBSERVACIÓN INDIRECTA.

Constituida por unas listas y escalas que expresan unos niveles a valorar y que están **previamente** establecidos, al contrario de lo que sucede con la "directa". Los aspectos a observar están relacionados con el ámbito motor y afectivo.

a) **Lista de Control**

Consiste en un conjunto de frases que expresan conductas, positivas o negativas, secuencias de acciones, etc. ante las cuales el examinador señalará su ausencia o presencia como resultado de su observación metódica, sistemática. Ponen de manifiesto la **aparición o no** de un aprendizaje o rendimiento, y pueden reducirse a acciones muy específicas.

Exige únicamente un sencillo **juicio "sí" / "no"**. También existen listas que contemplan un tercer parámetro: **"a veces"** o expresiones similares. La suma de los síes o de los noes puede ser interpretada como una forma de medición (Díaz, 2005).

b) **Escalas de Clasificación** (también llamadas de **puntuación** o de **evaluación**).

Ordenan el comportamiento motor del alumnado en la realización de una habilidad dentro de una escala con varios niveles, pero siempre con sus extremos definidos, es decir, desde una realización muy endeble a otra inmejorable (Díaz, 2005). Superan la eficacia de la listas de control porque exigen que el docente que observa se fije no sólo en la realización u omisión de una tarea, sino que además **valore** esa operación con un **juicio**. Las escalas conforman una serie que permite situar al individuo en función del grado del comportamiento o de la característica pretendida. Se utilizan como control del aprendizaje o como evaluación del rendimiento deportivo. Destacamos los siguientes **tipos** (Delgado y Tercedor 2002):

b.1) <u>Escalas Ordinales o Cualitativas</u>. Provienen del "modelo Lickert" (Colás y Buendía, 1998). Consiste en una serie de ítems que no siempre guardan las mismas proporciones, sobre un aprendizaje concreto. Carecen de "cero" y máximo y sirven para ordenar a los individuos en función de la prueba. Es frecuente utilizar escalas hasta cinco y siete puntos. De una manera general, se efectúa la evaluación según los siguientes baremos: 1 Muy deficiente; 2 Insuficiente; 3 Bien; 4 Muy bien; 5 Excelente. Pero antes debemos tener claro qué entendemos por cada uno de estos cinco niveles.

b.2.) <u>Escalas Numéricas</u>. Son las que están definidos sus extremos por un 0 y un 10 y los intervalos son idénticos.

b.3) <u>Escalas Gráficas</u>. El docente señala en un gráfico el grado en que se encuentra, según sus observaciones, el rasgo de la conducta que pretende evaluar. Esa característica es seguida por una línea horizontal, sobre la cual se señala la categoría advertida por el observador.

b.4) <u>Escalas Descriptivas</u>. Consisten en breves detalles concretos y exactos sobre el rasgo observado. El docente señala la posición del alumno en relación con la descripción de ese rasgo.

c) Rúbricas o matrices de evaluación.

Con esta denominación se implantan en España con la LOMCE/2013 y con el paso de las UU. DD. a las UDI. Realmente tienen muchas **similitudes** con las **escalas** vistas en el punto anterior, constituyéndose rápidamente en una **herramienta** muy popular en el ámbito educativo porque valora el nivel competencial[8]. Éstos los tenemos, como con las escalas, previamente determinados antes de producirse el acto evaluador. Normalmente optamos por la forma de una tabla o matriz, donde desglosamos algunos indicadores de la actividad a realizar y una red de estándares con distintos niveles de desarrollo vinculados a una graduación de niveles de desempeño. La **combinación** de la tabla, cuadro o **matriz** más los **estándares** y **descriptores**, a los que sumamos los **niveles de desempeño**, dan lugar a la **rúbrica**. Hay rúbricas analíticas (una tarea), globales (todo el proceso), decimales (valores numéricos), no decimales (pragmáticas), de mínimos (lo mínimo a alcanzar), de máximo (los valores máximos a alcanzar), indicadores de logro (desde lo mínimo para conseguir éxito a lo máximo nivel alcanzable), valores positivos (no tienen valor negativo para motivar alumnado). Evidentemente, las rúbricas las puede realizar el propio alumnado, maestro/a o equipo docente. Hay muchas **Apps** que nos facilitan su diseño: RubiStar; Additio App; Erubric; etc.

La matriz o rúbrica **se compone** de: **Encabezado** (lo que vamos a evaluar: objetivo, habilidad, criterio, estándar, competencia, etc.); **Indicador** (cada objetivo o dimensión en que desglosamos el encabezado); **Escala** (niveles o puntuaciones, normalmente de 1 a 4, de los grados de dominio adquirido); **Descriptor** (la descripción de cada uno de los niveles del escalado o nivel de desempeño).

TABLA. *Ejemplo genérico de rúbrica.*

	ENCABEZADO			
	4 EXCELENTE	3 BUENO	2 MÍNIMO	1 NO LOGRA
INDICADOR DE LOGRO 1	Descripción	Descripción	Descripción	Descripción
INDICADOR DE LOGRO 2	Descripción	Descripción	Descripción	Descripción

TABLA. *Ejemplo concreto sobre el aprendizaje de la habilidad específica del bote en Mini Basket, tiro de personal y actitud en clase.*

RÚBRICA SOBRE HABILIDADES EN MINI BASKET				
	EXCELENTE	BUENO	MÍNIMO	SIN LOGRO
REALIZAR BOTE EN ZIG-ZAG	Coordinado, velocidad y una y otra mano	Coordinado y uso de una y otra mano	Una y otra mano, pero muy despacio	Descoordinado, se le escapa balón
LANZAMIENTO DE CINCO TIROS PERSONAL	Muy técnico. Encesta 4-5 veces	Anota de vez en cuando. Detalles de inhabilidad.	Anota una vez. Lanza con dos manos.	No anota. Descoordina. Tira "pedrada".
ACTITUDES EN CLASE	Atento y participativo	Casi siempre atento y participativo	A veces despistado. Una vez llamo atención	Descentrado. En muchas ocasiones llamar atención.

---

[8] La O. ECD/65/2015, art. 7.4, realmente iguala rúbrica con escala de evaluación: "*Los niveles de desempeño de las competencias se podrán medir a través de indicadores de logro, tales como rúbricas o escalas de evaluación*".

TABLA. *Componentes de una rúbrica para evaluar el uso de las TIC en la U.D. de juegos populares.*

USO DE LAS TIC PARA INVESTIGAR JJ. PP.					
Indicadores (objetivos)	**Grados de dominio adquirido**				**Instrumentos de evaluación**
	1	**2**	**3**	**4**	
Utiliza las TIC para descubrir juegos populares de la región.	Es incapaz de utilizar las TIC	Utiliza las TIC de forma guiada	Utiliza las TIC de forma autónoma	Utiliza las TIC de forma autónoma usando diferentes herramientas en función del objeto de la búsqueda	Valoración de los procedimientos de trabajo del alumnado. Valoración de las producciones del alumnado

d) **Otros**.

d.1) <u>Ludograma</u>. Se realiza a partir de la ejecución de un juego grupal, por ejemplo los "10 pases". Anotamos el número de veces que cada jugador toca el balón. Posiblemente quienes más lo hacen tienen más afinidades socio afectivas entre ellos.

d.2) <u>Sociograma</u>. Se basa en la representación gráfica de las interrelaciones entre los miembros del grupo, tras tabular los datos obtenidos a través de unas listas confidenciales en las que el alumnado ha mostrado sus preferencias individuales (Delgado y Tercedor, 2002).

2.3.2. PRUEBAS DE EXPERIMENTACIÓN.

Las **técnicas experimentales** objetivan, en buena medida, los datos procedentes de la observación continuada del maestro, ya que miden lo que el sujeto es capaz de hacer tras un aprendizaje, después de un proceso determinado (Blázquez, 2008).

a) **Pruebas de ejecución**.

Blázquez (2008) las define como aquellas que exigen que el alumno realice una tarea poniendo de manifiesto la eficacia del aprendizaje. Por ejemplo, ante el criterio de evaluación de "saltar coordinadamente batiendo con una pierna", tendremos en cuenta la progresión en la carrera de aproximación, la batida, la fase vuelo y la caída eficaz con las dos piernas.

b) **Test motores**.

Un test es una situación experimental estándar que actúa como estímulo para un comportamiento que se evalúa mediante una comparación estadística con el de otros individuos colocados en la misma situación. De esta forma se clasifica al sujeto examinado con criterios cuantitativos. Por ejemplo, carrera de 40 metros para medir la velocidad de desplazamiento (Delgado y Tercedor, 2002).

Los datos obtenidos deben servirnos para **controlar** y ver su **progresión** personal.

c) **Pruebas teóricas**.

Pueden ser de muchos tipos. Por ejemplo, las de **evocación** requieren recordar conceptos o datos trabajados en clase. También podemos optar por las de "verdadero o falso", las de elección de respuesta múltiple, completar frases, etc.

d) **Registro de acontecimientos**.

Se anota la conducta previamente definida cada vez que se observa. Son muy comunes las plantillas de Baloncesto, por ejemplo, número de fallos en tiros de personal. Normalmente no es aplicable en Primaria (Delgado y Tercedor, 2002).

e) **Cuaderno de alumnas y alumnos. (Cuaderno de trabajo o de campo)**.

Es un instrumento que cada vez está más extendido. El docente lo pone a disposición del alumnado para ayudar a desarrollar los contenidos del área. En la nuestra debemos utilizarlo para relacionar los **contenidos prácticos** que se desarrollan en las sesiones con los teóricos que interesen conocer. Por ejemplo, el calentamiento y los estiramientos a realizar en las actividades deportivas durante el tercer tiempo pedagógico. De esta manera, la narración se convierte en reflexión y un medio de gran potencialidad expresiva. No olvidemos la necesidad de introducir actividades relacionadas con la lectura, escritura y expresión oral, que debemos **evaluar** también. El **portfolio** nos permite ir archivando todos estos trabajos y otros relacionados, por ejemplo, con la autoconstrucción de materiales: palas/raquetas, carteles, maquetas, pelotas de malabares, paracaídas, zancos, etc. (Blázquez y Sebastiani - coords.-, 2009).

f) **Grabaciones en vídeo**.

Es un medio que cada vez se utiliza más. Es válido para evaluar los aprendizajes del alumnado y la propia práctica del docente, la interacción grupal, los niveles de participación y todos aquellos elementos que conforman los procesos de aula. En determinados contextos puede ser un **problema** la **grabación** de menores de edad, de ahí que esta tendencia tan popular hace unos años haya ido diluyéndose.

En cualquier caso, todo lo anterior está en pleno desarrollo, por lo que cada poco tiempo aparecen otras formas, bien nuevas, bien "cambiadas de nombre". Algunos ejemplos (Díaz, 2005), son: Lluvias de Ideas; Entrevistas Personales; Actividades con Imágenes; Contrato Didáctico; Instrumentos de Interrogación; etc.

2.4.- APLICACIÓN DE LAS TECNOLOGÍAS DE LA INFORMACIÓN Y DE LA COMUNICACIÓN (TIC) EN LA EVALUACIÓN DE EDUCACIÓN FÍSICA.

Díaz (2005), expresa que la incorporación de las TIC en la escuela es una exigencia social debido a la revolución tecnológica en la que estamos inmersos.

La utilización de las TIC es un recurso más e **imprescindible** en el proceso de enseñanza y aprendizaje que se empieza a conocer como las "**nuevas didácticas**". Muchos de los contenidos conceptuales pueden ser aprendidos y evaluados a través de la utilización didáctica de las TIC (Cebrián -coord.- 2009).

En el caso de la **evaluación** de la Educación Física, las TIC son usadas para gestionar estadísticamente datos del alumnado, búsqueda de información, emisión de informes y opiniones, etc. (Martínez López, 2001). Por ello es normal el uso de hojas de cálculo, procesadores de texto, y otros programas diseñados expresamente como apoyo a la evaluación del área, como el "**Programa Séneca**", regulado por el Decreto 285/2010, de 11 de mayo.

Dentro de este amplio conjunto mencionamos algunas posibilidades de uso de las TIC como recurso educativo para el aprendizaje como **instrumento** y **medio** de evaluación (Blázquez y otros, 2010).

- **Web Quests**.- Son actividades guiadas de búsqueda de informaciones relativas a un tema o contenido que se encuentra en Internet y que los alumnos tienen que concretar y resolver con el soporte de un documento virtual previamente preparado por el maestro o maestra. Su diseño es parecido a una unidad didáctica.

- **Los deberes Web**.- Sirven para poner trabajos a modo de actividades complementarias y que sirvan para evaluar determinados contenidos.

- **Actividades de colaboración en la red**.- Aprovechamos los espacios compartidos para realizar actividades cooperativas entre alumnos con separación geográfica para resolver una determinada tarea. El maestro orienta y motiva, para al final evaluar el trabajo. Por ejemplo, **Moodle** es una plataforma de formación online gratuita para mandar trabajos a los alumnos y evaluarlos.

- **Los "Plan Lesson"**.- Actividades de aprendizaje de corta duración a resolver por el alumnado mediante el uso de Internet o de cualquier otro recurso que ofrecen las TIC

- **La caza del tesoro**.- Es una actividad didáctica que usa varias direcciones de Internet para resolver un conjunto de preguntas. Incluye una gran pregunta que requiere que los alumnos integren los conocimientos adquiridos durante el proceso.

Si bien en el punto anterior manifestamos que las formas e instrumentos para evaluar están en **pleno desarrollo** y que cada poco tiempo aparecen nuevas maneras, este aspecto es mucho más significativo en el ámbito de los medios **multimedia** e **Internet**.

Sin ir más lejos, las **PDA en el aula** nos proporcionan numerosas posibilidades para evaluar al instante numerosos aspectos del aprendizaje, facilitándonos la recogida y procesamiento de datos. Lo mismo podemos decir de las "wikis" que nos surten de herramientas para facilitar el trabajo cooperativo y colaborativo en red.

Ya vimos en los temas 1, 19, 23, entre otros, que una de las nuevas **concepciones** y **recursos** en Educación Física pasa por el uso de las TIC, así que la **evaluación** no se queda atrás en este sentido. En resumen, podemos citar algunas de las **Apps** que son más populares entre el profesorado de Primaria:

1) **Gradekeeper**: una herramienta que sirve para evaluar, pasar lista, hacer un diagrama con los sitios físicos que ocupa cada uno en el aula, crear categorías de tareas y asignar diferentes pesos a cada tipo de categoría.
2) **Markup**: los alumnos envían su trabajo a un correo asignado por esta App y, con nuestra tablet, recibirlos y calificarlos, poder comentarios, tachar, etc.
3) **IGrade for Teacher**: otra App parecida a Gradekeeper pero que genera excelentes gráficas.
4) **Grading Fusion**: esta es una fusión de las anteriores. Esta App permite crear rúbricas, llevar calificaciones e incluso subir los documentos elaborados por los alumnos creando sus portafolios digitales.
5) **Teacher Tool One**: es una herramienta gratuita que permite hasta tener 30 alumnos. Permite llevar las calificaciones de los alumnos, agregar anotaciones que podemos usar posteriormente y generar reportes.
6) **Teacher Kit** (antes Teacher Pal): permite controlar la asistencia, comportamientos, incidencias (registro anecdótico), las calificaciones, la colocación de los alumnos en el aula, importar y exportar datos, y además admite la sincronización con Dropbox.
7) **ITeacher book**: nos permite tener todo organizado: agenda, aula/gimnasio, horario, alumnos (con su fotografía y correo), tareas, enviarles correo, calificar, generar reportes, etc.
8) **Easy Assesment**: Es una herramienta que sirve para crear rúbricas y evaluar dentro de la aplicación. La innovación de esta App es que pueden agregar comentarios con audio y/o video para los alumnos, por lo que es muy apropiada en el aprendizaje

motor de base y deportivo.
9) **Essay Grader**: Esta App para calificar ensayos, puede apoyar la evaluación gracias a comentarios pre-cargados. La App genera una hoja de evaluación para el alumnado que incluye las notas pre-cargadas, nuevas notas y la calificación.
10) **Kidblog**: es una plataforma que permite crear blogs sencillos y pensados para utilizar dentro de un contexto de aula. NOTA: Un blog (en castellano también se denomina bitácora digital, cuaderno de bitácora, ciber bitácora, ciber diario, o weblog) es un portal web en el que uno o varios autores publican cronológicamente textos o artículos, apareciendo primero el más reciente, y donde el autor conserva siempre la libertad de dejar publicado lo que crea pertinente. Un blog puede sirve para publicar ideas propias y opiniones de terceros sobre varios temas: violencia en el deporte, respeto a las reglas, etc.
11) **CoRubrics**: Sirve para que el profesor genere y evalúe a su alumnado con una rúbrica y también para que los alumnos se evalúen entre ellos con una rúbrica. Otras aplicaciones son: **Assessmate, RubiStar; Additio App; Erubric**; etc
12) **Symphonical**: responde a la aplicación de metodologías docentes activas para mejorar el proceso de aprendizaje de nuestros alumnos. Es como una "pizarra digital", donde cada uno cuelga sus trabajos colaborativos.
13) **Estiramientos**: aplicación que enseña a estirar los grupos musculares concretos.
14) **iDoceo** es un cuaderno tradicional de notas para iPad. Podemos insertar y editar cualquier información referente a clases, materias y alumnos, visualizándolo por periodos escolares (trimestres, cuatrimestres, semestres...). Y todo ello sin tener que estar conectado a Internet.

2.5. EVALUACIÓN DEL ALUMNADO CON N.E.A.E.

Independientemente de todo lo anterior, la O. de 04/11/2015, sobre evaluación de Primaria en Andalucía, establece en su art. 15 la correspondiente al alumnado con N.E.A.E. Los puntos que más nos interesan dado el contenido del Tema 24, son:

- *La evaluación del alumnado con necesidades específicas de apoyo educativo se regirá por el principio de inclusión y asegurará su no discriminación y la igualdad efectiva en el acceso y la permanencia en el sistema educativo.*
- *El equipo docente deberá adaptar los instrumentos para la evaluación del alumnado teniendo en cuenta las necesidades específicas de apoyo educativo que presente.*
- *La evaluación y promoción del alumnado con necesidades específicas de apoyo educativo con adaptaciones curriculares, será competencia del equipo docente, con el asesoramiento del equipo de orientación del centro y bajo la coordinación de la persona que ejerza la tutoría.*
- *Cuando la adaptación curricular sea significativa, la evaluación se realizará tomando como referente los objetivos y criterios de evaluación fijados en dichas adaptaciones.*
- *El profesorado especialista participará en la evaluación del alumnado con necesidades educativas especiales, conforme a la normativa aplicable relativa a la atención a la diversidad.*
- *En la evaluación del alumnado que se incorpore tardíamente al sistema educativo y que, por presentar graves carencias en la lengua española, reciba una atención específica en este ámbito, se tendrán en cuenta los informes que, a tales efectos, elabore el profesorado responsable de dicha atención.*
- *El alumnado escolarizado en el curso inmediatamente inferior al que le correspondería por edad, al que se refiere el artículo 18.4 del D. 97/2015, se podrá incorporar al grupo correspondiente a su edad, siempre que tal circunstancia se produzca con anterioridad a la finalización del segundo trimestre, cuando a juicio de la persona que ejerza la tutoría, oído el equipo docente y asesorado por el equipo de orientación educativa, haya superado el desfase curricular que presentaba.*

3. FUNCIÓN DE LOS CRITERIOS DE EVALUACIÓN DE ETAPA.

"*El enfoque dado a los criterios de evaluación genera una **estructura relacional y sistémica** entre todos los **elementos** del currículo, es decir, permite la **adecuación** de un criterio de evaluación para un ciclo determinado y fija los procesos principales a desarrollar y evaluar en el alumnado. Dichos procesos aplicados en contextos determinados **generan competencias** y facilitan la consecución de los **objetivos** de la etapa*" (D. 97/2015).

"*Los indicadores de evaluación utilizados tanto, en los procesos de evaluación interna de los centros como en las evaluaciones externas que se desarrollen por la Administración educativa de Andalucía, han de considerarse factores de rendimiento junto a otros de proceso y, lo más importante, factores de equidad que aporten equilibrio al Sistema Educativo. La aplicación de las órdenes de la Administración educativa andaluza que establezcan los procesos de evaluación de todo el sistema educativo va a aportar datos específicos que se tendrán en cuenta para mejorar los procesos educativos y el rendimiento escolar. Los planes de mejora de los centros que se derivan de los datos de estas evaluaciones han de contemplar prioritariamente las acciones específicas que mejoren los índices de equidad que aparezcan en los resultados de la evaluación. En ningún caso, los resultados de las evaluaciones serán utilizados para establecer comparaciones o "ranking" de centros y alumnado*" (D. 97/2015).

Los criterios de evaluación cumplen una serie de **funciones**, es decir, tienen diversas **utilidades** para el docente, alumnado y resto de la comunidad educativa. No podemos considerarlas aisladas, sino interrelacionadas.

A partir de la "Reforma", a la evaluación se le reconocen una serie de funciones, que hoy día están en plena vigencia:

a.- Proporcionar información sobre los aspectos a considerar para determinar el tipo y grado de aprendizaje que hayan alcanzado los alumnos y alumnas, en cada uno de los momentos del proceso.

b.- Deben tener en cuenta que el nivel de cumplimiento de objetivos no ha de ser establecido de forma rígida sino flexible.

c.- También deben considerar los distintos tipos de contenidos de manera integrada.

d.- Han de guiar la concreción y secuenciación de criterios de cada ciclo y aula, según lo que expliciten los proyectos curriculares realizados por la comunidad escolar.

e.- Deben ser aplicados considerando la diversidad de características personales y socioculturales del alumnado.

f.- Su aplicación hará posible matizar las diversas posibilidades de acercamiento óptimo a los objetivos y capacidades que prescribe el currículo.

g. Deben funcionar como reguladores de las estrategias puestas en juego, según las necesidades o desajustes detectados.

h.- Serán indicadores de la evolución de los sucesivos niveles de aprendizaje de los alumnos".

CONCLUSIONES

Hemos visto, siguiendo al R.D. 126/2014 y a la O. del 17/03/2015, que la evaluación debe girar en torno a su planteamiento más formativo basada en los procesos que quedan definidos en los objetivos del área. Trataremos de considerar el esfuerzo y el trabajo realizado además del resultado. Entendiendo que deben existir distintos niveles de exigencia en las destrezas, atenderemos al proceso y todos los elementos que intervienen con una evaluación continua, flexible e individualizada que atienda a la diversidad y favorezca realizar mejoras, adaptándose a la realidad educativa en la que se inserta el alumnado y haciendo partícipe de ésta a sus protagonistas.

Hemos comprobado durante el tema la importancia que tiene el acto de evaluar en nuestra intervención educativa. También, lo enriquecedor que podemos hacer el proceso, por ejemplo implicando al propio alumnado y familia. No podemos olvidar lo necesario que resulta evaluar nuestra práctica, como camino del propio desarrollo profesional docente y, por lo tanto, del sistema. Los mecanismos e instrumentos también son numerosos y admiten cualquier tipo de adaptación, destacando hoy día las **Rúbricas o Matrices** y el recurso de los medios informáticos. Por otro lado, hemos visto los criterios oficiales de evaluación que nos deben guiar y que los debemos adaptar a nuestras circunstancias particulares y contextuales.

BIBLIOGRAFÍA

- BLÁZQUEZ, D.; CAPLLONCH, M.; GONZÁLEZ, C.; LLEIXÁ, T.; (2010). *Didáctica de la Educación Física. Formación del profesorado*. Graó. Barcelona.
- BLÁZQUEZ, D. (2008). *Evaluar en Educación física*. (10ª edición). INDE. Barcelona.
- BLÁZQUEZ, D. (1993). *Orientaciones para la evaluación de la Educación Física en la Enseñanza Primaria*. En VV. AA. *Fundamentos de Educación Física para Enseñanza Primaria*. Volumen II. INDE. Barcelona.
- BLÁZQUEZ, D. y SEBASTIANI, E. -coords.- (2009). *Enseñar por competencias en Educación Física*. INDE. Barcelona.
- BLÁZQUEZ, D. (2013). *Diez competencias docentes para ser mejor profesor de Educación Física*. INDE. Barcelona.
- CASTILLO, S. (2002). *Compromisos de la evaluación educativa*. Prentice Hall. Madrid.
- CEBRIÁN, M. -coord.- (2009). *El impacto de las T.I.C. en los centros educativos*. Síntesis. Madrid.
- COLL, C. (2007). *Las competencias en la educación escolar: algo más que una moda y algo menos que un remedio*. Aula de Innovación Educativa, nº 161. Graó. Barcelona.
- CHINCHILLA, J. L. y ZAGALAZ, Mª L. (1997). *Educación Física y su Didáctica en Primaria*. Jabalcuz. Torredonjimeno (Jaén).
- CHINCHILLA, J. L. y ZAGALAZ, Mª L. (2002). *Didáctica de la Educación Física*. CCS. Madrid.
- COLÁS, P. y BUENDÍA, L. (1998). *Investigación educativa*. Alfar. Sevilla.
- CONTRERAS, O. (2004). *Didáctica de la Educación Física. Un enfoque constructivista*. INDE, Barcelona.
- CONTRERAS, O. R. y GARCÍA, L. M. (2011). *Didáctica de la Educación Física. Enseñanza de los contenidos desde el constructivismo*. Síntesis. Madrid.
- CRESPO, M. (2016). *Rúbricas*. En VV. AA.: *Apps educativas, rúbricas u unidades didácticas integradas: un nuevo universo en las programaciones didácticas*. Formación Continuada Logoss. Jaén.
- DELGADO, M. y TERCEDOR, P. (2002). *Estrategias de intervención en educación para la salud desde la Educación Física*. INDE. Barcelona.
- DÍAZ LUCEA, J. (2005). *La evaluación formativa como instrumento de aprendizaje en Educación Física*. INDE. Barcelona.
- FERNÁNDEZ GARCÍA, E. -coord.- (2002). *Didáctica de la Educación Física en la Educación Primaria*. Síntesis. Madrid.
- GONZÁLEZ HALCONES, M. A. (1995). *Manual para la evaluación en educación física*. Escuela Española. Madrid.
- HERNÁNDEZ, J. L. y VELÁZQUEZ, R. (2004). *La evaluación en Educación Física*. Graó. Barcelona.

- JUNTA DE ANDALUCÍA. (2010). *Decreto 285/2010, de 11 de mayo, por el que se regula el Sistema de Información Séneca y se establece su utilización para la gestión del sistema educativo andaluz.* BOJA nº 101 de 26/05/2010.
- JUNTA DE ANDALUCÍA (2010). *Decreto 328/2010, de 13 de julio, por el que se aprueba el Reglamento Orgánico de las escuelas infantiles de segundo grado, de los colegios de educación primaria, de los colegios de educación infantil y primaria, y de los centros públicos específicos de educación especial.* BOJA nº 139, de 16/07/2010.
- JUNTA DE ANDALUCÍA (2010). *Orden de 20 de agosto de 2010, por la que se regula la organización y el funcionamiento de las escuelas infantiles de segundo ciclo, de los colegios de educación primaria, de los colegios de educación infantil y primaria, y de los centros públicos específicos de educación especial, así como el horario de los centros, del alumnado y del profesorado.* BOJA nº 169, de 30/08/2010.
- JUNTA DE ANDALUCÍA (2008). *Resolución de 30 de Julio de 2008, de la Dirección General de Ordenación y Evaluación Educativa, por la que se desarrollan determinados aspectos de la Orden que se cita, por la que se regulan las Pruebas de la Evaluación de Diagnóstico y se establece el procedimiento de aplicación en los centros docentes de Andalucía sostenidos con fondos públicos.* B.O.J.A. nº 161, de 13/08/2008.
- JUNTA DE ANDALUCÍA (2007). *Ley 17/2007, de 10 de diciembre, de Educación de Andalucía (L. E. A.).* B. O. J. A. nº 252, de 26/12/07.
- JUNTA DE ANDALUCÍA (2015). *Decreto 97/2015, de 3 de marzo, por el que se establece la ordenación y las enseñanzas correspondientes a la Educación primaria en Andalucía.* B. O. J. A. nº 50, de 13/03/2015.
- JUNTA DE ANDALUCÍA (2015). *Orden de 17 de marzo de 2015, por la que se desarrolla el currículo correspondiente a la Educación Primaria en Andalucía.* B. O. J. A. nº 60, de 27/03/2015.
- JUNTA DE ANDALUCÍA (2015). *Orden de 04 de noviembre de 2015, por la que se establece la ordenación de la evaluación del proceso de aprendizaje del alumnado de educación primaria en la Comunidad Autónoma de Andalucía.* B.O.J.A. nº 230, de 26/11/2015.
- LLEIXÁ, T. (2007). *Educación física y competencias básicas. Contribución del área a la adquisición de las competencias básicas del currículo.* Revista Tándem, nº 23, pp. 31-37.
- MARTÍNEZ LÓPEZ, E. J. (2001). *La evaluación informatizada en Educación Física.* Paidotribo. Barcelona.
- M.E.C. (2013). *Ley Orgánica 8/2013, de 9 de diciembre, para la mejora de la calidad educativa.* BOE Nº 295, de 10/12/2013.
- M.E.C. (2014). *R. D. 126/2014, de 28 de febrero, por el que se establece el currículo básico de la Educación Primaria.* B.O.E. nº 52, de 01/03/2014.
- M.E.C. (2015) ECD/65/2015, O. de 21 de enero, por la que se describen las relaciones entre las competencias, los contenidos y los criterios de evaluación de la educación primaria, la educación secundaria obligatoria y el bachillerato. B.O.E. nº 25, de 29/01/2015.
- MARTÍNEZ LÓPEZ, E. (2001). *La evaluación informatizada en la Educación Física.* Paidotribo. Barcelona.
- SALES, J. (2001). *La Evaluación de la Educación Física en Primaria.* INDE. Barcelona.
- SÁNCHEZ GARRIDO, D. y CÓRDOBA, E. (2010). *Manual docente para la autoformación en competencias básicas.* C.E.J.A. Málaga.
- SANMARTÍ, N. (2007). *10 Ideas clave. Evaluar para aprender.* Graó. Barcelona.
- SEBASTIANI, E. (2009) -coord.- *Guía para la evaluación de las competencias en ciencias de la actividad física y del deporte.* Agencia para la Calidad del Sistema Universitario de Cataluña (AQU). Barcelona.
- STAKE, R. (2006). *Evaluación comprensiva y evaluación basada en estándares.* Graó. Barcelona.
- VV. AA. (1997). Revista "Andalucía Educativa". C.E.J.A. Sevilla, número de marzo.

- VV. AA. (1999). *Fichas de Evaluación de la Educación Física en Primaria.* Wanceulen. Sevilla.
- VV.AA. (2012). *Orientaciones para la evaluación del alumnado de Educación Primaria.* Junta de Andalucía. Sevilla.
- ZAGALAZ, Mª L. (2003). *La evaluación de los aprendizajes en Educación Física.* En SÁNCHEZ, F. y FERNÁNDEZ, E. *Didáctica de la Educación Física.* Prentice Hall. Madrid.
- ZAGALAZ, Mª L.; CACHÓN, J.; LARA, A. (2014). *Fundamentos de la programación de Educación Física en Primaria.* Síntesis. Madrid.

WEBGRAFÍA (Consulta en octubre de 2016).

http://servicios.educarm.es/admin/webForm.php?ar=1007&mode=visualizaAplicacionWeb&aplicacion=EDUCACION_FISICA&web=132&zona=PROFESORES
http://rubistar.4teachers.org/index.php?&skin=es&lang=es&
http://www.agrega2.es
http://recursos.cnice.mec.es/edfisica/
http://www.ite.educacion.es/es/recursos
http://www.educarm.es/admin/recursosEducativos#nogo
www.juntadeandalucia.es/educacion/descargasrecursos/curriculo-primaria/index.html
http://www.gobiernodecanarias.org/educacion/webdgoie/
http://www.educarex.es/web/guest/apoyo-a-la-docencia
http://www.catedu.es/webcatedu/index.php/recursosdidacticos
http://www.educa2.madrid.org/educamadrid/servicios
http://www.educa.jccm.es/educa-jccm/cm/recursos
http://www.educa.jcyl.es/profesorado/es/recursos-aula
http://www.educastur.es
http://www.guiaderecursos.com/webseducativas.php
http://www.adideandalucia.es

TEMA 25
LA COEDUCACIÓN E IGUALDAD DE SEXOS EN EL CONTEXTO ESCOLAR Y EN LA ACTIVIDAD DE EDUCACIÓN FÍSICA. ESTEREOTIPOS Y ACTITUDES SEXISTAS EN LA EDUCACIÓN FÍSICA. INTERVENCIÓN EDUCATIVA.

ÍNDICE

INTRODUCCIÓN

1. LA COEDUCACIÓN E IGUALDAD DE SEXOS EN EL CONTEXTO ESCOLAR Y EN LA ACTIVIDAD DE EDUCACIÓN FÍSICA.

    1.1. Evolución histórica.

    1.2. Tipos de escuelas.

2. ESTEREOTIPOS Y ACTITUDES SEXISTAS EN LA EDUCACIÓN FÍSICA.

    2.1. El currículum oculto.

3. INTERVENCIÓN EDUCATIVA.

CONCLUSIONES

BIBLIOGRAFÍA

WEBGRAFÍA

INTRODUCCIÓN

La inclusión de la coeducación en el Sistema Educativo en general y en el currículum de la Educación Primaria en particular, se apoya en argumentos legales y en razones de tipo social, sobre todo a partir de la publicación de la LOGSE.

Desde diversos colectivos, sindicatos, Centros de Profesorado, Movimientos de Renovación Pedagógica, etc. se han venido haciendo esfuerzos desde hace décadas para paliar las tendencias sexistas en la escuela con cursos, experiencias de reflexión y autoformación, etc. A ello se han sumado acciones institucionales que han hecho posible cambios en la actual legislación educativa española, que incluye el **principio** de igualdad de oportunidades entre los sexos y la incorporación en el currículo de este principio como un eje o tema transversal. Como ejemplos citamos el "Día Internacional de la Mujer", cada 8 de marzo; el "Día Internacional contra la violencia hacia las mujeres", el 25 de noviembre y las campañas anuales del "Juego y juguete no sexista, no violento". También debemos señalar el apoyo que presta, en todos los sentidos, el Instituto Andaluz de la Mujer.

El Acuerdo de 16 de febrero de 2016, del consejo de Gobierno, por el que se aprueba el II Plan estratégico de Igualdad de Género en educación 2016-2021, BOJA nº 41, de 02/03/2016, recoge medidas para corregir estereotipos y actitudes sexistas en el ámbito escolar. Como medida importante del Plan está la creación, en los centros públicos, de los **Responsables de Coeducación** para establecer el diagnóstico sobre el tema y coordinar las actividades que sirvan para el desarrollo de las actuaciones en sus propios centros y la incorporación, más adelante, de personas expertas en materia de género en los Consejos Escolares para que asesoren a la comunidad educativa, de acuerdo con lo establecido en la Ley Integral de Medidas contra la Violencia de Género, Ley Orgánica 1/2004, de 28/12/04. También señala la creación de la creación de la Red Andaluza de Centros Igualitarios y Coeducativos, para aquellos centros que voluntariamente quieran participar, profundizando en sus Planes de Igualdad de Género, fomentando el intercambio de experiencias y buenas prácticas entre los centros e impulsando la cultura de la evaluación y diagnóstico con perspectiva de género, así como reconocimiento como centro promotor de igualdad y coeducación de los centros de la Red Andaluza de Centros Igualitarios y Coeducativos con buenas prácticas así evaluadas.

La **ley orgánica 3/2007, de 22 de marzo, para la igualdad efectiva de mujeres y hombres**, recoge en el Capítulo II los criterios de orientación de las políticas públicas en materia de educación, cultura y sanidad. También citamos la Ley **12/2007, de 26 de noviembre, para la promoción de la igualdad de género en Andalucía**.

Existen actitudes y comportamientos que, aunque sea de forma inconsciente, **transmiten** distintos mensajes según a quienes vayan dirigidos, que se ven **reforzados** por el contenido, lenguaje e imágenes de muchos materiales curriculares, incluso la elección profesional está condicionada, entre otros factores, por el entorno social y familiar, las expectativas de vida, la ambición personal y el nivel de autoestima (Trigo y Piñera, 2000).

Por ello, entendemos, se hace necesaria la **intervención** a través de una orientación desde las primeras etapas educativas, que posibilite que las personas puedan **elegir libremente**, en función de sus capacidades y preferencias, sin ninguna imposición social preestablecida, evitando así que en el momento de la elección académica y profesional nos limitemos a reproducir las divisiones tradicionales.

A lo largo del Tema veremos las causas que han provocado la discriminación hacia las chicas, qué características morfo-funcionales tienen con respecto a los chicos, -aunque en las edades de Primaria no tiene tanta relevancia- y cómo podemos intervenir desde la coeducación que promulga el Sistema Educativo.

1. LA COEDUCACIÓN E IGUALDAD DE SEXOS EN EL CONTEXTO ESCOLAR Y EN LA ACTIVIDAD DE EDUCACIÓN FÍSICA.

Este punto lo extractamos de M.E.C. (1987), M. Cultura e Instituto de la Mujer (1988), Vázquez y Álvarez -coord.- (1990), M.E.C. (1992), C.E.C. (1992), Subirats (1995), Vázquez (1996), VV. AA. (1996), Trigo y Piñera (2000), Vázquez (2000), Lasaga y Rodríguez (2006), VV. AA. (2006), Blanco (2007) y Piedra (2016).

El D.R.A.E. define la **coeducación** como "*educación que se realiza conjuntamente a niños y niñas, la cual supone igualdad entre los sexos*". **Sexo** es el conjunto de funciones atribuidas a mujeres u hombres y determinadas por la biología. **Género**, en cambio, es el conjunto de características atribuidas a mujeres u hombres en función de la cultura propia.

La **Escuela Coeducativa** implica no sólo educar conjuntamente a niños y niñas, tal y como sucede en el modelo mixto, sino que además debe procurar proporcionar los medios y condiciones para que todos y todas tengan las **mismas oportunidades** reales, en cuanto miembros de sus grupos, procurando **corregir** los sesgos sexistas y facilitando el acceso a un currículum equilibrado, en el que se respeten y potencien las cualidades individuales sea cual sea el género.

El carácter sexista de la enseñanza ha sido manifiesto en el Área de Educación Física, en la que hasta tiempos recientes la selección de los contenidos estaba muy definida:

Profesora → niñas: gimnasia rítmica, flexibilidad, danza...

Profesor → niños: carreras, deportes, saltos...

Si queremos potenciar y llevar a cabo una educación más igualitaria debemos fundamentar la enseñanza de la actividad física y deportiva en unos **objetivos** de trabajo que giren en torno al **cuerpo** y el **movimiento** como desarrollo pleno de la **personalidad**. Se trata de ofrecer un modelo educativo que, en el caso de la actividad física, tenga como finalidades: la búsqueda y promoción de la salud y el bienestar corporal, su adaptación al medio físico y social, el desarrollo y adquisición de habilidades motrices, la estética corporal, la función lúdica, expresiva y comunicativa, así como el conocimiento y control del propio cuerpo.

Si lo que estamos trabajando es, por ejemplo, el deporte, **chicas y chicos pueden incorporarse** a él a través de la identificación con dicha práctica deportiva en las que puede conjugarse tanto los valores considerados masculinos (impulsividad, protagonismos, dominancia, etc.) como los femeninos (expresividad, cooperación, solidaridad, etc.)

El **área** de Educación Física es uno de los **marcos ideales** donde promover estas ideas, puesto que el gran centro de interés es el cuerpo, su expresión y comunicación; además de ser las escuelas los lugares donde se conforman las actitudes básicas con las que nuestros chicos y chicas deberán incorporarse a la vida social, familiar y profesional del futuro.

El D. 328/2010, sobre el reglamento orgánico de los centros, da normas para que actúe la Comisión de Convivencia desarrollando iniciativas que eviten la discriminación del alumnado, incluso estableciendo planes de acción positiva para la integración.

1.1. EVOLUCIÓN HISTÓRICA.

La coeducación como intervención escolar para producir cambios hacia una mayor igualdad entre hombres y mujeres, tiene en nuestro país y en Andalucía una historia que está íntimamente ligada a la evolución que el propio concepto de igualdad ha ido adquiriendo (VV. AA., 2006 b).

La educación de la mujer se ha considerado históricamente con un criterio realista, como reflejo de la relación de fuerzas entre hombre y mujer en el entramado social, que es lo mismo que decir con un criterio de discriminación e infravaloración (García Ferrando, 1997). La presencia de mujeres y hombres en el mundo se ha interpretado como inferioridad o complementariedad de las mujeres con respecto a los hombres. Esta forma de entender la diferencia de los sexos ha llevado consigo la discriminación de las mujeres en la vida cultural, económica y social y su posición de subordinación con respecto a los hombres (Alonso, 2010).

Bosch, Ferrer y Gili (1999), indican que el pecado original sirvió para justificar durante la antigüedad y Edad Media la necesidad de obediencia, silencio y confinamiento de las mujeres debido a su falta de discernimiento –ya que fue Eva quien hizo caer a Adán en el engaño-, por ello se desaconsejaba la instrucción de las mujeres y se sostenía su **inferioridad**.

- **Antecedentes históricos**

A lo largo de los siglos se han ido conformando una serie de falsas concepciones sobre el desarrollo físico de la mujer. En la época de Platón y Aristóteles, la mujer no podía practicar actividad física ni acceder a los sitios donde se practicaba. En cambio, en Esparta se les daba la misma educación que a los niños, si bien con éstos los ejercicios tenían una finalidad militar y con ellas unos fines eugenésicos (mejora de la raza humana).

- **Siglo XVIII.**

El "siglo educador" ve en las reformas educativas la solución de todos los problemas que aquejan al hombre. Se deseaba poner la educación al día, tanto en métodos como en contenidos y extenderla al mayor número posible de ciudadanos, sin embargo se debate todavía la posibilidad de **dar o no educación a las niñas** (Subirats y Brullet, 1988). Las bases del actual sistema educativo comienzan a construirse en Europa a mediados del siglo XVIII. El concepto educativo entonces entendía que entendía que hombre y mujer tenían destinos sociales distintos, por lo que así debería ser su educación. No obstante, poco a poco se va imponiendo una idea de educación más igualitaria y ya a éstas se les daban clases de música, dibujo, etc. La justificación pedagógica de la limitación de la mujer a la educación viene dada, entre otros, por J. J. Rousseau quien plantea y justifica unos principios de educación diferenciada expuestos en el "Emilio" y en el "Sofía", donde expresa que el destino de la mujer es el de servir al hombre...

Las leyes educativas españolas de los siglos XVIII y XIX indican que ambos sexos deben educarse en colegios distintos con enseñanzas diferenciadas. Las niñas, en este sentido, son más perjudicadas habida cuenta se las enseña básicamente a rezar y coser.

- **Siglo XIX.**

La educación recibe un serio impulso en diversas direcciones. Ya en 1821 se legisla que deben saber leer, escribir y contar, cuestiones que antes eran patrimonio exclusivamente masculino. Tras la revolución francesa e industrial nuevas ideas se extienden por todas partes. Se pretende **educar** al mayor número posible de individuos y conseguir así una **eficacia** mayor en el trabajo y la elevación social de las clases populares. En España, a partir de las Cortes de Cádiz, la cuestión pedagógica aparece como uno de los problemas fundamentales que hay que plantear. La enseñanza primaria se implanta en la escuela pública, manteniendo una total **diferenciación de género** masculino y femenino. A principios de siglo la educación femenina está en manos de **congregaciones religiosas**.

En 1857 se promulgó la "Ley Moyano", implantando la obligatoriedad de la enseñanza primaria para la totalidad de la juventud española. Concedió el derecho legal de las niñas a una educación académica e impulsó la creación de escuelas normales de Maestras (Madrid 1858), para mejorar el aprendizaje de las niñas, aunque su efectividad estuvo reducida.

En 1876 un grupo de profesores y catedráticos de Instituto y Universidad crearon la "**Institución Libre de Enseñanza**". Encabezados por Giner de los Ríos sienten la necesidad de renovar la educación en España. La "Institución" realizó un constante ensayo de los más variados métodos pedagógicos, **creó clases mixtas** y prestó una gran atención a las **actividades deportivas**. Desde 1876 hasta la guerra civil de 1936, la I.L.E. se convirtió en el centro de gravedad de toda una época de la cultura española y en cauce para la introducción de las más avanzadas teorías pedagógicas y científicas que se estaban desarrollando fuera de nuestras fronteras.

En el "Congreso de Pedagogía Hispano-Portugués-Americano" (1892), participan Concepción Arenal y Emilia Pardo Bazán. Ésta, que es considerada hoy día la primera defensora de los derechos de la mujer en España, asumió la necesidad de que las mujeres accedieran a la **educación en igualdad de condiciones** que los hombres.

- **Siglo XX**.

En los últimos años del siglo XIX y primeras décadas del XX, se registra un auténtico movimiento de **renovación** pedagógica. Aparecen las primeras "escuelas nuevas" preocupadas por remediar los defectos de la educación tradicional e inspirada en la Psicología y las ideas democráticas, como la Escuela Moderna de Ferrer i Guàrdia. Uno de sus **principios** se basa la **coeducación**. Los gobiernos totalitarios de Alemania, Italia y España **suprimieron** estas manifestaciones por ser irreconciliables con su doctrina.

En nuestro país, con la **República**, se ponen en práctica los principios de la Escuela Nueva y se avanza en la consolidación de una educación **integral** para la mujer. Ya en 1910 se había **autorizado el acceso** de las mujeres a la Universidad. Las primeras escuelas mixtas se instauran en 1918.

Entre 1936-39 la Guerra Civil **interrumpe** esta evolución. Terminada ésta, se impuso de nuevo el **estereotipo masculino-femenino en educación**. Se prohíbe, entre otras cosas, la coeducación y se introducen **asignaturas específicas** para uno y otro sexo. En 1945 se ordena la separación de los dos sexos, tanto para alumnos como para enseñantes: el profesorado imparte clase sólo a alumnado de su propio sexo. Hay que esperar hasta 1970 para que la Ley General de Educación establezca la posibilidad de la escuela mixta, aunque no coeducativa (VV. AA., 2006).

En todo este proceso la Educación Física de la mujer estuvo **condicionada** por las normas de la moral sexual tradicional, y se orientó teniendo en cuenta casi exclusivamente la **función reproductora**.

Aún cuando se aceptaba la necesidad de la Educación Física para la mujer, seguían vigentes estereotipos sobre la feminidad que impedían la práctica de determinados ejercicios porque eran considerados poco femeninos. Se tenían más en cuenta los aspectos físicos, estéticos y expresivos que los instrumentales. Así, la **gimnasia** sueca y rítmica potenciaba la **feminidad**. Por el contrario, los **deportes** fomentaban la **masculinidad**. Eso determinaba que los currícula escolares fueran diferentes (VV. AA., 2006).

Durante el Régimen militar español (1939-1974), ciertas especialidades deportivas estaban **vetadas** para las mujeres: ciclismo, lanzamiento de peso, salto con pértiga, boxeo, etc. Por ejemplo, hasta 1960 estuvo prohibido el atletismo femenino por el peligro de masculinización que suponía (Lasaga y Rodríguez, 2006). Poco a poco las federaciones fueron admitiendo a las chicas en su organización, por ejemplo el boxeo profesional se instaura en el año 2000.

Por todo ello, podemos afirmar que nuestro Sistema Educativo tuvo desde su origen las mismas ideas sociales: mujeres y hombres tenían "encomendados" tareas distintas y jerárquicamente ordenadas, por lo cual los modelos de educación escolar eran distintos (Piedra, 2016).

La coeducación en la clase de Educación Física es un hecho a partir de 1979 aproximadamente, en los institutos estatales. Hoy día ciertos colegios privados tienen en sus idearios la admisión exclusiva de alumnos de un único sexo.

Si la clase de Educación Física no quiere seguir siendo reproductora de estereotipos, ha de basarse en planteamientos que **eviten el sexismo** y que, al lado de la eficiencia física, busquen sobre todo las **vivencias personales**.

Además, desde un **prisma deportivo**, el **acceso** de la mujer ha sido **tardío** y lleno de **dificultades**, han tenido que ir superando barreras creadas por moldes sociales y culturales en todos los ámbitos.

El protagonismo deportivo, desde los primeros tiempos, ha estado tutelado por el varón. Raro era en las antiguas olimpiadas la participación de las mujeres. A principios del siglo XX algo empezó a cambiar a través del golf, equitación, tiro con arco y tenis. Fue la mujer burguesa, a modo de privilegio, quien lo inició para mantener relaciones sociales. El concepto médico de la época no aconsejaba la práctica deportiva por ser "contraria a la finalidad de la mujer: la maternidad". Los **valores** de la **feminidad** estaban basados en "**el hogar y la familia**".

En la España democrática, la aspiración de la igualdad entre ambos sexos se encuentra reflejada en la legislación vigente. Específicamente la **Constitución** de 1978, en sus artículos 14 y 9.2, **prohíbe** expresamente cualquier tipo de discriminación por razón de sexo y establece la obligación que corresponde a los poderes públicos de promover las condiciones para que la igualdad de las personas sea real y efectiva.

En nuestra Comunidad, el **Estatuto de Autonomía** para Andalucía establece la obligación de la Administración de promocionar la efectiva **igualdad** del hombre y la mujer, promoviendo la plena incorporación de ésta a la vida social y superando cualquier discriminación laboral, cultural, económica o política. Con el objeto de dar respuesta a estas responsabilidades, la Administración andaluza ha tomado numerosas iniciativas, entre las cuales caben destacar la creación del Instituto Andaluz de la Mujer (Ley 10/1988 de 29 de diciembre) y el Plan de Igualdad de Oportunidades de Andalucía (1990) que, a través de una serie de medidas, pretende conseguir unos niveles básicos de no discriminación, incidiendo en los ámbitos jurídico, educativo, cultural, formación para el empleo, salud y servicios sociales.

También la L.O.G.S.E., en su artículo 2.3c, explicitaba la formación educativa en la igualdad de sexos. En el artículo 57.3, hablando de los materiales didácticos, se propone la superación de todo tipo de estereotipos discriminatorios, subrayándose la igualdad entre los dos sexos. Lo mismo podemos decir de varios párrafos contenidos en el antiguo D. 105/92.

- **Siglo XXI**.

Ya en pleno siglo XXI las barreras casi han desaparecido, sobre todo en la escuela pública, aunque en algunos ámbitos han cambiado el **veto** por la "**disuasión**". No obstante, en la escuela privada algunos centros únicamente admiten al alumnado en función de su sexo.

Cuando hablamos de la necesidad de tener en cuenta que en la escuela hay niñas y niños, no nos estamos refiriendo a que ambos sean complementarios, o dos mitades de una misma cosa, sino que, simplemente, son dos sujetos diferentes. Esta diferencia es una realidad primera, inevitable, pues nacemos mujer u hombre, es una cualidad que incide en la relación de las personas con el mundo: "**distinguir sin separar**".

También podemos comprobar cómo numerosos aspectos sexistas típicos de épocas anteriores "casi" han desaparecido, por ejemplo las **imágenes de los libros de texto**, su **lenguaje**, contenidos, **tendencias**, etc. No obstante, hay que seguir tratándolo porque aún quedan numerosos rasgos por erradicar, sobre todo en determinados contextos. La **Igualdad** es garantía de respeto, solidaridad y reconocimiento (VV. AA. 2006).

No obstante, surgen "**nuevas formas**" basadas, sobre todo, en el mal uso de **Internet** y de las TIC/TAC, sobre todo de **redes sociales**: acoso, seguimiento, desconsideraciones y falta de respeto, etc. son cada vez más detectadas (Piedra, 2016). Es más, en muchas ocasiones las chicas **no son ni conscientes** del acoso al que se ven sometidas. Podemos ver un ejemplo muy clarificador en las **tendencias clasistas**, como es el **tipo de juguete y su color** que existen en portales de juguetes y buscadores: teclea "toy boy / toy girl", o en castellano: juguete chico / chica.

En Andalucía se aprueba el I Plan de Igualdad entre hombres y Mujeres en Educación. Éste viene desarrollado por la O. de 15 de mayo de 2006, por la que se regulan y desarrollan las medidas previstas en el citado Plan. Así, en cada centro escolar existe un docente encargado de favorecer la convivencia, respeto y aceptación por parte de ambos sexos. La intervención global en el marco educativo que pretende este I Plan viene marcada por **tres principios de actuación: Visibilidad** o hacer visibles las diferencias entre chicos y chicas, para facilitar el reconocimiento de las desigualdades y discriminaciones; **Transversalidad**, que supone la inclusión de la perspectiva de género en la elaboración, desarrollo y seguimiento de todas las actuaciones que afecten, directa o indirectamente, a la comunidad educativa; **Inclusión**, donde las medidas y actuaciones educativas se dirigen al conjunto de la comunidad, porque educar en igualdad entre hombres y mujeres requiere una intervención tanto sobre unos y como sobre otras para corregir así los desajustes producidos por cambios desiguales en los papeles tradicionales, conciliar intereses y crear relaciones de género más igualitarias. En efecto, los cambios políticos y sociales de las últimas décadas han repercutido de forma

La **ley orgánica 3/2007**, de 22 de marzo, para la igualdad efectiva de mujeres y hombres, recoge en el art. 23, que el sistema educativo incluirá entre sus fines la **educación en el respeto** de los derechos y libertades fundamentales y en la **igualdad de derechos y oportunidades** entre mujeres y hombres.

La **Ley 12/2007**, de 26 de noviembre, para la promoción de la igualdad de género en Andalucía, indica entre otras cuestiones, que las acciones que realicen los centros educativos de la Comunidad Autónoma contemplarán la perspectiva de género en la elaboración, desarrollo y seguimiento de sus actuaciones.

Tanto la Ley Orgánica 2/2006, de 3 de mayo, de Educación (L. O. E.) como la Ley 17/2007, de 10 de diciembre, de Educación de Andalucía (L. E. A.), reconocen como uno de sus principios el de "promoción de la igualdad efectiva entre hombres y mujeres en los ámbitos y prácticas del sistema educativo". La LOMCE/2013, lo corroboró.

El **Ministerio de Igualdad**, creado en 2008, le corresponde la propuesta y ejecución de las políticas del Gobierno en materia de igualdad, eliminación de toda clase de discriminación de las personas por razón de sexo, origen racial o étnico, religión o ideología, orientación sexual, edad o cualquier otra condición o circunstancia personal o social, y erradicación de la violencia de género, así como en materia de juventud. Le corresponde, pues, la elaboración y desarrollo de las normas, actuaciones y medidas dirigidas a asegurar la igualdad de trato y de oportunidades, especialmente entre mujeres y hombres, y el fomento de la participación social y política de las mujeres. Este ministerio se integra en octubre de 2010 en la estructura del de **Sanidad**.

El D. 328/2010, de 13 de julio, por el que se aprueba el Reglamento Orgánico de los colegios de educación primaria, de los colegios de educación infantil y primaria, y de los centros públicos específicos de educación especial, BOJA nº 139, de 16/07/2010, indica en su artículo 2 "respetar la igualdad entre hombres y mujeres", como uno de los deberes del alumnado.

El **Acuerdo** de 16 de febrero de 2016, del consejo de Gobierno, por el que se aprueba el **II Plan Estratégico** de Igualdad de Género en Educación 2016-2021. Se basa en cuatro **principios** fundamentales: **Transversalidad; Visibilidad; Inclusión; Paridad**.

Tal es la importancia que ha cobrado la igualdad de oportunidades en nuestra área que la O. N. U. (2007) afirma que para alcanzar una igualdad efectiva en el deporte y la Educación Física son necesarios el establecimiento de políticas y programas de fomento del deporte, aumento del profesorado femenino de la especialidad y una formación de género del profesorado (Piedra, 2010).

1.2. TIPOS DE ESCUELA.

No podemos **confundir** la "escuela **coeducativa**" con la "escuela **mixta**". Si coeducación es un mismo tipo de enseñanza para todo el grupo sin tener en cuenta el sexo del alumnado, la escuela mixta imparte una educación distinta para cada género aunque convivan en la misma aula (Subirats, 2009).

En este sentido, la coeducación no resulta sólo del hecho material de la educación conjunta de chicos y chicas, "escuelas mixtas", sino de promover **igualdad de trato** en ambos sexos. Por todo ello, señalamos a tres modelos de escuela (Trigo y Piñera, 2000 y Lasaga y Rodríguez, 2006):

- **Escuela tradicional o "segregacionista":**
    - Los roles están separados. Cada colegio es exclusivo para niñas o niños. Currículum distinto.
    - Tuvo su auge durante gran parte del régimen militar (1940 -1976 aproximadamente).
    - Hoy día en España, siglo XXI, es minoritaria y de índole totalmente privada.

- **Escuela mixta:**
    - **Coexistencia** de niños y niñas en el centro y/o en las aulas.
    - Un **mismo currículum** que, a pesar de todo, sigue **potenciando** modelos masculinos y femeninos de educación tradicionales, por lo que **no** hay un verdadero trato igualitario.
    - Para algunos autores esta situación se hereda del pasado. No olvidemos que todavía en los años 70 y 80 del pasado siglo las niñas se **separaban** en educación física para que una profesora les diera la clase y los chicos iban por otro lado para que les diera la clase un profesor. Es decir, se dividía a niñas y niños como si de dos categorías sociales se tratase.
    - En la escuela mixta no hay un modelo nuevo, sino que habitualmente se opta por el **masculino** como **universal**.

- **Escuela coeducativa:**
  - La escuela coeducativa pretende superar esta discriminación histórica y potencia los aspectos positivos de la educación sin estereotipos, fomentando su reflexión.
  - Propone un currículum que elimine las actitudes sexistas presentes en sociedad y familia.
  - Incrementa las cualidades individuales por encima de la distinción niñas/niños.
  - Proporciona una igualdad real de oportunidades.
  - Supone **no aceptar** el modelo masculino ni femenino como universal, **corregir** los estereotipos sexistas, formular un **currículo equilibrado** que elimine los sesgos sexistas presentes en la sociedad y desarrollar todas las capacidades individuales con independencia del género.
  - Coeducar en Educación Física es **revalorizar** las prácticas físicas pertenecientes al modelo cultural femenino, dedicarles el tiempo suficiente en el proceso de enseñanza aprendizaje y valorarlas en todos sus aspectos motores y vivenciales. También **modificar**, siempre que sea necesario, las reglas de los juegos y los deportes para permitir una participación más equitativa entre chicos y chicas. Es buscar, confeccionar, diseñar **materiales alternativos** y poco conocidos donde las habilidades de unas y otros parta de un nivel de experiencia motriz más parejo.
  - Distingue puntualmente y cuando sea necesario los grupos, y **refuerza** a chicos y chicas en aquellas actividades en las que muestren más dificultades.
  - Supone desarrollar todas las capacidades y favorecer las actividades aceptadas como **positivas**, con independencia del sexo al que tradicionalmente hayan sido asignadas.

Por todo ello, la coeducación en Educación Física debe contemplar un modelo educativo donde las intenciones y la **finalidad sea el conocimiento corporal y la mejora psico-física** y, en consecuencia, la mejor **calidad de vida**, pero **socializando** al alumnado en comportamientos de **respeto, solidaridad, equilibrio** y **justicia**. Todos los contenidos de la Educación Física son instrumentos valiosos (la danza, el deporte, los juegos, las actividades en la naturaleza, la expresión corporal), siempre que se pongan al servicio de estos objetivos. Todas las actividades pueden contener en sí mismas elementos positivos pero son ellas las que deben ajustarse a las necesidades de chicos y chicas y no al contrario (Alonso, 2010).

2. ESTEREOTIPOS Y ACTITUDES SEXISTAS EN LA EDUCACIÓN FÍSICA.

Estereotipo es una imagen aceptada genéricamente por la sociedad o parte de ella. Tiene un carácter **inmutable** en la mayoría de las ocasiones. **Sexismo** es el término que se usa en ciencias sociales para designar las actitudes que introducen la desigualdad y la jerarquización entre los sexos.

Los estereotipos de género son construcciones sociales que forman parte del mundo de lo simbólico, ideas simples pero muy ancladas en la conciencia que escapa al control de la razón (Piedra, 2010).

Antes de centrarnos en los estereotipos específicos de Educación Física es preciso que mencionemos aquellos que, por regla general, aún están vigentes en nuestro **contexto** social y que influyen significativamente en las escuelas y en las clases de Educación Física.

a) Aspectos biologistas.

En esta interpretación del cuerpo, la mujer aparece con unas características definidas ligadas a su sexo genético y propiciado por la naturaleza para que realice su función biológica esencial: la **transmisión** de la **vida**.

Las mujeres obtienen unos resultados aproximadamente del 14 por ciento más bajos que los hombres en las pruebas atléticas. La razón está en las diferencias morfológicas y funcionales entre los sexos. De forma resumida podemos observar, según López Chicharro (2002):

Mayor cantidad de tejido óseo y muscular en el hombre y más adiposo en la mujer. Por regla general, morfológicamente la mujer es de menor talla y su estructura a nivel de pelvis y pecho, la hace menos hábil desde un punto de vista físico. A ello se le une una menor capacidad cardiorrespiratoria. En cambio, suele tener más coordinación y mucha más flexibilidad que el hombre (Lasaga y Rodríguez, 2006).

González Badillo y Gorostiaga (2002), achacan la menor fuerza en la mujer con respecto al hombre en que ellas tienen un 10% menos de talla, de porcentaje de masa muscular, de tamaño de las fibras, así como una concentración sanguínea basal de testosterona más baja.

Estos datos hacen que gran parte de la sociedad tenga un **estereotipo biologista** de la mujer.

Deseamos matizar que en las edades propias de la Etapa Primaria, las características morfofuncionales están muy **equilibradas** entre ambos sexos. Podemos afirmar, incluso, que en el **tercer ciclo** las **chicas** poseen más fuerza y estatura que los chicos debido a que su **pubertad** tiene un **adelanto** de dos años con respecto a ellos. Lasaga y Rodríguez (2006), basándose en estudios de Nelly, Keough y Suden y Cratty, estiman la igualdad en ambos sexos a partir del estudio del desarrollo motor durante el periodo escolar: control corporal, motricidad global, analítica, lúdica y cognitiva, así como las capacidades físicas no muestran diferencias entre niñas y niños.

b) Estereotipos sociales.

Algunos de los indicadores que nuestra sociedad reproduce formando los estereotipos sexuales y que niñas y niños extrapolan desde el contexto socio-familiar al escolar, la mayoría de las veces **inconscientemente**, y que los docentes debemos **corregir** en pos de la **no discriminación**, son (Trigo y Piñera, 2000): el color rosa se relaciona con la niña y el azul con el niño; juguetes de coches, balones, etc. son propios de niños y muñecas, cocinas, etc. de niñas. También ocurre lo mismo con los juegos, mientras el niño escoge los de tipo deportivo, las niñas optan por los de tipo "casitas". Decir niña es sinónimo de coordinación y fragilidad, mientras que niño lo es de agresividad y fuerza. En la actualidad, parece ser que estas actitudes van perdiendo peso en pos de una mayor igualdad de género y una atención cada vez más coeducativa, así como la eliminación de roles sexistas a favor de una corresponsabilidad de funciones.

Siguiendo a García Ferrando (1997), edad y sexo son los factores que más influyen entre los practicantes de deportes en España. El número de chicos duplica al de las chicas. Influyen elementos socio-culturales, familiares, gustos, expectativas, tradiciones, etc.

Los chicos no quieren acceder al mundo de las chicas porque no sólo les da ningún prestigio, sino que además fácilmente les **quita valor** ante ellos mismos y la sociedad. Suele decirse que los estereotipos sexistas son "corsés culturales" para mujeres y hombres.

Así pues, en los centros podemos encontrarnos con una serie de modelos que van a **dificultar** nuestra tarea, pero no debemos dejarnos vencer por ellos. Nuestro trabajo debemos enfocarlo a la consecución de la **integración** del alumnado por igual, máxime en los tiempos actuales donde aparece en muchos sitios de Andalucía un tipo de discriminación añadida a la sexista, la **racista**.

c) Estereotipos sexistas.

Fernández García -coord.- (2002), indica que en otras áreas puede plantearse la coeducación con un buen grado de aceptación del alumnado y profesorado. En cambio, en educación física suele haber varias resistencias. Establece dos grupos de factores:

- **F. Curriculares**.
    - **Reduccionismo**. Limitan el acceso de las alumnas al desarrollo de la condición física y los deportes de cooperación-oposición.
    - **Androcentrismo**. La influencia androcéntrica en los currícula formativos del profesorado especialista influye negativamente en los contenidos impartidos a chicas.

- **F. Culturales**.
    - **Prejuicios**. Expresiones populares relacionadas con la actividad física, que discriminan a la niña, están aún hoy día en uso.
    - **Tradiciones**. En muchas zonas siguen practicándose juegos de "niñas y niños".
    - **Valoraciones sociales**. Actividades relacionadas culturalmente con lo masculino están más valoradas que las femeninas por motivos económicos, periodísticos, etc.

2.1. CURRÍCULUM OCULTO.

Si entendemos por currículo el conjunto de experiencias y oportunidades de aprendizaje que ofrece u omite (currículum ausente) la escuela al alumnado y los contenidos que la enseñanza transmite (competencias clave, objetivos, contenidos, metodología y evaluación), hay un currículo manifiesto, formal u oficial establecido por la legislación vigente y otro **no declarado** que se transmite sin pretenderlo: «currículo oculto o latente» y que **reproduce** estereotipos y actitudes sexistas en Educación Física, siendo de gran importancia detectarlo y hacerlo explícito para corregir los posibles sesgos (Piedra, 2016).

El porcentaje de su influencia vendrá dado por las circunstancias que rodean al proceso de aprendizaje del alumnado, a la actitud de maestras y maestros, al modelo de persona que éstos sean, los valores que fomente, etc. (Viciana, 2002).

Los **prejuicios** más comunes y las situaciones habituales en el ámbito de la actividad física escolar referentes al sexo son (Trigo y Piñera, 2000):

- Los chicos son mejores en actividades físicas, porque son superiores físicamente.
- Las niñas son más torpes por naturaleza y son excluidas por los chicos en los juegos.
- Los chicos saben trabajar en equipo, las chicas no, excepto en temas de expresión corporal.
- Muchas de las actividades que les gustan a las niñas, no les gustarán nunca a los niños.
- Muchos deportes que les gustan a los chicos no son buenos para las chicas, porque son más frágiles.

- Las niñas son las que se automarginan, son ellas las que no quieren participar, es inútil trabajar con ellas. Ellas rechazan el esfuerzo físico de intensidad media y alta.

La escuela constituye uno de los espacios de socialización más significativos desde la que podemos liderar profundos cambios en la construcción de actitudes y valores basados en el respeto y la igualdad entre mujeres y hombres, pero para lograrlo es necesario ser conscientes de todas las variables de discriminación que se producen en el denominado currículo oculto, a la vez que incorporamos propuestas tanto didácticas como de gestión, relación u organización que incidan en procesos coeducativos que solo pueden tener lugar desde la escuela mixta (Vieites y Martínez, 2009).

El Área de Educación Física es posiblemente la que más currículum oculto pueda transmitir, casi siempre de forma no consciente, porque está respaldado por conceptos **antropomórficos** profundos como la conciencia y valoración del cuerpo, el lugar de éste en la cultura, usos y técnicas corporales, sexo y edad, etc. transmitidos a través del refuerzo del estereotipo corporal masculino y femenino (Gutiérrez, 1995).

Los elementos **transmisores** del currículum oculto están en el propio **profesorado**: lenguaje y actitudes, porque a través de él se articulan los contenidos de enseñanza y se mantiene la interacción entre alumnado y profesorado; en las consideraciones al mismo; en los contenidos a aprender; en la metodología; en la organización; en la evaluación; en los refuerzos dirigidos a unos y otras; en los modelos o alumno-auxiliar-demostrador; en los recursos materiales y en la participación en actividades extracurriculares, entre otros. Piedra (2010), basándose en estudios de Scharagrodshy (2004), señala que no solo el **lenguaje** invisibiliza los femenino haciendo uso indiscriminado del masculino genérico, sino que además el femenino es usado para reforzar lo negativo.

En los últimos años, la influencia que está teniendo Internet es muy grande y, en muchas ocasiones, determinados portales y redes sociales tienen claros mensajes sexistas que son captados por nuestro alumnado (Castaño, 2009).

Aspecto a destacar es la **evaluación**, que esconde y transmite un repertorio de contenidos culturales por el camino del currículum oculto. Tradicionalmente la evaluación ha planteado un carácter discriminatorio entre chicas y chicos, a pesar de haber adelantado mucho en estrategias de igualdad. Unas veces su origen está en la propia concepción que el maestro se ha formado de la evaluación y en la finalidad y utilidad asignadas a la misma. Otros motivos radican en el alumnado, que ve a la evaluación como una selección de talentos deportivos, una clasificación entre los mejores y peores alumnos. Es decir, se forman una imagen que es ficticia, porque la real es la que entiende a la evaluación como educativa, integradora, de aceptación del propio cuerpo, etc. (Díaz, 2005).

Todos estos elementos se traducen en la **necesidad** de que la educación física en el sistema educativo actual **supere** muchas de las manifestaciones implícitas de carácter discriminatorio por razón del sexo (Vilanova y Soler, 2012).

3. INTERVENCIÓN EDUCATIVA.

Para el desarrollo de este punto nos basamos en M. de Cultura (1988), Vázquez y Álvarez -coord.- (1990), M.E.C. (1992), J. de Andalucía (I.A. F.P.P. de la C.E.C.) (1992c), Subirats (1995), Vázquez (1996), VV. AA. (1996), Trigo y Piñera (2000), Vázquez (2000), Jiménez (2002), Solsona y otras (2005), Lasaga y Rodríguez (2006), VV. AA. (2006), Ruiz (2007), Blanco (2007), VV. AA. (2007), Alonso (2008), Piedra (2010) y Alonso (2010).

Tomamos como referencia los **objetivos** del I Plan de Igualdad entre Hombre y Mujeres en Educación (2005), que nos plantea cuatro grandes finalidades:

- Promover prácticas educativas igualitarias.
- Promover cambios en las relaciones de géneros.
- Corregir el desequilibrio de responsabilidades entre el profesorado.
- Facilitar el conocimiento de diferencias entre los sexos.

Maestras y maestros debemos examinar constantemente el modo en el que la elección de los contenidos y actividades privilegia a unos/as alumnos/as sobre los otros/as. Debemos buscar una sensibilización que evite una contribución a los estereotipos vigentes mediante un análisis de las conductas, actitudes y del propio trabajo de los docentes.

También debemos seguir lo expresado por el D. 97/2015, art. 5, d: "*La igualdad efectiva entre mujeres hombres, la prevención de la violencia de género y la no discriminación por cualquier condición personal o social*", es una de las capacidades prioritarias a adquirir durante la etapa.

Nuestro referente legislativo es la L. O. E. (2006). Uno de sus principios es el de la **equidad**, que garantiza la igualdad de oportunidades, la inclusión educativa y la no discriminación.

Una de las **finalidades** de la L. O. E. es la "*educación en el respeto de los derechos y libertades fundamentales, en la igualdad de derechos y oportunidades entre hombres y mujeres…*"

El D. 328/2010, de 13 de julio, por el que se aprueba el ROF 328/2010, BOJA nº 139, de 16/07/2010, expresa en su artículo 31 que "*se consideran circunstancias que agravan la responsabilidad, las acciones que impliquen **discriminación** por razón de nacimiento, raza, **sexo**, orientación sexual, convicciones ideológicas o religiosas, discapacidades físicas, psíquicas o sensoriales, así como por cualquier otra condición personal o social*".

Partimos del R. D. 126/2014, del D. 97/2015 y de la O. de 17/03/2015 para analizar **cómo intervenimos** a través de los elementos curriculares, pero no sólo con la idea de ser algo exclusivo del área de Educación Física, sino como actuación general de toda la **comunidad educativa**.

De modo general, nuestra propuesta general impedirá separaciones en función del sexo, paliando las influencias de los actuales estereotipos que asocian al movimiento expresivo rítmico como del sexo femenino, y la fuerza, agresividad, deporte y competición como masculinos. Debemos tratar a niñas y niños de forma idéntica en los aspectos que se asemejen y diferente en los que se diferencien (Moreno y Martínez, 2011). El fomento de la igualdad de oportunidades en las prácticas físicas, en todo caso debemos plantearlo con **naturalidad** (Zagalaz, Cachón y Lara, 2014).

La "**Guía PAFIC**" (Fernández García, 2010), propone usemos actividades de carácter innovador, musical y recreativo, dando participación a las chicas que no sean tradicionales (arbitrar, organizar, capitanear, etc.), trabajar en equipo…

- **Competencias Clave.** La Coeducación está recogida en la nº 5, "Competencias sociales y cívicas". Hace mención a la valoración de las diferencias a la vez que el reconocimiento de la igualdad de derechos entre los diferentes colectivos, en particular, entre hombres y mujeres.

- **Objetivos de Etapa.**

    b) "*Desarrollar hábitos de trabajo individual y de equipo, de esfuerzo y de responsabilidad en el estudio así como actitudes de confianza en sí mismo, sentido crítico, iniciativa personal, curiosidad, interés y creatividad en el aprendizaje, y espíritu emprendedor"*

Desde una perspectiva coeducativa, el conocimiento del propio cuerpo ha de realizarse sin establecer una serie de categorías de subordinación de un sexo frente a otro ("sexo débil" o "sexo fuerte"). Más bien se trata de incidir en **valores y posibilidades** del propio cuerpo y en la **cohesión** de los miembros de un equipo, la cooperación entre todos sin distinción.

Desde la óptica de la coeducación, este objetivo también supone que se ha de desarrollar la **participación de niños y niñas en actividades grupales**, estimulándoles a una **distribución equitativa** de sus funciones dentro del grupo, sin discriminaciones, a priori en función del sexo, y evitando las conductas estereotipadas en las tareas escolares (distribuir objetos, contribuir a la limpieza de la clase. etc.)

d) *"Conocer, comprender y respetar las diferentes culturas y las diferencias entre las personas, la igualdad de derecho y oportunidades de hombres y mujeres y la no discriminación de personas con discapacidad".*

Se pretende potenciar el **comportamiento solidario** de niños y niñas, **rechazando discriminaciones basadas en diferencias de sexo**, clase social, creencias, raza u otras características individuales y sociales.

Igualmente es muy relevante para el enfoque coeducativo estimular que niños y niñas, por igual, participen en la **elaboración y asunción de las normas** de convivencia cotidiana en el centro, valorando en ambos sexos aspectos tales como el respeto a los demás, cuidado del material escolar, conductas de ayuda, etc.

- **Objetivos de Andalucía.**

La coeducación y los temas la acompañan y complementan viene recogidos en los llamados "Objetivos de Andalucía" siguientes LEA/2006, art. 17:

a) *La prevención y resolución pacífica de conflictos, así como los valores que preparan al alumnado para asumir una vida responsable en una sociedad libre y democrática.*

d) *La igualdad efectiva entre mujeres hombres, la prevención de la violencia de género y la no discriminación por cualquier condición personal o social.*

- **Área curricular de Educación Física.**

La coeducación la **relacionamos** con los siguientes objetivos:

4. *"Adquirir, elegir y aplicar principios y reglas para resolver problemas motores y actuar de forma eficaz y autónoma en la práctica de actividades físicas, deportivas y artístico expresivas".*

Se pretende desarrollar en niños y niñas **actitudes positivas** y capacidades para discernir diferentes comportamientos, favoreciéndose los de **cooperación, participación, ayuda y solidaridad**. Implica suscitar en el alumnado **análisis reflexivos** en torno a las posibles situaciones que pueden producirse en la práctica de la educación física y la adopción de actitudes derivadas de las mismas, evitando aquellas consideradas agresivas y sexistas en actividades competitivas, y profundizando en la vivencia interiorización de los objetivos propuestos: mal **reparto de roles**; uso del **lenguaje** de forma no respetuosa; uso del **currículo oculto**; **materiales curriculares** con tendencias sexistas.

O.EF.5 Desarrollar actitudes y hábitos de tipo cooperativo y social basados en el juego limpio, la solidaridad, la tolerancia, el respeto y la aceptación de las normas de convivencia ofreciendo el diálogo en la resolución de problemas y evitando discriminaciones de género, culturales y sociales.

Se deberá **evitar la selección** o distribución de juegos y actividades físicas en función de **criterios sexistas**.

O.EF.3. Utilizar la imaginación, creatividad y la expresividad corporal a través del movimiento para comunicar emociones, sensaciones, ideas y estados de ánimo, así como comprender mensajes expresados de este modo.

Con este objetivo se contribuye a un desarrollo de la responsabilidad y del **respeto hacia el cuerpo de los demás**, fomentando actitudes y hábitos que inciden positivamente en la **salud individual y colectiva**: sensibilidad, valoración de la belleza, delicadeza, habilidad corporal, agilidad... **sin tener en cuenta si se es chica o chico**.

- **Contenidos del área de Educación Física.**

Debemos tener en cuenta los siguientes aspectos, sobre todo relacionados con las **actitudes**, aún como sabemos tienen una aplicación **global**:

- Desarrollo mediante la práctica habitual del juego actitudes y hábitos cooperativos y sociales, basados en la solidaridad, la tolerancia, el respeto y la aceptación de las normas de convivencia.
- Actitud de convivencia, integración, comunicación social y creatividad a través de la práctica deportiva educativa.
- Trabajos sobre la actitud de unión en el equipo mixto como grupo de cohesión.
- Integración de actividades y situaciones que interesen y motiven por igual a niños y niñas.
- Trabajos hacia la tolerancia en errores de los demás, evitando descalificaciones.
- Fomento en el trabajo con objetivos deportivos, no con objetivos de dominio ni competencia, sino de capacidad del grupo de iguales.
- Cuidado para que la selección y uso de los materiales deportivos sea equitativo, evitando el acopio o empleo exclusivo por parte de niños o niñas.
- Introducción de actividades físicas que permitan similares niveles de ejecución, sin grandes diferencias entre los subgrupos de la clase.
- Valoración más prioritaria del esfuerzo, equilibrio personal y bienestar físico que la fuerza o la velocidad.

Independientemente de ello, uno de los contenidos las **Enseñanzas Transversales** trata sobre "**igualdad real y efectiva entre hombres y mujeres**".

- **Metodología.**

Coeducar no es compatible con cualquier tipo de metodología. Existen estilos de enseñanza poco acordes con un enfoque coeducativo; son aquellos que están basados en la imposición de los puntos de vista de los educadores/as como los únicos acertados. Existen líneas metodológicas coeducativas, como vemos ahora con más detalle:

- **Partir del análisis crítico de la realidad y de las ideas previas del alumnado**.

Por ejemplo, realizar sondeos, encuestas, cuestionarios o, simplemente, **fomentar la libre expresión** de las ideas infantiles sobre estos temas en las conversaciones de aula son algunas de ellas.

- **Partir de situaciones compartidas**.

Se trata de partir de situaciones vividas conjuntamente, de problemas reales, de situaciones cotidianas que permiten realizar un análisis con referentes comunes. Por ejemplo, problemas en la **distribución de funciones** (recoger la clase, trasladar objetos pesados, etc.). La realización de una excursión, la celebración de una fiesta o la preparación de una obra de teatro son, sin duda, momentos privilegiados para abordar la distribución de papeles generalmente asignados con un carácter sexual y, sobre todo, para promover marcos de relación alternativa. En este mismo sentido, debemos estimular situaciones de **liderazgo de ellas en grupos mixtos** y **vigilar** la posible **agresividad en ciertos juegos deportivos**.

- **Participación en la elaboración y discusión de normas y valores**.

En la construcción de un clima de aula auténticamente coeducativo, la participación activa de niños y niñas juega un papel decisivo. Las posibilidades de intervención del alumnado son muy amplias, ya desde los primeros niveles de la Educación Primaria, y abarcan desde la fijación de algunas normas muy elementales que regulan la convivencia en clase, a la discusión de principios y valores más generales. Habilidades tales como el **diálogo, la discusión en grupo, la búsqueda del consenso**, etc. se desarrollan en aquellas ocasiones en las que se requiere participación a niños y niñas.

- **La actividad lúdica y la formación de grupos**.

En el juego se proyectan los estereotipos y modelos imperantes en una comunidad determinada. El **grado de agresividad**, el tipo de relaciones entre las personas de distinto sexo, el carácter autoritario de determinadas instituciones, etc. son algunos de los aspectos que se encuentran reflejados en las situaciones lúdicas.

Los juegos tradicionales reflejan las estructuras sociales y los roles de género. En este sentido, es importante la recuperación del juego tradicional, con sus valores positivos, pero teniendo en cuenta un análisis crítico desde la perspectiva de género e introduciendo cambios que conduzcan a aprender a jugar en igualdad (Ruiz, 2007).

Procuraremos que niños y niñas **compartan juegos**, evitando la formación de **grupos cerrados** y que **vetemos** la participación de una persona **por razón de su sexo**. Los agrupamientos espontáneos donde se den **casos de segregación** podemos tomarlos como referentes para hacer un **análisis** más detallado de los mismos, insistiendo en la necesidad de facilitar la integración de niños y niñas en los mismos. Es ideal **promover grupos de trabajo cooperativos**.

La confluencia en un grupo-clase de niños y niñas no implica a priori la formación de sub grupos de ambos sexos. En muchas ocasiones, si no estamos atentos, se refuerzan las imágenes de la feminidad y la masculinidad con independencia de las formas de agrupación (Piedra, 2010).

- **Importancia del ambiente y los espacios**.

El entorno escolar jamás es neutro. En el caso concreto de la coeducación es muy relevante conocer cómo se caracterizan los distintos entornos escolares, qué conductas promueven y si en ellos se potencian situaciones discriminatorias.

La **distribución de los espacios** (¿qué espacios se conceden a las **actividades típicamente masculinas**, por ejemplo jugar al fútbol y cuáles a las femeninas?), su distribución, su calidad (espacios seguros versus espacios inseguros), los tipos de agrupamientos, etc. son algunos aspectos sobre los que se requieren estudios detallados y propuestas alternativas.

Por otro lado, **los chicos**, dado su mayor dinamismo y agresividad habitual, suelen "copar" más y **mejores espacios**, relegando a las chicas a otros espacios más marginales.

- **Los recursos materiales**.

Si en nuestro centro disponemos de materiales curriculares tales como **libro o cuaderno**, debemos tener en cuenta que muchos de estos suelen **transmitir los modelos sociales dominantes** contribuyendo a reproducir sesgos, estereotipos y prejuicios sexistas, clasistas y racistas. Por ejemplo, imágenes, lenguaje, temáticas, enfoques, etc. (Alonso, 2008). Por todo ello debemos tener mucho cuidado a la hora de elegirlos y corregirlos en caso de ya tenerlos al uso. Tal es su importancia que la C.E.J.A. tiene establecido los premios "Rosa Regás" dirigidos al profesorado y empresas editoras, con el objetivo de promover la elaboración y difusión de materiales curriculares coeducativos. Por otro lado, debemos combatir que los chicos siempre escojan los mejores materiales y que las chicas cojan las sobras.

- **Propuesta coeducativa en Educación Física a través de las actividades.**

La acción de la sociedad incita a la práctica de determinadas actividades físicas tanto en la mujer como en el hombre (Gutiérrez, 1995). Por ejemplo, el fútbol tiene tradicionalmente una participación casi exclusiva de niños que, incluso, no permiten que las niñas intervengan. Al contrario podemos decir de actividades relacionadas con el aeróbic, ritmo y expresión. Nuestra posición debe ser **introducir** estas actividades para ambos sexos desde los **primeros cursos**, es decir, juegos donde participan ellas y ellos como una situación **normal y habitual**, neutralizando así toda carga ideológica. Esto lo debemos hacer extensible a los talleres deportivos durante el horario extraescolar. En resumen, nunca separar las actividades por razón de sexo.

Por otro lado están las actividades **neutras**. Son aquellas en las que no existe ningún tipo de presión para que niña o niño las realice. Se consideran neutras por diversas causas, como que sean de reciente creación y aún no están "contaminadas" por un sesgo sexista (nuevos móviles) o porque su práctica se dé en un grupo social sensibilizado con temas de coeducación. Otras actividades se iniciaron con un determinado matiz discriminatorio y la evolución de todo el contexto social terminó por darles un carácter igualitario, como la mayoría de los juegos populares, deportes individuales y colectivos, actividades en el medio natural, juegos alternativos, etc.

Debemos postular estrategias de acción para **evitar roles pasivos o de acompañamiento** que suelen tener las niñas en determinadas especialidades deportivas. Es conveniente el uso indistinto de modelos femeninos y masculinos en la enseñanza del deporte, no tratando de identificar las consideradas masculinas con los niños y viceversa.

- **Evaluación.**

La **evaluación** nos debe permitir una individualización de los logros, el progreso personal del alumnado y llevar un registro de la evolución de las actitudes y comportamientos relativos a la Igualdad de Oportunidades. Por ejemplo, los criterios:

C. 9. *"Opinar coherentemente con actitud crítica tanto desde la perspectiva de participante como de espectador, ante las posibles situaciones conflictivas surgidas, participando en debates, y aceptando las opiniones de los demás"*.

Se observará la participación activa en el juego y se tendrán en cuenta aquellos aspectos que permiten la construcción de **buenas relaciones** con compañeros y compañeras como pueden ser el **respeto por las normas** y la aceptación de distintos roles así como la **ausencia de discriminaciones** de cualquier tipo entre las personas participantes.

C. 13. *"Demostrar un comportamiento personal y social responsable, respetándose a sí mismo y a los otros en las actividades físicas y en los juegos, aceptando las normas y reglas establecidas y actuando con interés e iniciativa individual y trabajo en equipo"*.

La plena participación en el juego vendrá condicionada por un conjunto de habilidades motrices y sociales. Por un lado, se observará el **grado de eficacia motriz y la capacidad de esforzarse** y aprovechar la condición física para implicarse plenamente en el juego. Por otro, se atenderá a las **habilidades sociales** (respetar las normas y reglas previamente consensuadas, tener en cuenta a las demás personas, evitar discriminaciones y actitudes de rivalidad fundamentadas en estereotipos y prejuicios, etc.) que favorecen las buenas relaciones entre los participantes. La importancia del **trabajo en equipo**, la satisfacción por el propio esfuerzo, el juego limpio y las relaciones personales que se establecen mediante la práctica de juegos y actividades deportivas, por encima de los resultados de la propia actividad (ganar o perder) y **si juega tanto con niños como con niñas de forma integradora**.

Debemos emplear técnicas de observación y de **recogida de datos** para analizar las actitudes entre el alumnado. La auto observación de nuestra propia actuación didáctica y de las interacciones que tenemos con nuestro alumnado también nos dará datos interesantes. El análisis de la dinámica del grupo nos permite detectar actitudes contrarias a la participación igualitaria.

- **El papel del profesorado en la corrección de estereotipos.**

La escuela y el profesorado deben intervenir para intentar **modificar las tendencias** y ofrecer modelos diferentes al niño y a la niña, en función de las intencionalidades educativas. Aunque en los últimos años hemos avanzado en este sentido, debemos insistir en las ventajas que también tiene para el organismo femenino el esfuerzo físico (VV. AA., 2010).

En la **comunicación verbal** debemos utilizar equilibradamente **expresiones** masculinas y femeninas y sustituir el masculino generalizado por el **género neutro** (alumnado por alumno), y eliminar expresiones que refuercen el estereotipo (pareces una bailarina).

El profesorado debe tomar conciencia de su responsabilidad como agente de cambio, empezando él mismo por variar su mentalidad explicitando en el Proyecto Educativo objetivos y acciones educativas concretas encaminadas a la igualdad y a eliminar las desigualdades por razón de sexo.

En este sentido, en Educación Física, se encuentra bastante extendida la mentalidad **biologicista** para explicar las diferencias en función de sexo, sin tener en cuenta que éstas no tienen tanto una base biológica como cultural y antropológica. Esta influencia lleva al profesorado a tener un sentimiento casi determinista respecto a las posibilidades de éxito de las mujeres.

Respecto a la planificación de actividades de enseñanza y aprendizaje es frecuente que se haga pensando en «un alumno medio» como punto de referencia, en lugar de tomar a la entidad individual y evaluando desde el punto de partida, consigo mismo, para después evaluar a cada alumno/a por el grado de similitud o discrepancia con ese modelo. En el área de Educación Física esta situación se agrava porque el **modelo** suele ser del género **masculino**, produciendo una mayor motivación en el colectivo de chicos que en el de chicas. Además, al observar que a iguales propuestas se produce una desigual respuesta, parte del profesorado consolida sus prejuicios previos justificándose en la diferencia de motivación, con lo que se refuerzan las desigualdades.

Así pues, coeducación hoy día significa buscar nuevas vías de intervención educativa para desarrollar relaciones de género más igualitarias, corregir los nuevos desajustes que se están produciendo y que son producto de la convivencia de modelos de género anacrónicos con nuevos modelos más igualitarios (Lomas, 2004).

Numerosos **proyectos de coeducación** se están llevando a cabo en Andalucía en centros de infantil, primaria y secundaria. Suelen tener una incidencia evidente, aunque los cambios suelen ser muy lentos, como es habitual en los procesos de innovación y mejora. Las actividades se desarrollan en el ámbito de la organización escolar (aula, tutoría, actividades extraescolares). Algunos ejemplos de contenidos están relacionados con la implicación de la familia y el entorno social en el proyecto, uso del lenguaje no sexista en el aula y en la comunicación con la familia, diagnóstico de género en el centro, la diversidad de las familias: los roles establecidos, producción de materiales e intercambio de experiencias, recursos y proyectos con otros centros: red de coeducación (VV. AA., 2006 b).

Precisamente, el Decreto 19/2007, por el que se adoptan medidas para la promoción de la Cultura de Paz y la Mejora de la Convivencia en los Centros Públicos de Andalucía, establecen una serie de medidas correctoras disciplinarias en caso de darse episodios de falta de respeto, consideración, etc., aunque priorizando la **prevención**.

También debemos hacer referencia a la Resolución de 26/09/2007, sobre los protocolos de actuación que deben seguir los centros educativos ante supuestos de acoso escolar, agresión hacia el Profesorado o el Personal de Administración y Servicios, o maltrato infantil.

En la Orden de 10 de agosto de 2007, por la que se desarrolla el currículo correspondiente a la Educación Secundaria Obligatoria en Andalucía. B. O. J. A. nº 171, de 30/08/2007, una de las materias optativas de Secundaria es "**Cambios sociales y género**", que trata profusamente esta temática.

CONCLUSIONES

Históricamente la mujer ha sido discriminada en la educación en general y en la educación física y el deporte en particular. Esto debería estar superado hoy, pero el currículum oculto sigue estando presente en muchos centros.

Debemos que ser conscientes de la responsabilidad que tenemos con el alumnado para fomentar la igualdad de oportunidades entre ambos sexos y, para ello, fomentaremos la reflexión conjunta entre docentes y establecer las medidas oportunas en el 2º y 3º nivel de concreción curricular para conseguir este objetivo.

La escuela debe tratar que cada niña y niño pueda dar un sentido pleno a su identidad sexual. Esto significa también aprender que, entre los dos sexos, es posible y necesaria una relación de autonomía y de intercambio, no de derivación o de subordinación. Para ello es preciso ofrecerles referencias masculinas y femeninas que les sirvan de apoyo y orientación para estar libremente en la escuela.

Debemos ser un profesional reflexivo y analizar diariamente el comportamiento en el aula, evitando los estereotipos y conductas sexistas que podemos transmitir, la mayoría de las veces de forma inconsciente, al alumnado durante las clases. Tendremos en cuenta que en el contexto familiar y social se están reproduciendo constantemente modelos sexistas, por tanto, no debemos limitarnos a no transmitir éstos, sino que debemos promover una actitud crítica en los discentes respecto a la abolición de dichos estereotipos.

BIBLIOGRAFÍA

- ALONSO HERNÁNDEZ, C. (2008). *Hagamos visibles a las mujeres: materiales didácticos para la igualdad*. Instituto Andaluz de la Mujer. Sevilla.
- ALONSO HERNÁNDEZ, C. (2008). Textos del número de marzo 2008. Revista Coeducación. Instituto Andaluz de la Mujer. Sevilla.
- ALONSO RUEDA, J. (2010). Coeducando en Educación Física. Wanceulen. Sevilla.
- BLANCO, N. (2007). *Coeducar es preparar para la libertad*. Revista Andalucía Educativa, nº 64, diciembre 2007, pp. 24-27. C. E. J. A. Sevilla.
- CAÑIZARES, J. Mª y CARBONERO, C. (2008). *Programación Didáctica en Educación Física. Guía para su realización*. Wanceulen. Sevilla.
- CAÑIZARES, J. Mª y CARBONERO, C. (2008). *Unidades Didácticas en Educación Física. Guía para su realización*. Wanceulen. Sevilla.
- CARRASCO, I. y RINCÓN, J. C. (2009). *60 Fichas de cooperación*. Wanceulen. Sevilla.
- CASTAÑO, C. (2009). *Los usos de Internet en las edades más jóvenes: algunos datos y reflexiones sobre hogar, escuela, estudios y juegos*. Participación Educativa, nº 11, págs. 73-93. Consejo Escolar del Estado. M. E. C. Madrid.
- DÍAZ, J. (2005). *La evaluación formativa como instrumento de aprendizaje en Educación Física*. INDE. Barcelona.
- FERNÁNDEZ GARCÍA, E. -coord.- (2002). *Didáctica de la educación física en la educación primaria*. Síntesis. Madrid.
- FERNÁNDEZ GARCÍA, E. -coord.- (2010). *Guía PAFIC*. Ministerio de Igualdad. U. Complutense. Madrid.
- GARCÍA FERRANDO, M. (1997). *Los españoles y el deporte (1980-1995): un análisis sociológico sobre comportamientos, actitudes y valores*. CSD y Tirant lo Blanch. Madrid y Valencia.
- GONZÁLEZ BADILLO, J. J. y GOROSTIAGA, E. (2002). *Fundamentos del entrenamiento de la fuerza*. INDE. Barcelona.
- GUTIÉRREZ, M. (1995). *Valores sociales y deporte. La actividad física y el deporte como transmisores de valores sociales y personales*. Gymnos. Madrid.
- JIMÉNEZ, R. (2002). *Análisis de la coeducación en las clases de educación física. Propuestas didácticas para una intervención no sexista en el contexto educativo*. Revista "Habilidad Motriz", nº 18, págs. 39-47. C.O.P.L.E.F.A. Córdoba.
- JUNTA DE ANDALUCÍA, CONSEJERÍA DE EDUCACIÓN Y CIENCIA, INSTITUTO ANDALUZ DE FORMACIÓN Y PERFECCIONAMIENTO DEL PROFESORADO.

(1992). *Temas Transversales del Currículum. Coeducación.* Autoras, Sánchez, J. y Rizos, R. Sevilla.

- JUNTA DE ANDALUCÍA. (2005). *I Plan de Igualdad entre Hombres y Mujeres en Educación.* Acuerdo del Consejo de Gobierno, 2/11/2005.
- JUNTA DE ANDALUCÍA. *Acuerdo de 16 de febrero de 2016, del consejo de Gobierno, por el que se aprueba el II Plan estratégico de Igualdad de Género en educación 2016-2021.* BOJA nº 41, de 02/03/2016.
- JUNTA DE ANDALUCÍA. (2007). *Ley 12/2007, de 26 de noviembre, sobre medidas de prevención y protección integral contra la violencia de género.* Sevilla.
- JUNTA DE ANDALUCÍA (2006). *Orden de 15 de mayo de 2006, por la que se regulan y desarrollan las actuaciones y medidas establecidas en el I Plan de Igualdad entre Hombres y Mujeres en Educación.* B.O.J.A. nº 99, de 25/05/2006.
- JUNTA DE ANDALUCÍA. (2007). *Decreto 19/2007, por el que se adoptan medidas para la promoción de la Cultura de Paz y la Mejora de la Convivencia en los Centros Públicos de Andalucía.* B.O.J.A. nº 25, de 02/02/2007.
- JUNTA DE ANDALUCÍA (2007). *Resolución de 26 de septiembre de 2007, de la dirección General de Participación y solidaridad en la Educación, por la que se acuerda dar publicidad a los protocolos de actuación que deben seguir los centros educativos ante supuestos de acoso escolar, agresión hacia el Profesorado o el Personal de Administración y Servicios, o maltrato infantil.* B. O. J. A. nº 224, de 14/11/2007.
- JUNTA DE ANDALUCÍA (2007). *ORDEN de 20 de junio de 2011, por la que se adoptan medidas para la promoción de la convivencia en los centros docentes sostenidos con fondos públicos y se regula el derecho de las familias a participar en el proceso educativo de sus hijos e hijas.* B.O.J.A. nº 132, de 07/07/2011.
- JUNTA DE ANDALUCÍA (2007). *Ley 17/2007, de 10 de diciembre, de Educación de Andalucía (L. E. A.).* B. O. J. A. nº 252, de 26/12/07.
- JUNTA DE ANDALUCÍA (2015). *Orden de 17 de marzo de 2015, por la que se desarrolla el currículo correspondiente a la educación Primaria en Andalucía.* BOJA nº 60 de 27/03/2015.
- JUNTA DE ANDALUCÍA (2015). *Decreto 97/2015, de 3 de marzo, por el que se establece la ordenación y el currículo de la educación Primaria en la comunidad Autónoma de Andalucía.* BOJA nº 50 de 13/03/2015.
- JUNTA DE ANDALUCÍA (2010). *Decreto 328/2010, de 13 de julio, por el que se aprueba el Reglamento Orgánico de las escuelas infantiles de segundo grado, de los colegios de educación primaria, de los colegios de educación infantil y primaria, y de los centros públicos específicos de educación especial.* BOJA nº 139, de 16/07/2010.
- JUNTA DE ANDALUCÍA. (2016). *Acuerdo de 16 de febrero de 2016, del consejo de Gobierno, por el que se aprueba el II Plan Estratégico de Igualdad de Género en educación 2016-2021.* BOJA nº 41, de 02/03/2016.
- LASAGA, Mª J. y RODRÍGUEZ, C. (2006). *La Coeducación en la educación Física y el deporte Escolar: Liberar Modelos.* Wanceulen. Sevilla.

- LEY ORGÁNICA 1/2004, de 28 de diciembre, *de Medidas de Protección Integral contra la Violencia de Género.* B.O.E. de 28/12/2004.
- LEY ORGÁNICA 3/2007, de 22 de marzo, *para la igualdad efectiva de mujeres y hombres.* B. O. E. nº 71, de 03/03/2007.
- LOMAS, C. (2004). *Los chicos también lloran: identidades masculinas, igualdad entre los sexos y coeducación.* Ediciones Paidós Ibérica. Barcelona.
- MARÍN, Mª J. (2007). *Género y Formación del Profesorado.* Revista Andalucía Educativa, nº 64, diciembre 2007, pp. 31-33. C. E. J. A. Sevilla.

- M. DE CULTURA. INSTITUTO DE LA MUJER (1988). *Manual de acción: cómo llevar a la práctica la igualdad entre los sexos.* Comisión de las Comunidades Europeas. Serie Documentos, núm. 1. Madrid.
- M.E.C. (2013). *Ley Orgánica 8/2013, de 9 de diciembre, para la mejora de la calidad educativa.* BOE Nº 295, de 10/12/2013.
- M.E.C. (2014). *R. D. 126/2014, de 28 de febrero, por el que se establece el currículo básico de la Educación Primaria.* B.O.E. nº 52, de 01/03/2014.
- M.E.C. (1987). *El sexismo en la enseñanza.* Serie Coeducación, Colección Documentos y Propuestas de Trabajo. Madrid.
- M. E. C. (2006). Ley Orgánica 2/2006, de 3 de mayo, de Educación (L. O. E.). B. O. E. nº 106, de 04/05/2006, modificada en determinados artículos por la LOMCE/2013.
- M.E.C. *ECD/65/2015, O. de 21 de enero, por la que se describen las relaciones entre las competencias, los contenidos y los criterios de evaluación de la educación primaria, la educación secundaria obligatoria y el bachillerato.* B.O.E. nº 25, de 29/01/2015.
- M.E.C. (1992). *Educación para la igualdad de oportunidades de ambos sexos.* Transversalidad. SGT. Madrid.
- MORENO, J. A. y MARTÍNEZ, C. (2011). *Guía para una práctica deportiva igualatoria.* INDE. Barcelona.
- PIEDRA, J. (2010). *El profesorado de Educación Física como Agente en la Coeducación: Actitudes y Buenas Prácticas para la Construcción de Género en la Escuela.* Tesis doctoral. U. de Sevilla, F. de CC. de la Educación.
- PIEDRA, J. (2016). *Deporte y género. Manual de iniciación.* INDE. Barcelona.
- RUIZ, C. (2007). *Nuevas formas de jugar.* Instituto Andaluz de la Mujer. Sevilla.
- SOLSONA, N. y otras. (2005). *Aprender a cuidar y a cuidarnos. Experiencias para la autonomía y la vida cotidiana.* Octaedro. Barcelona.
- SUBIRATS, M. y BRULLET, C. (1988). *La transmisión de los géneros en la escuela mixta.* M. de Cultura, Instituto de la Mujer.
- SUBIRATS, M. (1995). *Mujer y educación: de la enseñanza segregada a la coeducación.* Instituto de la Mujer. Madrid.
- SUBIRATS, M. (2009). *La escuela mixta ¿garantía de coeducación?* Participación Educativa, nº 11, págs. 94-97. Consejo Escolar del Estado. M. E. C. Madrid.
- TRIGO, E. y PIÑERA, S. (2000). *Manifestaciones de la motricidad.* INDE. Barcelona.
- VÁZQUEZ, B, y ÁLVAREZ, G. -coords.- (1990). *Guía para una Educación Física no Sexista.* Secretaría de Estado de Educación. Dirección General de Renovación Pedagógica. M. E. C. Madrid.
- VÁZQUEZ, B. (1996) *La Educación Física y Coeducación* en GARCÍA DE LA HOZ, V. *Personalización en la Educación Física.* Rialp, S.A. Madrid.
- VÁZQUEZ, B. (2000). *Educación Física y género. Modelo para la observación y el análisis del comportamiento del alumnado y del profesorado.* Instituto de la Mujer. Madrid.
- VICIANA, J. (2002). *Planificar en Educación Física.* INDE. Barcelona.
- VIEITES, C. y MARTÍNEZ, L. (2009). *Ciento treinta actividades para coeducar. Una propuesta para incorporar la igualdad en la escuela.* Revista "Participación Educativa", nº 11, julio 2009. Consejo Escolar del Estado. M. E. C. Madrid.
- VILANOVA, A. y SOLER, S. (2012). *La coeducación en la educación física en el siglo XXI.* Revista Tándem. Nº 40, pp. 75-83. Graó. Barcelona.

- VV. AA. (1996). *La construcción colectiva de la igualdad.* C.E.J.A. Junta de Andalucía. Sevilla.
- VV. AA. (2006). *Guía de buenas prácticas para favorecer la igualdad entre hombres y mujeres en educación.* Consejería Educación, Junta de Andalucía. Sevilla.
- VV. AA. (2006 b). *Revista Andalucía Educativa.* Nº 57, pp. 18-22. C. E. Junta de Andalucía. Sevilla.
- VV. AA. (2007). *Guía didáctica del profesorado. "¿Conoces a...?* Colección Plan de Igualdad 6. Consejería Educación, Junta de Andalucía. Sevilla.
- VV. AA. (2010). *La coeducación en la educación física del siglo XXI.* Wanceulen. Sevilla.
- ZAGALAZ, Mª L.; CACHÓN, J.; LARA, A. (2014). *Fundamentos de la programación de Educación Física en Primaria.* Síntesis. Madrid.

WEBGRAFÍA (Consulta en octubre de 2016).

http://www.juntadeandalucia.es/institutodelamujer/
http://www.agrega2.es
www.juntadeandalucia.es/educacion/descargasrecursos/curriculo-primaria/index.html
www.adideandalucia.es

www.ingramcontent.com/pod-product-compliance
Lightning Source LLC
Chambersburg PA
CBHW081143290426

44108CB00018B/2423